사잇소리 현상과 사이시옷 표기에 대한 계량적 연구

# 사잇소리 현상과
# 사이시옷 표기에 대한
# 계량적 연구

최형용

역락

# 머리말

　이 책은 사잇소리 현상과 사이시옷 표기에 대한 계량적 연구를 목적으로 한다. 이를 위해 이 책에서 사용한 자료는, 2017년과 2018년 두 해 동안 국립국어원의 용역을 받아 수행한 연구 보고서를 기반으로 한다. 사잇소리 현상과 사이시옷 표기는 석사 학위 논문은 물론 박사 학위 논문의 주제로도 여러 번 채택되었을 뿐만 아니라 이들을 주제로 한 소논문은 일일이 그 수를 셀 수 없을 만큼 많은 업적이 쌓여 있다. 이는 사잇소리 현상이나 사이시옷 표기가 매우 많은 쟁점을 가지고 있음을 방증한다. 이 책은 이 두 가지 문제 가운데 특히 사잇소리 현상이 표기로 드러나는 양상에 더 큰 비중을 두고 있다.

　이를 위해 먼저 사잇소리 현상이 사이시옷 표기와 관련되는 양상에 주목하였다. 이는 이 두 가지가 어떤 점에서 상관관계가 있고 또 어떤 문제가 존재하는지 먼저 살펴볼 필요가 있다는 판단에 따른 것이다.

　다음으로 사이시옷 표기에 대한 규정이 어떤 변화의 과정을 겪었는지에 대해 관심을 기울였다. 다만 기존의 논의가 대부분 사이시옷 표기 규정 자체의 변천에만 관심을 기울인 반면 이 책에서는 사이시옷 표기 규정을 어문 규범의 변천 과정 속에서 파악하고자 하였다. 이는 미시적인 관점을 극복하고 보다 거시적인 관점에서 사이시옷 표기 규정의 지향점을 확인하기 위한 시도이다. 이 과정에서 사이시옷 표기 규정이 어문 규범 가운데 가장 많은 변동을 거쳤다는 사실을 부각하였다. 또한 북한의 사이시옷 표기 규정의 변천 과정도 함께 살펴 그 차이와 공통점에 대해서도 관심을 기울여 보았다.

　한편 구체적인 실태 조사 자료를 제시하고 이를 분석하기 전에 사이시옷의 정체성과 관련된 문제에 대해서도 언급하였다. 주지하는 바와 같이 사이시옷은 문장 구성 요소로 출발하여 지금은 단어 구성 요소의 자격을 가지는 것으로 그 지위가 변하였다. 따라서 이를 어떻게 파악해야 할지 이론 내적인 측면뿐만 아니라 유형론적인 측면에서도 고찰할 필요가 있다. 그리고 실제 조사 결과를 바탕으로 사이시옷에 대해 언중들의 인식은 어떠한지에 대해 구성족의 관점에서 해석해 보았다. 이들 두 논의는 저자가 그동안 수행한 개별적 연구 결과를 일정한 관점에 따라 한데 모아 보완한 것이라는 점에서도 의의가 있다.

실태 조사 자료는 크게 두 가지로 구분할 수 있다. 하나는 인터넷을 통한 사이시옷 표기 실태 조사이고 다른 하나는 설문지를 통한 사잇소리 현상과 이에 따른 사이시옷 표기 실태 조사이다.

먼저 인터넷 실태 조사는 모두 246개 어휘를 대상으로 하였는데 이는 사이시옷 표기를 대상으로 한 것으로는 지금까지 어떤 조사보다도 가장 규모가 큰 조사라고 할 수 있다. 물론 전수 조사가 어렵기 때문에 일정한 기준에 따라 조사 어휘를 선정하고 조사 영역을 한정한 것은 한계라고 할 수 있겠지만 이를 보완하기 위해 10년이라는 시간 범위를 두어 표기의 변화 양상에 대해서도 주목하고자 하였다. 그 결과 여러 가지 경향성을 발견할 수 있었지만 가장 중요한 것은 선행 요소가 한자어일 때 사이시옷 표기 양상이 현저하게 낮다는 것이었다. 따라서 어문 규범의 개정 방안에서도 이를 가장 중시한 것은 당연한 결과라 할 수 있다.

다음으로 설문지를 통한 실태 조사는 사잇소리 현상에 따른 사이시옷 표기가 가지는 양상을 보다 세밀하게 추적하기 위해 마련되었다. 인터넷을 통한 실태 조사가 발음을 조사할 수 없다는 한계를 극복하기 위해 나이, 성별 등을 균형화하여 모두 2,520명을 대상으로 설문 조사를 실시하였다. 따라서 앞의 인터넷 실태 조사에 비해서는 조사 대상 어휘가 현저하게 줄어들었지만 대신 사잇소리 현상과 그에 따른 사이시옷 표기의 양상을 직접적으로 관찰할 수 있다는 점에서 의의를 찾을 수 있다. 설문 조사 결과에서도 사잇소리 현상이 일어날 때 이를 사이시옷으로 적는 경우는 선행 요소가 한자어일 때 현저하게 적다는 결과를 확인할 수 있었다. 이는 인터넷을 통한 실태 조사 결과와도 일맥상통한다는 점에서 의미가 적지 않다. 특히 인터넷을 통한 실태 조사와는 달리 설문을 통한 실태 조사에서는 사전에 실려 있지 않은 이른바 미등재어도 조사 대상으로 삼았는데 그 결과도 역시 같은 양상을 보여 주었다.

따라서 이러한 현상들을 중시해 사이시옷 표기의 개선 방안을 마련할 필요가 있었다. 다만 인터넷을 통한 실태 조사가 규범의 개정을 직접적으로 염두에 둔 데 비해 설문지를 통한 실태 조사는 이를 직접적으로 염두에 둔 것이 아니기 때문에 개선 방안의 성격이 다르다는 점에는 주의할 필요가 있다. 이러한 특성을 구별하기 위해 두 가지 실태 조사 결과를 먼저 각각 제시하고 개선 방안은 나중에 한데 묶어 비교가 가능하도록 구성하는 방법을 취하였다.

그리고 이 두 가지 실태 조사에 대한 평가를 제시하여 이 책의 관점을 보다 분명히 하는 데도 주안점을 두었다. 즉 서로 별개로 진행된 실태 조사가 가지는 한계와 의의를 제시하는 한편 '한자어+고유어'라는 어종 환경에서 두 가지 실태 조사가 어떻게 일관성을 가질 수 있는지에 대해 고민해 보았다.

마지막으로는 이 책의 논의를 도식화하여 정리하고 앞으로의 과제를 제시하는 한편 이 책의 논의가 가질 수 있는 의의를 서술하는 것으로 전망을 대신하였다.

2017년, 2018년의 두 연구 보고서는 이런저런 이유로 미공개 상태에 있다. 여기에는 한편으로는 두 연구 보고서가 가지는 한계가 적지 않은 영향을 미친 탓도 있겠지만 다른 한편으로는 사잇소리 현상과 이에 따른 사이시옷 표기가 가지는 파급력에 대한 정책적인 고려도 일정 부분 영향을 미치고 있음을 인정하지 않을 수 없다. 이 책은 이러한 정책적인 고려 없이 실태 조사를 최대한 있는 그대로 제시하여 그 결과를 궁금해 하는 연구자들에게 자료로서의 가치를 가지게 하는 한편 전체적으로는 연구자로서의 저자의 관점이 잘 드러나도록 노력하였다. 따라서 이 책에 제시된 계량적 자료를 어떻게 분석하고 어떤 의미를 부여하느냐 하는 문제는 연구자에 따라 얼마든지 달라질 수 있다. 이처럼 자료로서의 가치를 가지는 실태 조사 결과를 제시하는 것도 의미가 있다는 판단이, 이 책을 내게 된 또 다른 동기가 되었음을 밝히고자 한다.

결국 이 책에는 연구 책임자가 아니라 연구자로서의 저자의 관점이 상당 부분 반영되어 있음을 인정하지 않을 수 없다. 따라서 이 책에 포함된 연구 보고서를 작성하는 데 많은 시간을 할애하고 함께 고민해 준 공동 연구원이나 연구 보조원들의 노력이 퇴색되지 않을까 하는 걱정도 적지 않다. 그럼에도 불구하고 연구 책임자를 믿고 따라준 공동 연구원, 연구 보조원들에게는 이 자리를 빌려 다시 한 번 고마운 인사를 전하고 싶다.

그 맹위가 꺾일 줄 모르는 코로나의 여파로 가뜩이나 어려운 사정에도 불구하고 이처럼 상업성이 떨어지는 책을 출간하도록 흔쾌히 허락해 주신 역락 출판사 이대현 사장님과 박태훈 이사님, 그리고 특히 초교부터 저자의 까다로운 요구를 늘 만족스러운 결과로 보여 주신 권분옥 편집장님께 심심(甚深)한 감사의 마음을 표하고자 한다.

2021년 8월
저자 삼가 씀.

# 차 례

## 1. 사잇소리 현상과 사이시옷 표기, 무엇이 문제인가

## 2. 어문 규범 변천사 속에서의 사잇소리 현상과 사이시옷 표기 규정

# 3. 사이시옷의 형태소성과 사잇소리 현상의 실현

# 4. 인터넷 웹 검색을 통한 사잇소리 현상과 사이시옷 표기의 실태

# 6. 사잇소리 현상과 사이시옷 표기의 개선 방안

# 7. 사잇소리 현상과 사이시옷 표기의 실태 조사와 개선안에 대한 평가

# 8. 사잇소리 현상과 사이시옷 표기에 대한 과제와 전망

———————————————————————— **부록**

# 1.
# 사잇소리 현상과 사이시옷 표기, 무엇이 문제인가

## 1.1. '사잇소리 현상'과 '사이시옷'의 관계

국립국어원의 『표준국어대사전』에서는[1] 사잇소리 현상에 대해 다음과 같이 뜻풀이를 제시하고 있다.

(1) 사잇소리^현상(사잇소리現象)

『언어』 합성 명사에서, 앞말의 끝소리가 울림소리이고 뒷말의 첫소리가 안울림 예사소리이면 뒤의 예사소리가 된소리로 변하는 현상. 또는 앞말이 모음으로 끝나는데 뒷말이 'ㅁ, ㄴ'으로 시작되면 앞말의 끝소리에 'ㄴ' 소리가 하나 덧나고, 모음 'ㅣ'나 반모음 'ㅣ'로 시작되면 앞말의 끝소리와 뒷말의 첫소리에 'ㄴ'이 둘 덧나는 현상을 이르는 말. '냇가', '산골', '훗날', '예삿일' 따위를 발음할 때 일어난다.

---

[1] 『표준국어대사전』은 1999년에 종이로 출판된 이후 웹 사전의 형식으로 바뀌어 매 분기 수정을 거듭하고 있다. 그리고 2014년부터 수정 사항을 공개하고 있는데 수정 사항은 표제어 추가를 포함하여 표제어 수정, 뜻풀이 추가, 뜻풀이 수정, 문법 정보 수정, 문형 정보 수정, 품사 수정, 원어 수정, 어원 정보 추가, 용례 수정, 북한어를 남한어로 돌림, 관용구 추가 등 다양하다. 이러한 사정을 종합할 때 앞으로 장시간이 소요되는 종이 사전의 편찬은 기대하기 어려워 보인다. 따라서 이 책에서 『표준국어대사전』은 종이 사전이 아니라 웹 사전을 지칭한다는 점에 주의할 필요가 있다.

(1)의 사잇소리 현상을 개념적으로 이해하기 위해서는 몇 가지 언급해야 할 것이 있다. 첫 번째는 사잇소리 현상이 일어나는 환경의 문제이고 둘째는 사잇소리 현상의 범위에 관한 문제이다. 먼저 사잇소리 현상의 범위에 관해 살펴보면 '된소리로 변하는 현상' 즉 경음화와 'ㄴ'이 덧나는 현상' 즉 'ㄴ' 첨가를 대상으로 하고 있음을 알 수 있다. 그러나 여기서 문제가 되는 것은 경음화는 음운의 교체 현상이고 'ㄴ' 첨가는 그야말로 음운의 첨가 현상이라는 점이다. 만약 사잇소리 현상을 음운 현상이라고 할 때 하나의 음운 현상이 교체와 첨가 두 가지 현상을 포괄하는 것은 부담이라고 하지 않을 수 없다.[2]

다음으로는 사잇소리 현상이 일어나는 환경에 대해 더 자세히 살펴보기로 한다. (1)에서는 이를 '합성 명사'로 한정하고 있다. 이는 가령 <표준어 규정>(2017)의[3] 제2부 <표준 발음법>에서 경음화의 예로 제시된 다음과 같은

---

2) 따라서 사잇소리 현상의 경음화를 단순한 교체가 아니라 [t]의 첨가에 따른 현상으로 간주하려는 견해들은 이처럼 하나의 음운 현상에 교체와 첨가를 포괄하는 데 따른 부담을 덜기 위한 태도도 포함되어 있다고 판단된다. 이와 관련하여 현행 고등학교 문법의 기준이 되고 있는 7차 서울대학교 국어교육연구소(2002 : 73)의 사잇소리 현상에 대한 기술과 이에 대한 교사용 지도서(2004 : 103)의 내용을 비교해 볼 필요가 있다.
　　가. 두 개의 형태소 또는 단어가 합쳐져서 합성어가 될 때, 뒤의 예사소리가 된소리로 변하는 일이 있다.
　　　　촛불(초+불) → [초뿔]　뱃사공(배+사공) → [배싸공]
　　　　밤+길 → [밤낄]　촌+사람 → [촌싸람]
　　　　등+불 → [등뿔]　길+가 → [길까]
　　나. 사잇소리 현상이란 두 개의 형태소 또는 단어가 어울려 합성 명사를 이룰 때 그 사이에 사잇소리를 삽입시키는 현상인데, 이는 앞 음절의 끝소리를 빨리 끝닫게 하고 다음 음절의 첫소리를 된소리로 발음하게 하는 것이다.
　　(가)는 서울대학교 국어교육연구소(2002)의 사잇소리 현상에 대한 기술이고 (나)는 이에 대한 교사용 지도서(2004)의 설명이다. (가)만 보면 사잇소리 현상을 교체로 간주할 가능성이 높은데 (나)는 이 과정에서 사잇소리가 '삽입'된다고 명시하여 사잇소리 현상은 첨가 현상임을 명시하고 있다.
3) 현행 <한글 맞춤법>과 <표준어 규정>은 1988년 고시된 이후에도 조금씩 수정을 거치고 있다. 수정의 정도는 표준어 자체에 변동이 많기 때문에 <한글 맞춤법>보다 <표준어 규정>이 더 큰 편이다. 따라서 '<표준어 규정>(1988)'이라고 해도 무방하지만 이러한 차이를 반영하여 가장 최근 고시본을 이용하고자 한다. <한글 맞춤법>도 마찬가지이다. 그러나 사이시옷 표기에 대한 규정은 1988년 이후 변화가 없었기 때문에 <한글 맞춤법>(1988)로

경우는 비록 현상으로는 사잇소리 현상에 부합하더라도 이를 사잇소리 현상으로 간주하지 않는다는 의미를 갖는다.

> (2) 가. 제24항 어간 받침 'ㄴ(ㄵ), ㅁ(ㄻ)' 뒤에 결합되는 어미의 첫소리 'ㄱ, ㄷ, ㅅ, ㅈ'은 된소리로 발음한다.
>
> 신고[신: 꼬]　　　껴안다[껴안따]　　　앉고[안꼬]
> 얹다[언따]　　　　삼고[삼: 꼬]　　　　더듬지[더듬찌]
> 닮고[담: 꼬]　　　젊지[점: 찌]
>
> 나. 제25항 어간 받침 'ㄼ, ㄾ' 뒤에 결합되는 어미의 첫소리 'ㄱ, ㄷ, ㅅ, ㅈ'은 된소리로 발음한다.
>
> 넓게[널께]　　　　핥다[할따]　　　　훑소[홀쏘]
> 떫지[떨: 찌]
>
> 다. 제27항 관형사형 '-(으)ㄹ' 뒤에 연결되는 'ㄱ, ㄷ, ㅂ, ㅅ, ㅈ'은 된소리로 발음한다.
>
> 할 것을[할꺼슬]　　갈 데가[갈떼가]　　할 바를[할빠를]
> 할 수는[할쑤는]　　할 적에[할쩌게]　　갈 곳[갈꼳]
> 할 도리[할또리]　　만날 사람[만날싸람]
>
> [붙임] '-(으)ㄹ'로 시작되는 어미의 경우에도 이에 준한다.
>
> 할걸[할껄]　　　　할밖에[할빠께]　　할세라[할쎄라]
> 할수록[할수록]　　할지라도[할찌라도]　할지언정[할찌언정]
> 할진대[할찐대]

(2가, 나)는 용언의 내부에서 일어나는 경음화에 해당하므로 합성 명사의 내부가 아니고 (2다)는 단어의 범위를 넘어서는 환경에서 일어나는 경음화에 해당하므로 역시 합성 명사의 내부가 아니다.[4]

다음의 경우는 같은 경음화이지만 (2)보다 사정이 조금 복잡하다.

---

표시되는 일이 더 많다는 점에 유의할 필요가 있다.
4) 물론 (2다)의 [붙임]은 단어 내부에서 일어나는 경음화이지만 역시 합성 명사의 내부가 아니므로 사잇소리 현상에서는 제외된다.

(3) 제26항 한자어에서, 'ㄹ' 받침 뒤에 연결되는 'ㄷ, ㅅ, ㅈ'은 된소리로
　　　발음한다.

| | | |
|---|---|---|
| 갈등[갈뜽] | 발동[발똥] | 절도[절또] |
| 말살[말쌀] | 불소[불쏘](弗素) | 일시[일씨] |
| 갈증[갈쯩] | 물질[물찔] | 발전[발쩐] |
| 몰상식[몰쌍식] | 불세출[불쎄출] | |

　　(3)에서 제시하고 있는 바와 같이 한자어의 경우는 'ㄹ'이라는 조건이 더
중요하므로 만약 한자어가 합성 명사로 간주된다면 이를 사잇소리 현상으로
다룰 수 있고 합성 명사로 간주되지 않는다면 사잇소리 현상에서 제외해야
한다는 문제가 있다. 이와 관련하여 문제가 되는 것은 한자어가 합성 명사인
경우와 파생어인 경우를 구별해야 한다는 점이다. (3)에서 제시된 예 가운데
'몰상식', '불세출'의 '몰-'과 '불-'은 각각 단어 '상식'과 '세출'에 결합하고
있고 『표준국어대사전』에서는 이때의 '몰-'과 '불-'을 모두 접두사로 처리하
고 있으므로 '몰상식'과 '불세출'은 파생어로 간주된다. 따라서 이들에서 나
타나는 경음화는 사잇소리 현상에서 제외하는 일이 일반적이다.[5]

　　한편 (1)에서는 'ㄴ'이 첨가되는 경우에 대해서도 사잇소리 현상으로 다루
고 있다. 따라서 경음화와 마찬가지로 합성 명사의 경우에만 사잇소리 현상
을 인정하기 때문에 'ㄴ'이 첨가되는 경우 합성 명사라는 환경의 적용을 검토

---

5) 이때의 '몰-'과 '불-'을 접두사로 인정하지 않는 경우도 물론 존재한다. 대표적으로 김창섭
　(1999)에서는 기존에 접두사나 접미사로 처리되어 오던 것들 가운데 한자와만 주로 결합
　하는 것은 모두 어근으로 간주하였다. 이에 따르면 흔히 부정의 접두사로 처리되는 '非',
　'未', '不', '無' 등은 모두 어근의 자격을 갖게 된다. 노명희(2005)에서도 '의존성', '어기
　범주 변화', '의미 변화', '첫 음절 출현 불가', '구에 결합 가능', '조사 결합 제약' 등을
　기준으로 하여 결과적으로 어근의 범위를 확대하고 있다. 이에 따르면 '한국인'의 '인'은
　접미사성이 강하기는 하지만 결국 어근으로 처리되고 있다. 이러한 견해에 따르면 '몰상식'
　이나 '불세출'도 합성 명사로 간주될 수 있고 사잇소리 현상의 범위 내에서 다루어질 수
　있다. 그러나 이 책에서는 후술하는 바와 같이 어문 규정의 문제를 매우 중요하게 다룬다
　는 점에서 가능하다면 어문 규정과 일관적인 처리를 보여 주는 『표준국어대사전』의 처리
　를 따르기로 한다.

할 필요가 있다. 역시 <표준어 규정>(2017)의 <표준 발음법> 규정을 대상으로 이에 대해 살펴보기로 한다.

(4) 제29항 합성어 및 파생어에서, 앞 단어나 접두사의 끝이 자음이고 뒤 단어나 접미사의 첫음절이 '이, 야, 여, 요, 유'인 경우에는, 'ㄴ' 음을 첨가하여 [니, 냐, 녀, 뇨, 뉴]로 발음한다.

| | | |
|---|---|---|
| 솜-이불[솜ː니불] | 홑-이불[혼니불] | 막-일[망닐] |
| 삯-일[상닐] | 맨-입[맨닙] | 꽃-잎[꼰닙] |
| 내복-약[내ː봉냑] | 한-여름[한녀름] | 남존-여비[남존녀비] |
| 신-여성[신녀성] | 색-연필[생년필] | 직행-열차[지캥녈차] |
| 늑막-염[능망념] | 콩-엿[콩녇] | 담-요[담ː뇨] |
| 눈-요기[눈뇨기] | 영업-용[영엄뇽] | 식용-유[시굥뉴] |
| 백분-율[백뿐뉼] | 밤-윷[밤ː뉻] | |

[붙임 1] 'ㄹ' 받침 뒤에 첨가되는 'ㄴ' 음은 [ㄹ]로 발음한다.

| | | |
|---|---|---|
| 들-일[들ː릴] | 솔-잎[솔립] | 설-익다[설릭따] |
| 물-약[물략] | 불-여우[불려우] | 서울-역[서울력] |
| 물-엿[물렫] | 휘발-유[휘발류] | 유들-유들[유들류들] |

[붙임 2] 두 단어를 이어서 한 마디로 발음하는 경우에도 이에 준한다.

| | | |
|---|---|---|
| 한 일[한닐] | 옷 입다[온닙따] | 서른여섯[서른녀섣] |
| 3 연대[삼년대] | 먹은 엿[머근녇] | 할 일[할릴] |
| 잘 입다[잘립따] | 스물여섯[스물려섣] | 1 연대[일련대] |
| 먹을 엿[머글렫] | | |

(4)에서 명시하고 있는 바와 같이 음운 변동으로서의 'ㄴ' 첨가에 대해서는 기본적으로 합성 명사와 파생 명사를 구별하지 않고 있다. 따라서 '홑이불', '막일', '맨입', '한여름', '신여성'의 '홑-', '막-', '맨-', '한-', '신-'은 접두사이고 '영업용', '식용유', '백분율'의 '-용', '-유', '-율'과 [붙임 1]의 '휘발유'의 '-유' 는 접미사이므로 이들 단어들은 사잇소리 현상에서 제외된다. [붙임 2]는 두 단어를 대상으로 하고 있으므로 역시 사잇소리 현상에서 제외된다.

그렇다면 이렇게 교체로서의 경음화 혹은 [t] 첨가 후의 경음화로 인식될 수 있는 현상과 'ㄴ' 첨가로 규정될 수 있는 두 이질적인 현상을 '사잇소리 현상'이라는 이름 아래에 한데 묶은 이유는 무엇일까? 이에 대한 대답을 위해서는 (1)에서 '사잇소리 현상'의 예로 제시된 '냇가', '산골', '훗날', '예삿일'에 주목할 필요가 있다. 이 가운데 '냇가', '산골'은 경음화의 예이고 '훗날', '예삿일'은 'ㄴ' 첨가의 예이다. 그런데 이들에서 '산골'의 경우를 제외하고는 경음화와 'ㄴ' 첨가 현상을 보여 주기 위해 'ㅅ'이 덧들어간 것을 볼 수 있다.

이 'ㅅ'이 바로 이른바 '사이시옷'에 해당한다. 『표준국어대사전』에서 이 '사이시옷'에 대해서는 다음과 같이 명세하고 있다.[6]

---

6) 참고로 <표준 발음법>(2017)에서 사이시옷의 발음에 대한 것을 규정한 것은 다음의 제30항이다.

> 제30항 사이시옷이 붙은 단어는 다음과 같이 발음한다.
> 1. 'ㄱ, ㄷ, ㅂ, ㅅ, ㅈ'으로 시작하는 단어 앞에 사이시옷이 올 때는 이들 자음만을 된소리로 발음하는 것을 원칙으로 하되, 사이시옷을 [ㄷ]으로 발음하는 것도 허용한다.
>
> | | |
> |---|---|
> | 냇가[내ː까/낻ː까] | 샛길[새ː낄/샏ː낄] |
> | 빨랫돌[빨래똘/빨랟똘] | 콧등[코뜽/콛뜽] |
> | 깃발[기빨/긷빨] | 대팻밥[대ː패빱/대ː팯빱] |
> | 햇살[해쌀/핻쌀] | 뱃속[배쏙/밷쏙] |
> | 뱃전[배쩐/밷쩐] | 고갯짓[고개찓/고갣찓] |
>
> 2. 사이시옷 뒤에 'ㄴ, ㅁ'이 결합되는 경우에는 [ㄴ]으로 발음한다.
>
> | | |
> |---|---|
> | 콧날[콛날 → 콘날] | 아랫니[아랟니 → 아랜니] |
> | 툇마루[퇻ː마루 → 퇸ː마루] | 뱃머리[밷머리 → 밴머리] |
>
> 3. 사이시옷 뒤에 '이' 음이 결합되는 경우에는 [ㄴㄴ]으로 발음한다.
>
> | | |
> |---|---|
> | 베갯잇[베갣닏 → 베갠닏] | 깻잎[깬닙 → 깬닙] |
> | 나뭇잎[나묻닙 → 나문닙] | 도리깻열[도리깯녈 → 도리깬녈] |
> | 뒷윷[뒫ː늋 → 뒨ː늋] | |

이 책에서는 사잇소리 현상에 따른 사이시옷의 표기에 특히 관심을 기울이고 있으므로 사이시옷의 발음에 대해서는 크게 관심을 기울이지 않기로 한다. 다만 위의 제30항 1에 따라 사이시옷이 표기된 경우는 표준 발음이 모두 두 가지라는 점만 지적하기로 한다. 그 결과 '헛걸음'처럼 기원적으로는 사이이이옷과 관련이 있지만 접두사로 처리되는 '헛-'의 경우는 표준 발음이 [헏꺼름]으로 하나인 것과 차이가 생기게 되었다. 이러한 측면에서 된소리의 경우 사이시옷을 발음하지 않는 것이 원칙이라는 사실은 사잇소리 현상 즉 소리를 중시한 것이라는 사실을 알 수 있고 사이시옷을 발음하는 것도 허용하는 것은 사이시옷

(5) 사이-시옷 「참고 어휘」 삽입 자음(揷入子音).
　　「명사」『언어』한글 맞춤법에서, 사잇소리 현상이 나타났을 때 쓰는
　　'ㅅ'의 이름. 순우리말 또는 순우리말과 한자어로 된 합성어 가운데 앞
　　말이 모음으로 끝날 때 뒷말의 첫소리가 된소리로 나거나, 뒷말의 첫소
　　리 'ㄴ', 'ㅁ' 앞에서 'ㄴ' 소리가 덧나거나, 뒷말의 첫소리 모음 앞에서
　　'ㄴㄴ' 소리가 덧나는 것 따위에 받치어 적는다. '아랫방', '아랫니', '나
　　뭇잎' 따위가 있다. ≒중간시옷.

　즉 '사이시옷'은 첫째, 사잇소리 현상이 나타났을 때 둘째, 앞말이 모음으
로 끝날 때 적는 표기의 요소에 해당한다고 정의할 수 있다. 따라서 '냇가'와
'산골'의 경우는 사잇소리 현상이 일어난 것은 동일하지만 '냇가'는 '내'와
'가'가 결합하여 '내'가 모음으로 끝나 사이시옷을 적을 공간이 있지만 '산골'
은 '산'과 '골'이 결합하여 '산'이 모음으로 끝나지 않아 사이시옷을 적을 공
간이 없어 '사이시옷'을 적지 못하게 된 것이다.[7]

　또한 (5)를 통해 추가적으로 알 수 있는 사실은 현행 <한글 맞춤법>(1988)에
서는 어종(語種)상 한자어와 한자어로 된 합성어는 사잇소리 현상이 나타나고
이때 앞말이 모음으로 끝나더라도 사이시옷을 원칙적으로 적지 않는다는
사실이다.[8] 따라서 '초점(焦點)', '치과(齒科)' 등은 경음화가 실현되는 합성 명
사로 간주되더라도 모두 한자어의 결합이기 때문에 사이시옷을 적지 않는다.

　이상의 내용을 정리하면 사잇소리 현상과 사이시옷 표기의 관계는 우선

---

　표기 즉 형태를 중시한 것이라는 사실을 알 수 있다.
7) 물론 표기의 측면에서 '산골'에 사이시옷을 적을 공간이 전혀 없다고 보기는 어렵다. 우리
　의 표기 역사를 보면 사이시옷을 적기 위해 '산골', '산쓸', '산ㅅ골'과 같이 표기한 경우가
　존재하기 때문이다. 이에 대해서는 2장에서 표기 규범에 반영된 경우를 살펴보면서 따로
　언급하기로 한다.
8) '원칙적으로'라는 말을 사용한 것은 여기에 '곳간, 셋방, 숫자, 찻간, 툇간, 횟수'의 여섯
　예외가 있기 때문이다. 이들 예외는 또한 이들이 모두 합성 명사라는 사실을 전제하고
　있다는 점에서 주목할 필요가 있다. 즉 이는 (3)에서 제시한 '갈등', '발전' 등도 모두 합성
　명사로 간주될 수 있음을 의미한다.

다음과 같이 도식화할 수 있다는 것을 알 수 있다.

(6) 사잇소리 현상과 사이시옷 표기의 관계

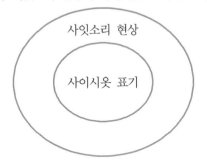

(6)은 사잇소리 현상이 나타나더라도 이를 사이시옷으로 항상 표기하는 것은 아니지만 반대로 사이시옷의 표기가 나타나면 언제나 사잇소리 현상이 나타난 경우를 의미한다는 점이다. 그런데 이는 사잇소리 현상이 나타나더라도 사이시옷으로 이를 표기하기 위해서는 여러 가지 조건이 붙는다는 것을 의미하는데 이를 편의상 필수 조건과 선택 조건으로 나누어 정리하면 다음과 같다.

(7) 사이시옷 표기의 필수 조건과 선택 조건
  가. 필수 조건
    ① 단어의 구조상 합성 명사여야 한다.
    ② 결합하는 두 말 중 앞말이 모음으로 끝나야 한다.
  나. 선택 조건
    ① 결합하는 두 말의 어종은 다음 가운데 하나여야 한다.
      ㉠ 고유어+고유어  ㉡ 고유어+한자어  ㉢ 한자어+고유어
    ② 다음 가운데 하나의 사잇소리 현상이 일어나야 한다.
      ㉠ 뒷말 첫소리가 된소리로 바뀌어야 한다.
      ㉡ 앞말 끝소리에 'ㄴ' 소리가 덧나야 한다.
      ㉢ 앞말 끝소리와 뒷말 첫소리에 각각 'ㄴ' 소리가 덧나야 한다.

(7가)에서의 필수 조건이란 사이시옷을 표기하기 위한 것이면서 세부적인 선택지가 존재하지 않는 경우이다. 먼저 (7가①)은 (2), (3), (4)에서 전술한 바와 같이 경음화나 'ㄴ' 첨가가 실현되더라도 파생어나 구에서는 사이시옷을 적지 않는다는 것을 의미한다. (7가②)는 사이시옷의 표기가 선행어의 종성 자리에만 한정된다는 것을 의미한다.[9]

이에 대해 (7나)의 선택 조건이란 사이시옷을 표기하기 위한 것이면서 세부적인 선택지가 존재하는 경우이다. (7나①)은 어종에 따른 선택지를 의미하는 것으로 우선 전술한 바와 같이 '한자어+한자어'인 경우는 예외의 여섯 개를 제외하고는 사이시옷을 표기할 수 없다는 것을 의미한다. 또한 (7나①)은 암묵적으로 '외래어'가 포함된 경우도 배제한다는 의미를 가진다는 점에 주의할 필요가 있다.[10] 이에 따라 '외래어+고유어', '외래어+한자어', '고유어+외래어', '한자어+외래어'뿐만 아니라 '외래어+외래어'의 경우도 사이시옷 표기의 대상이 되지 않는다.

이에 대해 (7나②)는 사잇소리 현상이 경음화와 'ㄴ' 첨가로 양분되고 'ㄴ' 첨가는 다시 'ㄴ' 하나가 첨가되는 경우와 'ㄴ' 두 개가 첨가되는 경우로 나눌 수 있다는 것이다.

사이시옷을 표기하기 위한 조건 가운데 (7가①, ②)는 언제나 충족되어야 하고 세부적인 선택 조건이 없으므로 구체적인 경우의 수는 (7나)의 경우를 중심으로 다음과 같이 나뉘게 된다. 해당하는 예를 함께 제시하기로 한다.

(8) 조건에 따른 사이시옷 표기의 경우의 수와 용례
가. (7나①-㉠, ②-㉠) : 냇가
나. (7나①-㉠, ②-㉡) : 잇몸
다. (7나①-㉠, ②-㉢) : 나뭇잎

9) 종성 자리라 하더라도 전술한 바와 같이 '산골'과 같은 경우는 인정하지 않는다.
10) 엄밀한 의미에서는 한자어도 외래어이지만 이 책에서는 한국어의 어종을 '고유어', '한자어', '외래어'로 나누는 체계에 따라 기술하기로 한다.

라. (7나①-ⓒ, ②-㉠) : 아랫방
마. (7나①-ⓒ, ②-ⓒ) : 사잇문
바. (7나①-ⓒ, ②-ⓒ) : 뒷욕[11]
사. (7나①-ⓒ, ②-㉠) : 전셋집
아. (7나①-ⓒ, ②-ⓒ) : 훗날
자. (7나①-ⓒ, ②-ⓒ) : 예삿일

(7)의 조건과 (8)의 경우의 수는 사이시옷을 표기하는 것이 그렇게 간단한 문제가 아니라는 사실을 단적으로 보여 준다. 이제 절을 나누어 사이시옷을 표기하는 데 발생하는 실제적인 문제점에 대해 살펴보기로 한다.

## 1.2. 사이시옷 표기의 조건에 따른 문제점

여기에서는 실제 사이시옷 표기에서 나타나는 문제점들에 대해 (7)에서 제시한 조건을 중심으로 몇 가지 언급해 보기로 한다.

### 1.2.1. 합성 명사의 판정에 따른 사이시옷 표기의 문제

네이버 국어사전의 <우리말 바로쓰기> 코너에서는 맞춤법에 대한 언중들의 고민을 기관별 출처에 따라 문답 형식으로 정리하여 제시하고 있다. 이

---

11) (8)의 용례 가운데 가장 드문 것이 (8바)이다. '뒷욕' 외에 '고갯영상', '샛요기' 정도가 이에 해당하는 예의 전부이다. 이들은 사용 빈도가 매우 낮아 국립국어원(2005)에서도 보이지 않는 어휘들이기 때문에 후술할 4, 5장의 실태 조사에서 이에 해당하는 경우가 제시되지 않고 있다는 점에 주목할 필요가 있다. 이 외에도 '웃영상', '숫양'의 경우가 더 있고 이들 단어의 'ㅅ'이 기원적으로 사이시옷인 것은 확실하지만 사이시옷 결합형인 '웃-'과 '숫-'은 현재 『표준국어대사전』에서는 접두사로 처리되어 있음에 주의할 필요가 있다. 즉 이들은 사이시옷 결합형이 접두사화한 경우에 해당한다. 이에 대해서는 최형용(2016 : 355-356)에서 정리한 바 있다.

가운데는 사이시옷 표기에 대한 고민도 적지 않은데 다음의 문답은 특히 언중들이 합성 명사의 판정에 따라 사이시옷 표기가 좌우된다는 사실을 이해하지 못하고 있음을 단적으로 보여 준다. 이는 전술한 (7가①)의 조건에 대한 판단이 그렇게 쉬운 것은 아니라는 점을 의미한다.

(9) 합성 명사 여부에 따른 사이시옷 표기의 혼동

---

### 해님? 햇님? 무엇이 맞을까요?

**카테고리** : 맞춤법
**출처** : 연세대학교 언어정보연구원
**등록일** : 2019-02-02
**조회수** : 5,029

**질문** : 해님? 햇님? 무엇이 맞을까요?
**답변** : '해님'이 맞습니다. '전래 동화 해님 달님', "해님이 구름 속에 숨었어요."처럼 씁니다. '해'와 '님'이 결합하며 사이에 사이시옷이 들어간다고 여겨 '햇님(X)'이라 표기하는 경우를 종종 볼 수 있으나, 이는 틀린 표기입니다. 사이시옷은 '햇볕'처럼 명사 '해'와 명사 '볕'이 결합한 합성어에 들어가는 것이 원칙입니다. 그러나 '해님'은 명사 '해'와 접미사 '-님'이 결합한 파생어로, 사이시옷이 들어갈 환경이 아닙니다.
　　그럼 '낚시꾼'일까요? '낚싯꾼'일까요? 명사 '낚시'와 접미사 '꾼'이 결합했으니 '낚시꾼'이 맞겠죠?

---

답변에 제시된 바와 같이 '해님'의 '-님'은 『표준국어대사전』에서 접미사로 처리하고 있으므로 'ㄴ' 첨가가 나타나더라도 사이시옷을 적을 수 없다. 따라서 '해님'이 맞는 표기이지만 '해님'이 파생어인지 합성어인지 알고 있지 못하다면 '햇님'이라는 잘못된 표기가 나올 수 있음을 알 수 있다.[12] 다만 추가적인 예로 제시된 '낚시꾼'은 '낚싯꾼'으로 잘못 적히는 경우가 있을지는

모르지만 그 사정이 '해님'과 같은 것은 아니다. '해님'의 경우는 파생어와
관련된 'ㄴ' 첨가의 경우이기 때문에 이와 관련하여 경음화와 관련된 '낚싯
꾼'을 더 제시한 취지는 이해할 수 있으나 설사 '낚시꾼'이 합성 명사라 하더
라도 '낚싯꾼'이라는 표기를 인정할 수 없기 때문이다. 이 경우 사이시옷을
적는 이유가 후행 요소의 경음화를 보여 주기 위한 것인데 '-꾼'은 이미 경음
으로 실현되어 있기 때문이다.13)

  그러나 '해님'의 경우처럼 합성 명사와 파생 명사의 구별이 언제나 명확한
것은 아니다. 이러한 경우는 특히 동일한 형식이 명사와 접미사의 용법을
모두 가지는 경우에서 발생한다. 여기서는 최형용(2017)에서 검토한 '풀잇법'
의 경우를 예로 들어 이에 대해 살펴보기로 한다. 먼저 『표준국어대사전』에
서 '법(法)'이 명사로 제시되어 있는 것을 가져오면 다음과 같다.


    (10)  법01(法)
        [Ⅰ] 「명사」
        「1」 국가의 강제력을 수반하는 사회 규범. 국가 및 공공 기관이 제정한
             법률, 명령, 규칙, 조례 따위이다. ≒구도07(矩度)「1」、법률(法律)「1」.
             ¶ 법을 어기다/법을 제정하다/법을 준수하다.
        「2」 『불교』그 자체의 성품을 간직하여 변하지 않고 궤범(軌範)이 되어서
             사람이 사물에 대하여 일정한 이해를 낳게 하는 근거가 되는 것.
        「3」 『불교』부처의 가르침이나 계율.
        「4」 『불교』물질과 정신의 온갖 것.


---

12) 사실 접미사 '-님'은 명사에서 문법화한 것이고 명사 '임'은 이의 두음 법칙 적용형이라고
    할 수 있으므로 '햇님'이라는 표기에 타당성이 전혀 없는 것은 아니다. 그러나 『표준국어
    대사전』에서는 '임'과 '님'의 의미를 구분하고 있고 '해님'의 '-님'은 접미사로 처리하고
    있으므로 여기에서는 이에 대해 더 이상 논의하지 않기로 한다.
13) 주지하는 바와 같이 '-꾼'은 명사 '군(軍)'이 사이시옷과 결합하여 접미사로 문법화한 것이
    라는 점에서 사이시옷과 관련이 있기는 하다. 최근에는 접미사 '-꾼'이 다시 명사화하였으
    므로 어휘적인 요소가 문법적인 요소로 변화하는 문법화의 반대 방향 즉 역문법화
    (degrammaticalization)의 예라고 할 수 있다.

「5」 『언어』=서법02(敍法).

[Ⅱ] 「의존명사」

「1」 ((어미 '-는' 뒤에 쓰여)) 방법이나 방식.

¶ 공부하는 법/계산하는 법.

「2」 ((어미 '-는' 뒤에 쓰여)) 해야 할 도리나 정해진 이치.

¶ 여자라고 해서 남자에게 지라는 법이 있나요?/세상에, 기적도 없이 그렇게 갑자기 나타나는 법이 어디 있어요?

「3」 ((어미 '-는' 뒤에 쓰여)) 행동하는 습성의 예(例)를 이르는 말.

¶ 그는 아무리 늦게 일어나도 아침밥을 거르는 법이 없다./재가 언제 한 번이라도 돈을 내는 법이 있었니?

「4」 (('-은/는 법이다' 구성으로 쓰여)) 앞말의 동작이나 상태가 당연함을 나타내는 말.

¶ 죄를 지으면 누구나 벌을 받는 법입니다./달이 차면 해가 기우는 법이지요.

「5」 ((어미 '-을' 뒤에 쓰여)) 어떤 일이 그럴 것 같다는 뜻을 나타내는 말.

¶ 그 말을 들으니 또 그럴 법도 하네요./일이 잘될 법은 하다만.

『표준국어대사전』에서 접미사 '-법(法)'에 대해서는 다음과 같은 뜻풀이를 제시하고 있다.

(11)  -법03(法)

「접사」

((일부 명사 뒤에 붙어))

'방법' 또는 '규칙'의 뜻을 더하는 접미사.

¶ 계산법/교수법/조리법.

따라서 만약 '풀잇법'의 '법'이 (10)에서 제시한 명사라면 '풀잇법'은 합성명사가 되고 '법'에 경음화가 발생하므로 이 표기는 맞는 것이 되지만 만약

(11)에서 제시한 접미사라면 (9)의 경우와 마찬가지로 '풀잇법'은 '풀이법'으로 표기되어야 한다. 따라서 이 가운데 어떤 것에 해당이 되는지 따져 볼 필요가 있다.

『표준국어대사전』에서는 '풀잇법'에 대해 다음과 같은 뜻풀이를 제시하고 있었다.[14)]

> (12)  풀잇-법(--法) [푸리뻡/푸릳뻡]
> 「명사」『수학』
> 어떤 문제가 요구하는 결과를 얻어 내는 방법.

명사의 자격을 가지는 (10)의 뜻풀이를 참고할 때 (12)에서 '풀잇법'의 '법'을 어근 즉 명사로 보기 위해서는 이를 의존 명사로 보아야 한다. 그런데 여기서 주목해야 할 것은 (11)에 제시된 예들이다. 이때의 '-법'은 모두 [뻡]으로 된소리로 난다는 점에서 '풀잇법'과 동일할 뿐만 아니라 그 내부 구조나 의미 구조도 '풀잇법'과 일치하는 것으로 보아 문제가 없다. 이는 곧 '풀잇법'이 합성어가 아니라 파생어라는 것을 의미하며 그렇다면 '풀잇법'의 사이시옷은 잘못 표기된 것임을 뜻하는 것이다.

그렇다면 '법'이 후행 요소인 다른 단어들의 사정은 어떤지에 대해서도 생각해 볼 필요가 있다.

> (13)  가. 미술 - 그림잣법
>       나. 농업 - 꺾꽂잇법, 울타릿법, 잎따깃법, 잎주깃법, 휘묻잇법,
>               뿌리꽂잇법, 한때심깃법
>       다. 수학 - 풀잇법
>       라. 문학 - 되풀잇법
>       마. 언어 - 나란힛법

---

14) '있었다'처럼 과거형을 쓴 것은, 후술하는 바와 같이, 이것이 최근에 바뀌었기 때문이다.

(13)을 보면 '풀잇법'을 포함하여 '법'과 관련된 단어들은 모두 전문 용어의 자격을 가지고 있다는 점을 우선 참고할 필요가 있어 보인다. (13)은 이를 해당 분야로 나누어 명세한 것인데 이들은 (12)의 경우처럼 하나같이 [방법] 의 의미 명세를 가지고 있을 뿐만 아니라 단어의 내부 구조도 문제의 '법'을 (10)의 의존 명사 '법'이 아니라 (11)의 접미사 '-법'으로 간주하는 것이 자연스 럽다는 것을 알게 해 준다. 따라서 이들에서의 사이시옷은 모두 삭제하는 것이 타당할 것으로 판단할 수 있다.

이상의 내용을 보면 '풀잇법'을 비롯한 (13)의 예들은 합성 명사와 파생 명사의 구별이 경우에 따라서는 모호할 수 있다는 점에서 주목할 필요가 있다.15)

## 1.2.2. 합성 명사의 어종에 따른 사이시옷 표기의 문제

다음으로는 (7나①)의 조건에 따른 사이시옷 표기의 문제에 대해 살펴보기 로 한다. 앞의 경우와 마찬가지로 먼저 네이버 국어사전의 <우리말 바로쓰 기> 코너에 올라온 글 몇 가지를 제시하는 것으로 논의를 시작하기로 한다.

(14)  가.

| 소고기 무국? 소고기 뭇국? 무엇이 맞을까요? |
| --- |
| **카테고리** : 맞춤법<br>**출처** : 연세대학교 언어정보연구원<br>**등록일** : 2019-02-02 |

---

15) 전술한 바와 같이 최근 『표준국어대사전』에서는 '풀잇법'을 비롯하여 (13)의 단어들이 모두 사이시옷 미표기형으로 일률적으로 수정되었다. 이는 이때 '법'을 명사로 처리했던 과거의 처리법을 버리고 접미사로 간주한 데 따른 것이라 할 수 있다. 이 과정에서 최형용 (2017)을 참고한 것인지는 확인하기 어렵다.

조회수 : 4,799

**질문** : 소고기 무국? 소고기 뭇국? 무엇이 맞을까요?

**답변** : '소고기 뭇국'이 맞습니다. '어머니표 소고기 뭇국', '시원하고 담백한 뭇국'처럼 '뭇국'이라고 씁니다.

한글 맞춤법 규정 제30항에 따라 순우리말로 된 합성어의 경우 뒷말의 첫소리가 된소리로 나면 사이시옷을 적어야 합니다. '무'와 '국'은 모두 순우리말로, 결합될 때 뒷말의 첫소리가 [꾹]과 같이 된소리 'ㄲ'으로 발음됩니다. 따라서 사이시옷을 넣어 '뭇국'이라고 적어야 합니다.

그럼 '나룻배'일까요? '나루배'일까요? '배'가 [빼]로 소리 나기 때문에 '나룻배'가 맞습니다.

가'.

### 순댓국? 순대국? 무엇이 맞을까요?

**카테고리** : 맞춤법
**출처** : 연세대학교 언어정보연구원
**등록일** : 2019-02-02
**조회수** : 3,276

**질문** : 순댓국? 순대국? 무엇이 맞을까요?

**답변** : '순댓국'이 맞습니다. '냄새 없이 깔끔한 순댓국', '뜨끈한 순댓국 한 사발'처럼 씁니다.

한글 맞춤법 규정 제30항에 따라 순우리말로 된 합성어의 경우 뒷말의 첫소리가 된소리로 나면 사이시옷을 적어야 합니다. '순대'와 '국'은 모두 순우리말로, 결합될 때 뒷말의 첫소리가 [꾹]과 같이 된소리 'ㄲ'으로 발음됩니다. 따라서 사이시옷을 넣어 '순댓국'이라고 적어야 합니다.

그럼 '선지국'일까요? '선짓국'일까요? '국'이 [꾹]으로 소리 나기 때문에 '선짓국'이 맞습니다.

가".

> ### '내기거리', '내깃거리' 바른 표기
>
> **카테고리** : 맞춤법
> **출처** : 국립국어원 온라인가나다
> **등록일** : 2009-05-11
> **조회수** : 3,337
>
> **질문** : '내기거리'에 대한 정확한 맞춤법을 알고 싶습니다. 여기서 '거리'는 사전적 의미로 '내용이 될 만한 재료'입니다. '내기거리/내기 거리/내깃거리' 어느 것이 맞는 것인지 알려 주시기 바랍니다.
>
> **답변** : 내용이 될 만한 재료라는 뜻으로, 명사 뒤에 붙어 쓰이는 '거리'가 '국거리, 논문거리, 반찬거리, 이야깃거리' 등과 같이 쓰이고 있습니다. 명사 '내기' 뒤에 '거리'를 붙인 단어에서 '거리'가 [꺼리]로 발음될 것이므로, '이야깃거리'와 같이 사이시옷을 받치어 '내깃거리'와 같이 적게 될 것입니다.

나.

> ### '최대값'과 '최댓값' 바른 표기
>
> **카테고리** : 맞춤법
> **출처** : 국립국어원 온라인가나다
> **등록일** : 2008-02-17
> **조회수** : 4,052
>
> **질문** : 사전을 찾아보니까 최댓값이 맞는 거라고 나와 있던데, 그럼 수능에서 "최대값을 구하시오."라고 나온 건 틀린 건가요?
> **답변** : 사이시옷 규정('한글 맞춤법' 제30항.)에 따르면, 순우리말과 한자어로 된 합성어로서, 앞말이 모음으로 끝나고, 뒷말의 첫소리가 된소리로 나는 이 말은, '최댓값'과 같이, 사이시옷을 받치어 적어야 합니다.

다.

---

### '갯수'와 '개수'의 바른 표기

**카테고리** : 맞춤법
**출처** : 국립국어원 온라인가나다
**등록일** : 2009-06-10
**조회수** : 184,095

**질문** : 오늘 작문 시간에 맞춤법에 대해서 배우다가 '개수'와 '갯수'에 대한 논란이 생겼습니다. 반 아이들은 '최댓값, 최솟값'처럼 '갯수'도 맞춤법이 바뀌었다고 하였고, 선생님께서는 '개수'가 맞다고 하셨는데요, 어떤 게 맞는 건가요?
**답변** : 합성어로 볼 수 있는 두 음절로 된 한자어 "곳간(庫間), 셋방(貰房), 숫자(數字), 찻간(車間), 툇간(退間), 횟수(回數)"에만 사이시옷을 받치어 적습니다.(관련 규정 : '한글 맞춤법' 제4장, 제4절, 제30항.) '個數'는 이에 속하지 않으므로, 사이시옷을 받치어 적지 않고, '개수'로 씁니다.

---

다'.

---

### '대가?' '댓가?' 무엇이 맞을까요?

**카테고리** : 맞춤법
**출처** : 연세대학교 언어정보연구원
**등록일** : 2019-02-02
**조회수** : 6,377

**질문** : '대가'? '댓가'? 무엇이 맞을까요?
**답변** : '대가'가 맞습니다. "큰일을 하기 위해서는 그만한 대가가 필요하다."처럼 씁니다.
　'대가'가 맞는 표기이며 '댓가(X)'는 틀린 표기입니다. '대가(代價)'는 [대 : 까]로 발음되므로 일부 사람들이 '댓가(X)'로 잘못 표기하기도 합니다. 그러나 한글 맞춤법 제30항에 의하면, 사이시옷

---

은 일부 예외를 제외하고 한자어끼리의 합성어에서는 표기하지 않으므로 '대가'는 '대가'로 표기하는 것이 맞습니다. '대가를 치르다', '노동의 대가'처럼 말이죠.

이제 '대가'로 맞게 표기하세요.

다".

---

### 초점? 촛점? 무엇이 맞을까요?

**답변** : '초점'이 맞습니다. '카메라 초점 맞추기', "회사 혁신에 초점을 맞추자."처럼 씁니다.

'초점'은 [초쩜]으로 발음되어 사이시옷을 넣어야 한다고 생각하기 쉽습니다. 하지만 '초점(焦點)'은 한자어의 결합이므로 사이시옷을 넣지 않습니다. '대가(代價), 공부방(工夫房)'처럼 한자어와 한자어의 결합에는 사이시옷을 넣지 않는 것이 원칙이기 때문입니다.

'한자어+한자어'의 구성이더라도 6개의 한자어 단어는 예외적으로 사이시옷을 적어 줍니다. '곳간(庫間), 셋방(貰房), 숫자(數字), 찻간(車間), 툇간(退間), 횟수(回數)'는 예외적으로 사이시옷이 들어가는 단어이니 주의해 주세요.

라.

---

### 피자집? 피잣집? 무엇이 맞을까요?

**카테고리** : 맞춤법
**출처** : 연세대학교 언어정보연구원
**등록일** : 2019-02-02
**조회수** : 2,581

**질문** : '피자집'? '피잣집'? 무엇이 맞을까요?
**답변** : '피자집'이 맞습니다. '싸고 맛있는 피자집 발견!'처럼 씁니다.

'피자'와 '집'이 결합할 때 [찝]으로 발음되어 사이시옷이 들어가야 한다고 생각하기 쉽습니다. 하지만 외래어가 포함된 합성어에는

> 사이시옷을 붙이지 않으므로 '피잣집(X)'이라고 쓰면 안 됩니다.
> 그럼 '핑크빛'일까요? '핑큿빛'일까요? '핑크'가 외래어이기 때
> 문에 사이시옷이 들어가지 않아 '핑크빛'이라고 써야 합니다.

(14가, 가', 가")은 '고유어+고유어'의 경우에 해당하고 (14나)는 '한자어+고유어'의 경우에 해당한다. (14다, 다', 다")은 '한자어+한자어'의 경우에 해당하고 (14라)는 '외래어+고유어'의 경우에 해당한다. 사이시옷을 표기할 수 있는 조건은 (7나①)에 제시된 바와 같이 '㉠ 고유어+고유어 ㉡ 고유어+한자어 ㉢ 한자어+고유어'의 세 가지뿐이므로 (14가, 가', 가"), (14나)는 사이시옷을 표기하는 것이 맞는 표기이고 이에 대해 (14다, 다', 다"), (14라)는 사이시옷을 표기하지 않는 것이 맞는 표기에 해당한다. 이처럼 어종과 관련된 질문이 많다는 것은 언중들이 사이시옷을 표기할 때 특히 어종과 관련하여 어려움을 겪는다는 것을 방증(傍證)한다.

다음의 글도 이러한 관점에서 음미할 가치가 있다.

(15)
> 프랑스 수학자 푸리에(1768~1830)의 저서 '열의 이론'(1822년)은 정보통신(IT) 산업의 수학적 기초를 세운 업적인데, 그 역사적 중요성에 관해 일본 수학자의 강연을 들은 적이 있다. 거의 200년이나 된 책이라 읽는 데 어려움이 없느냐고 물었더니 "프랑스어는 그동안 철자법이 거의 바뀌지 않아 쉽게 읽을 수 있다."는 대답을 듣고 상당히 놀란 일이 있다.
> 이에 반해 우리나라 수학 용어의 경우, '소수(小數)'와 발음이 같은 '소수(素數)'는 오랫동안 '솟수'로 표기해 왔다. 나아가 '초점'은 '촛점', '도수 분포'는 '돗수 분포', 일반 단어인 '내과'도 '냇과'로 표기하다 1988년부터 다시 '소수', '초점', '도수', '내과'로 되돌아갔다.
> 맞춤법이 불과 수십 년 만에 이렇게 왔다 갔다 하던 차에 최근에

는 교육인적자원부와 국립국어원이 '표준국어대사전'을 개정하면서 '사이시옷'에 관한 표기 기준을 통일하는 개정안을 마련했다고 한다. 이 기준에 의하면 지금까지 아무런 불편 없이 쓰여 온 상당수 수학·과학 용어에 '사이시옷'을 넣어 표기해야 한다. 그 요지는 다음과 같다.

첫째, 한자와 한자 사이에는 '사이시옷'을 쓰지 않는다. 즉 한자로만 결합돼 있는 '근사치'(近似値)는 사이시옷 없이 표기한다.

둘째, 한자와 우리말 사이에는 '사이시옷'을 넣어 표기한다. '근사값'(近似값)은 한자와 우리말이 결합돼 있으므로 '근삿값'으로 표기한다.

민족의 자랑인 말과 글을 지켜나가겠다는 관계 당국의 노력은 환영할 일이나 '함수'와 '함숫값', '초기'와 '초깃값'처럼 똑같은 용어의 표기가 일관성을 잃는다면 객관적 개념 유지가 생명인 수학 용어 표기에 커다란 혼란이 예상된다. 나아가 '대푯값, 극솟값, 최댓값' 등을 보면 글자 모양도 어색하고, '꼭지각, 단위길이'는 그대로 써야 할지 '꼭짓각, 단윗길이'로 써야 할지 아리송하다.

획일적인 기준에 맞추기 위해 걸핏하면 맞춤법을 손댈 일이 아니다. 특히 학술용어의 경우 별다른 혼란이 없는 한 관용적인 표기를 존중해 사이시옷을 쓰지 않는 것이 철자 경제상으로도 합리적이다. 200년은 고사하고 20년이 채 안 된 맞춤법 표기안을 또 바꾼다면 교과서를 비롯한 각종 사전 표기를 고쳐야 하는 경제적 부담 또한 결코 적지 않다.

관련 학회와 아무런 협의 없이 구시대적 행정 관행인 협조 공문 달랑 한 장으로 중대한 편수·학술용어를 바꾸려는 것도 어불성설이다. 대한수학회·한국물리학회·대한화학회 등 주요 기초과학 학회에는 국어를 사랑하는 학자들로 구성된 용어위원회가 있고, 한국학술단체총연합회도 한글 용어 사업을 매우 중시하고 있다.

따라서 국립국어원은 반드시 전문학자들과 사전에 충분히 협의해 신중하고도 합리적으로 학술용어 표기를 결정해야 한다. 북한의 과학 수준은 고립돼 상당히 낮은 수준이지만 학술용어 정비 사업에는 본받을 점이 적지 않다. 북한에선 어려운 한자 용어인 '이산'(離散)은 띄엄띄엄이라는 뜻에서 '띄엄'으로, '수식에서'를 나타내는 한자 용어 멱(冪)은 위치를 기준으로 '어깨수', 포물선은 (돌)'팔매선', '소수'(素數)는 '씨수'라고 표기하고 있다. 이런 정비가 처음에는 상당히 낯설게 보일 수도 있다. 그러나 곰곰이 생각하면 학술용어 정비에 고심을 거듭한 흔적이 역력하다. 타산지석이 될 만하다.

— <중앙일보(2007.3.12)>

(15)의 내용은, '근사치'와 '근삿값'은 어종에 따른 사이시옷 표기로 설명할 수 있지만 결과적으로는 동일한 의미를 가지는 부분이 '근사'와 '근삿'으로 표기가 바뀌어야 한다는 점을 받아들이기 어렵다는 것으로 요약할 수 있다. 이 역시 (14)와 마찬가지로 일반 언중뿐만이 아니라 전문가 집단에서도 어종에 따른 사이시옷 표기 여부를 받아들이는 것이 쉽지 않다는 것을 의미하는 것으로 해석할 수 있다.

## 1.2.3. 사잇소리 현상과 관련된 사이시옷 표기의 문제

이번에는 (7나②)의 조건과 관련된 사이시옷 표기의 문제에 대해 살펴보기로 한다. 전술한 바와 같이 사이시옷 표기는 사잇소리 현상을 전제로 한다. 그런데 사잇소리 현상은 그것이 일어나는 환경을 명시하기가 어렵기 때문에 전형적인 음운 변동의 하나로 간주하기 힘들다는 문제가 있다. 이러한 양상은 학교 문법에서도 그대로 반영되어 있다. 사잇소리 현상은 음운 변동과 무관하게 제시되기도 하고 경우에 따라서는 음운 변동에 포함시키되 '교체, 탈락, 축약, 첨가'의 어느 하나에 귀속되지 않기도 하였다가 일부

'첨가'로 다루는 경우가 있는 등 그 양상이 매우 복잡하게 전개되어 왔기 때문이다.16)

이러한 배경을 염두에 두고 여기서는 먼저 음운 변동에 대한 2009년『독서와 문법』교육 과정에서의 성취기준과 성취기준 해설을 살펴보기로 한다.

(16) 음운 변동에 대한 2009년『독서와 문법』성취기준과 성취기준 해설

> (6) 음운의 변동을 탐구하고 올바르게 발음하여 표기하는 생활을 한다.
> 　음운의 개념과 체계에 대한 이해를 바탕으로 주요 음운 변동 현상을 이해할 수 있다. 음운 변동의 유형은 기본적으로 교체, 탈락, 첨가, 축약으로 이해할 수 있으며, 음절의 끝소리 규칙, 비음화, 구개음화, 유음화, 된소리되기, 사잇소리 현상과 같은 개별 음운 변동 현상으로 이해할 수도 있다. 한글 맞춤법과 발음의 괴리를 보이는 자료를 통해 올바른 발음과 표기 생활을 실천하는 태도를 기르도록 한다. 독서와 관련하여 청자나 독자를 위하여 올바르게 발음하고 표기하는 생활의 중요성을 이해한다.

(16)의 성취기준과 성취기준 해설을 보면 여전히 '사잇소리 현상'이 음운 변동 현상으로 포함되어 있음을 볼 수 있다. 그러나 이를 문면 그대로 '사잇소리 현상'이 음운 변동의 하나로 간주되기 때문이라고 보는 데는 무리가 있다. '사잇소리 현상'은 '사이시옷 표기'와 관련이 있으므로 표기의 측면에서 사잇소리 현상이 포함되었을 가능성을 생각해 볼 수 있기 때문이다.17)

---

16) 1985년의『문법』을 국정단일 통일문법 1차라 한다면 2차는 1991년, 3차는 1996년이고 7차 교육 과정에 따른『문법』은 국정단일 통일문법 4차가 되는 셈이다. 1차와 2차는 성균관대학교 대동문화연구원에서, 3차와 4차는 서울대학교 사범대학 국어교육연구소에서 출간되었다. 이 과정에 대해서는 우선 남기심·고영근(2014 : 444-464)를 참고할 것. 그리고 이들 교과서 가운데 3차까지는 김민수 외(2009)에 실려 있고 4차는 김민수 외(2015)에 실려 있다. 이들 각각에 반영된 사잇소리 현상에 대한 자세한 교육 내용에 대해서는 심혜란(2018)에 잘 정리되어 있다.

17) (16)에서 제시된 음운 변동은 '교체, 탈락, 첨가, 축약'인데 이의 예로 제시된 '음절의 끝소

그런데 사잇소리 현상에 대해서는 그동안 꾸준하게 음운 변동 단원에서 제시되어 온 것과는 달리 2015년 가장 최근에 개정된 교육과정을 반영하고 있는 『언어와 매체』에서는 총 5종[18) 가운데 2종만 사잇소리 현상을 다루고 있다는 점에 주목할 필요가 있다. 이에 대한 성취기준을 제시하면 다음과 같다.

(17) 음운 변동에 대한 2015년 『언어와 매체』 성취기준

> [2-1] 실제 국어생활을 바탕으로 음운의 체계와 변동에 대해 탐구한다.

우선 (16)과는 달리 2015 『언어와 매체』 성취기준의 음운 변동 부분에는 성취기준 해설이 제시되어 있지 않다. 대신 '교수·학습 방법 및 유의 사항'에 다음과 같은 내용이 제시되어 있다.

(18) 음운 변동에 대한 교수·학습 방법 및 유의 사항

> ② 실제 국어생활을 바탕으로 음운의 체계와 변동을 탐구하는 내용을 지도할 때에는 모든 음운 변동을 학습할 필요는 없으며, 표준 발음법 등을 참고하되 실제 국어생활에 활용할 수 있는 사례를 중심으로 지도하도록 한다.

---

리 규칙, 비음화, 구개음화, 유음화, 된소리되기, 사잇소리 현상' 가운데 '된소리되기'까지는 교체에 해당한다. 이 외에 '탈락', '축약'의 예는 제시되어 있지 않으며 따라서 '사잇소리 현상'이 '교체'에 해당하는지 아니면 '첨가'에 해당하는지에 대한 판단은 이로서는 내리기 어려워 보인다.

18) 문법 교과서가 검인정 시대를 맞은 것은 1949년 5종부터이다. 그러다가 1963년 학교 문법 통일안에 따라 1966년에 중학문법 16종, 1968년 고등문법 13종이 발간되었고 1979년에는 고등문법만 5종이 발간되었다. 이러한 연혁을 보면 2012년 『독서와 문법 I 』 4종, 2014년 『독서와 문법』 6종, 2018년 『언어와 매체』 5종은 그리 많은 수라고 보기는 어렵다.

(18)에서 "모든 음운 변동을 학습할 필요는 없으며"라고 한 것은 음운 변동의 교육적 가치가 하락된 것이 아니라 『언어와 매체』라는 선택 과목이 나오게 된 특성과 관련이 있다고 보는 것이 더 타당해 보인다. 주지하는 바와 같이 독립적인 과목이었던 『문법』은 『독서와 문법Ⅰ, Ⅱ』에서부터 다른 과목과 '불편한 동거'를 보이기 시작하였고 그나마 분량의 축소까지 경험하게 된 『독서와 문법』 단권(單券) 체계는 학교 '문법'의 지위 하락을 의미하기에 충분하다고 판단된다. 그러다가 급기야 2015년 9월 발표된 교육 과정에서는, 『독서』는 다시 독립하였지만 '문법'은 『언어와 매체』라는 과목 속에서 '매체'와 짝을 이루어 내용으로만 존재하게 되었다. 그렇다면 순수히 분량의 문제 때문에 음운 변동 가운데 어떤 내용을 다루지 않을 것인가를 결정해야 할 필요가 있는데 이를 위해 참고할 수 있는 것이 고등학교 『국어』의 성취기준과 성취기준 해설이다.

(19) 음운 변동에 대한 고등학교 『국어』의 성취기준과 성취기준 해설

> [10국04-02] 음운의 변동을 탐구하여 올바르게 발음하고 표기한다.
> [10국04-02] 이 성취기준은 음운 변동에 내재된 원리와 규칙을 탐구하여 올바른 발음과 표기 생활을 하는 능력을 기르기 위해 설정하였다. 여러 가지 음운 변동 현상 중에서 발음 생활과 표기 생활에 미치는 영향이 큰 음운 변동에 초점을 맞추도록 한다. 비음화, 유음화, 된소리되기(경음화), 구개음화, 두음 법칙, 모음 탈락, 반모음 첨가, 거센소리되기(유기음화) 중에서 선택하여 다루되, 음운 변동 규칙에 대한 학습보다는 실제 발음 생활이나 표기 생활에 적용되는 사례를 중점적으로 다루도록 한다.

(19)의 내용을 보면 음운 변동의 예 가운데 '사잇소리 현상'은 누락되어 있다. 따라서 이를 기준으로 전 5종의 『언어와 매체』 가운데 2종만 '사잇소리

현상'을 다루고 있는 것을 이해할 수 있다. 그나마 2종은 '사잇소리 현상'이 필수 과목인 고등학교 『국어』에서 다루어지지 않고 있기 때문에 이를 다루고 있는 것이라고 해석할 수도 있다.

　이처럼 '사잇소리 현상'은 그 실체에 대한 다양한 해석 때문에 교육 과정에 포함시키기도 하고 그렇지 않기도 한 것이라고 할 수 있다. 무엇보다도 이는 사잇소리 현상이 예측되지 않는 측면이 있다는 점에 그 원인이 있다고 할 수 있는데 이러한 관점에서 국립국어연구원(2003)에서 가져온 다음의 몇 가지 예들은 시사하는 바 크다고 할 수 있다.

(20) 국립국어연구원(2003)의 사잇소리 관련 단어 발음 실태 조사

| 단어 | 발음 | 제보자 수 | 비율 | 표준 발음 |
|---|---|---|---|---|
| 돌담 | 평음 | 132 | 37.71% | √ |
| | 경음 | 218 | 62.29% | |
| 산들바람 | 평음 | 170 | 48.57% | √ |
| | 경음 | 180 | 51.43% | |
| 동아줄 | 평음 | 43 | 12.29% | √ |
| | 경음 | 307 | 70.00% | |
| 막냇동생 | 평음 | 223 | 63.71% | |
| | 경음 | 123 | 35.14% | √ |
| | 기타 | 4 | 1.14% | |
| 날갯짓 | 평음 | 222 | 63.43% | |
| | 경음 | 128 | 36.57% | √ |
| 감방 | 평음 | 128 | 36.57% | √ |
| | 경음 | 222 | 63.43% | |
| 반창고 | 평음 | 82 | 23.43% | √ |
| | 경음 | 257 | 73.43% | |
| | 기타 | 11 | 3.14% | |
| 머리말 | [머리말] | 53 | 15.14% | √ |
| | [머린말] | 297 | 84.86% | |
| 인사말 | [인사말] | 40 | 11.43% | √ |
| | [인산말] | 310 | 88.57% | |

(20)에 제시된 예들 가운데 '돌담'에서부터 '반창고'까지는 사잇소리 현상 가운데 경음화와 관련이 있고 '머리말', '인사말' 두 단어는 'ㄴ' 첨가와 관련이 있다. 그런데 이들 모두는 맨 오른쪽의 표준 발음을 참고해 보면 실제 발음 실태 조사와 모두 상반되는 결과를 보이고 있다는 점에서 흥미를 끈다.

이를 앞서 제시한 (7)의 표기 조건과 관련하여 살펴보면 '돌담', '산들바람', '감방', '반창고'는 선행 요소가 모음이 아니라 자음으로 끝나고 있으므로 표기만 보아서는 사잇소리 현상이 실현될지 여부가 모호하다고 할 수 있다. 그러나 '동아줄'은 선행 요소가 모음으로 끝나고 있고 사이시옷이 표기되어 있지 않은데도 사잇소리 현상이 실현되는 경우가 압도적으로 높고 이에 비해 '막냇동생'과 '날갯짓'은 사이시옷이 표기되어 있어 사잇소리 현상이 실현된다는 것을 반영하고 있는데도 불구하고 사잇소리 현상이 실현되지 않는다고 대답한 경우가 훨씬 더 높다.[19] '동아줄', '막냇동생, 날갯짓'이 사잇소리 현상 가운데 경음화와 관련이 있다면 '머리말, 인사말'은 'ㄴ' 첨가와 관련이 있는 것으로서 표준 발음과 불일치를 보이는 경우에 해당한다. 이 역시 선행 요소가 모음으로 끝나고 사이시옷을 적지 않고 있으므로 사잇소리 현상이 실현되지 말아야 하는데 실제로는 사잇소리 현상이 압도적으로 더 많이 실현된다는 점에서 흥미를 끈다.[20]

네이버 국어사전의 <우리말 바로쓰기> 코너에 올라온 다음 글들도 사잇소리 현상과 사이시옷 표기와 관련하여 살펴볼 필요가 있어 보인다.

---

19) 이는 곧 표기에서도 '막냇동생', '날갯짓'을 '막내동생', '날개짓'으로 적는 경우가 적지 않게 나타난다는 것을 의미하는 것이기도 하다.
20) 이는 곧 표기에서 '막내동생', '날개짓'과는 반대로 '머릿말', '인삿말'로 적는 경우가 적지 않게 나타난다는 것을 의미하는 것이다.

(21)

> ### 아래층? 아랫층? 무엇이 맞을까요?
>
> **카테고리** : 맞춤법
> **출처** : 연세대학교 언어정보연구원
> **등록일** : 2019-02-02
> **조회수** : 3,896
>
> **질문** : 아래층? 아랫층? 무엇이 맞을까요?
> **답변** : '아래층'이 맞습니다. '아래층 천장 누수', '아래층에 새로 이사 온 사람'처럼 씁니다. 한글 맞춤법 제30항에 따라 순우리말로 된 합성어로 앞말이 모음으로 끝나는 경우 사이시옷을 적어야 합니다. 하지만 뒤 단어의 첫소리가 된소리나 거센소리일 경우 사이시옷을 붙이지 않습니다. 이에 따라 순우리말 '아래층'의 뒤 단어 '층'의 첫소리도 거센소리 'ㅊ'이기 때문에 사이시옷을 적지 않습니다.
>     그럼 '위층'일까요 '윗층'일까요? 뒷말이 거센소리 'ㅊ'으로 시작하니 '위층'이 맞겠죠?

    사잇소리 현상은 경음화나 'ㄴ' 첨가와 관련이 있고 경음화는 격음 즉 거센소리에는 적용될 수 없으므로 (21)에서의 '아래층'과 '아랫층'은 혼동의 여지가 없어야 하는데 언중들이 혼동한다는 것은 사잇소리 현상과 이에 따른 사이시옷 표기의 관련성을 잘 인지하고 있지 못하다는 것을 의미한다.[21]

    이러한 사실은 적지 않은 단어들에서 사잇소리 현상이 수의적으로 실현될 뿐만 아니라 경우에 따라서는 현실 규범과 역전되는 현상도 드물지 않다는

---

21) '뒤풀이'도 '아래층'과 동일한 조건이므로 '뒷풀이'와 혼동될 수 없는데 '뒷풀이'라는 표기가 적지 않는 것도 이러한 현상과 관련이 있다. 다만 '뒷'은 최근 '웃-', '숫-'과 같은 접두사화의 경향을 보인다는 점에서 이러한 현상을 이해하는 것은 가능하다. 이에 대해서는 후술하는 4장에서도 특히 사이시옷 표기 정확도가 높다는 측면에서 주목하고 있으나 그 특성에 대해서는 별도의 자리에서 종합적인 논의가 필요한 부분이라고 할 수 있다.

것으로 요약할 수 있고 사잇소리 현상 속의 사이시옷 표기의 문제가 매우 혼돈의 상태에 있다는 것을 의미하기에 충분하다.

이러한 관점에서 다음에 제시하는 보도 자료는 흥미로운 측면이 있다.

(22) 도로명의 사이시옷 표기 원칙에 대한 보도 자료

### 도로명(○○길)의 사이시옷 표기 원칙(2001년 8월 17일)

국립국어연구원에서는 지난 6월 20일 도로명(○○길)의 사이시옷 표기에 관한 공청회를 개최한 바 있습니다. 그 이후 공청회에서 논의되었던 사항들은 8월 4일 국어심의회에서 다시 한 번 심의를 거친 후 다음과 같이 도로명의 사이시옷 표기 원칙으로 확정되었습니다.

**원칙** '새주소 부여사업'의 하나로 새로 명명하고 있는 도로명 고유명사 '○○길'에는 사이시옷을 받쳐 적지 않는다.

| 기존의 표기 | 결정 사항에 따른 표기 |
|---|---|
| 개나리길/개나릿길 | 개나리길 |
| 경찰서길/경찰섯길 | 경찰서길 |
| ○○여고길/○○여곳길 | ○○여고길 |

**해설** '○○길'의 발음을 [○○낄]로 표준화하고, 복합어로 처리하여 사이시옷을 받쳐 적자는 주장도 제기되었으나, 다음과 같은 이유로 '○○길'에 사이시옷을 받쳐 적지 않는다.

첫째, 새로 이름붙이는 도로명이기 때문에 현실 발음이 된소리라고 할 기존의 명확한 증거를 찾기 어렵다.

둘째, 복합어에서만 된소리가 생기는 것이 아니라 구에서도 된소리 발음이 날 수 있다.

셋째, 도로명 '○○길'은 '개나리길', '개나리1길', '개나리2길'과 같이 '○○'+'길'로 분리되는 성질이 있어 구로 보는 것이 타당하다.

넷째, '○○길'은 한글 맞춤법 제49 항에서 규정하고 있는 고유 명사에 속한다고 할 수 있으므로 띄어 쓰는 것이 원칙이되 붙일 수도 있다. 이러한 유형으로 아래와 같은 고유 명사를 들 수 있는데 '○○+길'도 보통 명사와 보통 명사가 결합하여 고유 명사로 된 같은 유형의 것이다.

> 예 :   대한중학교      청마고등학교      피리유치원
>        한마음아파트     장미아파트        소라아파트
>        소망교회         동대구시장        청마루식당
>
> 위와 같은 국어심의회의 다수 의견에 따라 '○○길'은 사이시옷을 받쳐
> 적지 않는다.

(22)는 '~길'로 도로명을 지을 때 '길'이 '[낄]'로 발음이 나는 사잇소리 현상을 어떻게 표기에 반영할 것인가에 대한 고민의 결과라 할 수 있다. 그 내용은 '길'이 붙은 도로명을 단어가 아닌 구로 판단하여 사잇소리 현상이 나타나더라도 사이시옷을 밝히지 말자는 것인데 이를 위해 공청회뿐만이 아니라 국어심의회까지 개최하였다는 사실은 사이시옷의 표기에 대한 문제의 심각성을 역설적으로 보여 주는 것이라 할 수 있다.[22)]

이러한 관점에서 최근에 인터넷에 게시된 사이시옷 표기에 대한 다음 글을 살펴보기로 하자.

(23) "'사이시옷(ㅅ)' 넣기"라는 제목의 인터넷 기사 글

> 한글에서 자주 헷갈려 하는 것이 두 말 사이에 들어가는 사이시옷의 필요 유무이다.
> 정답은 다음과 같다. 한글 맞춤법 규정에 따르되 맞춤법 규정

---

22) (22)의 내용을 보면 '~길'을 단어가 아니라 구로 보면서 이를 고유 명사에 준하여 처리한다는 점을 밝히고 있다. 구인데도 고유 명사의 경우는 붙여쓰기를 할 수 있으므로 이러한 경우로 '~길' 결합 도로명을 처리한다는 것이다. 그러나 최근에 널리 쓰이고 있는 '둘레길'은 이러한 경우에 해당하지 않는다는 점에서 '둘렛길'의 표기를 피하기 어렵다. 그러나 실제적으로는 '둘레길'의 쓰임이 적지 않음에도 불구하고 아직까지 『표준국어대사전』은 물론 신어에 대해 매우 개방적인 『우리말샘』에도 등재되어 있지 않다. '둘레길'과 '둘렛길' 가운데 어느 표기로 귀착이 될지 매우 흥미롭지 않을 수 없다. 결국 '둘레길' 혹은 '둘렛길'은 사전에 등재되어 있지 않은 미등재어의 지위를 가지고 있는데 이에 대한 구체적인 실태 조사 결과는 5장에서 살펴보기로 한다.

에 따를 경우, 발음이 부자연스러운 때에는 사이시옷을 빼도 무방
하다.

한글맞춤법 규정은 다음과 같은 경우에 사이시옷을 넣도록 하
고 있다.

첫째, 두 말의 합성어 사이에 사이시옷을 넣는다.

둘째, 합성어이면서 다음과 같은 음운론적 현상이 나타나야
한다.

- 뒷말의 첫소리가 된소리로 난다.(바닷가, 뱃길, 귓병, 텃세)
- 뒷말의 첫소리 'ㄴ, ㅁ' 앞에서 'ㄴ' 소리가 덧난다.(아랫니, 냇
  물, 곗날, 양칫물)
- 뒷말의 첫소리 모음 앞에서 'ㄴㄴ' 소리가 덧난다.(뒷일, 깻잎,
  예삿일, 훗일)

이러한 두 가지 요건을 갖추더라도 한 가지 요건이 더 필요
하다. 합성어를 이루는 구성 요소 중에 적어도 하나는 고유어
이어야 하고 구성 요소 중에 외래어가 없어야 한다는 것이다.

구성 요소가 모두 한자어이면 '곳간(庫間), 셋방(貰房), 숫자(數
字), 찻간(車間), 툇간(退間), 횟수(回數)'의 여섯 단어를 제외하고는
사이시옷이 들어가지 않는다. 또한 구성 요소 중에 외래어가 하나
라도 있으면 '핑크빛' '피자집'처럼 예외적으로 사이시옷이 들어가
지 않는다.

한글맞춤법 규정에 따르면 '절댓값, 등굣길, 맥줏집, 장밋빛, 혼
잣말, 만둣국, 고양잇과'는 사이시옷을 넣어 써야 한다. 하지만 오
히려 '절대값, 등교길, 맥주집, 장미빛, 혼자말, 만두국, 고양이과'와
같이 사이시옷이 없는 표기가 더 많이 쓰인다.

이럴 때에는 한글 맞춤법 규정을 무시하고 발음을 우선해 사이
시옷을 넣지 않고 쓰는 것이 좋다.

　　　　　　　　　　　　　　　　　　－〈뉴스와이어, 2021년 1월 22일〉

(23)의 주된 내용은, 겉으로는 사이시옷 표기의 원칙을 설명하는 것으로

보이지만 우리의 주목을 끄는 것은 하단의 "하지만 오히려 '절대값, 등교길, 맥주집, 장미빛, 혼자말, 만두국, 고양이과'와 같이 사이시옷이 없는 표기가 더 많이 쓰인다. 이럴 때에는 한글맞춤법 규정을 무시하고 발음을 우선해 사이시옷을 넣지 않고 쓰는 것이 좋다."라는 부분이다. 사이시옷이 없는 표기가 더 많이 쓰이는 것을 '발음을 우선해'와 관련시키는 것은 사이시옷 표기에 대한 이해가 쉽지 않은 문제임을 단적으로 보여 준다. 보다 정확하게는 '절대값'이 [절때갑]이 아니라 [절때갑]으로 발음되어야 이러한 얘기를 할 수 있기 때문이다. 그러나 만약 [절때갑]이 아니라 [절때깝]으로 발음이 된다면 '한글 맞춤법 규정을 무시'할 수는 없는 일이다.[23]

## 1.3. 『한글 맞춤법 영향 평가』에서의 사이시옷 표기

그렇다면 언중들의 사잇소리 현상과 사이시옷 표기에 대한 인식이 어떠한지 보다 구체적으로 살펴볼 필요가 있다. 이를 위해 참고할 필요가 있는 것은 국립국어원(2014)이다. 국립국어원(2014)는 『한글 맞춤법 영향 평가』라는 이름을 달고 있다. 국립국어원(2014 : 1)에서는 이의 본질적 목적과 실질적 목표에 대해 다음과 같이 기술하고 있다.

(24) <한글 맞춤법>에 대한 영향 평가는 2005년 7월에 새로 도입된 제도인 어문 규범 영향 평가에 근거한다. 국어 기본법 제12조에서는 "문화체육관광부장관은 어문규범이 국민의 국어 사용에 미치는 영향과 어문규범의 현실성 및 합리성 등을 평가하여 정책에 반영하여야 한다."라는 내용

---

23) 이는 표기와 발음의 괴리를 보여 주는 것으로도 해석이 가능하다. 발음으로는 된소리가 실현되어 사이시옷 표기의 조건을 만족하더라도 실제로는 사이시옷을 표기하지 않는 경향이 높은 것으로 해석이 가능하기 때문이다. 이처럼 발음과 표기의 관계에 대해서는 5장에서 실태 조사를 통해 구체적으로 다루기로 한다.

을 명기하고 있다. 한글 맞춤법 영향 평가는 이 조항에 근거하여 <한글 맞춤법>이 국민의 국어 생활에 미치는 영향을 밝히고, 개별 조항 또는 규범 관리 방법의 개선 방향을 도출하는 작업을 포함해야 한다. 또한 <한글 맞춤법>에 대한 국민의 변화된 인식을 분석하고, 실제 사용 실태를 조사하며, 북한을 포함한 외국의 다양한 표기 관련 정책을 정리해야 한다. 이 같은 작업은 <한글 맞춤법> 개선안 마련의 기초 자료가 된다. 결국 본 과업의 본질적 목적은 <한글 맞춤법> 개선안 마련을 위한 기초 자료 확보이다. 이를 위해서 <한글 맞춤법>에 대한 전문가 및 일반인의 의식을 조사하고, 정연한 조사 방법론에 근거하여 개별 조항에 대한 실태 조사를 실시하며, 외국(북한 포함)의 자국어 표기 규범 관련 정책을 조사·연구하여 <한글 맞춤법> 규범의 관리 방법 개선 여부 및 개선 방향을 제시하고, 관련 학술 발표회를 개최하여 우리의 논의를 공론화 하는 것을 실질적 목표로 설정할 수 있다.

 이러한 목적과 목표를 달성하기 위해 국립국어원(2014)에서는 <한글 맞춤법> 조항에 대한 일반인과 전문인의 의식을 조사하였다.

 먼저 일반인의 경우는 만13세부터 69세 이하 1,025명을 대상으로 의식 조사를 인식도, 이해도, 수용도로 나누어 실시하였다. 인식도 조사는, 총 30문항 중 1번부터 7번 문항이 인식도 조사 문항이었다. 인식도 조사에서는 <한글 맞춤법> 규정의 존재에 대한 인식, 규정의 공적 효력에 대한 인식, 규정의 필요성에 대한 인식, <한글 맞춤법>의 교육 경험 여부, 규정 준수 노력 등을 대상으로 하였다.

 이해도와 수용도의 경우는 8번부터 30번까지의 동일한 문항과 동일한 조항에 대하여 '이 조항이 이해하기 쉬우십니까?'라는 질문으로 이해도 조사를, '이 조항의 내용대로 실제 한글 표기를 하십니까?'라는 질문으로 수용도 조사를 진행하였다.

 사이시옷 표기와 관련된 것은 다음의 두 문항이다.

(25) 가.

나.

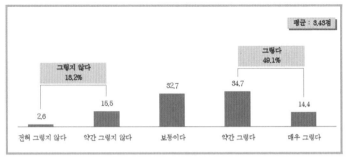

그리고 이에 대해 먼저 (25가)에 대한 이해도와 수용도는 다음과 같은 결과를 보인 것으로 조사되었다.

(26) 가. (25가)에 대한 이해도

나. (25가)에 대한 수용도

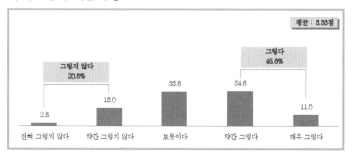

그리고 (25나)에 대한 이해도와 수용도는 다음과 같다.

(27) 가. (25나)에 대한 이해도

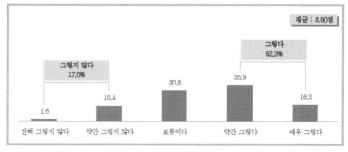

나. (25나)에 대한 수용도

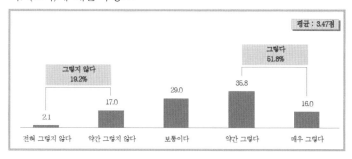

이러한 조사 결과가 의미하는 바를 보다 구체적으로 이해하기 위해 먼저
이해도 조사 중 '그렇다'의 응답률 상위 5문항에 해당하는 조항과 '그렇지

않다'의 응답률 하위 5문항에 해당하는 조항을 제시하면 다음과 같다.

(28) 가. 이해도 조사 중 '그렇다'의 응답률 상위 5문항에 해당하는 조항

> 1. 제2항(총칙-단어 띄어쓰기) -74.9%
>
> 2. 제11항(두음 법칙) - 71.2%
>
> 3. 제1항(총칙-원리) - 66.9%
>
> 4. 제9항('ㅢ'의 표기) - 66.4%
>
> 5. 제15항-붙임1-(2)(합성 용언의 표기) - 65.6%

나. 이해도 조사 중 '그렇지 않다'의 응답률 상위 5문항에 해당하는 조항

> 1. 제47항(보조 용언의 띄어쓰기) - 20.3%
>
> 2. 제40항-붙임 2(어간 '하'의 탈락 표기(생각건대)) - 19.3%
>
> 3. 제50항(전문 용어의 띄어쓰기) - 19.0%
>
> 4. 제39항('잖'과 '찮'의 준말 표기) - 18.6%
>
> 5. 제30항-2-(1)(사이시옷) - 18.2%

(28가, 나)의 결과는 단어의 띄어쓰기, 두음 법칙, 맞춤법 원리, 'ㅢ'의 표기, 합성 용언의 표기 맞춤법 조항은 이해가 잘되지만, 보조 용언의 띄어쓰기, 어간 '하'의 준말 표기, 전문 용어의 띄어쓰기, '잖'과 '찮'의 준말 표기, 사이시옷 표기의 맞춤법 조항은 이해가 잘 안 된다는 것으로 요약할 수 있다.

다음으로 한글 맞춤법 조항대로 한글 표기 생활을 하는지를 묻는 수용도 조사 중 '그렇다'의 응답률 상위 5문항에 해당하는 조항과 '그렇지 않다'의 응답률 하위 5문항에 해당하는 조항을 제시하면 다음과 같다.

(29) 가. 수용도 조사 중 '그렇다'의 응답률 상위 5문항에 해당하는 조항

> 1. 제15항-붙임1-(2)(합성 용언의 표기) - 69.2%
>
> 2. 제9항('ㅢ'의 표기) - 69.1%
>
> 2. 제11항(두음 법칙) - 69.1%
>
> 4. 제2항(총칙 -단어 띄어쓰기) - 68.8%
>
> 5. 제5항(된소리의 표기) - 64.8%

나. 수용도 조사 중 '그렇지 않다'의 응답률 상위 5문항에 해당하는 조항

> 1. 제43항(단위 명사의 띄어쓰기) - 25.0%
>
> 2. 제50항(전문 용어의 띄어쓰기) - 23.9%
>
> 3. 제40항-붙임2(어간 '하'의 탈락 표기(생각건대)) - 22.6%
>
> 4. 제47항(보조 용언의 띄어쓰기) - 22.4%
>
> 5. 제30항-2-(1)(사이시옷) - 20.8%

(29가, 나)의 결과는 한글 표기 생활에서 잘 지키고 있는 맞춤법 조항으로는 합성 용언의 표기, 'ㅢ'의 표기, 두음 법칙, 단어 띄어쓰기, 된소리 표기 등이 상위를 차지하고 있으며 그에 비해서 단위 명사 띄어쓰기, 어간 '하'의 탈락 표기, 보조 용언의 띄어쓰기, 사이시옷 표기 등은 제대로 한글 표기 생활을 하지 못하는 것임을 의미한다.

(28)과 (29)를 종합하면 맞춤법 조항도 이해가 잘되고 실제 한글 표기 생활도 그렇게 하는, 즉 이해도와 수용도가 모두 높은 조항은 '단어 띄어쓰기, 두음 법칙, 'ㅢ'의 표기, 합성 용언의 표기' 항목임에 비해 반대로 이해도와 수용도가 공통적으로 모두 낮은 맞춤법 조항은 '보조 용언의 띄어쓰기, 어간 '하'의 탈락 표기('생각건대'), 전문 용어의 띄어쓰기, 사이시옷 표기' 항목임을 나타낸다. 그런데 여기에서 이 책의 관심사인 사이시옷 표기에 집중해 보면 (28나)와 (29나)를 볼 때 사이시옷 표기에 대한 이해도와 수용도에서 모두 최하위를 나타내고 있다는 점에 주목할 필요가 있는 것이다.[24]

그렇다면 사이시옷 표기 규정에 대한 전문가 53명의 견해는 어떠할지 살펴보기로 한다. 전문가에 대한 설문 조사는 모두 2차에 걸쳐 이루어졌다. 1차 조사 가운데 우선 전문가용 설문 문항은 다음과 같다.

(30) 전문가를 대상으로 한 사이시옷 표기 조항에 대한 설문 내용

> 4-1. 한글 맞춤법 제30항은 사이시옷에 대한 것입니다. 이 조항의 내용을 수정할 필요가
>    다고 생각하십니까?
>
>    ① 전혀 그렇지 않다. ② 그렇지 않다. ③ 보통이다. ④ 조금 그렇다. ⑤ 매우 그렇다.

이에 대한 답변 결과는 다음과 같다.

(31) 사이시옷 표기 조항에 대한 전문가의 답변

| 구분 | ① | ② | ③ | ④ | ⑤ | 무응답 |
|---|---|---|---|---|---|---|
| 국어학자 | 0 | 2 | 1 | 3 | 4 | |
| 언론인 | 1 | 4 | 1 | 3 | 2 | |
| 출판인 | 1 | 4 | 1 | 4 | 1 | |
| 교사 | 1 | 0 | 1 | 6 | 2 | |
| 정책가 | 0 | 1 | 1 | 5 | 2 | 1 |
| 총계 | 3 | 11 | 5 | 21 | 11 | 1 |
| 비율(%) | 5.7 | 22.6 | 9.4 | 39.6 | 20.8 | 1.9 |

분석 결과 전체 응답자 중 28.3%(14명)가 수정할 필요가 없다고 응답한 반면, 60.4%(32명)가 수정할 필요가 있다고 대답하여 수정하자는 의견이 수정이 불필요하다는 의견보다 2배 이상 높다는 것을 알 수 있다. 집단별로는 국어학자와 교사, 국어정책 전문가의 경우에는 사이시옷 규정을 수정할 필요

---

24) 국립국어원(2014)는 이러한 결과를 성별, 연령별, 지역별, 직업별로도 나누어 분석하고 있다. 이에 대해서는 국립국어원(2014 : 49-50)을 참고할 것.

가 있다는 의견이 압도적으로 높았고 언론인과 출판인의 경우에는 수정할 필요가 있다는 의견과 수정할 필요가 없다는 의견이 대등하게 나타나고 있음을 살펴볼 수 있다.

이러한 결과가 의미하는 바를 보다 정확하게 살펴보기 위해 수정 의견이 높은 조항과 낮은 조항을 순위로 제시해 보면 다음과 같다.

(32) 가. 수정 의견이 높은 조항

> 1. 제30항(사이시옷) - 60.4%
> 2. 제41항~제50항 (띄어쓰기) - 56.6%
> 3. 제51항(부사 파생 접미사 '-이', '-히' 표기) - 50.9%
> 4. 제10항~제12항(두음 법칙) - 49.0%

나. 수정 의견이 낮은 조항

> 1. 제1항~제3항(총칙) - 26.4%
> 2. 제4항(한글 자모) - 28.3%

(32가, 나)를 보면 사이시옷 규정에 대한 수정 의견 60.4%는 <한글 맞춤법> 조항 가운데 가장 높은 수치임을 알 수 있고 이러한 결과는 앞서 언급한 일반인의 사이시옷 표기 조항에 대한 이해도, 수용도 결과와 정확하게 일치하는 결과라는 사실은 시사하는 바 매우 크다고 할 수 있다.

한편 국립국어원(2014 : 85)의 1차 조사에서는 사이시옷과 관련한 서술형 문항도 포함되어 있는데 이에 대한 의견을 다음과 같이 정리하고 있다.

(33) 사이시옷과 관련한 서술형 답변
　　　가. 사이시옷 표기를 없애거나 최대한 간략화해야 한다.
　　　나. 띄어쓰기처럼 이중 표기가 가능하도록 해야 한다.
　　　다. 합성어에서 고유어가 선행 요소일 때만 사이시옷을 적도록 해야 한다.

라. 의미 변별 효과가 있을 때만 사이시옷을 사용하도록 해야 한다.

예 : 고깃배-고기배, 나뭇집-나무집

마. 한자어의 예외 규정을 없애거나 예를 더 추가해야 한다.

바. 파생어의 사이시옷 표기도 논의해야 한다.

사. 외래어와 순우리말이 결합한 합성어에도 사이시옷을 표기하도록 해야 한다.

그리고 이에 대해 다음과 같은 설명을 덧붙이고 있다.

(34)  사이시옷 표기에 대한 설명이 복잡하고 이를 따를 때 '등굣길, 만둣국, 채솟값'과 같이 어색한 표기가 도출되므로 아예 사이시옷 자체를 적지 않도록 하거나 최소한의 경우에만 사이시옷을 적도록 해야 한다는 주장이 많았다. 이러한 어색한 표기를 피하기 위해 일부 띄어쓰기 규정에서처럼 사이시옷을 적은 표기와 적지 않은 표기를 모두 인정하자는 주장도 있었다.

사이시옷 표기를 최소화하는 방안으로는 합성어에서 선행 요소가 고유어일 때만 사이시옷을 적도록 하자는 방안이 제시되었다. 이렇게 하면 전통적으로 사이시옷을 적어 표기했던 '나뭇잎, 냇가, 귓병' 등의 표기는 그대로 유지되고 어색하게 느껴지던 '전셋집, 등굣길, 만둣국' 등은 '전세집, 등교길, 만두국'이 되어 거부감을 줄일 수 있다는 것이다. 또한 '고깃배-고기배, 나뭇집-나무집'처럼 사이시옷을 통해 의미를 변별해 줄 수 있는 경우에만 사이시옷을 표기하자는 주장도 제기되었다.

한자어 중 '곳간, 셋방, 숫자, 찻간, 툇간, 횟수'만 사이시옷을 적을 수 있도록 한 점에 대해서 비판 의견이 많았다. 일부 응답자들은 아예 한자어에는 사이시옷을 적지 않도록 하자는 의견을 제시했고, 일부 응답자들은 반대로 사이시옷을 적을 수 있는 한자어의 목록을 더 추가하자는 의견을 제시했다. 더 다양한 환경에서 사이시옷을 적을 수 있도록 해야 한다는 의견도 있었다. 합성어뿐만 아니라 파생어에서도 사이시옷을 적는 문제를 검토해야 한다는 의견과 외래어와 순우리말이 결합한

합성어에도 사이시옷을 적도록 해야 한다는 의견이 있었다. 이 의견대
로라면 '햇님, 핑큿빛'과 같은 표기가 가능해질 것이다.

(33)과 (34)를 보면 현행 사이시옷 표기에 대한 규정에 수정이 필요하다는
인식에는 어느 정도 공감대를 이루고 있지만 그 구체적인 해법에 대해서는
견해가 갈리고 있음을 볼 수 있다.

전문가를 대상으로 한 2차 조사는 한글 맞춤법의 구체적인 조항에 대하여
기존의 연구에서 많이 논의가 되었던 주장에 대한 응답자의 동의 여부를
묻는 문항과 한글 맞춤법의 전반에 관한 의견 중 두드러지게 나타나는 주장
에 대한 동의 여부를 묻는 문항, 도합 20개로 이루어져 있다. 그 가운데 사이
시옷 표기에 대한 문항을 제시하면 다음과 같다.

(35) 가.

> 7. 순우리말과 한자어로 이루어진 합성어에서 사이시옷을 쓰지 말자는 주장
>
> 제30항 사이시옷은 다음과 같은 경우에 받치어 적는다.
>   2. 순우리말과 한자어로 된 합성어로서 앞말이 모음으로 끝난 경우
>   (1) 뒷말의 첫소리가 된소리로 나는 것
>   ● 귓병  머릿방  뱃병  봇둑  사잣밥  샛강  아랫방  자릿세  전셋집
>   ● 찻잔  찻종  촛국  콧병  탯줄  텃세  핏기  햇수  횟가루  횟배
>
> 이것은 합성어에서 사이시옷을 받치어 적는 규정입니다. 현행 사이시옷 규정을 준수하면, '한자어+고유
> 어' 구성에서 사잇소리 현상이 일어날 경우에는 '절댓값, 최댓값, 최솟값, 만둣국, 등굣길' 등과 같이 한자
> 어 부분에 사이시옷을 받치어 적어야 합니다. 그런데 이에 대해 사이시옷 없는 표기가 단어 구성 요소의
> 의미를 더 잘 파악하게 해 주며 '내과, 소수점'과 같은 한자어에서는 사이시옷을 적지 않는 한글 맞춤법의
> 취지에 어긋나기 때문에 '절대값, 최대값, 최소값, 만두국, 등교길'과 같이 '한자어+고유어' 구성에서는 사
> 이시옷을 적지 않도록 하자는 주장이 있습니다. 이에 대하여 동의하십니까?

나.

> 8. 한자어의 사이시옷 표기를 여섯 개로 한정하지 말고 늘리자는 주장
>
> 제30항 사이시옷은 다음과 같은 경우에 받치어 적는다.
>   3. 두 음절로 된 다음 한자어
>       곳간(庫間)  셋방(貰房)  숫자(數字)  찻간(車間)  툇간(退間)  횟수(回數)
>
> 이것은 사이시옷을 받치어 적는 한자어를 여섯 개로 한정해 놓은 규정입니다. 이에 따르면 '개수(改修), 초
> 점(焦點), 내과(內科)' 등은 사잇소리 현상이 일어나는데도 사이시옷을 받치어 적을 수 없습니다. 따라서 한자
> 어의 사이시옷 표기를 여섯 개에 한정하지 말고 늘리자는 주장이 있습니다. 이에 대하여 동의하십니까?

다.

> 9. 한자어의 사이시옷 표기를 없애자는 주장
>
> > 제30항 사이시옷은 다음과 같은 경우에 받치어 적는다.
> >   3. 두 음절로 된 다음 한자어
> >      곳간(庫間)  셋방(貰房)  숫자(數字)  찻간(車間)  툇간(退間)  횟수(回數)
>
> 한자어의 사이시옷 표기를 아예 없애자는 주장이 있습니다. '개수(改修), 초점(焦點), 내과(內科)' 등에서는 사이소리 현상이 일어나는데도 사이시옷을 받쳐 적지 않는 것처럼 위의 여섯 개 한자어도 사이시옷 표기를 하지 말자는 것입니다. 이에 대하여 동의하십니까?

이들 세 주장에 대한 조사 결과를 제시하면 다음과 같다.

(36) 가. (35가)의 주장에 대한 조사 결과

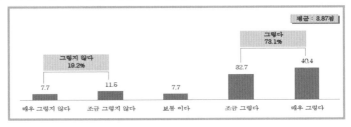

나. (35나)의 주장에 대한 조사 결과

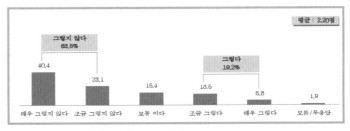

다. (35다)의 주장에 대한 조사 결과

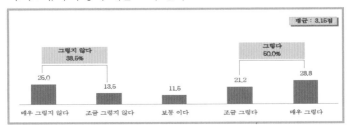

(36가)를 보면 순우리말과 한자어로 이루어진 합성어에서 사이시옷을 쓰지 말자는 주장에 동의하는지를 물은 결과, '그렇다'는 응답(73.1%)이 '그렇지 않다'는 응답(19.2%)보다 53.9%p 높게 나타나고 있음을 알 수 있다. (36나)를 보면 한자어의 사이시옷 표기를 여섯 개로 한정하지 말고 늘리자는 주장에 동의하는지를 물은 결과, '그렇지 않다'는 응답(63.5%)이 '그렇다'는 응답 (19.2%)보다 44.3%p 높게 나타나고 있음을 볼 수 있다. (36다)를 보면 한자어의 사이시옷 표기를 없애자는 주장에 동의하는지를 물은 결과, '그렇다'는 응답(50.0%)이 '그렇지 않다'는 응답(38.5%)보다 11.5%p 높게 나타나고 있음을 알 수 있다. 이러한 대답들은 적어도 현행보다 사이시옷 표기를 줄이자는 것으로 수렴이 가능하다는 점에서 (33)과 (34)의 견해들을 이해할 수 있음을 의미한다.

한편 국립국어원(2014 : 210)에서는 <한글 맞춤법> 개별 조항별 오류 빈도 상위 10개를 정리하여 다음과 같이 제시하고 있다.[25]

(37)  <한글 맞춤법> 개별 조항별 오류 빈도순

| 순위 | 관련 조항 | 내용 | 빈도 | 백분율 |
|---|---|---|---|---|
| 1 | 제30항 | 사이시옷 | 228 | 31.93% |
| 2 | 제15항 | 용언의 어간과 어미 구별 | 73 | 10.22% |
| 3 | 제18항 | 용언의 활용 | 70 | 9.80% |
| 4 | 제11항 | 두음 법칙 : 한자어 어두 /ㄹ/ 탈락 표기 규정 | 43 | 6.02% |

---

25) 국립국어원(2014)에서는 국립국어연구원에서 발간한 4권의 '어문 규범 준수 실태 조사' 보고서(2000년~2004년)를 활용하여 <한글 맞춤법>에 근거한 표기 중 오류 빈도가 높은 항목과 그에 대한 오표기 목록을 1차적으로 추출하였고 이 자료가 실제 언어생활을 반영하고 있다는 점에서 의의가 있으나 <한글 맞춤법> 개별 조항에 대한 일반 언중들의 구체적인 의식을 보여 주지 못한다는 한계를 보완하기 위해서 국립국어원의 '가나다 전화', '온라인 가나다'를 활용하여 일반 언중들이 궁금해하고 어려워하는 표기 및 조항도 포함하여 오표기를 조사하였다. (37)은 이 가운데 띄어쓰기와 관련된 10개 조항을 제외한 것으로 총 714건의 오표기를 분석한 것임에 주의할 필요가 있다.

| 순위 | 관련 조항 | 내용 | 빈도 | 백분율 |
|---|---|---|---|---|
| 5 | 제57항 | 의미 구별하여 적기 | 43 | 6.02% |
| 6 | 제10항 | 두음 법칙 : 한자어 어두 구개음 /ㄴ/의 표기 규정 | 38 | 5.32% |
| 7 | 제40항 | 어간 끝음절 '하'의 준말 | 32 | 4.48% |
| 8 | 제51항 | 부사 끝 음절 '이'/'히' 소리 적기 | 26 | 3.64% |
| 9 | 제35항 | 어간 말음 'ㅗ, ㅜ'와 어미 'ㅘ/ㅝ, 왔/웠'의 준말 | 24 | 3.36% |
| 10 | 제53항 | 된소리가 나는 어미 | 23 | 3.22% |

(37)을 보면 사이시옷 표기에 대한 오류가 31.93%로, 다른 것들과 비교할 때 압도적으로 높다는 사실을 알 수 있다.

이상의 사실들은 일반인의 이해도, 수용도 조사, 전문가의 의견, 오표기 등에서 일관적으로 사이시옷의 표기가 가장 문제가 많다는 것을 보여 주기에 충분하다. 이러한 점에서 국립국어원(2041 : 210)에서 이를 바탕으로 사이시옷 표기에 대한 규정을 개선해야 한다고 결론지은 것은 어찌 보면 당연한 귀결이라 하지 않을 수 없다.

# 어문 규범 변천사 속에서의 사잇소리 현상과 사이시옷 표기 규정

## 2.1. <國文硏究 議定案>(1909)와 <普通學校用 諺文綴字法>(1912)

### 2.1.1. <國文硏究 議定案>(1909)

사잇소리 현상에 따른 사이시옷의 표기가 규범에 처음으로 명문화한 것은 후술하는 <普通學校用 諺文綴字法大要>(1921)에서부터이다. 그러나 <普通學校用 諺文綴字法大要>(1921)의 사이시옷 표기는 가깝게는 <普通學校用 諺文綴字法>(1912)의 표기 원칙과 직접적으로, 멀게는 <國文硏究 議定案>(1909)과도 간접적으로 관련을 맺고 있다. 이는 곧 사이시옷 표기 규정에 대한 변천 과정을 제대로 평가하기 위해서는 다음의 두 가지 관점에서 주의할 필요가 있다는 사실을 의미한다. 첫째, 사이시옷 표기 규정이 출현하기 이전부터 존재했던 한국어의 어문 규정이 어떠한 원칙을 지향하고 있는가를 파악해야 한다는 점이다. 둘째, 마찬가지 맥락에서 사이시옷 표기 규정을 해당 표기 규정과 어떠한 관계에 놓여 있는지를 통해서 그 가치를 평가해야 한다는 것이다. 이는 곧 그동안의 사이시옷 표기 규정 변천에 대한 고찰이 사이시옷 표기 규정 자체에만 집중되었기 때문에 그 시각이 지극히 미시적인 데 머물러 있었지만 거시적인 관점에서의 사이시옷 표기 규정의 변천에 대한 의미 부여 측면에서는 아쉬운 부분이 있음을 의미한다.[1] 따라서 여기에서는 거시적 관점에서 사이시옷 규정이 표면화하지 않은 <國文硏究 議定案>(1909)에서부터 살펴볼 필요가 있다.[2]

최형용(2020나)에서 강조한 바와 같이 우리의 어문 규범에 대한 인식은 국문연구소의[3] <國文硏究 議定案>(1909)이 그 출발이라 할 수 있다. 국문연구소의 <國文硏究 議定案>(1909)는, 당시 혼란한 국문 표기 양상에 대해 개선의 필요성을 절감한 지석영이 1905년에 상소한 <新訂國文>이 계기가 되어[4] 1907년에 학부 내에 설립된 국문연구소가 1909년 12월 28일자로 위원장인 윤치오 명의로 학부대신 이용직에게 제출한 보고서이다. 따라서 제대로 된 어문 규범이라 할 수는 없다.[5] 그러나 <國文硏究 議定案>(1909)는 개인적 차원이 아니라 국가적 차원에서 어문 규범을 수립하기 위한 최초의 시도이자 <諺文綴字法>(1930)을 거쳐 『한글 맞춤법 통일안』(1933)에 지대한 영향을 끼치고 있다는 점에서 그 의의를 찾을 수 있다.

<國文硏究 議定案>(1909)는 다음과 같이 모두 10개의 과제에 대해 위원들의 논의 결과를 제시하는 식으로 되어 있다.[6]

---

1) 최형용(2008)에서는 총칙과 사이시옷 표기 규정 자체에만 주로 관심을 기울여 그 변천 과정에 대해 살펴본 바 있다.
2) 따라서 이 부분은 특히 한자 문제가 근대 어문 규범의 성립 과정에서 어떠한 과정을 보이고 있는지를 천착한 최형용(2020나)의 논의를 바탕으로 한다.
3) 국문연구소의 개설에 대한 구체적인 배경, 동기와 목적, 사업 내용과 운영에 대해서는 이기문(1970), 신창순(2001)을 참고할 것.
4) <新訂國文>(1905)에서 제시된 6개항이 <國文硏究 議定案>(1909)에서 제시된 10개항과 관련되는 양상에 대해서는 김민수(1977 : 183), 이광호(1979 : 90-92)에 자세하다.
5) 국문연구소가 최후 보고서인 <國文硏究 議定案>(1909)를 내기까지 1907년부터 1908년까지 진행한 회의 과정과 결과에 대해서는 주시경이 <국문연구안>이라는 이름으로 7책으로 정리한 바 있는데 이에 대해서는 『역대한국문법대계』 ③09를 참고할 것.
6) 10제에 대한 위원들의 의견에 대한 정밀한 추적은 이광호(1979), 신창순(2001)에서 행해진 바 있다. 또한 이광호(1979 : 93-94)에서는 연구원 임명에 대한 시기와 연구위원 교체, 연

(1) <國文硏究 議定案>(1909) 10題

　가. 國文의 淵源과 字體 及 發音의 沿革

　나. 初聲 中 'ㆁ, ㆆ, ㅿ, ◇, ㅱ, ㅸ, ㆄ, ㅹ' 八字의 復用 當否

　다. 初聲의 'ㄲ, ㄸ, ㅃ, ㅆ, ㅉ, ㆅ' 六字 並書의 書法 一定

　라. 中聲 中 'ㆍ'字 廢止 '='字 創製의 當否

　마. 終聲의 'ㄷ, ㅅ' 二字 用法 及 'ㅈ, ㅊ, ㅋ, ㅌ, ㅍ, ㅎ' 六字도 終聲
　　　通用 當否

　바. 字母의 七音과 淸濁의 區別 與否

　사. 四聲標의 用否 及 國語音의 高低法

　아. 字母의 音讀 一定

　자. 字順 行順의 一定

　　논의 결과를 간략히 제시하면 다음과 같다. (1가)의 연원에 대해서는 훈민
정음이 국문의 기원임을 밝혀 고전 문자 기원설을 부정하고 자체는 상형으로
고전을 방조한 것이며 발음은 초성, 중성, 종성으로 삼분한다는 데 일치 의결
하였다. (1나)에 대해서는 부용이 부당하다고 의결하였고 (1다)에 대해서는
동자 병서를 취하되 'ㆅ'은 부용이 부당하다고 의결하였다. (1라)에 대해서는
'ㆍ'자 폐지와 '='자 창제 모두 부당하다고 의결하였고[7] (1마)에 대해서는
종성으로 'ㄷ, ㅅ' 두 자뿐만 아니라 'ㅈ, ㅊ, ㅋ, ㅌ, ㅍ, ㅎ' 모두를 사용하기로
의결하였다.[8] (1바)에 대해서는 자모의 '아, 설, 순, 치, 후, 반설, 반치' 7음을

―――――――

구안 제출에 대한 사항도 표로 일목요연하게 정리하여 제시하였다.

7) 주지하는 바와 같이 주시경은 'ㆍ'를 'ㅣㅡ' 합자로 간주하였는데 이를 새로 '='로 만들어
　쓰자고 한 것은 지석영의 <新訂國文>(1905)에서 제기된 것이다.

8) 이러한 결정에 가장 큰 역할을 한 사람은 주시경인데 주시경은 훈민정음 예의의 '종성부용
　초성'과 'ㅈ, ㅊ' 등이 받침으로 사용된 『용비어천가』를 그 근거로 제시하였다. 신창순
　(2001 : 35)에서는 이러한 견해가 종성을 위한 새로운 문자를 따로 만들 필요가 없다는
　것을, 받침에도 초성에서 사용하는 것을 모두 그대로 쓴다는 것으로 잘못 해석하였다고
　한 바 있다. 그럼에도 이를 포함한 <國文硏究 議定案>(1909)는 주시경을 중심으로 국어표
　기법의 근대화로의 기틀을 마련한 것이라고 평가하였다. 사이시옷도 결국 받침 표기와
　직접적인 연관을 맺고 있으므로 특히 이에 대해 주목할 필요가 있다.

'아, 설, 순, 치, 후' 5음으로, '전청, 차청, 전탁, 불청불탁' 등을 '청음, 격음, 탁음' 3종으로 의결하였고 (1사)에 대해서는 사성표는 사용하지 않되 고저 즉 장단의 경우에만 장음자의 좌견에 점을 하나 찍는 것으로 의결하였다.[9] (1아)에 대해서는 자음은 'ㆁ 이응, ㄱ 기윽, ㄴ 니은, ㄷ 디읃, ㄹ 리을, ㅁ 미음, ㅂ 비읍, ㅅ 시읏, ㅈ 지읒, ㅎ 히읗, ㅋ 키윽, ㅌ 티읕, ㅍ 피읖, ㅊ 치읓'으로, 모음은 'ㅏ아, ㅑ야, ㅓ어, ㅕ여, ㅗ오, ㅛ요, ㅜ우, ㅠ유, ㅡ으, ㅣ이, ㆍㅇ'로 의결하였고 (1자)에 대해서는 자순은 (1아)와 같고 행순은 '아, 야, 어, 여, 오, 요, 우, 유, 오, 이, ㅇ', '가, 갸, 거, 겨, 고, 교, 구, 규, 그, 기, ㄱ'처럼 자음에 모음을 차례대로 결합하는 것으로 의결하였다. 마지막 (1차)에 대해서는 훈민정음 예의대로 초중종 3성을 결합시키는 것으로 의결하였다.

<國文硏究 議定案>(1909)은 지석영, 주시경 등을 위시하여 이미 19세기 말부터 대두된 '국문론'의[10] 전개에 대한 답변을 형식을 가지고 있다. 또한 <國文硏究 議定案>(1909)은 규범으로서는 실시되지 못하였지만 국문(國文)이 문어의 수단으로도 충분히 가능하다는 이상을 담고 있다는 점에서 매우 중요한 위치를 갖는다. 그러나 여기에서는 사이시옷 표기에 대한 언급을 찾을 수 없었는데 이는 사이시옷 표기에 대한 문제가 (1)에 포함될 만큼 표면화하지 않은 때문이라고 해석하고자 한다.

---

9) 이는 실제로는 적용된 경우를 발견하기 어려운데도 후술하는 <普通學校用 諺文綴字法>(1912)에도 수용되어 있다. 그 이유에 대해서는 하동호 편(1985/2008)에 실린 지석영의 <국문론>에서 해답의 실마리를 찾을 수 있다. 한자음을 국문으로 적을 때 걱정되는 부분 가운데 하나는 한자가 가지는 높은 표의성을 국문이 따라가지 못한다는 것인데 국문이 가지는 의미의 모호성을 장음 등의 표시로 어느 정도 극복할 수 있다고 간주하였기 때문이다.
10) 하동호 편(1985/2008)에는 1896년부터 1910년까지 '국문론'과 관련된 논설류 37편을 모아 소개하고 있다.

## 2.1.2. <普通學校用 諺文綴字法>(1912)

1910년 국권이 상실되고 일제의 조선총독부는 보통학교에 쓰이는 조선어 독본의 언문철자법을 평이화하게 할 목적으로 <普通學校用 諺文綴字法>(1912)를 제정하였다.[11] 여기서는『역대한국문법대계』③15를 대본(臺本)으로 삼아 그 내용에 대해 살펴보기로 한다.[12]

<普通學校用 諺文綴字法>(1912)는 '緖言' 4항과 '綴字法' 16항으로 이루어져 있는데 이 가운데 표기 원칙에 해당하는 것은 '緖言'의 다음 항이다.

(2) <普通學校用 諺文綴字法>(1912)의 표기 원칙

> 一. 本 綴字法은 大體 左의[13] 方針에 依함
> (1) 京城語를 標準으로 함.
> (2) 表記法은 表音主義에 依하고 發音에 遠한 歷史的 綴字法 等은 此를 避함.
> (3) 漢字音으로 된 語를 諺文으로 表記하는 境遇에는 特히 從來의 綴字法을 採用함.

주지하는 바와 같이 <普通學校用 諺文綴字法>(1912)는 전술한 <國文研究議定案>(1909)와는 여러 가지 측면에서 매우 이질적인 특성을 지니고 있다.

---

11) 김주필(2014)에서는 총독부에서 간행한 책들을 대상으로 <普通學校用 諺文綴字法>(1912)의 적용 상태를 분석하여 <普通學校用 諺文綴字法>(1912)를 서둘러 제정한 이유는, 실상은 한국어 교과서 편찬이 주목적이 아니라 한국인에게 일본어를 가르치는 일본어 교재에 한글 음절표를 사용하기 위한 것이었으며, 이와 함께 언문의 철자법도 최소의 범위에서 정비하여 한국어 교재에 사용한 것으로 추정하였다.

12) 『역대한국문법대계』③15는 <普通學校用 諺文綴字法>(1912)의 원문이 아니라 조선총독부의 『朝鮮語法及會話書』(1917)(『역대한국문법대계』③36) 부록을 직역하여 옮긴 것이다. 이 책에서는 이를 가로쓰기로 바꾸고 띄어 쓰되 규정에 아무런 문장 부호 표시 없이 제시된 자음, 모음, 기호 등은 가독성을 위해 작은따옴표로 묶어 제시하기로 한다. 이는 아래의 다른 규정들에서도 마찬가지이다.

13) '左'는 세로쓰기에 따른 것인데 가로쓰기에서는 '아래'의 의미이다.

우선 <國文硏究 議定案>(1909)에 참여하였던 위원들 가운데 <普通學校用 諺文綴字法>(1912) 작성에 참여한 사람은 어윤적, 현은 두 명뿐이다.[14] 일본인인 國分象太郞, 新庄順貞, 鹽川一太郞, 高橋亨은 물론 한국인 유길준, 강화석은 <國文硏究 議定案>(1909)에서는 볼 수 없었던 인물들이다.[15]

내용 면에서 <國文硏究 議定案>(1909)와 <普通學校用 諺文綴字法>(1912)가 가지는 가장 큰 차이 가운데 하나는 받침 항목이라고 할 수 있다. <國文硏究 議定案>(1909)는 앞서 (1마)와 관련하여 살펴본 바와 같이 'ㄷ, ㅅ'은 물론 'ㅈ, ㅊ, ㅋ, ㅌ, ㅍ, ㅎ' 모두를 받침으로 사용할 것을 의결한 바 있는데[16] <普通學校用 諺文綴字法>(1912)는, 받침으로 'ㄱ, ㄴ, ㄹ, ㅁ, ㅂ, ㅅ, ㅇ, ㄲ, ㄻ, ㄼ'의 10개만 인정하고 있음을 알 수 있다.[17] 이는 <普通學校用 諺文綴字法>(1912)가 (2)에 제시하고 있는 바와 같이 '표음주의(表音主義)'를 천명하고 있는 것과 직접적으로 관련이 있다. 이에 비하면 <國文硏究 議定案>(1909)는 다분히 상대적으로 '표의주의(表意主義)'에 해당한다고 규정할 수 있다.[18] (2)

---

14) 이광호(1979 : 94)에 정리된 연구안 제출 현황을 보면 어윤적은 <國文硏究 議定案>(1909)를 위한 거의 모든 항목에 대한 의견을 제출하였지만 현은은 일부 안에 대해서만 의견을 제출한 바 있다.

15) <普通學校用 諺文綴字法>(1912)에 참여한 이들 8인에 대한 당시 직위와 경력은 정승철(2005 : 228), 김주필(2014 : 40)에 정리되어 있다. 정승철(2005)에는 후술하는 <普通學校用 諺文綴字法大要>(1921), <諺文綴字法>(1930)에 참여한 위원들에 대한 직위와 경력도 각각 정리하여 제시하고 있다.

16) 이광호(1979 : 97-98)에 따르면 <國文硏究 議定案>(1909)의 받침 규정은 주시경, 어윤적 두 사람의 의견이 전적으로 반영된 결과라고 하였는데 이 가운데 어윤적은 <普通學校用 諺文綴字法>(1912)에 참여하였지만 받침 규정이 완전히 달라진 것을 볼 때 <普通學校用 諺文綴字法>(1912)에서의 영향력을 짐작할 수 있다. 김주필(2014 : 45-47)에서는 총 5회에 걸쳐 열린 회의를 통해 '회의 <보고 원안>', '최종 <보고서>', '<普通學校用 諺文綴字法>'을 대비하였는데 받침 규정은 어윤적, 현은이 <國文硏究 議定案>(1909)을 주장하고 유길준이 동조하여 '최종 <보고서>'에 기재되었으나 마지막 <普通學校用 諺文綴字法>(1912)에서는 무시되었다고 하였다. 김주필(2017 : 220)에서는 이러한 결과가 검토위원이었던 金澤庄三郞의 견해에 따른 것으로 본 바 있다.

17) 따라서 활용의 경우 '먹어'와 '어더, 지저'와 같이 어떤 것은 어미를 밝혀 적고 어떤 것은 그렇지 못한 경우가 생기게 되었다.

18) '표음주의/표의주의' 대신 '표음주의/형태주의'를 사용하기도 하고 '음소주의/형태음소

에서 '京城語를 標準으로 함'이라고 하여 그 지역적 범위를 한정한 것도 <國
文硏究 議定案>(1909)에서는 볼 수 없었던 것이다.

특히 (2)에서 종래와 달리 주목해야 할 부분은 한자음으로 된 말을 '언문(諺
文)'으로 표기할 때는 '從來의 綴字法'을 따라야 한다고 한 점이다. 이는 <國文
硏究 議定案>(1909)는 국문에서 쟁점이 되는 문제에 온통 관심이 놓여 있었기
때문에 한자음의 한글 표기 문제는 직접적으로 다루지 못했던 데 비해 <普通
學校用 諺文綴字法>(1912)에서는 한자음을 한글로 적을 때는 고유어와는 달
리 종래의 역사적 철자법을 따른다는 사실을 총론에서 대원칙으로 명시한
것이기 때문이다.[19]

따라서 구체적인 '綴字法'에서는 고유어와 한자를 구별하여 표기 방법에
대해 접근하고 있음을 살펴볼 수 있다. 이러한 것 가운데 몇 가지를 제시하면
다음과 같다.

---

주의'를 사용하기도 한다. 이 책에서는 최형용(2009가)에 따라 '표음주의/표의주의'를
주로 사용하고자 한다. 각각의 용어는 그 나름대로 의의가 있지만 '표음주의/표의주의'는
우선 '표음주의'가 규정에 문면화하고 있다는 점에서 '음소주의/형태음소주의'보다 구체
적이라고 할 수 있고 다음으로 '표음주의/형태주의'는 역시 문면화한 '표음주의'를 사용
하고 있다는 점에서는 '표음주의/표의주의'와 동일하나 '형태주의'가 형태소를 밝혀 이를
고정적으로 적는다는 과정적 의미를 가지고 있는 데 비해 '표의주의'는 의미 간취의 용이
성이라는 표기의 목적을 더 잘 드러낸다고 판단된다. 즉 '표음주의'는 쓰기의 목적이, '표
의주의'는 읽기의 목적이 강조된 용어라 할 수 있다. 한편 정희창(2019)에서는 어문 규정
에 '형태소'라는 말이 나오지 않고 '원형'이라는 말이 나오는 점에 착안하여 표기 단위로
서의 형태소의 문제에 대해 검토한 바 있다.
19) 이에 따라 고유어의 '諺文' 표기와 한자어의 '諺文' 표기는 이원화의 길을 걷게 되었고
그렇게 된 이유의 중심에 존재하는 것이 (2ㅡ(2))에 제시된 '歷史的 綴字法'(혹은 '歷史的
表記法')이다. 허재영(2011나)에서는 역대 語文 規範에 나타나는 이 '歷史的 綴字法'의 성
격과 범위에 대해 천착한 바 있다. 한편 정희창(2011)에서는 '歷史的 表記法'을 현행 규정
의 '소리대로 적되'와 '어법에 맞도록'과 對等하지는 않지만 이들 모두에 해당되지 않는,
역사적 근거를 갖는 표기법으로 해석한 바 있다. 그러나 이 책에서는 '歷史的 綴字法'을
특히 고유어의 한글 표기와 구별되는 한자의 한글 표기 원칙을 의미하는 것으로 매우
한정적으로 사용하고자 한다. 따라서 '歷史的 綴字法'은 후술하는 바와 같이 '表音的 表記
法'과 상대가 된다.

(3) <普通學校用 諺文綴字法>(1912)의 '綴字法' 일부

---

一. 正格인 現代 京城語를 標準으로 하고, 可及的 從來 慣用의 用法
   을 取하야 發音대로의 書法을 취함.

二. 純粹 朝鮮語에 對하야는 'ㆍ'를 使用하지 아니하고, 'ㅏ'로 一定함.

三. 純粹 朝鮮語에 對하야는 'ㄷ'行 及 'ㅌ'行은 'ㅏ'列, 'ㅓ'列, 'ㅗ'
   列, 'ㅜ'列에만 使用하고, 其他 列에는 'ㅈ'行 及 'ㅊ'行을 使用함.

四. 純粹 朝鮮語로서 從來 'ㅏ, ㅑ, ㅓ, ㅕ, ㅗ, ㅛ, ㅜ, ㅠ'의 兩樣의
   書法이 잇는 것은 'ㅏ, ㅓ, ㅗ, ㅜ'로 一定함.

五. 二, 三, 四의 三項은 漢字音으로 된 말을 諺文으로 表記하는
   境遇에는 適用하지 아니함. 이는 그 韻을 紊亂히 할 憂慮가 잇
   슴으로써임.

---

(3一)은 앞서 '緒言'에서 '表音主義'를 천명한 데 따라 이를 '發音대로의
書法'이라 풀이한 것이다. (3二, 三, 四)의 3개항은 (3五)에서도 설명하고 있는
바와 같이 고유어에만 한정되는 규정이다. 이 가운데 우선 주목해야 하는
부분은 (3二)이다. 앞서 <國文硏究 議定案>(1909)에서는 'ㆍ'를 폐지하지 않기
로 의결하였지만 <普通學校用 諺文綴字法>(1912)에서는 'ㆍ'를 폐지하되 고유
어에만 이를 한정하고 있음을 명시하고 있기 때문이다. 그 결과 고유어와
한자를 '諺文'으로 적을 때에 간극이 생기게 되었다. 이 역시 앞서 언급한
'歷史的 綴字法'을 고유어와 한자에 달리 적용한 결과인데 한자의 경우에는
(3一)에서 명시하고 있는 바와 같이 <普通學校用 諺文綴字法>(1912)가 '從來
慣用의 用法을 取'하고 있기 때문이다. 이러한 관점에서 (3三)도 살펴볼 필요
가 있다. (3三)는 'ㄷ' 구개음화를 인정한다는 의미이므로 이 역시 '發音'과
관련이 있지만 역시 '純粹 朝鮮語에 對하야는'이라는 단서가 달려 있는 것은
(3二)와 동일하다. 즉 구개음화의 경우에도 한자와 고유어의 표기에 차이가
생기게 된 것이다. (3四)는 치찰음 뒤의 'y' 탈락을 다루고 있는데 이 역시
마찬가지의 측면에서 이해할 수 있다.

이러한 관점에서 또한 주목해야 하는 부분은 (3五)의 '漢字音으로 된 말을 諺文으로 表記하는 境遇에는'이다. 이는 곧 '漢字音'을 한자로 표기하는 경우도 여전히 적극적으로 인정하고 있다는 것을 의미하는 것이기 때문이다.

이상에서 살펴본 바와 같이 <普通學校用 諺文綴字法>(1912)는 비록 일제에 의한 것이고 받침 규정을 중심으로 <國文研究 議定案>(1909)의 정신에 배치되는 규정을 담고 있기는 하지만 어문 규범으로서의 모습을 갖춘 것으로는 처음이라는 의의가 있다. 이에 따라 <國文研究 議定案>(1909)에서는 노정(露呈)되지 않았던 한자음에 대한 '諺文'의 표기 방법에 대한 고민이 처음으로 직접 표면화하였다. 그리고 그 고민의 결과는 '表音主義'를 표방하고 있기는 하지만 한자의 '諺文' 표기에는 '歷史的 綴字法'을 인정하여 고유어의 '諺文' 표기와 이원화를 지향하고 있음을 알 수 있다.[20] 그리고 사이시옷의 표기 문제에 대해서는 아직까지 그 양상이 노출되고 있지 않다는 점에도 주의를 기울일 필요가 있다. 이는 사이시옷 표기 자체가 중요하지 않다고 생각했다기보다는 사이시옷의 표기 문제가 보다 일차적으로 해결이 필요한 한자음에 대한 언문 표기 문제와는 결이 다르기 때문에 아직 그 관심이 미치지 못한 때문으로 해석할 수 있다.

## 2.2. <普通學校用 諺文綴字法大要>(1921)과 사이시옷 표기 규정

그동안 <普通學校用 諺文綴字法大要>(1921)은 <普通學校用 諺文綴字法>(1912)의 수정판의 성격을 지닌다고 언급되어 왔다. 앞서 김주필(2017)에서 <普通學校用 諺文綴字法>(1912)의 검토위원을 지내고 <國文研究 議定案>(1909)의 받침 규정을 무시하는 데 결정적인 역할을 했다고 한 金澤庄三郎

---

20) 이에 대한 이유에 대해서는 후술하는 정승철(2005)에서 언어 정책의 측면에서 주목한 바 있다.

을 비롯한 일본인 田中德太郎, 藤波義貞 그리고 한국인 신기덕, 현헌, 어윤적,
유필근, 지석영, 현은, 권덕규, 최두선 등 총 11인이 위원으로 참여하였다.
<普通學校用 諺文綴字法>(1912)가 8인으로 구성되어 있었던 것에 비해 3인이
추가된 셈인데 이 가운데 어윤적, 현은 두 사람은 <國文硏究 議定案>(1909)부
터 참여하였던 사람들이고 지석영은 <普通學校用 諺文綴字法>(1912)에서는
위원을 맡지 않았지만 역시 <國文硏究 議定案>(1909)에 참여했던 인물에 해
당한다.21)

  <普通學校用 諺文綴字法大要>(1921)은, '緖言'과 '綴字法'으로 구성되었던
<普通學校用 諺文綴字法>(1912)와는 달리, 이러한 구분 없이 전체 16항으로만
구성되어 있다. 여기서는『역대한국문법대계』③16을 대본으로 하여 그 내
용에 대해 살펴보기로 한다.22) 우선 (2)를 참고할 때 표기 원칙에 해당하는
것은 다음 두 항이라 할 수 있다.

  (4)  <普通學校用 諺文綴字法大要>(1921)의 표기 원칙

  > 一. 用語는 現代의 京城語를 標準으로 함.
  > 二. 可及的 發音대로의 綴字法을 標準으로 함.

  (4)의 두 항은 전술한 <普通學校用 諺文綴字法>(1912)의 '緖言' (2)를 연상시
키는 것으로서 <普通學校用 諺文綴字法>(1912)에서 표음주의를 주장한 것을
그대로 따른 것이다.23) 그러나 다음의 규정은 이러한 표음주의가 받침과 관

---

21) 정승철(2005)에는 따로 제시하였던 <普通學校用 諺文綴字法>(1912), <普通學校用 諺文綴
   字法大要>(1921), <諺文綴字法>(1930)의 위원들을 송미영(2019가 : 50)에서는 한데 묶어
   제시한 바 있다. 송미영(2019가)는 <普通學校用 諺文綴字法>(1912), <普通學校用 諺文綴字
   法大要>(1921), <諺文綴字法>(1930),『한글 마춤법 통일안』(1933)을 대상으로 음운 현상
   이 표기에 반영된 양상에 대해 고찰한 바 있다.
22)『역대한국문법대계』③16은 <普通學校用 諺文綴字法大要>(1921)의 원문이 아니라 김윤
   경의『朝鮮文字及語學史』(1938)에 수록된 것을 옮긴 것이다.
23) 이는 전술한 바와 같이 특히 <普通學校用 諺文綴字法>(1912)에서는 검토위원이었던 金澤

련하여 흔들릴 수 있다는 여지를 담고 있다는 점에서 주목할 필요가 있다.

(5) <普通學校用 諺文綴字法大要>(1921)의 받침 규정

八. 終聲(받침)에 關하야는

| (甲) | (乙) |
|---|---|
| (1) 곳(處), 곳을 | 곧, 곧을 |
| 엇는다(得), 어들 | 얻는다, 얻을 |
| (2) 돕는다(助), 도을 | 돕는다, 돕을 |
| (3) 숫(炭), 숫치 | 숫, 숫이 |
| (4) 낫(晝), 낫에 | 낮, 낮에 |

(…중략…)

甲乙 어느 綴字法에 從할 것인가 자못 重大한 問題나 乙號의 諸例를 採用할 時는 從來 慣用되여 오던 'ㄱ, ㄴ, ㄹ, ㅁ, ㅂ, ㅅ, ㅇ'의 終聲 以外에 오히려 'ㄷ, ㅈ, ㅊ, ㅋ, ㅌ, ㅍ, ㅎ'의 七箇 終聲도 許容하고 또 二重 終聲(둘 받침)도 許容하지 아니할 수 업시 된다. 이에 對하야 甲乙 雙方의 利害에 關하야 學問上 또 實際 敎授上으로부터 各種의 議論이 생긴다. 就中 今日 普通으로 行하지 아니하는 終聲을 새로 採用하는 可否, 또 此等 終聲의 發音 如何, 及 此를 採用한 境遇에 對한 實地 敎授上의 난이에 關하야는 아직 硏究를 要할 點이 不少하다. 要컨대 甲乙 兩說 어느 것이든지 相當한 理由가 잇서서 直時 黑白을 決하기 困難한 故로 本 敎科書에 對하야는 今後의 決定을 보기까지 大體로 從來의 綴字法에 從하야 大略 甲號에 準據하기로 함.

庄三郎이 <普通學校用 諺文綴字法大要>(1921)에서는 위원으로 참여한 것과 관련이 있다고 할 수 있다. <國文硏究 議定案>(1909)에 참여하였던 지석영이 새로 위원으로 추가되었으나 이광호(1979 : 108)에서 지적한 바와 같이 지석영은 'ㅈ, ㅊ, ㅋ, ㅌ, ㅍ, ㅎ'이 종성으로 쓰인 것이 용비어천가에만 국한되었음을 지적하고 최세진의 '初聲獨用說'에 장점이 있음을 지적한 유일한 위원에 해당한다는 점에서 표음주의에 적극적으로 반기를 들었다고 보기는 어려워 보인다.

(5)에서 제시된 "ㄷ, ㅈ, ㅊ, ㅋ, ㅌ, ㅍ, ㅎ'의 七箇 終聲'은 앞서 언급한 <國文硏究 議定案>(1909)에서 제시된 것임을 상기할 필요가 있다. 『역대한국문법대계』 ③16의 해설에서는 이에 대해 권덕규를 비롯한 어윤적 등 주시경계 조사원의 제안이 반영되었을 것으로 해석하고 대한제국 국문연구소에서의 표음주의와 형태주의와의 논쟁이 재연된 사건이라고 평한 바 있다. 비록 그 결론은 <國文硏究 議定案>(1909)를 따르지 않는다는 것이나 그 사정을 이렇게 구구절절하게 표현하는 것은 규정이 갖추어야 할 내적, 외적 조건에는 반하는 것이라 할 수 있다.

전반적으로 보아서는 <普通學校用 諺文綴字法大要>(1921)은 <普通學校用 諺文綴字法>(1912)과 동일하게 한자음의 한글 표기와 고유어의 한글 표기를 이원화하고 있다는 점을 확인할 수 있다.

(6)  <普通學校用 諺文綴字法大要>(1921)의 규정 일부

> 五. 純粹 朝鮮語에 對하야는 表音的 表記法에 從하야 ' ㆍ '를 使用하
>    지 아니하고(漢字音은 歷史的 綴字法에 依하야 '릭(來), 믹(每)'
>    로 書함), 'ㅏ'로 此에 代함.
>    (例) 말(馬, 本來는 '말')      사람(人, 本來는 '사름')
>    但 '아'의 發音에 依하지 아니하는 것은 此 限에 잇지 아니함.
>    (例) 가늘(細, 本來는 '가늘') 마음(心, 本來는 'ᄆᆞ음') (…후략…)
> 六. 純粹 朝鮮語에 對하야는 表音的 表記法에 從하야 댜·뎌·됴·듀·
>    디·탸·텨·툐·튜·티를 자·저·조·주·지·차·처·초·추·치로 書하
>    고 샤·셔·쇼·슈를 사·서·소·수로 書하고 쟈·져·죠·쥬를 자·저·
>    조·주로 書함
>    (例) 절(寺) 죳소(善) 질(落) 소(牛)
> 七. 漢字音에 對하야는 歷史的 表記法에 從하야 댜·뎌·됴·듀·디·
>    탸·텨·툐·튜·티·샤·셔·쇼·슈·쟈·져·죠·쥬 等을 그대로 保存함
>    (例) 뎡녕(丁寧) 텬디(天地) 샤례(謝禮) 죠셕(朝夕)

(6五)는 (3二)와 취지는 같되 '表音的 表記法에 從하야'가 추가되고 구체적인 예를 제시한 것이다. 따라서 'ᆞ'의 표기에 있어 고유어와 한자의 '諺文' 표기의 차이는 그대로 유지되고 있다. 이 점 <普通學校用 諺文綴字法>(1912)에서 언급된 (3三, 四)의 표기에 대해서도 마찬가지이다. 다만 (6六)에 보이는 것처럼 <普通學校用 諺文綴字法>(1912)에서는 항을 따로 나누어 제시하였던 구개음화 관련 표기를 하나의 항으로 묶고 이에 따라 한자의 경우에는 이를 인정하지 않는다는 사항을 (6七)의 별도의 항으로 제시한 것은 <普通學校用 諺文綴字法大要>(1921)의 변화라 할 수 있다.

이러한 관점에서 <普通學校用 諺文綴字法大要>(1921)에서 새롭게 제시한 두음 법칙도 고유어와 한자를 나누어 규정화하고 있음에 주목할 필요가 있다. 두음 법칙과 관련된 것은 <普通學校用 諺文綴字法>(1912)에서는 없었던 새로운 규정이다.

(7) <普通學校用 諺文綴字法大要>(1921)의 두음 법칙 규정

> 三 純粹 朝鮮語 中 語頭에 잇는 '니, 녀' 等은 '이, 여'와 如히 發音함
> 이 多하나 他語의 下에 着하야 熟語를 成하는 境遇에는 'ㄴ'音
> 이 復活하게 됨이 多한 故로 此等은 全部 '니, 녀'로 書하기로
> 함.
> (例) 녀름(夏)  녑(側)  녜(昔, 古)  닉을(熟) (…후략…)
> 四. 漢字音의 頭音이 'ㄹ'인 것은 發音의 如何를 不拘하고 恒常 'ㄹ'
> 로 書함.
> (例) 란초(蘭草)  룡산(龍山)  리익(利益)  릭일(來日)

(7三, 四)는 'ㄴ'과 'ㄹ'에 관한 것으로 차이는 있지만 결국 두음 법칙을 인정하지 않는다는 취지는 같다. 그럼에도 이렇게 규정을 분리한 것은 (7三)은 고유어에 해당하는 것이고 (7四)는 한자어에 해당하므로 <普通學校用 諺

文綴字法大要>(1921)에서 고유어와 한자의 '諺文' 표기를 이원화하고 있는 데 따른 것이라고 해석하는 것이 타당해 보인다.

이제 이러한 관점에서 <普通學校用 諺文綴字法大要>(1921)에서 새롭게 제시된 사이시옷의 표기와 관련된 규정에 대해 주목해 보기로 한다.

(8) <普通學校用 諺文綴字法大要>(1921)의 사이시옷 표기 규정

> 一四. 二語가 合하야 複合語를 이루되, 그 사이에 促音 現象이 생길 時는 '일ㅅ군' 等과 如히 二語의 中間에 'ㅅ'을 揷入하려고 하는 자 잇스나, 本書에 對하야는 各各 境遇에 依하야 'ㅅ'을 上語의 末에, 又는 下語의 初에 附하기로 함.
> (例) (1) 동짓달(冬至月)    열쨋달(第十月)
>      (2) 외양싼(廏)    모싸리(苗圃)    긔쌀(旗脚)

우선 (8)에서 '사잇소리 현상'은 '促音 現象'으로 지시되고 있음을 발견할 수 있다. 현행 <한글 맞춤법>(1988)을 염두에 둘 때 (8)의 규정은, 조건에 한자와 고유어에 대한 구별이 없을 뿐만 아니라 'ㅅ'을 앞의 말의 끝에 붙일지 아니면 뒤의 말의 앞에 붙일지에 대해 일관된 원칙이 부재하다는 것을 알 수 있다. 즉 <普通學校用 諺文綴字法大要>(1921)에서 처음 발현된 사잇소리 현상에 따른 사이시옷의 표기에 대한 위의 규정은 '일ㅅ군'처럼 음절 사이에서 음절 하나의 자리를 차지하는 것만 배제하고 있다는 점에서 매우 소극적인 것임을 알 수 있다.

그러나 여기에서 중요한 것은 '외양싼'과 같은 예가 제시되어 있다는 점이다. 이는 곧 제시된 예를 통해 볼 때, 'ㄴ' 첨가 현상을 포함하고 있는지는 확인하기 어렵지만 사잇소리 현상 가운데 경음화의 경우 선행 요소가 모음으로 끝나든 자음으로 끝나든 사잇소리 현상에 따른 사이시옷을 모두 표기에 반영한다는 것을 알 수 있게 해 준다. 즉 (8)의 사이시옷 표기 규정은 앞서

언급한 바와 같이 규정의 측면에서는 일관된 원칙이 부재한다고 비판할 수 있지만 사잇소리 현상을 모두 표기에 반영한다는 사실을 확인하는 데는 큰 문제가 없음을 알 수 있다. 또한 이러한 표기는 <普通學校用 諺文綴字法大要>(1921)이 (4)에서 밝힌 바와 같이 표음주의를 추구하는 것과 일관적이라는 측면도 강조할 필요가 있다.

이상에서 살펴본 바와 같이 종래 <普通學校用 諺文綴字法大要>(1921)는 전체적으로는 <普通學校用 諺文綴字法>(1912)의 표기 원칙을 유지하고 있다는 점에 초점이 놓여 단순한 수정 정도로 언급되어 왔지만 구체적인 부분에서 차이가 적지 않다고 할 수 있다. 그 대체적인 요지는 한자와 고유어의 '諺文' 표기를 보다 더 적극적으로 이원화하되 그 과정에서 규정이 보다 자세해졌고 새로 두음 법칙에 대한 규정이 추가되었음을 알 수 있다. 사이시옷 표기 규정은 규정 자체로는 'ㅅ'에 음절 자리를 차지하는 것만 배제하는 매우 소극적인 것이라고 할 수 있으나 사잇소리 현상을 모두 반영하고 있으며 이는 표음주의의 추구라는 <普通學校用 諺文綴字法大要>(1921)의 원칙과 일관적이라는 점을 강조할 필요가 있다.

그렇다면 <國文硏究 議定案>(1909)에서 암시된 것과는 달리 <普通學校用 諺文綴字法>(1912), <普通學校用 諺文綴字法大要>(1921)에서 한자와 고유어의 '諺文' 표기가 이원화의 확대일로에 놓여 있었던 이유는 무엇일까? 이에 대해서는 정승철(2005)의 논의를 참고할 필요가 있어 보인다. 정승철(2005 : 234-236)에서는 이처럼 <普通學校用 諺文綴字法>(1912), <普通學校用 諺文綴字法大要>(1921)이 언어 정책의 측면에서 '실용 위주'의 표음주의를 취하고 있음에도 불구하고 한자와 고유어의 '諺文' 표기를 이원화한 이유를, 한자음에 대한 현실 표준음이 정해지지 않은 상황에서 기존 자전(字典)의 한자음 표기를 무시할 수 없었던 사정에서 찾고 있다.[24] 그리고 이러한 사정이 현실음을

---

24) 정승철(2005)에서는 <諺文綴字法>류에 반영된 조선총독부의 언어 정책을 '식민지 분리주의, '서울말' 중심의 표준화, 교육 정책과의 연계, 실용 위주'의 네 가지로 분석한 바

반영하지 못한다고 적극적으로 비판한 주시경계 나아가 조선어학회가 조선 총독부의 <普通學校用 諺文綴字法>(1912), <普通學校用 諺文綴字法大要>(1921)의 두 철자법에 치명적인 타격을 입히게 되었고 일반 대중 및 식자(識者)들의 동의까지 얻게 되어 <諺文綴字法>(1930)에서는 한자어에 대한 표기는 물론 철자 원칙의 근본적인 수정을 이루게 된 것으로 해석하였다.

## 2.3. <諺文綴字法>(1930)과 사이시옷 표기 규정

<諺文綴字法>(1930)은 주지하는 바와 같이 <普通學校用 諺文綴字法>(1912), <普通學校用 諺文綴字法大要>(1921)이 표음주의를 취하고 있는 데 비해 특히 받침 규정을 보면, <國文硏究 議定案>(1909) 정도까지는 아니지만 표의주의를 취하고 있다는 점에서 큰 차이를 갖는다. 그 과정에서 거센 반대가 적지 않았는데 '철자 파동'이란 말은 이러한 상황을 여실히 보여 준다.

<諺文綴字法>(1930)이 <普通學校用 諺文綴字法>(1912), <普通學校用 諺文綴字法大要>(1921)과 달리 상당 부분 <國文硏究 議定案>(1909)의 취지로 회귀한 것은 위원 가운데 주시경계가 대거 진출한 것과 관련이 있다는 것이 기존의 통설이다. 위원은 일본인 西村眞太郎, 田中德太郎, 藤派義貞, 田島泰秀, 高橋亨, 小倉進平과 한국인 신명균, 이완응, 최현배, 권덕규, 박승두, 박영빈, 심의린, 이세정, 정렬모, 김상회, 장지영 등 총 17인으로 인원이 증가하였을 뿐만 아니라 한국인의 수도 상대적으로 많아졌음은 이러한 해석이 가능한 이유라고 할 수 있다.

<諺文綴字法>(1930)은 총설 3항, 각설 25항, 부기 2항으로 구성되어 있는데 앞선 <普通學校用 諺文綴字法>(1912), <普通學校用 諺文綴字法大要>(1921)에

---

있다.

비해 양적인 측면은 물론 질적인 측면에서도 완성도가 높아진 것을 알 수 있다. <諺文綴字法>(1930)이 <普通學校用 諺文綴字法>(1912), <普通學校用 諺文綴字法大要>(1921)과 특히 방향이 질적으로 다름을 시사하는 부분은 표기 원칙이라고 할 수 있는 다음의 총설 제3항에서 보인다.

(9)  <諺文綴字法>(1930)의 표기 원칙

> 三. 諺文綴字法은 純粹한 朝鮮語거나 漢字音임을 不問하고 發音대
> 로 表記함을 原則으로 함. 但 必要에 依하야 若干의 例外를 設함.

(9)에서 주목해야 할 부분은 '純粹한 朝鮮語거나 漢字音임을 不問하고'와 '若干의 例外' 두 가지이다. 우선 앞부분은 <普通學校用 諺文綴字法>(1912), <普通學校用 諺文綴字法大要>(1921)이 고유어와 한자의 '諺文' 표기를 이원화한 것에서 일원화로 전환하겠다는 취지이므로 역사적 철자법에서 탈피하겠다는 선언이라는 점에서 매우 중요하다고 할 수 있다. 뒷부분의 '若干의 例外'는 단서 조항이기는 하지만 그 파장은 단서 조항 이상의 것으로서 받침 규정이 상당 부분 <國文硏究 議定案>(1909)으로 회귀한 것을 비롯하여 그 이전과는 다른 몇 가지 표의주의적 표기법을 취하고 있음을 의미하는 것이다. 이는 규정의 변천 과정에서 볼 때 매우 획기적이라는 점에서 역시 주목해야 할 필요가 있다. 우선 이를 염두에 두고 다음의 몇 가지 규정에 대해 살펴보기로 한다.

(10)  <諺文綴字法>(1930)의 표의주의적 규정 몇 가지

> 四. 純粹한 朝鮮語거나 漢字音임을 不問하고 左記의 甲號와 가튼
> 것은 乙號처럼 發音되나 이는 甲號와 가티 讀하야서 自然 乙號
> 처럼 發音되는 것인 고로 甲號에 準據하고 짤하 終聲을 變치

안함.

(例)　　甲　　　　　　　　乙

　　　갓모(笠帽)　　　　　간모

　　　아홉말(九斗)　　　　아홉말

　　　국내(國內)　　　　　궁내

　　　　　　(…후략…)

十. 動詞 쏘는 形容詞의 語尾에 '음, 암, 엄' 쏘는 '이, 에' 等의 音을
附해서 名詞로 轉成되는 것 中

(1) 如左한 것은 甲號와 가티 씀.

(例)　　甲　　　　　　　　乙

　　　이름(名)　　　　　　일음

　　　기름(油)　　　　　　길음

　　　사람(人)　　　　　　살암

　　　　　　(…후략…)

(2) 如左히 原來의 動詞 쏘는 形容詞가 單純히 名詞化한 外에
그 意義에 잇서서 何等 變化 增減이 업는 것은 甲號와 가티
씀.

(例)　　甲　　　　　　　　乙

　　　웃음(笑)　　　　　　우슴

　　　울음(泣)　　　　　　우름

　　　죽음(死)　　　　　　주금

　　　　　　(…후략…)

一三. 終聲(바침)은 從來 使用되든 'ㄱ, ㄴ, ㄹ, ㅁ, ㅂ, ㅅ, ㅇ, ㄺ,
ㄻ, ㄼ' 以外에 'ㄷ, ㅌ, ㅈ, ㅊ, ㅍ, ㄲ, ㄳ, ㄵ, ㄾ, ㄿ, ㅄ'을
加함. 딸하서 如左한 것은 甲號를 準據하야 씀.

(例)　　　　甲　　　　　　　　　　乙

　　　얻다(得) 얻어서 얻을　　　엇다 어더서 어들

　　　밭(畑) 밭매기 밭치 밭에　　밧은 밧 밧매기 바치 밧헤 밧흔

　　　같다(似) 같아서 같은　　　갓다 갓하서 갓흔

> (…후략…)
> 一四. 助詞는 그 위의 語와 語幹을 區別해서 씀을 原則으로 함.
> (例) 사람이(人)　　　사람은　　　　사람을
> 　　　넋이(魂)　　　　넋은　　　　　넋을

(10四)는 <諺文綴字法>(1930)에서 새롭게 모습을 나타낸 것인데 자음동화를 표기에 반영하지 않는다는 점에서 표의주의를 지향하고 있음을 알 수 있다. 한편 (10十(2))는 이른바 명사 파생 접미사가 결합한 경우 이를 분리하여 표기하고 있다는 점에서 역시 표의주의를 지향하고 있음을 알 수 있다.[25] (10十三)은 바로 <諺文綴字法>(1930)이 받침의 표기에서 <普通學校用 諺文綴字法>(1912), <普通學校用 諺文綴字法大要>(1921)과 이질적임을 드러내는 규정에 해당한다. 이는 전술한 <普通學校用 諺文綴字法大要>(1921)의 (5)에서 제시한 갈등 양상이 <普通學校用 諺文綴字法>(1912)가 아니라 <國文硏究 議定案>(1909)의 받침 규정으로 회귀하고 있음을 드러낸다.[26] (10十四)는 조사 표기에 대한 규정으로서 <諺文綴字法>(1930)에서 처음 모습을 드러낸 것인데 비로소 어문 규정이 실질적으로 어간과 어미, 체언과 조사를 구분하여 적는 체계를 지니게 되었음을 보여 준다.[27]

---

25) 지면의 제약으로 모든 예를 제시할 수는 없지만 여기에는 '높이'와 같은 예도 제시되어 있음에 주목할 필요가 있다. 따라서 규정의 '名詞化'는 '-음'과 '-이'를 명사형 어미로 간주하고 있는 것이 아니라 명사 파생 접미사로 간주하고 있음을 알 수 있다.

26) 받침 가운데 'ㅋ, ㅎ'은 도입이 유보되었는데 이에 따라 가령 '조타(善), 조코, 조케, 조켓다, 조치' 등 역시 어간과 어미가 구별되지 않은 표기가 남게 되었다.

27) 어간과 어미의 경우 이를 구별하여 적는다는 원칙은 <普通學校用 諺文綴字法>(1912)에서부터 규정되어 있었으나 받침 수의 제약 때문에 <普通學校用 諺文綴字法大要>(1921)까지도 어간과 어미가 구별되어 적히지 않는 경우가 적지 않았다. 그러나 <諺文綴字法>(1930)은 받침이 확대되어 어간과 어미가 구별되어 적히는 경우가 질적으로, 양적으로 확대되었다. 그러나 전술한 바와 같이 'ㅋ, ㅎ' 등은 받침으로 적지 않아 어간과 어미의 구별 표기가 완성된 것은 'ㅋ, ㅎ' 등도 받침으로 적을 것을 명시한 『한글 마춤법 통일안』(1933)에 이르러서였다.

이제 이상의 내용을 참고로 하여 (9)에 제시된 고유어와 한자의 '諺文' 표기 몇 가지를 제시하면 다음과 같다.

(11)  <諺文綴字法>(1930)의 고유어와 한자의 '諺文' 표기 규정 몇 가지

> 一. 純粹한 朝鮮語거나 漢字音임을 勿論하고 'ㆍ'는 全部 廢하고 左例 甲號와 가티 'ㅏ'로 書함.
>
> (例) 甲　　　　　　　　　　乙
>   말(馬)　　　　　　　　　　ᄆᆞᆯ
>   사방(四方)　　　　　　　　ᄉᆞ방
>   배(腹)　　　　　　　　　　ᄇᆡ
>
> 二. 純粹한 朝鮮語거나 漢字音임을 不問하고 '댜, 쟈, 뎌, 져, 됴, 죠, 듀, 쥬, 디'가 '자, 저, 조, 주, 지'로 發音되거나 '탸, 챠, 텨, 쳐, 툐, 쵸, 튜, 츄, 티'가 '차, 처, 초, 추, 치'로 發音되거나 '샤, 셔, 쇼, 슈'가 '사, 서, 소, 수'로 發音될 째는 表音的 表記法을 조차 後者로 一定하야 左例 甲號와 가티 書함.
>
> (例) 甲　　　　　　　　　　乙
>   절(寺)　　　　　　　　　　뎔
>   적당(適當)　　　　　　　　뎍당
>   좃소(好)　　　　　　　　　둇소
>           (…후략…)
>
> 三. 純粹한 朝鮮語거나 漢字音임을 不問하고 '뎨, 몌, 볘, 셰, 졔, 쳬, 켸, 톄, 폐'가 '제, 메, 베, 세, 제, 체, 케, 테, 페'로 發音되고 '믜, 븨, 싀, 츼, 킈, 픠'가 '미, 비, 시, 치, 키, 피'로 쓰는 '취'가 '취'로 發音될 째는 表音的 表記法을 조차 甲號와 가티 書함.
>
> (例) 甲　　　　　　　　　　乙
>   제일(第一)　　　　　　　　뎨일
>   연몌(連袂)　　　　　　　　연몌
>   센다(老)　　　　　　　　　셴다
>           (…후략…)

(11)에 제시한 3개항은 (9)에 제시한 총설 제3항에 따라 한자와 고유어의 '諺文' 표기를 고유어 중심으로 일원화한 데 따른 것이다. 이에 따라 <普通學校用 諺文綴字法大要>(1921)의 '歷史的 綴字法' 혹은 '歷史的 表記法'은 모두 '表音的 表記法'으로 대체되었다. (11一)은 한자의 경우 'ᆞ'를 그대로 쓰기로 했던 <普通學校用 諺文綴字法>(1912), <普通學校用 諺文綴字法大要>(1921)과 달라진 부분이며 <國文研究 議定案>(1909)에서부터 지속된 'ᆞ' 표기가 표기의 역사 속에서 완전히 사라지게 된 것을 천명하고 있다는 의의를 갖는다. (11二, 三)은 역시 한자와 고유어에 대해 이원적으로 표기되던 구개음화 관련 표기를 일원화한 결과이다.[28] 따라서 <普通學校用 諺文綴字法>(1912), <普通學校用 諺文綴字法大要>(1921)에서는 '純粹 朝鮮語'와 '漢字音'으로 규정이 나뉘었던 것이 하나로 묶이게 되었다. 전술한 (10四)의 경우를 포함한다면 '純粹한 朝鮮語거나 漢字音임을 不問하고'는 그것이 표의주의로 결과되든 표음주의로 결과되든 모두 해당된다는 점에서 일원화라는 기조는 동일하다는 점에 주목할 필요가 있다.

그러나 '純粹 朝鮮語'와 '漢字音'의 이원화 양상이 규정에서 완전히 사라진 것은 아니다.

(12)　<諺文綴字法>(1930)의 고유어와 한자의 '諺文' 표기 이원화 규정 몇 가지

> 七. '나'行, '라'行의 漢字音은 歷史的 綴字法을 쓰나 中聲으로 슷나는 音 下에서 '나'行 音이 '라'行 音으로 變하고 '라'行 音이 '나'行 音으로 變하는 境遇는 表音的 表記法에 딸하 甲號와 가티 씀.
>
> (例)　甲　　　　　　　　　乙
> (1)　회령(會寧)　　　　　　회녕

---

28) 그러나 제시된 용례 가운데는 구개음화와 관련 없는 것들도 있는데 보다 포괄적으로 'y' 탈락에 따른 단모음화의 측면에서 접근한 경향이 있다.

야료(惹鬧)                  야뇨
(2) 의논(議論)                 의론

八. 漢字音 中 習慣 等에 依하야 音이 省略되거나 加하야지거나
   또는 他音으로 變化되어 發音되는 것은 表音的 表記法에 딸하
   그대로 씀.
   (例) (1) 십일(十日)  시월(十月)    목재(木材)  모과(木果)
       (2) 철부(轍鮒)  붕어(鮒魚)     추향(趣向)  취미(趣味)
       (3) 가택(家宅)  면장댁(面長宅) 동전(銅錢)  쇠천(小錢)
                      (…후략…)

九. 純粹한 朝鮮語에 잇서서 境遇에 依하야 '야, 냐', '여, 녀', '요,
   뇨', '유, 뉴', '이, 니', '예, 녜'와 가티 두 가지로 發音하는 것은
   表音的 表記法에 쏘차 그대로 두 가지로 씀. 但 用言은 '야, 여,
   요, 유, 이, 예'로 一定함.
   (例) 이(齒)        압니(前齒)      여우(狐)    암녀우(雌狐)
                      (…후략…)

[附記] '요(褥)'는 '새요, 솜요'와 가티 '요, 뇨'로 發音되는 以外에
      中聲의 앞에서 '보료(寶褥)'과 가티 '료'로 發音되는 일이 잇
      다. 이러한 境遇에 잇서서도 역시 表音的 表記法을 딸하 그
      대로 씀.

먼저 (12七, 九)는 두음 법칙과 관련된 것인데 모두 '表音的 表記法'으로
귀결되고 있기는 하지만 (12七)은 '漢字音'에만 해당되고 (12九)는 '純粹 朝鮮
語'에만 해당되는 것이다. 더욱이 (12七)은 어두 두음 법칙에 한해서는 여전
히 '歷史的 綴字法'이 원칙임을 밝히고 있다는 점에서 한자와 고유어의 '諺
文' 표기에 이원화 양상이 여전히 존재하고 있음을 알 수 있다.[29] 속음과

---

29) 즉 (12七)은 두음 법칙과 관련하여 한자음의 경우 역사적 철자법이 원칙이고 그 가운데
   비어두에서 표음적 표기법을 취하는 부분이 있음을 나타내고 있다는 점에 주목할 필요가
   있다. 한자음에 대한 어두 두음 법칙의 표음적 표기법으로의 전면적 전환은 후술하는

관련된 (12八)의 경우는 한자에만 적용된다는 점에서 이원화라고 보기는 어렵지만 '表音的 表記法'에 따라 함께 제시된 것이다. 즉 (12七, 八, 九)는 '表音的 表記法'이라는 공통성에서 인접하게 된 것이지만 이 가운데는 여전히 한자와 고유어의 '諺文' 표기를 이원화의 관점에서 이해할 수 있는 것도 있고 한자에만 적용되는 것도 있음을 알 수 있다.

이제 이상의 논의를 바탕으로 <普通學校用 諺文綴字法大要>(1921)에서 처음 제시되었던 사잇소리 현상에 따른 사이시옷 표기를 규정한 다음 항에 대해 살펴보기로 한다.

(13)  <諺文綴字法>(1930)의 사이시옷 표기 규정

> 五. 二語가 合하야 複合語를 形成하고 其 間에 促音 現象을 生할 째는 如左히 書함.
> (1) 上語가 中聲으로 終할 째는 上語의 終聲으로 'ㅅ'을 附함
>    (例) 동짓달(冬至月)    담뱃대(煙管)    못자리(苗代)
> (2) 上語가 終聲으로 終할 째는 다른 말(語)과 混同하기 쉬운 境遇에 限하야 中間에 'ㅅ'을 씀.
>    (例) 장ㅅ군(市場人) … 장군(將軍)과 混同하기 쉬움.
>        문ㅅ자(文字) … 문자(文字, 熟語의 뜻)와 混同하기 쉬움.
> [附記] 本文의 境遇 漢字로써 쓸 째에는 中間 其他에 'ㅅ'을 쓰지 안흠.

사잇소리 현상은 여전히 '促音 現象'으로 지칭되고 있음을 볼 수 있지만 (8)에서 제시한 바 있는 <普通學校用 諺文綴字法大要>(1921)과 비교해 보면 주목할 만한 차이를 살필 수 있다. 우선 <普通學校用 諺文綴字法大要>(1921)에서 폐지하기로 하였던 음절 사이의 'ㅅ'이 다시 부활하였다. 이는 선행

---

『한글 마춤법 통일안』(1933)에서 이루어지고 있다.

요소가 종성을 가지고 있을 경우 사용하던 'ㅺ, ㅼ' 등의 표기를 <諺文綴字法>(1930)에서는 사용하지 않기로 한 데 따른 궁여지책으로 우선 해석할 수 있다. 그러나 <普通學校用 諺文綴字法大要>(1921)은 표음주의를 표방하고 있고 <諺文綴字法>(1930)은 상당 부분 표의주의를 표방하고 있는 <國文研究 議定案>(1909)으로 복귀하고 있다는 점에서 다른 해석도 가능하다. 즉 'ㅺ, ㅼ'과 같은 표기보다 '장ㅅ군'이 보다 표의주의적 표기일 수 있다는 것이다. 즉 '장꾼'은 '군'의 표기에 변화가 생긴다는 점에서 보다 표음주의적 표기일 수밖에 없으므로 비록 다시 과거로 후퇴하고 있다는 비판을 받더라도 음절 사이의 'ㅅ'을 부활시킨 것이라고 해석할 수 있다는 것이다. 또한 '장ㅅ군'이라고 표기하더라도 자음으로 끝나는 말 다음에도 사이시옷을 표기할 수 있는 것은 마찬가지라는 점에서 <普通學校用 諺文綴字法大要>(1921)에 이어 사잇소리 현상을 모두 표기에 반영하고 있다는 것은 동일하다. 그러나 여전히 'ㄴ' 첨가에 대한 예는 제시되어 있지 않다는 점에서 <普通學校用 諺文綴字法大要>(1921)와 마찬가지의 한계를 보이고 있다는 것도 주목할 필요가 있다.

다음으로 비록 '附記'에 해당하지만 한자로 직접 적는 경우 사이시옷을 어떻게 표기해야 하는가에 대해서도 지침을 두고 있다는 점이다. 다시 음절 사이의 'ㅅ'이 부활하였으므로 한자로 적을 때에도 'ㅅ'을 표기할 수 있는 가능성이 생겼기 때문이다. 그러나 'ㅅ'은 '諺文'이고 또 한자로 직접 표기할 때는 '諺文'으로 적을 때와는 달리 의미 '混同'의 여지가 없으므로 이를 적지 않기로 한 것이다. 이는 'ㅅ'을 적는 가장 큰 이유가 음운 현상을 표기에 반영함으로써 의미 혼동을 방지하는 역할을 한다고 판단한 결과로 해석할 수 있다.

이상의 논의를 정리하면 <諺文綴字法>(1930)은 <國文研究 議定案>(1909)에서 시작되었지만 <普通學校用 諺文綴字法>(1912), <普通學校用 諺文綴字法大要>(1921)에서는 다시 과거로 돌아갔던 받침 규정으로 상당 부분 회귀하면서

규범으로서는 처음으로 표의주의적 색채를 띤 것으로 평가할 수 있다. 한자
의 '諺文' 표기와 관련하여서는 <普通學校用 諺文綴字法>(1912), <普通學校用
諺文綴字法大要>(1921)에서 고유어의 '諺文' 표기와 이원화하였던 것을 일원
화하고 있다는 점에서 의의를 갖는다. 이는 곧 역사적 철자법을 지양하고자
한 데 따른 것이라고 할 수 있다. 역사적 철자법의 지양은 곧 '表音的 表記法'
의 확대로 결과되었는데 이는 결과적으로 받침의 복귀를 통해 강화된 표의주
의가 한자의 '諺文' 표기에서는 표음주의를 추구하는 방향으로 진행되고 있
다는 점에서 주목을 요한다. 그러나 아직 한자와 고유어의 '諺文' 표기가 이
원화한 경우가 완전히 사라진 것은 아니다. 두음 법칙과 관련하여 '歷史的
綴字法'이 아직 문면에서 모습을 보이고 있다는 점이 이를 반영한다. 즉 일원
화라는 대원칙과 세부 규정 사이에 존재하는 간극이 <諺文綴字法>(1930)에는
아직 남아 있다는 점을 알 수 있다.

무엇보다 사이시옷 표기 규정과 관련하여서는, <普通學校用 諺文綴字法大
要>(1921)에서 간략하게 모습을 드러낸 것과는 달리 <諺文綴字法>(1930)에서
는 보다 자세해졌다는 특징이 있고 '한자'와 관련된 문제도 언급되었음을
볼 수 있었다. 그러나 이때의 '한자'는 고유어인 'ㅅ'과는 어울릴 수 없다는
정도이고 다시 음절 사이의 'ㅅ'이 부활하고 있다는 점에서 <普通學校用 諺
文綴字法大要>(1921) 이전으로 후퇴한 부분이 없는 것은 아니라는 한계가 있
다. 그러나 이러한 부분은 표음주의를 표방한 <普通學校用 諺文綴字法大
要>(1921)이 받침 규정을 중심으로 <諺文綴字法>(1930)에서는 표의주의적으로
돌아섰으므로 단순한 회귀라기보다 표의주의적인 지향이 이렇게 귀결된 것
이라고 볼 수 있는 가능성도 제시할 수 있어 보인다.

## 2.4. 『한글 마춤법 통일안』(1933)과 사이시옷 표기 규정

『한글 마춤법 통일안』(1933)은 조선어학회에서 책자의 형태로 발간한 표기법이다. 이는 그 머리말에서도 밝힌 바와 같이 3년간 125회의 회의, 총 433시간의 논의를 거친 결과물이며 그 과정에 일본인 없이 권덕규, 김윤경, 박현식, 신명균, 이극로, 이병기, 이윤재, 이희승, 장지영, 정렬모, 정인섭, 최현배, 김선기, 이갑, 이만규, 이상춘, 이세정, 이탁 등 총 18인이 참여하였다. 이 가운데 신명균, 최현배, 권덕규, 정렬모, 장지영 등은 <諺文綴字法>(1930)의 제정에도 관여한 인물들이다.

책 이름 『한글 마춤법 통일안』(1933)의 '한글 마춤법'은 '諺文綴字法'을 전면 고유어로 바꾼 결과이고 부제는 '朝鮮語 綴字法 統一案'으로 되어 있다. 그러나 본문은 여전히 국한문혼용체로 되어 있으며 전면 한글판이 발행된 것은 1948년 수정본에 와서였다. 1940년 3차 수정본부터는 '마춤법'도 '맞춤법'으로 변경되었다.30)

『한글 마춤법 통일안』(1933)은 총론 3항, 각론 62항으로 구성되어 있어 그 규모가 <諺文綴字法>(1930)과 비교가 안 될뿐더러 체계의 측면에서 각론의 장절이 주제별로 구성되어 있는데 이러한 시도도 처음이다.31) 먼저 표기의 원칙에 해당하는 총론부터 살펴보기로 한다.

---

30) 또한 『한글 마춤법 통일안』(1933)만 세로쓰기로 되어 있고 1937년 고친판부터는 가로쓰기로 되어 있다. 조선어학회는 1949년 한글학회로 개칭하였으므로 그 이후 발행된 수정본은 저자가 한글학회로 되어 있다. 『한글 마춤법 통일안』(1933)을 비롯하여 1937년, 1940년, 1946년, 1948년, 1958년 수정본까지는 『역대한국문법대계』 ③9에 실려 있고 이를 포함한 개정과 개편 과정에 대해서는 리의도(2013)에 자세하다.
31) 특히 <諺文綴字法>(1930)과 『한글 마춤법 통일안』(1933)의 체재와 내용에 대한 상세한 비교는 윤석민(2005), 리의도(2013)에서 행해진 바 있다.

(14) 『한글 마춤법 통일안』(1933)의 표기 원칙

> 一. 한글 마춤법(綴字法)은 표준말을 그 소리대로 적되, 語法에 맞
>    도록 함으로써 原則을 삼는다.
> 二. 표준말은 大體로 現在 中流 社會에서 쓰는 서울말로 한다.
> 三. 文章의 各 單語는 띄어 쓰되, 토는 그 웃 말에 붙여 쓴다.

(14一)은 '소리대로 적되'와 '어법에 맞도록'이라는 말을 사용하여 표음주의와 표의주의의 절충을 모색한 것으로 보인다. 그러나 '語法에 맞도록'은 앞서 (9)의 <諺文綴字法>(1930)에서는 단서의 '例外'로서의 지위를 가지던 것이 전면화한 것이므로 표의주의의 약진으로 평가하는 것이 온당해 보인다.[32]

─────────

32) '소리대로 적되'와 '어법에 맞도록'은 앞의 것이 표음주의이고 뒤의 것이 표의주의를 나타내
   낸다는 데에 있어서는 대체로 동의하나 그 관계가 대등하다고 보는 견해와 앞의 것이
   뒤의 것을 포함하고 있다고 보는 견해가 맞선다. 신지연(2019)는 후자의 견해인데 '소리
   대로 적되 어법에 맞도록'에서 '소리대로 적되'가 상위 조항이 되어 '어법에 맞도록'을
   품고 있는 것이며 어법에 맞게 적는 것이 형태소적 표기법이고 그렇지 못한 것이 음소적
   표기법이라면, '소리대로 적되'를 형태소적 표기법과 음소적 표기법을 포괄하는 더 큰
   원칙으로 이해해야 한다고 강조하였다. 이에 따르면 '꽃만'도 소리대로 적은 것이되 다만
   어법에 맞도록 형태소를 밝혀 적은 것으로 간주한다. 양쪽 견해에 대한 그동안의 논의에
   대해서는 정희창(2011), 신지연(2019)를 참고할 것. 김병문(2018)에서는 기존의 논의가
   이를 '표음주의'와 '표의주의'의 대립으로 보는 데 대해 당시의 시대적인 상황에서 볼
   때 '소리대로 적되'는 '역사적 표기'와 '현실에 입각한 표음적 표기'의 대립으로 보아야
   한다고 역설하였다. 한편 최형용(2009가)에서는 역대 맞춤법의 총칙을 검토하고 표의주
   의가 확대된 양상을 감안할 때 현행 <한글 맞춤법>(1988)의 총칙은 '한글 맞춤법은 표준
   어를 어법대로 적되, 소리에 맞도록 함을 원칙으로 한다.' 정도가 되어 표의주의가 표음주
   의를 포함해야 함을 주장한 바 있다. 최호철(2012)에는 북한의 <조선말 규범집>(1988)이
   2010년 개정된 양상을 검토하고 있는데 <조선말 규범집>(1988, 2010)의 총칙에는 '조선
   말맞춤법은 단어에서 뜻을 가지는 매개 부분을 언제나 같게 적는 원칙을 기본으로 하면
   서 일부 경우 소리나는 대로 적거나 관습을 따르는 것을 허용한다.'고 밝히고 있다. 이상
   혁(2013)에서는 표음주의가 원칙처럼 되어 있고 표의주의가 종속적인 것으로 해석되는
   『한글 마춤법 통일안』(1933), <한글 맞춤법>(1988)보다 <조선말 규범집>(1988, 2010)이
   『훈민정음』(1446)의 근본 표기 정신에 더 가깝다고 보고 남북 통일안의 총칙을 '우리말
   맞춤법은 우리말의 형태를 언제나 같게 적되, 소리대로 적는 것을 허용한다'로 제안한
   바 있어 최형용(2009가)와 관련하여 주목할 만하다. 한편 리의도(2013)에서는 북한의

(14一, 二)에서 보는 바와 같이 '표준말'이라는 개념이 처음으로 사용되었는데 이는 기존의 '京城語'라는 말이 가지는 지역 중심 가치관을 탈피하면서 동시에 그 범위를 보다 한정하는 효과를 갖는다. (14三)에서 제시된 '띄어쓰기'의 개념도 처음으로 표면화하였으며 역시 이에 대해 각론에서 해당 내용을 서술하고 있는 것도 처음이다.

각론 가운데 먼저 언급하여야 할 것은 받침 표기에 대한 다음 규정이라 할 수 있다.

(15) 『한글 마춤법 통일안』(1933)의 받침 규정

> 第一一項 'ㄷ, ㅈ, ㅊ, ㅋ, ㅌ, ㅍ, ㅎ, ㄲ, ㅆ, ㄳ, ㄵ, ㄶ, ㄼ, ㄾ, ㄿ,
> ㅀ, ㄻ, ㅄ'의 열 여덟 바침을 더 쓰기로 한다.

(15)의 받침 규정은 <國文硏究 議定案>(1909)에서 처음 제안되어 <普通學校用 諺文綴字法>(1912), <普通學校用 諺文綴字法大要>(1921)을 거치면서 위축되는 듯하다가 <諺文綴字法>(1930)에서 부활의 조짐을 보이기 시작하여 『한글 마춤법 통일안』(1933)에서 완성된 것이다. 또한 받침의 경우를 모두 나열하고 있는 것이 아니라 '더 쓰기로 한다'고 하여 <諺文綴字法>(1930)과의 관련성을 직접접으로 드러내고 있는 것에도 주목할 필요가 있다. 이에 따라 『한글 마춤법 통일안』(1933)은 어떤 어문 규정보다도 '原形'을 가장 분명하게 드러내고 있다는 점에서 표의주의적 성격이 가장 강하다는 것을 노정(露呈)하

---

<조선어 신철자법>(1950), <조선어 철자법>(1954), <조선말 규범집>(1966, 1988) 등과 일련의 <한글 맞춤법>을 비교하여 형태주의 이론을 가장 철저히 적용한 것이 <조선어 신철자법>(1950)이고 그 반대편에는 <언문철자법>(1930)이 있었으며 <통일안>과 북한의 <맞춤법>은 그 중간에 있는데 <통일안>은 발음주의, <맞춤법>은 형태주의 쪽에 각각 조금씩 더 가깝다고 하였다. 정희창(2020)에서는 남북의 언어 규범의 원리는 기본적으로 동일하므로 개별 항목에 대한 판단과 처리 방식은 다양성을 인정하는 방향으로 나아가야 한다고 보았다.

고 있다.

『한글 마춤법 통일안』(1933)에서는 한자어의 한글 표기에 대해 따로 장을 마련하여('第四章 漢字語') 제33항부터 제51항까지 총 4개절, 19개항으로 나누어 다루고 있다는 점에서 한자의 한글 표기가 흩어져 있었던 이전 규정들과 큰 차이를 가지고 있다. 그리고 서두에 다음과 같이 대원칙을 밝혀 두었다.

(16) 『한글 마춤법 통일안』(1933)의 한자음 표기 원칙

> 漢字音은 現在의 標準 發音을 좇아서 表記함으로써 原則을 삼는다.
> 따라서 從來의 漢字 字典에 規定된 字音을 아래와 같이 고치기로
> 한다.

(16)에서는 '漢字 字典에 規定된 字音'을 고치는 데까지 나가고 있다는 점에서 앞서 <諺文綴字法>(1930)에서 시작된 한자와 고유어의 '한글' 표기의 일원화에 만족하지 않고 '한자'보다 '한글'을 더 상위에 두고 있다는 점을 보다 적극적으로 명시하고 있음을 알 수 있다. 그리고 그 근거는 '現在의 標準 發音'이므로 '歷史的 綴字法'이라는 말은 이제 규정에서 자취를 감추게 되었다. 이제 이를 염두에 두고 그 각론에 대해 간단히 살펴보기로 한다.

(17) 『한글 마춤법 통일안』(1933)의 한자음 표기 규정 몇 가지

> 第三三項 'ㆍ'字 音은 죄다 'ㅏ'로 적는다.(甲을 取하고 乙을 버린다)
>     (例)    甲             乙
>         간친(懇親)    ㄹ친
>         발해(渤海)    ㅂ해
>         사상(思想)    ㅅ상
>              (…후략…)
> 第三四項 'ㆎ'字 音은 모두 'ㅐ'로 적는다.(甲을 取하고 乙을 버린다)

(例)  甲          乙
      개량(改良)    기량
      내외(內外)    늬외
      대용(代用)    듸용
              (…후략…)

第三五項 'ㅅ, ㅈ, ㅊ'을 첫소리로 삼는 'ㅑ, ㅕ, ㅛ, ㅠ'를 'ㅏ, ㅓ,
      ㅗ, ㅜ'로 적는다.(甲을 取하고 乙을 버린다)

(例)  甲          乙
      사회(社會)    샤회
      서류(書類)    셔류
      소년(少年)    쇼년
              (…후략…)

第四二項 '냐, 녀, 뇨, 뉴, 니, 녜'가 單語의 첫소리로 될 적에는 그
      發音을 따라 '야, 여, 요, 유, 이, 예'로 적는다.(甲을 取하고
      乙을 버린다)

(例)  甲          乙
      여자(女子)    녀자
      영변(寧邊)    녕변
      요도(尿道)    뇨도
              (…후략…)

但 單語의 頭音 以外의 境遇에서는 本音대로 적는다.
    (例) 남녀(男女) 부녀(婦女) 직뉴(織紐)
        또 漢字의 代表音은 本音으로 한다.
    (例) 계집녀(女)

第四三項 '랴, 려, 료, 류, 리, 례'의 字音이 頭音으로 올 적에는 '야,
      여, 요, 유, 이, 예'로 적는다.(甲을 取하고 乙을 버린다)

(例)  甲          乙
      양심(良心)    량심
      역사(歷史)    력사

요리(料理)        료리

(…후략…)

但 單語의 頭音 以外의 境遇에서 날 적에는 그 發音을 따라 本音대
로 적는다.

(例) 개량(改良) 선량(善良) 수력(水力) (…후략…)

또 漢字의 代表音은 本音으로 한다.

(例) 어질량(良)

第四四項 '라, 로, 루, 르, 래, 뢰'의 字音이 頭音으로 올 적에는 發音
대로 '나, 노, 누, 느, 내, 뇌'로 적는다.(甲을 取하고 乙을
버린다)

(例)    甲            乙

낙원(樂園)        락원

노인(老人)        로인

누각(樓閣)        누각

(…후략…)

但 單語의 頭音 以外의 境遇에서 날 적에는 그 發音을 따라 本音대
로 적는다.

(例) 쾌락(快樂) 극락(極樂) 부로(父老) (…후략…)

또 漢字의 代表音은 本音으로 한다.

(例) 다락루(樓)

第四五項 '뎌, 됴, 듀, 디, 뎨'의 字音은 '저, 조, 주, 지, 제'로 적는다.
(甲을 取하고 乙을 버린다)

(例)    甲            乙

저급(低級)        뎌급

전답(田畓)        뎐답

조수(鳥獸)        됴슈

(…후략…)

第四六項 '텨, 툐, 튜, 톄'의 字音은 '처, 초, 추, 체'로 적는다.(甲을
取하고 乙을 버린다)

```
(例)    甲           乙
       천지(天地)      텬디
       철도(鐵道)      텰도
       청중(聽衆)      텽즁
                   (…후략…)
```

(17三三, 三四, 三五)는 제1절 '홀소리만을 變記할 것'으로 되어 있는 9개항 중 첫 3개항인데 (17三三, 三四)는 <諺文綴字法>(1930)의 (11一)에서 하나로 통합되어 있던 것을 모음의 종류에 따라 두 가지의 경우로 나누었을 뿐 한자음에 있어서도 'ㆍ'가 폐지된 것을 재확인한 것이다. (17三五)는 구개음화 관련 규정이다. 앞서 <諺文綴字法>(1930)에서는 구개음화 관련 표기가 모음을 중심으로 하여 (11二, 三다)에 분산되어 있었다. 그런데 『한글 마춤법 통일안』(1933)에서는 이를 모음 관련한 것과 자음 관련한 것, 모음과 자음 모두 관련한 것으로 나누게 됨으로써 구개음화와 관련된 것도 더 세분되게 되었다. (17三五)는 그 가운데 치찰음 다음 'y'의 탈락만을 따로 모은 것이다.

(17四二, 四三, 四四)는 제2절 '닿소리만을 變記할 것'으로 되어 있는 3개항으로서 모두 어두의 두음 법칙과 관련된 것이다. 우선 <普通學校用 諺文綴字法>(1912), <普通學校用 諺文綴字法大要>(1921)에서는 고유어의 경우에도 두음 법칙과 관련된 규정이 있었으나 『한글 마춤법 통일안』(1933)에서는 이를 한자어의 경우에만 적용되는 것으로 한정하였다.[33] 다음으로 <諺文綴字

---

33) 이는 고유어의 경우에는 두음 법칙과 관련된 표기를 이제는 따로 둘 필요가 없다는 인식을 반영한 것이라고 할 수 있다. 사실 (17)의 두음 법칙과 관련된 최근의 한자어의 한글 표기도 상당 부분 이러한 경향이 없지 않다. 1장에서 살펴본 국립국어원(2014)에 따르면 두음 법칙은 이해도와 수용도가 모두 높게 나와 있어 이해도와 수용도가 모두 낮은 사이시옷 표기와 대조적인 속성을 보이고 있다. 다만 남북 통일 시대를 염두에 둘 때 이 두 가지가 모두 북한과 다르다는 점은 계속 주목되고 있다. 이러한 관점에서 박승빈은 이른바 한글파에 반대 입장을 고수하는 정음파의 대표로서 박승빈(1936)에서 『한글 마춤법 통일안』(1933)의 거의 모든 조항, 모든 문구에 대해 비판을 제기하고 있는데 한자어와

法>(1930)의 (12七)을 보면 두음 법칙과 관련된 한자음의 표기는 여전히 역사
적 철자법이 원칙이었고 일부의 경우에만 한정적으로 표음적 표기법을 인정
하였는데『한글 마춤법 통일안』(1933)에 와서는 표음적 표기법이 전면적으로
확대된 것을 알 수 있다. 이에 따라 결과적으로는 하나의 한자가 한글 표기에
서는 구별되는 일이 비약적으로 늘게 되었다.[34]

　(17四五, 四六)은 제3절 '닿소리와 홀소리를 함께 變記할 것'으로 되어 있는
2개항이다. 이들은 모두 형태소 내부의 구개음화와 관련된 것인데 앞서 언급
한 바와 같이 <諺文綴字法>(1930)에서 (11二)에 통합되어 제시된 것이 자음의
차이로 인해 두 개 항으로 나뉜 것이다.[35]

　이제 이상의 내용을 바탕으로『한글 마춤법 통일안』(1933)의 사이시옷 표
기에 대한 규정에 대해 살펴보기로 한다. 사잇소리 현상에 따른 사이시옷
표기에 대한 규정은『한글 마춤법 통일안』(1933)에 와서 다음과 같이 매우

---

　　관련되어서는 (19)의 두음 법칙에 대해 "同一한 뜯을 가진 同一한 言語를 그 音이 우스
　　音일 째와 아래ㅅ 音일 째와를 區別하야 各히 달른 音으로 記寫를 確定하랴 함은 善良한
　　處理法이 안이다."와 같이 비판하고 있다는 점에 주목할 필요가 있다.『한글 마춤법 통일
　　안』(1933)은 그 이전의 어떤 맞춤법보다도 표의주의적이지만 역사적 철자법의 청산과
　　맞물리어 두음 법칙에 대해서는 표음적인 것으로 돌아섰는데 박승빈은『한글 마춤법 통
　　일안』(1933)의 표의주의를 비판하여 표음주의를 추구하고 있으면서 두음 법칙에 대해서
　　는 표의적인 태도를 취하고 있기 때문이다.

34) 이러한 점을 염두에 둔다면 현행 <한글 맞춤법>(1988)의 두음 법칙 규정에 대해 국립국
　　어원의 해설에서 어종(語種) 조건을 도입한 것은 문제가 있다고 할 수 있다. 어종 조건이
　　란 동일한 음운 환경에 대해서도 어종에 따라 두음 법칙 적용 여부를 결정짓는 것이므로
　　표음적 표기법의 원칙을 무시하는 것이기 때문이다. 이에 대해서는 최형용(2021)에서 어
　　종 조건의 폐지를 주장하고 그 대안을 제시함으로써 두음 법칙이 '소리대로 적되'에 충실
　　해야 한다고 본 바 있다.

35) 이 외에 제4절은 '俗音'으로 되어 있는데 이에 해당하는 것은 5개항으로, 한자는 고정되어
　　있되 이를 '俗音'으로 읽는 방법이 다양할 경우 이를 한글로 어떻게 표기할 것인가에
　　대한 고민의 결과를 담고 있다. 이에 따라 속음으로 쓰는 경우, 본음으로 쓰는 경우, 본음
　　과 속음 모두로 쓰는 경우로 그 경우가 나누어진다. 다만 본음과 속음 모두로 쓰는 경우도
　　본음을 원칙으로 하고 속음을 허용하는 경우도 있고 본음과 속음을 모두 원칙으로 삼는
　　경우도 있음을 밝히고 있다. 전반적으로는 한자어의 한글 표기도 표음주의에 따라 적는다
　　는 것이 대원칙이라는 점을 알 수 있다.

간략하게 탈바꿈하였다는 점에 주목할 필요가 있다.

(18) 『한글 마춤법 통일안』(1933)의 사이시옷 표기 규정

第三〇項 複合名詞 사이에서 나는 사이 'ㅅ'은 홀소리 아래에서
　　　날 적에는 우의 홀소리에 'ㅅ'을 받치고 닿소리와 닿소리
　　　사이에서는 도모지 적지 아니한다.
　　(例) 홀소리 밑
　　　　　뒷간 곳집 나뭇배 담뱃대 잇몸 깃발

그러나 (18)은 <普通學校用 諺文綴字法大要>(1921), <諺文綴字法>(1930)의 사이시옷 표기 규정과 여러 가지 측면에서 차이를 보인다는 점에 주목할 필요가 있다. 우선 <普通學校用 諺文綴字法大要>(1921), <諺文綴字法>(1930)에서 '促音 現象'으로 불리던 것이 '사이 'ㅅ''으로 명칭이 바뀌었음을 알 수 있다.

다음으로 <普通學校用 諺文綴字法大要>(1921), <諺文綴字法>(1930)과는 달리 '잇몸'과 같은 예가 추가된 것을 들 수 있다. 즉 <普通學校用 諺文綴字法大要>(1921), <諺文綴字法>(1930)에서는 제시된 예를 통해 볼 때 사잇소리 현상 가운데 경음화의 경우만 한정되는 느낌이 있었는데 '잇몸'을 통해 'ㄴ' 첨가도 사잇소리 현상에 해당된다는 것을 명시하고 있음을 알 수 있다.

한편 <諺文綴字法>(1930)에서 자음 다음에 음절 자리 하나를 차지하는 것으로 다시 부활하였던 것이 『한글 마춤법 통일안』(1933)에서는 아예 폐지된 것에도 주목할 필요가 있다. 그 결과는 <普通學校用 諺文綴字法大要>(1921)로의 회귀가 아니라는 점이 매우 중요하다. 자음으로 끝나는 말 다음에는 사이시옷을 표기하지 않기로 하였기 때문이다. 이는 <普通學校用 諺文綴字法大要>(1921), <諺文綴字法>(1930)이 비록 표기의 방법에서는 차이가 있지만 사잇소리 현상을 모두 표기에 반영하는 것과는 달리 선행 요소가 모음으로 끝나

는 것에만 한정하여 사이시옷을 표기하는 것이므로 사이시옷 표기의 원칙에
본질적인 차이가 발생한 것으로 해석할 수 있다.

　그렇다면 이러한 표기 차이를 어떻게 해석하는 것이 바람직할 것인가를
생각해 볼 필요가 있다. 여러 가지 해석이 가능하겠지만 이 책에서는 이러한
결과가 표기 원칙의 변화와 밀접한 관련을 맺고 있다고 생각하고자 한다.
이러한 해석은 앞서 <諺文綴字法>(1930)에서도 그 일단을 제시한 바 있다.
즉 받침 규정에 착안할 때 <國文研究 議定案>(1909)에서 처음 제안되어 <普通
學校用 諺文綴字法>(1912), <普通學校用 諺文綴字法大要>(1921)을 거치면서 위
축되는 듯하다가 <諺文綴字法>(1930)을 거쳐 『한글 마춤법 통일안』(1933)에서
표의주의의 추구가 가장 최고조에 이르렀다는 점을 감안할 때 사잇소리 현상
에 따른 사이시옷의 표기도 이러한 경향과 맞물려 역시 표의주의를 추구하는
쪽으로 결과되었다고 볼 수 있다는 것이다. 사이시옷의 표기는 곧 '원형'의
변화를 초래하기 때문이다.

　이제 이를 표음주의, 표의주의라는 표기 원칙이 어문 규정과 가지는 상관
관계를 가지는 것으로 보아 도식화하면 다음과 같다.

　(19)  사이시옷 표기와 표음주의, 표의주의의 관계

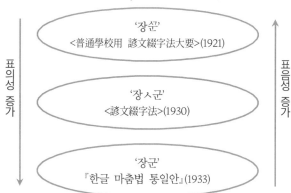

마지막으로 <諺文綴字法>(1930)에서 부기(附記)로 제시되었던 한자 표기의 경우도 삭제되었는데 이 역시 사이시옷 표기가 한글의 모음 다음으로 축소됨으로써 자연스럽게 예측되므로 잉여적이라는 판단을 내린 것으로 해석할 수 있다.

이상의 내용을 보면 『한글 마춤법 통일안』(1933)은 <諺文綴字法>(1930)의 정신을 이어 받아 한자와 고유어의 한글 표기를 일원화한다는 대원칙에서 더 나아가 '漢字語'라는 장을 따로 마련하여 '漢字 字典에 規定된 字音'을 고치는 데까지 나아가고 있음에 주목할 필요가 있다. 앞서 <普通學校用 諺文綴字法>(1912), <普通學校用 諺文綴字法大要>(1921)에서 한자와 고유어의 '諺文' 표기를 이원화한 이유를, 정승철(2005)에서 '한자음에 대한 현실 표준음이 정해지지 않은 상황에서 기존 字典의 한자음 표기를 무시할 수 없었던 사정'에서 찾은 것과 관련하여 살펴보면 이러한 한계를 『한글 마춤법 통일안』(1933)에서는 적극적으로 극복하고 있음을 의미하는 것으로 해석할 수 있기 때문이다. 특히 『한글 마춤법 통일안』(1933)의 전체 각론 62항 가운데 무려 1/3에 가까운 19개항을 이에 대해 할애하고 있으며 두음 법칙의 전면화를 통해 한자와 고유어의 한글 표기를 일원화하여 역사적 철자법을 폐기하기 위한 노력이 절정에 다다랐음을 인식하게 한다. 그러나 앞서도 언급한 바와 같이 이는 곧 받침 규정을 중심으로 할 때는 <諺文綴字法>(1930), 『한글 마춤법 통일안』(1933)이 점진적으로 표의주의의 정도를 강화하고 있음에 비해 한자의 한글 표기를 중심으로 할 때는 (17四二, 四三, 四四)의 어두 두음 법칙에 대한 규정화가 이를 단적으로 보여 주듯 점진적으로 표음주의의 정도를 강화하고 있다는 점은 흥미롭지 않을 수 없다. 즉 『한글 마춤법 통일안』(1933)은 지금까지 살펴본 역대 규정 가운데 받침 규정을 중심으로는 가장 높은 표의주의를 보여 주고 있으면서 한자의 한글 표기를 중심으로는 가장 높은 표음주의를 보여 주고 있는 것이다.

『한글 마춤법 통일안』(1933)의 사이시옷 표기 규정은 'ㄴ' 첨가를 추가하여 사잇소리 현상 모두를 포괄하는 것으로 그 적용 범위는 넓어졌지만 표기의 범위는 선행어가 모음으로 끝나는 것에만 한정된다는 점에서 <普通學校用 諺文綴字法大要>(1921), <諺文綴字法>(1930)에 비해 매우 축소되었다. 이는 <普通學校用 諺文綴字法大要>(1921), <諺文綴字法>(1930)을 거치면서 『한글 마춤법 통일안』(1933)에서 가장 높은 표의주의를 추구하고 있는 것과 관련지어 해석이 가능하다.

## 2.5. 『한글 마춤법 통일안』(1933) 이후의 사이시옷 표기 규정

어문 규정은 『한글 마춤법 통일안』(1933) 이후 지속적으로 크고 작은 수정을 거쳐 현행 <한글 맞춤법>(1988)에 이르고 있다. 다만 표기 원칙에서의 차이는 『한글 마춤법 통일안』(1933)과 차이가 없으므로 여기서는 사이시옷 표기 규정에 변개가 있는 경우만을 대상으로 이에 대해 살펴보기로 한다. 다른 어떤 규정보다도 변화의 정도가 큰 것이 사이시옷 표기 규정에 해당하기 때문이다.

### 2.5.1. <한글 마춤법 통일안>(1937)의 사이시옷 표기 규정

『한글 마춤법 통일안』(1933)은 1937년에 1차 수정된다. 이 수정판에서는 1933년의 규정과는 별 차이가 없지만 제시된 예가 늘어났다. 이를 밝히면 다음과 같다.

(20) <한글 마춤법 통일안>(1937)의 사이시옷 표기 규정 예

| | | |
|---|---|---|
| (例) 홀소리 밑 | | |
| 뒷간(厠間) | 귓결(耳便) | 콧날(鼻線) |
| 뒷내(後川) | 담뱃대(煙竹) | 콧등(鼻背) |
| 잇몸(齒齦) | 냇물(川水) | 깃발(旗旒) |
| 나뭇배(載木船) | 잇새(齒間) | 빗소리(雨聲) |
| 기왓장(瓦片) | 곳집(倉庫) | |
| | | |
| 닿소리 밑 | | |
| 문간(門間) | 물결(波紋) | 칼날(刀刃) |
| 앞내(前川) | 견양대(見樣木) | 손등(手背) |
| 알몸(裸體) | 강물(江水) | 글발(字跡) |
| 소금배(載鹽船) | 발새(趾間) | 총소리(銃聲) |
| 구들장(堗石) | 움집(土幕) | |

(20)을 (18)과 비교해 보면 '홀소리 밑'의 예도 추가되었지만 '닿소리 밑'은 (18)에서는 없던 것이었음을 알 수 있다. 우선 '홀소리 밑'의 예 가운데 '잇몸'과 같이 'ㄴ' 소리가 덧나는 것으로 '냇물'이 하나 더 늘었다. 그런데 추가된 '닿소리 밑'의 예들 가운데 '칼날', '앞내', '알몸', '강물'의 경우는 사잇소리 현상의 측면에서 이해가 되지 않는 것들이다. '칼날'은 유음화, '앞내'는 비음화의 예이고 '알몸'과 '강물'에서는 음운 현상을 찾아보기 어렵기 때문이다. 무엇보다도 이들에는, 규정에 명시한 바와 같이 사이시옷을 적지 않는데 그럼에도 불구하고 이들을 제시한 것은 음운 현상으로서는 공통된다는 것을 밝히기 위한 것으로 해석할 수 있다.

## 2.5.2. <한글 맞춤법 통일안>(1940)의 사이시옷 표기 규정

<한글 맞춤법 통일안>(1940)은 2차 수정안으로서 전술한 바와 같이 『한글 마춤법 통일안』(1933)의 '마춤'을 '맞춤'으로 바꾸었다. 사이시옷 표기 규정은 제30항에서 다음과 같이 제시되고 있다.

(21) <한글 맞춤법 통일안>(1940)의 사이시옷 표기 규정

> 複合名詞의 사이에서, 위ㅅ 말의 끝소리가 홀소리나 ㄴ, ㄹ, ㅁ, ㅇ 인 때에 "사이ㅅ" 소리가 나는것과, 아래ㅅ 말의 첫소리가 "야, 여, 요, 유, 이"인 때에 다시 口蓋音化한 ㄴ 이나 ㄹ 소리가 나는것은 모두 中間에 "ㅅ"을 놓아 표기한다. 例 :
>
> (一) "사이ㅅ" 소리가 나는것
>
> | | | |
> |---|---|---|
> | 뒤ㅅ간(厠間) | 문ㅅ간(門間) | 코ㅅ날(鼻線) |
> | 코ㅅ등(鼻背) | 손ㅅ등(手背) | 이ㅅ몸(齒齦) |
> | 초ㅅ불(燭火) | 등ㅅ불(燈火) | 이ㅅ새(齒間) |
> | 발ㅅ새(趾間) | 고ㅅ집(倉庫) | 움ㅅ집(土幕) |
>
> [附記一] ㄹ 끝소리나 ㄹ 語尾를 가진 語幹과 다른 體言과 어울리어 한 名詞로 익은것도 "사이ㅅ" 소리가 나는것은 本項의 規定을 準用 한다. 例 :
>
> (1)
>
> | | | |
> |---|---|---|
> | 들ㅅ것(擔架) | 물ㅅ것(蚤蝎類) | 굴ㅅ대(轉軸) |
> | 들ㅅ돌(力技石) | 들ㅅ보(架樑) | 물ㅅ부리(煙嘴) |
> | 들ㅅ손(擧柄) | 들ㅅ숨(吸息) | 들ㅅ장지(掛障子) |
> | 날ㅅ짐승(飛禽) | | |
>
> (2)
>
> | | | |
> |---|---|---|
> | 디딜ㅅ방아(足舂) | 쥘ㅅ부채(摺扇) | 쥘ㅅ손(把所) |
> | 날ㅅ숨(呼息) | 설ㅅ주(門柱) | 길ㅅ짐승(走獸) |
>
> [附記二] 위ㅅ 말의 끝소리가 ㄱ ㄷ ㅂ ㅅ ㅈ ㅊ ㅋ ㅌ ㅍ 들로 되었거나, 아래ㅅ 말의 첫소리가 ㄲ ㄸ ㅃ ㅆ ㅉ ㅊ ㅋ ㅌ ㅍ 들로 되어, 中間에 "ㅅ"을 놓지 아니하여도 소리에 다름이 없는것은 "ㅅ"을 놓지 아니한다. 例 :

(1) 박속(匏內)　　　맏자제(昆胤)　　　입김(口氣)
　　갓집(冠入)　　　낮잠(晝寢)　　　꽃술(花蕊)
　　부엌간(廚間)　　낟돈(小錢)　　　앞발(前足)
(2) 봄꿈(春夢)　　　벌떼(蜂群)　　　산뽕(山桑)
　　솔씨(松種)　　　콩짜개(豆片)　　배코칼(薙刀)
　　머리털(頭髮)　　쉬파리(大蠅)
(二) "사이ㅅ" 소리와 다시 口蓋音化한 ㄴ 이나 ㄹ 소리가 나는것
　　채ㅅ열(鞭穗)　　아래ㅅ이(下齒)　　대ㅅ잎(竹葉)
　　베개ㅅ잇(枕衣)　갓ㅅ양(冠緣)　　물ㅅ약(水藥)
　　잣ㅅ엿(栢飴)　　콩ㅅ엿(豆飴)　　담ㅅ요(氈褥)
　　놋ㅅ요강(鍮溺器)　편ㅅ윷(便柶)　　밤ㅅ윷(小柶)
　　속ㅅ잎(裏葉)　　논ㅅ일(畓事)　　들ㅅ일(野事)
　　밤ㅅ이슬(夜露)　겹ㅅ이불(袷衾)　옷ㅅ임자(衣主)
　　공ㅅ일(徒勞)　　낮ㅅ일(晝事)　　꽃ㅅ잎(花葉)
　　부엌ㅅ일(廚事)　밭ㅅ이랑(田畦)　앞ㅅ이마(前額)

『한글 마춤법 통일안』(1933), <한글 마춤법 통일안>(1937)에 비하면 <한글
맞춤법 통일안>(1940)의 사이시옷 표기 규정은 대폭 수정·보강되고 보다 체
계화된 점이 눈에 띈다. 그런 만큼 기존 규정들과 차이점도 적지 않다.

첫째, 다시 음절 사이의 'ㅅ'이 부활하였다. 그런데 이는 단순한 부활이
아니다. 종래 음절 사이에 'ㅅ'을 표기한 이유는 선행 요소가 자음으로 끝나
는 경우를 위한 것인데 <한글 맞춤법 통일안>(1940)의 사이시옷 표기 규정은
(21)에서 보는 바와 같이 선행 요소가 모음으로 끝나는 경우에도 모두 음절
사이에 'ㅅ'을 표기하고 있음을 볼 수 있다. 이는 (13)의 <諺文綴字法>(1930)의
규정이 확대된 것으로 해석할 수 있다. 이로서 사잇소리 현상을 표기하는
방법이 선행 요소가 자음으로 끝나든 모음으로 끝나든 표기에 있어 일관성을
획득하고 있다는 점은 장점으로 들 만한다.[36]

둘째, 이에 따라 '[附記一]'에서 보는 바와 같이 '들ㅅ것', '날ㅅ짐승'처럼 명사와 명사 합성 명사가 아니라 어미 'ㄹ' 다음에 오는 경음화도 사이시옷 표기의 대상으로 삼은 것은 <한글 맞춤법 통일안>(1940)의 사이시옷 표기 규정의 가장 큰 특징이라 할 수 있다.

셋째, '[附記二]'의 '박속', '봄꿈'과 같은 경우는 사이시옷을 표기할 필요가 없다고 한 것으로 보아 사이시옷은 뒤에 오는 말을 경음화하는 요소라는 것을 분명히 한 것으로 볼 수 있다. 다만 '박속'과 같이 자동적으로 경음화를 일으키는 것도 사잇소리 현상의 테두리에 넣고 있다는 점은 주목할 필요가 있다.[37] 이는 <한글 맞춤법 통일안>(1940)이 우리의 어문 규정을 통틀어 사잇소리 현상을 가장 폭넓게 해석하고 있는 것으로 볼 수 있기 때문이다.

넷째, 'ㄴ' 혹은 'ㄹ' 소리가 덧나는 것에 대해서 『한글 마춤법 통일안』(1933), <한글 마춤법 통일안>(1937)에서는 몇 예의 제시에 머무르던 것이 <한글 맞춤법 통일안>(1940)에서는 이를 아예 독립시켜 다루고 있다.

다섯째, <한글 마춤법 통일안>(1937)에서 제시된 '칼날', '앞내', '알몸', '강물'과 같은 예들은, 앞서 이들을 제시한 근거가 분명하지 않다고 하였는데 이러한 경우가 모두 삭제되었다.

이상에서 살펴본 바와 같이 <한글 맞춤법 통일안>(1940)은 우리의 역대 어문 규정 가운데 가장 넓게 사잇소리 현상을 인정하고 있다는 점에서 주목할 필요가 있다.

---

36) 그러나 이를 통해 음절 사이에 'ㅅ'을 표기하는 경우가 사이시옷의 경우에만 나타나 표기의 측면에서 부자연스러움이 확대된 것은 단점이라 할 수 있다. 바로 후술하는 바와 같이 <한글 맞춤법 통일안>(1946)에서 다시 음절 사이의 'ㅅ'이 사라진 것은 이러한 단점이 예상보다 큰 부분을 차지한다는 것으로 해석할 수 있다.

37) 이는 '우윳값'에 사잇소리 현상이 일어난다면 동일한 구조를 가지는 '밥값'에도 사잇소리 현상이 나타난다고 보는 것과 동일한 시각을 반영한다.

## 2.5.3. <한글 맞춤법 통일안>(1946)의 사이시옷 표기 규정

1946년에 <한글 맞춤법 통일안>은 총 여섯 군데만 발췌하여 3차로 개정되었는데 여기서 가장 큰 비중을 가지는 것은 사이시옷에 관한 규정이었다. 즉 "第 三0 項을 아래와 같이 고침"이라 적고 그 내용을 다음과 같이 밝히고 있다.

(22) <한글 맞춤법 통일안>(1946)의 사이시옷 표기 규정

複合 名詞나 또는 複合 名詞에 準할 만한 말에서 두 말 사이에 된 소리가 나거나 또는 다시 口蓋音化한 ㄴ 이나 ㄹ 소리가 나는 것은, 윗 말의 끝소리가 홀소리인 경우는 ㅅ을 받치어 적고, 닿소리인 경우는 이를 表示하지 아니한다. 例 :

(一) 윗 말 끝이 홀소리인 것

| ① 냇가(川邊) | 콧날(鼻線) | 콧등(鼻背) |
| 잇몸(齒齦) | 촛불(燭火) | |
| ② 잇과(理科) | 갓법(加法) | 홋수(戶數) |
| 섯자(書字) | | |
| ③ 챗열(鞭穗) | 아랫이(下齒) | 댓잎(竹葉) |
| 베갯잇(枕衣) | | |

(二) 윗 말 끝이 닿소리인 것

| ① 길가(路邊) | 손등(手背) | 등불(燈火) |
| 발새(趾間) | 움집(土幕) | 들것(擔架) |
| 굴대(轉軸) | 들보(架樑) | 쥘손(把所) |
| 길짐승(走獸) | | |
| ② 상과(商科) | 감법(減法) | 권수(卷數) |
| 한자(漢字) | | |
| ③ 집일(家事) | 물약(水藥) | 쌀엿(米飴) |
| 맹장염(盲腸炎) | 관절염(關節炎) | |

우선 (21)과 비교해 보면 <한글 맞춤법 통일안>(1946)이 <한글 맞춤법 통일안>(1940)보다 두 가지 측면에서 간소해졌다고 할 수 있다. 하나는 사이시옷을 음절 사이에 적도록 한 규정이 다시 삭제되었다는 것이다. 이는, 사이시옷 어문 규정의 변천사를 볼 때 사이시옷을 음절 사이에 넣거나 빼는 것에 매우 큰 혼동이 있었음을 알 수 있으나 결국 음절 자리 하나를 차지하는 사이시옷은 표기의 측면에서 매우 부자연스럽다는 한계를 넘지 못한 것으로 해석할 수 있다. 다른 하나는 이른바 'ㄴ'이나 'ㄹ'이 덧나는 것을 선행 요소의 환경이 자음이냐 모음이냐의 여부에 따라서만 구별하여 다시 한데 묶었다는 점이다.

그러나 그 전까지의 규정 모두와 <한글 맞춤법 통일안>(1946)을 비교해 보면 새롭게 주목할 만한 차이가 드러난다. 그것은 (22)에서 각각 '②'의 항 즉 선행 요소와 후행 요소가 모두 한자일 경우에도 사잇소리 현상이 일어난다는 사실을 표면화하여 이를 표기에 반영하도록 하고 있다는 점이다. 앞서의 규정들에서는 선행 요소 혹은 후행 요소, 선행 요소와 후행 요소가 모두 한자인 경우는 있었지만 선·후행 요소가 모두 한자이면서 선행 요소가 모음으로 끝나는 것은 단 한 예도 보인 적이 없었던 것이다. 적용 범위만 따지자면 <한글 맞춤법 통일안>(1940)이 사잇소리 현상을 매우 폭넓게 인정하고 있다는 점에서 <한글 맞춤법 통일안>(1946)보다 넓다고 할 수 있지만 <한글 맞춤법 통일안>(1946)에서는 모음으로 끝나는 한자와 한자의 결합에서도 사이시옷을 표기하고 있다는 점에서 사이시옷을 표기하는 수효는 비약적으로 늘었다고 할 수 있다. 이는 (19)의 도식화를 참고하면 한자 표기에 있어 표음성이 증가한 것임을 알 수 있다. 이에 따라 한자와 고유어가 사잇소리 현상과 이의 사이시옷 표기에 있어 동일한 원칙을 가지게 되었다는 점은 그 나름대로의 의의를 가진 것으로 평가할 수 있다.

### 2.5.4. <한글 맞춤법 통일안>(1948, 1956), <한글 맞춤법>(1980)의 사이시옷 표기 규정

그 다음 1948년에 4차로 수정된 <한글 맞춤법 통일안>은 본문에 노출된 한자를 한글로 바꾼 것이고 1956년에 5차로 수정된 <한글 맞춤법 통일안>은 한자를 고유어로 바꾼 정도이기 때문에 사이시옷 표기 규정 자체에 대한 변동은 발견되지 않는다.[38)]

1980년에 개정된 <한글 맞춤법>도 역시 큰 틀에서의 차이는 발견되지 않는다. "뒷 말의 첫소리가 'ㅣ, ㅑ(반홀소리), ㄴ, ㅁ'일 적에, 'ㄴ(ㄸ)'이나 'ㅁ' 소리가 덧날 경우에도 이에 따른다."가 규정에서 추가된 것이 차이이다. 예들 에서도 변동된 것이 조금 있는데 <한글 맞춤법 통일안>(1946)을 기준으로 (一)①에 있던 '콧날'이 (一)③으로 옮겨져 제 자리를 찾고 대신 (一)①에 '마 룻바닥'과 '전셋집'이 추가되었다. 그리고 (一)③에 '농삿일'과 '뒷날', '잇몸' 이 추가되었으며 (二)①의 예들이 가나다순으로 재배열되고 '발새' 대신 '발 샅'이 제시되었으며 (二)③에 있던 '관절염, 맹장염'이, 한자로 된 것들을 모은 다는 취지에서 (二)②로 옮겨졌다.[39)] 또한 '가랑니, 금니, 덧니, 머릿니, 버드 렁니, 사랑니, 송곳니, 앞니, 어금니, 옥니, 젖니'의 예가 (二)③ 밑에 '다만, 다음과 같은 말은 소리대로 적는다' 다음에 제시되어 있다. 그러나 <한글 맞춤법>(1980)은 학회안으로서의 자격을 가질 뿐 보편화하지는 못했다.

---

38) <한글 맞춤법 통일안>(1946)과 <한글 맞춤법 통일안>(1948)에서는 '아랫이(下齒)'였던 것이 <한글 맞춤법 통일안>(1956)에서는 '뒷일(後事)'로 바뀐 것 외에는 예들도 모두 동 일하다.

39) 이렇게 되어 결국 'ㄴ'이 덧나는 경우도 한자로 된 것과 그렇지 않은 것으로 나뉜 셈이 되는데 이는 사잇소리 현상의 본질을 염두에 둔다면 <한글 맞춤법 통일안>(1946)보다 오히려 퇴보한 듯한 느낌을 준다.

## 2.5.5. <한글 맞춤법>(1988)의 사이시옷 표기 규정

이러한 측면에서 1988년에 문교부가 고시한 현행 <한글 맞춤법>은 <한글 맞춤법 통일안>(1946)의 전통을 따르는 것이라 할 수 있다. <한글 마춤법 통일안>(1933) 이래로 사이시옷과 관련된 규정은 모두 제30항에 베풀어져 있다는 것도 이를 반영한다. 이제 이를 제시해 보면 다음과 같다.[40]

    (23)  &lt;한글 맞춤법&gt;(1988)의 사이시옷 표기 규정

> 제30항 사이시옷은 다음과 같은 경우에 받치어 적는다.
> 1. 순우리말로 된 합성어로서 앞말이 모음으로 끝난 경우
> (1) 뒷말의 첫소리가 된소리로 나는 것
>
> | | | | | |
> |---|---|---|---|---|
> | 고랫재 | 귓밥 | 나룻배 | 나뭇가지 | 냇가 |
> | 댓가지 | 뒷갈망 | 맷돌 | 머릿기름 | 모깃불 |
> | 못자리 | 바닷가 | 뱃길 | 볏가리 | 부싯돌 |
> | 선짓국 | 쇳조각 | 아랫집 | 우렁잇속 | 잇자국 |
> | 잿더미 | 조갯살 | 찻집 | 쳇바퀴 | 킷값 |
> | 핏대 | 햇볕 | 혓바늘 | | |
>
> (2) 뒷말의 첫소리 'ㄴ, ㅁ' 앞에서 'ㄴ' 소리가 덧나는 것
>
> | | | | | |
> |---|---|---|---|---|
> | 멧나물 | 아랫니 | 텃마당 | 아랫마을 | 뒷머리 |
> | 잇몸 | 깻묵 | 냇물 | 빗물 | |
>
> (3) 뒷말의 첫소리 모음 앞에서 'ㄴㄴ' 소리가 덧나는 것
>
> | | | | | |
> |---|---|---|---|---|
> | 도리깻열 | 뒷윷 | 두렛일 | 뒷일 | 뒷입맛 |
> | 베갯잇 | 욧잇 | 깻잎 | 나뭇잎 | 댓잎 |
>
> 2. 순우리말과 한자어로 된 합성어로서 앞말이 모음으로 끝난 경우
> (1) 뒷말의 첫소리가 된소리로 나는 것

---

40) 1장에서 언급한 바와 같이 <한글 맞춤법>을 비롯하여 다른 어문 규정들도 조금씩 변화가 있다. 현재는 2017년 고시본을 사용하고 있는데 이를 감안한다면 <한글 맞춤법>(2017)과 같이 표시해야 하겠지만 사이시옷 표기 규정인 30항에는 <한글 맞춤법>(1988)과 아무런 변동이 없어 굳이 <한글 맞춤법>(2017)과 같이 표시하지는 않기로 한다.

|       |       |       |       |       |
|-------|-------|-------|-------|-------|
| 귓병   | 머릿방  | 뱃병   | 봇둑   | 사잣밥  |
| 샛강   | 아랫방  | 자릿세  | 전셋집  | 찻잔   |
| 찻종   | 촛국   | 콧병   | 탯줄   | 텃세   |
| 핏기   | 햇수   | 횟가루  | 횟배   |       |

(2) 뒷말의 첫소리 'ㄴ, ㅁ' 앞에서 'ㄴ' 소리가 덧나는 것

  곗날    제삿날    훗날    툇마루    양칫물

(3) 뒷말의 첫소리 모음 앞에서 'ㄴㄴ' 소리가 덧나는 것

  가욋일    사삿일    예삿일    훗일

3. 두 음절로 된 다음 한자어

  곳간(庫間)    셋방(貰房)    숫자(數字)    찻간(車間)

  툇간(退間)    횟수(回數)

우선 (23)은, <한글 마춤법 통일안>(1937), <한글 맞춤법 통일안>(1940), <한글 맞춤법 통일안>(1946)에서 사이시옷을 밝히지 않는 것들도 제시하고 있는 것과 달리 사이시옷을 밝히는 경우만 제시하고 있다. 무엇보다도 <한글 맞춤법>(1988)의 가장 큰 특징은 <한글 맞춤법 통일안>(1946) 이래로 40여년 동안이나 적용되어 오던 선행 요소와 후행 요소가 모두 한자인 경우의 사이시옷을, 예외의 여섯 가지만을 남기고 다시 밝히지 않기로 한 것이다. 따라서 '잇과(理科)'과 같은 표기는 '이과'로만 적히고 '등불'과 같은 단어도 빠진 것이다.

이 두 가지 사실은 <한글 맞춤법>(1988)이 결국 큰 틀에서 보면 사이시옷을 표기하는 경우를 보다 자세히 세분하고 있기는 하지만 결국 그 정신은 『한글 마춤법 통일안』(1933)으로 회귀하고 있음을 결론케 한다. 이는 사이시옷 표기 대상이 확대된 <한글 맞춤법 통일안>(1940), <한글 맞춤법 통일안>(1946)에 대해 사이시옷 표기 대상이 축소되었다는 것을 의미한다. 또한 (19)에서 정리한 바와 같이 <한글 맞춤법 통일안>(1940), <한글 맞춤법 통일안>(1946)에 비해 다시 표의성이 증가되었음을 뜻하는 것이기도 하다. 그 과정에서 한자와 고유어의 경우 동일한 사잇소리 현상에 대해 이를 사이시옷으로 표기에 반영

하는 경우가 달라지게 되었으므로 사잇소리 현상을 표기에 반영한다는 측면
에서도 일관성을 상실하게 되었다. 이러한 과정을 염두에 둘 때 <한글 맞춤
법>(1988)에서 그전에는 존재하지 않았던 어종(語種) 조건이 도입된 연유를
이해할 필요가 있다. 여섯 개의 예외를 제외하고 선행 요소와 후행 요소 가운
데 적어도 하나는 고유어가 필요하다는 것은 한자어로만 이루어진 수많은
합성어에서 사이시옷을 표기하지 않게 함으로써 결과적으로 사이시옷 표기
를 획기적으로 줄이게 되었음을 의미하기 때문이다.[41]

　지금까지 <國文研究 議定案>(1909)에서부터 <한글 맞춤법>(1988)에 이르기
까지 사잇소리 현상에 따른 사이시옷 표기 규정과 직간접적으로 관련되는
사항들에 대해 언급해 보았다. 그 과정에서 사잇소리 현상에 따른 사이시옷
표기 규정은 그 자체로 따로 동떨어져 있는 것이 아니라 표기 규정의 전체
원칙과 밀접한 관련을 맺고 있으므로 이를 거시적인 관점에서 조망하면서
그 의미를 파악해야 한다는 점을 강조하였다.
　이러한 태도는 이 책에서 4장과 5장의 실태 조사를 통해 대안을 제시하는
데도 큰 영향을 미친다. 가령 최형강(2018)에서는 '발음'과 이의 '반영'이라는
측면에서 사이시옷의 표기를 외래어에도 확대할 수 있는 방안에 대해 긍정적
인 시각을 취하고 있다. 이는 <한글 맞춤법>(1988)을 그 이전과 독립적으로
파악할 때는 얼마든지 가능하다고 할 수 있다. 그러나 지금까지 살펴본 바와
같이 현행 <한글 맞춤법>(1988)의 사이시옷 표기 규정은, 사이시옷 표기뿐만

---

41) 그러나 이러한 취지라면 선행 요소가 고유어인 것은 그렇다 하더라도 선행 요소가 한자어
　　인 경우는 사실 '한자어+한자어'의 경우와 동일하고 한자어는 고유어보다 표의성이 높으
　　므로 최형용(2008)에서 주장한 바와 같이 '고유어+고유어', '고유어+한자어'의 경우에만
　　사이시옷을 적지 않기로 하는 것이 보다 합리적이었을 것이다. 이러한 점에서 후술하는
　　4장과 5장에서의 실태 조사 결과는 일관적으로 선행 요소가 한자어일 경우 사이시옷을
　　표기하지 않으려는 경향이 높음을 보고하고 있다는 점은 시사하는 바 매우 크다고 할
　　수 있다.

이 아니라 그보다 더 상위의 표기 원칙의 영향을 받고 있으며 이에 따라 변화무쌍(變化無雙)했던 사이시옷 표기 규정의 변천 과정에서 볼 때 특히 그 전신인 <한글 맞춤법>(1946)에 비해 '한자어+한자어'의 사이시옷 표기를 배제하기 위해 어종 조건을 도입한 것이므로 외래어에도 사이시옷을 표기하자고 주장하는 것은 원론적으로도 채택하기 어려운 것이다. 이러한 결론은 곧 미시적인 측면에서의 사이시옷 표기 규정에 대한 정체성을 파악하고 개선 방안을 제시하기 위해서는 거시적인 측면에서 어문 규범과 그 변천 과정 속에서 사이시옷 표기 규정의 의미를 고찰해야 한다고 주장하는 근거라고 할 수 있다.

## 2.6. 북한의 사이시옷 표기 규정의 변천

북한의 어문 규범도 『한글 마춤법 통일안』(1933)을 출발로 하고 있기는 하지만 적어도 사이시옷 표기와 관련해서는 매우 이질적인 어문 규범 변천을 보여 주고 있다는 점에서 주목할 만하다. 최용기(2003 : 181-194)에서는 북한의 어문 규범을 모두 5기로 나누었는데 먼저 1기는 1948년 북한 정권 수립 이전과 <조선어 신철자법>(1948)이 공포된 한글맞춤법통일안의 준용 단계로 1945년부터 1954년까지로, 2기는 <조선어 철자법>(1954)의 공포로 시작되어 1966년까지로, 3기는 <조선말 규범집>(1966)의 공포로 비롯되어 1976년까지로, 4기는 문화어운동의 정착으로 1976년부터 1987년까지로, 5기는 <조선말 규범집>의 수정이 이루어진 1988년부터 그 이후의 시기로 구분하였다. 여기에서 보이는 <조선어 신철자법>(1948), <조선어 철자법>(1954), <조선말 규범집>(1966), <조선말 규범집>(1988)은 모두 북한의 어문 규범에 해당한다.[42]

---

42) 최용기(2003)에서는 <조선말 규범집>(1966)의 개정판을 <조선말 규범집>(1987)로 표기하고 있으나 여기서는 고영근(2000), 최호철(2012)를 따라 <조선말 규범집>(1988)로 표

2. 어문 규범 변천사 속에서의 사잇소리 현상과 사이시옷 표기 규정 109

먼저 <조선어 신철자법>(1948)은 제31항에서 다음과 같은 규정을 제시하고 있다.

(24) <조선어 신철자법>(1948)의 사이시옷 표기 규정

> 第31項 合成語의 사이에서 위'말의 末音이 母音이나 "ㄴ, ㄹ, ㅁ,
> ㅇ"인 때에 從來의 所謂 "사이 ㅅ" 소리가 나는것과 아래'
> 말의 頭音이 "야, 여, 요, 유, 이"인 때에 다시 口蓋音化한
> "ㄴ"나 "ㄹ"소리가 나는 것은 모두 中間에 絶音符 " ' "로써
> 表한다.
>
> ㄱ. 所謂 "사이 ㅅ" 소리가 나는 것
>
> 　　겨'불(糠火)　　고'집(倉庫)　　뒤'간(廚間)
> 　　문'간(門間)　　손'등(手背)　　굴'대(轉軸)　　길'짐승(走獸)
> 　　봄'비(春雨)　　그믐'달(晦月)　　등'불(燈火)　　초생'달(朔月)
> 　　cf) 이'몸(齒齦)　코'날(鼻線)
>
> ㄴ. 所謂 "사이ㅅ" 소리와 다시 口蓋音化한 "ㄴ"나 "ㄹ" 소리가 나
> 는 것
>
> 　　대'잎(竹葉)　　배개'잇(枕衣)　아래'이(下齒)
> 　　홑'이불(單衾)　논'일(畓事)　　밤'윷(小柶)　　콩'엿(豆飴)
> 　　꽃'잎(花葉)　　들'일(野事)　　물'약(水藥)　　버들'잎(柳葉)
>
> ㄷ. [附記] 漢字語로서 이에 準할 만한 境遇에도 絶音符로써 表할
> 수 있다.
>
> 　　내'과(內科)　　　수'자(數字)　잠'간(暫間)　　문'자(文字)
> 　　관절'염(關節炎) 맹장'염(盲腸炎)

(24)를 보면 앞의 남한의 경우와 크게 두 가지 관점에서 차이를 읽을 수
있다. 하나는 표기의 차원으로서 남한의 경우 사이시옷을 표기했던 것과 달
리 북한의 경우 '絶音符' 곧 " ' "를 표기의 방편으로 도입하고 있다는 것이다.

기하고자 한다. 특히 최호철(2012)에서는 북한의 어문 규정에 대한 변천 과정을 간략하게
정리하고 개정판인 <조선말 규범집>(2010)에 대해 논의를 집중하고 있다.

다른 하나는 현상의 차원으로서 남한의 경우 주로 사이시옷을, 사잇소리 현상 즉 된소리와 'ㄴ' 첨가에 국한하던 것이 북한의 경우 구개음화한 'ㄴ'이나 'ㄹ' 소리가 덧나는 것까지도 이를 대상으로 삼고 있다는 것이다. 이는 범위의 측면에서 전술한 <한글 맞춤법 통일안>(1940)을 연상시킨다. 또한 새로운 부호를 도입함으로써 선행 요소가 자음으로 끝나는 경우도 크게 문제 삼지 않거니와 [附記]에서 보는 바와 같이 한자어 내부도 대상으로 삼음으로써 결과적으로 남한의 경우보다 매우 폭이 넓다는 점을 알 수 있다.

이러한 규정은 <조선어 철자법>(1954)에서는 다음과 같이 제시되고 있다.

(25) <조선어 철자법>(1954)의 사이시옷 표기 규정

> 제19항 합성어의 사이에 첫째번 어근의 끝소리가 모음이나 ≪ㄴ≫, ≪ㄹ≫, ≪ㅁ≫, ≪ㅇ≫인 때에 재래의 소위 ≪사이 ㅅ≫ 소리가 나는 것과, 둘째번 어근의 첫소리가 ≪야≫, ≪여≫, ≪요≫, ≪유≫, ≪이≫인 때에 다시 구개음화한 [ㄴ]나 [ㄹ]가 나는 것은 그 중간에 ≪사이 표≫(')를 둔다.
>
> ㄱ. 소위 ≪사이 ㅅ≫ 소리가 나는 것.
> 　　기'발 나루'배 낚시'대 내'물 뒤'간 초'불 코'등
> 　　문'간 길'짐승 들'것 들'돌 들'보 들'숨
> 　　그믐'달 움'집 등'불
> 　　cf) 코'날 일'군
>
> ㄴ. 소위 ≪사이 ㅅ≫ 소리와 다시 구개음화한 [ㄴ]나 [ㄹ]이 나는 것.
> 　　대'잎 베개'잇
> 　　겹'이불 홑'이불 공'일 낮'일 논'일 놋'요강
> 　　물'약 물'일 버들'잎
>
> ㄷ. 한자어로서 이에 준할 만한 경우에도 ≪사이 표≫를 둘 수 있다.
> 　　대'가(代價) 리'과(理科) 수'자(數字) 호'수(號數)

(25)는 (24)와 비교해 보면 '절음부'가 '사이 표'로 명칭이 바뀌었을 뿐 큰 변화는 없다는 점을 알 수 있다. 그러나 <조선어 철자법>(1954)의 제23항을 보면 '사이 표'는 합성어뿐만이 아니라 파생어에서도 적도록 하고 있다는 점에서 남한의 경우와 차이가 있다는 점을 알 수 있다. 즉 조선어철자법(1954)에서의 '사이 표'는 형태를 최대한 고정하되 소리가 변화하는 양상을 포착하기 위한 도구임을 알 수 있다.43)

그런데 <조선말 규범집>(1966)에서는 우선 표기와 발음을 각각 '맞춤법', '표준발음법'으로 나누어 설명하고 있다는 점에서 주의할 필요가 있다. 먼저 표기 규정을 제시하면 다음과 같다.

> (26)  <조선말 규범집>(1966)에서의 사이시옷 표기 규정
>
> 제18항 종전에 써 오던 사이 표(')는 발음 교육 등을 목적으로 하는 특수한 경우를 제외하고는 모두 없앤다.

(26)은 <조선어 신철자법>(1948), <조선어 철자법>(1954)에서 매우 폭넓게 사용되던 사이시옷 표기가 전면적으로 폐기된 것을 명시한 것으로 획기적이라 할 만하다. 이는 <조선어 신철자법>(1948), <조선어 철자법>(1954)가 사이시옷을 표기함으로써 표음주의를 표방한 것이라면 <조선말 규범집>(1966)은 사이시옷을 폐기함으로써 전면적인 표의주의로 돌아섰음을 의미하는 것이다.44)

---

43) 즉 남한에서는 '햇-', '싯-' 등 경음화나 'ㄴ'이 첨가되는 것을 모두 표기에 반영하여 이를 접두사로 인정하고 있는 대신 북한에서는 '해'곡식', '시'누렇다'처럼 표기하여 합성어에서 나타나는 현상과 동일한 것으로 간주하고 있는 것이다. 이처럼 사잇소리 현상을 폭넓게 다루게 됨으로써 나타나는 문제는 환경이나 조건이 다른 것을 한 자리에 다룸으로써 생기는 문제라고 할 수 있는데 이에 대한 그동안의 논의에 대해서는 송미영(2019나)를 참고할 것.
44) 사실 북한에서 어두 두음 법칙을 적용하지 않는 것도 이러한 표의주의의 추구 관점에서

대신 '표준발음법'에서 다음과 같이 사이시옷의 발음에 대해 규정하고 있음을 알 수 있다.

(27) <조선말 규범집>(1966)에서의 사잇소리 발음 규정

> 제31항 합성어(또는 접두사와 어근이 어울린 단어)의 형태부가 자음으로 끝나고 둘째 형태부가 ≪이, 야, 여, 요, 유≫로 시작될 때는 그사이에서 [ㄴ]을 덧내여 발음한다.
> 례 : 밭일 물약 부엌일 콩엿 짓이기다 담요
> 제32항 합성어(또는 접두사와 어근이 어울린 단어)의 첫 형태부가 모음으로 끝나고 둘째 형태부가 ≪이, 야, 여, 요, 유≫로 시작될 때는 그사이에서 [ㄴㄴ]를 덧내여 발음한다.
> 례 : 바다일-[바단닐] 대잎-[댄닙] 수여우-[순녀우]
> 제33항 앞 어근이 모음으로 끝나고 뒤 어근이 순한소리나 유향자음으로 시작한 합성어에서는 그 두 어근사이에서 받침소리 [ㄷ]를 덧내는것처럼 발음한다.
> 례 : 배전-[밷전 → 밷쩐] 배머리-[밷머리 → 밴머리]
>      가위밥-[가윋밥 → 가윋빱]
> 제34항 합성어의 앞 어근이 유향자음으로 끝나고 뒤 어근의 첫소리가 순한소리일 때는 그 순한소리를 된소리로 발음한다.
> 례 : 그믐달-[그믐딸] 손등-[손뚱]

<조선말 규범집>(1966)에서는 (27)을 모두 '사이소리현상'이라는 이름 아래에 다루고 있다. 한자어에서의 된소리 발음도 역시 제43장에서 '사이소리를 내어 발음'하되 그 표기는 하지 않는 것으로 규정되어 있다는 점에서 (24), (25)와의 차이를 알 수 있다.

이러한 변화 양상은 총칙의 변화와 밀접한 관련이 있는 것으로 이해할

---

해석할 수 있다.

수 있다.

(28) <조선어 신철자법>(1948)과 <조선어 철자법>(1954)의 총칙

> 1. 조선어 철자법은 현대 조선 인민의 언어 의식 가운데에 공통적
>    으로 파악할 수 있는 것은 일정한 형태로 표기함으로써 원칙을
>    삼는다.
> 2. 조선어 철자법은 그 표기에 있어 일반 어음학적(語音學的) 원리
>    에 의거하되, 조선 고유의 발음상의 제규칙을 존중한다.

(28)은 <조선어 신철자법>(1948)과 <조선어 철자법>(1954)의 총칙 5개항 가운데 앞의 두 개항을 가져온 것이다. 1항에서 "일정한 형태로 표기"한다는 것은 <조선어 신철자법>(1948)과 <조선어 철자법>(1954)가 기본적으로 표의주의적 속성을 가진다는 것을 뜻한다. 그런데 이러한 총칙이 <조선말 규범집>(1966) 이후로 다음과 같이 변경되었다.

(29) <조선말 규범집>(1966)의 총칙

> 조선말 맞춤법은 단어에서 뜻을 가지는 매개 부분을 언제나 같게
> 적는 원칙을 기본으로 하면서 일부 경우 소리 나는 대로 적거나
> 관습을 따르는 것을 허용한다.

(28)을 통해서도 표의주의적 경향이 드러난다고 한 바 있지만 (29)를 보면 이를 보다 구체화하고 강조하여 "뜻을 가지는 매개 부분을 언제나 같게 적는 원칙을 기본"으로 한다고 천명하고 있음을 알 수 있다. 이를 적용하면 사잇소리 현상에 따른 사이시옷은 의미를 가지는 매개 부분이 경우에 따라 달라질 수 있으므로 원칙에 어긋난다는 것을 쉽게 이해할 수 있다.

다음으로 <조선말 규범집>(1988)에서는 (29)에 따른 (26)의 정신이 그대로

수용되어 있되 사이시옷과 관련하여서는 예외에 대한 조항이 추가된 점이
눈에 띈다.[45]

(30) <조선말 규범집>(1988)의 사이시옷의 예외 표기 규정

---

제14항 합친말은 매개 말뿌리의 본래형태를 각각 밝혀 적는것을
원칙으로 한다.
   례 : 1) 걷잡다, 낯보다, 눈웃음, 돋보다, 물오리, 밤알, 손아
          귀, 철없다, 꽃철, 끝나다
         2) 값있다. 겉늙다, 몇날, 빛나다, 칼날, 팥알, 흙내
그러나 오늘날 말뿌리가 뚜렷하지 않은것은 그 본래형태를 밝혀
적지 않는다.
   례 : 며칠, 부랴부랴, 오라버니, 이틀, 이태
제15항 합친말을 이룰적에 ≪ㅂ≫이 덧나거나 순한소리가 거센소
      리로 바뀌여나는 것은 덧나고 바뀌여나는대로 적는다.
   례 : 마파람, 살코기, 수캐, 수퇘지, 좁쌀, 휘파람, 안팎
[붙임] 소리같은 말인 다음의 고유어들은 혼동을 피하기 위하여
      아래와 같이 적는다.
   례 : 샛별-새 별(새로운 별)
       빗바람(비가 오면서 부는 바람)
       비바람(비와 바람)

---

45) <조선말 규범집>(1966)과 마찬가지로 <조선말 규범집>(1988)에서는 '사이소리현상' 안
에 'ㄴ' 첨가와 '사이시옷[ㄷ]' 첨가를 포함하고 있다. 다만 '합성어'를 '합친말'로 '접두사
와 어근'을 '앞붙이와 말뿌리'하여 문법 용어가 고유어로 바뀐 것이나 <조선말 규범
집>(1966)에서는 원칙이었던 것이 <조선말 규범집>(1988)에서는 허용 규정으로 바뀌는
등 변화가 없었던 것은 아니다. 특히 원칙이었던 것이 허용 규정으로 바뀐 것은 '사이
표'를 폐기함에 따라 표기와 발음에서 오는 괴리를 줄이고자 하는 시도로 해석할 수
있다. 그러나 <조선말 규범집>(2010)에서는 다시 허용 규정이 원칙으로 바뀌었으며 '사
이소리현상'도 '된소리현상과 관련한 발음', '소리끼우기현상과 관련한 발음'으로 나뉘
게 되었다.

(30)의 제14항은 <조선말 규범집>(1966)에서의 합성어 표기에서 '사이 표'를 폐지한 이유를 명시한 것으로서 그 의미를 갖는다. 여기에서 '사이 표'를 폐지하는 대신 제15항에서 '샛별'과 '빗바람'과 같은 경우 사이시옷을 표기하고 있다는 점에 주목할 필요가 있다. 즉 '새'별', '비'바람'과 같은 표기가 아니라 '샛별', '빗바람'이라고 표기하여 '사이 표'를 전면적으로 폐기한 사실에는 변화가 없음을 보이고 있기 때문이다.

그런데 이러한 예외는 <조선말 규범집>(2010)에서는 다음과 같이 아예 조항에서 자취를 감추고 만다.

(31)  <조선말 규범집>(2010)에서의 '합친말'의 표기 규정

> 제14항 합친말은 매개 말뿌리의 본래형태를 각각 밝혀 적는것
>    을 원칙으로 한다.
>    례1 : 1) 걷잡다, 낮보다, 눈웃음, 돋보다, 물오리, 밤알, 손아
>           귀, 철없다, 꽃철, 끝나다
>    례2 : 2) 값있다. 겉늙다, 몇날, 빛나다, 칼날, 팥알, 흙내
>    ≪암, 수≫와 결합되는 동물의 이름이나 대상은 거센소리로 적지
>    않고 형태를 그대로 밝혀 적는다.
>    례 : 수돼지, 암돼지, 수개, 암개, 수기와, 암기와
>    제15항 합친말에서 오늘날 말뿌리가 뚜렷하지 않은것은 그 형태를
>        밝혀 적지 않는다.
>    례 : 며칠, 부랴부랴, 오라버니, 이틀, 이태
>          마파람, 휘파람, 좁쌀, 안팎

그러나 물론 이것이 북한에서 사이시옷 표기 자체가 완전히 자취를 감춘 것이라고 보는 데는 문제가 있다. 그보다는 (30)에서 제시된 예외의 성격 자체가 규정과는 이질적인 성격을 보인 결과라고 해석하는 것이 보다 더 타당해 보인다.46)

이상에서 살펴본 바와 같이 북한에서의 사이시옷 표기 규정은 '절음부', '사이 표'의 기호로는 남한의 사이시옷보다 폭넓게 사용되다가 <조선말 규범집>(1966)부터는 폐기의 길을 걷고 있음을 알 수 있고 다시 사이시옷의 모습을 찾았으나 그 영역은 몇 개의 예외에만 한정되고 그나마 <조선말 규범집>(2010)에서는 아예 자취를 감추고 있음을 알 수 있다. 이는 표의주의를 전면화한 북한 맞춤법의 총칙에 해당하는 (29)의 정신에 비추어 보면 지극히 자연스러운 결과라 할 수 있다. 따라서 북한의 사이시옷 표기 규정도 어문 규정 전체라는 거시적인 측면에서 고찰해야 한다는 점은 남한의 경우와 동일하다고 할 수 있다.

그러나 그 결과는 매우 상이하다는 점에 주목할 필요가 있다. 남한의 경우 합성 명사의 두 요소 모두 한자로 이루어진 경우의 사이시옷을 폐기하고 있는 부분에서는 표의성이 증가하고 있지만 아직 고유어가 합성 명사의 요소로 나타나는 경우에는 선행 요소가 모음으로 끝나야 한다는 제약이 있기는 하지만 사이시옷을 표기하여 표음성을 뒷받침하는 요소로 '남아' 있기 때문이다.

---

46) 최호철(2012 : 264-265)에서는 이에 대해 사이시옷 표기에 대해서는 원칙적으로 그 표기를 하지 않는 대전제하에 그 예외가 되는 것을 (30)의 제15항의 붙임만으로는 해결할 수 없는 성질이므로 이와 같이 조항으로 명시하는 방법을 버리고 단어 개별적인 현상으로 넘기게 된 것이라고 판단한 바 있음을 참고할 필요가 있다.

# 사이시옷의 형태소성과 사잇소리 현상의 실현

## 3.1. 사이시옷의 형태소성

### 3.1.1. 형태소와 공형태소

1, 2장에서 살펴본 바와 같이 사잇소리 현상은 특히 현행 <한글 맞춤법>(1988)의 규정을 기준으로 할 때 사이시옷 표기와 일대일 대응을 가지는 것은 아니다. '바닷가'로 표기하여 사이시옷을 표기하든 '등불'로 표기하여 사이시옷을 표기하지 않든 사잇소리 현상이 실현되는 것은 동일하기 때문이다. 음운 변동을 '교체, 첨가, 탈락, 축약'으로 유형을 분류한다고 할 때 사잇소리 현상을 교체가 아니라 첨가로 본다면 이때 첨가되는 사이시옷은 음가 산정도 문제가 되지만 그 정체가 무엇인가에 대해서도 고민할 필요가 있다. 따라서 이러한 관점에서 사이시옷이 과연 형태소인지에 대한 문제를 검토해볼 필요가 있다. 여기서는 최형용(2009나)에 기반하여 먼저 형태소와 공형태소의 개념에 대한 논의부터 시작해 보기로 한다.

주지하는 바와 같이 형태소란 의미를 가지는 최소 단위이다. 이는 곧 더이상 쪼갤 수는 있으나[1] 그렇게 되면 스스로 의미를 가지지 못한다는 말이다. 그리고 이때의 '의미'란 주지하는 바와 같이 어휘적 의미는 물론이거니와 가령 '-었-'을 시제 선어말 어미라 할 때의 '시제'와 같은 문법적 의미까지를 포함한다.

우선 여기서 문제가 되는 것은 '오솔길', '아름답다', '착하다' 등에서 보이는 '오솔-', '아름-', '착-'과 같은 이른바 특이형태소(unique morpheme)라 불리는 존재들이다.[2] 이들은 분포가 극도로 제약되어 있기 때문에 의미라면 어휘적 의미를 가질 테지만 그 의미를 제대로 알기 어려운 것들이다. 그러나 이들도 형태소임에는 분명하다. 그 이유는 '오솔길', '아름답다', '착하다'의 의미가 '오솔-', '아름-', '착-'을 제외한 것과 다르기 때문이다. 즉 의미를 제대로 알기 어렵다고 해서 의미가 없는 것은 아니며 이들을 더 쪼갤 수 없다면 '의미를 가지는 최소의 단위'라는 형태소의 정의에 어긋난다고 볼 수는 없다.[3] 이익섭·채완(1999 : 49)에서는 이들 특이형태소의 존재 때문에 형태소의 정의를 "어휘항을 구성하는 분석 가능한 단위 및 분석 가능한 단위를 제외한 나머지 형식"으로 확대해야 한다는 견해를 소개하고 있다. 그러나 여기에서의 '분석 가능한 단위를 제외한 나머지 형식'도 이익섭·채완(1999 : 49-50)의 언급처럼 어떤 의미를 가져야 한다는 사실을 위배해서는 안 된다. 그렇지 않으면 '좁쌀'의 '-ㅂ'과 같이 '쌀'이 '뿔'로 적혔을 때의 흔적이 남은 것도 형태소로 간주될 위험이 있기 때문이다.

이러한 측면에서 보다 복잡한 문제를 제기하는 것은 영형태소(zero morpheme)와 공형태소(empty morpheme)이다. 앞의 것은 가시적인 형식을 가

---

1) 물론 모든 형태소를 음소로 더 쪼갤 수 있는 것은 아니다. '간 지 3년', '갈 사람'의 '-ㄴ', '-ㄹ'은 형태소의 자격을 가지고 있지만 음소 그 자체이므로 더 쪼갤 수는 없다. 이들이 자음 음소 형태소인 데 대해 모음 하나로 이루어진 '아, 어' 등 감탄사는 모음 음소 형태소에 해당한다.
2) 주지하는 바와 같이 특이형태소는 '유일형태소'로 불리는 경우도 있다.
3) 즉 이들 특이형태소는 모두 어근의 자격을 가지고 단어 형성에 참여하고 있는데 최형용(2016)의 어근 부류에 따르면 형태소의 수를 기준으로는 단일 어근에 해당하며 형태소의 지위를 기준으로는 형태소 어근에 해당한다는 것을 알 수 있다.

지지 않는 것에 형태소의 자격을 부여한 것이고 뒤의 것은 형식만 있을 뿐
의미를 가지지 않는 것에 형태소의 자격을 인정한 것이다. 앞의 것은 형식을
갖추지 않은 것이 문제가 되기는 하지만 '의미를 가지는 최소 단위'라는 형태
소의 원래 정의를 훼손시키지는 않는다.[4]

그러나 뒤의 것은 의미를 갖지 않는 것에 형태소의 자격을 주고 있다는
점에서 형태소 정의 자체에 대해 문제를 제기한다. 최형용(2009나 : 63)에서
언급한 바와 같이 그동안 한국어에서 공형태소 분석은 주로 중세 국어에
한정하여 논의가 이루어졌다. 일찍이 고영근(1978)에서는 Aronoff(1976)의 '음
운론적 현현 방식의 특수성'이라는 조건을 받아들여 '-오딕'의 '-오-'를 의미
는 없지만 하나의 형태소라 하고 이를 바탕으로 형태소의 정의도 "최소의
의미단위라는 굴레에서 벗어나 일정한 음운론적 특징을 가진 단위에까지
확대될 수 있음"을 주장하였다(고영근 1978 : 34). 김영욱(1997)에서는 이를 공형
태소라 하고 형태소는 의미가 있는 것과 그렇지 않은 두 가지 종류로 구분되
며 따라서 "모든 형태소가 최소의 유의적 단위라는 통념은 더 이상 유지할
수 없게 된다."고 언급하였다(김영욱 1997 : 185). 그리고 이른바 둘째 설명법
어미 '-니라'의 '-니', '-오딕/-옴'의 '-오-', '-올브터'의 '올'을 대표적인 예로

---

4) 그러나 이것이 이 책에서 영형태소를 전면적으로 인정한다는 것을 의미하는 것은 물론
아니다. 이 책에서는 최형용(2003가) 이래로 견지하여 온 바와 같이 특히 새로운 단어
형성과 관련되는 영형태소를 인정하지 않는다. 이때의 영형태소는 형식적으로는 무표적이
지만 체계적으로는 유표적이어서 비경제성을 초래하기 때문이다. 다만 여기서는 영형태소
가 사이시옷과 관련하여 별다른 연관성을 갖지 않는다고 판단하여 더 이상 논의하지 않을
뿐이다. 최형용(2003가 : 123-126)에서는 특히 영접미사와 관련하여 영형태소에 대해 부
정적인 입장을 피력하고 이른바 영파생어를 영변화어로 부를 것을 주장한 바 있다.
Booij(2005 : 39)에서도 영접사에 대한 독립된 증거가 발견되지 않으며 영접사가 접두사
인지 혹은 접미사인지도 알 수 없다고 보아 'conversion'이라는 용어를 쓰고 있다.
Haspelmath(2002)에서도 역시 이러한 견해를 찾을 수 있고 형식적으로 아무런 증가가
없는 이러한 과정(형식적인 감소 과정을 포함하여)은 형태소-기반 모형(morpheme-based
model)에 대한 단어-기반 모형(word-based model)의 우위를 뒷받침하는 것으로까지 해
석한 바 있다.

들었다. 한편 장윤희(1999)에서는 이들을 공태소라 보는 견해를 부정하고 오히려 '거슬-(逆)'과 '거스리-', '거릋-(濟)'과 '거리치-', '돋-(走)'과 '둘이-'에서 보이는 '-이-'가 공형태소로 간주될 수 있다고 보았다. 시정곤(2000)에서는 앞의 논의들에서의 공형태소 개념이 형태소의 기본 개념을 흔드는 것이라고 비판하고 공시적 개념인 형태소와 통시적인 변화의 산물인 '화석'은[5] 서로 구별해야 한다고 주장하였다.

국외의 형태론 논의에서도 공형태소의 존재는 문제가 적지 않다는 사실이 논의되었지만 대체로 이를 인정하는 모습이다. Haspelmath(2002 : 133)에서는 이들이 달리는 'stem affixes', 'stem extensions', 'thematic affixes'로[6] 불리고 특히 접사가 모음일 경우에는 'thematic vowels'라고 불린다고 하였다. Booij(2005 : 29)에서는 아예 공형태소라는 용어가 보이지 않고 'thematic vowels'만 나오고 있다. 그런데 이들을 모두 형태소로 간주하는 데는 일치한다. Haspelmath(2002 : 133)에서 이들을 형태소로 다루어야 하는 이유로 든 것은 이들이 보통의 형태소처럼 이형태를 가질 수 있고 굴절의 경우 패러다임 형성에 참여한다는 점 때문이다. 다음의 예를 살펴보기로 하자.[7]

(1) 주격        목적격        소유격
    mupin       mupitta       mupittan       '코'
    tümpi       tümpitta      tümpittan      '바위'
    nümü        nümi          nümin          '사람'

---

5) 이때의 화석은 송철의(1993)에서 제시한 화석 개념과는 조금 다르다. 송철의(1993)에서 제시된 화석화는 "어떤 구성체의 구성요소가 독자적으로는 변화를 입었지만 구성체 속에서는 변화를 입기 전의 상태를 유지하고 있거나 그 흔적을 남기는 현상"을 의미한다. 그 예도 앞서 언급한 '좁쌀'의 'ㅂ'을 포함하여 '안팎'의 '안ㅎ', '새롭다'의 명사 '새', '그믐'의 '그믈-'을 들었다. 한편 시정곤(2000 : 163)에서는 화석을 어휘형태적 화석과 문법형태적 화석으로 더 세분하고 이른바 공형태소는 문법형태적 화석 가운데도 무의미 화석이라 보았다.

6) 'thematic'의 'theme'는 'stem'을 가리키는 옛 용어이다(Haspelmath 2002 : 133).

7) (1)은 Haspelmath(2002 : 132)에서, (2)는 Booij(2005 : 29)에서 재인용한 것이다.

|  |  |  |  |
|---|---|---|---|
| piammütsi | piammütsi | piammütsin | '아기' |
| kahni | kahni | kahnin | '집' |

(2) larg-o      '넓은'          al-larg-a-re      '넓히다'
    profond-o   '깊은'          ap-profond-i-re   '깊게 하다'

(1)은 Tümpisa Shoshone의 굴절의 예이고 (2)는 이탈리아어 파생의 예이다. (1)에서 주격 'piammütsi'와 'kahni'를 참고하면 목적격과 소유격은 주격과 직접적 연관이 있음을 알 수 있다. 그러나 'mupin', 'tümpi', 'nümü'는 각각 목적격과 소유격이 주격과 다른데 이들에서는 오히려 목적격형에 'n'을 결합시키면 소유격이 도출된다는 것을 알 수 있다. 따라서 이들 세 어형에서 분석되는 '-tta, -ta, -i'와 같은 것들은 특정한 의미를 지니지 못한다고 할 수 있다. 만약 이들이 결합한 것을 하나의 형태소로 간주하면 주격형과의 연관성이 떨어지게 되고 주격과 이들을 분석해 내지 않으면 속격형은 'n'으로만 설명할 수 있는 경제성을 포기하게 된다.

(2)에서도 형용사에서 보이는 '-o'가 경우에 따라 '-a'나 '-i'를 이형태로 가진다는 사실을 보여 준다. 여기에서도 이들을 선행 형태소의 일부로 다루면 동사 파생 접미사 '-re'가 가지는 설명의 경제성을 상당 부분 잃게 된다. Booij(2005 : 29)에서 '-o'를 굳이 'thematic vowel'이라고 한 것은 이것이 어느 정도 일정한 역할을 담당하고 있다고 보았기 때문이다. 그런데 여기서 한 가지 짚고 넘어가야 할 부분은 이들 공형태소의 다른 이름에서 모두 'stem'을 발견할 수 있다는 것이다. 즉 이들이 후행 요소가 아니라 모두 선행 요소에 속한다고 본 것은 공통된다는 것이다. 또한 이들은 단순한 통시적 변화의 산물이 아니라는 점에서 국내 논의의 '화석'과도 연관성을 찾기 어렵다.

여기서 중요한 것은 공형태소를 형태소로 인정한다고 하더라도 그것은 이른바 이형태 관계를 전제한다는 사실이다. 물론 모든 형태소가 이형태를 가지는 것은 아니지만 만약 이형태를 가진다면 그것들 사이는 상보적 분포를 보여야 한다. 이것이 형태소가 가지는 또 다른 정의적 속성이다.

이상에서 제시된 형태소의 정의적 속성 두 가지는 그대로 어떤 요소가 형태소인지 아닌지 여부를 판별하는 기준이 된다. 즉 하나는 그것이 어휘적이든 문법적이든 독자적인 의미를 가져야 한다는 것이고 다른 하나는 이형태를 가지는 것 사이에는 상보적인 분포 관계가 존재해야 한다는 것이다. 공형태소의 경우에는 앞의 기준은 만족하지 않지만 뒤의 기준은 만족하기 때문에 형태소로 인정하는 경우들이 있음을 살펴보았다. 이제 이러한 기준에 따라 현대 국어 사이시옷의 형태소성을 따져 보기에 앞서 사이시옷이 걸어온 길과 그 지위에 대한 연구자들의 견해를 먼저 정리해 보기로 한다.

### 3.1.2. 사이시옷 지위의 변천

이 책에서 사이시옷에 대한 지위를 논의함에 있어 현대 한국어의 사이시옷에 대해 검토하려고 하는 이유는 이의 지위가 예전에는 엄연한 문법 형태소로서의 자격을 가진다는 사실을 인정하고 있기 때문이다. 중세 한국어의 사이시옷에 대해서는 '이/의'와 함께 관형격 조사의 용법을 보이되 전자는 무정체언 및 존칭의 유정체언과 결합하고 후자는 평칭의 유정체언에 결합한다는 사실이 정설로 되어 있다(안병희 1968).[8] 이것은 곧 사이시옷이 통사적 요소임을 의미하는 것으로 다음과 같은 예에서 이를 확인할 수 있다.[9]

---

8) 물론 예외도 적지 않게 존재한다. '聖人의 法을 비홈은 쟝ᄎ 뻐 風俗을 졍졔호려 홈이니<소학 6 : 62>'과 '狄人ㅅ 서리예 가샤<용가 4>'와 같은 것이 이에 속한다. 이 책에서는 경우에 따라 '관형격'을 '속격'으로 나타내기도 할 것인데 이 둘 사이에 어떤 차이를 전제하는 것은 아니다.

9) (3)-(7)의 예는 최형용(2003가 : 182-186)에서 가져온 것이며 (8)은 권용경(2001 : 167)에서 재인용한 것이다.

(3) 가. 부텻 모미 여러가짓 相이 ᄀᄌᆞ샤 <석상 6 : 41>
　　나. 사ᄉᆞ미 둘과 도ᄌᆞ기 입 <용가 88>

이 외에도 사이시옷이 통사적 요소로 기능하고 있는 예는 흔히 발견된다.

(4) 가. 녀늣 이를 ᄇᆞ리고 <내훈-초 1 : 53>
　　나. ᄌᆞ걋 나라해셔 거슬ᄈᆞᆫ 양 ᄒᆞ는 難이어나 <석상 9 : 33>
　　다. 부텨 니ᄅᆞ샨 밧 法은 이 法이라 닐어도 쏘 올티 몯ᄒᆞ며(佛所說法은
　　　　謂是法이라도 亦不是ᄒᆞ며) <금삼 2 : 40>
　　라. 무틔 술윗 바회맛 靑蓮花ㅣ 나며 <월석 2 : 31>
　　마. 죠고맛 ᄇᆡ ᄐᆞ고졋 ᄠᅳ들 닛디 몯ᄒᆞ리로다(扁舟意不忘) <두초 15 :
　　　　55>
　　바. 卽은 가져셔 ᄒᆞ닷 마리라 <남명 서 : 1>

(4가, 나)는 대명사적인 것에 사이시옷이 연결된 경우이고 (4다)는 의존
명사에 사이시옷이 연결된 경우이다. 한편 (4라)는 '만큼'의 의미를 가지는
조사 '만'에 사이시옷이 연결된 경우이다. (4마)는 연결 어미에, (4바)는 종결
어미에 사이시옷이 연결되어 있다.[10] 분포에 예외가 있기는 하지만 문법적
의미를 가진다는 사실을 부정하기 어렵다는 점에서 이들에 문법 형태소로서
의 지위를 부여하는 데 문제가 없다.

　　그러나 주지하는 바와 같이 이러한 모습이 현대에까지 이어진 것은 아니
다. 이기문(1972 : 209)에서 근대 한국어 단계에는 '의'만이 속격의 기능을 나타
내게 되고 중세 한국어에서 속격이었던 'ㅅ'은 문자 그대로의 사이시옷이
되어 거의 합성 명사 사이에만 나타나 그 표지가 되었음을 언급하고 있고
홍윤표(1994 : 435)에서도 사이시옷이 17세기 초에 와서 그 기능이 약화되어

---

10) 권용경(2001 : 12)에서는 그동안 사이시옷의 기능이나 특징으로 언급된 경우를 '존칭 유
　　정체언과 무정체언의 표지, 동명사형 구성에서 목적어나 부사어로서의 기능, 동격을 표시
　　하는 기능, 합성어 표지'의 네 가지로 정리하고 있다.

17세기 중엽에 와서는 그 격기능이 거의 상실되어 있음을 지적한 바 있다.

여기서 이 책과 관련하여 흥미로운 것은 중세 한국어에 나타나는 다음과 같은 예들의 존재이다.

(5) 가. 톱 길며 머리터럭 나며(甲長髮生ᄒ며) <능엄 10 : 82>

　　가'. 흔 낱 머릿터러글 모든 하ᄂᆞ히 얻ᄌᆞ바 씹흑텬(十億天)에 공양(供養)ᄒᆞᄉᆞᄫᅵ니 <월곡 91>

　　나. 머리터리ᄅᆞᆯ 미자 남진 겨지비 ᄃᆞ외요니 돗기 그딋 臥床애 덥디 아니ᄒᆞ얫다(結髮爲夫妻 席不暖君床) <두초 8 : 67>

　　나'. 두서 줄깃 셴 머릿터리ᄅᆞᆯ 어느 ᄇᆞ리리오(數莖白髮那抛得) <두초 15 : 2>

(6) 가. ᄀᆞ르매 드르시니 믌결이 갈아디거늘 <월곡 107>

　　가'. ᄇᆞᄅᆞ미 그처도 믓겨리 오히려 ᄂᆞ솟고(風停ᄒ야도 波尙湧ᄒ고) <목우 24>

　　나. 제 모미 흔 바롨ᄀᆞ새 다ᄃᆞᄅᆞ니 그 므리 솟글코 <월석 21 : 23>

　　나'. 여러 아ᄌᆞ미 이제 바룻ᄀᆞᅀᅵ 갯고(諸姑今海畔) <두초 8 : 37>

(7) 가. 치위옛 고즌 어즈러운 픐서리예 그ᅀᅳᆨᄒ고(寒花隱亂草) <두초 11 : 44>

　　나. 거츤 프서리예 녀름지서 ᄯᅩ 秋成호미 잇도다(荒榛農復秋) <두초 23 : 15>

(8) 가. 갮돌다<월곡 152> ; 감쫄다 <월석 1 : 30>

　　나. 덦거츨다<법화 3 : 3> ; 덤쩌츨다 <소언 5 : 26>

(5)는 'ㅅ'이 합성 명사를 이룰 때 수의적으로 실현됨을 보인 것이고 (6)은 선행 명사의 'ㄹ'이 탈락한 경우를 보인 것이다. (7)은 선행 명사의 'ㄹ'뿐만이 아니라 'ㅅ'까지도 탈락한 경우이다. 이들 예는 이미 중세 한국어 시기에

'ㅅ'이 통사적 요소가 아니라 단어 내부의 요소임을 보여 주기에 충분하다. 그리고 이들 예들은 사이시옷의 출현 혹은 미출현에 따른 의미 차이를 보여 주지 않는다. 따라서 이들 예에서의 사이시옷은 독자적 의미를 가진 것이라고 볼 수 없게 된다. 이는 전술한 형태소의 판별 기준 두 가지 가운데 형태소라면 일정한 의미를 가져야 한다는 첫 번째 조건을 위배한다는 것을 뜻한다.

(8)도 매우 흥미로운 예인데 용언과 용언의 연결에 'ㅅ'이 쓰인 경우이다. 이기문(1998 : 146)에서는 '넚디-<월석 2 : 48>', '넘씨-<훈몽 하 : 11>'와 같은 혼기례를 들고 모음 사이에서 [m]과 된소리의 [t]만 발음되었음을 표시한 것이라고 보고 있다. 공교롭게도 권용경(2001)에서 제시된 예들이 모두 이러한 혼기된 표기를 가지고 있다는 사실이 주목된다. 역시 이러한 예에서의 'ㅅ'을 문법적 의미를 가지는 통사적 요소로 볼 수 없다는 데에는 이견이 있을 수 없다.

### 3.1.3. 현대 한국어 사이시옷의 지위에 대한 견해

주지하는 바와 같이 현대 한국어의 사이시옷은 앞서 살펴본 통사적 요소로서의 지위를 거의 잃었다. 김창섭(1996 : 60)에서는 '[[철수가 도착한 날]ㅅ 밤]', '[[이 동네]ㅅ 사람]', '[[저 구름]ㅅ 속]', '[[이 산에 사는 동물]ㅅ 수]', '[[2 년]ㅅ 동안]' 등에서 'ㅅ'이 구 구성에 등장하는 사이시옷임을 밝히고 있지만 이들은 속격 '-ㅅ'이 화석화한 것이며 특정 명사들이 형태론적 자질로서 가지는 'ㅅ 전치성'이라 한 바 있다.11) 그러나 합성 명사에서 출현하는 사이시옷에 대한 견해도 여러 가지로 다양하다. 여기서는 이 책의 관점에 따라 이를 형태소로 인정하는 경우와 그렇지 않은 경우로 나누어 살펴보고자 한다.

---

11) 주지하는 바와 같이 'ㅅ 전치 명사'와 'ㅅ 후치 명사'는 임홍빈(1981)에서 쓰인 용어이다.

　우선은 사이시옷을 형태소로 인정하지 않는 견해이다. 이는 합성 명사에서 나타나는 경음화 현상을 음운론적 관점에서 설명하려는 경우에서 쉽게 발견된다. 전철웅(1990 : 188-190)에서 제시된 바와 같이 '된소리화', '유성음화방지', '가중조음 현상', '보강', '동화표지',[12] '강세' 등의 해석이 모두 이와 연관된다. 또한 김진우(1970)에서 비롯된 생성음운론적 접근도 결론적으로는 사이시옷을 형태소로 인정하지 않는다. 사실 1장에서 검토한 것처럼 폭넓은 의미에서 사잇소리 현상을 음절말 자음의 미파화에 의해 발생하는 것으로 간주하면 '안고[안꼬]'에서 나타나는 경음화도 사잇소리 현상이 될 가능성이 있고 또 어떤 음이 첨가되는 것도 사잇소리 현상이라고 보면 '그런 여자[그런 여자]'에서 나타나는 'ㄴ' 첨가도 사잇소리 현상의 테두리에 들어온다.[13]

　다음으로 사이시옷을 형태소로 간주하는 견해이다. Ramstedt(1939 : 48-49)에서는 '훗날', '웃집'에 나타나는 'ㅅ'을 'short genitive'라고 하였고 이희승(1955 : 60)에서는 사이시옷을 '삽요어(음)' 즉 'infix'로 처리하였다. 심재기(1979 : 119)에서는 'ㅅ'을 관형격 형태소로 보았다. 임홍빈(1981)에서는 사이시옷을 통사적 파격을 극복하는 수단으로 보아 '형태소적'이라고 한 바 있다.[14] 즉 사이시옷이 나타나는 것은 통사적인 파격이 형성되거나 명사가 그 본래적인 의미에서 일탈하여 의미의 특수화를 경험할 때인데 사이시옷은 관계가 먼 두 요소를 결합하는 촉매적인 작용을 하는 존재로 간주하였다(임홍빈 1981 : 23). 한편 왕문용(1989)은 명사가 관형 구성을 이루는 방법 가운데 하나가 사이시옷 구성이라고 하였다. 이러한 주장은 임홍빈(1981)의 주장과 반대의 입장이라 할 수 있다. 임홍빈(1981 : 33)에서는 명사가 관형적 용법으로 쓰일 때 그 뒤에는 결코 사이시옷이 나타나는 법이 없다고 보았기 때문이다. 다만

---

12) 이때의 표지는 전철웅(1976)에서 도입된 것으로 기저형에 존재하는 'α' 음소를 일컫는다. 이것이 표층에서는 동화표지(순행동화 또는 역행동화)로 기능한다고 본다.
13) 그러나 특히 이들은 사이시옷의 표기와는 관련이 멀다는 점에서 크게 고려할 필요는 없어 보인다.
14) 보다 정확히는 '고유한 기능을 가진 형태소적인 존재'로 되어 있다(임홍빈 1981 : 2).

왕문용(1989)에서는 사이시옷의 이형태로 Ø를 설정하고 있다는 점에서 다른 논의들보다 사이시옷의 형태소성에 대해 분명한 입장을 취하고 있다. 즉 '귓가'에 대해 '입가'는 사이시옷이 Ø로 실현된 것이라고 본다. '의'가 나타나지 않는 경우가 있는 것처럼 사이시옷도 나타나지 않는 경우가 있다고 보는 것이다. 이러한 견해는 이남순(1988 : 89-95)에서도 발견할 수 있다. 즉 '나뭇가지'와 같은 경우를 통사론적 절차로 간주하고 '나무 가지, 나무의 가지'와 함께 속격 구성이라 보고 있기 때문이다. 고영근·구본관(2008 : 255)에서는 '나뭇잎, 바닷가, 시냇물' 등의 단어를 '통사 구성의 어휘화'로 보았는데 이처럼 사이시옷을 통사 구성과 연결시키려는 논의는 모두 사이시옷이 가지는 문법 형태소로서의 자격을 암묵적으로 용인하는 것이라 할 수 있다.

이상과 같이 사이시옷의 형태소로서의 자격에 미련을 버리지 못하는 이유는 문법 형태소로서의 자격을 가졌던 과거가 의심할 수 없는 사실이기 때문이다. 현행 <표준어 규정>(1988) 제2부 <표준 발음법> 제28항에서도 "표기상으로는 사이시옷이 없더라도 관형격 기능을 지니는 사이시옷이 있어야 할(휴지가 성립되는) 합성어의 경우에는 뒤 단어의 첫소리 'ㄱ, ㄷ, ㅂ, ㅅ, ㅈ'을 된소리로 발음한다."고 되어 있는데 여기서의 '관형격 기능을 지니는 사이시옷'도 역시 마찬가지 선상에서 이해할 수 있다. 엄태수(2007가 : 282)에서도 사이시옷을 "그 기능이 분명히 존재하는 형태소"라고 한 바 있는데 이는 특히 사이시옷이 들어가는 경우와 그렇지 않은 경우에 의미 차이가 있다는 점을 염두에 두었기 때문이다. 한편 하세경·문양수(2005 : 280)에서는 사잇소리를 합성어 형성 과정에만 나타나는 단어 표지 형태소라 간주하고는 있지만 그 기능을 강조하고 있다기보다는 사잇소리가 나타나지 않음으로 해서 합성 명사의 의미를 해석할 때 구성소인 두 단어의 결합관계가 병렬관계가 아니고 동격관계가 아니고 도구격 관계가 아닌 것을 말해 준다고 보았다.

한편 사이시옷을 그야말로 합성어의 '표지'로 간주한 견해들도 있다. 이는 표면적으로는 사이시옷의 형태소성에 대해 유보적인 입장을 취하는 것으로 해석할 수도 있다. 그러나 전술한 이기문(1972), 홍윤표(1994)의 논의를 참조하면 합성어의 '표지'로 본 것은 대체로 사이시옷의 지위가 중세 한국어와 달라졌다는 논의에 대한 귀결일 뿐만 아니라 합성어라면 반드시 나타나야 하는 요소로 간주한 것은 아니기 때문에 이 책에서는 사이시옷의 형태소성에 대한 부정적인 시각을 반영한 것으로 간주하고자 한다.

이제 이상의 논의를 바탕으로 현대 국어 사이시옷의 지위에 대한 이 책의 입장을 서술해 보기로 한다.

### 3.1.4. 현대 한국어 사이시옷의 형태소성

지금까지 사이시옷의 출현과 비출현에 대한 논의는 대체로 다음과 같이 의미론적 분류에 따라 전개되어 왔다.[15]

(9) 가. 아침밥, 밤잠, 겨울밤 … <A가 B의 시간>
    나. 안방, 촌사람, 산돼지 … <A가 B의 장소>
    다. 솔방울, 나뭇가지, 장밋빛 … <A(무정체언)가 B의 기원/소유주>
    라. 고깃배, 잠자리, 술잔 … <A가 B의 용도>

(10) 가. 반달, 뱀장어, 사슴벌레 … <A가 B의 형상>
    나. 도토리묵, 금가락지, 종이배 … <A가 B의 재료>
    다. 불고기, 칼국수, 전기다리미 … <A가 B의 수단·방법>
    라. 별똥별, 엄지가락, 수양버들 … <A가 B와 동격>
    마. 개다리, 돼지고기, 개구멍 … <A(유정체언)가 B의 소유주/기원>
    바. 손발, 논밭, 눈비 … <병렬구성>

(9)는 사이시옷이 전형적으로 나타나는 예이고 (10)은 사이시옷이 전형적

---

15) (9), (10)을 포함하여 (9'), (10')의 예들은 김창섭(1996 : 49-52)의 예들을 재배열한 것이다.

으로 나타나지 않는 예이다. 김창섭(1996 : 57)에 의하면 (9)의 예들은 중세 한국어에서 속격 '-ㅅ'을 가지던 관계이고 (10)의 예들은 비속격적 구성((10가-라))이거나 중세 한국어에서 속격으로 '-의/-의'를 가지던 관계((10마)), 그리고 (10바)와 같은 경우이다. 만약 사이시옷의 출몰이 현대 한국어에서 (9)와 (10) 으로 완벽하게 서술된다면 이는 사이시옷의 형태소성을 뒷받침하는 것으로 해석할 수 있다. 비록 복잡하기는 하더라도 사이시옷이 이러한 의미를 가지는 것으로 기술할 수 있는 가능성이 있기 때문이다. 그러나 현실은 그렇지 못하다. (9)의 예들은 그러한 경우에 사이시옷이 나타나는 경우가 많다는 것이지 이러한 환경에서 모두 사이시옷이 나타난다는 것은 아니다. 더욱 중요한 것은 (10바)를 제외하면 모든 경우에서 예외가 발견된다는 사실이다.

(9') 가. 가을고치, 봄부채, 동지죽 … <A가 B의 시간>
　　나. 산도깨비, 코감기, 물뱀 … <A가 B의 장소>
　　다. 장미색, 콩기름, 요임금 … <A(무정체언)가 B의 기원/소유주>
　　라. 과일접시, 화장비누, 구두약 … <A가 B의 용도>

(10') 가. 머릿돌, 코뿔소 … <A가 B의 형상>
　　나. 판잣집, 콩국, 눈사람 … <A가 B의 재료>
　　다. 동냥글, 눈칫밥 … <A가 B의 수단·방법>
　　라. 종달새, 동짓날 … <A가 B와 동격>
　　마. 벌집, 머슴방, 부잣집 … <A(유정체언)가 B의 소유주/기원>

(9')은 (9)에 의하면 사이시옷이 나타나야 하는데 정작 사이시옷이 나타나지 않는 경우이고 (10')은 (10)에 의하면 응당 나타나지 말아야 할 사이시옷이 나타나는 경우이다. (9')과 (10')의 예들은 엄연한 문법 형태소로서의 자격을 가졌던 (3)의 입장에서는 이해하기 힘든 것들이 된다. 이제 이러한 사실을 바탕으로 §3.1.1의 말미에서 요약적으로 제시한 형태소의 기준에 따라 사이시

옷의 형태소성에 대해 본격적으로 살펴보기로 한다.

우선 첫 번째로 제시되었던 기준은 형태소라면 독자적인 의미를 가지고 있어야 한다는 것이었다. 사이시옷이 가진 것으로 추측되는 것은 속격의 의미이다. 그러나 이에 대해서는 이미 (9')과 (10')의 예만으로도 충분히 부정할 수 있다고 판단된다. 즉 속격을 나타내야 하는 경우에도 사이시옷이 나타나지 않은 예들이 적지 않고((9')) 속격이 아닌 경우에도 사이시옷이 나타나는 경우가 매우 많은 것이다((10')). 또한 속격은 문장을 전제로 한 개념이라는 점도 지적될 필요가 있다. 전술한 김창섭(1996 : 57)에서는 (9)의 예들이 중세 한국어에서 속격을 가지던 관계라고 한 바 있다. 이것은 (9)의 예들이 그 자체로 문장이라는 것을 의미하는 것은 아니지만 적어도 고영근·구본관(2008 : 255)처럼 '통사 구성의 어휘화'를 전제로 하는 것이다. 그러나 현대 한국어에서 사이시옷이 문장에서 속격을 발현한다는 것에는 선뜻 동의하기 힘들다. 앞서 살펴본 왕문용(1989), 이남순(1988)에서 상정한 통사적 절차는 단어화를 전제로 한 중간 과정이거나 가령 '나뭇가지'를 통사 구성으로 간주할 때에만 가능한 것이다. '나뭇가지'를 통사적 구성이라고 보는 것은 현대 한국어적 직관으로는 받아들이기 쉽지 않다. 현대 한국어에서는 사이시옷이 속격의 기능을 가지고 있지 못하기 때문이다(김창섭 1996 : 41). 따라서 결과적으로 단어를 형성하기 위해 중간 과정으로서의 의의만 가지는 통사적 절차를 상정한다는 것은 지극히 비경제적이라고 할 수 있다.[16] 결국 현대 한국어의 단어 내부에서 실현되는 사이시옷은 속격을 의미하는 것이라 할 수 없다. 즉 사이시옷은 형태소로서의 독자적 의미를 가지는 것으로 볼 수 없다.

한편 김창섭(1996 : 60-73)에서는 (9')과 (10')의 예외성을 설명하기 위해 임

---

16) 사실 이러한 관점은 단어 형성이 통사적 절차와 유관하다는 전제에 따른 것이며 초기 변형 생성 문법을 떠올리게 한다. 그러나 최근의 논의에서는 단어 형성과 문장 형성이 각각 다른 절차를 거친다고 보는 의견이 적지 않다고 판단된다. 이러한 관점에서 이 책에서는 후술하는 바와 같이 사이시옷도 단어 형성과 문장 형성이 다른 절차를 거친다는 것을 보여 주는 것이라고 판단하고자 한다.

홍빈(1981)에서 제기된 바 있는 'ㅅ 전치성'과 'ㅅ 후치성'을 원용한다. 이것은 명사 가운데는 사이시옷을 전치시키거나 후치시키는 것이 있다는 것이다.[17] 그러나 이는 정도성을 가지는 것임을 김창섭(1996 : 68)에서도 스스로 인정하고 있을 뿐만 아니라 만약 (9), (10)에 대한 예외인 (9'), (10')에서 사이시옷을 가지는 합성 명사가 모두 'ㅅ 전치성'과 'ㅅ 후치성'으로 설명이 된다고 하더라도 이것은 역시 사이시옷의 형태소성을 부정하는 것이라는 점이 중요하다. '전치'니 '후치'니 하는 것들은 명사 자체가 가지는 속성일 뿐이므로 독립된 사이시옷의 존재를 스스로 부정하는 형상이 되기 때문이다. 가령 김창섭(1996 : 70)에 의하면 '밥'은 'ㅅ 전치성'을 가지는 명사로 언급된다. 이에 의하면 '김밥[김밥]'이 '김밥[김빱]'으로 되는 것이나 '비빔밥[비빔밥]'이 '비빔밥[비빔빱]'으로 변해가는 것이 이해된다고 하고 있는데 이러한 진술은 '밥'의 명세가 [밥]에서 [빱]으로 가는 것을 이야기하는 것은 될지 몰라도 사이시옷이 형태소가 아님을 스스로 인정하는 결과를 가지게 되는 것임을 인지해야 한다.

다음 두 번째로 제시되었던 형태소 판별 기준은 어떤 형태소가 이형태를 가지면 그들 사이에는 상보적 분포 관계가 존재해야 한다는 것이었다. 사이시옷이 관형격을 표시하는 문법 형태소였던 시절에는 (3)에서 언급한 바와 같이 '의/의'와 이형태 관계에 있었다. 그러나 이미 중세 한국어에서도 예외가 있었을 뿐만 아니라 전술한 바와 같이 현대 한국어에서는 사이시옷이 문법 형태소로서의 자격을 잃고 거의 단어 내부에서만 나타난다. 따라서 사이시옷이 현대 한국어에서 속격을 담당하는 '의'와 상보적 분포 관계를 보이지 못한다는 것에는 이론(異論)의 여지가 없다.

한 가지 남은 가능성은 사이시옷이 특정한 의미를 가지고 있지는 못하지만 일정한 형태를 가지고 있다는 점에서 공형태소로서의 자격을 가질 수

---

17) 따라서 이들 명사들에는 어떤 것이 있는지 그 범위와 유형을 파악하는 것이 중요한데 이에 대해서는 §3.1.6에서 바로 후술하기로 한다.

있는가 하는 점이다. 사실 국내에서는 공형태소를 인정하는 견해에서도 사이
시옷을 공형태소로 볼 것을 주장하는 논의는 찾아보기 힘들다. 만약 공형태
소를 인정하더라도 단어 내부에 나타나는 사이시옷이 공형태소로서의 자격
을 가질 가능성은 크지 않다고 판단된다. 우선 'ㅅ 전치성' 명사나 'ㅅ 후치성'
명사들에 대해서는 사이시옷이 공형태소로서의 자격을 가질 수가 없다. 이들
에서는 사이시옷이 선행 혹은 후행 명사의 일부이므로 사이시옷이 분석될
가능성 자체가 배제되기 때문이다. 또한 §1.2.3에서도 언급한 바와 같이 세대
나 지역에 따라 동일한 환경에서 사이시옷의 개재에 임의성을 보이는 경우들
에서도 사이시옷의 공형태소 분석 가능성은 크게 줄어든다.[18] 앞에서 언급한
바와 같이 기존에 공형태소로서의 자격을 부여 받은 것들은 그나마 그 분포
가 예측되는 것들에 한정되어 있기 때문이다. (9), (10)의 예들에 대해 예외로
언급된 (9'), (10')의 예들도 사이시옷의 출현에 대한 예측력을 현저하게 떨어
뜨리기는 마찬가지이다.[19]

마지막으로 송철의(1993)이나 시정곤(2000)에서 언급한 '화석'과도 사이시
옷은 차이가 있다고 보아야 할 것이다. '화석'은 생명력을 상실한 '흔적'일
뿐인데 최근에도 사이시옷은 합성 명사 형성에서 그 존재를 드러내고 있기

---

18) 세대나 지역에 따라 사이시옷 출현이 수의적일 뿐만 아니라 사전에서도 이것에 대한 처리
가 일관적이지 못하다는 언급은 김창섭(1996 : 45-47)에 자세하다. 이러한 예들은 사이시
옷의 출몰에 따라 의미 차이가 생기는 예들보다 그렇지 않은 예들이 훨씬 많다는 사실을
알려 준다. 설령 의미 차이를 가져온다고 해도 이것이 사이시옷의 형태소성을 담보하는
것은 아니라는 사실이 중요하다. '전치성'과 '후치성'을 기반으로 하면 이것은 가령 [밥]과
[빱]의 차이로 얼마든지 설명할 수 있기 때문이며 음소의 자격을 가지는 경우도 의미
차이를 가져올 수 있기 때문이다. 다시 한 번 강조하거니와 형태소를 판별하는 기준은
의미 차이를 가져오느냐 여부가 아니라 그 자체가 의미를 가지고 있느냐 여부이다.
19) 더더군다나 앞서 Haspelmath(2002), Booij(2005)에서 상정하였던 공형태소는, 꼭 그러
한 것은 아니지만 주로 패러다임을 전제로 한 것이었다는 점도 참고할 필요가 있다. 한국
어의 현대 사이시옷은 거의 단어 내부 요소에 해당하므로 물론 패러다임을 전제로 하는
것은 아니기 때문이다. 패러다임은 Stump(1998 : 13-14), Hacken(2014 : 10-11)에서 언급
한 바와 같이 어휘소(lexeme)가 문장에서 단어형(word-form)으로 실현될 때 이들의 체
계적 집합에 해당하는 것이고 새로운 어휘소의 형성을 문제 삼는 것은 아니다.

때문이다.

지금으로서는 수의적으로 출현하는 사이시옷에 대해서는 최형용(2009나)에서 결론적으로 언급한 바와 같이 소극적 합성어 표지로 간주하는 것이 최상의 방법일 듯하다. 여기서 주의할 것은 합성어 표지라는 것이 일종의 기능으로 인식되어서는 안 된다는 점이다. 그 이유는 (9'), (10')의 예외들이 단적으로 말해 주고 있다. 만약 합성 명사의 표지로서 적극적으로 기능하는 형태소라면 설사 속격과 연결되지 않는다고 하더라도 그 분포를 예측할 수 있어야 한다. 즉 소극적 합성어 표지로서의 사이시옷은 그것이 나타났을 경우 단지 그 구성이 하나의 단어임을 나타낼 뿐인 것이다. 여기에는 어떠한 경우에도 사이시옷이 나타나지 않아 예외가 없는 병렬 구성 합성어도 고려할 필요가 있다.

## 3.1.5. 사이시옷의 유형론적 검토 가능성

이상의 논의는 현대 한국어에서의 사이시옷이 문법 형태소로서의 지위를 잃고 소극적인 의미에서 합성어의 표지 역할을 하거나 아니면 아예 선행 요소나 후행 요소의 일부분으로 간주되는 요소로 변화하였음을 의미한다. 그런데 이러한 사이시옷과 흡사한 요소가 한국어에만 존재하는 것은 아니다.

(11)   Volk-s-wagen lit. 'people'car'(Volk 'people' + Wagen 'car')
       Liebe-s-brief 'love letter'(Liebe 'love' + Brief 'letter')
       Schwan-en-gesang 'swansong'(Schwan 'swan' + Gesang 'song')

(11)은 독일어의 예인데 Haspelmath(2002 : 86)에서는 합성 명사를 형성할 때 '-s', '-en'과 같은 요소가 나타나는 데 주목하고 이를 합성에 적합한 어간(stem)을 형성하기 위한 의미론적 공접미사(semantically empty suffix)로 간주하

고 있다. 앞의 'stem affixes'를 떠올리게 하는 부분이다.

이 책의 논의와 관련하여 매우 의미 있는 논의는 다음과 같은 예들에서 발견된다.

(12) 가. schaap-herder     "양치기"
　　　　 schaap-s-kop     "양머리"
　　　　 schaap-en-vlees     "양고기"
　　 가'. koei-en-oog     "소눈"
　　　　 paard-en-oog     "말눈"
　　　　 pauw-en-oog     "공작눈"
　　　　 varken-s-oog     "돼지눈"
　　 나. meisje-s-lijk     "여자시체"     *meisje-ø-lijk
　　　　 dagje-s-mens     "당일여행객"     *dagje-ø-mens
　　　　 rijtje-s-huis     "연립주택"     *rijtje-ø-huis
　　 다. land-s-ting     "시의회"

(12가, 나)는 Booij(2005 : 89)에서, (12가')은 Booij(2005 : 249)에서, (12다)는 Booij(2005 : 171)에서 가져온 네덜란드어 합성 명사의 예이다. (12가)는 선행 요소가 일정한 예이고 (12가')은 후행 요소가 일정한 경우이다. 이들을 보면 단어들이 합성 명사를 이룰 때 명사와 명사 사이에 다양한 요소가 들어갈 수 있음을 알 수 있다. 한편 (12나)에서는 '-s'가 들어가지 않으면 안 되는 양상을 보인 것이다. (12다)는 스페인어의 예인데 그 양상은 (12가, 가')과 평행하다. Booij(2005)에서는 그동안 게르만어에 흔히 보이는 '-s'나 '-en'과 같은 요소가 접요사(infix)로 불린 데 대해 '연결소(linking element)'라는 명칭을 부여한다. 접요사란 엄밀한 의미에서 하나의 형태소를 깨고 들어가는 것을 지시한다는 점에서[20] 이들을 접요사로 부르는 것은 마땅하다고 볼 수

---

20) Haspelmath(2002 : 19)에서는 접요사의 정의를 '어기(base) 내부에 나타나는 것'으로 정의하고 그 예로 아랍어 'iš-t-aḡala'의 '-t-', 타갈로그어의 's-um-ulat'의 '-um-'을 예로

없었기 때문으로 풀이된다. 즉 이는 단순한 명칭의 차이가 아니라 이들 요소에 독자적인 형태소 자격을 부여하기 어려웠기 때문으로 이해하고자 한다.

또한 매우 흥미로운 사실은 독일어의 예들을 포함하여 '-s'나 '-en'과 같은 요소들이 기원적으로 속격을 나타내는 문법 형태소였다는 사실이다. 이를 바탕으로 Booij(2005 : 171)은 다음과 같이 이러한 현상을 정리하고 있다.

(13)  [N-GEN N]NP  >  [N-linking element-N]N

그리고 '심판'의 의미를 가지는 'scheid-s-rechter'와 같은 단어를 연습 문제에서 제시하였다. 이 단어의 선행 요소인 'scheid'는 '나누다'의 의미를 가지는 동사 어간인데 연결소 '-s'를 매개로 나타나는 것을 보면 이를 속격의 형태소로 볼 수 없다는 이유에서이다. 전술한 이기문(1998), 권용경(2001)에서 언급한 바와 같이 용언의 어간과 어간 사이에 게재되는 사이시옷, '나눗셈'과 같은 단어를 떠올리게 하는 부분이다.[21]

전술한 바와 같이 합성 명사에서 나타나는 이들 '연결소'들은 모두 선행 요소와 밀접한 관련을 가지는 것으로 언급되었다. 특히 한국어에서는 사이시옷과 연결된 요소가 재분석을 거쳐 다른 문법 단위로 변화하는 양상도 보인다. 최형용(2003가 : 210)에서 제시한 '옷-, 숫-, 풋-'이 사이시옷과 관련된 접두사화의 예로 다루어진 것이나 고영근·구본관(2008 : 212)에서 '의붓딸, 의붓아들, 의붓아버지, 의붓아범, 의붓아비, 의붓어머니, 의붓어멈, 의붓어미, 의붓자식'에서 나타나는 '의붓-'을 접두사로 처리하고 있는 것이 모두 이러한 사

---

들었다. 전술한 이희승(1955)에서는 한국어의 사이시옷을 접요사로 볼 것을 제안했지만 지금 그 주장이 받아들여지지 않는 이유이다. 전술한 바와 같이 '좁쌀'의 '-ㅂ'에 대해서도 마찬가지이다.

21) '덧셈', '뺄셈', '곱셈', '나눗셈'은 비록 사칙연산에 대한 고유어로 그 수는 네 개에 불과하지만 형태론적으로는 특이한 구성을 보이고 있다. 특히 사이시옷과 관련하여 매우 흥미로운데 이에 대해서는 최형용(2014)를 참고하기 바란다. '나눗셈'과 비슷한 구성을 보이는 예로 '어릿광대'를 더 들 수 있다.

실을 반영한다. 또한 한국어에서는 사이시옷이 후행 요소와 연결되는 경우도
없지 않다. 현대 한국어에서는 접미사로 처리되는 '-꾼'이 우선 그러하고[22]
'색깔'의 '-깔'도 같은 범위에 넣을 수 있다. 이상의 예들은 하나같이 사이시
옷의 독자적 기능을 부정하게 만든다.

### 3.1.6. 사이시옷을 내재적으로 가지는 명사들

이상의 논의를 참고한다면 앞으로의 과제 가운데 하나는 선행 명사나 후
행 명사의 일부분으로 자리매김한 사이시옷을 구별해 내는 일일 것이다. 임
홍빈(1981), 엄태수(2007가) 등에서 제시된 목록도 이러한 시도의 하나로서 그
의의를 가진다는 점에 주목할 필요가 있다. 다음은 엄태수(2007가 : 264-267)에
제시되어 있는 것을 가져온 것이다.

> (14)  가. t 전치 명사 - 가(바닷가), 가게(담뱃가게), 가락(손가락), 가루(밀가
>       루), 가마리(맷가마리), 가지1(나뭇가지), 가지2(담뱃가지), 감(일감),
>       값(술값), 개(물개), 개비(성냥개비), 거리(걱정거리), 거풀(눈거풀),
>       껍질(사과껍질), 것(애깃것), 결(잠결), 고개(산고개), 고기(물고기),
>       골1(산골), 골2(등골), 구멍(귓구멍), 구석(방구석), 국(김칫국), 기둥
>       (문기둥), 기슭(산기슭), 길(고갯길), 날1(동짓날), 날2(대팻날), 내(연
>       깃내), 노래(교횃노래), 님(교숫님), 다리(책상다리), 단(나뭇단), 달
>       (동짓달), 대중(눈대중), 댁(부인댁), 독(돈독), 돈(쌈짓돈), 돌(다듬잇
>       돌), 말1(나랏말), 말2(팻말), 밤(겨울밤), 물(수돗물), 바닥(길바닥),
>       바람(어깻바람), 발(깃발), 밥(제삿밥), 방(머슴방), 방망이(야굿방망
>       이), 방울(빗방울), 배(거룻배), 버릇(손버릇), 벌레(일벌레), 법(소송
>       법), 병1(피붓병), 병2(소줏병), 보(상보), 불(촛불), 빛(주황빛), 살(주
>       름살), 상(잔칫상), 소(코뿔소), 소리(모깃소리), 속(마음속), 송이(눈
>       송이), 잎(나뭇잎), 자락(소맷자락), 자리(일자리), 잔(술잔), 재(담뱃

재), 재간(손재간), 점(총점), 조각(유리조각), 죄(살인죄), 짐(이삿짐), 집(빵집), 짓(손짓)

나. t 후치 명사 - 가운데(가운뎃고기), 가을(가을바람), 고기(고깃배), 담배(담뱃불), 동냥(동냥글), 산(산사람), 강(강바람), 개(갯가제), 겨울(겨울밤), 계(곗돈), 공기(공기밥), 공(공돈), 공부(공붓방), 구두(구둣주걱), 귀(귓볼), 길(길바닥), 김치(김칫독), 나무(나뭇가지), 논(논사람), 눈(눈사람), 담배(담뱃불), 뒤(뒷골목), 들(들개), 땅(땅집), 머리(머릿기사), 모기(모깃불), 물(물고기), 바다(바닷새), 밤(밤손님), 사이(사잇소리), 산(산돼지), 손(손등), 술(술그릇), 아래(아랫마을), 아침(아침밥), 어제(어젯일), 여름(여름방학), 오늘(오늘밤), 오후(오홋반), 위(윗돈), 의부(의붓자식), 인천(인천고기), 잠(잠자리), 짐(짐배), 차(찻바퀴), 초(촛불), 촌(촌사람), 코(콧방귀), 판자(판잣집)

다. 0 전치 명사 – 국수(잔치국수), 국화(들국화), 다리(책상다리), 방(노래방), 벌(여왕벌), 뱀(물뱀), 샘(창자샘), 자리(쌍둥이자리)

라. 0 후치 명사 – 가슴(가슴관), 떼(떼거지), 구멍(구멍별), 왜(왜간장)

(14가)는 사이시옷을 선행 요소로 가지는 명사들의 목록이고 (14나)는 사이시옷을 후행 요소로 가지는 명사들의 목록이다. 이에 비해 (14다, 라)는 합성어를 이룰 때 사이시옷을 선행 요소든 후행 요소든 가지지 않는 명사들을 제시한 것이다.

이 책의 관심사는 사잇소리 현상이 실현될 때 이것이 사이시옷의 표기로 나타나는 경우이므로 (14) 가운데서는 (14가, 나)에 주목하고자 한다. 우선 사이시옷의 표기는 어문 규범과 밀접한 관련을 가지고 있기 때문에 (14가, 나)에서 이와 관련하여 몇 가지 언급할 필요가 있을 듯하다.

첫째, (14가)의 '님'은 현재 『표준국어대사전』에서는 접미사로 취급하고 있다는 점이다. 즉 '-님'은 접미사화한 것으로 간주되고 있고 접미사는 사잇소리 현상이 일어나더라도 사이시옷 표기를 하는 대상이 아니므로 이 책의 관점에 따르면 이를 목록에서 제외해야 한다는 것이다.[23] (14나)의 '공(空)-'

은 접두사로 간주되고 있다는 점에서는 '-님'과 차이가 있으나 역시 접사라는 점에서 목록에서 제외해야 하는 것은 마찬가지이다.

둘째, 엄태수(2007가)에서도 언급하고 있는 바와 같이 (14가, 나)의 목록은 사이시옷을 가지는 명사를 망라한 것은 아니다. 따라서 앞으로도 이들 목록이 확장될 것을 감안할 필요가 있다. 이러한 관점에서 다음 목록들은 사이시옷이 각각 선행 요소, 후행 요소로 오는 경향이 높아 (14가, 나)에 추가될 수 있는 것들이다.[24]

> (14') 가. 간(고깃간), 걸음(뒷걸음), 겨(볏겨), 과(모깃과), 굿(노랫굿), 그물(몰잇그물), 글(댓글), 김1(콧김), 김2(황김), 논(갯논), 놈(뱃놈), 대(전봇대), 덩어리(바윗덩어리), 둑(봇둑), 등(귓등), 마을(건넛마을), 머리(갈깃머리), 목(아랫목), 몸(쇳몸), 바늘(주삿바늘), 비누(빨랫비누), 사람(아랫사람), 삯(뱃삯), 술(제삿술), 일(나랏일), 자루(도낏자루), 줄(가운뎃줄), 짚(볏짚)
>
> 나. 가래(가랫대), 가(갓길), 건너(건넛방), 고개(고갯길), 국수(국숫집), 깨(깻가루), 나루(나룻배), 낚시(낚싯대), 내(냇가), 다듬이(다듬잇돌), 다리(다릿병), 대패(대팻날), 대(댓구멍), 두레(두렛날), 때(땟물), 떼(뗏목), 띠(띳집), 마루(무룻구멍), 막내(막냇누이), 매(맷돌), 모(못논), 바위(바윗돌), 배(뱃노래), 배내(배냇냄새), 벼(볏단), 보리(보릿가루), 보(봇물), 비(빗소리), 빨래(빨랫비누), 뼈(뼛골), 새(샛길), 세(셋집), 소매(소맷자락), 쇠(쇳독), 아래(아랫것), 이(잇몸), 자리(자릿

---

23) 이러한 점에서 '법', '댁' 등도 관심의 대상이 될 수 있다. 그러나 『표준국어대사전』에서는 '방법'의 의미를 가지는 '-법', '아내'나 '그 지역에서 시집 온 여자'의 의미를 가지는 '-댁'의 경우에만 접미사로 처리하고 있으므로 문제가 되지는 않는다. 특히 '-법'이 접미사로 처리되면서 '풀잇법'처럼 사이시옷 표기를 하던 단어가 '풀이법'으로 바뀌게 된 사정에 대해서는 1장에서 살펴본 바 있다.

24) (14'가)의 '간'은 현재 『표준국어대사전』에서는 접미사로 다루어지고 있지 않으나 최형용 (2018)에서는 이를 접미사로 간주할 수 있다고 보았다. 만약 '간'이 앞으로 접미사로 다루 어진다면 (14'가)에서 삭제되어야 할 것이지만 우선은 『표준국어대사전』의 현재 처리에 따라 이를 그대로 두기로 한다.

세), 재(잿물), 차(찻집), 치마(치맛바람), 터(텃밭), 피(핏줄), 하루(하
룻길), 홰(횃대)

물론 이들도 여전히 망라적인 것이라 하기는 어렵지만 사잇소리 현상이
실현되는 경향이 높은 것들이라는 점에 주목할 필요가 있다. 이는 달리 말하
자면 이들 명사가 결합하는 경우는 사잇소리 현상이 실현되므로 사잇소리
현상이 실현된다는 것을 밝히기 위해 사이시옷을 굳이 표기하지 않더라도
문제가 없다는 사실을 의미하기 때문이다.[25]

마지막으로 (14)와 (14')을 통해 다음과 같은 명사들은 선행 요소나 후행
요소 상관없이 합성어 형성에 참여할 때 모두 사잇소리 현상을 가져오는
것이라는 점에도 관심을 기울일 필요가 있다.

(15)  가(바닷가, 갓길), 물(수돗물, 물고기), 머리(갈깃머리, 머릿기사), 밤(겨
울밤, 밤손님), 자리(일자리, 자릿세)

(15) 가운데 '가', '밤', '자리'는 선행 명사나 후행 명사가 될 때 모두 경음화
를 결과시키지만 '물', '머리'는 후행 명사가 될 때 'ㄴ' 첨가를 결과시킨다는
차이가 있다.

---

25) 후술하는 4장과 5장의 실태 조사 목록에도 이들 명사가 포함된 것들이 있다. 사잇소리
현상이 실현되더라도 사이시옷을 표기할 필요 없을 수 있다는 것은 이들 명사가 포함
된 경우 사이시옷 표기가 덜 나타날 수도 있다는 점을 의미한다는 점에서 주목할 필요가
있다.

## 3.2. 구성족의 관점에서 본 사잇소리 현상의 실현과 비실현

### 3.2.1. 사이시옷의 개재에 따른 사잇소리 현상과 구성족

앞의 논의를 참고한다면 합성 명사 내부의 사이시옷에 따른 사잇소리 현상의 실현 양상에 대한 지금까지의 설명 방법은 이제 세 가지로 늘어난다. 첫째는 음운론적으로 해결하는 것이다. 이는 사이시옷의 형태소성을 부정하고 사이시옷이 사잇소리 현상을 가져오는 것이라고 보는 것이다. 둘째는 의미론적으로 해결하려는 것으로 사이시옷의 형태소성을 인정하는 것이다. 이 두 가지의 가능성에 대해서는 이미 §3.1에서 살펴본 바 있거니와 사이시옷의 형태소성을 부정하면서 음운론적으로 해결되지도 않는다면 셋째는 사이시옷이 합성 명사에서 선행하는 요소나 후행하는 요소 자체의 속성이라고 간주하는 것이다.

이러한 세 가지의 견해의 차이를 다시 다음의 예를 통해 살펴보기로 한다.

(16)  찻값, 밥값

첫 번째 견해에서는 사이시옷이 후행 명사인 '값'의 경음화 즉 사잇소리 현상에 관여한다고 보기 때문에 '찻값'의 경우는 '값'의 경음 실현을 위해 사이시옷이 개재된다고 보는 것이다. 반면 '밥값'에서는 선행 명사의 말음이 후행 명사 '값'을 자동적으로 경음화시키므로 굳이 사이시옷이 개재된다고 말할 필요가 없다. 물론 이러한 경우에 사잇소리 현상이 실현되는 '찻값'에 비해 '밥값'의 경우는 사잇소리 현상이 실현된다고 보아야 할지 별도의 논의가 필요하다.

두 번째 견해에서는 '차'와 '값', '밥'과 '값'이라는 명사의 의미 관계가 대등하지 않고 선행 명사가 후행 명사에 종속적이라는 사실을 드러내기 위해[26] 일정한 기능을 가지는 사이시옷이 개재하여 사잇소리 현상이 실현되는 것이라고 본다. 따라서 사이시옷을 발음으로 확인할 수 있는 '찻값'의 경우는 물론 이를 확인할 수 없는 '밥값'의 경우에도 사이시옷의 개재에 따른 사잇소리 현상이 실현되는 것이라고 보아야 한다.[27)]

한편 세 번째 견해에서는 사이시옷을 명사 개개의 속성으로 보기 때문에 종속적 구성에서 '값'과 같이 사이시옷을 늘 선행시키는 명사를 'ㅅ 전치 명사' 혹은 't 전치 명사'라 부르게 된다. 마찬가지로 종속적 구성에서 사이시옷을 늘 후행시키는 명사는 'ㅅ 후치 명사' 혹은 't 후치 명사'라 부르게 된다. 이는 곧 사이시옷을 가지고 있느냐 여부를 어휘부(lexicon)에 해당 명사의 자질로서 명세한다는 것을 의미한다. 따라서 이러한 경우에는 별도로 음운 현상으로서의 사잇소리 현상을 상정할 필요가 없다고 할 수 있다.

그러나 이상의 세 견해가 공통적으로 가지는 가장 큰 문제점은 사이시옷의 개재 즉 사잇소리 현상이 여전히 예측되지 않을 뿐만 아니라 경우에 따라서는 사이시옷의 개재에 따른 사잇소리 현상이 지역이나 세대 등에 따라 수의성을 보인다는 데 있다. 이러한 현상은 사이시옷을 사잇소리 현상 촉발 요소로 간주하기도 어렵고 형태소의 자격을 가지는 것으로 보기도 힘들게 할 뿐만 아니라 더욱이 명사가 가지는 고유한 속성이라고 해석하는 데도 문제를 제기한다. 사이시옷 개재가 일률적이지 않아 그에 따라 사잇소리 현상이 수의성을 보인다는 사실을 단적으로 보여 주는 것이 §1.2.3에서 잠시 소개한 바 있는 국립국어연구원(2003)의 조사 결과라고 할 수 있다.

---

26) 먼저 '대등하지 않고'라는 표현을 사용한 것은, 앞서 §3.1.4에서 살펴본 바와 같이 합성 명사의 선행 명사와 후행 명사가 대등한 경우에는 어떠한 경우에도 사이시옷이 실현되는 일이 없다는 점을 강조하기 위해서이고 '종속적'이라는 다소 뭉뚱그린 표현을 사용한 것은 선행 명사와 후행 명사의 의미 관계가 일정하더라도 사이시옷이 실현되는 환경을 명세하기가 어렵기 때문이다. 즉 '종속적'이라는 말은 '대등하지 않고'의 다른 표현인 셈이다. 선행 명사와 후행 명사의 의미 관계에 따른 사이시옷 출현과 미출현 그리고 각각의 경우에 대한 예외는 앞서 (9'), (10')에서 이미 살펴본 바 있다.
27) 이는 §3.1.3에서 살펴본 왕문용(1989)의 견해처럼 사이시옷을 형태소로 간주하고 이의 이형태 Ø를 설정하는 방법도 있을 수 있다.

국립국어연구원(2003)은 모두 350명의 제보자에게 265개 어휘를 대상으로 표준 발음 실태를 조사한 것인데 이 가운데 사이시옷과 관련되는 경음화 현상을 보면[28] '봄소식'의 경우에서 이를 평음으로 발음한 비율이 49.14%이 고 사이시옷이 실현된 경음으로 발음한 비율이 50.86%로 가장 근소한 차이 를 보였다. 그리고 전형적인 합성 명사 가운데는 '땅거미'의 경우에서 이를 평음으로 발음한 비율이 5.71%이고 사이시옷이 실현된 경음으로 발음한 비 율이 94.29%로, 경음으로 발음한 비율이 가장 높았다.

이러한 측면에서 국립국어연구원(2003)의 목적은 『표준국어대사전』에서 제시하고 있는 표준 발음이 현실 발음과 얼마나 일치하고 있는지를 조사하 기 위한 것이지만 사이시옷 개재와 이에 따른 사잇소리 현상과 관련하여서 도 시사하는 바가 크다고 할 수 있다. 즉 어떠한 경우에도 100%나 0%인 경우가 없다는 사실은 사이시옷의 개재에 따른 사잇소리 현상의 실현과 관 련하여 어느 경우도 이를 정확히 예측할 수 없다는 사실을 실증적으로 보여 주고 있기 때문이다. 이것은 곧 사이시옷의 개재에 따른 사잇소리 현상이 어느 하나의 요인으로 예측되지 않는다는 사실을 암시하는 것으로 해석할 수 있다.

여기에서는 이러한 관점에서 최형용·김혜지(2016)를 중심으로 사이시옷의 개재에 따른 사잇소리 현상의 실현과 비실현이 주변의 환경에 이끌릴 수 있다는 가설을 세우고 이를 설문 조사를 통해 확인하고자 한다. 최형용·김혜 지(2016)에서는 합성어의 내부에 같은 요소를 가진 여러 단어들을 제시하고 그와 같은 요소를 가진 목표 단어를 마지막에 제시하여 목표 단어의 발음이 앞서 제시된 단어들의 발음과 어떻게 연관이 되는지, 이들 단어의 발음으로 부터 영향을 받는지의 여부를 확인하는 방식으로 실험을 전개하였다. 이를

---

28) 이를 '사잇소리 현상'이라고 명시하기 어려운 이유는 그 환경이 합성 명사에만 한정되지 않기 때문이다. 따라서 '상스럽다'와 같은 경우도 조사 대상에 포함되어 있고 '진열대'와 같이 후행 요소가 접미사로 간주될 만한 것도 포함되어 있다.

통하여 기존의 연구들이 사이시옷의 개재에 따른 사잇소리 현상 실현 여부를 해당 단어 자체의 속성으로 설명하려고 했던 데 반하여 최형용·김혜지(2016)은 해당 단어를 둘러싼 주변의 요인과 관련지어 경우에 따라서는 사이시옷의 개재에 따른 사잇소리 현상의 실현과 비실현을 설명할 수 있는 부분이 있다고 보는 것이 목적인 셈이다.

다시 말해 단어 자체의 속성을 넘어서 사이시옷의 개재에 따른 사잇소리 현상이 주변의 환경에 이끌릴 수 있다는 것인데, 이때 주변의 환경이란 같은 요소를 공유하는 구성족(constituent family)을 의미한다. 만약 같은 요소를 공유하는 주변의 환경에 이끌리는 '구성족 효과'가 발생한다면 목표 단어에서 사이시옷의 개재에 따른 사잇소리 현상의 실현 여부가 그 전에 제시된 단어들에서의 사이시옷의 개재에 따른 사잇소리 현상의 실현 여부에 강하게 영향을 받을 것이라고 예상되기 때문이다. 최형용·김혜지(2016)에서는 바로 이러한 구성족이 사이시옷의 개재에 따른 사잇소리 현상에 관여하는 양상을 살펴보고자 하였다. 만약 사이시옷이 음운론적으로 실현되거나 형태소의 자격을 가진다면 그리고 명사의 고유 성질이라고 한다면 사이시옷의 개재에 따른 사잇소리 현상의 실현이나 비실현이 주변의 환경 즉 구성족에 이끌리는 것은 이해하기 힘든 일이기 때문이다.[29]

### 3.2.2. 구성족과 합성어에서의 구성족 개념의 효용성

앞서 구성족은 구성원 가운데 같은 요소를 공유하는 것이라고 하였다. 그런데 이때 구성족은 접사, 단어족(word family)과 일정한 상관관계를 갖는다.

---

[29] 이제까지의 논의들은 '해석론적(semasiological) 측면'에서 사이시옷 현상을 설명해 왔다. 그러나 최형용·김혜지(2016)에서는 사이시옷의 개재에 따른 사잇소리 현상의 실현과 비실현을 단어의 형성 또는 생산과 관련하여 '표현론적(onomasiological) 측면'에서의 접근법을 제시하였다는 데서 기존의 논의들과는 다른 의의를 가질 것으로 생각된다.

이러한 관점에서 다음 예들을 살펴보기로 한다.

(17) 가. 생고생, 생이별, 생죽음 …
　　나. 살림꾼, 소리꾼, 심부름꾼 …
　　다. 밥상, 술상, 안주상 …
　　라. 밥상, 밥값, 밥그릇 …
　　마. 생고생, 고생길, 고생스럽다 …

(17가)는 접두사 '생(生)-'이 결합한 접두 파생어의 예이고 (17나)는 접미사 '-꾼'이 결합한 접미 파생어의 예이다. (17다)는 '상(床)'을 공통 요소로 가지는 합성 명사의 예이고 (17라)는 '밥'을 공통 요소로 가지는 합성 명사의 예이다. 이에 대해 (17마)는 '고생'을 공통 요소로 가지고 있지만 '생고생'은 접두 파생어, '고생길'은 합성 명사, '고생스럽다'는 접미 파생어에 해당한다.

앞서 '구성족'은 공통 요소를 기반으로 한다고 하였으므로 이에 따르면 (17)의 예들이 모두 구성족의 테두리에 들어온다고 할 수 있다. 이러한 관점에 따르면 접두사나 접미사와 같은 접사는 파생어 형성에서 '공통' 요소에 해당한다는 것을 알 수 있다.[30] 그런데 파생어에서는 이러한 접사가 축이 되어 일정한 계열 관계를 포착할 수 있지만 (17다, 라)와 같은 합성어의 경우에는 접사가 존재하지 않으므로 그동안에는 이러한 단어들 사이의 관계를 계열적인 측면에서 따지기보다는 통합적인 측면에서 따져왔다.[31]

---

30) 이 '공통' 요소는 단어 형성에서 변화하지 않는 요소를 의미한다는 점에서 '고정' 요소라고 해도 좋을 것이다.
31) 물론 합성어의 형성을 계열적인 측면에서 본 논의가 전혀 없었던 것은 아니다. 대표적인 논의로는 채현식(2003, 2006, 2012)을 들 수 있는데, 채현식(2003)에서는 다음과 같은 합성어들이 '빵'을 축으로 하여 유추를 통해 형성된다고 보았다.
　　가. 계란빵, 단팥빵, 모카빵, 옥수수빵, 크림빵, 호박빵 → [[X]N(X=재료)-빵]N
　　나. 곰보빵, 국화빵, 맘모스빵, 바나나빵, 붕어빵, 스틱(stick)빵 → [[X]N(X=형상)-빵]N
　　다. [X-빵]N

그러나 구성족은 합성어이든 파생어이든 공통 요소를 기반으로 다른 단어와의 계열 관계에 주목하기 위한 개념적 장치이다. 이러한 점에서 (17마)에 주목할 필요가 있는데 (17마)는 공통 요소만 있으면 이를 (17가, 나)나 (17다, 라)와 같이 파생어와 합성어로 나누지 않고 망라하고 있다는 점에서 단어족(word family)이라 불려 왔다. 그런데 이를 놔두고 구성족이라는 개념에 주목하고자 하는 데는 단어족에 파생어나 합성어와 같은 세부적인 '질서'를 부여하기 위해서이다. 즉 구성족은 단어족 가운데 공통되는 요소의 출현 환경에 앞이나 뒤와 같은 일정한 방향성을 부여한 개념이라고 할 수 있다.[32]

최형용·김혜지(2016)에서 사이시옷의 개재에 따른 사잇소리 현상과 관련하여 구성족 개념을 도입한 이유는 합성어의 경우에는 다른 단어들과의 계열적 관계에 초점을 둘 수 있는 방법이 바로 구성족 개념이라는 점 때문이다. 단어족이라는 개념은 계열 관계보다 통합 관계에 중심을 두고 있고 접사는 합성어에서는 따지기 어렵다는 한계가 있다. 결국 구성족은 합성어에 대한 계열적 사고를 가능하게 해 주는 도구임을 알 수 있다.[33]

---

이는 계열적 관계에 기반하여 합성어의 형성을 살펴본 논의인 것으로 해석할 수 있다. 즉 유추에 의한 단어 형성 논의에서는 결합이 아니라 대치를 전제로 하므로 대치되지 않는 요소인 접사나 명사 등이 모두 공통 요소 혹은 고정 요소에 해당한다.

32) 구성족은 다시 둘로 나누어진다. 합성어, 그중에서도 종속적인 관계를 가지는 합성어에서의 구성원은 수식어(modifier)와 핵어(head)로 나눌 수 있는데, 이때 수식어를 공유하는 것들을 '수식어족(modifier family)', 핵어를 공유하는 것들을 '핵어족(head family)'이라고 한다. 이에 따르면 새로운 영어 합성어 'chocolate bread'는 수식어족으로 'chocolate cookie, chocolate bar, chocolate cake' 등을 가지고 핵어족으로는 'banana bread, cheese bread, ginger bread' 등을 가진다고 할 수 있다. 이에 따라 앞서 제시한 (17다, 라)의 단어들을 나누어 보면 (17다)는 핵어족, (17라)는 수식어족에 해당한다.

33) 합성어에서 구성족 개념이 가질 수 있는 효용성에 대해서는 Krott(2009)에서 밝힌 바 있다. Krott(2009)는 특히 형식적 유사성에 기반한 유추가 '명사+명사' 합성어의 형성에서 큰 역할을 하고 있음을 강조한 논의이다. Krott(2009)는 구성족 개념이 합성어의 '생산', '이해', '해석' 및 '습득'에 있어 유추의 기반으로 매우 중심적인 역할을 담당한다고 보았다. 그 중에서도 이 책의 논의와 연결되는 부분은 '생산'과 관련된 Krott(2009)의 실험 결과이다. 이 책에서는 한국어의 사이시옷이 실현되거나 비실현되는 양상에 주목하고자 하므로 이는 합성어의 '생산'과 일차적으로 관련된다고 할 수 있기 때문이다. '생

최형용·김혜지(2016)이 구성족의 관점에서 한국어 사이시옷의 개재에 따른 사잇소리 현상의 실현과 비실현 양상을 살펴본 이유는, 전술한 바와 같이 사이시옷의 개재에 따른 사잇소리 현상의 실현과 비실현이 구성족에 좌우된다면 이는 사이시옷의 개재에 따른 사잇소리 현상 실현에 대한 그동안의 세 가지 관점과는 구별되는 것이라는 점에 주목할 필요가 있기 때문이다.

세 가지 관점 가운데는 'ㅅ 전치 명사'가 핵어족에 가깝고 'ㅅ 후치 명사'가 수식어족에 가깝다고 할 수 있지만 전치 명사나 후치 명사라는 말은 모두 명사 자체가 가지고 있는 특성에 따른 것이라는 의미를 가지고 있기 때문에, 혼동되어 사잇소리 현상이 비일관적으로 나타날 수가 없는 것을 전제로 한 개념이다. 그러나 구성족은 동일한 명사라도 수식어나 핵어에 따라 사이시옷의 개재에 따른 사잇소리 현상이 나타날 수도 있고 그렇지 않을 수도 있다고 본다는 점에서 전치 명사, 후치 명사와는 구별할 필요가 있다.

산'의 측면에서 네덜란드어, 독일어 합성어의 접간사(interfix) 혹은 연결소(linking element) 사용과 일본어 합성어의 '연탁(rendaku)' 현상, 영어의 강세 할당에서 구성족 개념의 효용성을 찾아볼 수 있다. 네덜란드어와 독일어의 경우에는 합성어의 형성에서 '수식어'가 각각 접간사의 출현에 대한 예측력을 높이거나 성, 굴절 부류, 운율 등의 속성과 결합하여 합성어 형성의 예측력을 더욱 높인다. 이와는 달리 일본어의 경우에는 '연탁'에 대한 선호가 합성어의 '핵어족'에 영향을 강하게 받으며, 이것이 Lyman 법칙으로 연탁 현상을 설명하고자 했던 기존의 방식보다 더 큰 설명력을 가진다. 영어 역시 '명사-명사' 구성에서 유동적인 강세를 보이는 경우가 있는데 이때에 핵어족 효과에 기반한 유추가 큰 영향을 끼친다. 합성어의 '이해', '해석', '습득'의 측면에서도 구성족 개념은 효용성을 가지는데 이에 대한 자세한 내용은 Krott(2009)와 최형용(2015가)에서 확인할 수 있다. 한편 한국어의 사이시옷이 그 기원적 측면이나 현대 한국어에서의 분포가 네덜란드어와 독일어의 연결소와 매우 흡사하다는 점에 대해서는 이미 §3.1.5에서 살펴본 바 있다.

## 3.2.3. 실험 및 결과 분석

### 3.2.3.1. 실험의 설계 및 실험 방식

한국어의 사이시옷의 개재에 따른 사잇소리 현상이 구성족에 따라 어떻게 실현되고 실현되지 않는지를 살펴보기 위해 제일 먼저 필요한 것은 어떤 단어를 대상으로 할 것인가를 정하는 일이다. 이를 위해 다시 주목할 필요가 있는 것은 국립국어연구원(2003)이다. 앞서 언급한 것처럼 국립국어연구원(2003)에서는 사이시옷의 개재에 따른 사잇소리 현상의 실현과 비실현 양상을 표준 발음과 비교해 보기 위해 모두 350명의 제보자에게 총 265개 어휘를 대상으로 발음 실태를 조사한 것이므로 이 가운데 사이시옷의 개재에 따른 사잇소리 현상의 실현과 비실현을 살펴볼 수 있는 단어를 선택하여 실험하는 것은 서로 비교의 측면에서 객관성을 확보할 수 있다고 판단되기 때문이다. 이에 따라 최형용·김혜지(2016)에서는 다음 여섯 개의 목표 단어를 선정하였다.

(18) '밤사이', '감방', '소슬바람', '봄소식', '밤벌레', '산도깨비'

(18)의 단어들을 실험 대상으로 삼은 이유 가운데 하나는 국립국어연구원(2003)에서 이들이 평음과 경음으로 실현된 다음 비율과도 관련이 있다.[34]

(19) 국립국어연구원(2003)에서의 목표 단어의 평음, 경음 실현 양상

|  | 평음 | 경음 | 표준 발음 |
|---|---|---|---|
| 밤사이 | 67.71 | 32.29 | 경음 |
| 감방 | 36.57 | 63.43 | 평음 |

---

34) (18)의 단어들은 모두 합성 명사이므로 물론 표에서 '평음'은 사이시옷의 개재에 따른 사잇소리 현상이 실현되지 않은 것이고 '경음'은 사이시옷의 개재에 따른 사잇소리 현상이 실현된 것이다. 제보자 수는 논의의 편의상 따로 제시하지는 않기로 한다.

| | 평음 | 경음 | 표준 발음 |
|---|---|---|---|
| 소슬바람 | 42.29 | 57.71 | 평음 |
| 봄소식 | 49.14 | 50.86 | 평음 |
| 밤벌레 | 24.57 | 75.43 | 평음 |
| 산도깨비 | 89.14 | 9.71[35] | 경음 |

(19)에서 실제 발음 실태 조사와 표준 발음을 비교해 보면 '소슬바람'과 '봄소식'의 경우에는 그 차이가 미세하기는 하지만 이 두 단어를 포함한 모든 단어들은 표준 발음과 반대의 결과를 보이고 있음을 알 수 있다.[36]

무엇보다도 여기에서는 구성족 개념에 기반하고 있기 때문에 목표 단어는 가능하면 실재어로서 풍부한 구성족을 가지고 있어야 한다. (18)의 단어들은 이러한 측면에서도 대체로 만족할 만한 것들이라고 할 수 있다.

또한 (18)의 단어들은 모두 합성어의 선행 요소가 자음으로 끝나고 있다는 공통성을 갖는다. 선행 요소가 모음으로 끝나는 경우에는 표기로서 사이시옷을 노출할 수밖에 없고 이는 곧 사이시옷의 개재에 따른 사잇소리 현상의 실현을 의미하는 것으로 간주될 수 있기 때문에 구성족에 따른 사이시옷의 개재에 따른 사잇소리 현상의 실현을 객관적으로 살펴보기가 어렵다는 것을 의미한다.

최형용·김혜지(2016)에서 실시한 실험 방식은 다음과 같다. 목표 단어 '밤사이', '감방', '소슬바람', '봄소식', '밤벌레', '산도깨비'의 여섯 단어를 먼저 제시하여 평음과 경음 사이에서 하나를 선택하게 한 후 다음 페이지에서는 이들 각 단어를 일정한 수의 구성족 속에서 맨 마지막에 위치하게 한 후 다시 평음

---

35) 합이 100%가 아닌 것은 휴지가 개입한 경우가 있기 때문인데 이에 대해서는 따로 고려하지 않기로 한다.

36) §1.2.3에서 제시한 (20)의 예들도 이러한 측면에서 동일한 것들에 해당한다. 표에서도 '표준 발음'을 계속 따로 명시하고 있는 것은 이러한 이유를 강조하기 위한 때문임을 미리 밝혀 둔다. 또한 이들 명사 가운데 '감방', '소슬바람', '밤벌레'의 후행 명사 '방, 바람, 벌레'는 (14)에서 제시한 사이시옷 후치 명사라는 사실에도 주목할 필요가 있다.

과 경음 사이에서 하나를 선택하게 하였다. 이때 한번 체크한 후 다시 위로 거슬러 올라가 이미 선택한 것을 수정할 수는 없도록 통제하였다.[37]

총 설문 대상은 144명으로 2016년 5월 중순(5. 16.)에서 6월 말(6. 24.)까지 실시하였으며 특별히 성비나 나이를 고려 대상으로 삼지는 않았는데 144명은 고등학생 12명, 학부생 46명, 군인 61명, 대학원생 25명으로 구성되어 있다. 이 가운데 남성은 68명이고 여성은 76명이다.

목표 단어를 포함한 단어들의 순서는 다음과 같다. 논의의 편의상 목표 단어들만 제시된 것을 '단독 설문'이라 하고 목표 단어가 구성족에 섞여 있는 것을 '상관 설문'이라고 할 때 '단독 설문'의 순서는 (18)과 같고 '상관 설문'의 순서는 다음과 같다.

> (20) '상관 설문'의 단어 제시 순서
>
> 밤공기, 밤손님, 밤길, 밤바람, 밤비, 밤사이, 봄기운, 봄동, 봄밤, 봄비, 봄잠, 봄소식, 산기슭, 산동네, 산봉우리, 산불, 산줄기, 산도깨비, 꽃샘바람, 산골바람, 서늘바람, 솔바람, 칼바람, 소슬바람, 무당벌레, 쌀벌레, 끈벌레, 사슴벌레, 풀벌레, 밤벌레, 골방, 공방, 돌방, 벌방, 신방, 감방

이들의 배치는 다음과 같은 몇 가지 의도에 따라 설계되었다.

첫째, 목표 단어를 기준으로 그 앞에 구성족 다섯 단어씩을 배치하였다.[38]

---

37) 이는 단독적으로 제시된 단어에 대한 판단과 상관적으로 제시된 단어에 대한 판단이 서로 간섭하는 것을 막기 위한 조처이다. 사실 단독적으로 제시된 단어에 대한 판단을 묻고 일정 기간이 흐른 후 이를 기억하기 어려울 때 다시 상관적으로 제시된 단어에 대한 판단을 묻는 것이 가장 좋은 방식이라 판단되었지만 보다 많은 사람을 대상으로 하기 위해 이러한 방식을 취하였다. 이러한 방식이 가지는 장점은 바로 다음 페이지에 똑같은 단어가 출현하지만 구성족 사이에 놓여 이를 파악하지 못한다면 일정 기간이 흐른 후 다시 물었을 때에는 더 큰 구성족 효과를 기대할 수 있다는 점이다. 즉 상당히 짧은 시간에도 구성족에 따른 간섭 양상을 보인다는 것은 구성족이 그만큼 큰 효력을 가지고 있다는 것을 방증하는 것이라고 할 수 있다.

38) '다섯 단어'는 어떤 객관적인 근거에 따라 제시된 것은 아니다. 이를 유추의 관점에서 본다면 '다섯 단어'가 과연 유추가 더 잘 이루어지게 만드는 '무리(gang)'를 이루어 '구성

이것이 분명하게 드러나도록 (18)에서 예들을 경계 지어 정리하면 다음과 같다.

> (21) 가. 밤공기, 밤손님, 밤길, 밤바람, 밤비, **밤사이**
> 나. 봄기운, 봄동, 봄밤, 봄비, 봄잠, **봄소식**
> 다. 산기슭, 산동네, 산봉우리, 산불, 산줄기, **산도깨비**
> 라. 꽃샘바람, 산골바람, 서늘바람, 솔바람, 칼바람, **소슬바람**
> 마. 무당벌레, 쌀벌레, 끈벌레, 사슴벌레, 풀벌레, **밤벌레**
> 바. 골방, 공방, 돌방, 벌방, 신방, **감방**

그리고 목표 단어를 기준으로 할 때 '단독 설문'과 '상관 설문'의 순서를 달리하였다. 이것은 '단독 설문'과 '상관 설문'에서 목표 단어가 일치한다는 사실을 조금이라도 감추기 위한 장치이다.

둘째, (21가, 나, 다)의 목표 단어 '밤사이', '봄소식', '산도깨비'의 경우에는 구성족 가운데 각각 수식어가 공통되는 수식어족이고 (21라, 마, 바)의 목표 단어 '소슬바람', '밤벌레', '감방'의 경우에는 구성족 가운데 각각 핵어가 공통되는 핵어족이다.

셋째, 표준 발음을 기준으로 할 때 수식어족은, 목표 단어를 제외한 것들이 모두 경음으로 실현되는 것들이고 핵어족은, 목표 단어를 제외한 것들이 모

---

족 효과'를 충분히 가져올 수 있는지 확신하기가 어렵다고 할 수 있다. 그럼에도 불구하고 '다섯 단어'를 선택한 데는 두 가지 이유가 있다. 첫째, 예비 실험에서 몇 명을 대상으로 '구성족 효과'를 거두는 정도를 설문한 결과 네 단어 정도에서는 '구성족 효과'가 그렇게 뚜렷하지 않았다. 그러나 두 번째 진행한 예비 실험 단계에서는 개인차가 나타나지만 다섯 단어를 제시했을 때는 꽤 유의미한 빈도로 구성족 효과가 나타났다. 이는 달리 말하자면 '다섯 단어'보다 더 많은 구성족이 제시된다면 더 큰 '무리 효과(gang effect)'를 거둘 수 있다는 것을 의미한다. 이는 언어 습득에서 유추에 의한 빈칸 채우기가 더 많은 공통된 구조 속에서 더 잘 일어난다는 '구조 정렬(structural alignment)'과도 일맥상통한다고 할 수 있다. 둘째, '구성족 효과'를 판정할 때 '세 단어 이상'을 '구성족 효과'로 판정하기 위해서이다. 짝수인 경우에는 반반의 결과가 나올 수 있어 '구성족 효과'를 거둔 것인지 판정하기 어렵기 때문이다.

두 평음으로 실현되는 것들이다. 즉 수식어족은 목표 단어가 국립국어연구원
(2003)의 조사에 따라 평음으로 실현되는 것이 우세하므로 이를 제외한 단어
들은 표준 발음을 기준으로 할 때 경음이 우세한 것 다음에 제시하고 핵어족
은 목표 단어가 국립국어연구원(2003)의 조사에 따라 경음으로 실현되는 것
이 우세하므로 이를 제외한 단어들은 표준 발음을 기준으로 할 때 평음이
우세한 것을 제시하였다. 이를 요약하자면 수식어족은 사이시옷의 개재에
따른 사잇소리 현상의 실현 효과를, 핵어족은 사이시옷의 개재에 따른 사잇
소리 현상의 비실현 효과를 살펴보기 위한 것이라 할 수 있다.

### 3.2.3.2. 실험 결과의 분석

3.2.3.2.1. '단독 설문'과 '상관 설문'에서의 평음, 경음 실현 양상

먼저 '단독 설문'에서 목표 단어 '밤사이', '감방', '소슬바람', '봄소식', '밤
벌레', '산도깨비' 각각에 대해 평음과 경음으로 표시한 것을 정리하면 다음
과 같다.[39]

(22) '단독 설문'에서의 평음, 경음 실현 양상

|  | 평음 | 경음 | 표준 발음 |
|---|---|---|---|
| 밤사이 | 90.28(130) | 9.72(14) | 경음 |
| 감방 | 16.67(24) | 83.33(120) | 평음 |
| 소슬바람 | 52.78(76) | 47.22(68) | 평음 |
| 봄소식 | 86.11(124) | 13.89(20) | 평음 |
| 밤벌레 | 36.11(52) | 63.89(92) | 평음 |
| 산도깨비 | 85.42(123) | 14.58(21) | 경음 |

39) 표의 '90.28(130)'과 같은 경우에서 앞의 수치는 소수점 세 자리에서 반올림한 백분율을
나타내고 괄호 안의 수치는 평음으로 표시한 횟수를 의미한다.

우선 (22)의 결과를 국립국어연구원(2003)의 결과인 (19)와 비교해 보기 위해 '경음' 실현 양상을 그래프로 보이면 다음과 같다.

(23) 국립국어연구원(2003)과 최형용·김혜지(2016)의 '경음' 실현 양상

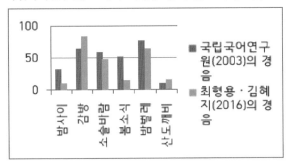

이를 통해 주목하고자 하는 것은 다음의 두 가지이다. 첫째, '밤사이', '감방', '밤벌레', '산도깨비'의 경우에는 전체적인 경향성에서 차이가 없다는 것이다. 즉 '밤사이', '밤벌레'는 국립국어연구원(2003)보다 경음 실현 양상이 줄어들었고 '감방', '산도깨비'는 국립국어연구원(2003)보다 경음 실현 양상이 늘어나긴 했지만 평음과 역전 현상이 나타나지는 않았다는 것이다. 둘째, 이에 대해 '소슬바람', '봄소식'의 경우에는 평음과 경음의 비율이 역전되고 있다는 점이다. 즉 '소슬바람', '봄소식'은 모두 국립국어연구원(2003)에서는 경음 실현 양상이 더 높았지만 최형용·김혜지(2016)에서는 평음 실현 양상이 더 높게 나왔다는 것이다. 그리고 그 결과는 모두 표준 발음과 일치하는 방향이라는 점도 알 수 있다.

그 결과 '밤사이', '봄소식', '산도깨비'는 평음이 우세하고 '감방'과 '밤벌레'는 경음이 우세하며 '소슬바람'의 경우는 평음이 우세하지만 경음과의 차이가 크지 않다는 것으로 정리할 수 있다.

다음으로 '상관 설문'에서 목표 단어들만을 대상으로 평음과 경음으로 실현된 것을 정리하면 다음과 같다.[40]

(24) '상관 설문'에서의 목표 단어의 평음, 경음 실현 양상

|  | 평음 | 경음 | 표준 발음 |
|---|---|---|---|
| 밤사이 | 85.31(122) | 14.69(21) | 경음 |
| 감방 | 19.01(27) | 80.99(115) | 평음 |
| 소슬바람 | 55.24(79) | 44.76(64) | 평음 |
| 봄소식 | 79.02(113) | 20.98(30) | 평음 |
| 밤벌레 | 32.39(46) | 67.61(96) | 평음 |
| 산도깨비 | 83.22(119) | 16.78(24) | 경음 |

이를 (22)의 '단독 설문'과 단순히[41] 비교하기 위해 표 하나로 수치를 정리하면 다음과 같다.

(25) '단독 설문'과 '상관 설문'에서의 목표 단어의 평음, 경음 실현 양상(뒤에 (25')으로 수정됨)

|  | 평음 | | 경음 | | 표준 발음 |
|---|---|---|---|---|---|
|  | 단독 설문 | 상관 설문 | 단독 설문 | 상관 설문 |  |
| 밤사이 | 90.28(130) | 85.31(122) | 9.72(14) | 14.69(21) | 경음 |
| 감방 | 16.67(24) | 19.01(27) | 83.33(120) | 80.99(115) | 평음 |
| 소슬바람 | 52.78(76) | 55.24(79) | 47.22(68) | 44.76(64) | 평음 |
| 봄소식 | 86.11(124) | 79.02(113) | 13.89(20) | 20.98(30) | 평음 |
| 밤벌레 | 36.11(52) | 32.39(46) | 63.89(92) | 67.61(96) | 평음 |
| 산도깨비 | 85.42(123) | 83.22(119) | 14.58(21) | 16.78(24) | 경음 |

그리고 앞의 경우와 마찬가지로 '단독 설문'과 '상관 설문'에서의 경음 실현 양상만 그래프로 보이면 다음과 같다.

---

40) 표에서 답변 수의 합이 144, 143, 142 등으로 일정하지 않은 것은 경우에 따라 피실험자가 표시하지 않은 경우가 있기 때문이다. 아래도 마찬가지이다.
41) '단순히'란 말을 사용한 것은 답변 가운데 '단순 설문'과 '상관 설문' 사이에 일관적인 것과 비일관적인 것이 섞여 있는데 우선 이를 고려하지 않는다는 것을 의미하기 위해서이다. 따라서 (25), (26)은 후술하는 바와 같이 비일관적인 답변을 제외하면 수정이 된다.

(26) '단독 설문'과 '상관 설문'에서의 '경음' 실현 양상(뒤에 (26')으로 수정됨)

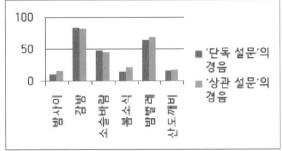

(25), (26)을 통해 먼저 알 수 있는 것은 경음 실현 양상이 늘거나 줄어들어 변화가 생기고 있다는 점이다. 그리고 이들 각각을 살펴보면 다음과 같은 세 가지 측면에서 주목할 만한 사실이 드러난다. 첫째, 수식어족 목표 단어 '밤사이', '봄소식', '산도깨비'는 모두 경음으로 실현된 경우가 늘었다는 것이다. 둘째, 핵어족 목표 단어 '소슬바람', '밤벌레', '감방' 가운데 '소슬바람', '감방'의 경우에는 경음으로 실현된 경우가 줄었다는 점이다. 셋째, '밤벌레'는 경음으로 실현된 경우가 늘었다는 점이다.[42]

이것은 우선 수식어족 목표 단어 '밤사이', '봄소식', '산도깨비'는 그 앞에 제시된 다른 단어들이 모두 경음으로 실현된 데 이유가 있고 핵어족 목표 단어 가운데 '소슬바람', '감방'은 그 앞에 제시된 다른 단어들이 모두 평음으로 실현된 데 이유가 있다고 말할 수 있다.

그러나 이러한 경향을 좀 더 분명히 확인하기 위해 상관적 실험 단어들을 보다 자세히 그리고 다각적으로 검토할 필요가 있다.

---

42) 이는 표면적으로 구성족 효과의 측면에서 보면 예외에 해당한다고 할 수 있는데 이는 후술하는 바와 같이 '밤벌레'의 경우 경음으로 실현된 경우가 늘어난 것은 답변의 비일관성 때문이다.

### 3.2.3.2.2. 구성족에서의 목표 단어의 평음, 경음 실현 양상

이제 각각의 구성족에서 목표 단어의 평음, 경음 실현 양상이 어떻게 분석될 수 있는지 살펴보기로 한다.

먼저 수식어족인 '밤X'의 평음, 경음 실현 양상을 통해 목표 단어 '밤사이'가 구성족의 관점에서 어떠한 영향을 받았는지 생각해 보기로 한다. 수식어족 '밤X'의 평음, 경음 실현 양상은 다음과 같다.

(27) '수식어족 - 밤X'에서의 평음, 경음 실현 양상

|  | 평음 | 경음 | 표준 발음 |
|---|---|---|---|
| 밤공기 | 29.37(42) | 70.63(101) | 경음 |
| 밤손님 | 70.42(100) | 29.58(42) | 경음 |
| 밤길 | 16.08(23) | 83.92(120) | 경음 |
| 밤바람 | 19.58(28) | 80.42(115) | 경음 |
| 밤비 | 26.57(38) | 73.43(105) | 경음 |
| 밤사이 | 85.31(122) | 14.69(21) | 경음 |

(27)을 보면 '밤손님'의 경우에만 평음으로 실현되는 경우가 지배적일 뿐만 아니라 인접한 '밤바람', '밤비'는 경음으로 실현되는 경우가 지배적이어서 목표 단어 '밤사이'에 구성족 효과를 주기에는 특별한 문제가 없다고 할 수 있다.

그런데 (27)의 목표 단어 '밤사이' 안에는 '단독 설문'에서는 경음으로 표시하고 '상관 설문'에서는 평음으로 표시한 경우가 있다. 본 실험은 평음이 지배적인 경우 이를 경음의 환경에 두어 경음으로 바뀌는 것을 관찰하기 위한 것이므로 이와 정반대의 결과는 피실험자의 비일관성으로 간주할 수 있으므로 이들을 제외할 필요가 있다. 즉 의미가 있는 설문 결과는 '평음-평음', '평음-경음', '경음-경음'의 쌍이고 '경음-평음'은 실험의 의도와는 상관이 없다고 할 수 있는데 이러한 경우는 모두 6회 발견되었다. 따라서 이들을

제외하고 '밤사이'가 '단독 설문'과 '상관 설문'을 통해서 평음에서 경음으로 바뀐 비율은 최종적으로 다음과 같다.

(28) '밤사이'의 '단독 설문'과 '상관 설문'에서의 평음, 경음 실현 양상

| | 평음 | | 경음 | | 표준 발음 |
|---|---|---|---|---|---|
| | 단독 설문 | 상관 설문 | 단독 설문 | 상관 설문 | |
| 밤사이 | 94.16(129) | 84.67(116) | 5.84(8) | 15.33(21) | 경음 |

이것이 의미하는 바는 '단독 설문'에서는 목표 단어 '밤사이'를 평음으로 표시하였던 사람 가운데 '상관 설문'에서는 경음으로 표시한 경우가 늘어나 경음으로 표시한 사람이 5.84%에서 15.33%로 증가하였다는 것을 의미하고 그 증가율은 2.63배에 이른다는 것을 뜻한다.

다음으로 이들의 구성족 효과를 살펴보기 위해 '밤사이'를 제외한 나머지 구성족의 경음 실현 양상을 살펴볼 필요가 있다.

(29) '밤사이'의 경음 실현에 따른 그 외 구성족의 경음 실현 양상[43]

| 그 외 구성족의 경음 실현 횟수 | '밤사이'의 경음 실현 횟수 | 상대 비율 | 누적 비율 |
|---|---|---|---|
| 5회 | 6회 | 46.15 | 46.15 |
| 4회 | 4회 | 30.77 | 76.92 |
| 3회 | 1회 | 7.69 | 84.61 |
| 2회 | 2회 | 15.38 | 99.99 |
| 1회 | | | |
| 0회 | | | |
| 계 | 13회 | 99.99 | |

(29)를 보면 목표 단어 '밤사이'를 제외한 구성족 다섯 단어 가운데 이들이 모두 경음으로 실현되었을 경우 '밤사이'도 경음으로 실현된다고 답한 경우가 6회로 가장 많았음을 알 수 있다. 이것은 (27)에서 '밤손님'의 경우 평음이

압도적이라는 사실을 참고할 때 매우 중요한 사실이라고 할 수 있다. 목표 단어 '밤사이'를 제외한 구성족이 다섯 단어이므로 세 단어 이상이 경음으로 실현된 경우가 구성족 효과를 거둔 것으로 판단할 수 있다는 점에서 84.61% 가 구성족 효과에 따라 평음 '밤사이'를 경음으로 바꾸게 한 것으로 결론 내릴 수 있다. 또한 구성족이 경음으로 실현된 경우 가운데 2회의 경우 '밤사이'를 경음으로 표시한 두 번 가운데 하나는 바로 직전 구성족 '밤비'를 경음으로 표시하고 있다는 점에도 주목할 필요가 있다. 구성족 효과는 인접할수록 더 잘 발현될 것으로 예측되기 때문이다.

다음으로 수식어족인 '봄X'의 평음, 경음 실현 양상을 통해 목표 단어 '봄소식'이 구성족의 관점에서 어떠한 영향을 받았는지 생각해 보기로 한다. 수식어족 '봄X'의 평음, 경음 실현 양상은 다음과 같다.

(30) '수식어족 – 봄X'에서의 평음, 경음 실현 양상

|  | 평음 | 경음 | 표준 발음 |
|---|---|---|---|
| 봄기운 | 31.47(45) | 68.53(98) | 경음 |
| 봄동 | 39.16(56) | 60.84(87) | 경음 |
| 봄밤 | 25.17(36) | 74.83(107) | 경음 |
| 봄비 | 25.17(36) | 74.83(107) | 경음 |
| 봄잠 | 52.45(75) | 47.55(68) | 경음 |
| 봄소식 | 79.02(113) | 20.98(30) | 경음 |

43) (29)는 '단독 설문'에서는 목표 단어인 '밤사이'를 평음으로 표시하였던 피실험자 중에서 '상관 설문'에서는 경음으로 표시한 사람들의 설문 조사지를 살펴본 것이다. 나머지 구성족의 경음 실현 횟수와 목표 단어의 경음 실현 양상을 견주어 보고 그를 통해 구성족이 사이시옷 실현에 미치는 영향을 알아보고자 한 것으로 후술하는 (32), (35)도 이와 마찬가지이다. (38), (41), (44)의 표 역시 일맥상통하되 이들은 '단독 설문'에서는 목표 단어를 경음으로 표시하였던 피실험자 중에서 '상관 설문'에서는 평음으로 표시한 사람들의 설문 조사지를 살펴본 것이라는 점에서 사이시옷의 개재에 따른 사잇소리 현상의 비실현에 초점을 맞추고 있다는 차이가 있다.

(30)을 보면 목표 단어와 인접한 '봄잠'의 경우에만 평음 실현이 우세하지만 그 차이가 미세하고 나머지 단어들은 경음 실현이 압도적이므로 목표 단어 '봄소식'에 구성족 효과를 주는 데는 큰 문제가 없다고 할 수 있다.

목표 단어 '밤사이'와 마찬가지로 '봄소식'의 경우에도 '단독 설문'에서는 경음으로 답하고 '상관 설문'에서는 평음으로 답한 경우를 제외할 필요가 있다. 이러한 경우가 모두 10회 발견되었는데 이를 제외하고 '봄소식'이 평음에서 경음으로 바뀐 비율은 최종적으로 다음과 같다.

(31) '봄소식'의 '단독 설문'과 '상관 설문'에서의 평음, 경음 실현 양상

|  | 평음 | | 경음 | | 표준 발음 |
|---|---|---|---|---|---|
|  | 단독 설문 | 상관 설문 | 단독 설문 | 상관 설문 | |
| 봄소식 | 92.54(124) | 77.44(103) | 7.46(10) | 22.56(30) | 경음 |

이것이 의미하는 바는 '단독 설문'에서는 목표 단어 '봄소식'을 평음으로 표시하였던 사람 가운데 '상관 설문'에서는 경음으로 표시한 경우가 늘어나 경음으로 표시한 사람이 7.46%에서 22.56%로 증가하였다는 것을 의미하고 그 증가율은 3.02배에 이른다는 것을 뜻한다.

다음으로 이들의 구성족 효과를 살펴보기 위해 '봄소식'을 제외한 나머지 구성족의 경음 실현 양상을 살펴볼 필요가 있다.

(32) '봄소식'의 경음 실현에 따른 그 외 구성족의 경음 실현 양상

| 그 외 구성족의 경음 실현 횟수 | '봄소식'의 경음 실현 횟수 | 상대 비율 | 누적 비율 |
|---|---|---|---|
| 5회 | 13회 | 65.00 | 65.00 |
| 4회 | 3회 | 15.00 | 80.00 |
| 3회 | 1회 | 5.00 | 85.00 |
| 2회 | 1회 | 5.00 | 90.00 |
| 1회 | 1회 | 5.00 | 95.00 |
| 0회 | 1회 | 5.00 | 100 |
| 계 | 20회 | 100 | |

(32)를 보면 목표 단어 '봄소식'을 제외한 구성족 다섯 단어 가운데 이들이 모두 경음으로 실현되었을 경우 '봄소식'도 경음으로 실현된다고 답한 경우가 13회로 압도적으로 많았음을 알 수 있다. 이것은 특히 (30)에서 목표 단어 '봄소식'의 경우 평음이 압도적이라는 사실을 참고할 때 매우 중요한 사실이라고 할 수 있다. 목표 단어 '봄소식'을 제외한 구성족이 다섯 단어이므로 세 단어 이상이 경음으로 실현된 경우가 구성족 효과를 거둔 것으로 판단할 수 있다는 점에서 85%가 구성족 효과에 따라 평음 '봄소식'을 경음으로 바꾸게 한 것으로 결론 내릴 수 있다. 또한 구성족이 경음으로 실현된 경우 가운데 2회의 경우 '봄소식'을 경음으로 표시한 하나는 바로 직전 구성족 '봄잠'을 경음으로 표시하고 있다는 점에도 주목할 필요가 있다.[44]

수식어족의 마지막인 '산X'의 평음, 경음 실현 양상을 통해 목표 단어 '산도깨비'가 구성족의 관점에서 어떠한 영향을 받았는지 생각해 보기로 한다. 수식어족 '산X'의 평음, 경음 실현 양상은 다음과 같다.

(33) '수식어족 – 산X'에서의 평음, 경음 실현 양상

| | 평음 | 경음 | 표준 발음 |
|---|---|---|---|
| 산기슭 | 32.87(47) | 67.13(96) | 경음 |
| 산동네 | 25.17(36) | 74.83(107) | 경음 |
| 산봉우리 | 40.56(58) | 59.44(85) | 경음 |
| 산불 | 23.08(33) | 76.92(110) | 경음 |
| 산줄기 | 34.97(50) | 65.03(93) | 경음 |
| 산도깨비 | 83.22(119) | 16.78(24) | 경음 |

---

44) 0회와 1회의 경우는 구성족 효과로 보기 어려운데 특히 0회의 경우는 '단독 질문'과 '상관 질문' 모두 목표 단어를 제외하고는 평음으로 표시하고 있으므로 '상관 질문'에서만 경음으로 표시한 것은 이해하기 어렵다. 따라서 이 경우에는 엄밀한 의미에서 비일관성의 예라고 할 수 있다. 1회의 경우도 '상관 질문'에서만 '봄기운'에서 경음 표시가 되어 있으므로 역시 마찬가지 예라고 할 수 있다.

(33)을 보면 목표 단어를 제외하고, 다소 차이가 없는 것은 아니지만 경음 실현이 우세하다는 것을 알 수 있는데 따라서 목표 단어 '산도깨비'에 구성족 효과를 주는 데는 큰 문제가 없다고 할 수 있다.

앞의 경우와 마찬가지로 목표 단어 '산도깨비'의 경우에도 '단독 설문'에서 는 경음으로 답하고 '상관 설문'에서는 평음으로 답한 경우를 제외할 필요가 있다. 이러한 경우가 모두 6회 발견되었는데 이를 제외하고 '산도깨비'가 평음에서 경음으로 바뀐 비율은 최종적으로 다음과 같다.

(34) '산도깨비'의 '단독 설문'과 '상관 설문'에서의 평음, 경음 실현 양상

| | 평음 | | 경음 | | 표준 발음 |
|---|---|---|---|---|---|
| | 단독 설문 | 상관 설문 | 단독 설문 | 상관 설문 | |
| 산도깨비 | 89.13(123) | 82.48(113) | 10.87(15) | 17.52(24) | 경음 |

이것이 의미하는 바는 '단독 설문'에서는 목표 단어 '산도깨비'를 평음으로 표시하였던 사람 가운데 '상관 설문'에서는 경음으로 표시한 경우가 늘어나 경음으로 표시한 사람이 10.87%에서 17.52%로 증가하였다는 것을 의미하고 그 증가율은 1.61배에 이른다는 것을 뜻한다.

다음으로 이들의 구성족 효과를 살펴보기 위해 '산도깨비'를 제외한 나머 지 구성족의 경음 실현 양상을 살펴볼 필요가 있다.

(35) '산도깨비'의 경음 실현에 따른 그 외 구성족의 경음 실현 양상

| 그 외 구성족의 경음 실현 횟수 | '산도깨비'의 경음 실현 횟수 | 상대 비율 | 누적 비율 |
|---|---|---|---|
| 5회 | 4회 | 44.44 | 44.44 |
| 4회 | 1회 | 11.11 | 55.55 |
| 3회 | | | |
| 2회 | 1회 | 11.11 | 66.66 |
| 1회 | 3회 | 33.33 | 99.99 |
| 0회 | | | |
| 계 | 9회 | 99.99 | |

(35)를 보면 목표 단어 '산도깨비'를 제외한 구성족 다섯 단어 가운데 이들이 모두 경음으로 실현되었을 경우 '산도깨비'도 경음으로 실현된다고 답한경우가 4회로 가장 많았음을 알 수 있다. '산도깨비'를 제외한 구성족이 다섯단어이므로 세 단어 이상이 경음으로 실현된 경우가 구성족 효과를 거둔것으로 판단할 수 있는데 그 비율이 55.55%로 앞의 두 경우에 비해 그리높지는 않다. 구성족의 경음 실현 횟수가 1회인 경우도 3회로 높고 이들은모두 목표 단어의 인접 단어가 아니라는 점도 참고할 만하다. 이러한 현상은(33)에서 살펴본 바와 같이 특히 구성족 '산X'의 경음 실현 비율이 전반적으로 그리 높지 않은 것과도 연관이 있어 보인다.

이번에는 핵어족인 'X바람'의 평음, 경음 실현 양상을 통해 목표 단어 '소슬바람'이 구성족의 관점에서 어떠한 영향을 받았는지 생각해 보기로 한다.핵어족 'X바람'의 평음, 경음 실현 양상은 다음과 같다.

(36) '핵어족 – X바람'에서의 평음, 경음 실현 양상

|  | 평음 | 경음 | 표준 발음 |
|---|---|---|---|
| 꽃샘바람 | 74.13(106) | 25.87(37) | 평음 |
| 산골바람 | 66.43(95) | 33.57(48) | 평음 |
| 서늘바람 | 72.73(104) | 27.27(39) | 평음 |
| 솔바람 | 47.55(68) | 52.45(75) | 평음 |
| 칼바람 | 72.03(103) | 27.97(40) | 평음 |
| 소슬바람 | 55.24(79) | 44.76(64) | 평음 |

(36)을 보면 목표 단어를 제외하고 '솔바람'의 경우 경음 실현이 더 많지만그 차이가 미세하고 나머지는 모두 평음 실현이 우세하므로 목표 단어 '소슬바람'에 구성족 효과를 주는 데는 큰 문제가 없다고 할 수 있다.

앞의 경우들과 마찬가지이되 '소슬바람'의 경우에는 '단독 설문'에서는 평음으로 답하고 '상관 설문'에서는 경음으로 답한 경우를 제외할 필요가 있다.

이러한 경우가 모두 17회 발견되었는데 이를 제외하고 '소슬바람'이 경음에서 평음으로 바뀐 비율은 최종적으로 다음과 같다.

(37) '소슬바람'의 '단독 설문'과 '상관 설문'에서의 평음, 경음 실현 양상

| | 평음 | | 경음 | | 표준 발음 |
|---|---|---|---|---|---|
| | 단독 설문 | 상관 설문 | 단독 설문 | 상관 설문 | |
| 소슬바람 | 46.46(59) | 62.70(79) | 53.54(68) | 37.30(47) | 평음 |

이것이 의미하는 바는 '단독 설문'에서는 목표 단어 '소슬바람'을 경음으로 표시하였던 사람 가운데 '상관 설문'에서는 평음으로 표시한 경우가 늘어나 평음으로 표시한 사람이 46.46%명에서 62.70%로 증가하였다는 것을 의미하고 그 증가율은 1.35배에 이른다는 것을 뜻한다.

다음으로 이들의 구성족 효과를 살펴보기 위해 '소슬바람'을 제외한 나머지 구성족의 평음 실현 양상을 살펴볼 필요가 있다.

(38) '소슬바람'의 평음 실현에 따른 그 외 구성족의 평음 실현 양상

| 그 외 구성족의 평음 실현 횟수 | '소슬바람'의 평음 실현 횟수 | 상대 비율 | 누적 비율 |
|---|---|---|---|
| 5회 | 7회 | 35.00 | 35.00 |
| 4회 | 6회 | 30.00 | 65.00 |
| 3회 | 5회 | 25.00 | 90.00 |
| 2회 | 1회 | 5.00 | 95.00 |
| 1회 | 1회 | 5.00 | 100 |
| 0회 | | | |
| 계 | 20회 | 100 | |

(38)을 보면 목표 단어 '소슬바람'을 제외한 구성족 다섯 단어 가운데 이들이 모두 평음으로 실현되었을 경우 '소슬바람'도 평음으로 실현된다고 답한 경우가 7회로 가장 많았음을 알 수 있다. '소슬바람'을 제외한 구성족이 다섯

단어이므로 세 단어 이상이 평음으로 실현된 경우가 구성족 효과를 거둔 것으로 판단할 수 있는데 그 비율이 90.00%로 매우 높다는 것을 알 수 있다. 구성족의 평음 실현 횟수가 1회인 경우도 한 번 있었는데 바로 인접한 '칼바람'의 경우였다는 사실도 참고할 필요가 있다. 이러한 현상은 (36)에서 목표 단어 '소슬바람'을 포함하여 평음 실현 양상이 전반적으로 높지 않고 '솔바람'의 경우에는 경음이 더 높다는 점을 참고할 때 상대적으로 구성족 효과가 더 높은 것으로 해석하게 한다.

다음으로 핵어족 'X벌레'의 평음, 경음 실현 양상을 통해 목표 단어 '밤벌레'가 구성족의 관점에서 어떠한 영향을 받았는지 생각해 보기로 한다. 핵어족 'X벌레'의 평음, 경음 실현 양상은 다음과 같다.

(39) '핵어족 – X벌레'에서의 평음, 경음 실현 양상

|  | 평음 | 경음 | 표준 발음 |
|---|---|---|---|
| 무당벌레 | 97.89(139) | 2.11(3) | 평음 |
| 쌀벌레 | 83.10(118) | 16.90(24) | 평음 |
| 끈벌레 | 95.77(136) | 4.23(6) | 평음 |
| 사슴벌레 | 86.62(123) | 13.38(19) | 평음 |
| 풀벌레 | 98.59(140) | 1.41(2) | 평음 |
| 밤벌레 | 32.39(46) | 67.61(96) | 평음 |

(39)를 보면 목표 단어를 제외하고 평음 실현 양상이 가장 압도적으로 높기 때문에 목표 단어 '밤벌레'에 구성족 효과를 주는 데는 큰 문제가 없다고 할 수 있다.

'소슬바람'의 경우와 마찬가지로 목표 단어 '밤벌레'의 경우에도 '단독 설문'에서는 평음으로 답하고 '상관 설문'에서는 경음으로 답한 경우를 제외할 필요가 있다. 이러한 경우가 모두 22회 발견되었는데 이를 제외하고 '밤벌레'가 경음에서 평음으로 바뀐 비율은 최종적으로 다음과 같다.

(40) '밤벌레'의 '단독 설문'과 '상관 설문'에서의 평음, 경음 실현 양상

| | 평음 | | 경음 | | 표준 발음 |
|---|---|---|---|---|---|
| | 단독 설문 | 상관 설문 | 단독 설문 | 상관 설문 | |
| 밤벌레 | 24.59(30) | 38.33(46) | 75.41(92) | 61.67(74) | 평음 |

이것이 의미하는 바는 '단독 설문'에서는 목표 단어 '밤벌레'를 경음으로 표시하였던 사람이 '상관 설문'에서는 평음으로 표시한 경우가 늘어나 평음으로 표시한 사람이 24.59%에서 38.33%로 증가하였다는 것을 의미하고 그 증가율은 1.56배에 이른다는 것을 뜻한다. 특히 '밤벌레'의 경우는 앞서 평음으로 표시한 경우가 줄어들었다고 한 바 있지만 이것은 비일관적 응답의 경우가 특히 '밤벌레'의 경우에서 많았던 데 원인이 있고 구성족 효과에 예외가 되는 것은 아니라는 것을 의미한다는 점에서 큰 의미가 있다.

다음으로 이들의 구성족 효과를 살펴보기 위해 '밤벌레'를 제외한 나머지 구성족의 평음 실현 양상을 살펴볼 필요가 있다.

(41) '밤벌레'의 평음 실현에 따른 그 외 구성족의 평음 실현 양상

| 그 외 구성족의 평음 실현 횟수 | '밤벌레'의 평음 실현 횟수 | 상대 비율 | 누적 비율 |
|---|---|---|---|
| 5회 | 13회 | 81.25 | 81.25 |
| 4회 | 3회 | 18.75 | 100 |
| 3회 | | | |
| 2회 | | | |
| 1회 | | | |
| 0회 | | | |
| 계 | 16회 | 100 | |

(41)을 보면 목표 단어 '밤벌레'를 제외한 구성족 다섯 단어 가운데 이들이 모두 평음으로 실현되었을 경우 '밤벌레'도 평음으로 실현된다고 답한 경우

가 13회로 압도적으로 많았을 뿐만 아니라 목표 단어를 제외한 나머지 단어 가운데 4단어가 평음으로 실현된 경우가 3회이고 3단어 이하인 경우는 존재 하지 않는다. 이는 앞서 언급한 바와 같이 '밤벌레'를 제외한 구성족이 다섯 단어이므로 세 단어 이상이 평음으로 실현된 경우가 구성족 효과를 거둔 것으로 판단한다면 그 비율이 100.00%임을 의미하는 것이다. 이러한 현상은 (39)에서 목표 단어를 제외한 단어들의 평음 실현 비율이 매우 높은 것과도 상관관계를 가지는 것으로 볼 수 있다. 그러나 목표 단어의 평음 실현 양상이 매우 낮은 것을 염두에 둔다면 구성족 효과가 가장 완벽하게 나타나고 있다 는 것을 알 수 있다.

마지막 핵어족 'X방'의 평음, 경음 실현 양상을 통해 목표 단어 '감방'이 구성족의 관점에서 어떠한 영향을 받았는지 생각해 보기로 한다. 핵어족 'X 방'의 평음, 경음 실현 양상은 다음과 같다.

(42) '핵어족 – X방'에서의 평음, 경음 실현 양상

|  | 평음 | 경음 | 표준 발음 |
|---|---|---|---|
| 골방 | 76.76(109) | 23.24(33) | 평음 |
| 공방 | 97.18(138) | 2.82(4) | 평음 |
| 돌방 | 77.46(110) | 22.54(32) | 평음 |
| 벌방 | 65.49(93) | 34.51(49) | 평음 |
| 신방 | 74.65(106) | 25.35(36) | 평음 |
| 감방 | 19.01(27) | 80.99(115) | 평음 |

(42)를 보면 목표 단어를 제외한 모든 단어에서 평음 실현이 더 높기 때문 에 목표 단어 '감방'에 구성족 효과를 주는 데는 큰 문제가 없다고 할 수 있다.

앞의 경우와 마찬가지로 목표 단어 '감방'의 경우에도 '단독 설문'에서는 평음으로 답하고 '상관 설문'에서는 경음으로 답한 경우를 제외할 필요가

있다. 이러한 경우가 모두 8회 발견되었는데 이를 제외하고 '감방'이 경음에서 평음으로 바뀐 비율은 최종적으로 다음과 같다.

(43) '감방'의 '단독 설문'과 '상관 설문'에서의 평음, 경음 실현 양상

|  | 평음 | | 경음 | | 표준 발음 |
|---|---|---|---|---|---|
|  | 단독 설문 | 상관 설문 | 단독 설문 | 상관 설문 | |
| 감방 | 11.76(16) | 20.15(27) | 88.24(120) | 79.85(107) | 경음 |

이것이 의미하는 바는 '단독 설문'에서는 목표 단어 '감방'을 경음으로 표시하였던 사람 가운데 '상관 설문'에서는 평음으로 표시한 사람이 늘어나 평음으로 표시한 사람이 11.76%에서 20.15%로 증가하였다는 것을 의미하고 그 증가율은 1.71배에 이른다는 것을 뜻한다.

다음으로 이들의 구성족 효과를 살펴보기 위해 '감방'을 제외한 나머지 구성족의 평음 실현 양상을 살펴볼 필요가 있다.

(44) '감방'의 평음 실현에 따른 그 외 구성족의 평음 실현 양상

| 그 외 구성족의 평음 실현 횟수 | '감방'의 평음 실현 횟수 | 상대 비율 | 누적 비율 |
|---|---|---|---|
| 5회 | 8회 | 72.73 | 72.73 |
| 4회 | 2회 | 18.18 | 90.91 |
| 3회 | 1회 | 9.09 | 100 |
| 2회 | | | |
| 1회 | | | |
| 0회 | | | |
| 계 | 11회 | 100 | |

(44)를 보면 목표 단어 '감방'을 제외한 구성족 다섯 단어 가운데 이들이 모두 평음으로 실현되었을 경우 '감방'도 평음으로 실현된다고 답한 경우가 8회로 압도적으로 많았을 뿐만 아니라 목표 단어를 제외한 나머지 단어 가운

데 4단어가 평음으로 실현된 경우가 2회, 3단어가 평음으로 실현된 경우가 1회로 2회 이하인 경우는 존재하지 않는다. 이는 앞서 언급한 바와 같이 '감방'을 제외한 구성족이 다섯 단어이므로 세 단어 이상이 평음으로 실현된 경우가 구성족 효과를 거둔 것으로 판단한다면 그 비율이 '밤벌레'와 마찬가지로 100.00%임을 의미하는 것이다. 이러한 현상은 (42)에서 특히 '감방'의 평음 실현 비율이 '밤벌레'의 경우보다 상대적으로 낮은 것임을 감안할 때 역시 구성족 효과가 완벽하게 실현된 것임을 알 수 있다.

이제 이상의 내용을 크게 두 가지로 정리해 보기로 한다. 첫째, (25)의 표와 (26)의 그래프는 비일관적인 답변을 삭제하면 다음과 같이 수정될 수 있다.

(25') '단독 설문'과 '상관 설문'에서의 목표 단어의 평음, 경음 실현 양상(앞의 (25)에서 수정됨)

| | 평음 | | 경음 | | 표준 발음 |
|---|---|---|---|---|---|
| | 단독 설문 | 상관 설문 | 단독 설문 | 상관 설문 | |
| 밤사이 | 94.16(129) | 84.67(116) | 5.84(8) | 15.33(21) | 경음 |
| 감방 | 11.76(16) | 20.15(27) | 88.24(120) | 79.85(107) | 경음 |
| 소슬바람 | 46.46(59) | 62.70(79) | 53.54(68) | 37.30(47) | 평음 |
| 봄소식 | 92.54(124) | 77.44(103) | 7.46(10) | 22.56(30) | 경음 |
| 밤벌레 | 24.59(30) | 38.33(46) | 75.41(92) | 61.67(74) | 평음 |
| 산도깨비 | 89.13(123) | 82.48(113) | 10.87(15) | 17.52(24) | 경음 |

(26') '단독 설문'과 '상관 설문'에서의 '경음' 실현 양상(앞의 (26)에서 수정됨)

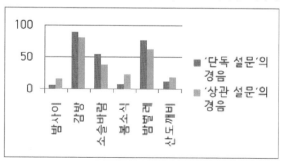

(26)과 (26')을 비교해 보면 전술한 바와 같이 두 가지 차이를 살펴볼 수 있는데 하나는 경음 실현 양상이 줄어든 폭과 늘어난 폭이 더 커졌다는 것이고 다른 하나는 '밤벌레'의 경우가 예외가 아니라 '감방', '소슬바람'과 동일한 구성족 효과를 보이는 것으로 수정되었다는 점이다.

둘째, 구성족 효과를 보다 명확하게 살펴보기 위해 이를 수식어족과 핵어족으로 나누어 비교해 보기로 한다. 먼저 수식어족의 '단독 설문', '상관 설문'의 경음 실현 비율과 구성족 효과를 그래프로 나타내면 다음과 같다.

(45) 수식어족의 '단독 설문', '상관 설문'의 경음 실현 비율

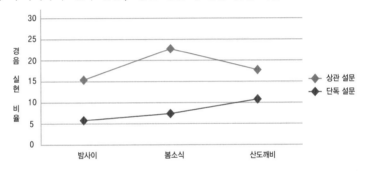

(46) 수식어족의 구성족 효과

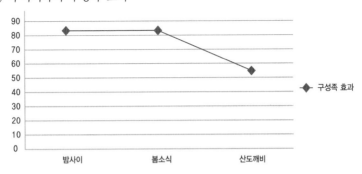

(45)와 (46)을 함께 살펴보면 수식어족 목표 단어의 '단독 설문'과 '상관

설문' 사이의 '경음 실현 비율' 차이가 곧 구성족 효과와 대체로 비례한다는
것을 알 수 있다. 그러나 그 정도에는 차이가 있어서 목표 단어 '봄소식'의
경우에는 '경음 실현 비율' 차이가 목표 단어 '밤사이'보다 크지만 상대적으
로 구성족 효과는 그리 크지 않다는 것을 알 수 있고 목표 단어 '산도깨비'의
경우에는 '경음 실현 비율' 차이가 목표 단어 '밤사이'보다 그리 작지 않지만
상대적으로 구성족 효과는 작은 것을 알 수 있다.

　다음으로 핵어족의 '단독 설문', '상관 설문'의 평음 실현 비율과 구성족
효과를 그래프로 나타내면 다음과 같다.

(47) 핵어족의 '단독 설문', '상관 설문'의 평음 실현 비율

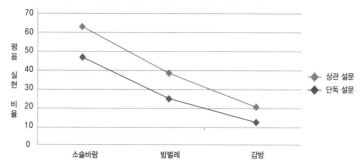

(48) 핵어족의 구성족 효과

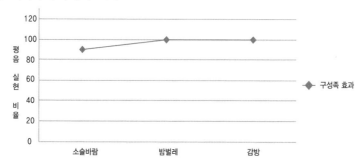

　(47)과 (48)을 함께 살펴보면 수식어족과는 다소 다른 양상을 살펴볼 수

있다. 즉 수식어족은 경음 실현 비율 차이가 곧 구성족 효과로 이어지지만 핵어족의 경우에는 목표 단어 '소슬바람'의 경우가 '단독 질문'과 '상관 질문' 사이의 평음 실현 비율 차이가 가장 큰데도 구성족 효과는 가장 작게 나타났으며 목표 단어 '감방'의 경우가 '단독 질문'과 '상관 질문' 사이의 평음 실현 비율 차이가 가장 작은데도 구성족 효과는 매우 큰 것으로 나타났기 때문이다. 그러나 이것은 목표 단어 '소슬바람'의 경우 상대적으로 구성족 효과가 낮은 경우가 포함되어 있기 때문이고 이것은 목표 단어 '소슬바람'이 목표 단어 '밤벌레', '감방'의 경우와는 달리 평음 실현의 경우 자체가 높기 때문에 나타난 현상이라고 할 수 있다.

  이러한 내용을 종합할 때 수식어족이든 핵어족이든 '단독 질문'과 '상관 질문'의 실현 비율 차이가 구성족 효과로 이어지는 것이라 말할 수 있다. 이는 곧 수식어족과 핵어족 모두 사이시옷 개재에 따른 사잇소리 현상의 실현과 비실현 양상에 일정한 영향을 미치고 있음을 결론짓게 한다. 즉 평음 실현이 지배적인 목표 단어라도 다른 구성족이 경음 실현이 지배적일 경우 경음으로 실현되는 경우가 적지 않게 나타났으며 이는 동일한 단어라도 사이시옷 개재에 따른 사잇소리 현상의 실현이 증가하고 있음을 의미한다. 반대로 경음 실현이 지배적인 목표 단어라도 다른 구성족이 평음 실현이 지배적일 경우 평음으로 실현되는 경우가 적지 않게 나타났으며 이는 동일한 단어라도 사이시옷 개재에 따른 사잇소리 현상의 비실현이 증가하고 있음을 뜻하는 것이다.[45]

---

45) 이러한 실험의 결과가 사전 자극으로 제시된 구성족으로 인해 발생한 점화 효과(priming effect) 때문에 나타난 것이라고 볼 수도 있다. 즉 점화 효과 때문에 피험자들이 잠시 혼란을 겪은 것일 뿐이라고 보는 것이다. 물론 그러한 가능성이 없는 것은 아니지만, 만약 단순히 일시적인 '혼란'에 의해 생겨난 결과라면 여기에서 제시한 것과 같이 실험의 결과가 일관적으로 나타나지는 않았을 것으로 보인다. 사이시옷의 개재에 따른 사잇소리 현상의 실현이 개인에 따라 차이를 보이는 것은 각 개인이 서로 다른 어휘부를 가지고 있고 그 속에 해당 단어와 연관되는 서로 다른 구성족에 영향을 받기 때문이라고 볼 수 있다. 그러나 실험 결과에서도 나타난 바와 같이 구성족을 공유하고 있는 단어들에서

이러한 결과는 현대 한국어의 사이시옷 개재에 따른 사잇소리 현상의 실현에 대해 다음과 같은 몇 가지 가능성을 시사해 준다는 점에서 의미가 있다고 판단된다.

첫째, 사이시옷 개재에 따른 사잇소리 현상의 실현이 순수하게 음운론적으로 결정된다면 목표 단어의 음운론적 구조가 가장 중요하므로 구성족 효과가 미미할 것이 예측되지만 실제로는 구성족 효과가 적지 않다는 점에서 현대 한국어 사이시옷 개재에 따른 사잇소리 현상의 실현을 음운론적으로 설명하는 데는 한계가 있다는 점을 말해 준다는 것이다.

둘째, 만약 현대 한국어의 사이시옷 개재에 따른 사잇소리 현상이 일정한 의미, 기능을 가지는 형태소로서의 사이시옷에 의한 것이라면 구성족 효과가 거의 없을 것으로 예측되는 데 비해 구성족 효과가 나타났다는 것은 현대 한국어 사이시옷의 형태소성이 그만큼 약하다는 것으로 해석될 수 있다는 것이다.

셋째, 만약 현대 한국어의 사이시옷이 해당 단어의 고유한 성질이어서 어휘부에 명세되는 것이라면 역시 구성족 효과가 거의 없을 것으로 짐작되지만 실제로는 구성족 효과가 일관적으로 나타나고 있다는 점을 염두에 둘 때 전적으로 해당 단어의 고유한 성질이라고 보기도 어렵다는 점이다.

이에 따라 구성족 효과가 의미 있는 이유는 사이시옷 개재에 따른 사잇소리 현상의 실현이 개인마다 차이를 가지는 것을, 그 개인이 해당 단어와 연관되는 구성족 단어들의 영향을 받기 때문이라는 가설 제기로 발전할 수 있기 때문이다.[46)]

그러나 최형용·김혜지(2016)에서의 실험이 가지는 한계도 물론 적지 않다.

---

경음 실현이 우세한 경우에는 목표 단어도 기존의 연구들에서와는 달리 경음으로 실현되고, 반대로 다른 구성족이 평음으로 실현될 경우에는 평음으로 실현되는 경우가 목표 단어들에서 꽤 일관되게 나타나고 있다는 점은 단순한 혼란으로 보기는 어려워 보인다.
46) 이는 국립국어연구원(2003)의 조사 결과에서 형태 중심의 경음화를 따질 것이 아니라 피실험자 중심의 경음화를 따져야 한다는 것을 의미하는 것이기도 하다.

무엇보다도 조사의 범위가 가지는 한계를 들 수 있다. 최형용·김혜지(2016)의 실험에서는 목표 단어를 수식어족 세 단어, 핵어족 세 단어 이렇게 모두 여섯 단어로 한정하였지만 보다 많은 수의 단어를 대상으로 구성족 효과가 나타나는지를 조사할 필요가 있다. 또한 마찬가지 맥락에서 구성족 효과가 나타날 때 수식어족은 모두 사이시옷의 개재에 따른 사잇소리 현상의 실현을 위해, 핵어족은 모두 사이시옷의 개재에 따른 사잇소리 현상의 비실현을 위한 것으로 보았는데 사이시옷의 개재에 따른 사잇소리 현상의 실현과 비실현에 수식어족과 핵어족 가운데 어떤 것이 더 큰 영향력을 가지는지 살펴보기 위해서는 수식어족도 사이시옷의 개재에 따른 사잇소리 현상의 실현과 비실현 모두를, 핵어족도 사이시옷의 개재에 따른 사잇소리 현상의 실현과 비실현 모두를 따져 보아야 할 것이다. 그래야 Krott(2009)에서 언급한 것처럼 한국어의 사이시옷의 개재에 따른 사잇소리 현상의 실현에도 수식어족이 더 큰 영향을 미치는지 검증할 수 있을 것이다. 이러한 한계는 고스란히 앞으로의 과제가 아닐 수 없다.

이제 지금까지의 논의를 통해 사잇소리 현상과 그에 따른 사이시옷의 표기는 여러 가지 변수를 가지는 경향성을 내포하고 있다는 점을 알 수 있다. 따라서 실제 언중들이 어떤 경우에 사잇소리 현상을 경험하고 또 어떤 경우에 이를 사이시옷 표기로 연결 짓는지 대규모 실태 조사가 필요하다고 할 수 있다. 사이시옷 표기에 대한 규범의 개선 방안도 따라서 이를 바탕으로 제시되어야 할 것이다. 이러한 관점에서 사잇소리 현상과 사이시옷 표기 실태에 대한 대규모 조사인 국립국어원(2017), 국립국어원(2018)에 대해 관심을 기울일 필요가 있다. 이때 모든 어휘에 대한 조사가 불가능하므로 실태 조사에 필요한 어휘를 추려야 할 필요가 있는데 이 경우 고려되는 사항 중 하나가 계열 관계이다. 계열 관계는 일반적으로 대치 관계로도 일컫는 만큼 동일한 위치에 다른 요소가 갈아들 수 있다는 전제를 가지지만 사이시옷의 표기와 관련해서는 선행 요소든 후행 요소든 비교 분석의 목적을 위해 하나의 요소를 고정하는 경우에 사용된다. 즉 가령 '값'을 후행 요소로 고정할 경우 이를 제외한 다른 요소가 갈아들 수 있는 선행 요소가 서로 계열 관계에 놓이는 것이다. 구성족 효과도 결국은 이러한 계열 관계를 이용한 것이라는 점에서 공통성이 있음에 주목할 필요가 있다.

# 4.
## 인터넷 웹 검색을 통한 사잇소리 현상과 사이시옷 표기의 실태

## 4.1. 웹 검색 표기 실태 조사를 위한 대상 어휘의 선정

국립국어원(2017)에서는 언중들의 실제 사이시옷 표기 실태를 조사하기 위해 사이시옷이 표기된 형태가 표준형인 어휘 총 230개와 사이시옷 미표기형이 표준형인 어휘 16개를 합한 총 246개 어휘를 선정한 바 있다. 이렇게 그 어휘의 수에 있어 불균형이 나타나게 된 이유는 2장에서 살펴본 사이시옷 표기 규정이 사이시옷을 '표기해야' 하는 경우를 위한 것이기 때문에 주로 사이시옷 표기형을 조사 대상으로 하되, 경우에 따라서는 비교나 참고를 위해 사이시옷을 표기하지 말아야 하는데 사이시옷이 표기된 경우도 관심 대상으로 삼기 위한 것이다.

이때 조사 대상은 사이시옷의 표기에 있어 영향을 미칠 것으로 추측되는 다양한 변수를 고려하여 각 변수에 해당하는 어휘의 수가 균형적이면서도 여러 변수에 교차적으로 포함될 수 있도록 할 필요가 있다. 이를 위해 국립국어원(2017)에서 사이시옷 표기에 영향을 미치는 주요 변수로 고려한 것은 '어종', '음절 수', '전문 용어 여부', '구성 방식'의 네 가지이며 각각의 변수별로 '사용 빈도'를 고려하여 조사 대상 어휘를 선정하였다.

'사용 빈도'를 고려한 이유는 사용 빈도가 높아 수용도가 높은 어휘의 경우 상대적으로 오류율이 낮고 사용 빈도가 낮아 수용도가 떨어지는 어휘의 경우에는 상대적으로 오류율이 높아질 것임을 예측할 수 있기 때문이다. 이를 위해 국립국어원(2017)에서 참고한 것은 국립국어원(2005)이다. 국립국어원(2005)의 어휘 목록 중 사이시옷 포함 표기는 모두 574개인데 사용 빈도는 최대 254회에서 최저 1회이다.[1] 보다 구체적으로는 빈도수 30회 이상 어휘 33개, 20회 이상 어휘 27개, 10회 이상 어휘 66개, 10회 미만 어휘 448개에 해당한다. 국립국어원(2017)에서는 '사용 빈도'를 변수로 실태 조사를 하기 위해 고빈도 어휘(빈도수 10회 이상)와 저빈도 어휘(빈도수 10회 미만)가 균형적으로 조사 대상에 포함될 수 있도록 하였다. 즉 각 유형별로 고빈도 어휘와 저빈도 어휘를 3~5개씩 선정한 것이다. 다만 전체 빈도가 지나치게 낮은 어휘는 실태 조사의 신뢰도를 떨어뜨리게 되므로 조사 대상에서 제외하였음에 유의할 필요가 있다.[2]

### 4.1.1. 변수별 조사 대상 어휘의 규모

#### 4.1.1.1. 어종에 따른 조사 대상 어휘의 규모

1장과 2장에서 살펴본 바와 같이 현행 <한글 맞춤법>(1988)은 고유어와 고유어 또는 고유어와 한자어로 이루어진 합성어에서 사잇소리 현상이 일어

---

1) 254회 출현한 것은 '오랫동안'이고 1회만 출현한 것은 모두 169개 어휘로 전체 574개 어휘의 29.44%를 차지한다. 참고로 국립국어원(2005)에서 가장 높은 빈도수를 보인 것은 서술격 조사 '이다'인데 모두 97,499회의 빈도수를 보이고 있다. '오랫동안'은 공동 918위에 해당하는데 가장 낮은 순위는 공동 1171위이므로 표기상 사이시옷을 포함한 단어들의 빈도가 그리 높은 순위에 해당한다고 보기는 어렵다.

2) 국립국어원(2017)에서는 국립국어원(2005)를 기반으로 어휘 목록을 선별하고 빈도수를 가능한 한 고려하여 고빈도(10회 이상)과 저빈도 단어를 균형 있게 제시하고자 하였으나 변수 조건상 이를 충족시키지 못한 경우가 있었는데 이러한 경우에는 변수 조건 목록 내에서 상대적 빈도를 고려하여 추출하였음을 밝히고 있다.

나는 경우 사이시옷을 표기하도록 규정하고 있다. 이는 곧 사이시옷의 표기에 있어 가장 주요한 변수로서 어종(語種)을 들고 있는 것임을 알 수 있다.[3] 그러나 동일한 사잇소리 현상이 발생하더라도 예외의 여섯 개를 제외하고 한자어와 한자어의 합성어에는 사이시옷을 표기하지 않는다는 현행 규정은 1장에서 언급한 혼란 양상의 주범 가운데 하나라고 할 수 있다.

따라서 어종 변수에 따라 사이시옷 표기가 어떻게 나타나는지를 살피는 것은 현행 규정의 개정 방향이나 개선 방안을 위해서도 매우 중요하다고 할 수 있다. 이를 위해 조사 대상에 '고유어+고유어', '한자어+고유어', '고유어+한자어'의 어종별 어휘가 균형적으로 포함되도록 할 필요가 있다.[4]

이를 기반으로 국립국어원(2017)에서 조사 대상으로 선정된 어휘의 어종별 개수와 비율은 '고유어+고유어' 124개(50.41%), '고유어+한자어' 39개(15.85%), '한자어+고유어' 67개(27.24%), 예외 조항을 포함하고 있는 '한자어+한자어' 13개(5.28%), 그리고 외래어 포함 어휘 3개(1.22%)이다.

### 4.1.1.2. 음절 수에 따른 조사 대상 어휘의 규모

박동근(2014)에서는 사이시옷 표기의 오류율은 어휘에 따라 차이를 보이기는 하지만 대체로 음절 수가 커질수록 오류율도 높아짐을 지적한 바 있다. 이는 단어의 음절 수 역시 사이시옷 표기와 관련된 변수로 작용될 수 있다는

---

3) 그러나 이는 특히 2장의 사이시옷 표기 규범의 변천 과정에서도 살펴본 바와 같이 사이시옷 표기의 범위를 획기적으로 줄이기 위한 방편임에 주의할 필요가 있다. 만약 그렇지 않다면 최형강(2018)처럼 외래어가 포함된 경우 사이시옷을 표기하자는 주장이 있을 수 있기 때문이다. 다시 한 번 강조하는 바와 같이 사잇소리 현상의 측면에서 보면 이러한 주장에 일리가 없는 것은 아니지만 한자어와 한자어가 결합한 경우에도 표기하던 사이시옷을 표기하지 않기 위해 어종 조건을 도입한 사정을 염두에 둔다면 외래어가 포함된 경우 사이시옷을 표기하자는 주장은 이러한 맥락과 어긋난다는 점을 쉽게 이해할 수 있다.
4) 현행 규정에서는 '한자어+고유어'와 '고유어+한자어'의 경우를 따로 구분하고 있지 않으나 후술하는 바와 같이 선행 요소의 어종은 사이시옷 표기에 있어 유의미한 차이를 가져오므로 이를 구분하고 있음에 주의할 필요가 있다.

것을 의미한다. 이에 따라 국립국어원(2017)에서는 2음절어에서 5음절어에 이르기까지 다양한 음절의 어휘들이 조사 대상에 포함되도록 하였다. 조사 대상으로 선정된 어휘의 음절 수별 개수와 비율은 2음절어 43개(17.48%), 3음절어 151개(61.38%), 4음절어 38개(15.45%), 5음절어 11개(4.47%), 6음절어 3개(1.22%)이다.

### 4.1.1.3. 전문 용어 여부에 따른 조사 대상 어휘의 규모

전문 용어 여부도 사이시옷 표기와 관련된 하나의 변수가 될 수 있다. 전문 용어는 특정 영역에서 오랜 시간에 걸쳐 사용해 오던 개념어이므로 사이시옷 규정에 맞게 고친 표기를 제시하였을 때 해당 영역 전문가 집단의 수용도가 매우 떨어지게 된다는 특성을 보이기 때문이다. 이에 국립국어원(2017)에서는 조사 대상에 '최댓값', '대푯값', '꼭짓점' 등 수학 분야를 중심으로 모두 10개의 전문 용어를 포함하였다.[5]

### 4.1.1.4. 구성 방식에 따른 조사 대상 어휘의 규모

1장에서 언급한 바와 같이 현행 사이시옷 규정은 합성어에 한정된 것이어서 구 구성의 경우는 사이시옷 표기 대상에서 제외된다. 그러나 김창섭(1996), 이동석(2011) 등 앞선 연구들에 의하면 사잇소리 현상은 구 구성에서도 발생해 왔기에 구 구성임에도 사이시옷이 첨가된 표기가 선호되는 경우가 있다. 반면 실태 조사에서는 합성어인데도 구 구성으로 인식하여 합성어를 띄어 적는 경우도 다수 발견할 수 있다. 이는 개별 어휘에 따라 그것이 합성어인지

---

5) 이는 특히 전문 분야 가운데 수학 분야에서 사이시옷 표기의 혼란에 대한 문제 제기의 목소리가 높았던 사정과 관련이 있다. §1.2.2에서 제시한 (15)가 이러한 사정을 단적으로 반영한다. 후술하는 바와 같이 10개 어휘 가운데 '거랫날(경제)'를 제외한 9개 어휘가 모두 수학 분야 전문 용어이다.

구 구성인지 판별하기 쉽지 않을 때가 있음을 단적으로 보여 주는 것이다. 이에 국립국어원(2017)에서는 합성어, 구 구성 등 사이시옷 관련 어휘의 구성 방식에 따라 조사 대상 어휘를 목록화하였다. 다만 앞의 경우들과는 달리 합성어와 구를 별도의 어휘로 선정하겠다는 의미가 아니라는 점에 유의할 필요가 있다. 즉 246개 어휘는 모두 합성어이지만 이를 구로 판단하는 경우가 있다는 의미이므로 이론상으로는 246개 모든 어휘를 구로 인식할 수도 있다.[6)]

### 4.1.1.5. 사이시옷 발음에 따른 조사 대상 어휘의 규모

사이시옷 관련 표기 규정은 §1.1에서 언급한 바와 같이 사이시옷에 관한 <표준 발음법>(2017)과도 직접적인 관련을 맺고 있다. 또한 1장에서 살펴본 바와 같이 현실적인 발음과 표기의 일관성을 견지할 수 있는 규정으로 개선될 필요성이 지속적으로 제기된 바 있으므로 사이시옷의 발음과 관련된 표기 실태에 대한 조사도 필요하다고 할 수 있다. 이에 국립국어원(2017)에서는 사이시옷의 뒷말이 '된소리'로 나는 경우와 구성 요소 사이에 'ㄴ(ㄴ)' 소리가 첨가되는 경우로 나누어 대상 어휘를 선정하였다. 그 결과 사이시옷의 뒷말이 '된소리'로 나는 경우 183개(74.39%), 구성 요소 사이에 'ㄴ(ㄴ)' 소리가 첨가되는 경우 63개(25.61%)가 조사 대상으로 선정되었다. 이 외에도 표준 발음에 대한 인식이 뚜렷한 경우와 그렇지 않은 경우로 나누어 조사 대상 어휘를 선정하였다.

지금까지 언급한 국립국어원(2017)의 변수별 조사 대상 어휘의 규모를 표

---

6) 그러나 후술하는 바와 같이 국립국어원(2017)에서 방법론으로 선택한 웹 검색 과정에서 합성어와 구를 구별하는 것이 여의치 않아 이를 변수로 선정하여 어휘 선택에 반영하기는 하였으나 실제 분석 결과를 제시하지는 못하고 앞으로의 과제로 미루었다.

로 정리하면 다음과 같다.

(1)　국립국어원(2017)의 변수별 조사 대상 어휘 규모

| 변수 | 규모 | | 계 |
|---|---|---|---|
| 어종 | 고유어+고유어 | 124개(50.41%) | 각 변수별 246개 (100%) |
| | 고유어+한자어 | 39개(15.85%) | |
| | 한자어+고유어 | 67개(27.24%) | |
| | 한자어+한자어 | 13개(5.28%) | |
| | 외래어 포함 어휘 | 3개(1.22%) | |
| 음절 수 | 2음절 | 43개(17.48%) | |
| | 3음절 | 151개(61.38%) | |
| | 4음절 | 38개(15.45%) | |
| | 5음절 | 11개(4.47%) | |
| | 6음절 | 3개(1.22%) | |
| 전문 용어 | 비전문 용어 | 236개(95.93%) | |
| | 전문 용어 | 10개(4.07%) | |
| 구성 방식 | 합성어 | 246개(100%) | |
| | 구 | | |
| 사이시옷의 발음 | 된소리 | 183개(74.39%) | |
| | ㄴ(ㄴ) 첨가 | 63개(25.61%) | |

## 4.1.2. 변수별 조사 대상 어휘의 목록

### 4.1.2.1. 어종에 따른 조사 대상 어휘의 목록

전술한 바와 같이 현행 <한글 맞춤법>(1988)의 사이시옷 관련 표기 규정은 한자어와 고유어를 구별하여 변별 기준으로 삼고 있기 때문에 사이시옷 어휘의 표기 실태 조사를 위해서는 선행 요소와 후행 요소의 어종을 변수로 놓고 '고유어+고유어', '한자어+고유어', '고유어+한자어' 유형별로 구분하여 조사할 필요가 있다. 또한 선행 요소의 어종과 후행 요소의 어종 중 사이시옷

표기에 더 큰 영향을 주는 요소가 있는지 확인하기 위해 선행 요소와 후행 요소의 어종을 고정한 경우와 그렇지 않은 경우로 나누어 조사할 필요도 존재한다.

다만 어종 변수에 따른 표기 현황을 관찰하기 위해 국립국어원(2017)에서는 편의상 2음절(1+1 유형)과 3음절(2+1 유형)만 다루고 있는데 이는 국립국어원(2005)의 빈도 목록과 『표준국어대사전』 등재 사이시옷 표기 어휘 가운데 위의 2개 유형에 해당하는 경우가 가장 많았기 때문이다. 또한 모든 음절 수 유형을 경우의 수로 따지게 되면 분석 대상 어휘 목록이 지나치게 많아지는 문제가 있다는 점도 감안하고 있다.

국립국어원(2017)에서 실태 조사를 위한 어휘 목록 선정은 현대 국어 어휘의 사용 빈도를 제시한 국립국어원(2005)의 어휘 목록(사이시옷 표기 어휘 총 574개) 중 2음절 어휘 151개, 3음절(2+1) 어휘 191개를 대상으로 하고 있다. 이제 경우를 나누어 이에 대해 구체적으로 살펴보기로 한다.

첫째, '합성어/2음절[1+1]/비전문어'인 경우인데 이것은 다시 세 가지로 나눌 수 있다. 먼저 선행 요소와 후행 요소의 어종을 어느 하나의 형태로 고정하지 않은 경우이다.

(2)  가. 뒷말이 된소리로 나는 2음절 어휘7)

| 고유어+고유어 | | 한자어+고유어 | | 고유어+한자어 | |
|---|---|---|---|---|---|
| 고빈도 | 저빈도 | 고빈도 | 저빈도 | 고빈도 | 저빈도 |
| 햇살(174) | 뱃살(2) | 곗돈(10) | 횟감(1) | 찻잔(30) | 샛강(5) |
| 촛불(70) | 귓밥(2) | 깃발(63) | 잇속(2) | 핏기(15) | 뒷벽(2) |
| 잣대(41) | 뭇국(2) | 횟집(12) | 찻길(5) | 뒷산(42) | 귓병(1) |
| 냇가(24) | 갓길(1) | 칫솔(26) | 줏대(6) | 뒷간(14) | 뼛골(1) |
| 잿빛(23) | 뒷줄(1) | 깃대(10) | 횟값(2) | 햇수(5) | 윗반 |

7) 괄호 안의 숫자는 국립국어원(2005)에서 제시된 해당 어휘의 빈도수를 의미하고 빈도수 표시가 없는 어휘들은 『표준국어대사전』에서 추출한 것이다. 아래도 마찬가지이다.

나. 'ㄴ(ㄴ)' 소리가 덧나는 2음절 어휘

| 고유어+고유어 | | 고유어+한자어 | | 한자어+고유어 | |
|---|---|---|---|---|---|
| 고빈도 | 저빈도 | 고빈도 | 저빈도 | 고빈도 | 저빈도 |
| 콧물(30) | 촛물(1) | 뒷문(28) | 쇳냥 | 훗날(48) | 곗날(1) |
| 뒷날(28) | 뒷일(1) | 뒷면(33) | 뗏목(9) | 훗물 | 잿물(2) |
| 냇물(21) | 윗녘(2) | 뒷목 | 윗면(5) | 훗일 | 봇물(6) |
| 윗목(20) | 뒷맛(6) | 샛문 | 촛농(1) | 팻말 | 젯날 |
| 핏물(11) | 윗니(2) | 귓문 | 뒷막 | 푯말 | 횟물 |

다음은 선행 요소의 어종이 사이시옷 표기에 영향을 미치는지 관찰하기 위해 후행 요소를 동일한 형식으로 하여 어종을 고정했을 때이다.

(3) 후행 요소의 어종을 고정한 2음절 어휘

| 고유어+고유어 | 한자어+고유어 | 고유어+한자어 | 한자어+한자어 |
|---|---|---|---|
| 뒷날 | 훗날 | 뒷간 | 툇간 |
| 윗집 | 곗날 | | |
| | 횟집 | | |

(3)에서 보는 바와 같이 고정된 후행 요소는 '날', '집', '간'의 세 가지이다.

마지막은 후행 요소의 어종이 사이시옷 표기에 영향을 미치는지 관찰하기 위해 선행 요소의 어종을 고유어로 고정한 경우이다. 국립국어원(2017)에서 이렇게 선행 요소의 어종을 고유어로 고정한 것은 사이시옷을 표기하는 어휘 가운데는 '위', '아래', '뒤'가 선행 요소인 것들이 가장 많았기 때문이다. 이 가운데서 국립국어원(2017)은 선행 요소를 '뒤'로 고정한 어휘를 별도로 선정한 바 있다.

(4) 선행 요소의 어종을 고정한 2음절 어휘

| 고유어+고유어 | 고유어+한자어 | 고유어+고유어 | 고유어+한자어 |
|---|---|---|---|
| 뒷짐 | 뒷산 | 뒷맛 | 뒷막 |
| 뒷줄 | 뒷간 | 뒷일 | 뒷면 |
| 뒷돈 | 뒷장 | 뒷날 | 뒷문 |
| 뒷굽 | 뒷벽 | 뒷물 | 뒷욕 |

둘째, '합성어/3음절[2+1]/비전문어'인 경우인데 이것도 앞의 경우와 마찬가지로 다시 세 가지로 나누어진다. 먼저 선행 요소와 후행 요소의 어종을 고정하지 않았을 때이다.

(5) 가. 뒷말이 된소리로 나는 3음절 어휘

| 고유어+고유어 | | 한자어+고유어 | | 고유어+한자어 | |
|---|---|---|---|---|---|
| 고빈도 | 저빈도 | 고빈도 | 저빈도 | 고빈도 | 저빈도 |
| 머릿속(217) | 조갯살(1) | 부잣집(43) | 시곗줄(1) | 담뱃갑(16) | 머릿수(4) |
| 바닷가(107) | 낚싯배(1) | 수돗가(23) | 세뱃돈(1) | 기왓장(6) | 아랫방(2) |
| 어젯밤(77) | 아랫돌(1) | 근삿값(18) | 두붓국(1) | 잔칫상(6) | 구둣방(2) |
| 아랫배(33) | 사잇길(1) | 장밋빛(17) | 상앗빛(3) | 방앗간(5) | 종잇장(1) |
| 담뱃불(23) | 김칫독 | 이삿짐(15) | 황톳길(2) | 가짓수(5) | 자릿세 |

나. 'ㄴ(ㄴ)소리'가 덧나는 3음절 어휘

| 고유어+고유어 | | 한자어+고유어 | | 고유어+한자어 | |
|---|---|---|---|---|---|
| 고빈도 | 저빈도 | 고빈도 | 저빈도 | 고빈도 | 저빈도 |
| 혼잣말(94) | 혼잣몸(1) | 수돗물(48) | 세숫물(2) | | 사잇문(1) |
| 바닷물(75) | 바닷말(1) | 존댓말(10) | 시쳇말(4) | | 가랫노 |
| 나뭇잎(39) | 수릿날(1) | 비눗물(10) | 낙숫물(1) | | |
| 시냇물(36) | 베갯잇(3) | 단옷날(7) | 동짓날(2) | | |
| 아랫목(25) | 고춧잎(1) | 시쳇말(4) | 간숫물(1) | | |

다음은 선행 요소의 어종이 사이시옷 표기에 영향을 미치는지 관찰하기 위해 후행 요소를 동일한 형식으로 하여 어종을 고정했을 때이다.

(6)  후행 요소의 어종을 고정한 3음절 어휘

| 고유어+고유어 | 한자어+고유어 | 고유어+고유어 | 한자어+고유어 |
|---|---|---|---|
| 잔칫집 | 부잣집 | 혼잣말 | 존댓말 |
| 아랫집 | 판잣집 | 노랫말 | 시쳇말 |
| 고깃집 | 종갓집 | 귀엣말 | 고삿말 |
| 국숫집 | 전셋집 | 배냇말 | 혼삿말 |
| 가겟집 | 맥줏집 | 요샛말 | |

(6)에서 보는 바와 같이 선행 요소의 어종이 사이시옷 표기에 영향을 미치는지 관찰하기 위해 후행 요소의 어종을 고유어로 고정하였는데 '집'과 '말'로 끝나는 경우를 든 것은 이들의 빈도가 가장 높기 때문이다.

마지막으로 후행 요소의 어종이 사이시옷 표기에 영향을 미치는지 관찰하기 위해 선행 요소의 어종을 고유어로 고정한 경우이다.

(7)  선행 요소의 어종을 고정한 3음절 어휘

| 고유어+고유어 | 고유어+한자어 | 고유어+고유어 | 고유어+한자어 |
|---|---|---|---|
| 뒷받침 | 뒷거래 | 뒷모습 | 뒷면도 |
| 뒷다리 | 뒷부분 | 뒷머리 | 뒷모양 |
| 뒷사람 | 뒷조사 | 뒷얘기 | |
| 뒷걸음 | 뒷감당 | | |
| | 뒷수습 | | |

(7)에서 보는 바와 같이 (4)의 경우와 마찬가지로 국립국어원(2017)은 선행 요소를 '뒤'로 고정한 3음절 어휘를 선정하였다.

## 4.1.2.2. 음절 수에 따른 조사 대상 어휘의 목록

전술한 바와 같이 기존의 연구 조사 결과를 고려할 때 단어의 음절 수가 사이시옷 표기에서 변수로 작용되어 어느 정도 영향을 끼칠 수 있을 것으로 예상할 수 있다. 따라서 국립국어원(2017)에서는 전체 음절 수뿐 아니라 선행 요소와 후행 요소의 음절 수도 고려하여 유형을 설정한 바 있다. 또한 음절 수와 어종의 관계를 파악하기 위해 어종 유형별로도 음절 수를 고려하였다. 이제 이를 구체적인 경우로 나누어 살펴보기로 한다.

첫째, '합성어/고유어+고유어/비전문어'의 경우이다. 이에 속하는 어휘를 제시하면 다음과 같다.

(8) 음절 수를 기준으로 한 '고유어+고유어' 어휘

| 음절 수 | | 고빈도 | 저빈도 |
|---|---|---|---|
| 2 | 1+1 | 햇빛(136), 촛불(70), 횟날(48) | 귓밥(2), 뭇국(2), 뒷목(1) |
| 3 | 1+2 | 뒷모습(123), 빗줄기(48), 젓가락(46) | 뒷바퀴(2), 윗마을(2), 쇳덩이(1) |
| | 2+1 | 머릿속(217), 바닷가(107), 혼잣말(94) | 조갯살(1), 낚싯배(1), 아랫녘(2) |
| 4 | 1+3 | 뒷바라지(21), 뒷이야기(8), 뒷주머니(6) | 핏덩어리(3), 뒷마무리(2) |
| | 2+2 | 오랫동안(254), 나뭇가지(55), 아랫도리(24) | 날갯죽지(1), 빨랫비누(1), 막냇동생(2) |
| | 3+1 | 나그넷길(5), 허드렛일(5), 주머닛돈(4) | 옥수숫대(2), 다듬잇돌(2), 복숭앗빛(2) |
| 5 | 1+4 | 뒷겨드랑이 | |
| | 2+3 | 바윗덩어리, 하룻강아지, 빨랫방망이 | |
| | 3+2 | 우스갯소리(17), 이야깃거리(7), 옥수숫가루 | |
| | 4+1 | 미꾸라짓국 | |
| 6 | 3+3 | 가운뎃발가락, 가운뎃손가락, 다듬잇방망이 | |

(8)에서 보는 바와 같이 '고유어+고유어'의 경우 음절 수 유형이 모두 채워져 있음을 알 수 있다. 또한 4음절까지는 고빈도와 저빈도가 대칭적인 모습을 보이지만 5음절부터는 그렇게 보기 어려워 이를 나누지 않았음에 주의할

필요가 있다.[8]

둘째, '합성어/한자어+고유어/비전문어'의 경우이다. 이에 속하는 어휘를
제시하면 다음과 같다.

(9)  음절 수를 기준으로 한 '한자어+고유어' 어휘

| 음절 수 | | 고빈도 | 저빈도 |
|---|---|---|---|
| 2 | 1+1 | 깃발(63), 훗날(48), 칫솔(26) | 곗날(1), 죗값(2), 횟감(1) |
| 3 | 1+2 | 툇마루(14), 셋자리, 홧담배, 탯가락, 잇구멍, 훗사람 | |
| | 2+1 | 수돗물(48), 판잣집(20), 장밋빛(17) | 북엇국(3), 시곗줄(1), 귀갓길(6) |
| 4 | 1+3 | 깃대강이 | |
| | 2+2 | 문젯거리(7), 만홧가게(5), 기삿거리(5) | 시곗바늘(4), 세숫비누(1), 주삿바늘(1) |
| | 3+1 | 오미잣국, 양요릿집, 생맥줏집, 남자줏빛 | |

(9)에서 볼 수 있는 바와 같이 이 경우에는 5음절, 6음절에 해당하는 어휘
가 존재하지 않는다.

셋째, '합성어/고유어+한자어/비전문어'의 경우이다. 이에 속하는 어휘를
제시하면 다음과 같다.

(10)  음절 수를 기준으로 한 '고유어+한자어' 어휘

| 음절 수 | | 고빈도 | 저빈도 |
|---|---|---|---|
| 2 | 1+1 | 뒷면(33), 찻잔(20), 핏기(15) | 샛강(5), 귓병(1), 촛대(7) |
| 3 | 1+2 | 윗부분(18), 뒷거래(13), 뒷조사(8) | 뒷수습(6), 뒷정리(2) |
| | 2+1 | 담뱃갑(16) | 잔칫상(6), 구둣방(2), 종잇장(1) |
| 4 | 1+3 | 없음 | 찻주전자(4) |
| | 2+2 | 아랫부분(13) | 머릿수건(7), 막냇삼촌(1) |
| | 3+1 | 없음 (*사다샛과, 사마귓과 등 전문 용어) | |
| 5 | ─ | 없음 (*사슴벌렛과 등 전문 용어) | |

---

8) 이는 아래도 마찬가지이다.

(10)의 경우 4음절 '1+3'에 고빈도 어휘가 존재하지 않는다. 한편 4음절 '3+1'에는 전문 용어에 해당 예가 있기는 하지만 이들은 실태 조사 어휘에 해당하지 않는다는 사실을 참고로 표기해 두었다. 이는 5음절의 경우에도 마찬가지이다.

### 4.1.2.3. 전문어에 따른 조사 대상 어휘의 목록

전술한 바와 같이 전문어 표기는 그 영역에서 오랜 시간에 걸쳐 사용해 오던 개념어이므로 사이시옷 규정에 맞게 고친 표기를 제시하였을 때 각 영역에 종사하는 전문가 집단의 표기 수용도가 매우 떨어진다는 특성이 있다. 따라서 국립국어원(2017)에서는 '구성 방식/어종/음절 수'를 동일 조건에 놓고 '전문어' 여부만을 변수로 하여 사이시옷 표기를 조사하였다.[9]

이러한 관점에서 국립국어원(2017)에서 선정한 전문 용어 10개 어휘는 일반어와의 비교를 위한 관점에서 몇 가지로 유형을 나눌 수 있다.

첫째, '합성어/한자어+고유어/3음절(2+1)'의 경우이다. 이 경우 전문어 중 빈도수가 가장 높은 단어인 '근삿값'을 기준으로 할 수 있다. 후행 요소를 '값'으로 고정했을 때의 어휘 목록은 다음과 같다. 다만 국립국어원(2017)에서는 전문 용어의 경우 사용 빈도 조건을 고려하지 않았다는 점에 주의할 필요가 있다.

(11)  후행 요소를 '값'으로 고정한 '한자어+고유어' 어휘

| 전문어 | 근삿값(18), 최솟값(1), 대푯값(1), 초깃값, 기댓값 |
|---|---|
| 일반어 | 세뱃값, 전셋값, 도맷값, 최젓값, 우윳값 |

---

9) 전술한 바와 같이 국립국어원(2005)의 사이시옷 표기 어휘 목록에서 전문어 어휘는 총 10개인데 이는 모두 3음절(2+1)이며, 어종은 '한자어+고유어(3개)', '고유어+한자어(6개)', '고유어+고유어(1개)'로 나타난다.

다음으로 후행 요소를 고정하지 않았을 때의 어휘 목록은 다음과 같다.

(12)  후행 요소를 고정하지 않은 '한자어+고유어' 어휘

| 전문어 | 최댓값, 구굿셈, 거랫날(경제) |
|--------|---------------------------|
| 일반어 | 전셋값, 전깃줄, 예삿날 |

둘째, '합성어/고유어+한자어/3음절(2+1)'의 경우이다. 후행 요소를 고정하지 않았을 때의 어휘 목록은 다음과 같다.

(13)  후행 요소를 고정하지 않은 '고유어+한자어' 어휘

| 전문어 | 꼭짓점(11), 아랫변 |
|--------|------------------|
| 일반어 | 고깃점(3), 아랫면 |

다만 국립국어원(2017)에서는 전문어 10개에 대한 일반어로 '값'을 후행 요소로 고정한 '한자어+고유어'의 경우 '세뱃값, 전셋값, 도맷값, 최젓값, 우윳값' 가운데 '전셋값, 도맷값, 최젓값' 3개를 선정하였고 나머지 두 경우에 대해서는 제시한 일반어를 모두 선정하였다.

### 4.1.2.4. 구성 요소에 따른 조사 대상 어휘의 목록

이는 합성어를 구로 인식하는 경우를 조사하기 위한 것이다. 합성어를 구로 인식하는 경우 언중들의 표기는 선행 요소와 후행 요소를 띄어 쓰되 사이시옷을 받쳐 적지 않는 경우와 받쳐 적는 경우로 다시 나눌 수 있다.[10] 박동

---

10) 3장에서 언급한 바와 같이 사이시옷은 그것을 포함한 구성이 합성어임을 보장해 주는 요소이므로 사이시옷을 받쳐 적는 경우는 띄어쓰기가 없어야 하고 사이시옷을 받쳐 적지 않는 경우에만 띄어쓰기가 가능하다고 보아야 한다. 그러나 실제 언중들의 쓰임에는 사이시옷을 받쳐 적는 경우에도 띄어쓰기를 하는 경우가 있다. 이는 엄밀하게 말하면 띄어쓰기 오류에 해당한다고 할 수 있으나 다른 한편으로는 단어와 구의 구별을 혼동하는

근(2014)를 비롯한 기존의 연구 조사 결과를 고려하면 단어의 음절 수는 사이시옷 표기에서 변수로 작용될 수 있으므로 국립국어원(2017)에서는 합성어를 구로 인식하는 경우도 먼저 음절 수에 따라 어휘 목록을 추출하고 있다. 이를 제시하면 다음과 같다.[11]

(14) 음절 수에 따른 어휘 목록
　　가. '5음절/비전문어' 어휘

| | 고유어+고유어 | 표기 |
|---|---|---|
| 고빈도 | 우스갯소리(17) | 우스개 소리/우스갯 소리 |
| 저빈도 | 뒷지느러미(6)<br>고깃덩어리(6)<br>바닷물고기(3)<br>자릿저고리(1) | 뒷 지느러미<br>고기 덩어리/고깃 덩어리<br>바다 물고기/바닷 물고기<br>자리 저고리/자릿 저고리 |

　　나. '4음절/비전문어' 어휘

| | 고유어+고유어 | 한자어+고유어 | 고유어+한자어 |
|---|---|---|---|
| 고빈도 | 오랫동안(254)<br>낚싯바늘(13)<br>아랫사람(13) | - | 아랫부분(13)<br>머릿수건(7) |
| 저빈도 | 한가윗날(1)<br>후춧가루(1)<br>빨랫비누(1)<br>막냇동생(2) | 만홧가게(5)<br>시곗바늘(4)<br>계핏가루(1)<br>세숫비누(1)<br>주삿바늘(1) | 찻주전자(4)<br>막냇삼촌(1) |

　　다. '3음절/비전문어' 어휘

| | 고유어+고유어 | 한자어+고유어 | 고유어+한자어 |
|---|---|---|---|
| 고빈도 | 머릿속(217)<br>뒷모습(123)<br>어젯밤(77)<br>하룻밤(76) | - | 윗부분(18) |

---

경우로 해석할 수도 있다.
11) 구로 해석할 경우 띄어쓰기를 하게 되므로 이를 예시로 보이기 위해 (14가)에서만 이를 구분해 두었다.

| | 고유어+고유어 | 한자어+고유어 | 고유어+한자어 |
|---|---|---|---|
| 고빈도 | 뒷골목(39) | - | |
| 저빈도 | 아랫돌(1)<br>허릿살(1)<br>찻숟갈(1)<br>윗집(1)<br>윗눈썹(1) | 산봇길(1)<br>부좃돈(1) | 가겟방(3)<br>뒷수습(3)<br>아랫방(2)<br>뒷정리(2) |

라. '2음절/비전문어' 어휘

| | 고유어+고유어 | 한자어+고유어 | 고유어+한자어 |
|---|---|---|---|
| 고빈도 | 뒷산(42)<br>c.f.뒤쪽(66) | - | 뒷면(33), 뒷문(28) |
| 저빈도 | 콧속(7), 뒷굽(2)<br>윗돌(2), 윗길(1)<br>뒷줄(1) | 죗값(2) | 귓병(1), 뒷벽(2)<br>뒷방(2), 찻상(4)<br>윗면(5) |

다음으로 선행 요소를 '위', '아래', '뒤'로 고정시켰을 경우를 살펴볼 필요가 있다. 사이시옷은 표기의 측면에서 선행 요소와 연계되므로 어종과 음절수 변수를 고정시켰을 때 가장 많이 등장하는 선행 요소인 '위', '아래', '뒤'를 고정시키고 합성어가 구로 쓰이는 경우를 조사할 필요가 있는 것이다. 국립국어원(2017)에서는 이때 음절 수를 따로 고려하지 않고 일반 용어도 포함하고 있다. 또한 '빈도'가 합성어를 구로 적게 되는 변수로 작용할 것으로 보지는 않고 있다.

(15) 선행 요소가 고정된 합성어가 구로 쓰이는 어휘

| 선행 요소 | 빈도 | 합성어가 구로 쓰이는 경우 | 비고 : 올바르게 쓰일 가능성이 높은 경우 |
|---|---|---|---|
| 위 | 고빈도 | 윗부분(18), 윗사람(18) | 윗도리(21), 윗녘(2)<br>윗니(2) |
| | 저빈도 | 윗면(5), 윗입술(5)<br>윗길(1), 윗눈썹(1)<br>윗집(1) | |

| 선행 요소 | 빈도 | 합성어가 구로 쓰이는 경우 | 비고 : 올바르게 쓰일 가능성이 높은 경우 |
|---|---|---|---|
| 아래 | 고빈도 | - | 아랫도리(24), 아랫녘(2) |
|  | 저빈도 | 아랫부분(13)<br>아랫입술(11)<br>아랫마을(8)<br>아랫동네(5), 아랫집(2)<br>아랫길(1) |  |
| 뒤 | 고빈도 | 뒷모습(123), 뒷산(42)<br>뒷부분(15), 뒷면(33) | 뒷받침(21), 뒷덜미(17)<br>뒷수습(3), 뒷돈(3)<br>뒷감당(4), 뒷심(5) |
|  | 저빈도 | 뒷방(2), 뒷정리(2)<br>뒷줄(1), 뒷바퀴(2) |  |

## 4.1.2.5. 사이시옷의 발음에 따른 조사 대상 어휘의 목록

전술한 바와 같이 사이시옷 관련 표기 규정은 사이시옷에 관한 <표준 발음법>(2017)과도 직접적으로 관련이 있다. 이를 살펴보는 것은 현실적인 발음과 표기의 일관성을 견지할 수 있는 규정으로 개선될 필요성과도 관련이 적지 않으므로 사이시옷의 발음 즉 사잇소리 현상과 관련된 유형에 대한 실태 조사가 필요하다는 것을 알 수 있다. 이에 따라 국립국어원(2017)에서는 먼저 '합성어/고유어+고유어/2+1음절/비전문어'라는 조건을 고정시키고 다음과 같은 목록을 제시한 바 있다.

(16) 사잇소리 현상의 종류에 따른 어휘

| 된소리 | 머릿속, 바닷가, 아랫배 |
|---|---|
| ㄴ소리 | 혼잣말, 양칫물, 장맛날 |
| ㄴㄴ소리 | 나뭇잎, 베갯잇, 두렛일 |

다음으로 표준 발음에 대한 인식을 살펴보기 위해 조건을 '합성어/고유어+고유어/비전문어'로 고정하고 이를 살펴보기 위한 어휘를 제시하고 있다.

이는 국립국어원(2016)의 한국어의 발음 현황 조사 결과를 감안한 것인데 이에 따르면 '장맛비'나 '존댓말'의 경우 표준 발음과 실제 발음이 비교적 일치하는 것으로 나타났으나(우세 발음의 비율이 80% 이상), '뱃멀미'의 경우 비표준 발음인 [배멀미]가 더 우세한 것으로(전체의 80% 이상이 [배멀미]로 발음) 보고한 바 있기 때문이다. 이는 곧 표준 발음에 대한 인식 정도가 사이시옷 표기 여부에 영향을 미칠 수 있다는 것을 의미한다.

(17) 표준 발음에 대한 인식 정도에 따른 어휘

| 표준 발음에 대한 인식 부족 | 뱃멀미 |
|---|---|
| 표준 발음에 대한 인식 정확 | 장맛비, 존댓말 |

### 4.1.2.6. 기타 조사 대상 어휘의 목록

위에서 제시한 것들 외에 국립국어원(2017)에서는 몇 가지 사항을 더 고려하여 어휘의 목록을 제시하고 있다. 첫째는 현행 사이시옷 표기 규정의 6개 예외에 대한 것이다. 이들은 앞서의 제시 방법에 따르자면 '합성어/한+한/비전문어'로 명세가 가능하다. 6개 예외는 '곳간(庫間), 셋방(貰房), 숫자(數字), 찻간(車間), 툇간(退間), 횟수(回數)'인데 이들은 곧 그 표기를 따로 암기해야 하는 부담이 있고 시간이 흐를수록 언중들의 한자어에 대한 인식이 희박해져서 문제가 발생할 수 있으므로 예외 조항에 관련된 유형을 설정하여 실태 조사를 해 볼 필요가 있다.

이러한 맥락에서 국립국어원(2017)에서는 국립국어원의 가나다 상담 자료와 네이버 지식인 자료를 참고하여 다음과 같이 어휘를 선정한 바 있다.

(18)　한자어 예외 조항 관련 어휘

| 구성 | 어휘 | 사이시옷 표기 여부 |
|---|---|---|
| 1+1 | 곳간, 셋방, 숫자, 찻간, 툇간, 횟수 | 표기 |
| 1+1 | 개수(個數), 대가(代價), 체기(滯氣), 시가(市價) | 미표기 |
| 2+1 | 번지수, 마구간, 백지장, 전세방, 기차간 | 미표기 |

둘째는 외래어 포함 합성어이다. 1장에서 언급한 바와 같이 현행 <한글 맞춤법>(1988)의 사이시옷 관련 표기 규정은 고유어와 한자어만을 사이시옷 출현의 변수로 삼고 있으나 최근에는 한글 표기가 일반화되면서 외래어나 외국어도 많이 노출되고 있다. 그러나 이를 잘 모르는 언중은 고유어에 유추하여 외래어에서 사이시옷을 표기하는 일이 적지 않아 불필요한 사이시옷을 적게 되는 일이 있다.[12] 이는 외래어가 포함된 합성어에 대해서도 조사가 필요하다는 것을 의미한다. 따라서 국립국어원(2017)에서는 선행 요소가 외래어인 경우와 그렇지 않은 경우의 표기 실태를 비교하기 위해 후행 요소를 각각 고유어('집')와 한자어('병')로 고정한 후 해당 어휘를 선정하였는데 이를 제시하면 다음과 같다.

(19)　가.　후행 요소가 고유어인 합성어 어휘

| 외래어+고유어 | 피자집, 가스집 |
|---|---|
| 고유어+고유어 | 맥줏집, 가겟집, 국숫집 |
| 한자어+고유어 | 과붓집, 보셋집, 외갓집 |

---

12) 한자어의 예외와 외래어의 사이시옷 표기 문제는 결국 사이시옷을 적을 때 어종이 중요 변수가 된다는 것을 의미하는 것이기도 하다. 이에 대한 일반 언중들의 의문 제기는 §1.2.2에서 살펴본 바 있고 사이시옷 표기 규정이 대체적으로 사이시옷 표기를 줄이는 쪽으로 변천해 온 것을 염두에 둘 때 외래어의 사이시옷 표기는 염두의 대상이 되지 않는다는 점에 대해서는 앞서 §4.1.1.1에서 다시 한 번 강조한 바 있다.

나. 후행 요소가 한자어인 합성어 어휘

| 외래어+한자어 | 잉크병, 페트병, 주스병, 링거병 |
|---|---|
| 고유어+한자어 | 없음 |
| 한자어+한자어 | 맥주병, 소주병 |

셋째는 일관성이 없는 표기 관련 어휘의 선정이다. 현행 <한글 맞춤법>(1988)의 사이시옷 관련 표기 규정은 한자어와 고유어를 구별하여 변별기준으로 삼고 있어 언중들이 어종에 대한 인식이 없을 경우 표기의 혼란을 겪게 된다. 더욱이 어종에 따라 일관성 없는 표기가 양산된다는 문제가 있다. 따라서 국립국어원(2017)에서는 먼저 다음과 같이 동일한 선행 요소와 결합하는 후행 요소의 종류에 따라 표기가 달라지게 되는 예들에 대한 조사를 진행하였다.[13]

(20) 후행 요소의 종류에 따라 사이시옷 표기가 달라지는 어휘

| 한자어+고유어 | 외갓집 | 전셋집 | 전셋값 | 맥줏집, 소줏집 | 연둣빛, 상앗빛, 비췻빛, 자줏빛 |
|---|---|---|---|---|---|
| 한자어+한자어 | 외가댁 | 전세방 | 전세가 | 맥주병, 소주병 | 연두색, 상아색, 비취색, 자주색 |

다음으로는 사이시옷의 예외 조항과 관련하여서도 일관성 없는 표기를 양산할 수 있다는 문제가 제기되고 언중들이 표기 혼란을 겪고 있으므로 국립국어원(2017)에서는 다음과 같은 유형에 대해서도 조사를 진행하고 있다.

---

13) 이는 곧 동일한 후행 요소와 결합하는 선행 요소의 종류에 따라 표기가 달라지는 예들('장미과, 미나릿과' 등)에 대한 조사도 필요하다는 것을 의미한다. 그러나 국립국어원(2017)에서는 후행 요소의 종류에 따라 표기가 달라지는 예들만을 조사 목록에 포함시켰으며 선행 요소의 종류에 따라 표기가 달라지는 예들에 대한 표기 실태에 대해서는 앞으로의 과제로 미루었다.

(21)  예외 조항으로 인한 비일관적 표기 유발 어휘

| 1+1 | 셋방(貰房), 찻간(車間) |
|-----|------------------------|
| 2+1 | 전세방(傳貰房), 기차간(汽車間) |

넷째는 사이시옷 표기와만 관련되는 글자들의 출현이다. '푯'이나 '곳'과 같이 사이시옷 표기와만 관련되는 글자들이 양산되는 것도 현행 사이시옷 표기법의 문제라고 할 수 있으므로 국립국어원(2017)에서는 이와 관련한 유형에 대한 실태 조사가 필요하다고 보았다. 이를 위해 '대푯값, 등굣길, 장앳간, 못자리, 묏자리, 사잇길, 미꾸라짓국'을 대상으로 삼고 있다.

이상과 같이 국립국어원(2017)은 사이시옷 표기에 영향을 미치는 여러 요인을 변수로 설정하고 각 변수별 조사 대상 어휘 목록의 규모와 목록을 제시하였다. 이러한 과정을 위해 국립국어원(2017)은 처음에는 총 320개(국립국어원(2005)에서 229개 어휘, 『표준국어대사전』 등재 사이시옷 어휘 목록에서 67개, 사이시옷 미포함 어휘 24개) 조사 대상 어휘를 선정하였다. 그러나 이 가운데 빈도수가 지나치게 낮은 어휘 25개,[14] 동형어가 있어 검색이 불가능한 어휘 49개를[15] 비롯한 총 74개의 어휘를 제외한 후 총 246개의 어휘를 조사 대상으로 최종 선정하였다. 246개 어휘 가운데 사이시옷 표기 형태가 표준어인 어휘는 230개이며 사이시옷 미표기 형태가 표준어인 어휘는 16개이다.[16] 물론 이 외에

---

14) 빈도수 부족으로 인하여 제외된 어휘의 목록은 다음과 같다. '가랫노, 가스집, 곗돈, 곳간, 깃대강이, 두렛일, 링거병, 비춰색, 상아색, 세뱃값, 쇳냥, 숫자, 양요릿집, 오미잣국, 우렁잇속, 윗니, 잉크병, 자릿저고리, 장밋빛, 장앳간, 잿물, 젯날, 줏대, 푯말, 홧담배'
15) 동형어가 있어 검색이 불가능한 어휘의 목록은 다음과 같다. '갓길, 귓문, 기잣거리, 깃대, 깃발, 냇가, 냇물, 대가, 뒷겨드랑이, 뒷돈, 뒷막, 뒷면도, 뒷몸, 뒷욕, 뒷짐, 바닷가, 바닷말, 보셋집, 봇물, 빗속, 샛강, 샛문, 셋방, 셋자리, 수돗가, 수릿날, 시가, 아랫집, 윗길, 윗면, 윗목, 윗반, 윗부분, 잇구멍, 잇속, 잣대, 전세가, 종갓집, 찻간, 찻길, 찻상, 촛대, 촛물, 핏기, 햇수, 횟물, 횟수, 홋사람, 홋일'
16) 사이시옷 미표기 형태가 표준어인 어휘의 목록은 다음과 같다. '개수(個數), 기차간, 뒤쪽, 마구간, 맥주병, 백지장, 번지수, 소주병, 연두색, 외가댁, 자주색, 전세방, 주스병, 체기(滯

도 다양한 변수가 사이시옷 표기에 영향을 미칠 수 있지만 국립국어원(2017)에서는 가장 직접적으로 사이시옷의 표기에 영향을 미칠 것으로 추측되는 변수만을 조사 대상 어휘의 선정 기준으로 사용하였음을 밝힌 바 있다.[17]

## 4.2. 조사 방법론

국립국어원(2017)에서 사이시옷의 표기 실태를 조사하기 위한 방법론의 근간으로 삼은 것은 박동근(2012)이다. 박동근(2012)는 어문 규범 오류 실태를 계량적으로 추출하여 분석하기 위해 웹 검색 엔진을 활용할 것을 제안한 바 있다. 박동근(2012)에서 이러한 방법론을 새롭게 제안한 데는 그동안의 어문 규범 오류 실태 조사 방법론이 가지는 다음과 같은 두 가지 한계 때문이다.

첫째, 대상 텍스트를 정하고 오류를 분석하는 전수조사 방법은 어문 규범에 따른 일반적인 오류 경향을 파악하는 데는 적합하지만 특정한 어휘의 반복적인 오류 실태를 파악하기는 어렵다는 문제가 있다는 점이다. 가령 대상 텍스트 가운데 방송과 신문에서 맞춤법의 오류 수치를 제시하는 것은 대상 텍스트에 따라 얼마든지 달라질 수 있으며 무엇보다 개별 어휘의 상대적인 오류율에 대해서는 아무런 정보가 없다.

둘째, 오류 빈도가 높은 어휘 항목을 선정한 후 피실험자를 대상으로 퀴즈 형식을 통해 언중의 오류 능력을 조사하는 설문 조사 방법은 전수조사 방법과는 달리 특정 어휘의 상대적 오류율을 계량적으로 조사할 수 있는 이점이 있지만 조사 항목 선정의 타당성과 조사 항목 수가 제한된다는 문제가 있다

氣), 페트병, 피자집'
17) 국립국어원(2017)에서 조사 대상으로 삼은 총 246개의 어휘 목록은 이 책의 말미에 <부록 1>로 제시하였다.

는 것이다. 따라서 가령 사이시옷과 관련된 맞춤법 오류율을 조사한다고 할 때 어떤 어휘가 선정되느냐에 따라 그 결과가 달라질 수 있다. 또한 설문 조사를 일종의 시험으로 인식하게 되면 자신이 평소에 쓰는 것보다는 정답을 맞히려는 의식이 강해 조사 결과가 왜곡될 수 있다는 점이 보다 근본적인 문제라고 보았다.

이러한 문제점을 보완하기 위해 박동근(2012)에서 제시한 검색 엔진을 활용한 어문 규범 오류 연구의 유용성은 다음 몇 가지로 정리할 수 있다.

첫째, 검색 엔진을 활용하면 개별 어휘의 오류율을 방대한 텍스트에서 즉각적이며 손쉽게 얻을 수 있다. 우선 박동근(2012)에서 여러 검색 엔진 가운데 가장 신뢰할 만한 검색 엔진으로 제시하고 있는 것은 네이버이다. 네이버는 점유율도 가장 높을 뿐만 아니라 다양한 검색 옵션을 가지고 있어 텍스트 종류와 웹문서 생성 날짜를 구분할 수 있다는 장점이 있다고 보았다. 이에 따라 가령 '깡충깡충'과 '깡총깡총'의 경우 설문 조사 방법을 사용한 국립국어원(2010)에서는 정답률과 오답률이 56.5% 대 43.5%였으나 네이버를 통한 검색에서는 정답률과 오답률이 25.2% 대 74.8%로 나타나 적어도 표기상으로는 '깡총깡총'의 쓰임이 월등히 앞서는 것을 확인할 수 있다고 보고한 바 있다.

둘째, 검색 엔진은 시기별 오류 추이에 대해서도 관찰할 수 있도록 해 준다는 것이다. 네이버는 검색 조건을 통해 문서가 생성된 기간을 정해줄 수 있는데 이를 통해 가령 '며칠'과 '몇일'은 1999년부터 2011년까지의 오류율 추이를 볼 때 1990년대 이전에는 30%에 머물던 오류율이 2000년대 들어 40%대를, 2005년 이후에는 50%대를 넘는다는 것을 알 수 있었다고 하였다. 이를 통해 '며칠'이 '몇일'에 밀리고 있는 것은 '몇 년'과 '몇 월'에서 유추한 때문이라고 해석한 바 있다.[18]

---

18) 이는 소리보다 형태를 중시하는 경향이 증가한 것이라고 해석할 수도 있다. 사이시옷 표기도 사실 2장에서 살펴본 바와 같이 소리와 형태 가운데 어떤 것을 더 우선시하느냐

셋째, 검색 엔진은 텍스트를 분야별로 통합 검색하거나 하위 영역으로 나누어 검색할 수 있어 텍스트 생산자에 따른 어문규범 사용 실태를 살펴볼 수 있다는 점이다. 네이버는 하위 영역을 18개로 나누어 검색할 수 있는데 그 가운데 '블로그'나 '카페'가 일반인들의 표기 실태를 반영한다면 '뉴스'는 공공 매체의 표기 실태를 엿볼 수 있는 영역이 된다고 하였다. 이에 따라 가령 '돼요'와 '되요'의 경우 카페와 블로그에서는 오류율이 각각 84.79%, 77.47%였지만 뉴스에서는 오류율이 20.70%로 영역에 따라 오류율 차이가 크다는 점을 알 수 있었다는 것이다.

넷째, 검색 사이트를 활용한 연구는 오류 사례들을 상대적으로 쉽게 확보할 수 있기 때문에 관심 영역에 따른 다양하고 세부적인 연구 수행이 가능하다는 점도 장점이라고 보았다. 이는 곧 어문 규범 교재를 구성하거나 언어 정책을 수행하는 데도 참고가 된다고 하였다.[19)]

물론 박동근(2012)에서는 검색 엔진을 활용한 연구의 문제점에 대해서도 언급하고 있으며 아울러 그 해결안도 함께 제시하고 있다. 가령 웹 텍스트 자체의 질적인 문제, 블로그나 카페가 과연 사적 언어를 반영한다고 볼 수 있느냐 하는 문제, 인터넷 사용이 특정 연령대에 쏠릴 수 있다는 문제, 동형어가 존재하는 경우의 검색 방법의 한계 등이 예상되는 문제라고 하였다. 이들 각각에 대해 먼저 웹 텍스트 자체의 질적인 문제는 웹 문서의 방대한 양으로 보완될 수 있으며 다음으로 블로그나 카페에 공적 언어가 반영된 것은 사실이나 그 비중은 크지 않고 또한 한국인터넷 진흥원의 연령별 인터넷 이용률 조사에 따르면 인터넷 사용이 특정 연령대에 쏠려 있다고 보기 어려우며 마지막으로 동형어는 확장 검색을 통해 어느 정도 극복이 가능하다고 보았다.

---

하는 문제로 바라볼 수도 있다. 사이시옷을 표기하는 것은 그렇지 않은 경우보다 표음주의를 지향하는 것으로 본 것이 그것이다.

19) 국립국어원(2010)은 바로 이러한 단계별 어문 규범의 교재 개발을 위한 것이다.

한편 박동근(2014)는 이러한 방법론을 기반으로 특히 사이시옷 표기를 중심으로 맞춤법 오류의 변화 양상을 살펴본 논의에 해당한다는 점에서 주목할 필요가 있다. 박동근(2014)에서는 현행 사이시옷 표기 규정은 어문 규범이 가져야 하는 이론적인 '합리성과 일관성', 교육의 '수월성', 언중의 '수용성', 언어 기호로서의 '안정성' 등을 대부분 만족하지 못하고 있다고 보았고 특히 어문 규범이 지나치게 언어 계획자 중심이고 사용자 중심이 되지 못한 것이 문제라고 하였다. 이에 따라 게시물을 올린 시기가 명확하며 상대적으로 일반인들의 언어 사용 실태가 잘 반영되어 있으며 다수의 이용자가 참여하는 카페를 대상으로 2004년부터 2013년까지 연도별로 사이시옷 표기의 변화 양상을 현행 <한글 맞춤법>(1988)의 제30항에 예시된 예들을 기본으로 하여 분석한 바 있다.

국립국어원(2017)에서는 이상과 같은 박동근(2012, 2014)의 조사 방법론을 바탕으로 하되 이를 보완하여 사이시옷 표기에 대한 실태 조사를 수행하고자 하였다. 이를 위해 먼저 검색 엔진은 박동근(2012, 2014)와 마찬가지로 점유율이 압도적으로 높고 다양한 검색 기능을 제공하는 '네이버'를 활용하였음을 밝히고 있다. 다만 네이버에서는 블로그, 카페, 전문 정보 등 사용 영역에 따라 별도로 검색할 수 있는 기능을 제공하고 있는데, 이 중 '블로그'와 '카페', '웹문서'를 대상으로 그 범위를 한정하였다.

국립국어원(2017)에서 범위를 이렇게 여러 가지로 정한 것은 박동근(2014)와는 달리 여러 사용 영역을 조사하는 것이 다양한 환경에서의 어휘 사용 양상을 비교하는 데 보다 더 타당하다고 판단한 때문이다. '블로그'의 경우 보통 한 개인이 자신의 글을 일방적으로 게시하는 형식이라면 '카페'는 다수의 참여자들이 다른 이와 소통하기 위해 작성한 글이 다수이며 '웹문서'의 경우에는 신문 기사나 외부 게시판의 글이 함께 포함되어 있어 다양한 측면에서의 어휘 사용 실태를 조사할 수 있다는 장점이 있다. 또한 장기간의 사이시옷 표기 실태 변화의 추이를 살피기 위해 2007년부터 2016년까지의 10년

동안의 어휘 사용 빈도를 연도별로 조사하였다.

　조사 방법에 있어서는 '상세 검색' 기능을 활용하여 실태 조사의 정확도를 최대한 높이고자 하였다. 조사 어휘의 사이시옷이 표기된 형태와 사이시옷이 표기되지 않은 형태를 검색하되, 큰따옴표(" ")를 사용하여 표기가 정확히 일치하는 경우만이 검색 결과로서 도출되도록 하였다. 또한 각각 같은 맥락에서 사이시옷이 표기된 것과 그렇지 않은 것을 모두 제시한, 대조형이 포함된 검색 결과를 제외한 빈도만을 조사하였다. 이는 국립국어원(2017)의 실태 조사가 올바른 맞춤법을 안내하는 게시물 등을 모두 제외하고 자연스러운 환경에서 사용된 어휘만을 조사하기 위한 조치라고 할 수 있다.

　이러한 '상세 검색' 기능을 활용한 실태 조사를 '뱃멀미'를 예로 들어 보이면 다음과 같다.[20]

(22)　가. 블로그 영역 내 사이시옷 표기 빈도수 조사

---

20) 다만 이 조사 방식에 기반하면 띄어쓰기 검색이 불가능하다는 문제가 있다. 이로 인하여 구 구성과 합성어를 구분하기 위한 어휘 구성 방식은 변수에는 포함시켰으나 실제 조사 결과에서는 반영하지 않았음을 밝힌 바 있다.

## 나. 웹문서 영역 내 사이시옷 표기 빈도수 조사

## 다. 카페 영역 내 사이시옷 표기 빈도수 조사

(22가, 나, 다)는 차례로 블로그, 웹문서, 카페에서 '뱃멀미'를 검색하는 장면을 보인 것이다. '뱃멀미'의 경우 사이시옷이 결여된 '배멀미'로 나타난 경우를 검색하기 위해서는 다음과 같이 조건을 달리해야 한다.

(23) 가. 블로그 영역 내 사이시옷 오표기 빈도수 조사

나. 웹문서 영역 내 사이시옷 표기 빈도수 조사

다. 카페 영역 내 사이시옷 오표기 빈도수 조사

(23가, 나, 다)는 차례로 블로그, 웹문서, 카페에서 '배멀미'를 검색하는 장면을 보인 것이다.

이상과 같은 방법론에 따라 수집된 실태 조사 결과의 일부를 예로 보이면 다음과 같다.[21]

---

21) 지면의 제약으로 인해 246개 조사 대상 어휘의 빈도와 비율은 매체를 통합하고 10년간을 모두 합쳐 <부록 2>로 제시하고자 한다. 독자의 편의를 위해 이를 다시 빈도순(<부록 2-1>), 비율순(<부록 2-2>), 가나다순(<부록 2-3>), 역순(<부록 2-4>)으로도 따로 정리해 두었다.

(24) 사이시옷 실태 조사 결과 원자료

| A | B | O | P | Q | R | S | T | U | V | W | X | Y | Z | AA | AB | AC | AD | AE | AF | AG |
|---|---|---|---|---|---|---|---|---|---|---|---|---|---|---|---|---|---|---|---|---|
| 단어 | 영역 | 13빈도 | 13비율 | 14빈도 | 14비율 | 15빈도 | 15비율 | 16빈도 | 16비율 | 계빈도 | 계비율 | 선행 | 후행 | | | | | | 발음 | |
| 뒷면 | 블로그 | 221184 | 93.49% | 291259 | 93.10% | 375714 | 93.07% | 413255 | 92.39% | 1774230 | 92.45% | 뒤 | 면 | 고 | 한 | 1 | 1 | 2 | ㄴ | O |
| 뒤면 | 블로그 | 15390 | 6.51% | 21572 | 6.90% | 27988 | 6.93% | 34043 | 7.61% | 144921 | 7.55% | 뒤 | 면 | 고 | 한 | 1 | 1 | 2 | ㄴ | O |
| 뒷면 | 웹문서 | 8189 | 68.11% | 16384 | 76.56% | 28442 | 79.89% | 46510 | 85.59% | 124874 | 80.12% | 뒤 | 면 | 고 | 한 | 1 | 1 | 2 | ㄴ | O |
| 뒤면 | 웹문서 | 3834 | 31.89% | 5016 | 23.44% | 7161 | 20.11% | 7829 | 14.41% | 30976 | 19.88% | 뒤 | 면 | 고 | 한 | 1 | 1 | 2 | ㄴ | O |
| 뒷면 | 카페 | 101347 | 87.85% | 106863 | 87.55% | 106182 | 86.60% | 119819 | 86.70% | 800214 | 86.26% | 뒤 | 면 | 고 | 한 | 1 | 1 | 2 | ㄴ | O |
| 뒤면 | 카페 | 14017 | 12.15% | 15200 | 12.45% | 16429 | 13.40% | 18377 | 13.30% | 127451 | 13.74% | 뒤 | 면 | 고 | 한 | 1 | 1 | 2 | ㄴ | O |
| 찻잔 | 블로그 | 42992 | 98.61% | 53936 | 98.71% | 63392 | 98.62% | 78951 | 98.88% | 355306 | 98.56% | 차 | 잔 | 고 | 한 | 1 | 1 | 2 | 된소리 | O |
| 차잔 | 블로그 | 607 | 1.39% | 703 | 1.29% | 889 | 1.38% | 897 | 1.12% | 5196 | 1.44% | 차 | 잔 | 고 | 한 | 1 | 1 | 2 | 된소리 | O |
| 찻잔 | 웹문서 | 1659 | 99.40% | 2326 | 97.69% | 3620 | 99.12% | 17092 | 99.45% | 29406 | 99.22% | 차 | 잔 | 고 | 한 | 1 | 1 | 2 | 된소리 | O |
| 차잔 | 웹문서 | 10 | 0.60% | 55 | 2.31% | 32 | 0.88% | 94 | 0.55% | 230 | 0.78% | 차 | 잔 | 고 | 한 | 1 | 1 | 2 | 된소리 | O |
| 찻잔 | 카페 | 12295 | 98.03% | 12675 | 98.05% | 14508 | 98.22% | 16209 | 97.80% | 101553 | 98.04% | 차 | 잔 | 고 | 한 | 1 | 1 | 2 | 된소리 | O |
| 차잔 | 카페 | 247 | 1.97% | 252 | 1.95% | 263 | 1.78% | 365 | 2.20% | 2030 | 1.96% | 차 | 잔 | 고 | 한 | 1 | 1 | 2 | 된소리 | O |
| 콧물 | 블로그 | 87750 | 99.66% | 116829 | 99.63% | 147445 | 99.68% | 184147 | 99.69% | 741997 | 99.61% | 코 | 물 | 고 | 고 | 1 | 1 | 2 | ㄴ | O |
| 코물 | 블로그 | 300 | 0.34% | 434 | 0.37% | 478 | 0.32% | 578 | 0.31% | 2941 | 0.39% | 코 | 물 | 고 | 고 | 1 | 1 | 2 | ㄴ | O |
| 콧물 | 웹문서 | 7896 | 99.47% | 9140 | 99.41% | 13742 | 99.61% | 14715 | 99.38% | 78311 | 99.51% | 코 | 물 | 고 | 고 | 1 | 1 | 2 | ㄴ | O |
| 코물 | 웹문서 | 42 | 0.53% | 54 | 0.59% | 54 | 0.39% | 92 | 0.62% | 383 | 0.49% | 코 | 물 | 고 | 고 | 1 | 1 | 2 | ㄴ | O |
| 콧물 | 카페 | 71986 | 99.40% | 85409 | 99.49% | 93109 | 99.45% | 119673 | 99.47% | 633029 | 99.42% | 코 | 물 | 고 | 고 | 1 | 1 | 2 | ㄴ | O |
| 코물 | 카페 | 438 | 0.60% | 434 | 0.51% | 514 | 0.55% | 642 | 0.53% | 3713 | 0.58% | 코 | 물 | 고 | 고 | 1 | 1 | 2 | ㄴ | O |
| 칫솔 | 블로그 | 60307 | 95.65% | 84105 | 96.19% | 115189 | 96.96% | 146867 | 95.85% | 542932 | 95.50% | 치 | 솔 | 한 | 고 | 1 | 1 | 2 | 된소리 | O |
| 치솔 | 블로그 | 2743 | 4.35% | 3333 | 3.81% | 3616 | 3.04% | 6360 | 4.15% | 25567 | 4.50% | 치 | 솔 | 한 | 고 | 1 | 1 | 2 | 된소리 | O |
| 칫솔 | 웹문서 | 5928 | 94.41% | 6832 | 95.26% | 10313 | 95.77% | 80469 | 83.80% | 123166 | 87.35% | 치 | 솔 | 한 | 고 | 1 | 1 | 2 | 된소리 | O |
| 치솔 | 웹문서 | 351 | 5.59% | 340 | 4.74% | 456 | 4.23% | 15557 | 16.20% | 17841 | 12.65% | 치 | 솔 | 한 | 고 | 1 | 1 | 2 | 된소리 | O |
| 칫솔 | 카페 | 32424 | 94.15% | 37182 | 94.76% | 42511 | 95.16% | 50419 | 96.07% | 264359 | 94.22% | 치 | 솔 | 한 | 고 | 1 | 1 | 2 | 된소리 | O |
| 치솔 | 카페 | 2014 | 5.85% | 2057 | 5.24% | 2162 | 4.84% | 2063 | 3.93% | 16230 | 5.78% | 치 | 솔 | 한 | 고 | 1 | 1 | 2 | 된소리 | O |

## 4.3. 조사 결과 및 분석

앞서 제시한 바와 같이 국립국어원(2017)에서는 사이시옷 표기에 영향을 미치는 주요 변수로 '어종', '음절 수', '전문 용어 여부', '구성 방식'을, 기타 변수로 '사이시옷의 발음'을 고려한 바 있다.

지금까지 수차례 언급해 온 바와 같이 현행 <한글 맞춤법>(1988)의 사이시옷 표기 규정에 따르면, 사이시옷의 표기 여부는 일차적으로 합성어를 이루는 두 구성 요소의 어종에 달려 있다. 기본적으로 사잇소리 현상이 일어나는 합성어의 선행 요소가 모음으로 끝날 때 사이시옷을 받쳐 적는 것이라고는 하나, 사잇소리 현상이 일어나고 선행 요소가 모음으로 끝나더라도 선행 요소와 후행 요소가 모두 한자어인 경우 일부 예외를 제외하고는 사이시옷을 적지 않기로 규정하고 있다는 점을 생각해 본다면 어종이 사이시옷 개재 여부에 가장 중요한 기준이 되고 있는 것임을 알 수 있다.

결국 사이시옷 규정 개선안을 고려할 때에도 가장 중점이 될 변수는 어종이므로 실태 조사의 결과를 분석할 때에도 이를 반영할 필요가 있다. 즉 어종을 상위 변수로 두고, 음절 수, 전문 용어 여부, 구성 방식 등을 하위의 종속 변수로 두어 분석할 필요가 있는 것이다. 여기에는 후술하는 바와 같이 주요 변수 중에서 '어종'이 사이시옷 표기에 가장 직접적인 영향을 미치는 것으로 조사되었음도 참고할 필요가 있다.

다만 국립국어원(2017)에서는 어휘 선정 과정에서부터 '구성 방식' 즉 '합성어에 대한 인식 정도'에 따라 사이시옷 표기 여부와 띄어쓰기가 어떻게 달라지는지를 분석하고자 하였으나 웹 검색이라는 조사 방법을 통해서는 그 결과를 얻기 어려웠음을 미리 언급하고 있음에 주목할 필요가 있다. 사이시옷 표기 여부는 웹 검색을 통해 조사가 가능하였으나 띄어쓰기 여부는 웹 검색에서 구별을 할 수 없었기 때문이다. 예를 들어 '윗√세대'와 '윗세대'를 검색하게 되면 두 경우 모두 동일한 검색 결과(빈도수 결과값)를 보여 준다. 이에 앞 절에서 언급한 주요 변수 중 '구성 방식'을 제외한 나머지 변수들에 대한 분석 결과만을 정리하기로 한다. 이는 '구성 방식'을 자세히 살펴보기 위해서는 다른 방법이 필요하다는 것을 의미하는 것이기도 하다.[22]

## 4.3.1. 어종에 따른 조사 결과 및 분석

국립국어원(2017)에서 실태 조사 대상으로 삼은 어휘들 가운데 합성어를 이루는 두 구성 요소가 모두 고유어인 경우는 총 124개였는데 우선 표기의 정확도가 대체로 높은 것으로 파악되었다.

국립국어원(2017)에서는 사이시옷 표기의 정확도를 크게 사이시옷 표기가 '규범대로 정확하게 이루어지는 경우(정확도 80% 이상, 125개 어휘)'와 '규범과 반대로 이루어지는 경우(정확도 20% 미만, 39개 어휘)', '사이시옷 표기가 혼동되

---

22) 따라서 이는 앞으로의 연구 과제가 될 것으로 판단된다.

는 경우(정확도 20~80%, 82개 어휘)'의 3개 구간으로 나누어 살펴보았다.[23] 이때의 정확도란 이를 바탕으로 합성어 구성 요소의 어종에 따른 '고유어+고유어', '고유어+한자어', '한자어+한자어', '한자어+고유어'의 4가지 유형의 오류율을 대략적으로 살펴보기 위해 설정된 수치이므로 표기의 정확도와 관련해서는 추후에 표본편차 등을 고려하는 등 통계적으로 보다 보완될 필요가 있음을 미리 밝히고 있다.


### 4.3.1.1. '고유어+고유어'의 사이시옷 표기 실태

국립국어원(2017)의 실태 조사의 대상이 된 단어들 가운데 합성어를 이루는 '고유어+고유어' 구성의 단어는 총 124개였는데 먼저 표기 정확도가 80%를 넘는 것을 제시하면 다음과 같다.

(25) '고유어+고유어'의 사이시옷 표기의 정확도(80% 이상)

| 젓가락 | 99.98% | 뒷주머니 | 99.40% | 베갯잇 | 97.83% |
|---|---|---|---|---|---|
| 귀엣말 | 99.95% | 햇빛 | 99.39% | 잿빛 | 97.08% |
| 뒷맛 | 99.95% | 윗마을 | 99.36% | 뒷바퀴 | 96.96% |
| 뒷다리 | 99.92% | 아랫도리 | 99.35% | 윗돌 | 95.77% |

---

23) 그 근거는 정확도 구간을 3분하는 국립국어원(2016)에 따른 것이다. 국립국어원(2016)에서는 국민의 발음 관련 인식과 실제 발음을 조사하고 이를 바탕으로 표준 발음 정책의 기초 자료를 제공하고자 하였는데 조사 자료 중 사이시옷의 발음 관련 내용을 보면 전체 조사 대상자 중 70~80% 이상이 표준 발음을 비표준 발음보다 우세하게 발음하였을 때에는 현재의 표준 발음을 그대로 유지할 수 있겠으나 그렇지 않은 경우(표준 발음보다 비표준 발음이 70~80% 우세하거나 표준 발음과 비표준 발음이 비슷한 비중으로 쓰일 때)에는 복수 표준 발음을 인정하거나 표준 발음을 바꿀 필요가 있다고 하였다. 그리고 사이시옷의 발음은 표기와 연결되므로 표기와 발음을 함께 수정하는 방법을 고려해야 한다고 한 바 있다. 따라서 국립국어원(2017)도, 사이시옷의 표기 실태를 조사하여 관련 규정의 개선을 위한 기초 자료를 제공하는 것이 주요 목적 중 하나이고 이에 언중들이 관련 규정을 어느 정도 이해하고 이를 표기에 반영하고 있는지를 판단할 수 있는 '표기의 정확도' 판별의 기준으로 80%를 선정한 것이다.

| | | | | | |
|---|---|---|---|---|---|
| 햇살 | 99.88% | 뒷받침 | 99.30% | 비눗물 | 95.71% |
| 뱃노래 | 99.87% | 윗눈썹 | 99.27% | 콧구멍 | 95.06% |
| 뒷얘기 | 99.84% | 윗사람 | 99.21% | 혼잣말 | 94.67% |
| 뒷이야기 | 99.83% | 뱃머리 | 99.15% | 아랫돌 | 94.23% |
| 윗입술 | 99.81% | 뒷심 | 99.10% | 쇳덩이 | 94.20% |
| 뒷모습 | 99.69% | 뱃살 | 99.09% | 노랫말 | 94.10% |
| 뒷골목 | 99.68% | 뒷굽 | 99.06% | 골칫거리 | 93.89% |
| 뒷머리 | 99.65% | 뒷걸음 | 99.03% | 하룻밤 | 93.65% |
| 뒷마무리 | 99.60% | 뒷목 | 98.99% | 나뭇잎 | 93.40% |
| 뒷날 | 99.55% | 이맛살 | 98.98% | 뒷일 | 93.32% |
| 아랫배 | 99.53% | 윗집 | 98.97% | 오랫동안 | 93.12% |
| 콧물 | 99.52% | 묏자리 | 98.91% | 귓밥 | 92.91% |
| 뒷사람 | 99.52% | 빗줄기 | 98.81% | 아랫녘 | 92.05% |
| 시냇물 | 99.49% | 윗녘 | 98.60% | 아랫입술 | 91.97% |
| 뒷지느러미 | 99.45% | 바닷물 | 98.51% | 하룻강아지 | 90.69% |
| 윗도리 | 99.45% | 핏물 | 98.43% | 찻숟갈 | 90.58% |
| 촛불 | 99.43% | 허드렛일 | 98.30% | 아랫길 | 84.05% |
| 뒷바라지 | 99.43% | 아랫목 | 98.05% | 머릿속 | 81.99% |
| 요샛말 | 99.42% | 뒷줄 | 97.85% | 핏덩어리 | 80.79% |

(25)는 '고유어+고유어'로 이루어진 합성어 124개의 사이시옷 표기 실태의 결과 중 사이시옷 표기의 정확도가 80% 이상인 것만을 제시한 것이다. 이 가운데는 '콧물', '젓가락', '햇살'과 같이 언중들에게 이미 익숙한 단어들이 많이 포함되어 있기는 하나 '귀엣말', '요샛말', '아랫돌', '뒷지느러미', '찻숟 갈'처럼 빈도가 높지 않은 말임에도 불구하고[24] 높은 정확도를 보였다는 점에 주목할 만하다. '고유어+고유어'의 총 124개의 단어 중 69개, 즉 55.6% 가 여기에 해당된다.

다음으로 정확도 20~80%에 해당되는 예를 제시하면 다음과 같다.

---

24) 참고로 이들 단어는 국립국어원(2005)의 자료 중 빈도수 10회 미만의 저빈도 어휘들에 해당한다.

(26) '고유어+고유어'의 사이시옷 표기의 정확도(20~80%)

| 조갯살 | 79.51% | 김칫독 | 64.44% | 장맛날 | 47.30% |
|---|---|---|---|---|---|
| 콧속 | 79.43% | 고갯짓 | 63.51% | 잔칫집 | 45.14% |
| 사잇길 | 78.22% | 후춧가루 | 60.95% | 허릿살 | 44.24% |
| 나뭇가지 | 77.44% | 날갯죽지 | 59.89% | 한가윗날 | 43.43% |
| 고춧잎 | 76.47% | 아랫마을 | 58.51% | 고깃집 | 42.13% |
| 아랫동네 | 73.72% | 어젯밤 | 57.83% | 바닷물고기 | 41.18% |
| 담뱃불 | 73.63% | 장맛비 | 57.06% | 우스갯소리 | 38.03% |
| 아랫사람 | 73.07% | 주머닛돈 | 54.58% | 바윗덩어리 | 37.07% |
| 바닷속 | 72.16% | 이야깃거리 | 52.79% | 날갯짓 | 32.96% |
| 골칫덩어리 | 70.04% | 다듬잇돌 | 50.60% | 어깻짓 | 30.94% |
| 배냇말 | 70.00% | 가겟집 | 49.19% | 미꾸라짓국 | 29.12% |
| *뒤쪽*[25] | 68.25% | 마룻바닥 | 48.81% | | |
| 고깃덩어리 | 68.23% | 나잇값 | 48.75% | | |

(26)을 보면 '고유어+고유어'의 124개 단어 중 37개(29.9%)가 이에 포함된다. 규범에 맞는 표기가 우세한 경우(정확도 50% 이상, 23개)가 대부분이라는 점을 알 수 있다.

마지막으로 정확도 20% 미만에 해당되는 예를 제시하면 다음과 같다.

(27) '고유어+고유어'의 사이시옷 표기의 정확도(20% 미만)

| 낚싯배 | 19.27% | 색싯감 | 13.70% | 막냇동생 | 4.97% |
|---|---|---|---|---|---|
| 옥수숫대 | 19.04% | 낚싯바늘 | 13.03% | 나그넷길 | 4.52% |
| 가운뎃손가락 | 18.61% | 복숭앗빛 | 12.67% | 국숫집 | 4.34% |
| 덩칫값 | 17.31% | 빨랫비누 | 12.53% | 뭇국 | 4.14% |
| 빨랫방망이 | 16.91% | 다듬잇방망이 | 9.27% | 가운뎃발가락 | 4.08% |
| 뱃멀미 | 15.42% | 혼잣몸 | 8.90% | 옥수숫가루 | 0.63% |

---

25) 국립국어원(2017)에서는 사이시옷 미표기 형태가 표준어인 경우도 조사 목록에 포함하고 있음을 밝힌 바 있다. 이에 사이시옷 미표기형이 표준어인 어휘의 경우 이를 이탤릭체로 표시하여 다른 것들과 구분하고 있다. 아래도 마찬가지이다.

물론 (27)과 같이 '고유어+고유어'의 단어라고 하더라도 정확도 20%를 넘기지 못하는 경우 즉 규범에 어긋나는 표기형이 우세한 경우도 있다. 그러나 이러한 예들에는 '미꾸라짓국', '옥수숫대'와 같이 사용 빈도가 현저히 낮은 단어들이 포함되어 있으며 그 수도 18개(14.5%)로 많지 않은 편임을 알 수 있다. 게다가 '막냇동생', '국숫집', '뭇국'처럼 방송 매체 등을 통해 언중들에게 노출이 된 단어들은 10년간의 조사 결과, 꾸준히 정확도가 오르고 있는 것으로 나타났다는 점에 주목할 필요가 있다.

### 4.3.1.2. '고유어+한자어'의 사이시옷 표기 실태

국립국어원(2017)의 실태 조사의 대상이 된 단어들 가운데 합성어를 이루는 '고유어+한자어' 구성의 단어는 총 39개였는데 이들 단어의 표기 정확도는 '고유어+고유어'의 경우와 비슷한 양상을 보이고 있는 것으로 조사되었다.

먼저 표기의 정확도가 80%를 넘는 것을 제시하면 다음과 같다.

(28) '고유어+한자어'의 사이시옷 표기의 정확도(80% 이상)

| 뒷거래 | 99.91% | 뒷벽 | 98.52% | 귓병 | 94.93% |
|---|---|---|---|---|---|
| 뗏목 | 99.76% | 찻잔 | 98.49% | 뒷면 | 89.90% |
| 뒷조사 | 99.74% | 뒷방 | 98.31% | 아랫면 | 87.88% |
| 뒷감당 | 99.68% | 뒷장 | 98.08% | 머릿수 | 87.43% |
| 뒷정리 | 99.41% | 뒷간 | 98.01% | 아랫방 | 86.90% |
| 뒷수습 | 99.34% | 뒷산 | 97.85% | 기왓장 | 82.89% |
| 촛농 | 99.19% | 뒷모양 | 97.32% | 종잇장 | 80.10% |
| 뒷문 | 98.92% | 방앗간 | 96.04% | | |
| 뒷부분 | 98.90% | 아랫변 | 95.11% | | |

(28)에서 볼 수 있는 것처럼 높은 정확도를 가지는 단어의 비율이 64.1%(25

개)로, '고유어+고유어'의 경우보다도 더 높다는 것을 알 수 있다.[26)

다음으로 정확도 20~80%에 해당되는 예를 제시하면 다음과 같다.

(29) '고유어+한자어'의 사이시옷 표기의 정확도(20~80%)

| 찻주전자 | 79.78% | 아랫부분 | 61.92% | 가겟방 | 54.23% |
|---|---|---|---|---|---|
| 뼛골 | 73.41% | 잔칫상 | 57.72% | 자릿세 | 52.29% |
| 가짓수 | 71.84% | 담뱃갑 | 55.98% | 고깃점 | 50.58% |
| 머릿수건 | 69.51% | 사잇문 | 55.61% | 구둣방 | 28.21% |

(29)와 같이 사이시옷 표기 여부가 혼동되는 경우(정확도 20~80%)의 예들은 모두 12개인데 역시 규범에 맞는 표기가 우세한 경우(정확도 50% 이상, 11개)가 대부분이라는 사실을 알 수 있다.

마지막으로 정확도 20% 미만에 해당되는 예를 제시하면 다음과 같다.

(30) '고유어+한자어'의 사이시옷 표기의 정확도(20% 미만)

| 꼭짓점 | 19.91% | 막냇삼촌 | 1.49% |
|---|---|---|---|

---

26) '고유어+한자어' 구성에서 정확도가 80% 이상인 단어는 대부분 동일한 선행 요소('뒤')를 갖는 것이어서 이들 예를 통해 '고유어+한자어' 구성의 사이시옷 표기 정확도를 이야기 하는 것에 문제가 있는 것은 아닌가 의문을 품을 수 있다. 실제로 '뒤'를 선행 요소로 갖는 단어('고유어+고유어', '고유어+한자어') 36개 중 '뒤쪽('뒤쪽'의 정확도 68.25%)'을 제외한 35개 단어에서 정확도 89.9% 이상의 수치를 보였기 때문이다. 또한 이는 선행 요소가 '위', '아래'일 때에도 마찬가지라는 점에도 주목할 필요가 있다. 이러한 사실들은 '위', '아래', '뒤' 등을 선행 요소로 갖는 구성의 사이시옷 표기 정확도를 선행 요소가 고유어이기 때문이라고 할 수 있을지에 대한 고민이 필요한 것은 아닌가 하는 문제를 제기할 수도 있다. 그러나 무엇보다 §3.1.6에서 살펴본 바와 같이 '위', '아래', '뒤'는 모두 엄태수(2007가)에서 제시된 't 후치 명사' 즉 사이시옷을 내재적으로 가지는 명사에 해당 한다는 점을 참고할 필요가 있다. 즉 이들의 사이시옷 표기 정확도가 높다는 사실은 대부분의 언중들도 '위', '아래', '뒤'로 시작하는 합성어에는 사이시옷을 표기하는 것으로 인식하고 있다는 점을 말해 주는 것으로 해석할 수 있다. 더욱이 이들은 빈도수도 매우 높다는 특징을 가지고 있는데 국립국어원(2017)에서는 사용 빈도를 중심으로 조사 대상 어휘를 선정하였기 때문에 선행 요소가 '위', '아래', '뒤'인 단어들이 비교적 조사 목록에 많이 포함되어 있음에도 주의할 필요가 있다.

사이시옷을 정확하게 표기한 비율이 20% 미만인 경우, 다시 말해 규범과 반대로 표기한 경우는 (30)에서처럼 '꼭짓점', '막냇삼촌'의 단 2개가 있을 뿐이다.

### 4.3.1.3. '한자어+고유어'의 사이시옷 표기 실태

국립국어원(2017)의 실태 조사의 대상이 된 단어들 가운데 합성어를 이루는 '한자어+고유어' 구성의 단어는 총 67개였는데 전반적으로 볼 때 '고유어+고유어', '고유어+한자어'에 비해 정확도가 상대적으로 꽤 낮은 것으로 나타났다는 점에 주목할 필요가 있다.

먼저 표기의 정확도가 80%를 넘는 것을 제시하면 다음과 같다.

(31)  '한자어+고유어'의 사이시옷 표기의 정확도(80% 이상)

| | | | |
|---|---|---|---|
| 남자줏빛 | 100.00% | 세뱃돈 | 93.56% |
| 훗날 | 99.87% | 존댓말 | 92.80% |
| 팻말 | 99.78% | 제삿날 | 91.56% |
| 툇마루 | 99.15% | 수돗물 | 91.51% |
| 곗날 | 97.21% | 낙숫물 | 88.60% |
| 시쳇말 | 96.74% | 혼삿말 | 86.93% |
| 세숫물 | 96.08% | 외갓집 | 85.76% |
| 횟감 | 95.20% | 부잣집 | 83.81% |
| 횟집 | 94.45% | 탯가락 | 82.61% |
| 칫솔 | 93.98% | 동짓날 | 80.96% |

(31)은 '한자어+고유어'로 이루어진 단어 가운데 사이시옷 표기 정확도가 80% 이상인 것만을 가져온 것인데 전체의 29.9%의 단어들만이 이에 해당된다. 이러한 결과는 앞서 살펴본 '고유어+고유어', '고유어+한자어', '한자어+한자어'의 경우와 확실히 대비되는 결과라는 점에서 특별히 주목할 필요가

있다.[27]

다음으로 정확도 20~80%에 해당되는 예를 제시하면 다음과 같다.

(32) '한자어+고유어'의 사이시옷 표기의 정확도(20~80%)

| 이삿짐 | 75.62% | 자줏빛 | 52.32% | 전셋집 | 36.50% |
|--------|--------|--------|--------|--------|--------|
| 판잣집 | 72.96% | 과붓집 | 46.45% | 근삿값 | 30.20% |
| 소싯적 | 69.78% | 기댓값 | 45.11% | 단옷날 | 35.44% |
| 양칫물 | 69.62% | 대푯값 | 43.63% | 못자리 | 32.64% |
| 전셋값 | 63.23% | 하굣길 | 42.59% | 귀갓길 | 28.66% |
| 예삿날 | 62.34% | 연둣빛 | 42.23% | 소줏집 | 26.21% |
| 전깃줄 | 61.17% | 우윳빛 | 41.94% | 시곗바늘 | 24.43% |
| 문젯거리 | 60.52% | 만둣국 | 41.06% | 최솟값 | 20.20% |
| 부좃돈 | 54.24% | 죗값 | 39.73% | | |
| 황톳길 | 53.98% | 세숫비누 | 38.61% | | |

(32)에 제시된 정확도 20~80%에 해당하는 예들을 포함하더라도 '한자어+고유어'의 사이시옷 표기의 정확도가 50%가 넘는 비율은 총 46.3%로, 전체의 절반이 채 되지 않는다. 이러한 결과도 역시 '고유어+고유어', '고유어+한자어'의 경우와 차이가 난다는 점에 주목할 필요가 있다.

마지막으로 정확도 20% 미만에 해당되는 예를 제시하면 다음과 같다.

(33) '한자어+고유어'의 사이시옷 표기의 정확도(20% 미만)

| 상앗빛 | 19.17% | 계핏가루 | 10.54% | 맥줏집 | 2.10% |
|--------|--------|----------|--------|--------|-------|
| 최댓값 | 18.06% | 도맷값 | 9.21% | 초깃값 | 2.06% |
| 북엇국 | 17.74% | 시곗줄 | 4.97% | 만홧가게 | 1.49% |
| 고삿말 | 17.65% | 생맥줏집 | 3.27% | 산봇길 | 1.01% |

---

27) 이는 곧 사이시옷 표기 규정을 개정할 때 어종과 관련하여 매우 중요한 의미를 갖는다. 전술한 바와 같이 적어도 선행 요소가 한자어인 경우에 사이시옷 표기를 하지 말자는 개정안이 실태 조사를 통해서도 뒷받침을 받고 있음을 의미하기 때문이다. 이에 대해서는 6장에서 다시 상술하기로 한다.

| 주삿바늘 | 12.91% | 거랫날 | 3.03% | 최젓값 | 0.70% |
|---|---|---|---|---|---|
| 간숫물 | 12.64% | 두붓국 | 2.96% | 구굿셈 | 0.42% |
| 비췻빛 | 10.85% | | | | |

(33)에서 보듯, '한자어+고유어'의 유형에서 사이시옷 표기의 정확도가 20% 미만인 예들, 다시 말해 규범에 의하면 사이시옷을 적어야 하지만 사이시옷을 적지 않은 경우가 30% 가까이 된다는 것을 알 수 있다. 이러한 현상을 해석하는 다양한 방법이 있을 수 있지만 이는 합성어를 이루는 구성 요소 가운데 한자어가 선행할 때에는 사이시옷을 개입하여 한자의 모양을 해치지 않으려는 언중들의 심리가 충분히 반영된 것이라고 해석하고자 한다. 이는 그만큼 한자어는 고유어보다는 표의주의를 지향하는 속성이 강하다는 것을 의미하는 것으로 볼 수 있기 때문이다.

2장에서는 거시적인 측면에서 어문 규범의 변천사와 미시적인 측면에서 그 속에서의 사이시옷 표기 규정의 변천사 두 가지를 살펴본 바 있다. 먼저 어문 규범은 <國文研究 議定案>(1909)을 출발점으로 삼아 <普通學校用 諺文綴字法>(1912), <普通學校用 諺文綴字法大要>(1921)을 거쳐 <諺文綴字法>(1930), 『한글 마춤법 통일안』(1933)에서 완성되었다고 할 수 있는데 이 가운데 아직 어문 규범의 모습을 갖추고 있지 못한 <國文研究 議定案>(1909)과 일제의 영향력이 강하게 베어 있는 <普通學校用 諺文綴字法>(1912), <普通學校用 諺文綴字法大要>(1921)을 제외하면 <諺文綴字法>(1930), 『한글 마춤법 통일안』(1933)은 점점 더 표의성을 강조하고 있음을 살펴본 바 있다.[28] 이러한 속성은 현행 <한글 맞춤법>(1988)을 비롯하여 국어의 규범 도처에서 발견할 수 있는 사실이다. 가령 <한글 맞춤법>(1988)의 제8항에서 "'계, 례, 몌, 폐, 혜'의 'ㅖ'는

---

28) 물론 두음 법칙을 비롯한 한자음의 한글 표기는 이와 달리 표음성을 반영하는 정도를 높이고 있음을 함께 언급하였는데 그렇다고 하여 한자음의 한글 표기가 고유어의 한글 표기보다 더 표음성이 높은 표기 체제를 가지고 있다는 것을 의미하는 것은 아니라는 점에 유의할 필요가 있다. 이는 어디까지나 상대적인 관점을 반영한 것이기 때문이다.

'ㅔ'로 소리 나는 경우가 있더라도 'ㅖ'로 적는다."고 한 것이나 <표준어 규정>의 제8항에서 '부조', '사돈', '삼촌'을 실제 발음과는 달리 그대로 적게 한 것도 이러한 맥락에서 이해할 수 있다.

다음으로 사이시옷 표기 규정은 우선 <普通學校用 諺文綴字法大要>(1921)에서 출발하여 <諺文綴字法>(1930), 『한글 마춤법 통일안』(1933)을 거치면서 큰 틀에서는 점점 단순화되었다고 할 수 있다. 이때의 단순화란 선행 요소가 모음으로 끝나는 경우에만 사이시옷을 적기로 한 것을 의미한다. 이는 선행 요소가 자음으로 끝나는 경우에도 사이시옷을 표기하는 것보다는 표의성이 높아진 것임을 알 수 있다. 그 다음에 몇 차례 수정이 있었지만 결국 현행 <한글 맞춤법>(1988)도 표의성을 높이기 위해 어종 정보를 가지고 온 것이라고 해석할 수 있다.[29]

이를 종합적으로 고찰해 보면 앞으로의 표기 규정 개정도 사이시옷 표기 규정을 포함하여 표의성을 증가시키는 방향으로 진행되어야 한다는 것을 암시하는 것으로 해석할 수 있다.

### 4.3.1.4. '한자어+한자어'의 사이시옷 표기 실태

그렇다면 앞의 기술이 합성어를 이루는 두 구성 요소가 모두 한자어인 경우에서도 적용 가능한지 살펴볼 필요가 있다.

먼저 '한자어+한자어'의 사이시옷 표기의 정확도를 제시하면 다음과 같다.

---

29) '한자어+한자어'의 경우 예외의 여섯 개를 제외하고는 사이시옷을 적지 않는다는 것은 결국 형태를 소리보다 우선으로 하고 있음을 의미하는데 이는 달리 말하자면 표의성을 중시한 결과로 해석할 수 있다.

(34) '한자어+한자어'의 사이시옷 표기의 정확도

| 자주색 | 99.99% | 툇간 | 83.52% |
|---|---|---|---|
| 맥주병 | 99.94% | 백지장 | 78.21% |
| 연두색 | 99.90% | 기차간 | 62.50% |
| 번지수 | 98.27% | 외가댁 | 55.52% |
| 소주병 | 97.91% | 개수 | 55.30% |
| 전세방 | 95.37% | 마구간 | 47.60% |
| 체기 | 92.63% | | |

(34)를 보면 '한자어+한자어'의 경우 사이시옷을 적지 말아야 하는데, '한자어+한자어' 구성의 단어 13개 중 8개(61.5%)에서 정확도 80% 이상을 보이고 있음을 알 수 있다.[30] 이는 한자가 가지는 특수성에 기인한 것으로 보이는데 한자어 내부에 한자가 아닌 요소, 즉 사이시옷이 개입되어 결과적으로 한자의 모양을 변형시키는 일을 줄이고자 하는 언중들의 심리가 반영된 것으로 해석할 수 있다. 따라서 이러한 실태 조사 결과는 앞서 언급한 바와 같이 '한자어+고유어'의 경우 현재의 규정에 따르면 사이시옷을 적어야 하는데도 불구하고 특히 정확도가 낮은 이유와 일맥상통한다고 할 수 있다.

### 4.3.1.5. '외래어'가 선행 요소인 경우의 사이시옷 표기 실태

앞서 언급한 바와 같이 외래어가 선행 요소인 경우 사이시옷을 표기하지 말아야 하는데, 국립국어원(2017)의 실태 조사 결과 이 유형에 속하는 예들의 표기 정확도는 다음에서 보듯 매우 높은 것으로 나타났다.

---

30) 따라서 이때 정확도가 높다는 것은 사이시옷을 적지 않은 비율이 높다는 것을 의미한다. '한자어+한자어'의 경우는 예외의 여섯 경우를 제외하고는 적지 않는 것이 규범에 맞는 것이기 때문이다.

(35) 외래어가 포함된 어휘의 사이시옷 표기의 정확도

| 외래어+고유어 | | 외래어+한자어 | |
|---|---|---|---|
| 피자집 | 95.36% | 주스병 | 100.00% |
| | | 페트병 | 99.98% |

따라서 외래어가 포함된 어휘의 사이시옷 표기는 혼동의 양상을 보여 주고 있다고 해석하기는 어려워 보인다.

지금까지 어종에 따른 사이시옷 표기 실태 조사 결과를 요약하면 다음과 같다.

사이시옷 표기 규정과 관련해 제일 먼저 합성어 구성 요소의 어종을 생각해 볼 수 있다. 이에 따른 '고유어+고유어', '고유어+한자어', '한자어+한자어', '한자어+고유어'의 4가지 유형 가운데 '고유어+한자어' 유형의 정확도가 제일 높았으며 그 다음으로는 '고유어+고유어', '한자어+한자어' 유형이 높았고 '한자어+고유어'의 정확도가 제일 낮은 것으로 나타났다. 이는 박동근 (2014)의 조사 결과와도 대체로 일치하는데 박동근(2014 : 89)은 '순우리말'의 사이시옷 표기가 오류율이 적고 '순우리말+한자어' 구성의 사이시옷 오표기율이 높았다고 언급한 바 있기 때문이다. 다만 박동근(2014)에서는 '고유어+한자어', '한자어+고유어'인 경우를 모두 통합하여 '순우리말+한자어' 구성으로 처리하여 분석하였음에 유의할 필요가 있다. 다시 한 번 강조하는 바와 같이 '고유어+한자어'의 경우보다 '한자어+고유어'인 경우에서 정확도가 현저히 낮다는 사실에 주목할 필요가 있는 것이다.

결국 '한자어+고유어' 유형에서만 오류율이 증가하는 경향이 있다는 것인데 이와 같은 결과는 다시 말해 단어 구성 요소에서 고유어가 선행할 때에는 사이시옷 표기상 혼란이 적은 데 반해 한자어가 선행할 경우에는 사이시옷 표기상 혼란이 크다는 것을 의미한다. 결과적으로 한자어가 선행 요소일 때

에는 사이시옷을 표기하지 않는 것이 바른 표기인 '한자어+한자어' 유형뿐
아니라 '한자어+고유어' 유형에서조차 언중들이 사이시옷을 사용하지 않으
려는 경향을 보였다고 해석할 수 있는 것이다.

## 4.3.2. 음절 수에 따른 조사 결과 및 분석

국립국어원(2017)에서 언급한 바와 같이 어종 외에 박동근(2014) 등의 기존
연구의 조사 결과를 토대로 보았을 때 단어의 음절 수가 사이시옷 표기에
있어 변수로 작용하여 영향을 끼칠 수 있을 것으로 예상되기 때문에 음절
수에 기반한 사이시옷 표기의 결과를 분석할 필요가 있다.

전체 음절 수가 사이시옷 표기에 직접적 영향을 미칠 수도 있지만 '선행
요소+ㅅ+후행 요소' 구성에서 'ㅅ'을 기준으로 그 앞뒤에 위치하는 선행 요
소와 후행 요소의 음절 수 역시 실질적인 영향을 미칠 것으로 예상된다. 이를
염두에 두고 음절 수에 따른 표기 빈도를 조사한 국립국어원(2017)의 조사결
과를 살펴보기로 한다.

### 4.3.2.1. 2음절어의 사이시옷 표기 결과

정확도에 따라 2음절어의 사이시옷 표기 결과를 제시하면 다음과 같다.

(36) 가. 2음절어의 사이시옷 표기의 정확도(80% 이상)

| | | | | | | | |
|---|---|---|---|---|---|---|---|
| 팻말 | 99.78% | 윗녘 | 98.60% | 잿빛 | 97.08% | 윗집 | 98.97% |
| 뗏목 | 99.76% | 뒷벽 | 98.52% | 윗돌 | 95.77% | 뒷맛 | 99.95% |
| 뒷날 | 99.55% | 찻잔 | 98.49% | 횟감 | 95.20% | 훗날 | 99.87% |
| 콧물 | 99.52% | 핏물 | 98.43% | 귓병 | 94.93% | 뒷굽 | 99.06% |
| 촛불 | 99.43% | 뒷방 | 98.31% | 횟집 | 94.45% | 뱃살 | 99.09% |
| 햇빛 | 99.39% | 뒷장 | 98.08% | 칫솔 | 93.98% | 뒷문 | 98.92% |

| 촛농 | 99.19% | 뒷간 | 98.01% | 뒷일 | 93.32% | 뒷줄 | 97.85% |
|------|--------|------|--------|------|--------|------|--------|
| 뒷심 | 99.10% | 뒷산 | 97.85% | 귓밥 | 92.91% | 뒷목 | 98.99% |
| 옛날 | 97.21% | 햇살 | 99.88% | 뒷면 | 89.90% | 툇간 | 83.52% |

나. 2음절어의 사이시옷 표기의 정확도(20~80%)

| 콧속 | 79.43% | 개수 | 55.30% |
|------|--------|------|--------|
| 뼛골 | 73.41% | 횟값 | 39.73% |

다. 2음절어의 사이시옷 표기의 정확도(20% 미만)

| 뭇국 | 4.14% |
|------|-------|

(36가)를 보면 2음절어 총 41개의 사이시옷 표기 빈도를 살펴본 결과, 정확도가 80%가 넘는 경우가 총 36개로 전체의 87.8%를 차지하는 것이 확인되었다. 즉 전반적인 표기의 경향을 보았을 때 2음절어의 경우는 사이시옷 표기가 비교적 잘 이루어지고 있다는 것으로 해석할 수 있다.

그런데 여기서 중요한 것은 음절 수와 어종의 상관관계라고 할 수 있다. 즉 각각의 음절어마다 어종의 유형이 또 다른 변수가 되는지 고려해 보아야 할 필요가 있다는 점에 주의해야 하기 때문이다. 이에 따라 음절 수를 어종과 함께 사이시옷 표기 정확도를 분석한 결과 앞서 살펴본 결과와 크게 다르지 않다는 것을 확인할 수 있다.

2음절어 어휘 가운데 '고유어+고유어'의 사이시옷 표기 정확도는 93.04%이며 '고유어+한자어'는 95.06%로 비교적 높은 데 반해 '한자어+고유어' 유형은 86.11%, '한자어+한자어'의 경우는 69.41%로 나타남으로써 어종에 따라서 정확도에 뚜렷한 차이가 있음을 확인할 수 있었다.

### 4.3.2.2. 3음절어의 사이시옷 표기 결과

3음절어의 경우는 'ㅅ'을 기준으로 선행 요소, 후행 요소의 음절 수가 각각

'2+1' 유형과 '1+2'인 유형으로 나뉠 수 있기 때문에 이들의 사이시옷 표기 정확도는 별도로 분석될 필요가 있다. 3음절어 이상인 어휘를 이와 같이 선행 요소와 후행 요소의 음절에 따른 경우의 수만큼 분류하여 각각의 표기 정확도를 분석하고 그 결과를 대조하게 된다면 2음절어에서와는 다르게 'ㅅ'의 선행 요소 및 후행 요소에 따른 사이시옷 표기 정확도에 음절 수가 어떠한 영향을 미치는지를 판단할 수 있을 것으로 보이기 때문이다.

### 4.3.2.2.1. 2음절어+ㅅ+1음절어

먼저 '2+1' 유형의 사이시옷 표기 정확도를 분석한 결과는 다음과 같다.

(37) 가. 3음절어(2+1)의 사이시옷 표기의 정확도(80% 이상)

| 귀엣말 | 99.95% | 방앗간 | 96.04% | 낙숫물 | 88.60% |
|---|---|---|---|---|---|
| *맥주병* | 99.94% | 비눗물 | 95.71% | 아랫면 | 87.88% |
| *자주색* | 99.90% | 아랫변 | 95.11% | 머릿수 | 87.43% |
| 아랫배 | 99.53% | 혼잣말 | 94.67% | 혼삿말 | 86.93% |
| 시냇물 | 99.49% | 아랫돌 | 94.23% | 아랫방 | 86.90% |
| 요샛말 | 99.42% | 노랫말 | 94.10% | 외갓집 | 85.76% |
| 이맛살 | 98.98% | 하룻밤 | 93.65% | 아랫길 | 84.05% |
| 바닷물 | 98.51% | 세뱃돈 | 93.56% | 부잣집 | 83.81% |
| 아랫목 | 98.05% | 나뭇잎 | 93.40% | 기왓장 | 82.89% |
| 소주병 | 97.91% | 존댓말 | 92.80% | 머릿속 | 81.99% |
| 베갯잇 | 97.83% | 아랫녘 | 92.05% | 동짓날 | 80.96% |
| 시쳇말 | 96.74% | 제삿날 | 91.56% | 종잇장 | 80.10% |
| 세숫물 | 96.08% | 수돗물 | 91.51% | | |

나. 3음절어(2+1)의 사이시옷 표기의 정확도(20~80%)

| 조갯살 | 79.51% | 잔칫상 | 57.72% | 기댓값 | 45.11% |
|---|---|---|---|---|---|
| 사잇길 | 78.22% | 장맛비 | 57.06% | 허릿살 | 44.24% |
| 고춧잎 | 76.47% | 담뱃갑 | 55.98% | 대팻값 | 43.63% |
| 이삿짐 | 75.62% | 사잇문 | 55.61% | 하굣길 | 42.59% |
| 담뱃불 | 73.63% | 외가댁 | 55.52% | 연둣빛 | 42.23% |

| 판잣집 | 72.96% | 부좃돈 | 54.24% | 고깃집 | 42.13% |
|--------|--------|--------|--------|--------|--------|
| 바닷속 | 72.16% | 가겟방 | 54.23% | 우윳빛 | 41.94% |
| 가짓수 | 71.84% | 황톳길 | 53.98% | 만둣국 | 41.06% |
| 배냇말 | 70.00% | 자줏빛 | 52.32% | 전셋집 | 36.50% |
| 소싯적 | 69.78% | 자릿세 | 52.29% | 단옷날 | 35.44% |
| 양칫물 | 69.62% | 고깃점 | 50.58% | 날갯짓 | 32.96% |
| 김칫독 | 64.44% | 비췻빛 | 10.85% | 어깻짓 | 30.94% |
| 고갯짓 | 63.51% | 가겟집 | 49.19% | 근삿값 | 30.20% |
| 전셋값 | 63.23% | 나잇값 | 48.75% | 귀갓길 | 28.66% |
| 예삿날 | 62.34% | 장맛날 | 47.30% | 구둣방 | 28.21% |
| 전깃줄 | 61.17% | 과붓집 | 46.45% | 소줏집 | 26.21% |
| 어젯밤 | 57.83% | 잔칫집 | 45.14% | 최솟값 | 20.20% |

다. 3음절어(2+1)의 사이시옷 표기의 정확도(20% 미만)

| 꼭짓점 | 19.91% | 색싯감 | 13.70% | 두붓국 | 2.96% |
|--------|--------|--------|--------|--------|-------|
| 낚싯배 | 19.27% | 간숫물 | 12.64% | 맥줏집 | 2.10% |
| 상앗빛 | 19.17% | 도맷값 | 9.21% | 초깃값 | 2.06% |
| 최댓값 | 18.06% | 혼잣몸 | 8.90% | 최젓값 | 0.70% |
| 북엇국 | 17.74% | 시곗줄 | 4.97% | 구굿셈 | 0.42% |
| 고삿말 | 17.65% | 국숫집 | 4.34% | | |
| 덩칫값 | 17.31% | 거랫날 | 3.03% | | |

(37가)를 보면 '2+1' 유형인 어휘 108개 중에서 정확도가 높은 어휘의 개수는 총 38개로 전체의 35.2%를 차지하였으며 (37나, 다)를 보면 정확도가 중간과 낮은 경우에 속하는 어휘는 각각 51개, 19개로 전체의 47.2%와 17.6%를 차지하고 있음을 알 수 있다. 이를 통해 '2+1' 유형의 경우, 2음절어와는 달리 정확도 90% 이상인 경우가 차지하는 비율이 상당히 적은 것을 확인할 수 있다.

### 4.3.2.2.2. 1음절어+ㅅ+2음절어

3음절어 가운데 '1+2' 유형인 어휘는 총 33개이며 이들의 정확도를 분석하면 다음과 같다.

(38) 가. 3음절어(1+2)의 사이시옷 표기의 정확도(80% 이상)

| 젓가락 | 99.98% | 뒷사람 | 99.52% | 묏자리 | 98.91% |
|---|---|---|---|---|---|
| 뒷다리 | 99.92% | 윗도리 | 99.45% | 뒷부분 | 98.90% |
| 뒷거래 | 99.91% | 뒷정리 | 99.41% | 빗줄기 | 98.81% |
| 뱃노래 | 99.87% | 윗마을 | 99.36% | 뒷모양 | 97.32% |
| 뒷얘기 | 99.84% | 뒷수습 | 99.34% | 뒷바퀴 | 96.96% |
| 윗입술 | 99.81% | 뒷받침 | 99.30% | 콧구멍 | 95.06% |
| 뒷조사 | 99.74% | 윗눈썹 | 99.27% | 쇳덩이 | 94.20% |
| 뒷모습 | 99.69% | 윗사람 | 99.21% | 찻숟갈 | 90.58% |
| 뒷감당 | 99.68% | 툇마루 | 99.15% | 탯가락 | 82.61% |
| 뒷골목 | 99.68% | 뱃머리 | 99.15% | | |
| 뒷머리 | 99.65% | 뒷걸음 | 99.03% | | |

나. 3음절어(1+2)의 사이시옷 표기의 정확도(20~80%)

| 묫자리 | 32.64% |
|---|---|

다. 3음절어(1+2)의 사이시옷 표기의 정확도(20% 미만)

| 뱃멀미 | 15.42% |
|---|---|

　　(38가)를 보면 앞의 (37가)의 '2+1' 유형인 어휘에서 나타난 정확도 분포와는 달리 '1+2' 유형의 경우 정확도 80% 이상을 차지하는 어휘들이 전체 33개 가운데 31개로 93.94%의 높은 비율을 차지하고 있음을 확인할 수 있다. 대체적으로 보았을 때는 '2+1' 유형보다 '1+2' 유형의 경우가 사이시옷 표기의 정확도가 높은 것이 확인되는 것이다. 2음절어의 경우는 'ㅅ'을 기준으로 선행 요소와 후행 요소 모두 1음절어로 구성되며 앞에서 언급한 바와 같이 전반적인 표기 정확도가 상당히 높았다는 점을 감안한다면 선행 요소의 음절 수가 적을 때 사이시옷 표기의 정확도 상승에 어느 정도 영향을 미친다는 추정을 가능하게 한다.[31]

이상 3음절어의 사이시옷 표기 정확도를 어종별로 살펴본 결과 정확도가 제일 낮은 경우는 '한자어+고유어'로 총 46개 어휘의 평균 정확도가 46.07% 이었으며 제일 정확도가 높은 경우는 '한자어+한자어' 유형으로 총 4개 어휘('맥주병, 자주색, 소주병, 외가댁')가 해당하는데 이들 정확도는 88.32%로 나타났다.

### 4.3.2.3. 4음절어의 사이시옷 표기 결과

2음절어와 3음절어의 사이시옷 정확도 표기를 바탕으로 한 추정에 따르면 'ㅅ'의 선행 요소의 음절 수가 적을수록 정확도가 높아지는 데에 어느 정도의 영향을 미치는 것으로 볼 수 있다. 이를 바탕으로 4음절어는 다시 '1+3', '2+2', '1+3'으로 그 경우를 나눌 수 있다.

#### 4.3.2.3.1. 1음절어+ㅅ+3음절어

4음절어 중 '1+3' 유형을 갖는 어휘는 총 6개인데 이들을 정확도에 따라 나누어 제시하면 다음과 같다.

(39) 가. 4음절어(1+3)의 사이시옷 표기의 정확도(80% 이상)

| 뒷이야기 | 99.83% | 뒷바라지 | 99.43% |
|---|---|---|---|
| 뒷마무리 | 99.60% | 핏덩어리 | 80.79% |
| 뒷주머니 | 99.40% | | |

나. 4음절어(1+3)의 사이시옷 표기의 정확도(20~80%)

| 찻주전자 | 79.78% |
|---|---|

---

31) 다만 앞에서 언급한 바와 같이 '1+2' 구성의 어휘 중 대부분이 선행 요소 '뒤'를 갖는 경우임에 주의할 필요가 있다.

(39)를 보면 표기 정확도가 90%가 넘는 경우는 총 4개이며 '핏덩어리'가 80.79%, '찻주전자'가 79.78%로 전반적인 정확도가 매우 높은 것을 확인할 수 있다. 또한 '핏덩어리'와 '찻주전자'를 제외한 정확도 90% 이상을 갖는 어휘들의 평균 정확도는 99.57%로 매우 높다는 것을 알 수 있다. 이를 통해 선행 요소의 음절 수가 1음절어인 경우 사이시옷의 표기 정확도가 매우 높다는 예상과 부합하는 결과로 해석할 수 있다.

### 4.3.2.3.2. 2음절어+ㅅ+2음절어

4음절어 가운데 '2+2' 유형을 가지는 어휘들을 정확도에 따라 그 결과를 제시하면 다음과 같다.

(40) 가. 4음절어(2+2)의 사이시옷 표기의 정확도(80% 이상)

| 아랫도리 | 99.35% | 오랫동안 | 93.12% |
|---|---|---|---|
| 골칫거리 | 93.89% | 아랫입술 | 91.97% |

나. 4음절어(2+2)의 사이시옷 표기의 정확도(20~80%)

| 나뭇가지 | 77.44% | 문젯거리 | 60.52% |
|---|---|---|---|
| 아랫동네 | 73.72% | 날갯죽지 | 59.89% |
| 아랫사람 | 73.07% | 아랫마을 | 58.51% |
| 머릿수건 | 69.51% | 마룻바닥 | 48.81% |
| 아랫부분 | 61.92% | 세숫비누 | 38.61% |
| 후춧가루 | 60.95% | 시곗바늘 | 24.43% |

다. 4음절어(2+2)의 사이시옷 표기의 정확도(20% 미만)

| 낚싯바늘 | 13.03% | 막냇동생 | 4.97% |
|---|---|---|---|
| 주삿바늘 | 12.91% | 만홧가게 | 1.49% |
| 빨랫비누 | 12.53% | 막냇삼촌 | 1.49% |
| 계핏가루 | 10.54% | | |

조사 대상 어휘 가운데 '2+2'의 구성을 가지는 4음절어는 총 23개로 (40가)

에서 볼 수 있는 바와 같이 정확도 80% 이상을 보이는 어휘는 총 4개가 확인되는데 이는 전체의 17.39%를 차지하는 수치이다. 이와 달리 정확도가 중간이거나 낮은 어휘의 개수는 각각 12개, 7개로 각각 54.54%, 30.43%에 해당한다. 이를 통해 앞서와 같이 예상했던 대로 선행 요소가 1음절어가 아닌 2음절어인 경우 정확도가 상대적으로 낮은 것을 확인할 수 있다.

### 4.3.2.3.3. 3음절어+ㅅ+1음절어

4음절어 가운데 '3+1' 유형을 가지는 어휘들을 정확도에 따라 그 결과를 제시하면 다음과 같다.

(41) 가. 4음절어(3+1)의 사이시옷 표기의 정확도(80% 이상)

| 남자줏빛 | 100.00% |
|---|---|
| 허드렛일 | 98.30% |

나. 4음절어(3+1)의 사이시옷 표기의 정확도(20~80%)

| 주머닛돈 | 54.58% | 한가윗날 | 43.43% |
|---|---|---|---|
| 다듬잇돌 | 50.60% | | |

다. 4음절어(3+1)의 사이시옷 표기의 정확도(20% 미만)

| 옥수숫대 | 19.04% | 나그넷길 | 4.52% |
|---|---|---|---|
| 복숭앗빛 | 12.67% | 생맥줏집 | 3.27% |

(41)을 보면 '3+1' 유형의 경우 정확도가 90% 이상인 어휘는 전체 조사 대상 9개 가운데 2개로 22.22%를 차지하며 이를 제외한 나머지 어휘는 그 정확도가 50%대 혹은 그 미만으로 대체적으로 낮은 것이 확인된다.

(41가)의 어휘 가운데 '남자줏빛'은 특이하게 정확도가 100%로 나타나는데 이는 그 표현이 2007년부터 2016년의 10년간 카페, 웹문서에서는 전혀 출현하지 않고 블로그에서만 4건이 보이는 등 그 출현 빈도수 자체가 낮으며 그만큼 언중에게 친숙한 표현이 아니기 때문에 상대적으로 정제된 표기로만

나타난다는 추정이 가능할 것으로 판단된다.

'3+1' 유형에 속하는 어휘 대다수의 정확도가 낮으며 정확도가 높은 어휘라고 하더라도 그 빈도수가 현저히 떨어짐으로 인하여 정확도 상승에 영향을 미쳤다는 추정을 바탕으로 한다면 '1+3' 유형에서보다 '3+1' 유형에서 사이시옷의 표기 정확도가 떨어진다고 결론지을 수 있다. 즉 이는 'ㅅ'의 선행 요소의 음절 수가 표기 정확도에 영향을 미치는 요인인 것으로 판단하여도 무방하다는 것을 의미한다.

이상과 같이 4음절어에 해당하는 22개 어휘의 어종별 표기 정확도를 분석한 결과, '고유어+고유어'와 '한자어+고유어' 유형으로 구분되는데 '고유어+고유어' 유형을 갖는 어휘 17개의 사이시옷 표기 정확도는 58.99%이며 '한자어+고유어' 유형 어휘 5개의 표기 정확도는 17.6%로 나타났음을 알 수 있다. 이는 곧 4음절어에서도 '한자어+고유어' 어휘의 표기 정확도가 상대적으로 떨어지는 것이 확인된다는 것을 의미한다.

## 4.3.2.4. 5음절 이상 어휘의 사이시옷 표기 결과

5음절어 이상의 어휘는 상대적으로 많지 않은데 국립국어원(2017)의 대상 어휘는 총 14개로 그 가운데 5음절어는 11개, 6음절어는 3개이다.

### 4.3.2.4.1. 5음절어의 사이시옷 표기 결과

5음절어의 유형은 다시 '1+4', '4+1', '2+3', '3+2'의 네 가지로 나뉘어진다. 각 유형의 사이시옷 표기 정확도를 먼저 제시하면 다음과 같다.

(42) 가. 음절 수 '1+4' 유형의 사이시옷 표기 정확도

| 뒷지느러미 | 99.45% |
|---|---|

나. 음절 수 '4+1' 유형의 사이시옷 표기 정확도

| | |
|---|---|
| 미꾸라짓국 | 29.12% |

다. 음절 수 '2+3' 유형의 사이시옷 표기 정확도

| | | | |
|---|---|---|---|
| 하룻강아지 | 90.69% | 바닷물고기 | 41.18% |
| 골칫덩어리 | 70.04% | 바윗덩어리 | 37.07% |
| 고깃덩어리 | 68.23% | 빨랫방망이 | 16.91% |

라. 음절 수 '3+2' 유형의 사이시옷 표기 정확도

| | |
|---|---|
| 이야깃거리 | 52.79% |
| 우스갯소리 | 38.03% |
| 옥수숫가루 | 0.63% |

먼저 (42가)의 '1+4' 유형인 '뒷지느러미'의 표기 정확도는 99.45%로 매우 높음이 확인되었다. '1+4' 유형에 해당하는 표본이 국립국어원(2017)의 조사 대상에는 하나밖에 포함되어 있지 않다는 한계가 있으나 이와는 정반대인 '4+1' 유형에 해당하는 어휘 역시 (42나)에 보이는 한 개밖에 없다. 한편 '1+4' 유형의 어휘인 '뒷지느러미'의 정확도가 높은 이유는 선행 요소가 '뒷'이기 때문에 '뒷' 계열 어휘의 영향을 받은 것으로 추정되는 면이 없지 않다.

한편 (42나)의 '미꾸라짓국'의 정확도는 (42가)의 '뒷지느러미'에 비하면 상당히 낮음을 알 수 있다. '4+1' 유형에 해당하는 '미꾸라짓국'도 마찬가지로 후행 요소가 '국'이며 이 경우는 전반적으로 음절 수와는 관계없이 '뭇국 (4.14%), 두붓국(2.96%), 만둣국(41.06%), 북엇국(17.74%)' 등에서 보이는 바와 같이 정확도가 낮다는 점을 감안해야 한다는 점에서 표기 정확도 비교에 있어 적절한 대상으로 보기는 힘든 면이 있다.[32]

따라서 국립국어원(2017)을 바탕으로 '1+4' 유형과 '4+1' 유형 어휘의 정확

---

32) 이러한 결과는 '국'이 엄태수(2007가)에서 사이시옷을 선행 요소로 가지는 명사로 제시된 것이라는 사실을 염두에 둘 때 더 예외적인 것으로 느껴진다는 것을 알 수 있다. 그러나 이러한 현상은 전술한 바와 같이 사이시옷을 선행 요소로 가지는 명사는 굳이 사이시옷을 표기할 필요가 없다는 해석도 가능하다는 점에 주의할 필요가 있다.

도를 비교하는 것은 'ㅅ' 선행 요소의 음절 수가 표기 정확도에 영향을 미치는지의 여부를 간접적으로만 판단하게끔 만들 것으로 보인다. 이에 따라 그 결과가 앞의 2, 3음절어에서 확인했던 정확도 비교 결과와 유의미한 차이를 나타낼 것으로 예상되지는 않는다.

(42다)는 '2+3' 유형인데 정확도가 90% 이상을 보이는 어휘는 '하룻강아지' 하나로 전체 '2+3' 유형 가운데 16.67%을 차지하는데 해당 비율은 앞서 언급한 3, 4음절어의 각 유형들과 비교해서도 매우 낮은 편이라 할 수 있다.

(42라)는 '3+2' 유형인데 정확도 90%를 점하는 어휘가 없다. 또한 2, 3음절어의 경우와 비교해 보았을 때 해당 유형의 어휘의 평균 정확도가 상당히 낮은 것이 확인된다.

이들을 종합적으로 볼 때 '1+4', '4+1' 유형의 경우 어휘의 수가 많지 않아 유형별 차이를 객관적으로 확인하기는 어렵지만 그럼에도 불구하고 상대적으로 어휘의 수가 많은 '2+3' 유형과 '3+2' 유형의 사이시옷 표기 정확도는 'ㅅ'의 선행 요소의 음절 수가 사이시옷 표기 정확도에 영향을 끼치는 요소임을 방증하는 것으로 보기에 무리가 없다는 점을 알 수 있다.

### 4.3.2.4.2. 6음절어의 사이시옷 표기 결과

6음절어의 경우 이론적으로는 경우의 수가 앞의 어떤 경우보다 많아야 할 것이지만 국립국어원(2017)의 분석 대상 어휘는 총 3개이고 모두 '3+3' 유형을 보였다. 먼저 사이시옷 표기 정확도를 제시하면 다음과 같다.

(43) 음절 수 3+3 유형의 사이시옷 표기 정확도

| | |
|---|---|
| 가운뎃손가락 | 18.61% |
| 다듬잇방망이 | 9.27% |
| 가운뎃발가락 | 4.08% |

(43)을 보면 이들 역시 5음절어와 유사하게 전반적인 사이시옷 표기 정확도가 매우 낮은 10.65%이며 특히 90% 이상의 정확도를 보이는 어휘가 없어 2~6음절어 중 6음절어의 사이시옷 표기 정확도가 가장 낮은 것을 확인할 수 있다는 특징이 있다.

　지금까지 음절 수에 따른 사이시옷 표기 실태 조사 결과를 살펴보았는데 그 결과 단어의 전체 음절 수가 증가할수록 표기의 정확도가 떨어지는 경향을 확인할 수 있었다. 음절 수 유형 가운데는 전체 음절이 2음절어인 경우의 사이시옷 표기 정확도가 가장 높으며 3, 4음절어로 갈수록 표기 오류가 증가하고 5, 6음절어의 경우는 오류율이 크게 증가하는 것이 이러한 분석을 뒷받침한다. 특히 5음절 이상의 어휘의 사이시옷 표기 정확도를 살펴본 결과 전체 음절 수가 증가할수록 사이시옷의 표기 정확도는 감소하는 경향이 있으며 특히 'ㅅ' 선행 요소의 음절 수가 그 정확도와 직접적인 상관관계가 있는 것으로 보인다.

　전체 음절 수가 증가할 경우 사이시옷의 표기 정확도가 떨어지는 경향은 합성어로 인식되어야 할 이들 어휘가 음절 수가 증가함에 따라 사이시옷 표기가 들어가지 않는 구 구성과 혼동되면서 발생하는 것으로 추정이 가능해 보인다. 이와 비슷한 맥락에서 선행 요소의 음절 수가 증가할 경우 역시 3음절이 넘어가면 합성어라기보다는 구 구성이라는 인식이 강해짐으로 인하여 사이시옷 표기 정확도가 떨어지는 것으로 이해할 수 있다. 이는 곧 음절 수라는 변수는 구성 방식이라는 변수와도 관련이 있음을 짐작할 수 있게 하는 부분이다.[33)]

---

33) 앞에서도 언급한 바와 같이 합성어와 구의 구성 방식에 따른 사이시옷 표기에 대해서는 실태 조사가 제대로 이루어지지 않았다는 점에서 이러한 분석은 아직 추정 단계를 넘어서기는 어렵다고 할 수 있다. 다르게는 선행 요소의 음절 수가 증가할수록 선행 요소의 단어성이 증가하므로 표의성이 함께 증가하는 것이라는 해석도 가능해 보인다. 이는 달리 말하자면 선행 요소가 한자어인 경우 한자어의 높은 표의성으로 인해 사이시옷 표기

## 4.3.3. 전문 용어 여부에 따른 조사 결과 및 분석

앞서 어종, 음절 수 외에 사이시옷 표기 정확도에 영향을 미치는 변수로 전문 용어 여부를 든 바 있다. 전술한 바와 같이 전문 용어는 해당 분야에서 오랜 시간 동안 사용되면서 굳어져 버린 개념어이기 때문에 규정에 맞지 않는 표기라고 하더라도 한 번 굳어진 형태는 바뀌지 않는 경향이 커 사이시옷 규정에 맞는 표기에 대한 수용도가 떨어지는 것이 주지의 사실이다.

국립국어원(2017)에서는 전문 용어 가운데 모두 10개를 선정하여 표기 실태를 조사하였는데 그 결과는 다음과 같다.

(44) 전문 용어의 사이시옷 표기 정확도

| 아랫변 | 95.11% | 최솟값 | 20.20% | 초깃값 | 2.06% |
|---|---|---|---|---|---|
| 기댓값 | 45.11% | 꼭짓점 | 19.91% | 구굿셈 | 0.42% |
| 대푯값 | 43.63% | 최댓값 | 18.06% | | |
| 근삿값 | 30.20% | 거랫날 | 3.03% | | |

(44)를 보면 정확도 95.11%를 보이는 '아랫변'의 경우, 다른 어휘들에 비해서 정확도가 매우 높게 나타나는 것이 다소 특이하다고 할 수 있다. 이는 동일한 분야에서 쓰이며 반의 관계에 있는 '윗변'의 영향을 받아 '윗'과 마찬가지 형태인 '아랫'으로 그 형태가 고정된 것으로 추정할 수 있다. '윗변'의 표기 정확도도 83.20%으로 '아랫변'에 비하면 차이가 있으나 다른 것들에 비하면 정확도가 매우 높은 것을 알 수 있다. 이는 우선 앞에서 언급한 바와 같이 '아래'와 '위'가 후행 요소로 사이시옷을 가져오는 명사에 해당한다는 사실과 관련이 있는 것으로 해석할 수 있다.

다음으로 '아랫변'을 제외한 나머지 어휘의 평균 정확도는 20.29%로 매우 낮은데 이때 주목할 필요가 있는 것은 이들 9개 가운데 '꼭짓점'을 제외한

비율이 떨어지는 것과 일맥상통하는 것은 아닌가 추측해 볼 수 있다는 것이다.

나머지 전문 용어의 어종은 모두 '한자어+고유어' 유형으로 구성되어 있다는 점이다.

앞서 여러 차례 강조한 바와 같이 선행 요소가 한자어인 경우 'ㅅ'이 개재됨으로 인하여 본래의 형태를 잃게 되는 것을 지양하는 경향이 강하고 따라서 '한자어+고유어' 구성에서 사이시옷 표기의 오류율이 높게 나타났음을 살펴보았다. 전문 용어의 경우에도 '아랫변, 꼭짓점'을 제외하면 모두 선행 요소가 한자어인 경우이며 따라서 전문 용어의 어종이 사이시옷 표기 정확도에 어느 정도 영향을 주는 것으로도 해석할 수 있다.

이러한 점을 염두에 둔다면 '아랫변'은 '아래'가 사이시옷 후행 명사이며 '한자어+고유어' 유형이 아닌 '고유어+한자어'의 유형이기 때문에 상대적으로 표기 정확도가 높은 결과를 보이는 것이라는 해석이 가능하다. 이러한 사실은 선행 요소가 고유어인 '꼭짓점'의 정확도가 매우 낮다는 것과도 비교가 가능하다.

이제 앞서 전문어를 일반어와 비교할 수 있도록 후행 요소를 '값'으로 고정한 경우와 그렇지 않은 경우에 대해 정확도를 살펴보기로 한다.[34]

(45) 후행 요소를 '값'으로 고정한 '한자어+고유어' 어휘의 사이시옷 표기 정확도

| 전문어 | | 일반어 | |
|---|---|---|---|
| 근삿값 | 30.20% | 전셋값 | 63.23% |
| 최솟값 | 20.20% | 도맷값 | 9.21% |
| 대푯값 | 43.63% | 최젓값 | 0.70% |
| 초깃값 | 2.06% | | |
| 기댓값 | 45.11% | | |
| 정확도 평균 | 28.24% | | 24.38% |

---

34) 전술한 바와 같이 국립국어원(2017)에서는 이 경우 일반어를 3개만 선정하였음에 주의할 필요가 있다.

(45)에 제시한 바와 같이 '값'을 고정한 경우 평균의 측면에서 보았을 때 큰 차이가 있다고 보기는 어렵다. 이는 앞에서 언급한 바와 같이 전문어와 일반어라는 특성이 사이시옷 표기에 큰 영향을 미치고 있지는 않다는 것을 의미한다. 물론 편차가 매우 크기는 하지만 '값'이 사이시옷을 선행 요소로 가지는 명사인데도 이러한 결과가 나온 것은 선행 요소가 한자어라는 사실에 기반한 것으로 해석하는 수밖에는 없을 듯하다.

다음으로 후행 요소를 고정하지 않았을 때의 '한자어+고유어'의 사이시옷 표기 정확도를 살펴보기로 하자.

(46) 후행 요소를 고정하지 않은 '한자어+고유어' 어휘의 사이시옷 표기 정확도

| 전문어 | | 일반어 | |
|---|---|---|---|
| 최댓값 | 18.06% | 전셋값 | 63.23% |
| 구굿셈 | 0.42% | 전깃줄 | 61.17% |
| 거랫날 | 3.03% | 예삿날 | 62.34% |
| 정확도 평균 | 7.17% | | 62.25% |

(46)의 경우 전문어의 표기 정확도는 매우 낮은 데 비해 일반어의 표기 정확도는 상대적으로 매우 높다고 할 수 있다. 그러나 이 경우에도 사이시옷을 표기하지 않는 것에 비해 상대적으로 높을 뿐 사이시옷을 표기하는 경우가 지배적인 것은 아니고 이러한 경향 또한 선행 요소가 한자어라는 속성에서 예측할 수 있는 정도임을 알 수 있다.

마지막으로 후행 요소를 고정하지 않은 '고유어+한자어' 어휘의 표기 정확도를 살펴보면 다음과 같다.

(47)  후행 요소를 고정하지 않은 '고유어+한자어' 어휘의 사이시옷 표기 정
확도

| 전문어 | | 일반어 | |
|---|---|---|---|
| 꼭짓점 | 19.91% | 고깃점 | 50.58% |
| 아랫변 | 95.11% | 아랫면 | 87.88% |
| 정확도 평균 | 57.51% | | 69.23% |

전술한 바와 같이 '아랫변'의 경우가 유독 사이시옷 표기 정확도가 높고
해당하는 예가 많지 않아 비교가 어려운 점이 없지 않지만 그것을 감안하더
라고 전문어가 일반어보다 표기 정확도가 낮다는 점에 주목할 필요가 있다.
그리고 앞의 '한자어+고유어'의 두 경우보다 사이시옷 표기 정확도가 높다는
점에도 관심을 기울일 필요가 있다. 이는 선행 요소가 '고유어'일 경우 '한자
어'일 때보다 사이시옷 표기 정확도가 높다는 앞의 논의를 그대로 반영하는
것이기 때문이다.

이상의 분석을 통해 전문 용어의 사이시옷 표기 정확도는 일반어의 경우
보다 매우 낮다는 것을 재확인할 수 있고 그 속에서는 다시 선행어의 어종이
고유어일 때보다 한자어일 경우 낮다는, 어종에 대한 분석과 일치하는 결과
를 도출할 수 있다.

### 4.3.4. 사이시옷의 발음에 따른 조사 결과 및 분석

사이시옷 관련 표기 규정이 사이시옷에 관한 <표준 발음법>(2017)과도 밀
접하게 관련된다는 사실에 대해서는 앞서 언급한 바 있다. 현실적인 발음과
표기의 일관성을 견지할 수 있는 규정으로 개선될 필요성이 지속적으로 제기
되는 상황을 고려할 때 사이시옷의 발음과 관련된 표기 실태에 대한 조사도
필요하다는 것을 알 수 있다.

이에 따라 국립국어원(2017)에서는 사이시옷의 뒷말이 '된소리'로 나는 경

우와 뒷말의 첫소리 앞에서 'ㄴ(ㄴ)' 소리가 덧나는 경우로 나누어 표기 실태를 조사하였다.[35]

### 4.3.4.1. 뒷말이 된소리로 나는 경우의 사이시옷 표기 실태

국립국어원(2017) 실태 조사의 대상이 된 단어들 가운데 뒷말이 된소리로 나는 경우는 총 183개인데 이를 정확도 구간별로 정리하면 다음과 같다.

(48) 가. 뒷말이 된소리로 나는 경우의 사이시옷 표기의 정확도(80% 이상)

| 주스병 | 100.00% | 뒷주머니 | 99.40% | 소주병 | 97.91% |
|---|---|---|---|---|---|
| 세뱃돈 | 93.56% | 남자춧빛 | 100.00% | 햇빛 | 99.39% |
| 뒷산 | 97.85% | 오랫동안 | 93.12% | 페트병 | 100.00% |
| 아랫도리 | 99.35% | 뒷줄 | 97.85% | 귓밥 | 92.91% |
| 연두색 | 99.99% | 뒷수습 | 99.34% | 잿빛 | 97.08% |
| 체기 | 92.63% | 젓가락 | 99.98% | 뒷받침 | 99.30% |
| 뒷바퀴 | 96.96% | 하룻강아지 | 90.69% | 맥주병 | 99.94% |
| 윗사람 | 99.21% | 피자집 | 96.61% | 찻숟갈 | 90.58% |
| 뒷다리 | 99.92% | 뒷심 | 99.10% | 방앗간 | 96.04% |
| 비췻빛 | 89.15% | 뒷거래 | 99.91% | 뱃살 | 99.09% |
| 윗돌 | 95.77% | 머릿수 | 87.43% | 자주색 | 99.90% |
| 뒷굽 | 99.06% | 전세방 | 95.37% | 아랫방 | 86.90% |
| 햇살 | 99.88% | 뒷걸음 | 99.03% | 횟감 | 95.20% |
| 외갓집 | 85.76% | 뒷조사 | 99.74% | 이맛살 | 98.98% |

---

35) 실제 보다 중요한 것은 '된소리'로 나는 경우와 'ㄴ(ㄴ)'으로 날 때 사이시옷을 표기하는지를 확인하는 것이다. 그러나 국립국어원(2017)은 인터넷이라는 표기 자료를 가지고 실태 분석을 진행한 것이므로 가령 '된소리' 혹은 'ㄴ(ㄴ)'으로 발음하고 이를 사이시옷 표기로 옮긴 것인지 확인할 수 없다는 한계가 있다. 이러한 한계를 극복하기 위해 5장에서 살펴볼 국립국어원(2018)은 사잇소리 현상과 이에 따른 사이시옷 표기의 직접적인 관계를 포착하기 위해 설문 조사를 진행하고 있음에 주목할 필요가 있다. 따라서 여기서의 '사이시옷 발음'이라는 표현은 실제 사이시옷 발음을 조사한 것이 아니라 사잇소리 현상이 있었다고 간주하고 이를 단순히 '된소리'와 'ㄴ(ㄴ)'으로 나눈 것임에 주의할 필요가 있다.

| 아랫변 | 95.11% | 아랫길 | 84.05% | 뒷골목 | 99.68% |
|---|---|---|---|---|---|
| 윗집 | 98.97% | 콧구멍 | 95.06% | 부잣집 | 83.81% |
| 뒷감당 | 99.68% | 묏자리 | 98.91% | 콧구멍 | 95.06% |
| 툇간 | 83.52% | 아랫배 | 99.53% | 빗줄기 | 98.81% |
| 귓병 | 94.93% | 기왓장 | 82.89% | 뒷사람 | 99.52% |
| 뒷벽 | 98.52% | 횟집 | 94.45% | 탯가락 | 82.61% |
| 윗도리 | 99.45% | 찻잔 | 98.49% | 아랫돌 | 94.23% |
| 머릿속 | 81.99% | 뒷지느러미 | 99.45% | 뒷방 | 98.31% |
| 쉿덩이 | 94.20% | 핏덩어리 | 80.79% | 뒷바라지 | 99.43% |
| *번지수* | 98.27% | 칫솔 | 93.98% | 종잇장 | 80.10% |
| 촛불 | 99.43% | 뒷장 | 98.08% | 골칫거리 | 93.89% |
| 뒷정리 | 99.41% | 뒷간 | 98.01% | 하룻밤 | 93.65% |

나. 뒷말이 된소리로 나는 경우의 사이시옷 표기의 정확도(20~80%)

| 조갯살 | 79.51% | 김칫독 | 64.44% | 마굿간 | 52.40% |
|---|---|---|---|---|---|
| 콧속 | 79.43% | 고갯짓 | 63.51% | 자줏빛 | 52.32% |
| 사잇길 | 78.22% | 전셋값 | 63.23% | 자릿세 | 52.29% |
| *백지장* | 78.21% | 아랫부분 | 61.92% | 다듬잇돌 | 50.60% |
| 나뭇가지 | 77.44% | 전깃줄 | 61.17% | 고깃점 | 50.58% |
| 이삿짐 | 75.62% | 후춧가루 | 60.95% | 가겟집 | 49.19% |
| 아랫동네 | 73.72% | 문젯거리 | 60.52% | 마룻바닥 | 48.81% |
| 담뱃불 | 73.63% | 날갯죽지 | 59.89% | 나잇값 | 48.75% |
| 뼛골 | 73.41% | 어젯밤 | 57.83% | 과붓집 | 46.45% |
| 아랫사람 | 73.07% | 잔칫상 | 57.72% | 잔칫집 | 45.14% |
| 판잣집 | 72.96% | 장맛비 | 57.06% | 기댓값 | 45.11% |
| 바닷속 | 72.16% | 담뱃갑 | 55.98% | *개수* | 44.70% |
| 가짓수 | 71.84% | 외갓댁 | 55.52% | 허릿살 | 44.24% |
| 골칫덩어리 | 70.04% | 주머닛돈 | 54.58% | 대푯값 | 43.63% |
| 소싯적 | 69.78% | 부좃돈 | 54.24% | 하굣길 | 42.59% |
| 머릿수건 | 69.51% | 가겟방 | 54.23% | 고깃집 | 42.13% |
| *뒤쪽* | 68.25% | 황톳길 | 53.98% | 우윳빛 | 41.94% |
| 찻주전자 | 79.78% | 고깃덩어리 | 68.23% | 이야깃거리 | 52.79% |
| 만둣국 | 41.06% | 죗값 | 39.73% | 세숫비누 | 38.61% |
| 우스갯소리 | 38.03% | 전셋집 | 36.50% | 어깻집 | 30.94% |

| 기찻간 | 37.50% | 날갯짓 | 32.96% | 근삿값 | 30.20% |
|---|---|---|---|---|---|
| 바윗덩어리 | 37.07% | 못자리 | 32.64% | 미꾸라짓국 | 29.12% |
| 귀갓길 | 28.66% | 연두빛 | 27.53% | 시곗바늘 | 24.43% |
| 구둣방 | 28.21% | 소줏집 | 26.21% | 최솟값 | 20.20% |

다. 뒷말이 된소리로 나는 경우의 사이시옷 표기의 정확도(20% 미만)

| 꼭짓점 | 19.91% | 색싯감 | 13.70% | 막냇동생 | 4.97% |
|---|---|---|---|---|---|
| 낚싯배 | 19.27% | 낚싯바늘 | 13.03% | 나그넷길 | 4.52% |
| 상앗빛 | 19.17% | 주삿바늘 | 12.91% | 국숫집 | 4.34% |
| 옥수숫대 | 19.04% | 복숭앗빛 | 12.67% | 뭇국 | 4.14% |
| 가운뎃손가락 | 18.61% | 빨랫비누 | 12.53% | 가운뎃발가락 | 4.08% |
| 최댓값 | 18.06% | 계핏가루 | 10.54% | 생맥줏집 | 3.27% |
| 북엇국 | 17.74% | 다듬잇방망이 | 9.27% | 두붓국 | 2.96% |
| 덩칫값 | 17.31% | 도맷값 | 9.21% | 맥줏집 | 2.10% |
| 빨랫방망이 | 16.91% | 시곗줄 | 4.97% | 초깃값 | 2.06% |
| 만홧가게 | 1.49% | 산봇길 | 1.01% | 옥수숫가루 | 0.63% |
| 막냇삼촌 | 1.49% | 최젓값 | 0.70% | 구굿셈 | 0.42% |

(48가)는 뒷말이 된소리로 나는 183개의 합성어 어휘 중 표기의 정확도가 80% 이상인 것만을 가져온 것으로 78개, 즉 42.62%가 이에 해당된다는 것을 알 수 있다. (48나)는 뒷말이 된소리로 나는 183개의 합성어 어휘 중 표기의 정확도가 20~80%인 것으로 전체 어휘 중 72개, 즉 39.34%가 이에 해당된다. (48다)는 뒷말이 된소리로 나는 합성어 어휘 중 표기의 정확도가 20% 미만인 것으로 183개 어휘 중 33개, 즉 18.03%가 이에 해당된다.

## 4.3.4.2. 뒷말의 첫소리 앞에서 'ㄴ' 소리가 덧나는 경우

국립국어원(2017) 실태 조사의 대상이 된 단어들 가운데 뒷말의 첫소리 'ㄴ, ㅁ' 앞에서 'ㄴ' 소리가 덧나는 경우는 총 54개이며 정확도 구간별로 정리하면 다음과 같다.

(49) 가. 뒷말의 첫소리 앞에서 'ㄴ' 소리가 덧나는 경우의 사이시옷 정확도
(80% 이상)

| | | | | | |
|---|---|---|---|---|---|
| 귀엣말 | 99.95% | 콧물 | 99.51% | 윗녘 | 98.60% |
| 뒷맛 | 99.95% | 시냇물 | 99.49% | 바닷물 | 98.51% |
| 뱃노래 | 99.87% | 요샛말 | 99.42% | 핏물 | 98.43% |
| 훗날 | 99.87% | 윗마을 | 99.36% | 아랫목 | 98.05% |
| 팻말 | 99.78% | 윗눈썹 | 99.27% | 뒷모양 | 97.32% |
| 뗏목 | 99.76% | 촛농 | 99.19% | 곗날 | 97.21% |
| 뒷모습 | 99.69% | 뱃머리 | 99.15% | 시쳇말 | 96.74% |
| 뒷머리 | 99.65% | 툇마루 | 99.15% | 세숫물 | 96.08% |
| 뒷마무리 | 99.60% | 뒷목 | 98.99% | 비눗물 | 95.71% |
| 뒷날 | 99.55% | 뒷문 | 98.92% | 혼잣말 | 94.67% |
| 노랫말 | 94.10% | 수돗물 | 91.51% | 혼삿말 | 86.93% |
| 존댓말 | 92.80% | 뒷면 | 89.90% | 동짓날 | 80.96% |
| 아랫녘 | 92.05% | 낙숫물 | 88.60% | 아랫면 | 87.88% |
| 제삿날 | 91.56% | | | | |

나. 뒷말의 첫소리 앞에서 'ㄴ' 소리가 덧나는 경우의 사이시옷 정확도
(20~80%)

| | | | |
|---|---|---|---|
| 배냇말 | 70.00% | 장맛날 | 47.30% |
| 양칫물 | 69.62% | 한가윗날 | 43.43% |
| 예삿날 | 62.34% | 바닷물고기 | 41.18% |
| 아랫마을 | 58.51% | 단옷날 | 35.44% |
| 사잇문 | 55.61% | | |

다. 뒷말의 첫소리 앞에서 'ㄴ' 소리가 덧나는 경우의 사이시옷 정확도
(20% 미만)

| | | | |
|---|---|---|---|
| 고샅말 | 17.65% | 혼잣몸 | 8.90% |
| 뱃멀미 | 15.42% | 거랫날 | 3.03% |
| 간숫물 | 12.64% | | |

(49가)는 뒷말의 첫소리 앞에서 'ㄴ' 소리가 덧나는 경우 중 정확도가 80% 이상인 것들로 총 54개 어휘 중 40개, 74.07%가 이에 해당한다. (49나)는

뒷말의 첫소리 앞에서 'ㄴ' 소리가 덧나는 경우 중 정확도가 20~80%인 것들로 총 54개 어휘 중 9개, 16.67%가 이에 해당한다. (49다)는 뒷말의 첫소리 앞에서 'ㄴ' 소리가 덧나는 경우 중 정확도가 20% 미만인 것들로 총 54개 어휘 중 5개, 9.26%가 이에 해당한다.

### 4.3.4.3. 뒷말의 첫소리 앞에서 'ㄴㄴ' 소리가 덧나는 경우

국립국어원(2017) 실태 조사의 대상이 된 단어들 가운데 뒷말의 첫소리 모음 앞에서 'ㄴㄴ' 소리가 덧나는 경우는 총 9개이며 해당 어휘의 정확도를 제시하면 다음과 같다.

(50) 뒷말의 첫소리 앞에서 'ㄴㄴ' 소리가 덧나는 경우의 사이시옷 정확도

| 뒷얘기 | 99.84% | 나뭇잎 | 93.40% |
|---|---|---|---|
| 뒷이야기 | 99.83% | 뒷일 | 93.32% |
| 윗입술 | 99.81% | 아랫입술 | 91.97% |
| 허드렛일 | 98.30% | 고춧잎 | 76.47% |
| 베갯잇 | 97.83% | | |

(50)에서 볼 수 있듯이 뒷말의 첫소리 앞에서 'ㄴㄴ' 소리가 덧나는 어휘들의 사이시옷 표기 정확도는 '고춧잎'을 제외하면 대부분 90% 이상을 나타내고 있음에 주목할 필요가 있다. 즉 9개 어휘 중 8개의 어휘(88.89%)의 정확도가 매우 높은 수준을 보인 것이다. 또한 '고춧잎'의 표기 정확도도 76.47%로 80%에 가까운 수치를 보이고 있다.

이상 사이시옷의 발음에 따른 표기의 정확도를 조사한 결과 'ㄴ(ㄴ)' 소리가 덧나는 경우보다 된소리로 발음될 때의 정확도가 더 낮은 것을 확인할 수 있다. 즉 뒷말의 첫소리가 된소리로 날 때에는 80% 이상의 정확도를 보이

는 경우가 전체 조사 대상 어휘의 절반에 못 미쳤고 사이시옷 표기 규범을 혼동하는 경우(20~80%의 정확도)와, 규범과 반대로 표기하는 경우(20% 미만의 정확도)의 비율이 각각 39.34%와 18.03%에 이르렀다.

반면 뒷말의 첫소리 앞에서 'ㄴ(ㄴ)' 소리가 덧날 때에는 80% 이상의 정확도를 보이는 경우가 전체의 74%와 88%를 넘고 있다. 'ㄴ' 소리가 덧나는 경우와 'ㄴㄴ' 소리가 덧나는 경우의 정확도 차이는 크지 않다고 할 수 있다.

물론 뒷말의 첫소리가 된소리로 나는 경우와 뒷말의 첫소리 앞에서 'ㄴ(ㄴ)' 소리가 덧나는 경우의 단어 목록 수가 크게 차이가 나기 때문에 절대적인 비교는 불가능하다고 할 수 있지만 'ㄴ' 소리가 덧나는 경우보다 된소리로 소리 나는 경우 사이시옷 표기에 대한 언중들의 혼란과 부담이 크다는 것은 간접적으로 확인할 수 있다.


## 4.4. 실태 조사에 대한 통계적 분석

### 4.4.1. 통계 처리 방법 및 개요

국립국어원(2017)에서는 앞서 제시한 사이시옷 표기 실태에 대해 질적으로 분석한 결과가 통계적으로도 유의미한지 검증하고 있다. 즉 언중들의 사이시옷 표기 실태에 대하여 어종, 사용 빈도, 발음, 연도별 추이를 통계적으로 분석하여 제시하고 있다.

이를 위해 국립국어원(2017)에서는 모집단의 각 변수(어종, 발음 등) 간 분석하고자 하는 수치의 평균이 동일하다는 기본 영가설에 대하여, 집단 간 평균에 차이가 있다는 대립 가설을 설정하여 유의 확률(5%) 내에서의 유의성을 검정하였다. 이 유의 확률은 모집단의 영가설이 실제로 참임에도 불구하고 표본 조사 결과를 가지고 잘못 기각하게 될 확률을 의미하며 이 집단 간 차이를 통계적으로 명확하게 드러내기 위해 정확도 대신 오류율을 비교 대상으로 설정하였다. 즉 사이시옷 표기의 정확도는 오류율보다 상대적으로 훨씬 높아 정확도를 기준으로 할 경우 어종별, 사용 빈도별, 발음별, 연도별 차이가 미미하므로 그 차이가 대별되어 드러나지 않는다. 따라서 변수별 차이를 통계적으로 드러내는 데에는 오류율을 기준으로 보는 것이 좀 더 효율적이라고 보았다.

수집된 자료는 통계 프로그램인 R을 이용하였고 어종, 선행 요소와 후행 요소의 어종, 사용 빈도, 발음, 연도, 매체 장르 등 각 변수를 중심으로 분산분석(ANOVA)을 수행하였다. 분산분석(ANOVA)은 두 개 이상 집단 간 평균의 차이를 비교하는 통계분석 기법에 해당한다.

통계 분석에 사용된 어휘는 총 234개이다. 이는 실태조사를 위해 선정하였던 어휘의 개수 246개와 차이를 보인다. 이러한 차이는 246개 어휘에서 통계분석을 위해 제외한 어휘와 새로 추가한 어휘 때문에 나타난 현상이다.

우선 제외한 어휘는 두 부류이다. 하나는 어휘의 빈도수를 블로그, 카페, 웹문서의 영역별로 나누어 조사하였으나 세 영역 가운데 어느 한 영역에서만 빈도수가 잡히고 다른 쪽에서는 잡히지 않아 영역별 빈도수 차가 극심한 경우 통계 결과를 왜곡할 우려가 있다고 판단하여 '가운뎃발가락, 가운뎃손가락, 간숫물, 거랫날, 고삿말, 남자줏빛, 다듬잇방망이, 만홧가게, 배냇말, 빨랫방망이, 예삿날, 옥수숫가루, 우스갯소리, 탯가락, 하룻강아지' 등 총 15개 어휘를 일차적으로 제외하였다. 다른 하나는 통계의 정합성을 위해 사이시옷 미표기 단어 16개를 제외하였다. 대신 새로이 추가한 어휘는, 일반적으로 많이 쓰이나 빈도수 검색 시 동형어의 검색으로 인하여 해당 어휘 자체만으로는 빈도수가 포착되지 않는 문제가 발견되는 경우 확장 검색을 실시하였고 이 과정을 통해 '깃발, 냇가, 뒷돈, 바닷가, 보셋집, 셋방, 수돗가, 아랫집, 윗면, 윗부분, 잇속, 잣대, 장밋빛, 잿물, 전셋가, 찻간, 찻길, 촛대, 푯말' 등 19개가 추가되었다.

## 4.4.2. 통계 분석 결과

### 4.4.2.1. 어종별 오류율 분석

현행 <한글 맞춤법>(1988)에서는 사이시옷 표기의 주요한 변수로서 '어종'을 들고 있다. 즉 고유어와 고유어 또는 고유어와 한자어로 이루어진 합성어에서 사잇소리 현상이 일어나는 경우 사이시옷을 표기하도록 규정하고 있음에 대해 앞서 여러 번 언급한 바 있다. 그리고 그 과정에서 '한자어+고유어'의 경우에 다른 경우들보다 사이시옷 표기의 정확도가 떨어진다는 실태 조사 결과를 제시한 바 있다. 따라서 여기서는 이러한 결론이 통계적으로도 타당한지 분석해 볼 필요가 있다.

#### 4.4.2.1.1. 어종별 오류율의 빈도 분포

먼저 어종별로 오류율의 빈도 분포를 나타내면 다음과 같다.

(51)  어종별 오류율의 빈도 분포

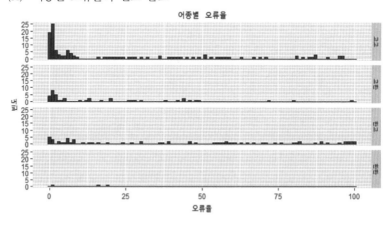

(51)은 '고유어+고유어(고고)', '고유어+한자어(고한)', '한자어+고유어(한고)', '한자어+한자어(한한)'의 어종별로 오류율이 나타나는 빈도 분포를 보여 주고

있다. '고유어+고유어'의 경우 전체적으로 어휘 검색 빈도는 가장 높게 나타나지만 그래프의 왼쪽에 개체들이 치우쳐져 있으므로 오류율은 낮다고 볼 수 있다. 반면, '한자어+고유어'는 다른 어종에 비해 오류율이 낮은 쪽부터 높은 쪽까지 고르고 넓게 분포하고 있음을 볼 수 있다.

이를 통계적으로 '어종' 차이가 오류율에 영향을 미치는지 어종별 오류율 차이가 통계적으로 유의하다고 나타난 경우 어떤 어종에서 그 차이가 있다고 나타나는지 구체적으로 분석하기 위해 분산분석(ANOVA)을 시행할 필요가 있다. 분산분석(ANOVA) 결과는 다음과 같다.

(52) 가. 어종별 오류율

|  | 자유도 | 제곱합 | 평균 제곱합 | F 통계량 | p(유의 확률) |
|---|---|---|---|---|---|
| 집단 간 (어종) | 3 | 26556 | 8852 | 9.35 | p < .001 |
| 집단 내 | 229 | 216805 | 947 |  |  |

나. 어종별 오류율 차이 비교

|  | 집단 간 차이 | 신뢰구간 하한 | 신뢰구간 상한 | p(유의 확률) |
|---|---|---|---|---|
| 고한-고고 | -4.052479 | -18.344549 | 10.23959 | 0.8834040 |
| 한고-고고 | 21.778297 | 9.729014 | 33.82758 | < .001 |
| 한한-고고 | -11.242717 | -57.793409 | 35.30797 | 0.9239560 |
| 한고-고한 | 25.830776 | 10.246285 | 41.41527 | < .001 |
| 한한-고한 | -7.190238 | -54.778661 | 40.39819 | 0.9796635 |
| 한한-한고 | -33.021014 | -79.984617 | 13.94259 | 0.2667198 |

(52가)를 보면 어종별로 오류율에 차이가 있다는 결과는 유의 확률(p < .001) 내에서 통계적으로 유의미한 것으로 나타나고 있음을 알 수 있다. 분산분석 결과는 F 통계량과 이에 따른 유의 확률로 검정하는데 F 통계량(9.35)은 집단(어종) 간 평균 제곱합(변량)과 집단 내 평균 제곱합 사이의 비율에 해당한다. 또한 평균 제곱합은 제곱합을 각 자유도로 나누어 산출한 것이다. 결론적으로 F 통계량 수치가 클수록 집단 간 차이가 크게 나타남을 의미한다.

(52나)는 어종별 오류율 차이가 통계적으로 유의미하게 나타났으므로 구체적으로 어떤 어종에서 오류 차이가 나타나는지를 살펴보기 위한 것이다. 즉 '고유어+한자어(고한)'로 구성된 단어와 '고유어+고유어(고고)'로 구성된 단어의 경우, '한자어+고유어(한고)'와 '고유어+고유어(고고)'로 구성된 단어의 경우 등 어종별 오류율에 어떠한 차이가 있는지 사후 검정(Tukey's HSD)을 실시한 것이다. (52나)에서 신뢰구간 하한과 상한은 95% 신뢰구간 내에서의 하한값과 상한값을 나타낸 것이다. 사후 검정 결과 통계적으로 유의한 값(p<.001)을 보이는 어종은 '한고-고고', '한고-고한' 두 그룹임을 알 수 있다. 여기에서 '한자어+한자어' 유형은 목록에서 나타나는 빈도가 상대적으로 다른 어종에 비해 적으므로 통계 분석에서 제외하면 '한자어+고유어'와 '고유어+고유어', '한자어+고유어'와 '고유어+한자어' 두 경우에 오류율 차이가 대별된다는 것을 알 수 있다. 이를 종합하면 '한자어+고유어'의 경우 다른 어종에 비해 상대적으로 오류율이 높게 나타나는 경향이 있음을 결론지을 수 있다.

### 4.4.2.1.2. 어종별 오류율의 중간값

중간값이란 위치 대푯값의 하나로 통계 집단의 관측값을 크기순으로 배열했을 때 전체의 중앙에 위치하는 수치를 뜻한다.

'고유어+고유어', '한자어+고유어', '고유어+한자어', '한자어+한자어'의 어종별 오류율의 중간값을 측정하는 이유는 어종별 모집단의 개체 수에 차이가 있었기 때문이다. 오류율이 높게 나타난 이유가 한 어종에 속하는 데이터의 수가 많기 때문일 수도 있으므로 어종별 오류율의 중간값을 산출할 필요가 있는 것이다.

어종별 오류율의 중간값을 산출한 결과는 다음과 같다.

(53) 어종별 오류율 중간값 분포

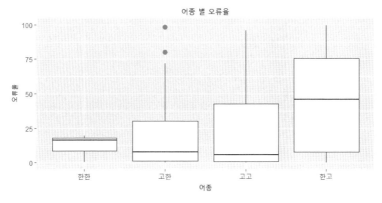

(53)의 네모 상자에서 하단의 선은 전체 빈도의 25%, 내부의 굵은 선은 50%(중간값), 상단의 선은 75% 지점을 나타낸다. 세로 선은 전체 분포를 나타내며, 점은 통계적으로 봤을 때, 전체적인 분포로부터 떨어진 극단치를 나타낸다.

'고유어+한자어'와 '고유어+고유어'의 경우 중간값이 매우 낮아 전체적으로 오류율이 적은 쪽에 몰려 있음을 보여 주고 있다. '한자어+고유어'의 경우 오류율이 0~100%에 육박하는 것도 있음을 앞서 살펴본 바 있다. '한자어+고유어'의 중간값은 상대적으로 매우 높은 지점 즉 오류율 50% 부근으로 상대적으로 오류율이 높게 나타남을 알 수 있다. '한자어+한자어'의 경우 전체 빈도가 적은 탓도 있겠으나 가장 오류율이 높은 것도 25%가 채 되지 않는다는 점에 주목할 필요가 있다.

### 4.4.2.1.3. 어종별 사용 빈도와 오류율의 상관관계

국립국어원(2017)에서는 사용 빈도에 따른 오류율의 변화 및 경향성을 어종별로 분석하고 있다. 다음은 사용 빈도와 오류율의 상관관계를 산점도로 나타낸 것이다.

(54) 어종별 사용 빈도에 따른 오류율

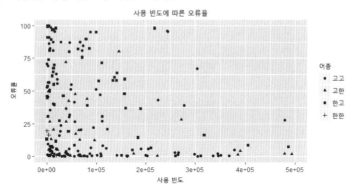

(54)에서 가로축은 단어의 사용 빈도(검색 횟수)를 나타내며 세로축은 오류율을 나타낸다. 전체적으로 볼 때 0 주변 즉 빈도수가 높지 않은 곳에 데이터가 많이 몰려 있는 비정규 분포를 보이나 사용 빈도가 높은 경우 오류율이 낮아지는 경향을 보이고 있다는 점에 주목할 필요가 있다. 이러한 경향은 모든 어종에서 공통적으로 나타나는데, '고유어+고유어(동그라미 표시)', '한자어+고유어(네모 표시)'의 경우 더욱 잘 드러나고 있다.

### 4.4.2.2. 발음에 따른 오류율 분석

국립국어원(2017)에서는 사이시옷 발음에 따라 오류율에 차이가 있는지를 확인하기 위해 분산분석(ANOVA)을 실시하였다. 먼저 발음별 오류율을 제시하면 다음과 같다.

(55) 발음별 오류율 결과

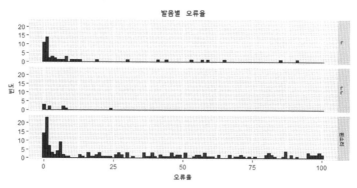

(55)에서 나타나는 것처럼 'ㄴ' 소리가 덧나는 경우보다 된소리로 발음 날 때 오류율이 더 높다는 것을 알 수 있다. 이는 조사 대상 어휘 목록에 된소리로 발음 나는 어휘가 더 높은 비중을 차지하고 있기 때문이기도 하다.

이러한 차이가 통계적으로도 유의한지 살펴보기 위해 분산분석(ANOVA)해 본 결과를 제시하면 다음과 같다.

(56) 발음별 오류율 분산분석 결과

|  | 자유도 | 제곱합 | 평균 제곱합 | F 통계량 | P(유의 확률) |
|---|---|---|---|---|---|
| 집단 간 (발음) | 2 | 24894 | 12447 | 13.1 | 4.08e-06 *** |
| 집단 내 | 230 | 215467 | 950 |  |  |
| Signif. codes : 0 '***' 0.001 '**' 0.01 '*' 0.05 '.' 0.1 ' ' 1 |||||| 

(56)을 보면 P값이 '4.08e-06***'이므로 발음별 오류율 차이는 통계적으로 유의미한 것으로 나타났다(p<.001). 이처럼 발음별 오류율 차이가 통계적으로 유의미하게 나타났으므로 구체적으로 어떤 발음에서 오류 차이가 나타나는 지 분산분석(ANOVA)을 실시할 필요가 있다.

(57) 발음별 오류율 차이 비교

|  | 집단 간 차이 | 신뢰구간 하한 | 신뢰구간 상한 | p(유의 확률) |
|---|---|---|---|---|
| ㄴㄴ-ㄴ | -7.415192 | -33.663219 | 18.83283 | 0.7831995 |
| 된소리-ㄴ | 22.218180 | 10.712487 | 33.72387 | 0.0000252 |
| 된소리-ㄴㄴ | 29.633372 | 4.772951 | 54.49379 | 0.0147404 |
| *p<0.05 | | | | |

(57)의 분산분석(ANOVA) 결과, 통계적으로 유의한(p<0.05) 값을 보이는 경우는 '된소리-ㄴ', '된소리-ㄴㄴ'의 두 가지임을 알 수 있다. 이에 비해 'ㄴㄴ-ㄴ' 사이에서는 오류율의 차이가 크게 나타나지 않았다. 이는 된소리가 'ㄴ(ㄴ)' 소리가 덧나는 경우보다 오류율이 유의미하게 높다는 것을 나타낸다. 다음으로 발음별 오류율의 중간값은 다음과 같다.

(58) 발음별 오류율 중간값 분포

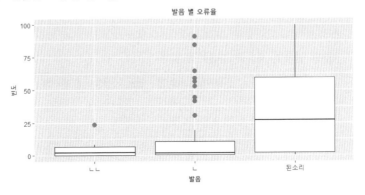

(58)을 보면 '된소리' 발음이 나는 경우 중간값이 높고 75%에 해당하는 오류율도 상당히 높게 나타나는 것을 알 수 있다.

## 4.4.2.3. 어종에 따른 연도별 오류율 추이

마지막으로 어종에 따라 나타나는 연도별 오류율 추이에 대해 간단히 살펴볼 필요가 있다. 이를 제시하면 다음과 같다.

(59) 어종별 오류율 연도 변화

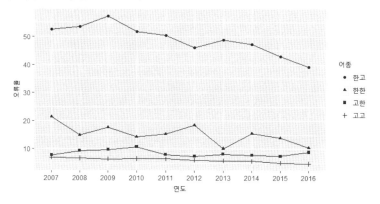

(59)를 보면 선행 요소가 고유어일 때보다 한자어일 때의 오류율이 높다는 것을 알 수 있다. 특히 선행 요소가 한자어이고 후행 요소가 고유어일 때의 오류율이 높다는 점에 주의할 필요가 있다. 선행 요소가 고유어인 경우는 오류율이 낮을 뿐만 아니라 연도별 오류율 차이도 크지 않았다. 반면 선행 요소가 한자어인 경우 오류율도 높고 연도별 오류율 변화도 상대적으로 큰 편이다.

전체적으로 볼 때 선행 요소가 한자어일 때 오류율이 점차 줄어드는 경향을 보이고 있기는 하나 연도에 따라 오르내림을 반복하고 있다. 이는 선행 요소가 한자어일 때 사이시옷을 받쳐 적을지에 대해 언중들이 혼란을 느끼고 있음을 보여 준다고 해석할 수 있다.[36]

---

36) 이상과 같은 실태 조사는 사이시옷 표기 규정에 대한 개정 방안으로 연결되어야 한다. 실제 국립국어원(2017)에서는 별도의 설문 조사를 통해 이에 대해 논의하고 있으나 이

---

장에서는 실태 조사만 충실히 제시하는 데 역점을 두었다. 사이시옷 표기 규정에 대한 이들 설문 조사 결과는 6장에서, 국립국어원(2018)과 함께 제시하기로 한다. 따라서 국립국어원(2018)도 실태 조사 결과는 5장에서 먼저 제시하고, 이에 따른 개선 방안에 대해서는 6장에서 종합적으로 제시하기로 한다.

# 설문 조사를 통한 사잇소리 현상과 사이시옷 표기의 실태

## 5.1. 설문 조사를 통한 사잇소리 현상과 사이시옷 표기 실태 조사의 필요성

앞선 4장에서 국립국어원(2017)은 기존의 설문 조사가 가지는 단점을 극복하기 위해 박동근(2012, 2014)의 방법론에 따라 웹 검색을 통한 대규모 실태 조사라는 의의를 갖는다는 점을 강조하였다. 그러나 웹 검색이 가지는 한계가 없는 것은 아니다. 또한 국립국어원(2017)의 실태 조사가 가지는 한계도 노출되었다. 국립국어원(2018)은 이러한 한계들을 극복하기 위해 다음과 같은 몇 가지 측면에 특히 주안점을 두었다.

첫째, 무엇보다도 웹 검색은 오로지 표기만 대상으로 삼을 수 있기 때문에 사잇소리 현상과 사이시옷 표기의 직접적인 관련성을 포착하기 어렵다는 한계가 있다. 즉 사이시옷을 표기하는 것이 사잇소리 현상을 반영하기 위한 것인지 아니면 사잇소리 현상과 관련 없는 것인지 웹 검색을 통해서는 판단할 수 없는 것이다.[1] 이러한 한계를 극복하기 위해 국립국어원(2018)에서는

---

[1] 그럴 가능성은 크지 않지만 극단적으로는 사잇소리 현상이 실현되지 않는데도 불구하고 사이시옷을 표기할 가능성도 있다는 것이다. 따라서 국립국어원(2018)의 실태 조사는 국립

사잇소리 관련 어휘들의 실제적인 발음과 이에 따른 사이시옷의 표기 실태를 조사하려는 데 일차적인 목적이 있다.

둘째, 국립국어원(2017)은 현행 규정에 따른 올바른 표기와 그렇지 못한 표기를 비교하기 위해 사전 등재어로만 대상을 한정할 수밖에 없는 한계가 있다. 따라서 사전에 등재되지 않았으나 최근 언어생활에서 높은 빈도로 사용되고 있는 어휘의 표기 실태는 관심 대상으로 삼을 수 없었다. 이러한 한계를 극복하기 위해 국립국어원(2018)에서는 일상적으로 널리 쓰이지만 아직 사전에 등재되지 않은 미등재어에 대한 발음과 표기도 파악할 수 있도록 하였다.

셋째, 국립국어원(2017)에서는 전문 용어를 표기 실태 대상으로 포함시키기는 하였으나 거의 수학 분야에만 국한되어 있을 뿐만 아니라 전문 용어의 표기 실태에 대한 의견 수렴에까지는 이르지 못한 한계가 있다. 가령 '뱅어', '잉어' 등은 고유어로 보기 때문에 '과(科)'와 결합할 때 '뱅엇과', '잉엇과'로 써야 하지만 '문어', '연어' 등은 한자어로 보기 때문에 '문어과', '연어과'가 된다. 현행 사이시옷 관련 표기 규정은 이러한 사항을 일일이 외우고 있어야 사이시옷을 제대로 쓸 수 있다는 점에서 해당 분야의 전문가들로부터 외면받을 수 있다는 문제가 있다. 그런가 하면 '최대치'와 '최댓값', '근사치'와 '근삿값', '함수'와 '함숫값' 등과 같이 같은 의미의 단어가 후행 요소에 따라 다른 모양을 가지게 된다는 점, 개념어의 의미가 명확히 드러나지 않고 해당 분야에서 통용되는 표기와 일치하지 않아 표기에 대한 괴리감이 크다는 점 등이 문제로 꾸준히 지적되어 왔다. 이러한 이유로 전문 용어의 표기는 일반 용어의 표기와 다른 기준을 적용하도록 하자는 전문가 집단의 의견이 지속적으로 제기되어 온 것이다. 따라서 일반 언중뿐만 아니라 다양한 전문 영역의 전문가 집단에서도 쉽게 이해하고 수용할 수 있는 표기 개선안을 마련하기

---

국어원(2017)의 조사 결과를 검증한다는 의미도 가지고 있다.

위해서는 전문가들을 대상으로 전문 용어의 사잇소리 관련 어휘의 표기 실태를 살필 필요가 있다. 특히 전문 용어와 일반 용어의 사이시옷 표기에 다른 기준을 적용하자는 의견의 타당성을 검증하기 위해서는 전문가 집단에서 전문 용어와 일반 용어의 표기를 달리하는지, 그리고 사잇소리 관련 어휘의 전문성을 어느 정도로 인식하는지를 살펴볼 필요가 있는 것이다. 한편 전문 용어의 사잇소리 관련 어휘에 대한 표기 현황을 살피기 위해서는 조사 대상 어휘에 전문 용어뿐 아니라 일반 용어도 포함되어야 할 것이며 전문 용어의 경우 해당 전공 영역의 전문 용어뿐만 아니라 타 전공 영역의 전문 용어도 포함될 수 있어야 한다. 전문가 집단의 경우, 자신의 전공 영역의 전문 용어에 대한 이해도는 높을 것으로 예상되지만 타 전공 영역의 전문 용어에 대해서는 그렇지 않을 수도 있을 것이기 때문이다. 이러한 한계를 극복하기 위해 국립국어원(2018)에서는 조사 대상 어휘를 다층적으로 나누어 선정함으로써 전문 용어에 대한 전문가 집단의 인식 정도와 표기 실태가 어느 정도 일치하는지 살펴보고자 하였다.[2]

이상과 같은 한계들을 극복하기 위해 국립국어원(2018)은 발음을 포함한 설문 조사 방법을 도입하였으며 실태 조사도 일반인과 전문가 집단으로 나누어 실시하였다.[3] 이제 먼저 일반인에 대한 실태 조사에 대해 살펴보기로 한다.

[2] 이러한 과정은 곧 사이시옷에 대한 표기 개선안을 제안하려는 목적을 전제로 하고 있다. 전술한 바와 같이 국립국어원(2017)에서도 사이시옷에 대한 표기 규정 개정 방안에 대한 검토가 진행된 바 있는데 이에 대해서는 장을 바꾸어 6장에서 종합적으로 논의하고자 한다.
[3] 그러나 설문 조사의 경우 전체 설문 문항의 수가 제한된다는 점에서 실태 조사 대상으로 삼은 전체 어휘 수는 국립국어원(2017)보다는 현저하게 줄어들 수밖에는 없었다는 한계가 있음에 주의할 필요가 있다. 또한 국립국어원(2017)에서는 웹 문서를 활용하였기 때문에 표기의 추이도 살펴볼 수 있었으나 설문 조사에서는 이러한 고려가 원천적으로 불가능하다는 점도 제한점이라 할 수 있다.

## 5.2. 사잇소리 현상과 사이시옷 표기에 대한 일반인 실태 조사

### 5.2.1. 조사 개요

국립국어원(2018)은 만 13세에서 59세까지의 일반 언중 2,520명을 대상으로 사잇소리 현상과 사이시옷 표기에 대한 실태 조사를 시행하였다. 그 개요를 먼저 정리해 보이면 다음과 같다.

(1) 일반인 실태 조사 개요

| 조사 기간 | 2018년 10월 8일 ~ 2018년 10월 22일 |
|---|---|
| 조사 대상 | 전국 만 13-59세의 일반 국민 2,520명<br>(신뢰 수준 95%, 최대 허용 표집 오차 ±1.96%) |
| 조사 방법 | 컴퓨터를 이용한 웹 조사(CAWI : Computer Assisted Web Interview) |
| 조사 내용 | 사잇소리 관련 어휘의 발음 및 표기 실태 조사 |

실태 조사의 내용은 크게 '사잇소리 관련 어휘의 발음 실태 조사'와 '사잇소리 관련 어휘의 표기 실태 조사'의 두 부문으로 구성되었다. 사잇소리 표기의 유무는 국립국어원(2017)에서 언급한 바와 같이 '발음'이나 '어종', '음절수' 등의 변수에 따라 차이를 보일 수 있다. 이 중에서도 특히 해당 어휘의 실제 발음이 사이시옷 표기와 밀접한 관련이 있을 가능성이 있으므로 사잇소리 관련 어휘의 발음에 대한 조사를 전체 조사 중 한 축으로 실시하였다. 한편 사잇소리 관련 어휘의 표기 부문에서는 사잇소리 관련 어휘 중 비교적 빈도가 높은 등재어와 미등재어를 선정하여 표기 실태를 조사하였다.

## 5.2.2. 주요 연구 문제 및 어휘 선정 변수

### 5.2.2.1. 주요 연구 문제

국립국어원(2018)의 주요 연구 문제는 아래와 같이 정리할 수 있다.

첫째, 사전 등재 여부가 사이시옷 표기에 영향을 미치는가? 이는 등재어와 미등재어 의 사이시옷 표기 정도에 차이가 발생하는지를 확인하기 위한 것이다. 이를 위해 국립국어원(2018)에서는 '음절 수, 발음 변화, 어종' 변수를 통제하여 각 변수에 해당하는 등재어와 미등재어를 선정하였고 해당 어휘가 존재하지 않아 빈칸이 생기는 경우는 제외하여 어휘를 선정하지 않았다. 이는 다른 변수의 영향을 최소화하면서 사전 등재 여부가 사이시옷의 표기 여부에 영향을 미치는지를 조사하기 위한 것이다. 등재어와 미등재어를 구분하는 기준은 『표준국어대사전』과 『우리말샘』을 기준으로 하였다.

둘째, 전문 용어 여부가 사이시옷 표기에 영향을 미치는가? 이는 전문 용어와 일반 용어의 사이시옷 표기 실태가 다른 양상을 보이는지를 확인하기 위한 것이다. 국립국어원(2018)에서는 이와 더불어 분야별로 전문 용어의 사이시옷 표기 양상에 차이가 있는지를 확인하고자 하였다. 4장에서도 언급한 바와 같이 전문 용어는 특정 전문 영역에서 오랫동안 사용해 오던 어휘로 사이시옷 규정에 맞지 않은 표기 형태를 관습적으로 사용해 온 경우 올바른 표기를 수용하지 않으려는 경향이 예상된다. 이를 위해 국립국어원(2017)보다 대폭 확대하여 전문 용어를 조사 대상 어휘로 선정하고 이에 대한 대조군으로서 일반 용어를 선정하고자 하였다.

셋째, 사이시옷 관련 어휘의 음절 수가 사이시옷 표기에 영향을 미치는가? 이는 사이시옷 관련 어휘의 전체 음절 수뿐만 아니라 선행 요소의 음절 수가 사이시옷 표기에 영향을 미치는지의 여부를 중점적으로 확인하기 위한 것이다. 사이시옷은 합성어 구성에 한정되는 것으로 파생어나 구 구성에서는 사이시옷을 표기하지 않는다. 그러나 4장에서 살펴본 바와 같이 4음절 이상으로 구성되는 어휘의 경우에는 그것이 합성어임에도 불구하고 합성어보다 구 구성으로 인식되는 경향이 있으리라 예상할 수 있다. 이에 따라 실제로 음절 수가 길어질수록 사이시옷 표기를 수용하지 않으려 하는 경향 역시 예상된다. 이에 국립국어원(2018)에서는 국립국어원(2017)에 이어 음절 수를 2음절, 3음절, 4음절, 5음절로 구분하여 어휘를 선정하고 각각의 사이시옷 표기 양상을 알아보고자 하였다. 또한 2음절 이상의 어휘는 '선행 요소+후행 요소'의 음절 수에 따라 3음절어는 '1음절+2음절', '2음절+1음절'로, 4음절어 는 '2음절+2음절', '3음절+1음절'로, 5음절 이상 어휘는 '2음절+3음절'로 세분 화하였다. 이를 통해 선행 요소 또는 후행 요소의 음절 수가 사이시옷 표기에 영향을 미치는지를 확인하고자 한 것이다.

넷째, 사잇소리의 발음 여부가 사이시옷 표기에 영향을 미치는가? 사이시 옷 표기란 사잇소리 현상을 전제하는 것으로서 표기와 발음은 밀접한 관련을 가질 것임을 예상할 수 있다. 그러나 '등굣길, 하굣길' 등의 어휘는 사이시옷 을 표기하기 전부터 '길'이 [낄]로 발음되었으며 '과자 값, 차 값, 올레 길, 가로수 길' 등 단어로 등재되지 않은 구 구성의 경우에도 사이시옷을 표기하 지 않지만 각각 '값'과 '길'이 [깝]과 [낄]로 발음되고 있다(양순임 2011).[4] 따라 서 사잇소리 관련 어휘의 발음과 사이시옷 표기의 상관성에 대해서도 조사할 필요가 있다.

다섯째, 사이시옷 관련 표기 규정에서의 변수들이 실제 언중들의 사이시 옷 표기 여부에 영향을 미치는가? 사이시옷 관련 표기 규정에서 언급하고 있는 대표적인 변수로는 '어종'과 '발음 변화'를 들 수 있다. '어종'의 경우, '고유어+고유어', '고유어+한자어', '한자어+고유어'인 경우에 한하여 사이시 옷을 적도록 하고 있는데 이처럼 어종에 따른 사이시옷 표기 여부가 잘 지켜 지고 있는지, 이와 관련하여 '한자어 예외 조항'은 정착이 되었는지, '외래어

---

4) 이는 물론 '길'과 '값'이 사이시옷을 선행 요소로 가지고 있기 때문이다. 이에 대해서는 이미 3장을 통해 살펴본 바 있다.

혼종어'의 경우 사이시옷 표기 양상이 어떻게 나타나는지에 대해서도 살펴볼 필요가 있는 것이다.

또한 사이시옷 관련 표기 규정에서는 사잇소리로 발음 나는 경우에 한하여 사이시옷을 적도록 하고 있는데 '발음 변화'의 경우 이러한 사잇소리의 유형, 즉 후행 요소가 된소리로 나는 것과 구성 요소 사이에 'ㄴ(ㄴ)'이 첨가되는 것으로 나누어 각 유형에 따른 사이시옷 표기 여부를 조사할 필요가 있다. 이때 '된소리'가 실현되는 경우에 비해 'ㄴ'이나 'ㄴㄴ' 소리가 덧나는 경우는 극히 드물기 때문에 둘을 하나로 묶어 결과적으로 '된소리'가 실현되는 경우와 'ㄴ(ㄴ)' 소리가 덧나는 두 가지 유형으로 구분하였다.[5]

이상의 내용을 바탕으로 국립국어원(2018)의 주요 연구 문제를 정리하면 다음과 같다.

(2) 국립국어원(2018)의 연구 문제

> **연구 문제 1.** 사전 등재 여부가 사이시옷 표기에 영향을 미치는가?
> **연구 문제 2.** 전문 용어 여부가 사이시옷 표기에 영향을 미치는가?
> **연구 문제 3.** (전체/선행 요소의) 음절 수가 사이시옷 표기에 영향을 미치는가?
> **연구 문제 4.** 사잇소리의 발음 여부가 사이시옷 표기에 영향을 미치는가?
> **연구 문제 5.** 사이시옷 관련 표기 규정의 한자어 예외 조항은 정착되었는가?
> **연구 문제 6.** 외래어 혼종어의 사이시옷 표기 양상은 어떠한가?
> **연구 문제 7.** 어종과 발음 변화의 유형이 사이시옷 표기에 영향을 미치는가?

---

5) 이는 전술한 바와 같이 국립국어원(2018)은 설문 조사라는 한계 때문에 한정된 수의 어휘를 조사 대상으로 삼게 되면서 나타난 당연한 귀결이라 할 수 있다. 이에 대해 국립국어원(2017)에서는 웹 검색을 통해 상대적으로 많은 수의 어휘를 조사 대상으로 삼아 이를 세분할 수 있었음에 주의할 필요가 있다.

## 5.2.2.2. 어휘 선정 변수

국립국어원(2018)에서는 (2)에 제시한 연구 문제에 대해 살펴보기 위해, 연구 문제와 직접적으로 관련된 변수로는 '사전 등재 여부', '전문 용어 여부', '음절 수', '어종'과 '발음 변화'를 설정하였고 연구 문제에 따라 각각 변수를 적용하였다. '사용 빈도'의 경우 모든 연구 문제에서 '통제 변수'로서 사용되었다. 이를 정리하면 다음과 같다.

(3) 어휘 선정 변수와 통제 변수

| 어휘 선정 변수 | ■ 변수 1 : 사전 등재 여부<br>■ 변수 2 : 전문 용어 여부<br>■ 변수 3 : 음절 수<br>■ 변수 4 : 어종<br>■ 변수 5 : 발음 변화 |
|---|---|
| 통제 변수 | 사용 빈도 |

물론 국립국어원(2017)을 참고하면 사잇소리의 발음과 표기에 사용 빈도 역시 하나의 변수가 될 수 있다. 사용 빈도가 높아 수용도가 높은 어휘의 경우 상대적으로 오류율이 낮고 사용 빈도가 낮아 수용도가 떨어지는 어휘의 경우에는 상대적으로 오류율이 높아질 것임을 예측할 수 있기 때문이다.[6] 따라서 이러한 변수를 통제하기 위해서는 각각의 변수에 대해 상대적으로 빈도가 높은 어휘를 선정할 필요가 있다.

국립국어원(2018)의 빈도 조사 방법은 웹 검색을 통해 인터넷에서의 표기 사용 빈도를 조사한 국립국어원(2017)을 참고하였다. 국립국어원(2017)에서의 어휘 사용 빈도수 조사 방법을 참고하여 후보 어휘의 사이시옷 표기형과 미표기형 각각 사용 빈도를 조사하였고 최종적으로 어휘 목록을 확정하였다.

---

6) 이에 대해서는 §.4.4.2.1.3의 (54)를 통해 어종별 사용 빈도와 오류율이 일정한 상관관계를 보인다는 사실에 대해 언급한 것을 참고할 필요가 있다.

인터넷에서의 사용 빈도는 '네이버 블로그'를 대상으로 하였으며 검색 기간
은 2013년 8월 1일~2018년 7월 31일까지로 최근 5년간을 대상으로 하였다.
사이시옷 표기형과 미표기형 각각의 검색 화면을 '바닷길'과 '바다길'을 대상
으로 제시해 보면 아래와 같다.

(4) 가. '바닷길' 검색 화면

나. '바다길' 검색 화면

## 5.2.3. 조사 대상 어휘의 선정

국립국어원(2018)에서는 (2)에서 설정한 각 연구 문제에 따라 조사 대상
어휘를 선정하였다. 다만 <연구 문제 4>에 대한 답을 제시하기 위해 사잇소

리 관련 어휘의 표기 이외에 발음을 함께 조사해야 할 필요성이 대두되었고 이에 발음 조사를 위한 어휘를 선정해야 한다는 점에서 국립국어원(2017)과는 어휘 선정 방식에 있어 본질적인 차이가 있다. <연구 문제 4>는 발음과 표기의 연관성을 살피고자 하는 것이므로 발음 조사를 위한 어휘는 모두 표기 조사를 위한 어휘에 포함이 되어 있어야 한다. 이에 표기 조사를 위한 어휘를 먼저 선정하고 그 안에서 발음 조사를 위한 어휘를 추출하는 방식을 취하고 있다.

각 연구 문제에 따라 어휘를 선정하는 과정에서 동일한 변수가 적용되어 다른 연구 문제에서 선정된 어휘와 동일한 어휘를 사용할 수 있는 경우에는 가급적 그 어휘를 선정하였다. 이는 어휘의 수를 최소화함으로써 설문 조사를 통한 실태 조사 단계에서 문항 수를 줄여 응답을 얻는 데 있어 효율성을 높이기 위함이다. 이제 각 연구 문제에 따른 어휘 선정 과정을 보이면 다음과 같다.

### 5.2.3.1. 사전 등재 여부가 사이시옷 표기에 영향을 미치는가

국립국어원(2018)에서 첫 번째 연구 문제, 즉 사전 등재 여부에 따른 사이시옷 표기 여부를 조사하기 위해 선정한 어휘는 총 26개이다. 표준형이 사이시옷 표기형인 등재어(A유형) 17개, 표준형이 사이시옷 미표기형인 등재어(B유형) 1개, 표준형이 확정되지 않은 미등재어(C유형) 8개로 구성되어 있다.[7] 첫 번째 연구 문제에서는 '사전 등재 여부'를 주요 변수로 적용하고 '사전 등재 여부' 외에 다른 영향 요인을 피하기 위해 '음절 수', '어종', '발음 변화'를

---

[7] 국립국어원(2017)에서는 사이시옷 표기형에 대해 사이시옷 미표기형을 이탤릭으로 표시하여 구분한 바 있다. 국립국어원(2018)에서는 이러한 방식 대신 'A, B, C'로 구분하였는데 'C'는 사이시옷 표기가 결정되지 않은 미등재어로서 이탤릭체 여부로만 판정하기에는 경우의 수가 늘었기 때문이다. 미등재어는 아직 단어로서의 지위가 불분명한 만큼 후술하는 바와 같이 '둘레/길'처럼 표기하고 있다는 점에 대해서도 주의할 필요가 있다.

통제 변수로 적용하여 조사 대상 어휘를 선정하였다.[8] 다시 말해 '음절 수', '어종', '발음 변화' 변수는 동일하게 두고 사전 등재 여부에 따라 '등재', '미등재'로 구분하였고 '발음 변화' 중 '된소리'의 경우에는 '등재어 : 미등재어'를 '2 : 1'의 비율로, 'ㄴ(ㄴ)' 소리의 경우에는 '등재어 : 미등재어'를 '3 : 1'의 비율로 선정하였다. 'ㄴ(ㄴ)' 소리 변화는 'ㄴ' 소리만 덧나는 경우와 'ㄴㄴ' 소리로 덧나는 경우를 포함하여 '3 : 1'의 비율로 결정한 것이다.

### 5.2.3.1.1. '3음절/된소리/고유어+고유어' 어휘의 선정

국립국어원(2018)에서는 '3음절', '된소리'로 발음되면서 어종이 '고유어+고유어'인 어휘로는 등재어 '바닷길', '부챗살'과 미등재어 '둘레/길'을 선정하였다.[9] 사전 미등재어로 선정된 '둘레/길'은 최근에 그 쓰임과 빈도가 확대되어 가는 대표적인 어휘이면서 '바닷길'과는 'O길'의 계열 관계를 보이는 어휘이다. '길'은 3, 4장에서도 주목한 바와 같이 사이시옷 선행 명사로서 '길'이 결합된 등재어 '등굣길, 하굣길' 등이 사이시옷 관련 표기 규정에 따라 사이시옷이 표기되고 있다는 점을 감안한다면 미등재어인 '둘레/길'에도 '둘렛길'처럼 표기하여야 할 것임을 예측할 수 있다. 또한 최근 들어 '올레/길, 가로수/길, 세로수/길, 샤로수/길' 등 'O길' 유형의 새 어휘들이 만들어지고 있다는 점을 고려하여 '둘레/길'을 조사 대상 어휘로 선정하여 사이시옷 표기 여부를 살펴보고자 하였다.

이상의 내용을 정리하면 다음과 같다.

---

8) 이러한 방식은 국립국어원(2018)이 한정된 어휘를 대상으로 해야 한다는 점뿐만 아니라 국립국어원(2017)이 변수 통제의 측면에서 미흡한 부분이 있는 점을 보완하기 위한 것이기도 하다.

9) 이는 §1.2.3의 (22)에서 제시한 '도로명의 사이시옷 표기 원칙에 대한 보도 자료'의 경우와 구별할 필요가 있다. '도로명'의 경우는 고유 명사인 구로 판정하여 사이시옷을 표기하지 않는다는 것이 §1.2.3 (22)의 내용이지만 '둘레길'의 경우는 고유 명사가 아니라 일반 명사에 해당하기 때문이다.

(5) 사전 등재 여부 기준 어휘 선정(3음절/된소리/고유어+고유어)

| 단어 | 유형 | 음절 수 | 발음 | 어종 |
|------|------|--------|------|------|
| 바닷길 | A | 3(2+1) | 된소리 | 고고 |
| 부챗살 | A | 3(2+1) | 된소리 | 고고 |
| 둘레/길 | C | 3(2+1) | 된소리 | 고고 |

### 5.2.3.1.2. '3음절/된소리/고유어+한자어' 어휘의 선정

국립국어원(2018)에서는 '3음절', '된소리', '고유어+한자어'에 해당어는 어휘로 등재어로는 '가짓수', '잔칫상', 미등재어로는 '나이/대'를 선정하였다. '나이/대'는 '고유어+한자어'의 구성을 가진 어휘로, 후행 요소인 '대'는 접사에 가까운 성격을 갖는 듯 보인다. 이와 같이 의존 명사나 접사에 가까운 성격을 띠는 요소를 포함하고 있는 어휘의 경우 사이시옷 표기 경향이 어떻게 나타나는지를 살펴볼 필요가 있을 것으로 판단하여 해당 어휘를 선정하였다.

이상의 내용을 정리하면 다음과 같다.

(6) 사전 등재 여부 기준 어휘 선정(3음절/된소리/고유어+한자어)

| 단어 | 유형 | 음절 수 | 발음 | 어종 |
|------|------|--------|------|------|
| 가짓수 | A | 3(2+1) | 된소리 | 고한 |
| 잔칫상 | A | 3(2+1) | 된소리 | 고한 |
| 나이/대 | C | 3(2+1) | 된소리 | 고한 |

### 5.2.3.1.3. '3음절/된소리/한자어+고유어' 어휘의 선정

국립국어원(2018)에서는 '3음절', '된소리', '한자어+고유어'에 해당하는 어휘에, 등재어로는 '전깃줄', '두붓국', 미등재어로는 '변기/솔'을 선정하였다. 이 중 미등재어인 '변기/솔'은 빈도가 다소 낮았으나 등재어 '전깃줄'과 같이 '깃'이라는 음절 형태를 공유할 수 있다는 점에서 조사 대상으로 선정하게 되었다. 한편, '두붓국'은 '북엇국', '만둣국', '김칫국' 등과 함께 후행 요소 '국'의 계열 관계를 가지는 대표적인 어휘이다. '북엇국', '만둣국', '김칫국' 등에 비해 빈도가 다소 낮기는 하나 함께 살펴볼 미등재어 '변기/솔'의 빈도가 높지 않다는 점을 고려하여 해당 어휘를 선정하게 되었다.

이상의 내용을 정리하면 다음과 같다.

(7) 사전 등재 여부 기준 어휘 선정(3음절/된소리/한자어+고유어)

| 단어 | 유형 | 음절 수 | 발음 | 어종 |
|------|------|---------|------|------|
| 전깃줄 | A | 3(2+1) | 된소리 | 한고 |
| 두붓국 | A | 3(2+1) | 된소리 | 한고 |
| 변기/솔 | C | 3(2+1) | 된소리 | 한고 |

### 5.2.3.1.4. '3음절/ㄴ(ㄴ) 소리/고유어+고유어' 어휘의 선정

국립국어원(2018)에서는 '3음절', 'ㄴ(ㄴ) 소리', '고유어+고유어'에 해당하는 어휘에, 등재어로는 '장맛날', '비눗물', '고춧잎', 미등재어로는 '보리/물'을 선정하였다. 'ㄴ' 발음 변화에서는 'ㄴ' 발음 첨가에 해당하는 어휘 중, 후행 요소의 환경을 고려하여 'ㄴ'으로 시작하는 '장맛날[장만날]', 'ㅁ'으로 시작하는 '비눗물[비눈물]'을 선정하였으며 'ㄴㄴ' 첨가에 해당하는 어휘로는 '고춧잎[고춘닙]'을 선정하였다. 미등재어로 선정한 '보리/물[보리물/보린물]'은 '비눗물'과 계열 관계에 있는 어휘인 관계로 선정하였다.

이상의 내용을 정리하면 다음과 같다.

(8) 사전 등재 여부 기준 어휘 선정(3음절/ㄴ(ㄴ)/고유어+고유어)

| 단어 | 유형 | 음절 수 | 발음 | 어종 |
|------|------|---------|------|------|
| 장맛날 | A | 3(2+1) | ㄴ | 고고 |
| 비눗물 | A | 3(2+1) | ㄴ | 고고 |
| 고춧잎 | A | 3(2+1) | ㄴㄴ | 고고 |
| 보리/물 | C | 3(2+1) | ㄴ | 고고 |

### 5.2.3.1.5. '3음절/ㄴ(ㄴ) 소리/한자어+고유어' 어휘의 선정

국립국어원(2018)에서는 '3음절', 'ㄴ(ㄴ)소리', '한자어+고유어'에 해당하는 등재어로는 '존댓말', '인사말', '예삿일'을, 미등재어로는 '가사/말'을 선정하였다. '존댓말[존댄말]', '인사말[인사말]', '가사/말[가사말/가산말]'의 경우, 후행 요소 '말'의 계열 관계를 보이는 어휘로 빈도를 고려하여 선정하였다. 특히 '인사말'의 경우 사이시옷 미표기형이 표준형이며 표준 발음이 [인사말] 임에도 불구하고 '인삿말'로 표기하거나 [인산말]로 발음하는 사례가 비교적 많이 나타나는 어휘에 해당한다.[10] 'ㄴㄴ'으로 소리 나는 유형으로는 '예삿일 [예산닐]'을 선정하였다.

이상의 내용을 정리하면 다음과 같다.

(9) 사전 등재 여부 기준 어휘 선정(3음절/ㄴ(ㄴ)/한자어+고유어)

| 단어 | 유형 | 음절 수 | 발음 | 어종 |
|------|------|---------|------|------|
| 존댓말 | A | 3(2+1) | ㄴ | 한고 |
| 인사말 | B | 3(2+1) | ㄴ | 한고 |
| 예삿일 | A | 3(2+1) | ㄴㄴ | 한고 |
| 가사/말 | C | 3(2+1) | ㄴ | 한고 |

### 5.2.3.1.6. '4음절/된소리/고유어+고유어' 어휘의 선정

국립국어원(2018)에서는 '4음절', '된소리', '고유어+고유어'에 해당하는 등재어로는 '마룻바닥', '골칫거리'를, 미등재어로는 '머리/고기'를 선정하였다. '마룻바닥'과 '골칫거리'는 '선행 요소+후행 요소'가 '명사+명사'로 구성되어 있다. 그러나 '거리'는 의존 명사로, 명사 '바닥'과 달리 어미 '-(으)ㄹ' 뒤에서는 '생각할 거리'처럼 띄어 쓰지만 명사 뒤에서는 접사처럼 붙여 쓰게 하고 있다.[11] 따라서 동일한 '4(2+2)'의 유형이라고 하더라도 후행 요소의 성격에

---

10) 앞서 1장에서 살펴본 국립국어연구원(2003)에 따르면 [인사말]은 11.43%, [인산말]은 88.57%로 'ㄴ' 첨가 발음형이 압도적으로 높았음을 상기할 필요가 있다.

따른 사이시옷 표기 경향의 차이를 살펴볼 수 있을 것으로 예측할 수 있다. '머리/고기'의 경우는 4음절어이면서 된소리로 실현되며 '고유어+고유어' 구성인 미등재어 가운데에서는 높은 빈도를 보인다는 점에서 선정하게 되었다. 이상의 내용을 정리하면 다음과 같다.

(10) 사전 등재 여부 기준 어휘 선정(4음절/된소리/고유어+고유어)

| 단어 | 유형 | 음절 수 | 발음 | 어종 |
|------|------|---------|------|------|
| 마룻바닥 | A | 4(2+2) | 된소리 | 고고 |
| 골칫거리 | A | 4(2+2) | 된소리 | 고고 |
| 머리/고기 | C | 4(2+2) | 된소리 | 고고 |

### 5.2.3.1.7. '4음절/된소리/고유어+한자어' 어휘의 선정

국립국어원(2018)에서는 '4음절', '된소리', '고유어+한자어'에 해당하는 등재어로는 '머릿수건', '바닷장어'를, 미등재어로는 '막내/손녀'를 선정하였다. 음절 수가 길어질수록 사잇소리가 포함되는 어휘 수가 적어짐에 따라 해당 변수가 모두 적용되는 어휘 역시 적어졌다. 이에 해당 변수에 속하는 어휘 중, 빈도가 높은 편에 속하는 어휘가 조사 대상으로 선정되었다.

이상의 내용을 정리하면 다음과 같다.

(11) 사전 등재 여부 기준 어휘 선정(4음절/된소리/고유어+한자어)

| 단어 | 유형 | 음절 수 | 발음 | 어종 |
|------|------|---------|------|------|
| 머릿수건 | A | 4(2+2) | 된소리 | 고한 |
| 바닷장어 | A | 4(2+2) | 된소리 | 고한 |
| 막내/손녀 | C | 4(2+2) | 된소리 | 고한 |

---

11) 물론 '읽을거리, 먹을거리', '땔거리, 볼거리, 쓸거리'는 한 단어로 등재되어 있고 이 가운데 '먹을거리'에 대해서는 '먹거리'와 같은 단어도 존재한다는 특성이 있다.

## 5.2.3.1.8. '4음절/된소리/한자어+고유어' 어휘의 선정

국립국어원(2018)에서는 '4음절', '된소리', '한자어+고유어'에 해당하는 어휘로는 등재어 '만홧가게', '주삿바늘', 미등재어 '휴지/조각'을 선정하였다. 앞서 언급한 바와 같이 음절이 길어질수록 사잇소리와 관련되는 어휘 수가 많지 않고 그중 된소리의 발음 변화를 보이면서 '한자어+고유어'의 구성을 가지는 것은 그 수가 더욱 적었다. 이에 많지 않은 표본 가운데 빈도를 고려하여 조사 대상 어휘를 선정한 결과라 할 수 있다.

이를 정리하면 다음과 같다.

(12) 사전 등재 여부 기준 어휘 선정(4음절/된소리/한자어+고유어)

| 단어 | 유형 | 음절 수 | 발음 | 어종 |
|------|------|---------|------|------|
| 만홧가게 | A | 4(2+2) | 된소리 | 한고 |
| 주삿바늘 | A | 4(2+2) | 된소리 | 한고 |
| 휴지/조각 | C | 4(2+2) | 된소리 | 한고 |

이상의 '등재 여부'와 관련하여 선정된 전체 어휘를 정리해 제시하면 다음과 같이 총 26개에 해당한다.

(13) 사전 등재 여부 기준 어휘 선정(전체)

| 어종 | 등재 여부 | 3음절/된소리 | 3음절/ㄴ(ㄴ)첨가 | 4음절/된소리 |
|------|-----------|--------------|------------------|--------------|
| 고유어<br>+고유어 | 등재어 | 바닷길 | 장맛날 | 마룻바닥 |
| | | 부챗살 | 비눗물 | 골칫거리 |
| | | | 고춧잎 | |
| | 미등재어 | 둘레/길 | 보리/물 | 머리/고기 |
| 고유어<br>+한자어 | 등재어 | 가짓수 | 존댓말 | 머릿수건 |
| | | 잔칫상 | 인사말 | 바닷장어 |
| | | | 예삿일 | |
| | 미등재 | 나이/대 | 가사/말 | 막내/손녀 |
| 한자어<br>+고유어 | 등재어 | 전깃줄 | | 만홧가게 |
| | | 두붓국 | | 주삿바늘 |
| | 미등재어 | 변기/솔 | | 휴지/조각 |

## 5.2.3.2. 전문 용어 여부가 사이시옷 표기에 영향을 미치는가

국립국어원(2018)에서 '전문 용어 여부'에 따른 사이시옷 표기의 실태를 살펴보기 위해 선정한 전문 용어는 모두 14개이다. 이때 '사전 등재 여부' 변수는 모두 '등재어', '발음 변화' 변수는 모두 '된소리'로 통제하였다. '음절 수'는 '3음절'과 '4음절'로 제한하였는데 이는 하나의 형태소로 오인될 만큼 짧거나 구 구성으로 생각될 만큼 긴 어휘는 제외한 데 따른 것이다. 전문 용어 여부에 따른 사이시옷 관련 어휘를 선정함에 있어 '어종'은 변수로서 고려하지 않았는데 이는 전문 용어의 특성상 고유어보다는 한자어가 사용되는 빈도가 현저히 높았기 때문이다. 고유어를 포함하여 모든 어종을 고려하여 어휘를 선정한다면 오히려 조사 대상을 축소하는 결과를 얻게 될 것으로 예측된다는 판단에 따라 '어종'은 변수에서 제외한 것이다.

'전문 용어 여부'에 따라 어휘를 선정할 때 전문 분야도 고려할 필요가 있다. 국립국어원(2018)에서는 모든 전문 분야의 어휘를 선정하기보다는 수학 분야의 전문 용어와 과학 분야의 전문 용어만을 조사 대상으로 특정하였다. 여러 전문 분야 가운데에서도 특히 수학 분야와 과학 분야로 범위를 좁힌 이유는 수학 분야와 과학 분야의 어휘가 전문 용어임에도 불구하고 전 국민이 교육 과정을 이수하면서 자연스럽게 접할 수 있는 것이기 때문이다. 특히 과학 분야의 경우 '물리/화학' 등의 분야에서 사용되는 전문 용어보다는 일상적으로 많이 접할 수 있어 비교적 일반인에게 익숙하리라 추측되는 '동/식물' 분야의 전문 용어를 중심으로 선정하였다. 이러한 절차에 따라 수학 분야의 전문 용어 6개와 과학 분야 전문 용어 8개, 총 14개의 전문 용어가 조사 대상 어휘로 선정되었다. 구체적인 전문 용어의 어휘 목록은 아래와 같다.[12]

---

12) 이들 전문 용어의 선택 과정에 대한 보다 자세한 설명은 후술하는 §5.3.2를 참고할 것.

(14) 전문 용어 여부 기준 어휘 선정(전문 용어)

| 단어 | 유형 | 음절 수 | 발음 | 어종 | 전문 용어 여부 |
|------|------|---------|------|------|----------------|
| 꼭짓점 | A | 3(2+1) | 된소리 | 고한 | 수학 |
| 사잇각 | A | 3(2+1) | 된소리 | 고한 | 수학 |
| 자릿수 | A | 3(2+1) | 된소리 | 고한 | 수학 |
| 좌푯값 | A | 3(2+1) | 된소리 | 한고 | 수학 |
| 최댓값 | A | 3(2+1) | 된소리 | 한고 | 수학 |
| 피제수 | B | 3(2+1) | 된소리 | 한한 | 수학 |
| 가짓과 | A | 3(2+1) | 된소리 | 고한 | 과학(식물) |
| 경곳빛 | A | 3(2+1) | 된소리 | 한고 | 과학(동물) |
| 고양잇과 | A | 4(3+1) | 된소리 | 고한 | 과학(동물) |
| 바다뱀 | B | 3(2+1) | 된소리 | 고고 | 과학(동물) |
| 바닷장어 | A | 4(2+2) | 된소리 | 고한 | 과학(동물) |
| 반딧벌레 | A | 4(2+2) | 된소리 | 고고 | 과학(동물) |
| 장미과 | B | 3(2+1) | 된소리 | 한한 | 과학(식물) |
| 진돗개 | A | 3(2+1) | 된소리 | 한고 | 과학(동물) |

국립국어원(2018)에서 대조군인 일반 용어는 '전문 용어와의 계열 관계'와 '빈도'를 고려하여 선정하였다. 수학 분야 전문 용어의 경우 다수가 후행 요소로 '수', '값', '점' 등의 계열로 이루어져 있으므로 이 중에서도 빈도가 비교적 높은 어휘가 선정되었다. 따라서 일반 용어도 이들과 동일한 계열로 구성된 어휘 중 사용 빈도가 높은 '가짓수', '덩칫값', '전셋값' 등의 어휘를 대조군으로서 선정하였다. 과학 분야의 경우 후행 요소로 '과', '빛' 등의 계열이 대표적인데 역시 그 중에서 빈도가 높은 어휘가 선정되었다. 일반 용어의 경우에도 전문 용어와 동일한 계열로 구성된 어휘 중 빈도가 비교적 높은 '구릿빛', '복숭앗빛', '바닷가재' 등의 어휘들을 선정했다. 그 결과 전문 용어와의 계열 관계에 의해 선정된 일반 용어는 6개이다.

이밖에도 '바닷길', '부챗살', '전깃줄', '두붓국', '잔칫상', '머릿수건', '전세방' 등 일반 용어 7개를 추가로 선정하여 일반 용어 총 13개가 전문 용어의 대조군으로서 선정되었다. 앞서 선정된 대부분의 전문 용어가 된소리의 발음 변화를 보이는 3음절 어휘 또는 된소리의 발음 변화를 보이는 4음절 어휘라는 점을 고려하여 대조군의 일반 용어도 가급적 된소리의 발음 변화를 보이는 3음절 또는 된소리의 발음 변화를 보이는 4음절 어휘를 선정하고자 하였다. 그 결과 이미 (13)에서 제시한 어휘 중 '바닷길', '부챗살', '전깃줄', '두붓국', '잔칫상'은 등재어 가운데 된소리의 발음 변화 유형을 보인다는 조건에 부합하는 3음절어이고 '머릿수건' 역시 된소리의 발음 변화 유형을 보이는 4음절어로서 선정하였다. 한편 전문 용어 가운데 '장미과'는 사이시옷 미표기형이 표준형인 경우인데 이와 같이 대조군에서도 '한자어+한자어' 구성으로 이루어진 일반 용어도 선정할 필요가 있기에 '전세방'을 선정하였다. 일반 용어의 구체적인 목록은 아래와 같다.

(15) 전문 용어 여부 기준 어휘 선정(일반 용어)

| 단어 | 유형 | 음절 수 | 발음 | 어종 | 전문 용어 여부 |
|------|------|---------|------|------|----------------|
| 가짓수 | A | 3(2+1) | 된소리 | 고한 | 일상어 |
| 구릿빛 | A | 3(2+1) | 된소리 | 고고 | 일상어 |
| 덩칫값 | A | 3(2+1) | 된소리 | 고고 | 일상어 |
| 두붓국 | A | 3(2+1) | 된소리 | 한고 | 일상어 |
| 머릿수건 | A | 4(2+2) | 된소리 | 고한 | 일상어 |
| 바닷가재 | A | 4(2+2) | 된소리 | 고고 | 일상어 |
| 바닷길 | A | 3(2+1) | 된소리 | 고고 | 일상어 |
| 복숭앗빛 | A | 4(3+1) | 된소리 | 고고 | 일상어 |
| 부챗살 | A | 3(2+1) | 된소리 | 고고 | 일상어 |
| 잔칫상 | A | 3(2+1) | 된소리 | 고한 | 일상어 |
| 전깃줄 | A | 3(2+1) | 된소리 | 한고 | 일상어 |
| 전세방 | B | 3(2+1) | 된소리 | 한한 | 일상어 |
| 전셋값 | A | 3(2+1) | 된소리 | 한고 | 일상어 |

이로써 '전문 용어 여부'와 관련된 어휘는 전문 용어 14개, 일반 용어 13개

로 총 27개의 어휘가 선정되었다.

### 5.2.3.3. 음절 수가 사이시옷 표기에 영향을 미치는가

국립국어원(2018)에서는 음절 수가 사이시옷 표기에 영향을 미치는지 살펴보기 위해 총 31개의 어휘를 선정하였다. 국립국어원(2017)을 포함한 선행 연구들에서 언급된 바와 같이 전체 음절 수가 증가할수록 사이시옷 표기 정확도가 떨어질 것으로 예상되며 선행 요소의 음절 수가 증가하면 이러한 경향성이 강해져 사이시옷 표기에 영향을 미칠 것으로 예상된다. 이에 2음절, 3음절, 4음절, 5음절어로 나누어 어휘를 선별하였고 선행 요소의 음절 수에 따른 경향을 알아보기 위해 음절 수를 세분하여 선행 요소가 1음절인 경우('1+1', 1+2), 선행 요소가 2음절인 경우('2+1', '2+2'), 선행 요소가 3음절인 경우('3+1', '3+2')의 어휘를 각각 선별하였다.

더불어 동일 음절 수의 어휘라고 하더라도 선행 요소와 후행 요소의 '어종'에 따라 사이시옷의 표기 경향이 달라질 수 있다. 이에 '어종'이 사이시옷 표기 경향에 영향을 미칠 가능성을 고려하여 '고유어+고유어', '고유어+한자어', '한자어+고유어'의 구성을 이루는 어휘를 각각 비율에 맞추어 선정하였다. '발음 변화'의 경우에도 발음 변화가 사이시옷 표기 경향에 영향을 미칠 가능성을 고려하여 발음 변화가 '된소리'로 실현되는 어휘만을 선별하였다. 이는 후행 요소가 '된소리'로 실현되는 어휘의 수에 비해 '(ㄴ)ㄴ'이 덧나는 어휘의 수가 매우 적기 때문이다. 따라서 '발음 변화'를 통제 변수로 설정하고 '된소리'로 발음 변화가 실현되는 어휘만을 선정하여 음절 수에 따른 사이시옷 표기 경향을 살펴보고자 하였다.

이때 어휘는 가급적 '사전 등재 여부'에 따라 선정된 어휘 목록 (13)에서 추출하고자 하였다. 이는 해당 어휘 목록이 '사전 등재 여부'뿐 아니라 '빈도', '발음 변화', '어종' 등의 변수를 고려하여 균형적으로 선별된 것이기 때문이다. '된소리'의 발음 변화를 보이는 어휘 중 되도록 등재어를 선정하고자 하였으며 음절 수를 고려하여 (13)의 어휘로 어휘 선정이 불가능한 경우에는 별도로 어휘를 선정하였다.

### 5.2.3.3.1. 음절별 '된소리/고유어+고유어' 어휘의 선정

국립국어원(2018)에서는 2음절어이면서 '고유어+고유어'로 구성되는 유형의 어휘로는 '뭇국, 핏빛'을 선정하였다. '국'을 후행 요소로 갖는 2음절어인 '뭇국'은 고빈도어라는 점에서 선정하였다. '핏빛'은 후행 요소 '빛'을 계열 관계로 갖는 '복숭앗빛'과의 음절 수 차이에 따른 비교를 위하여 조사 대상으로 선정하였다.

한편 3음절어의 경우, 음절 수에 따른 구성 방식에 있어 '1+2', '2+1'의 두 가지 경우의 수가 있다. 이에 '2+1' 구성은 앞선 '사전 등재 여부'에 따른 어휘 목록 (13)에 포함된 어휘인 '바닷길', '부챗살'을 선별하였으며 '1+2' 구성의 어휘로는 사용 빈도를 고려하여 '뼛가루', '혓바늘'을 새로 선정하였다. '뼛가루'가 어휘 목록에 포함됨에 따라 '가루'로 계열 관계를 형성하는 5음절어인 '옥수숫가루'를 선정하였다.

4음절어의 경우에는 '골칫거리', '머리/고기', '복숭앗빛', '옆구리/살'의 4개 어휘를 선정하였다. '골칫거리, 머리/고기'는 어휘 목록 (13)에 포함된 어휘 중, 선행 요소가 2음절이고 후행 요소가 2음절로 구성된 어휘이며 그중 '머리/고기'는 미등재어인데 미등재어 가운데에서도 상당한 빈도수를 보이는 관계로 선별하였다. 한편 선행 요소로 3음절어를 갖는 어휘는 미등재어인 '옆구리/살'과 '복숭앗빛'의 두 개 어휘를 선정하였다. '복숭앗빛'은 (15)에서 선정된 어휘이다. 5음절어인 '이야깃거리'는 '골칫거리'와 계열 관계를 형성하면서도 전체 음절 수와 선행 요소의 음절 수에서 모두 차이를 보인다는 점을 고려하여 선정하였다.

이제 이상의 내용을 정리하면 다음과 같다.

(16)  음절 수 기준 어휘 선정(된소리/고유어+고유어)

| 단어 | 유형 | 음절 수 | 발음 | 어종 |
|---|---|---|---|---|
| 뭇국 | A | 2(1+1) | 된소리 | 고고 |
| 핏빛 | A | 2(1+1) | 된소리 | 고고 |
| 뼛가루 | A | 3(1+2) | 된소리 | 고고 |
| 혓바늘 | A | 3(1+2) | 된소리 | 고고 |
| 바닷길 | A | 3(2+1) | 된소리 | 고고 |
| 부챗살 | A | 3(2+1) | 된소리 | 고고 |
| 골칫거리 | A | 4(2+2) | 된소리 | 고고 |
| 머리/고기 | C | 4(2+2) | 된소리 | 고고 |
| 복숭앗빛 | A | 4(3+1) | 된소리 | 고고 |
| 옆구리/살 | C | 4(3+1) | 된소리 | 고고 |
| 이야깃거리 | A | 5(3+2) | 된소리 | 고고 |
| 옥수숫가루 | A | 5(3+2) | 된소리 | 고고 |

### 5.2.3.3.2. 음절별 '된소리/고유어+한자어' 어휘의 선정

국립국어원(2018)에서 언급한 바와 같이 '된소리'로 실현되고 '고유어+한자어'의 구성이면서 각 음절 구성을 가지는 어휘의 경우 절대적인 수가 적어 변수에 맞는 어휘를 찾는 일이 쉽지 않았다. 결국 2음절인 어휘로는 '갯과', 3음절인 어휘는 선행 음절 수에 따라 3(1+2)음절인 어휘로는 '뒷담화', 3(2+1)음절 어휘로는 '가짓수', '잔칫상'을 선정하였다. 4음절 어휘 역시 선행 음절의 수에 따라 4(2+2)음절 어휘로는 '막냇삼촌'과 '바닷장어', 4(3+1)음절 어휘로는 '고양잇과', '꽃가룻병'을 선정하였다. 5(3+2)음절 어휘로는 '다듬잇방석'을 선정하였다. 이 중 '가짓수', '잔칫상', '바닷장어', '고양잇과'는 기존의 어휘 목록 (13)과 (14)에서 선정하였고 그 외의 어휘는 기존의 어휘 목록에는 포함되어 있지 않아 빈도 등의 변수를 고려하여 추가적으로 선정하였다.

이들을 정리하면 다음과 같다.

(17)  음절 수 기준 어휘 선정(된소리/고유어+한자어)

| 단어 | 유형 | 음절 수 | 발음 | 어종 |
|---|---|---|---|---|
| 갯과 | A | 2(1+1) | 된소리 | 고한 |
| 뒷담화 | A | 3(1+2) | 된소리 | 고한 |
| 가짓수 | A | 3(2+1) | 된소리 | 고한 |
| 잔칫상 | A | 3(2+1) | 된소리 | 고한 |
| 바닷장어 | A | 4(2+2) | 된소리 | 고한 |
| 막냇삼촌 | A | 4(2+2) | 된소리 | 고한 |
| 고양잇과 | A | 4(3+1) | 된소리 | 고한 |
| 꽃가룻병 | A | 4(3+1) | 된소리 | 고한 |
| 다듬잇방석 | A | 5(3+2) | 된소리 | 고한 |

### 5.2.3.3.3. 음절별 '된소리/한자어+고유어' 어휘의 선정

국립국어원(2018)에서는 '2음절' 어휘이면서 '한자어+고유어' 유형에 해당하는 어휘로는 '횟집', '횟값'을 선정하였다. 이들은 모두 일상생활에서 높은 사용 빈도를 보이는 어휘이기 때문이다. 한편 '3음절'에 해당하는 어휘 중, 선행 요소와 후행 요소의 음절 수가 '1+2' 구성을 보이는 어휘로는 '못자리'를 선정하였으며 마찬가지로 3음절이지만 '2+1' 구성을 갖는 어휘는 기존의 어휘 목록 (13)의 어휘인 '전깃줄', '두붓국'을 선별하여 선행 요소의 음절 수 차이에 따른 표기 경향을 비교하고자 하였다.

4음절의 어휘로는 '만홧가게', '주삿바늘', '생맥줏집', '가로수/길'을 선별하였는데 전자의 두 개는 기존 어휘 목록 (13)에서 선행 요소가 2음절어인 어휘이며 후자 두 개는 선행 요소의 음절 수가 3음절어로, 2음절어인 위의 두 어휘와 사이시옷 표기 양상의 비교를 위하여 선정하였다. 5음절 어휘인 '눈요깃거리'는 5음절어 가운데 앞서 선별한 '골칫거리'와 계열 관계를 형성하고 선행 요소가 3음절어이므로 선행 요소가 2음절어로 구성된 '골칫거리'와의 비교가 용이하다고 판단하여 조사 대상 어휘로 선정하였다.

이들을 정리하여 제시하면 다음과 같다.

(18) 음절 수 기준 어휘 선정(된소리/한자어+고유어)

| 단어 | 유형 | 음절 수 | 발음 | 어종 |
|------|------|--------|------|------|
| 횟집 | A | 2(1+1) | 된소리 | 한고 |
| 죗값 | A | 2(1+1) | 된소리 | 한고 |
| 뭇자리 | A | 3(1+2) | 된소리 | 한고 |
| 전깃줄 | A | 3(2+1) | 된소리 | 한고 |
| 두붓국 | A | 3(2+1) | 된소리 | 한고 |
| 만홧가게 | A | 4(2+2) | 된소리 | 한고 |
| 주삿바늘 | A | 4(2+2) | 된소리 | 한고 |
| 생맥줏집 | A | 4(3+1) | 된소리 | 한고 |
| 가로수/길 | C | 4(3+1) | 된소리 | 한고 |
| 눈요깃거리 | A | 5(3+2) | 된소리 | 한고 |

이상의 내용을 정리하자면 '음절 수'와 관련하여 선정된 전체 어휘는 총 31개이다. 이를 정리하면 다음과 같다.

(19) 음절 수 기준 어휘 선정(전체)

| 전체 음절 수 | 선행 음절 수 | 고유어+고유어 | 고유어+한자어 | 한자어+고유어 |
|------|------|------|------|------|
| 2음절 | 1음절 | 뭇국 | 갯과 | 횟집 |
| | | 핏빛 | | 죗값 |
| 3음절 | 1음절 | 뼛가루 | 뒷담화 | 뭇자리 |
| | | 혓바늘 | | |
| | 2음절 | 바닷길 | 가짓수 | 전깃줄 |
| | | 부챗살 | 잔칫상 | 두붓국 |
| 4음절 | 2음절 | 골칫거리 | 바닷장어 | 만홧가게 |
| | | 머리/고기 | 막냇삼촌 | 주삿바늘 |
| | 3음절 | 복숭앗빛 | 고양잇과 | 생맥줏집 |
| | | 옆구리/살 | 꽃가룻병 | 가로수/길 |
| 5음절 | 3음절 | 이야깃거리 | 다듬잇방석 | 눈요깃거리 |
| | | 옥수숫가루 | | |

이 가운데 앞서 '등재 여부'나 '전문 용어 여부' 등과 관련하여 이미 선정된
어휘와 중복된 어휘는 총 13개이며 이 외에 '음절 수'를 기준으로 하여 새롭
게 선정된 어휘는 총 18개이다.

### 5.2.3.4. 사이시옷 관련 표기 규정의 한자어 예외 조항은 정착되었는가

국립국어원(2018)에서는 사이시옷 관련 표기 규정에서 예외 조항에 속하는
어휘의 사이시옷 표기가 정착되었는지의 여부를 파악하기 위해 예외 조항
여섯 개의 어휘 가운데 현재까지도 높은 사용 빈도를 보이는 어휘를 선정하
고자 하였다. '셋방', '횟수', '숫자' 등이 이에 해당할 수 있는데 그 중 예외
조항에 속하지 않는 일반 어휘인 '개수(個數)', '전세방(傳貰房)' 등과 계열 관계
를 형성하여 비교가 가능한 '셋방', '횟수'를 조사 대상 어휘로 선별하였다.
이상의 내용을 정리하면 다음과 같다.

(20) 예외 조항 관련 어휘 선정

| 단어 | 유형 | 음절 수 | 발음 | 어종 |
|---|---|---|---|---|
| 횟수 | A | 2(1+1) | 된소리 | 한한 |
| 개수 | B | 2(1+1) | 된소리 | 한한 |
| 셋방 | A | 2(1+1) | 된소리 | 한한 |
| 전세방 | B | 3(2+1) | 된소리 | 한한 |

### 5.2.3.5. 외래어 혼종어의 사이시옷 표기 양상은 어떠한가

현행 <한글 맞춤법>(1988)은 사이시옷 표기를 '고유어+고유어', '고유어+한
자어', '한자어+고유어'의 합성어에 한정하고 있다. 이에 따르면 외래어를
구성 요소로 포함하고 있는 어휘는 사잇소리 현상이 나타나더라도 사이시옷
을 적지 말아야 하므로 이와 관련된 어휘의 표기 실태를 살펴볼 필요가 있다.

이에 국립국어원(2018)에서는 '등재어' 중 외래어가 포함된 어휘인 '페트병(외
래어+한자어)', '피자집(외래어+고유어)', '커피잔(외래어+한자어)'를 '빈도'를 고려
하여 조사 대상 어휘에 포함하였다.

이상의 내용을 정리하면 다음과 같다.

(21)  외래어 혼종어 관련 어휘 선정

| 단어 | 유형 | 음절 수 | 발음 | 어종 |
|---|---|---|---|---|
| 페트병 | B | 3(2+1) | 된소리 | 외한 |
| 피자집 | B | 3(2+1) | 된소리 | 외고 |
| 커피잔 | B | 3(2+1) | 된소리 | 외한 |

## 5.2.3.6. 사잇소리 발음 여부는 사이시옷 표기에 영향을 미치는가

국립국어원(2018)의 주요 연구 문제 중 하나인 '사잇소리 발음 여부에 따른
사이시옷 표기 여부'에 대한 조사는 사이시옷 표기가 사잇소리 현상을 전제
한다는 점에서 비롯된 것이기도 하면서 이는 국립국어원(2017)을 극복하기
위한 것이기도 하다. 발음과 표기는 밀접한 관련을 가질 것으로 예상되지만
웹 문서의 표기 실태를 대상으로 한 국립국어원(2017)에서는 이를 조사할 수
없었기 때문이다. 이처럼 발음과 표기의 연관성을 살피기 위해 선정될 발음
조사 대상 어휘는 전술한 바와 같이 모두 표기 조사를 위한 어휘에 포함되어
있는 것이어야 한다. 이러한 분석을 위해 표기 조사를 위한 어휘를 먼저 선정
한 후, 그 안에서 발음 조사를 위한 어휘를 추출하였다.

사잇소리 관련 발음 조사 대상 어휘로는 총 22개가 선정되었다. 사잇소리
를 실현하여 발음할 것인지 실현하지 않고 발음할 것인지를 결정하는 데에는
여러 변수가 작용할 수 있다. 이에 '사전 등재 여부', '전문 용어 여부', '음절
수' 등의 변수를 고루 고려하여 발음 조사 대상 어휘를 선정하고자 하였다.

사전에 이미 표기와 발음이 올라 있는 어휘의 경우 제시된 표준형과 표준

발음을 학습하여 따를 가능성이 있으므로 발음 조사에서는 아직 표준 발음이 확정되지 않은 미등재어를 가장 먼저 고려할 필요가 있었다. 이에 아직 표준 발음 및 표준 표기형이 확정되지 않은 미등재어 10개(둘레/길, 변기/솔, 나이/대, 보리/물, 가사/말, 머리/고기, 휴지/조각, 막내/손녀, 옆구리/살, 가로수/길)를 모두 발음 조사 대상 어휘에 포함하였다. 해당 어휘들은 모두 '사전 등재 여부'를 기준 으로 선정한 어휘들로 (13)에 제시된 바 있다. 그리고 이와 비교할 수 있도록 각 미등재어와 '음절 수', '발음 변화', '어종'의 변수는 동일하면서 '사전 등재 여부' 변수에서만 차이가 나는 등재어로서 역시 (13)에서 제시된 바 있는 8개 어휘('부챗살, 두붓국, 가짓수, 장맛날, 인삿말, 마룻바닥, 주삿바늘, 막냇삼촌')를 함 께 선정하였다.

또한 일반 용어뿐 아니라 전문 용어에서도 사잇소리의 발음 실현 여부가 사이시옷 표기에 영향을 미치는지를 살피기 위해 (14)에서 제시된 바 있는 어휘 중, 후행 요소 '과'의 계열 어휘 가운데 사용 빈도가 높은 '고양잇과'를 선정하였고 후행 요소 '값' 계열 어휘 가운데에서는 '좌푯값'을 선별하였다.

이밖에도 음절 수에 따른 사잇소리 실현 여부를 검토하기 위해 (19)에 제 시된 5음절 이상의 긴 음절 어휘 가운데 빈도가 가장 높은 '옥수숫가루'를 추가로 선정하였다. 또한 사이시옷 관련 표기 규정의 한자어 예외 조항과 관련된 어휘 목록인 (20) 가운데에서는 빈도 등의 변수를 고려하여 '개수'를 선정하였다. 이러한 어휘 선정 절차를 통해 '사전 등재 여부', '전문 용어 여부', '음절 수' 등의 변수가 고르게 분석될 수 있도록 하였다.

이러한 선정 절차에 따라 발음 조사를 위해 최종적으로 선정된 어휘는 아래와 같이 총 22개이다.

(22) 발음 문항 관련 어휘 선정

| 단어 | 유형 | 음절 수 | 발음 | 어종 |
|---|---|---|---|---|
| 둘레/길 | C | 3(2+1) | 된소리 | 고고 |
| 나이/대 | C | 3(2+1) | 된소리 | 고한 |
| 변기/솔 | C | 3(2+1) | 된소리 | 한고 |
| 머리/고기 | C | 4(2+2) | 된소리 | 고고 |
| 막내/손녀 | C | 4(2+2) | 된소리 | 고한 |
| 휴지/조각 | C | 4(2+2) | 된소리 | 한고 |
| 보리/물 | C | 3(2+1) | ㄴ | 고고 |
| 가사/말 | C | 3(2+1) | ㄴ | 한고 |
| 가로수/길 | C | 4(3+1) | 된소리 | 한고 |
| 옆구리/살 | C | 4(3+1) | 된소리 | 고고 |
| 부챗살 | A | 3(2+1) | 된소리 | 고고 |
| 가짓수 | A | 3(2+1) | 된소리 | 고한 |
| 두붓국 | A | 3(2+1) | 된소리 | 한고 |
| 마룻바닥 | A | 4(2+2) | 된소리 | 고고 |
| 막냇삼촌 | A | 4(2+2) | 된소리 | 고한 |
| 주삿바늘 | A | 4(2+2) | 된소리 | 한고 |
| 장맛날 | A | 3(2+1) | ㄴ | 고고 |
| 인사말 | B | 3(2+1) | ㄴ | 한고 |
| 고양잇과 | A | 4(3+1) | 된소리 | 고한 |
| 좌푯값 | A | 3(2+1) | 된소리 | 한고 |
| 옥수숫가루 | A | 5(3+2) | 된소리 | 고고 |
| 개수 | B | 2(1+1) | 된소리 | 한한 |

## 5.2.4. 설문 문항 개발

국립국어원(2018)에서 실태 조사를 위해 작성한 일반인 대상 설문지의 구성은 다음과 같다.

(23) 일반인 대상 설문지의 구성

| 번호 | 설문지 내용 | | 문항 수 | 비고 |
|---|---|---|---|---|
| 1 | 설문에 대한 소개 | | | |
| 2 | 응답자 기초 정보 | | 4 | 성별, 연령, 지역, 거주지 구분 |
| 3 | 설문 문항 | 사잇소리 관련 어휘의 발음 | 22 | |
| 4 | | 사이시옷 관련 어휘의 표기 | 69 | 별도의 하위 문항 8개. |
| 5 | | 기타 | 1 | |
| 6 | 응답자 배경 질문 | | 2 | 학력, 직업 |
| 계 | | | 98 | |

먼저 설문에 대해 간단히 소개한 후, 응답자 기초 정보를 수집하고 사잇소리 관련 어휘의 발음 및 사이시옷 관련 어휘의 표기 실태를 조사하였다. 그리고 기타 문항을 통해 사이시옷 관련 규정에 대한 관심도를 조사하고 응답자 배경을 질문하는 순서로 전체 설문지를 구성하였다.

우선 응답자의 성별, 연령, 지역 등에 따라 사이시옷 발음 및 표기 양상에 차이가 나타날 가능성이 있기 때문에 성별, 연령, 지역 등의 응답자 기초 정보를 수집하였다. 특히 연령의 경우, 사이시옷 표기에 영향을 미칠 수 있는 교육 과정에 따른 분석이 가능할 수 있도록 연령 구간을 응답하게 하기보다는 만 나이를 직접 기입하도록 하였다. 또한 사이시옷 발음 및 표기에 영향을 미칠 수 있는 응답자의 배경인 학력이나 직업 등도 함께 수집하였다.

사이시옷과 관련된 문항에서는 사이시옷 관련 어휘의 발음 문항과 표기 문항을 별도로 제시하고 문항의 노출 순서나 선택지의 배열 순서도 불규칙적으로 나타나게 하여 응답자 본인이 선택한 발음 선택지에 따라 표기형을 선택할 가능성을 차단하고자 하였다. 그 외에 규정에 대한 응답자의 관심도를 측정하기 위한 기타 문항을 추가로 제시하였다.

이제 이들 각각에 대해 보다 자세히 살펴보기로 한다.

### 5.2.4.1. 설문에 대한 소개

국립국어원(2018)에서는 일반인 대상 설문의 제목을 <한국어 어휘의 발음 및 표기 실태 조사>로 하여 피설문자로 하여금 설문 주제가 '사잇소리 관련 어휘의 발음 및 표기'에 대한 것임을 인지하지 못하도록 하였다. 설문의 내용이 '사잇소리 관련 어휘'에 한정된 것임을 피설문자가 인지할 경우 답변에 영향을 줄 수 있기 때문이다. 아래와 같이 설문에 대해 소개한 후, 설문 구성을 소개하고 기초 정보를 수집한 다음 본격적인 사이시옷 관련 조사를 시작하였다.

이를 제시하면 다음과 같다.

(24) 일반인 대상 설문 제목 및 설문에 대한 소개

한국어 어휘의 발음 및
표기 실태 조사

**안녕하십니까?**
이 조사는 일반 국민들이 일상생활에서 한국어 어휘를 어떻게 발음하고, 표기하고 있는지 그 실태를 파악하기 위해 국립국어원과 이화여자대학교가 수행하는 조사입니다. 귀하의 의견은 전적으로 국어 어휘의 표기 관련 정책 수립을 위한 기초 연구 자료로만 활용되며, 귀하의 개인 정보 및 귀하가 응답하신 내용은 통계법 제33조에 의해 엄격히 보호됩니다.

**제33조(비밀의 보호)** ① 통계의 작성과정에서 알려진 사항으로서 개인이나 법인 또는 단체 등의 비밀에 속하는 사항은 보호되어야 한다.
② 통계의 작성을 위하여 수집된 개인이나 법인 또는 단체 등의 비밀에 속하는 자료는 통계작성 외의 목적으로 사용되어서는 아니 된다.

본 조사에서 여쭤보는 질문에는 정답이 있는 것은 아닙니다. 귀하께서 답변해 주신 내용은 다른 여러 사람들의 의견과 함께 '무엇이 몇 %' 하는 식으로 집계될 뿐입니다.
바쁜 시간을 쪼개어 조사에 협조해 주신 데 대해 감사드립니다.

2018년 10월

### 5.2.4.2. 사이시옷 관련 어휘의 발음

국립국어원(2018)에서는 표기 문항을 제시하기에 앞서 발음 문항을 먼저 제시하였다. 이는 표기 문항과 발음 문항에서 같은 어휘를 사용하는 만큼 표기 문항에서 표기형에 노출될 경우 그것이 발음에 영향을 미칠 것을 고려한 때문이다. 발음 문항은 가급적 해당 어휘의 뜻풀이 혹은 해당 어휘가 사용되는 맥락을 보여 주는 예문을 함께 제공하거나 해당 어휘에 관한 이미지를 직접 제시하고 그 단어를 어떻게 발음하는 것이 자연스럽다고 생각하는지를 묻는 문항으로 구성하였다. 이에 따라 질문은 "평소에 이 단어를 어떻게 발음하나요?"가 아니라 "이 단어를 어떻게 발음하는 것이 자연스러운가요?"와 같이 묻도록 하였다. 이는 피설문자의 연령 등에 따라 평소에 사용하지 않는 어휘가 포함되어 있을 가능성을 감안했기 때문이다.

선택지에는 해당 어휘의 표기나 발음 기호를 별도로 제시하지 않고 '1번 OOO, 2번 XXX'와 같은 방식으로 성우가 직접 녹음한 자료만을 제공하였다. 발음을 음성이 아닌 표기 혹은 발음 기호로 제시할 경우 피설문자가 표기나 발음 기호를 보고 피설문자 본인의 발음으로 인식하지 못하는 경우가 발생하거나 표기에 이끌릴 가능성이 있으므로 이러한 경우를 방지할 필요가 있다고 판단했기 때문이다. 이에 해당 어휘에 대한 성우의 발음을 듣고 피설문자 자신이 자연스럽다고 생각하는 것을 선택할 수 있도록 하였다.

음성은 최대 3회까지 다시 들을 수 있도록 제한하였다. 이는 성우의 음성을 3회 이상 반복하여 들을 경우 응답자가 양쪽 선택지에 모두 익숙해져 응답에 영향을 미치게 될 가능성을 차단하기 위해서이다. 선택지의 경우 사잇소리 실현형과 사잇소리 미실현형의 순서를 문항마다 다르게 제시하여 응답자들이 음성을 듣지 않고 응답하거나 모든 문항에 일관된 답변을 기계적으로 선택하는 것을 방지하고자 하였다.

발음 문항의 유형별 대표적인 사례를 보이면 아래와 같다.

(25) 가. 발음 문항 유형 1

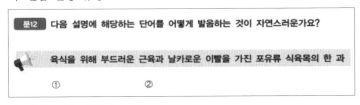

나. 발음 문항 유형 2

다. 발음 문항 유형 3

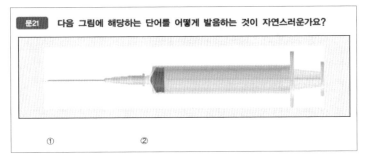

발음 문항의 경우, 성우의 목소리만을 듣고 선택지를 고르는 형식인 만큼, 응답자가 어휘를 듣고 어떤 어휘의 발음인지 바로 이해하지 못할 가능성을 우려하여 (25)에서 볼 수 있는 바와 같이 질문만을 제시하기보다는 뜻풀이나 예문, 그림과 같이 응답자가 참고할 수 있는 시각 자료가 모든 문항에 함께 제시되도록 하였다.

(25가)의 '유형 1'에서와 같이 어휘의 뜻풀이를 제공하는 경우 『표준국어대사전』의 정의를 인용하였으며 어휘의 뜻풀이에 해당 어휘가 그대로 노출되는 경우에는 예문이나 그림을 함께 제시하는 방법을 선택하였다. (25나)의 '유형 2'와 같이 예문을 제시하는 경우 예문은 되도록 문장 형태로 구성하되 음성이 제시되기 전 피설문자가 빠르게 이해할 수 있도록 최대한 간결하게

제시하고자 하였다. 해당 어휘의 뜻풀이나 예문을 제공하기 어려운 경우에는 (25다)의 '유형 3'과 같이 이미지를 보여 주는 방식을 택했다.

### 5.2.4.3. 사잇소리 관련 어휘의 표기

국립국어원(2018)에서는 표기 문항도 발음 문항과 마찬가지로 가급적 해당 어휘의 뜻 혹은 해당 어휘가 사용되는 맥락 등을 설명하는 예문을 함께 제공하고 그 단어를 어떻게 표기하는 것이 자연스러운지를 묻는 문항으로 구성하였다. 질문은 응답자들이 평소에 사용하는 표기를 선택하도록 한 것이 아니라 응답자들이 모르는 어휘이거나 평소에 사용해 본 적이 없는 어휘가 제시될 가능성을 고려하여 자연스러운 표기를 묻는 것으로 구성하였다.

어휘의 뜻을 제공하는 경우 『표준국어대사전』의 정의를 인용하였으며 발음 문항과 같이 해당 어휘의 뜻풀이에서 어휘가 그대로 노출되는 경우는 가급적 예문을 제시하였다. 어휘가 예문과 함께 제시된 경우 예문은 되도록 문장 형태로 구성하되 피설문자의 빠른 이해를 위해 최대한 간결하게 제시하고자 하였다. 그 외에 어휘의 뜻이나 예문 등이 없어도 선택에 문제가 없을 것으로 판단되는 경우 질문만을 제시하였으며 발음 문항에서 이미 제시된 적 있는 어휘에 한해서는 다른 유형의 질문 방식을 사용하도록 구성하였다.

선택지의 순서는 문항마다 다르게 제시하여 응답자들로 하여금 자신들이 평소에 사용하는 표기를 직접 고르지 않고 모든 문항에 일관된 답변을 기계적으로 선택하는 것을 방지하고자 하였다. 표기 문항의 유형별로 대표적인 사례를 보이면 다음과 같다.

(26) 가. 표기 문항 유형 1

> **문** 다음 중, 어떻게 적는 것이 자연스러운가요?
>
> ① 바다길                ② 바닷길

나. 표기 문항 유형 2

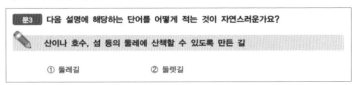

다. 표기 문항 유형 3

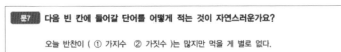

이때 표기 문항 중 응답에 대한 후속 질문이 필요한 경우 하위 문항이 나타나도록 하였다. 하위 문항은 발음과 표기의 상관관계를 분석할 수 있도록 가급적 발음 문항에 포함되어 있는 어휘들 위주로 구성하였다. 발음 문항에 포함된 미등재어 가운데 3개('둘레길', '휴지조각', '가사말'), 예외 조항 관련 어휘 가운데 2개('개수', '전세방'), 수학, 과학 분야의 전문 용어 1개씩('좌푯값', '고양잇과'), 식품 관련 어휘 1개('두붓국')를 선별하여 후속 질문이 나타나도록 하였다. 이를 보이면 다음과 같다.

(27) 하위 문항 유형

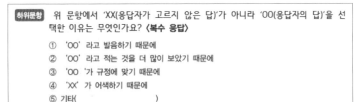

후속 질문에 대한 선택지는 모두 동일하게 5개를 제시하였으며 첫 번째는 피설문자가 발음의 영향을 받아 표기형을 선택하는 것인지를 알아보기 위한 선택지이며 두 번째는 평소 자주 사용하거나 눈에 익은 표기형에 이끌렸을

가능성을 감안한 선택지이다. 이 선택지는 선택한 형태의 익숙함에 초점을 둔 것으로 주변에서 많이 접해 비교적 익숙한 형태를 선택하도록 한 것이다. 세 번째는 규정에 따른 표기형을 골랐을 가능성을 고려한 선택지로 규정을 인식하고 어휘를 선택한 경우 고르도록 한 것이다. 네 번째는 사이시옷 미표기형을 고른 경우는 사이시옷 표기형이, 반대로 사이시옷 표기형을 고른 경우는 미표기형이 어색하다고 판단하였을 가능성을 염두에 둔 선택지이다. 네 번째 선택지의 경우 선택하지 않은 형태의 어색함에 초점을 둔 것으로 두 개의 형태가 모두 익숙하지 않을 때 둘 중 하나의 형태에 더 거부감이 느껴지는 경우 선택하도록 한 것이다. 마지막으로는 앞선 네 개의 선택지 외에 사이시옷 표기형, 미표기형을 선택한 개인의 이유가 있을 수 있으므로 개방형 질문으로 '기타'를 제시하였다. 또한 복수 응답을 가능하게 하여 선택에 따른 여러 가지 요인을 모두 살펴볼 수 있도록 하였다.

### 5.2.4.4. 기타(규정에 대한 관심도)

국립국어원(2018)에서는 사이시옷 관련 어휘의 표기 실태를 조사한 후 규정에 대한 응답자의 관심도를 조사하기 위한 기타 부문의 문항을 제시하였다. 기타 부문의 문항은 다음과 같다.

(28)  기타 문항(규정에 대한 관심도)

> **문1** 어떻게 적어야 하는지 모르는 단어가 있을 때 어떻게 하나요? 〈복수 응답〉
> ① 사전이나 인터넷 등에서 단어를 찾아본다
> ② 굳이 찾아보지 않는다
> ③ 관련 맞춤법 규정을 찾아본다
> ④ 다른 단어로 대체한다
> ⑤ 소리 나는 대로 적는다

기타 부문의 문항은 해당 어휘를 어떻게 적어야 할지 모르는 단어가 있을 때 어떤 방법을 택하는지에 대한 질문이다. 이는 응답자들이 사이시옷 관련 규정이 있음을 인지하고 있는지, 그렇다면 사이시옷 표기를 선택할 때 관련 규정을 어느 정도 참고하는지, 규정에 대해 어느 정도의 관심을 갖고 있는지를 참고용으로 살피기 위한 것이다.

## 5.2.5. 일반인 설문 조사 방법론

### 5.2.5.1. 일반인 조사 설계의 주안점

국립국어원(2018)에서 일반인 설문 조사를 설계함에 있어 가장 주의한 점은 표본의 대표성을 확보하고 정확성 높은 조사 방법을 마련하는 것이다. 특히 조사 결과의 신뢰성에 영향을 미칠 수 있는 응답자 특성은 모집단의 비율을 반영하여 표집되어야 하므로 프로그램을 이용한 무작위 추출법(Random Sampling)을 실시하였고 이를 통해 모집단의 대표성을 담보할 수 있는 변수를 고려하여 층화 추출을 설계하였다.

정확성 높은 조사 방법을 마련하기 위해서는 몇 가지 고려되어야 할 문제가 있었다. 우선 발음 문항에서 듣기 평가가 이루어져야 하며 전체 문항 수가 100문항에 가까워 다소 많은 편이라는 것을 감안할 때 어느 시간이나 자유롭게 조사 참여가 가능해야 했고 문항 순서 효과 제어를 위해 문항 섞기(로테이션 응답)가 가능해야 했다. 또한 응답자 기초 정보나 배경 등 면접원에게 말하기 어려운 민감한 부분에 대한 응답이 가능해야 했다. 이에 컴퓨터를 이용한 웹 조사(CAWI : Computer Assisted Web Interview)를 통해 응답을 수집하였다.

CAWI 조사 방법은 동시에 여러 명이 접속하는 것이 가능하여 조사 기간을 단축할 수 있다는 장점이 있으며 조사 시작과 동시에 실시간으로 응답자 수와 응답자 정보를 파악할 수 있어 목표 표본에 맞추어 응답자 수를 관리할 수 있다는 장점이 있다.

　또한 국립국어원(2018)에서는 발음 문항이 듣기 평가 방식으로 제시되어 발음 문항을 효과적으로 측정하기 위한 방안도 마련해야 했다. 이에 응답자가 듣기 평가가 가능한 상태에서 조사에 응했는지를 확인하기 위하여 듣기 문항 가능 여부를 사전에 테스트하는 문항을 제시하였다. 이 외에도 원활한 발음 문항 측정을 위해 인터넷 속도 및 응답 PC 환경을 고려하여 문항과 문항, 선택지와 선택지 사이의 휴지 시간을 배정하여 적정 재생 시간 동안 음성이 재생되도록 하였다. 전술한 바와 같이 응답자가 음성을 놓칠 경우를 고려하여 3회 반복 듣기가 가능하도록 반복 듣기 기능도 추가하였다.

### 5.2.5.2. 일반인 설문 조사 표본

　국립국어원(2018)에서 대상으로 삼은 일반인 설문 조사의 모집단은 전국 만 13~59세 일반 국민이다. 전체 모집단 현황 및 연령별 모집단 현황은 아래와 같다.

(29)　가. 전국 모집단 현황(전체)

| 구분 | 전체 | 남 | 여 |
|------|------|------|------|
| 전국 | 35,053,482 | 17,976,554 | 17,076,928 |
| 서울 | 6,810,962 | 3,385,605 | 3,425,357 |
| 부산 | 2,257,584 | 1,141,384 | 1,116,200 |
| 대구 | 1,680,637 | 856,434 | 824,203 |
| 인천 | 2,070,870 | 1,060,073 | 1,010,797 |
| 광주 | 1,015,022 | 513,560 | 501,462 |
| 대전 | 1,039,562 | 529,646 | 509,916 |
| 울산 | 818,080 | 428,847 | 389,233 |
| 경기 | 9,115,260 | 4,675,663 | 4,439,597 |
| 강원 | 980,675 | 514,762 | 465,913 |
| 충북 | 1,045,203 | 548,628 | 496,575 |
| 충남 | 1,362,206 | 724,354 | 637,852 |

| 구분 | 전체 | 남 | 여 |
|---|---|---|---|
| 전북 | 1,159,627 | 603,017 | 556,610 |
| 전남 | 1,143,528 | 609,165 | 534,363 |
| 경북 | 1,674,769 | 885,070 | 789,699 |
| 경남 | 2,228,489 | 1,164,442 | 1,064,047 |
| 제주 | 444,064 | 231,051 | 213,013 |
| 세종 | 206,944 | 104,853 | 102,091 |

나. 전국 모집단 현황(연령별)

| 구분 | 13-18세 | | 19-29세 | | 30-39세 | | 40-49세 | | 50-59세 | |
|---|---|---|---|---|---|---|---|---|---|---|
| | 남 | 여 | 남 | 여 | 남 | 여 | 남 | 여 | 남 | 여 |
| 전국 | 1,642,913 | 1,515,752 | 3,921,397 | 3,530,295 | 3,736,447 | 3,562,662 | 4,352,153 | 4,210,815 | 4,323,644 | 4,257,404 |
| 서울 | 273,278 | 256,766 | 776,309 | 787,915 | 778,789 | 778,126 | 799,316 | 810,418 | 757,913 | 792,132 |
| 부산 | 96,103 | 88,347 | 255,535 | 230,190 | 234,329 | 224,691 | 267,430 | 265,527 | 287,987 | 307,445 |
| 대구 | 83,001 | 74,136 | 196,640 | 166,780 | 163,752 | 156,541 | 201,915 | 207,517 | 211,126 | 219,229 |
| 인천 | 92,296 | 86,446 | 232,524 | 213,176 | 224,100 | 211,125 | 253,607 | 245,191 | 257,546 | 254,859 |
| 광주 | 55,799 | 51,500 | 118,714 | 108,139 | 101,913 | 100,421 | 123,716 | 125,381 | 113,418 | 116,021 |
| 대전 | 51,775 | 47,689 | 123,631 | 110,676 | 108,179 | 103,167 | 126,124 | 126,710 | 119,937 | 121,674 |
| 울산 | 39,619 | 34,904 | 94,195 | 75,129 | 88,011 | 79,718 | 99,182 | 97,616 | 107,840 | 101,866 |
| 경기 | 435,474 | 407,145 | 999,938 | 906,008 | 991,310 | 951,300 | 1,166,440 | 1,132,630 | 1,082,501 | 1,042,514 |
| 강원 | 49,158 | 44,662 | 112,593 | 89,284 | 91,825 | 84,731 | 122,577 | 113,998 | 138,609 | 133,238 |
| 충북 | 51,459 | 46,895 | 120,652 | 99,153 | 108,119 | 98,050 | 129,781 | 121,121 | 138,617 | 131,356 |
| 충남 | 67,636 | 62,316 | 148,252 | 124,298 | 154,924 | 135,270 | 178,145 | 155,773 | 175,397 | 160,195 |
| 전북 | 61,912 | 57,546 | 129,205 | 112,089 | 108,502 | 102,098 | 147,959 | 137,052 | 155,439 | 147,825 |
| 전남 | 59,727 | 54,763 | 123,968 | 104,505 | 108,553 | 98,255 | 148,127 | 126,827 | 168,790 | 150,013 |
| 경북 | 80,312 | 71,315 | 184,289 | 146,259 | 169,996 | 152,153 | 211,265 | 192,891 | 239,208 | 227,081 |
| 경남 | 111,696 | 100,149 | 239,700 | 196,591 | 231,753 | 214,417 | 287,094 | 270,449 | 294,199 | 282,441 |
| 제주 | 23,594 | 21,223 | 47,116 | 42,361 | 44,623 | 43,247 | 59,732 | 54,615 | 55,986 | 51,567 |
| 세종 | 10,074 | 9,950 | 18,136 | 17,742 | 27,769 | 29,352 | 29,743 | 27,099 | 19,131 | 17,948 |

이와 같은 모집단 현황을 고려하여, 즉 '주민등록인구현황(2018년 6월 기준)'
의 성별, 연령별, 지역별 인구 구성비에 따르면 다음과 같이 표본을 할당할
수 있다. 이때 표본의 크기는 2,500명이다.

(30) 표본 할당

| 구분 | 전체 | | | 13-18세 | | 19-29세 | | 30-39세 | | 40-49세 | | 50-59세 | |
|---|---|---|---|---|---|---|---|---|---|---|---|---|---|
| | 전체 | 남 | 여 | 남 | 여 | 남 | 여 | 남 | 여 | 남 | 여 | 남 | 여 |
| 전국 | 2,500 | 1,285 | 1,215 | 118 | 107 | 279 | 250 | 269 | 254 | 310 | 301 | 309 | 303 |
| 서울 | 486 | 242 | 244 | 20 | 18 | 55 | 56 | 56 | 56 | 57 | 58 | 54 | 56 |
| 부산 | 162 | 82 | 80 | 7 | 7 | 18 | 16 | 17 | 16 | 19 | 19 | 21 | 22 |
| 대구 | 120 | 61 | 59 | 6 | 5 | 14 | 12 | 12 | 11 | 14 | 15 | 15 | 16 |
| 인천 | 147 | 76 | 71 | 7 | 6 | 17 | 15 | 16 | 15 | 18 | 17 | 18 | 18 |
| 광주 | 72 | 36 | 36 | 4 | 4 | 8 | 8 | 7 | 7 | 9 | 9 | 8 | 8 |
| 대전 | 76 | 39 | 37 | 4 | 4 | 9 | 8 | 8 | 7 | 9 | 9 | 9 | 9 |
| 울산 | 58 | 31 | 27 | 3 | 2 | 7 | 5 | 6 | 6 | 7 | 7 | 8 | 7 |
| 경기 | 650 | 333 | 317 | 31 | 29 | 71 | 65 | 71 | 68 | 83 | 81 | 77 | 74 |
| 강원 | 71 | 38 | 33 | 4 | 3 | 8 | 6 | 7 | 6 | 9 | 8 | 10 | 10 |
| 충북 | 75 | 40 | 35 | 4 | 3 | 9 | 7 | 8 | 7 | 9 | 9 | 10 | 9 |
| 충남 | 98 | 53 | 45 | 5 | 4 | 11 | 9 | 11 | 10 | 13 | 11 | 13 | 11 |
| 전북 | 83 | 43 | 40 | 4 | 4 | 9 | 8 | 8 | 7 | 11 | 10 | 11 | 11 |
| 전남 | 82 | 44 | 38 | 4 | 4 | 9 | 7 | 8 | 7 | 11 | 9 | 12 | 11 |
| 경북 | 118 | 62 | 56 | 5 | 5 | 13 | 10 | 12 | 11 | 15 | 14 | 17 | 16 |
| 경남 | 158 | 83 | 75 | 8 | 7 | 17 | 14 | 17 | 15 | 20 | 19 | 21 | 20 |
| 제주 | 32 | 16 | 16 | 2 | 2 | 3 | 3 | 3 | 3 | 4 | 4 | 4 | 4 |
| 세종 | 12 | 6 | 6 | 0 | 0 | 1 | 1 | 2 | 2 | 2 | 2 | 1 | 1 |

이를 바탕으로 모집된 실제 조사 표본의 크기는 2,520명인데 이는 성별, 연령별, 지역별 인구 구성비에 따라 비례 할당한 후 무작위로 추출한 것이다. 이처럼 무작위 추출을 전제할 경우, 신뢰 수준은 95%이며 최대 허용 표집 오차는 ±1.96%이다. 실제 조사 표본의 구체적인 수치는 다음과 같다.

(31) 실제 조사 표본

| 구분 | 전체 | | | 13-18세 | | 19-29세 | | 30-39세 | | 40-49세 | | 50-59세 | |
|---|---|---|---|---|---|---|---|---|---|---|---|---|---|
| | 전체 | 남 | 여 | 남 | 여 | 남 | 여 | 남 | 여 | 남 | 여 | 남 | 여 |
| 전국 | 2,520 | 1,292 | 1,228 | 119 | 108 | 282 | 254 | 271 | 256 | 310 | 307 | 310 | 303 |

| 구분 | 전체 | | | 13-18세 | | 19-29세 | | 30-39세 | | 40-49세 | | 50-59세 | |
|---|---|---|---|---|---|---|---|---|---|---|---|---|---|
| | 전체 | 남 | 여 | 남 | 여 | 남 | 여 | 남 | 여 | 남 | 여 | 남 | 여 |
| 서울 | 487 | 243 | 244 | 20 | 18 | 55 | 56 | 57 | 56 | 57 | 58 | 54 | 56 |
| 부산 | 163 | 82 | 81 | 7 | 7 | 18 | 17 | 17 | 16 | 19 | 19 | 21 | 22 |
| 대구 | 121 | 61 | 60 | 6 | 5 | 14 | 12 | 12 | 11 | 14 | 16 | 15 | 16 |
| 인천 | 150 | 76 | 74 | 7 | 6 | 17 | 15 | 16 | 15 | 18 | 20 | 18 | 18 |
| 광주 | 72 | 36 | 36 | 4 | 4 | 8 | 8 | 7 | 7 | 9 | 9 | 8 | 8 |
| 대전 | 76 | 39 | 37 | 4 | 4 | 9 | 8 | 8 | 7 | 9 | 9 | 9 | 9 |
| 울산 | 59 | 31 | 28 | 3 | 2 | 7 | 5 | 6 | 6 | 7 | 8 | 8 | 7 |
| 경기 | 651 | 333 | 318 | 31 | 29 | 71 | 65 | 71 | 68 | 83 | 82 | 77 | 74 |
| 강원 | 76 | 42 | 34 | 5 | 3 | 10 | 7 | 7 | 6 | 9 | 8 | 11 | 10 |
| 충북 | 75 | 40 | 35 | 4 | 3 | 9 | 7 | 8 | 7 | 9 | 9 | 10 | 9 |
| 충남 | 100 | 53 | 47 | 5 | 4 | 11 | 10 | 11 | 11 | 13 | 11 | 13 | 11 |
| 전북 | 84 | 44 | 40 | 4 | 4 | 9 | 8 | 9 | 7 | 11 | 10 | 11 | 11 |
| 전남 | 83 | 44 | 39 | 4 | 4 | 9 | 8 | 8 | 7 | 11 | 9 | 12 | 11 |
| 경북 | 120 | 63 | 57 | 5 | 6 | 14 | 10 | 12 | 11 | 15 | 14 | 17 | 16 |
| 경남 | 158 | 83 | 75 | 8 | 7 | 17 | 14 | 17 | 15 | 20 | 19 | 21 | 20 |
| 제주 | 33 | 16 | 17 | 2 | 2 | 3 | 3 | 3 | 4 | 4 | 4 | 4 | 4 |
| 세종 | 12 | 6 | 6 | 0 | 0 | 1 | 1 | 2 | 2 | 2 | 2 | 1 | 1 |

### 5.2.5.3. CAWI 조사 전체 흐름도

CAWI 조사에 앞서 수퍼바이저를 선발하고 교육하였다. 수퍼바이저는 CAWI 조사를 실시간으로 관리하고 피설문자에게 설문을 독려하기 위한 연락을 전화로 취하게 되는데 수퍼바이저가 실태 조사의 내용을 잘 이해하고 그에 따른 역할을 적절히 수행할 수 있도록 체계적으로 교육하는 절차가 필요하기 때문이다. 선발 및 교육 절차가 완료된 후에는 CAWI 시스템 상에 설문지를 프로그래밍하는 작업을 실시하였다. 설문지 프로그래밍은 웹 형태로 진행되었고 피설문자 목록의 메일 주소를 컴퓨터 시스템 상에 입력하였다.

이후 발음 문항과 표기 문항의 경우는 파트별로 문항 순서를 다르게 설정하였으며 발음 문항의 재생은 사잇소리 실현형과 비실현형이 한 번에 재생될 수 있도록 조정하고 재생 횟수는 최대 3회로 제한하였다. 한편 하위 문항이 나타나도록 설정된 어휘 여덟 개의 경우 피설문자가 해당 문항에 응답하면 뒤이어 하위 문항이 제시되도록 설정하였다.

피설문자에게는 온라인 설문 링크가 첨부된 조사 안내 메일과 설문 조사에 참여를 요청하는 문자를 발송하였으며 미응답자에게는 주 2회 발송하여 참여를 독려하였다. 기본적으로는 컴퓨터를 기반으로 한 설문 조사를 실시하였고 표본 수가 목표치에 미달하였을 경우 모바일로 설문 조사를 실시하였다. 조사가 진행 중인 상황에서는 실시간으로 문항 간 조직을 프로그램화하여 결과를 검증하였고 SPSS를 이용하여 결측값 등이 발생하는 경우에는 데이터 클리닝을 실시하여 추가 조사를 진행하였다.

### 5.2.5.4. 설문 응답률 제고 방안

국립국어원(2018)에서는 설문 응답률을 제고하기 위해 여러 방안을 활용하였는데 우선 조사 전용 서버를 활용함으로써 데이터를 안정적으로 관리하였고 메일 발송 후 수신 여부를 확인하여 문자와 전화로 독려를 실시하는 등 진행 상황을 수시로 확인 및 관리함으로써 개별적인 상황에 대해서도 대처가 가능하도록 하였다. 또한 메일로 설문을 발송하기 전과 메일로 설문을 발송한 후에 알림 문자 메시지도 함께 발송함으로써 조사 협조율을 높일 수 있도록 하였으며 조사 대상자의 응답 여부를 확인하여 미응답자에게는 최소 3회에서 5회에 걸쳐 문자, 전화 등을 통해 응답을 독려하였다. 무엇보다 피설문자가 편안한 상태에서 조사에 응답할 수 있도록 사용자 편의성을 강화한 설문 사이트를 개발하여 사용자 편의적인 설문 구성뿐 아니라 설문의 글씨

체, 글자 크기 등 디자인 측면에서도 가독성을 제고하는 등 응답률을 높일
수 있는 방안을 최대한 활용하였으며 적정 사례비를 책정하였다.

### 5.2.5.5. 조사의 객관성 및 신뢰도 향상 방안

국립국어원(2018)은 실태 조사의 객관성과 신뢰도를 향상하기 위하여 다음
과 같은 단계를 고안하였다. 첫 번째로 피설문자의 조사 쿼터를 엄격하게
관리하였다. 실태 조사 표본의 대표성을 담보하기 위하여 실시간으로 쿼터를
관리할 수 있는 체계를 마련하였고 조사의 진행 상황을 실시간으로 관리할
수 있도록 사이트를 개설하여 운영하였다. 두 번째로 문항 간에 로직을 사전
에 프로그램화하여 로직에 벗어날 경우를 대비하여 조사 진행 과정 중에
실시간으로 검증하였다.

이어 엄격한 기준에 의한 실시간 검증을 실시할 수 있도록 하였다. 이는
ISO/DIS 26362 : Accesspanels in market, opinion and social research(2008-06)
자료를 근거로 만든 단계로 개방형 문항을 제외한 문항에서 같은 선택지를
선택한 비율이 93%를 넘는 경우에는 검증 후에 삭제하였다. 또한 응답에
소요되는 평균 시간 대비 하위 5% 이하는 일괄적으로 삭제하였으며 검증
모듈에 이를 입력하여 실시간으로 해당 값을 살펴보았다. 한편 피설문자가
설문 중에 인터넷 검색을 위하여 창을 벗어나는 경우나 인터넷 익스플로러
상에 문제가 발생하는 경우 혹은 특정 문항에 응답하지 않은 경우 등을 확인
하여 관리하였고 개방형 문항 답을 검증함으로써 특수문자나 알 수 없는
문자를 입력하였거나 질문 내용과 상이한 답을 한 피설문자의 데이터는 삭제
하였다.

### 5.2.5.6. 자료 처리

자료를 처리하는 데 있어 가장 기본적인 원칙은 엄밀성과 정확성을 확보하고 보안이 유지되도록 하는 것이다. 이를 위해 국립국어원(2018)에서는 실사 중 발생할 수 있는 데이터 손실에 대한 방안으로 단계별 데이터를 따로 구축하고 하루에 두 번씩 데이터베이스 백업을 실시하여 자료 관리가 엄정하게 이루어질 수 있도록 하였으며 자료 처리 과정에서는 사전 보고된 연구진이나 담당 수행 팀의 연구원 외의 인물은 데이터 파일에 접근할 수 없도록 문서 보안을 강화하였다. 또한 응답값 산출의 정확성을 확보하기 위해 '엑셀 자동 계산 프로그램'과 'SPSS 통계 패키지'를 이용하여 응답값을 이중 확인(Double-Checking)하였다. 이와 같은 과정을 통해 독립 변인을 배너로 하는 전체 문항별 결과를 산출하였다.

## 5.3. 전문 용어의 사잇소리 현상과 사이시옷 표기에 대한 전문가 조사

### 5.3.1. 조사 개요

#### 5.3.1.1. 조사 목적 및 조사 내용

각 분야의 전문가가 해당 분야의 전문 용어를 올바르게 표기하기 위해서는 현행 사이시옷 관련 표기 규정을 제대로 이해하고 있어야만 한다. 규정이 복잡하면 복잡할수록 규정에 맞는 사이시옷 표기가 적용된 전문 용어가 해당 분야의 전문가들로부터 외면받을 가능성이 높아지는 것이다. 이에 국립국어원(2018)에서는 전문 용어의 사이시옷 표기에 대한 전문가의 인식 및 표기 실태 조사를 실시하고 그 결과를 분석함으로써 전문 용어의 사이시옷 관련 어휘의 표기 개선 방안을 도출하는 데 참고하고자 하였다.

(32) 전문가 실태 조사 개요

| 조사 기간 | 2018년 10월 17일 ~ 2018년 10월 31일 |
|---|---|
| 조사 대상 | 수학 분야 전문가 11인(교수 2명 + 교사 9명)<br>과학 분야 전문가 12인(교수 2명 + 교사 10명) |
| 조사 방법 | '구글(Google)' 설문지를 활용한 온라인 조사 |
| 조사 내용 | 전문 용어의 전문성 및 사이시옷 표기 실태<br>사이시옷 표기 규정 인식도 |

국립국어원(2018)의 해당 부분은 전문 용어에 대한 전문가 인식 조사와 전문 용어의 사이시옷 표기에 대한 전문가 실태 조사 및 규정에 대한 인식 조사로 구성되었다. 전문 용어에 대한 전문가 인식 조사는 해당 분야 전문 용어에 대한 전문성 정도의 인식을 조사하며 아울러 타 분야의 전문 용어 전문성 정도에 대한 인식 조사를 실시하여 각 용어에 대한 전문성 인식의 정도성을 비교하기 위한 것이다. 한편 전문 용어의 사이시옷 표기에 대한 전문가 실태 조사는 계열 관계에 있는 일반 용어를 대조군으로 두어 차이를 살피고 하위 문항을 통하여 사이시옷을 표기하거나 혹은 표기하지 않는 이유를 살펴보는 방향으로 진행되었다. 규정에 대한 조사에서는 크게 규정의 인지도와 규정에 대한 수용도를 알아보고자 하였다.

## 5.3.1.2. 조사 방법

국립국어원(2018)에서는 전문 분야 가운데에서도 수학, 과학 분야 전문가를 대상으로 전문 용어에 대한 인식 및 실태 조사를 실시하였다. 여러 분야 가운데 특별히 수학과 과학 분야를 선정한 것은, 전술한 바와 같이 이들 분야의 어휘가 전문 용어임에도 불구하고 전 국민이 교육 과정을 이수하면서 자연스럽게 접할 수 있는 것이기 때문이다. 특히 '최댓값', '근삿값', '갯과', '고양잇과' 등 사이시옷 표기에 있어 수용성이 낮은 어휘들이 상당수 포함되어 있는 점을 고려하여 해당 분야를 선정하였다.

일반인 대상 설문과는 달리 전문가 대상의 조사에서는 연구진이 직접 조사 대상자를 섭외하였다. 설문 대상자에게 개별적으로 연락을 취하여 설문 조사의 취지를 설명하고 설문 참여 의사를 확인한 후 설문을 실시하였으며 조사 대상자는 해당 분야의 전공 유관 기관 종사자인 교수 및 교사로 구성하였다. 각 분야 교수 2명, 교사 10명, 총 24명을 섭외하였는데 교과서, 교재, 논문 등 집필에 참여하거나 교육 현장에서 직접 해당 어휘를 사용하는 등 전문 용어에 가장 많이 노출되어 있는 전문가를 우선적으로 선별하고자 하였다. 기존 연구들에서 전문가로 분류하였던 방송이나 출판업계 종사자의 경우는 수학 분야와 과학 분야의 직접적인 전문가라고 보기 어렵기 때문에 제외하였다. 각 분야 조사 대상자 목록은 아래와 같다.

(33) 가. 수학 분야 조사 대상자 목록

| 번호 | 성별 | 연령 | 직업 | 전공 유관 기관 종사 기간 |
|------|------|------|------|------|
| M01 | 남성 | 30대 | 교수 | 11년 |
| M02 | 남성 | 50대 | 교수 | 25년 |
| M03 | 남성 | 50대 | 교사 | 29년 |
| M04 | 여성 | 30대 | 교사 | 4년 |
| M05 | 여성 | 30대 | 교사 | 15년 |
| M06 | 여성 | 20대 | 교사 | 6개월 |
| M07 | 남성 | 40대 | 교사 | 19년 |
| M08 | 남성 | 30대 | 교사 | 14년 |
| M09 | 남성 | 40대 | 교사 | 20년 |
| M10 | 여성 | 30대 | 교사 | 7년 |
| M11 | 여성 | 30대 | 교사 | 10년 |

나. 과학 분야 조사 대상자 목록

| 번호 | 성별 | 연령 | 직업 | 전공 유관 기관 종사 기간 |
|---|---|---|---|---|
| S01 | 남성 | 40대 | 교수 | 12년 |
| S02 | 남성 | 40대 | 교수 | 18년 |
| S03 | 남성 | 30대 | 교사 | 7년 |
| S04 | 남성 | 20대 | 교사 | 2년 |
| S05 | 남성 | 50대 | 교사 | 25년 |
| S06 | 여성 | 30대 | 교사 | 10년 |
| S07 | 남성 | 30대 | 교사 | 10년 |
| S08 | 남성 | 40대 | 교사 | 10년 |
| S09 | 여성 | 30대 | 교사 | 10년 |
| S10 | 여성 | 40대 | 교사 | 13년 |
| S11 | 남성 | 30대 | 교사 | 5년 |
| S12 | 남성 | 30대 | 교사 | 12년 |

설문 조사 기간은 2018년 10월 17일부터 10월 31일까지였으며 전자 우편을 통해 설문지를 배포하고 회수하는 방식으로 조사를 진행하였다. 각 분야별 전문가 12인씩 총 24명에게 설문지를 배포하였으나 수학 분야 전문가 1인이 답변을 하지 않아 최종적으로 23인으로부터 답변을 받았다. 설문 조사는 비대면 조사의 장점을 최대한 활용하기 위해 온라인 설문 플랫폼인 '구글(Google)' 설문지를 이용하여 진행하였다. 온라인 조사로 진행된 만큼 대면 조사에 비해 상대적으로 조사 기간이 짧고 분석이 용이하며 조사원을 대면하지 않기 때문에 응답자가 보다 편안한 환경에서 부담 없이 응답할 수 있다는 장점을 취할 수 있었다.

## 5.3.2. 조사 대상 어휘 선정

전문가 대상 설문 조사의 경우 전문 용어에 대한 인식 및 실태 조사를 목적으로 하고 있기 때문에 국립국어원(2018)에서는 최대한 각 전문 분야에서 활발히 사용되고 있는 어휘를 조사 대상으로 선정하고자 하였다. 그러나 실제로는 전문 용어와 일반 용어를 구별하기가 쉽지 않고 같은 전문 용어라고 하더라도 일상에서 자주 쓰이거나 교육 과정에서 많이 노출되어 상대적으로 친숙도가 높은 어휘가 있을 수 있는 반면 일반 언중들은 그 의미를 알기 힘든 어휘도 있다. 또한 전문가 집단의 경우 자신의 전공 영역의 전문 용어에 대한 이해도는 높을 것으로 예상되지만 타 전공 영역의 전문 용어에 대해서는 그렇지 않을 수도 있다.

더욱이 현행 규정에 의하면 전문 용어도 일반 용어와 마찬가지로 어종, 발음 등의 변수에 따라 사이시옷을 적어야 하는데 규정에 따라 사이시옷 표기를 하게 될 경우 개념어의 의미가 명확히 드러나지 않고 해당 분야에서 오랜 시간에 걸쳐 사용해 오던 표기와 일치하지 않아 전문가 집단의 표기 수용도가 매우 떨어진다는 문제가 있어 왔다. 이러한 이유로 전문 용어의 표기는 일반 용어의 표기와 다른 기준을 적용하도록 하자는 전문가 집단의 의견이 지속적으로 제기되어 온 것임을 다시 환기할 필요가 있다.

이에 국립국어원(2018)에서는 조사 대상 어휘에 전문 용어뿐 아니라 일반 용어도 포함될 수 있도록 하였으며 전문 용어의 경우 해당 전공 영역의 전문 용어뿐만 아니라 타 전공 영역의 전문 용어도 포함될 수 있도록 하였다. 이를 통해 응답자들이 전문 용어와 일반 용어의 사이시옷 표기를 실제로 달리하고 있는지 조사하였으며 각 어휘에 대한 전문가들의 전문성 인식 정도를 함께 조사하여 사이시옷 표기 실태가 전문어에 대한 인식 정도와 일치하는지를 확인하고자 하였다.

조사 대상 어휘는 수학, 과학의 각 분야별로 16개씩 선정하였는데 해당 분야의 전문 용어 8개와 타 분야 전문 용어 4개, 일반 용어 4개의 어휘에 대한 표기 실태와 전문어 인식을 살필 수 있도록 구성하였다. 각 분야별 조사 대상 어휘 목록 중 전문 용어의 목록을 제시하면 아래와 같다.

(34) 해당 분야 전문 용어 각 8개(50%)

| 수학 | | 과학 | |
|---|---|---|---|
| 꼭짓점 | 최댓값 | 가짓과 | 마딧점 |
| 대푯값 | 풀이법 | 고양잇과 | 상댓값 |
| 소수점 | 피제수 | 곰팡이병 | 서릿점 |
| 자릿수 | 호도법 | 꽃가룻병 | 유횻값 |

수학, 과학 분야의 해당 전문 용어로는 사잇소리 관련 어휘 중 다양한 계열 관계를 가진 어휘를 선정하고자 하였으며 과학 분야에서는 물리, 화학, 생물 등 다양한 세부 영역의 용어가 포함될 수 있도록 하였다. 이를 위해 1차적으로 『우리말샘』의 '자세히 찾기' 기능을 활용하여 '수학' 및 '동물, 물리, 생명, 식물, 자연 일반, 지구, 천문, 화학' 등의 전문 분야의 모든 어휘를 검색하였고 그 가운데 사잇소리 관련 어휘들을 추출하였다. 'ㅅ'을 포함한 어휘만을 따로 검색하지 않고 각 전문 분야의 어휘들을 모두 살펴본 것은 전문 용어가 대부분 '한자어+한자어' 구성으로 이루어져 있기 때문에 사잇소리 관련 어휘가 모두 사이시옷 표기로 이어지지는 않는다는 점을 고려했기 때문이다.

이후 1차적으로 추출한 어휘들을 대상으로 계열 관계에 있는 어휘들의 유형을 분류하였는데 여러 계열의 유형들 가운데 고유어로서 사이시옷 표기형이 규정에 맞는 표기일 수밖에 없는 계열의 어휘들('O값')과 한자어로서 규정에 맞는 표기로 사이시옷 표기형, 미표기형이 혼재되어 있는 계열의 어휘들('O점', 'O수', 'O과', 'O병' 등)을 따로 구별해 내어 추출하였다. 전문 영역별로 대표적인 계열 관계를 살펴보자면 수학 분야의 경우 'O값', 'O점', 'O수' 등이 있으며 과학 분야의 경우 'O값', 'O점', 'O과', 'O병' 등이 있다.

이 중 'O값', 'O점'은 수학, 과학의 분야 모두에서 사용되고 있는 만큼 선정하지 않을 이유가 없고 특히 '값'은 '최댓값', '대푯값', '상댓값', '유횻값' 등에 대해 사회적 이슈가 된 적이 있기에 살펴볼 필요가 있었다. 'O과' 역시

'고양잇과', '가짓과'처럼 수용성이 낮은 어휘들이 포함되어 있으므로 '동물', '식물' 분야에서 선정할 필요가 있었다. 'O점' 계열에서는 일반 언중을 대상으로 한 조사에 포함된 어휘인 '꼭짓점'과 동일 계열이되 선행 요소의 어종만 다른 '소수점'을 선정하였다. 단 과학 분야의 'O점' 계열 어휘는 그 수가 매우 적어 사잇소리 관련 어휘에 해당하는 '마딧점'과 '서릿점'을 모두 조사 대상으로 선정하게 되었다.

'O수'는 일반 언중을 대상으로 한 조사에 포함된 어휘 '자릿수', '피제수'를 선정하였다. 'O법' 계열 어휘들은 §1.2.1에서 언급한 바와 같이 '-법'이 접미사인 관계로 사이시옷 미표기형이 규정에 맞는 표기나 '풀이법'이 '풀잇법'에서 '풀이법'으로 변경된 지 오래되지 않았으므로 사이시옷 표기에 있어 혼란이 있을 수 있기 때문에 이를 고려하여 선별하였고 이와 동일 계열인 어휘들 가운데 수학 전문 용어인 '호도법'을 함께 포함하게 되었다. 'O병' 계열 어휘들 중 '곰팡이병', '꽃가룻병'을 선정하게 된 것은 '곰팡이병'의 경우 '붉은곰팡잇병', '벼곰팡잇병' 등에서와 달리 사이시옷 미표기형이 규정에 맞는 표기라는 점에서 혼란이 있을 것으로 예상되었기 때문이며 이와 동일 계열 관계에 있으면서 사이시옷 표기형이 규정에 맞는 표기인 어휘로 '꽃가룻병'을 고르게 되었다.

또한 전문 용어인 만큼 실제로 해당 분야에서 사용되고 있는 어휘인지 검토할 필요가 있었는데 이를 위해 '대한수학회', '한국물리학회', '대한화학회' 등 해당 분야의 학회에서 배포하고 있는 용어집을 살펴 추출된 어휘들이 실제로 활용되고 있는 것인지를 확인하였다. 이러한 일련의 과정을 통해 위의 표에서와 같이 수학 분야의 경우 'O값', 'O점', 'O수', 'O법' 유형의 계열 관계를 가진 어휘, 과학 분야의 경우 'O값', 'O점', 'O과', 'O병' 유형의 계열 관계를 가진 어휘 8개를 각각 선정하게 되었다.

한편 타 분야 전문 용어는 위의 (34)에서 이미 선정된 각 영역 전문 용어 가운데 일부를 선정하였다. 이것은 같은 용어에 대한 양 분야 전문가의 전문성 인식 및 표기 실태를 조사하기 위함이다. 이를 제시하면 다음과 같다.

(35) 타 분야 전문 용어 각 4개(25%)

| 수학 | 과학 |
|------|------|
| 꽃가룻병 | 꼭짓점 |
| 고양잇과 | 자릿수 |
| 마딧점 | 최댓값 |
| 상댓값 | 풀이법 |

먼저 과학 전문 분야 용어 중 같은 계열 관계에 있는 '꽃가룻병'과 '곰팡이병', 수학 전문 분야 용어 중 같은 계열 관계에 있는 '풀이법'과 '호도법' 중에서는 사이시옷 미표기형이 표준형인 어휘를 배제하고 '꽃가룻병'과 '풀이법'을 각각 선별하였다. 한편 'O수' 계열 어휘 중에서는 '피제수'가 '한자어+한자어' 구성으로 사이시옷 미표기 환경임을 감안하여 사이시옷 표기형이 표준형인 '자릿수'를 선정하였다. '고양잇과'의 경우 과학 분야에서 가장 논란이 되어 왔던 'O과' 계열 용어 가운데 하나이므로 선정하였다. 이 외에 '상댓값, 최댓값', '마딧점, 꼭짓점'은 후행 요소가 '값'과 '점'으로 계열 관계를 형성하므로 다른 분야에 속한 동일 계열의 전문 용어의 표기 실태나 인지도를 확인할 수 있다는 점에서 선정하였다.

일반 용어는 총 4개의 어휘를 선정하였는데 먼저 이를 제시하면 다음과 같다.

(36) 일반 용어 4개(25%)

| 일반 용어(공통) | |
|------|------|
| 가운뎃점 | 숫자 |
| 고춧잎 | 죗값 |

(36)의 일반 용어는 두 분야 전문가들에게 공통적으로 제시되었다. 먼저

'가운뎃점'은 수학, 과학 전문 용어 외에 아예 관계가 없는 분야의 전문 용어에 대한 인지도는 어느 정도가 되는지 확인하기 위한 목적으로 제시하였다. 한편 '숫자'는 사이시옷 표기 관련 규정 내 예외 조항에 속하는 6개 어휘 중 하나로 이는 사이시옷 표기형이 미표기형보다 압도적으로 높은 비율일 것으로 예상이 되는데 이 경우에도 전문가들이 사이시옷 미표기형을 선택할지의 여부를 확인하고자 선정하였다. '죗값'은 전문 용어 가운데 '상댓값(과학)', '최댓값(수학)'과 같이 후행 요소 '값'에 의해 계열 관계를 이루는 어휘와 사이시옷 표기 정도를 비교하기 위하여 선정하였으며 마지막으로 '고춧잎'은 선정한 일반 용어 모두 그 후행 요소 두음이 된소리로 실현되는 경우였기 때문에 상대적으로 소수이지만 'ㄴ첨가' 현상이 발생하는 '고춧잎'을 선정하여 제시하였다.


### 5.3.3. 설문 문항 개발

국립국어원(2018)에서는 일반 언중을 대상으로 한 조사에서는 실태 조사에 중점을 두었으나 전문가를 대상으로 전문 용어에 대해 조사하고자 한 설문에서는 전문가 표본 수가 일반인에 비해 매우 적은 편이므로 실태만을 조사하는 것에 한계가 있다고 판단하였다. 이에 전문가를 대상으로 한 설문은 실태 조사뿐 아니라 사이시옷과 관련한 인식 조사를 병행함으로써 적은 수의 표본을 대상으로 한 실태 조사의 한계를 보완하고자 하는 방향으로 설계되었다.

설문 문항은 주관식 문항과 객관식 문항을 병행하는 식으로 구성하였다. 전문가의 사이시옷 표기에 대한 구체적인 생각이나 의견을 수집하기 위한 주관식 문항을 포함하였으며 전부 주관식 문항으로 구성할 경우에는 응답자에게 과도한 부담이 될 수 있으며 무성의한 답변이 제시될 수 있다는 우려가 있는 관계로 객관식 문항과 척도형 문항을 포함하였다.

국립국어원(2018)에서 작성한 전문가 대상 설문지의 구성은 다음과 같다.

(37) 전문가 대상 설문지의 구성

| 번호 | 설문지 내용 | | 문항 수 | 비고 |
|---|---|---|---|---|
| 1 | 설문에 대한 소개 | | | |
| 2 | 응답자 기초 정보 | | 6 | 이름, 연령, 성별, 직업, 소속, 전공 유관 직업 종사 기간 |
| 3 | 설문 문항 | 사이시옷 관련 어휘의 표기 실태 조사 | 16 | 별도의 하위 문항 6개 |
| 4 | | 사이시옷 관련 어휘의 전문성 인식 조사 | 16 | |
| 5 | | 사이시옷 관련 규정에 대한 인식 및 수용도 조사 | 3 | |
| 6 | | 전문 용어의 사이시옷 표기에 대한 의견 조사 | 1 | |
| 계 | | | 42 | |

설문의 문항은 사잇소리 관련 어휘의 표기 실태 조사(16문항), 사잇소리 관련 어휘의 전문성 인식 조사(16문항), 사잇소리 관련 어휘 표기 이유 조사(6문항), 사이시옷 관련 <한글맞춤법>(1988) 규정에 대한 인식 및 수용도 조사(3문항), 사이시옷 표기에 대한 자유 조사(1문항)의 총 42개 문항으로 구성되었다. 설문지는 크게 세 가지 영역으로 구성하였는데 먼저 사이시옷 관련 어휘를 실제로 어떻게 표기하는지 살피고 해당 어휘를 어느 정도의 전문 용어라고 인식하고 있는지를 조사하였다. 다음으로는 사이시옷 규정에 대한 전반적인 인식과 해당 규정을 적용한 전문 용어의 표기에 대한 수용도를 파악할 수 있는 문항을 제시하였다. 마지막으로는 전문 용어의 사이시옷 표기에 대한 의견을 자유롭게 기술할 수 있도록 하였다.

사이시옷 관련 어휘의 표기 실태를 살피는 문항은 총 16개이며 구체적으로는 전공 분야의 전문 용어 8개를 제시하였고 타 분야의 전문 용어 4개, 일반 용어 4개로 구성하였다. 응답자들에게는 해당 어휘를 평소에 어떻게 적는지 실제 사용형을 선택하도록 하였으며 제시되는 어휘의 전문 용어 여부에 대한 응답자의 인식을 피하기 위해, 제시되는 어휘의 순서를 무작위로 배치하였으며 응답에 있어서도 기계적인 응답을 피하기 위해, 선택지를 배치할 때 사이시옷 표기형과 사이시옷 미표기형의 순서를 무작위로 배치하였다.

전문 용어 표기 영역의 문항은 사이시옷 관련 어휘의 표기에 대한 실태 조사와 사이시옷 관련 어휘의 전문성 조사로 구성된다. 사이시옷 관련 어휘의 표기 실태 조사는 각 어휘에 대해 사이시옷을 표기하는지의 여부를 확인하기 위한 것이므로 모든 문항에 대해 사이시옷 표기형과 사이시옷 미표기형의 선택지를 2개씩 제시하였다. 또한 해당 어휘를 전문 용어라고 생각하는지 일반 용어라고 생각하는지, 전문 용어라면 전문성이 어느 정도라고 생각하는지를 확인하기 위해 5점 척도로 전문 용어 정도를 표시하도록 하였다. 그 예를 제시하면 다음과 같다.

(38) 전문 용어의 사이시옷 표기 실태 조사 문항 예

그리고 전체 16개 문항 중 6개 문항(전공 분야의 전문 용어 4개, 일반 용어 2개)에 대해서는 해당 표기를 사용하는 이유를 선택할 수 있도록 하위 문항을 제시하였다. 이를 보이면 다음과 같다.

(39) 전문 용어의 사이시옷 표기 실태 조사 하위 문항 예

전문 용어의 표기(7-1)

앞 문항에서 '꼭지점'을 선택한 이유는 무엇인가요? (복수 응답 가능) *

☐ '꼭지점'이라고 발음하기 때문에

☐ '꼭지점'이라는 표기가 더 익숙하기 때문에

☐ '꼭지점'이 <한글맞춤법> 규정에 맞기 때문에

☐ '꼭짓점'이 어색하기 때문에

☐ 동일계열의 단어와 일관적으로 표기하기 위해

☐ 관련 학회 등 해당 분야의 지침에 따르기 위해

☐ 기타:

전술한 바와 같이 하위 문항을 묻는 어휘는 어휘들의 계열 유형에 따라 선정하였는데 수학 전문가 집단에게는 '풀이법', '자릿수', '꼭짓점', '최댓값', '죗값', '고춧잎'에 대해, 과학 전문가 집단에게는 '꽃가룻병', '고양잇과', '마딧점', '상댓값', '죗값', '고춧잎'에 대해 해당 표기형을 선택한 이유를 묻도록 하였다. 가급적 사이시옷 표기형이 표준형인 어휘에 한해 하위 문항을 제시하고자 하였으므로 '자릿수', '꼭짓점', '꽃가룻병'을 위 문항이 제시되는 어휘로 선정하였고 '풀이법'은 표준형이 '풀잇법'에서 '풀이법'으로 바뀐 지 얼마 되지 않은 상황이므로 표기형 선택에 혼란이 있을 수 있기 때문에 하위 문항이 제시되는 어휘로 선정하였다. '최댓값', '상댓값'이나 '고양잇과'의 경우는 수학, 과학 각 분야에서 사이시옷 표기와 관련해 꾸준히 문제 제기가 되어 온 어휘이므로 표기 여부의 이유를 묻는 어휘로 선택하게 되었으며 일반 용어 가운데에는 'O값' 계열 어휘인 '죗값'과, 유일한 'ㄴ' 첨가의 발음 변화를 보이는 '고춧잎'을 하위 문항이 제시되는 어휘로 선정하였다.

하위 문항은, 앞서 사이시옷 표기형을 선택한 어휘에 대하여 사이시옷 미표기형을 선택한 경우는 그것을 선택한 이유가 무엇인지, 표기형을 선택했다면 표기형을 선택한 이유가 무엇인지를 묻고 그 이유를 분석하고자 하는 의도에서 삽입하였다. 선택지는 모두 동일하게 (39)에서 보인 바와 같이 7개를 제시하였으며 첫 번째는 전문가들이 발음의 영향을 받아 표기형을 선택하는 것인지를 알아보기 위하여 'O이라고 발음을 하기 때문에'를 제시하였고 두 번째는 평소 자주 사용하거나 눈에 익은 표기형에 이끌렸을 가능성을 감안하여 'O이라는 표기가 더 익숙하기 때문에'라는 선택지를 제시하였다. 이 선택지는 선택한 형태의 익숙함에 초점을 둔 것으로 주변에서 많이 접해 비교적 익숙한 형태를 선택하도록 한 것이다.

세 번째는 규정에 따른 표기형을 골랐을 가능성이 있으므로 'O이 <한글 맞춤법> 규정에 맞기 때문에'라는 선택지를 제시하였으며 네 번째는 사이시옷 미표기형을 고른 경우는 표기형이, 반대로 사이시옷 표기형을 고른 경우는 미표기형이 어색하다고 판단하였을 수 있으므로 'O이 어색하기 때문에'라는 선택지를 제시하였다. 네 번째 선택지의 경우 선택하지 않은 형태의 어색함에 초점을 둔 것으로 두 개의 형태가 모두 익숙하지 않을 때 둘 중 하나의 형태에 더 거부감이 느껴지는 경우 선택하도록 한 것이다.

다섯 번째 선택지는 선행 요소 혹은 후행 요소가 동일하여 계열 관계를 형성하는 어휘들끼리는 사이시옷 표기형을 통일하고자 하는 의도로 선택한 것인지를 묻기 위하여 '동일 계열의 단어와 일관적으로 표기하기 위해'를 제시하였다. 여섯 번째 선택지는 각 전문 분야마다 속해 있는 협회나 유관 기관 등에서 현행 사이시옷 관련 표기 규정과는 다른 사이시옷 표기형을 독자적으로 사용할 수 있다는 가능성을 염두에 두고 '관련 학회 등 해당 분야의 지침에 따르기 위해'를 제시하였으며 마지막으로는 앞선 여섯 개의 선택지 외에 전문가 개인의 사이시옷 표기형, 미표기형을 선택한 이유가 있을 수 있으므로 개방형 질문으로 <기타>를 제시하였으며 일반인 설문지와 마찬가지로 '복수 응답'이 가능하게 하였다.

　한편 사이시옷 관련 표기 규정에 대한 인식 조사 문항에서는 사이시옷 관련 <한글맞춤법>(1988) 규정에 대한 인식과 사이시옷 표기형에 대한 수용도를 조사하고 사이시옷 관련 규정에 대한 전문가들의 인식을 알아보고자 하였다. 이를 보이면 다음과 같다.

　　(40) 가. 전문가의 사이시옷 규정에 대한 인식 조사 문항(1)

> **사이시옷 규정에 대한 인식(1)**
>
> 사이시옷 표기를 위한 국어 어문 규정이 있다는 것을 알고 계십니까? *
>
> 　　　　　　　1　　2　　3　　4　　5
>
> 전혀 모른다.　○　○　○　○　○　　잘 알고 있다.

　　나. 전문가의 사이시옷 규정에 대한 인식 조사 문항(2)

> **사이시옷 규정에 대한 인식(2)**
>
> 전문 용어의 경우에는 사이시옷 규정에 따라 적은 표기를 어느 정도로 수용할 수 있습니까? (예: 사잇각, 아랫변, 최솟값 등) *
>
> ○ 전혀 받아들일 수 없다.
> ○ 대부분 받아들일 수 없다
> ○ 받아들일 수 있다.
> ○ 대부분 받아들일 수 있다.
> ○ 모두 받아들일 수 있다.

　　다. 전문가의 사이시옷 규정에 대한 인식 조사 문항(3)

> **사이시옷 규정에 대한 인식(3)**
>
> 사이시옷 규정에 대한 불만이 발생하는 이유는 무엇이라고 생각하십니까? (중복 선택 가능) *
>
> ☐ 규정에 따라 사이시옷을 표기하는 것이 오히려 의미 전달을 방해하기 때문에

☐ 사이시옷 표기 규정이 복잡하여 언제 사이시옷을 넣어야 할지 알기 어렵기 때문에

☐ 일상어와 전문어는 사이시옷 표기에 있어 차이를 두어야 한다고 생각하기 때문에

☐ 사이시옷을 표기한 형태가 어색하거나 자연스럽지 않게 느껴지기 때문에

☐ '근사치'와 '근삿값'처럼 동일 계열의 단어임에도 사이시옷 표기 여부가 달라 표기의 일관성이 없기 때문에

☐ 관습적으로 써 오던 표기가 익숙하여 새롭게 바꾸어야 할 이유가 없기 때문에

☐ 관련 학회 등 해당 분야의 지침과 어긋나기 때문에

☐ 같은 발음임에도 사이시옷 표기 여부가 다를 수 있기 때문에

☐ 기타:

사이시옷 수용이 어려운 가장 큰 이유가 무엇이라고 생각하십니까? 간단하게 기술해 주세요. *

내 답변

사이시옷 관련 표기 규정에 대한 인식 조사 문항에서는 (40가)에서 보는 바와 같이 먼저 사이시옷 표기를 위한 어문 규정이 존재함을 알고 있는지의 여부를 정도성으로 물었다. (40나)에서 보는 바와 같이 두 번째 문항에서는 전문 용어에 관한 사이시옷 표기형을 어느 정도로 수용할 수 있는지를 마찬가지로 정도성으로 묻고자 하였으며 관련 예로 제시한 어휘는 앞 표기 문항의 영향을 최소화하기 위해, 제시된 적 없는 것이되 사이시옷 표기형이 익숙한 경우, 익숙하지 않은 경우를 감안하여 제시하였다. 한편 (40다)에서 보는 바와 같이 세 번째 문항의 경우 2번 문항에서 어떠한 답변을 선택했는지에 따라 각각 '사이시옷 규정이 불만족스럽다면 그 이유는 무엇인지', '사이시옷 규정에 대한 불만이 발생하는 이유는 무엇이라고 생각하는지'의 질문을 제시하였으며 선택지는 두 질문 모두 동일하게 구성하였다.

(40다)에서는 총 아홉 개의 선택지를 제시하였는데 첫 번째 선택지는 사이

시옷이 표기됨으로 인해서 기존 어휘의 의미를 인식하는 데 방해가 될 수 있다는 가능성을 감안하여 '규정에 따라 사이시옷을 표기하는 것이 오히려 의미 전달을 방해하기 때문에'를 제시하였다. 두 번째는 규정이 복잡하여 사이시옷을 표기하는 데에 문제를 겪는 경우가 있을 수 있으므로 '사이시옷 표기 규정이 복잡하여 언제 사이시옷을 넣어야 할지 알기 어렵기 때문에'를 제시하였다. 다음으로 규정의 인식 여부 등과는 관계없이 전문 용어는 일반 용어와는 차별화되어야 한다는 생각이 기반이 되었을 가능성을 고려하여 '일반 용어와 전문 용어는 사이시옷 표기에 있어 차이를 두어야 한다고 생각하기 때문에'를 세 번째 선택지로 제시하였다. 한편 사이시옷 표기형이 전문가 본인에게 어색하거나 자연스럽지 않게 느껴질 가능성이 있으므로 이를 고려하여 네 번째 선택지로 '사이시옷을 표기한 형태가 어색하거나 자연스럽지 않게 느껴지기 때문에'를 제시하였고 다섯 번째로는 사이시옷이 표기되어 동일한 의미를 가지는 어휘의 형태가 달라질 수 있는 문제점이 있으므로 '"근사치'와 '근삿값'처럼 동일 계열의 단어임에도 사이시옷 표기 여부가 달라 표기의 일관성이 없기 때문에'를 제시하였다. 여섯 번째 선택지는 기존에 써 왔던 대로의 표기형을 선호할 가능성이 일반적으로 높으므로 '관습적으로 써 오던 표기가 익숙하여 새롭게 바꾸어야 할 이유가 없기 때문에'를 제시하였고 일곱 번째 선택지는 '관련 학회 등 해당 분야의 지침과 어긋나기 때문에', 여덟 번째 선택지는 '같은 발음임에도 사이시옷 표기 여부가 다를 수 있기 때문에'를 제시하였으며 마지막으로는 <기타>를 제시하여 전문가 개인의 의견을 자유롭게 제시할 수 있도록 구성하였다.

마지막으로 전문가들이 사이시옷 규정 또는 표기에 대한 의견을 자유롭게 표출할 수 있는 개방형 질문을 제시하여 앞서 제시된 문항에서 수렴하지 못한 의견을 모두 받고자 하였다. 이를 보이면 다음과 같다.

(41) 전문가의 사이시옷 규정에 대한 의견 수렴 문항

**사이시옷 규정에 대한 의견**

전문 용어의 사이시옷 표기에 대한 의견을 자유롭게 적어 주시기
바랍니다. *

내 답변

전술한 바와 같이 이상과 같은 설문을 제시한 것은 국립국어원(2018)이
전문가 설문을 통해 수학 분야와 과학 분야 전문가들의 전문 용어 표기 실태
를 파악하고 전문가의 사이시옷 규정에 대한 인식을 조사하고자 한 것이다.


## 5.4. 실태 조사 결과 및 분석

### 5.4.1. 일반인 실태 조사 결과 및 분석

#### 5.4.1.1. 조사 결과 개요 및 통계 처리 방법

##### 5.4.1.1.1. 조사 결과 개요

여기에서는 국립국어원(2018)에서 실시한 사잇소리 관련 어휘에 대한 일반
인 실태 조사 결과를 제시하고 그 내용을 상세하게 분석하고자 한다. 일반인
조사는 크게 발음 실태 조사와 표기 실태 조사, 규정에 대한 관심도 조사로
구분된다. 앞서 언급한 바와 같이 각 조사와 문항은 아래와 같은 연구 문제에
대해 답하기 위한 어휘들로 구성되었다.

논의의 편의를 위해 (2)에서 제시한 연구 문제를 다시 제시해 보면 다음과
같다.

(42) 국립국어원(2018)의 연구 문제

---

**연구 문제 1.** 사전 등재 여부가 사이시옷 표기에 영향을 미치는가?

**연구 문제 2.** 전문 용어 여부가 사이시옷 표기에 영향을 미치는가?

**연구 문제 3.** (전체/선행 요소의) 음절 수가 사이시옷 표기에 영향을 미치는가?

**연구 문제 4.** 사잇소리의 발음 여부가 사이시옷 표기에 영향을 미치는가?

**연구 문제 5.** 사이시옷 관련 표기 규정의 한자어 예외 조항은 정착되었는가?

**연구 문제 6.** 외래어 혼종어의 사이시옷 표기 양상은 어떠한가?

**연구 문제 7.** 어종과 발음 변화의 유형이 사이시옷 표기에 영향을 미치는가?

---

이제 여기서는 위의 연구 문제에 대해 차례로 분석하고자 한다. 다만 일반인 실태 조사의 경우 응답자의 수가 2,520명에 달해 그 규모가 큰 편이다. 따라서 본격적인 분석에 들어가기에 앞서 우선 설문 결과가 통계적으로 신뢰할 만한 가치를 지니는 것인지를 검증할 필요성이 제기되었다. 이에 본 연구에서는 설문 결과의 신뢰도를 파악하기 위하여 통계 전문가의 자문을 얻어 통계 검증을 실시하였다.

### 5.4.1.1.2. 통계 처리 방법

통계적 추리란 표본 결과로부터 모집단에 대한 일반화가 가능하다는 원리를 통해 가설을 검증하는 방법이다. 국립국어원(2018)에서는 수립한 가설을 확인하기 위해 주로 평균 차이 검증을 실시하였다. t-분석과 F-분석은 두 집단 간의 평균이 통계적으로 유의미한 차이가 있는지를 검정하기 위한 대표적인 분석 방법이다. 통계적 유의성은 유의수준($\alpha$)=0.05를 기준으로 하였으며 이는 연구자가 정한 가설 검정의 오류 가능성이 5% 이하라는 것을 뜻한다. 따라서 통계 값의 유의확률이 0.05보다 작은 경우 대립가설을 채택하고 이것이 통계적으로 유의미하다고 판단한다.

 '연구 문제 1', '연구문제 2', '연구문제3-1', '연구문제 6'의[13] t-분석은 단어의 속성에 따라 나눈 두 집단 간(등재어vs미등재어/전문용어vs일반용어/2,3음절 vs4,5음절/'ㄴ(ㄴ)'첨가vs된소리 발음) 사이시옷 미표기 비율의 차이가 있는지를 검정하기 위함이다. 이때 t값의 유의확률이 0.05 이하이면 두 집단 간 미표기 비율의 차이가 통계적으로 유의미하다고 할 수 있다. 예를 들어 '연구문제 3-1'의 경우 2, 3음절 단어와 4, 5음절 단어 사이의 차이 검정에 대한 t값은 -3.150이며, 이에 대한 유의확률은 0.004로 0.05보다 작아 차이가 통계적으로 유의미하다고 할 수 있다. 이때 평균의 차이 정도는 -30.51이며, 95%수준에서 -50.32~10.70 구간 내에 존재한다고 볼 수 있다.

 '연구문제 3-2'와 '연구문제 5'의 F-분석은 단어의 속성에 따라 나눈 세 집단 간(선행1음절vs선행2음절vs선행3음절/고유어+고유어vs고유어+한자어vs한자어+고유어) 미표기 비율의 차이가 있는지를 검정하기 위함이다. 이때 Levene의 등분산 검정의 유의확률이 0.05보다 작아 세 집단 간 등분산 가정이 위배되면 F값 대신 Welch test 값과 그에 대한 유의확률을 통해 차이에 대한 통계 검정을 진행한다. 예를 들어 '연구문제 3-2'의 경우 등분산이 가정되지 않아 Welch test를 수행하였으며 이에 대한 유의확률은 0.005로 집단 간 차이가 있다고 판단할 수 있다. F-분석을 통해 집단 간 차이가 유의미하다고 판단되면 어떠한 집단 간에 차이가 있는지 구체적으로 확인하기 위해 사후분석을 진행한다. Scheffe 사후분석은 등분산이 가정될 때, Dunnett T3 사후분석은 등분산이 가정되지 않을 때 주로 사용되는 사후분석 기법이다.

 사후분석 시 짝을 이룬 두 집단 간 유의확률이 0.05보다 작으면 두 집단 사이의 차이가 통계적으로 유의미하다고 할 수 있다. '연구문제 3-2'의

---

13) '전체 음절 수'와 '선행 요소의 음절 수'를 나누어 앞의 경우는 '3-1'로, 뒤의 경우는 '3-2'로 구분하여 기술하고자 한다.

Dunnett T3 사후분석을 예로 들면 선행 1음절과 2음절 단어 사이의 유의확률
은 0.272로 두 집단 간 차이가 통계적으로 유의미하지 않지만 선행 1음절과
선행 3음절 단어 사이의 유의확률은 0.015로 미표기 비율의 평균 차이가
통계적으로 유의미하다고 할 수 있다.

'연구문제 4'는 단어별로 응답자들의 발음 여부와 표기 여부의 차이가 있
는지 살펴보기 위해 $\chi^2$ 검정을 진행하였다. 이 역시 $\chi^2$ 값의 유의확률이
0.05보다 작으면 발음 여부와 표기 여부 사이에 상관관계가 있다고 판단할
수 있다. 총 22개 단어 중 19개 단어에서 사잇소리 발음 여부와 표기 여부가
관계가 있는 것으로 나타났다. 이는 사잇소리를 발음하지 않는 경우 사이시
옷을 표기하지 않는 비율이 더 높음을 알 수 있다.

다만 통계적 검정을 위해서는 중심극한정리라는 통계학 법칙에 따라 충분
한 표본 수가 확보되어야 한다. '연구문제 1', '연구문제 2', '연구문제 3-1',
'연구문제 3-2', '연구문제 5', '연구문제 6'의 경우 단어를 사례 수로 하는
분석이지만 표본 수가 적어 통계적 분석 및 해석에 한계가 있다는 점에 유의
해야 한다.

이에 국립국어원(2018)에서는 모든 문항의 응답에 대해 통계적 검증 절차
를 거쳤으나 일부 연구 문제에 있어서는 통계 처리 자체가 쉽지 않았던 관계
로 통계 분석 결과를 참고하되 평균값 비교 분석 등에 의한 결과에 보다
초점을 맞추어 기술하였음에 주의할 필요가 있다.


### 5.4.1.2. 사잇소리 관련 어휘의 발음 및 표기 실태 조사 결과

#### 5.4.1.2.1. 사전 등재 여부에 따른 사이시옷 표기 실태

국립국어원(2018)의 첫 번째 연구 문제는 '사전 등재 여부가 사이시옷 표기
에 영향을 미치는가?'이다. 이에 등재어의 사이시옷 표기형 응답 비율과 사이
시옷 미표기형 응답 비율 그리고 미등재어의 사이시옷 표기형 응답 비율과

사이시옷 미표기형 응답 비율을 각각 분석한 뒤 그 결과를 비교 분석하였다.

가. 등재어의 사이시옷 표기 양상

우선 등재어의 사이시옷 표기 양상을 정리하면 다음과 같다.

(43) 등재어의 사이시옷 표기 양상

| 단어 | 사이시옷 표기형 | 표기형 비율 | 사이시옷 미표기형 | 미표기형 비율 |
|---|---|---|---|---|
| 비눗물 | 1,998 | 79.29% | 522 | 20.71% |
| 바닷길 | 1,923 | 76.31% | 597 | 23.69% |
| 존댓말 | 1,849 | 73.37% | 671 | 26.63% |
| 골칫거리 | 1,846 | 73.25% | 674 | 26.75% |
| 예삿일 | 1,774 | 70.40% | 746 | 29.60% |
| 고춧잎 | 1,438 | 57.06% | 1,082 | 42.94% |
| 가짓수 | 1,108 | 43.97% | 1,412 | 56.03% |
| 마룻바닥 | 985 | 39.09% | 1,535 | 60.91% |
| 전깃줄 | 906 | 35.95% | 1,614 | 64.05% |
| 장맛날 | 870 | 34.52% | 1,650 | 65.48% |
| 잔칫상 | 729 | 28.93% | 1,791 | 71.07% |
| 부챗살 | 669 | 26.55% | 1,851 | 73.45% |
| 머릿수건 | 625 | 24.80% | 1,895 | 75.20% |
| 인사말 | 479 | 19.01% | 2,041 | 80.99% |
| 바닷장어 | 418 | 16.59% | 2,102 | 83.41% |
| 주삿바늘 | 260 | 10.32% | 2,260 | 89.68% |
| 두붓국 | 253 | 10.04% | 2,267 | 89.96% |
| 만홧가게 | 37 | 1.47% | 2,483 | 98.53% |
| 평균 | 1,009 | 40.05% | 1,511 | 59.95% |

(43)에서 보는 바와 같이 등재어의 경우 대체로 사이시옷 미표기형을 선택한 비율이 높았다. 사이시옷 표기형을 선택한 경우는 전체 18개 어휘 중 6개로 높지 않았으며 평균적인 사이시옷 표기형 선택 비율 역시 40.05%에 지나

지 않았기 때문이다.

나. 미등재어의 사이시옷 표기 양상

우선 미등재어의 사이시옷 표기 양상을 정리하면 다음과 같다.

(44) 미등재어의 사이시옷 표기 양상

| 단어 | 사이시옷 표기형 | 표기형 비율 | 사이시옷 미표기형 | 미표기형 비율 |
|---|---|---|---|---|
| 머리/고기 | 1,579 | 62.66% | 941 | 37.34% |
| 보리/물 | 803 | 31.87% | 1,717 | 68.13% |
| 나이/대 | 699 | 27.74% | 1,821 | 72.26% |
| 가사/말 | 591 | 23.45% | 1,929 | 76.55% |
| 둘레/길 | 539 | 21.39% | 1,981 | 78.61% |
| 변기/솔 | 297 | 11.79% | 2,223 | 88.21% |
| 휴지/조각 | 149 | 5.91% | 2,371 | 94.09% |
| 막내/손녀 | 77 | 3.06% | 2,443 | 96.94% |
| 평균 | 592 | 23.48% | 1,928 | 76.52% |

(44)에서 확인할 수 있듯이 미등재어의 사이시옷 표기형을 선택한 경우는 전체 8개 어휘 중 1개로 등재어의 경우에 비해서도 상대적으로 낮은 것이 확인된다. 더불어 일반인들이 미등재어에서 사이시옷 미표기형을 선택한 비율이 평균 76.52%로, 등재어에서 사이시옷 미표기형을 선택한 비율(59.95%)보다 높은 것이 확인된다. 다시 말해 일반인들은 상대적으로 등재어에 비해 미등재어의 경우 사이시옷 미표기형을 더 많이 사용하는 경향이 있는 것으로 해석할 수 있다.

그렇다면 이러한 차이가 통계적으로도 유의미한지 살펴볼 필요가 있다.

(45) 사전 등재 여부에 따른 사이시옷 미표기 비율 차이 검정

| 구분 | 사례 수 | 평균 | t | 자유도 | 유의확률 (양측) | 평균 차이 | 차이의 95% 신뢰구간 | |
|---|---|---|---|---|---|---|---|---|
| | | | | | | | 상한 | 하한 |
| 등재어 | 18 | 59.95 | -1.64 | 24 | 0.115 | -16.57 | -37.47 | 4.34 |
| 미등재어 | 8 | 76.52 | | | | | | |

앞서 제시한 통계 분석 방법론에 따라 위의 내용이 통계적으로 검증될 수 있는 것인지를 확인하였는데 예상과는 달리 통계적으로 유의미한 차이를 발견할 수 없다는 결과가 도출되었다. 그러나 이는 해당 연구 문제의 조사 대상 어휘의 수가 등재어 18개, 미등재어 8개로 적어 결과 분석에 제한이 있었던 점에 기인한 것으로 보는 것이 타당해 보인다.

한편 미등재어의 사이시옷 표기 양상과 관련하여 흥미로운 점은 '머리/고기'와 같은 어휘에서 관찰되는 사이시옷 표기를 제외하면 나머지 미등재어의 경우에는 사이시옷 표기형에 대한 선택 비율이 매우 낮다는 점이다. 이러한 점을 미루어 보면 미등재어의 사이시옷 표기에 있어 음절 수, 발음 변화, 어종 등의 변수는 상대적으로 제한적이라는 점을 예측할 수 있다. 예를 들어 '고유어-고유어'와 같은 어종 변수가 미등재어 여부보다 사이시옷 표기에 더 큰 영향을 미쳤다면 '보릿물'이나 '둘렛길'과 같은 사이시옷 표기형이 다수 관찰되어야 하는데 앞서 제시하였듯 '보릿물'과 '둘렛길'과 같은 표기에 대한 선택 비율도 각각 31.9%와 21.4%에 그쳤기 때문이다.[14]

---

14) 미등재어에서 등재어보다 사이시옷 표기가 현저하게 줄어들었다는 것은 여러 가지 측면에서 시사하는 바 크다는 점에서 특히 주목할 필요가 있다. 이는 후술하는 바와 같이 사잇소리 현상의 실현과도 밀접한 관련을 가지는데 사잇소리 현상의 실현에도 불구하고 특히 미등재어에서 사이시옷을 표기하려는 경향이 낮은 것은 사이시옷 표기 규정의 개선 안 혹은 개선 방안 마련의 방향성을 제공해 주기 때문이다. 이러한 관점에서 최형용 (2019)에서는 미등재어의 사잇소리 현상과 사이시옷 표기 실태 조사에 주목하여 사이시옷 표기의 개선 방향이 사이시옷 표기의 축소로 귀결되어야 함을 주장한 바 있다. 이는 2장에서도 강조한 바와 같이 사이시옷 표기 규정이 그동안 변천해 온 방향과도 일치하는

## 5.4.1.2.2. 전문 용어 여부에 따른 사이시옷 표기 실태

국립국어원(2018)의 두 번째 연구 문제는 '전문 용어 여부가 사이시옷 표기에 영향을 미치는가?'이다. 이에 전문 용어의 사이시옷 표기형 응답 비율과 사이시옷 미표기형 응답 비율 그리고 계열 관계에 있는 전문 용어와 일반 용어의 사이시옷 표기형 응답 비율과 사이시옷 미표기형 응답 비율을 각각 분석한 뒤 그 결과를 비교 분석하였다.

### 가. 전문 용어의 사이시옷 표기 양상

먼저 전문 용어의 사이시옷 표기 양상을 정리하여 제시하면 다음과 같다.

(46) 전문 용어의 사이시옷 표기 양상

| 단어 | 사이시옷 표기형 | 표기형 비율 | 사이시옷 미표기형 | 미표기형 비율 |
|---|---|---|---|---|
| 진돗개 | 2,272 | 90.16% | 248 | 9.84% |
| 반딧벌레 | 2,000 | 79.37% | 520 | 20.63% |
| 자릿수 | 1,327 | 52.66% | 1,193 | 47.34% |
| 사잇각 | 944 | 37.46% | 1,576 | 62.54% |
| 꼭짓점 | 879 | 34.88% | 1,641 | 65.12% |
| 피젯수 | 706 | 28.02% | 1,814 | 71.98% |
| 바다뱀 | 516 | 20.48% | 2,004 | 79.52% |
| 최댓값 | 511 | 20.28% | 2,009 | 79.72% |
| 바닷장어 | 418 | 16.59% | 2,102 | 83.41% |
| 좌푯값 | 251 | 9.96% | 2,269 | 90.04% |
| 가짓과 | 203 | 8.06% | 2,317 | 91.94% |
| 고양잇과 | 173 | 6.87% | 2,347 | 93.13% |
| 장미과 | 137 | 5.44% | 2,383 | 94.56% |
| 경곳빛 | 59 | 2.34% | 2,461 | 97.66% |
| 평균 | 743 | 29.47% | 1,777 | 70.53% |

것이다. 이에 대해서는 다시 6장에서 더 논의하기로 한다.

 (46)에서 확인할 수 있는 바와 같이 전문 용어의 경우, '진돗개', '반딧벌레', '자릿수' 정도의 어휘들을 제외하면 전반적으로 사이시옷을 표기하지 않으려는 경향을 보인다. 특히 'O값', 'O과'의 계열 어휘들의 경우에는 사이시옷 미표기형에 대한 선택 비율이 압도적으로 높았다. 다만 '진돗개'와 '반딧벌레' 등은 일반 언중들에게 전문 용어로 인식되기보다 일반 용어로 인식될 가능성을 배제할 수 없을 듯하다.

나. 일반 용어의 사이시옷 표기 양상

 먼저 일반 용어의 사이시옷 표기 양상을 정리하여 제시하면 다음과 같다.

(47) 일반 용어의 사이시옷 표기 양상

| 단어 | 사이시옷 표기형 | 표기형 비율 | 사이시옷 미표기형 | 미표기형 비율 |
|---|---|---|---|---|
| 바닷길 | 1,923 | 76.31% | 597 | 23.69% |
| 바닷장어 | 418 | 16.59% | 2,102 | 83.41% |
| 구릿빛 | 1,696 | 67.30% | 824 | 32.70% |
| 가짓수 | 1,108 | 43.97% | 1,412 | 56.03% |
| 전세방 | 1,046 | 41.51% | 1,474 | 58.49% |
| 전깃줄 | 906 | 35.95% | 1,614 | 64.05% |
| 전셋값 | 801 | 31.79% | 1,719 | 68.21% |
| 잔칫상 | 729 | 28.93% | 1,791 | 71.07% |
| 부챗살 | 669 | 26.55% | 1,851 | 73.45% |
| 머릿수건 | 625 | 24.80% | 1,895 | 75.20% |
| 덩칫값 | 506 | 20.08% | 2,014 | 79.92% |
| 두붓국 | 253 | 10.04% | 2,267 | 89.96% |
| 복숭앗빛 | 138 | 5.48% | 2,382 | 94.52% |
| 평균 | 832 | 33.02% | 1,688 | 66.98% |

 (47)에 따르면 일반 용어 가운데 '바닷길', '바닷가재', '구릿빛'을 제외하면 사이시옷 표기형이 미표기형보다 높은 선택 비율로 확인되는 어휘가 없다는

점을 알 수 있다. 즉 대부분의 일반 용어들에서 사이시옷을 표기하지 않으려는 경향이 발견된다는 것이다. 특히 '복숭앗빛', '두붓국'의 경우 '복숭아빛', '두부국'의 사이시옷 미표기형을 선택한 비율이 각각 94.52%, 89.96%에 해당하는 등 사이시옷을 표기하지 않으려는 경향이 두드러진다는 것을 확인할 수 있다.

이상의 내용을 보면 사전 등재 여부에 따른 사이시옷 표기 양상에서와 마찬가지로 전반적으로는 전문 용어 여부에 관계없이 전문 용어이든 일반 용어이든 사이시옷 미표기형에 대한 선택 비율이 높게 나타나며 사이시옷 미표기형에 대한 선택 비율은 각각 70.53%, 66.98%로 큰 차이가 없는 것으로 드러났다.

그렇다면 이러한 차이가 통계적으로도 유의미한지 살펴볼 필요가 있다.

(48) 전문 용어 여부에 따른 사이시옷 미표기 비율 차이 검정

| 구분 | 사례 수 | 평균 | t | 자유도 | 유의확률 (양측) | 평균 차이 | 차이의 95% 신뢰구간 | |
|---|---|---|---|---|---|---|---|---|
| | | | | | | | 상한 | 하한 |
| 전문 용어 | 14 | 70.53 | 0.796 | 25 | 0.433 | 7.72 | -12.24 | 27.67 |
| 일반 용어 | 13 | 62.82 | | | | | | |

전문 용어 여부에 관계없이 사이시옷 미표기형에 대한 비율이 높기 때문에 전문 용어 여부 자체가 사이시옷 표기 여부에 큰 영향을 미치지 못할 것이라는 잠정적 결론이 통계적으로 검증될 수 있는 것인지를 분석한 결과, 전문 용어와 일반 용어의 사이시옷 미표기 비율 간에 통계적으로는 유의미한 차이가 없다는 결과가 도출되었다. 다만 이는 전술한 바와 같이 해당 연구 문제의 조사 대상 어휘의 수가 전문 용어 14개, 일반 용어 13개로 다소 적어 결과 분석에 제한이 있었던 점을 염두에 둘 필요가 있을 듯하다.

### 5.4.1.2.3. 음절 수에 따른 사이시옷 표기 실태

국립국어원(2018)의 세 번째 연구 문제는 '(전체/선행 요소의) 음절 수가 사이시옷 표기에 영향을 미치는가?'이다. 이에 전체 음절 수에 따라 2음절어, 3음절어, 4음절어, 5음절어 각각의 사이시옷 표기형 응답 비율과 사이시옷 미표기형 응답 비율을 분석하였고 선행 요소의 음절 수에 따라 '1+2' 음절어, '2+1' 음절어, '2+2' 음절어, '3+1' 음절어, '3+2' 음절어의 사이시옷 표기형 응답 비율과 사이시옷 미표기형 응답 비율을 각각 분석한 뒤 그 결과를 비교 분석하였다.

### 가. 2음절어의 사이시옷 표기 양상

먼저 2음절어의 사이시옷 표기 양상을 정리하면 다음과 같다.

(49) 2음절어의 사이시옷 표기 양상

| 단어 | 사이시옷 표기형 | 표기형 비율 | 사이시옷 미표기형 | 미표기형 비율 |
|---|---|---|---|---|
| 횟집 | 2,192 | 86.98% | 328 | 13.02% |
| 핏빛 | 2,078 | 82.46% | 442 | 17.54% |
| 죗값 | 889 | 35.28% | 1,631 | 64.72% |
| 뭇국 | 394 | 15.63% | 2,126 | 84.37% |
| 갯과 | 125 | 4.96% | 2,395 | 95.04% |
| 평균 | 1,136 | 45.06% | 1,384 | 54.94% |

(49)에서 확인할 수 있는 바와 같이 2음절어의 경우 전체적으로는 사이시옷 미표기형에 대한 선택 비율이 사이시옷 표기형에 대한 선택 비율보다 다소 높았다. 특히 '갯과'의 경우 사이시옷 표기형이 표준형임에도 불구하고 사이시옷을 표기하지 않으려는 비율이 95.04%로 매우 높게 나타났으며 '뭇국', '죗값' 역시 사이시옷 미표기형에 대해 각각 84.37%, 64.72%의 높은 수치를 보였다.

다만 '횟집', '핏빛'에서는 반대의 양상을 보였는데, 각각 86.98%, 82.46% 의 높은 비율로 사이시옷을 표기하는 것이 자연스럽다는 응답이 많았다. 이로 인해 2음절어에서는 사이시옷 표기형과 미표기형에 대한 응답 수의 차이가 크지 않게 나타난 것으로 보인다. 다시 말해 2음절 어휘의 경우 사이시옷 표기 여부에 있어 아주 뚜렷한 경향성을 찾기는 어렵다는 것이다.

## 나. 3음절어(1+2)의 사이시옷 표기 양상

먼저 3음절어(1+2)의 사이시옷 표기 양상을 정리하면 다음과 같다.

(50) 3음절어(1+2)의 사이시옷 표기 양상

| 단어 | 사이시옷 표기형 | 표기형 비율 | 사이시옷 미표기형 | 미표기형 비율 |
|---|---|---|---|---|
| 뒷담화 | 2,446 | 97.06% | 74 | 2.94% |
| 혓바늘 | 2,327 | 92.34% | 193 | 7.66% |
| 뼛가루 | 1,477 | 58.61% | 1,043 | 41.39% |
| 못자리 | 888 | 35.24% | 1,632 | 64.76% |
| 평균 | 1,785 | 70.81% | 736 | 29.19% |

(50)에서 볼 수 있는 바와 같이 3음절어 중에서도 '1+2'의 구성을 가지는 어휘들은 사이시옷 표기 여부에 있어 매우 특이한 양상을 보인다. 2음절어에서와 달리 사이시옷 표기형에 대한 응답 비율이 매우 높게 나타났기 때문이다. 4장에서도 언급한 바와 같이 일반적으로 음절 수가 길어질수록 한 단어로서의 인식이 희박해지고 이로 인해 해당 어휘를 구로 인식하면서 사이시옷을 표기하려는 경향이 약해질 것으로 예측될 수 있다. 그런데 '1+2' 구성의 3음절어에서는 이러한 예상을 벗어나는 결과를 보인 것이다.

다만 '1+2' 구성의 3음절어에서 사이시옷 표기형에 대한 선택 비율을 높이는 데 매우 큰 영향을 미친 것처럼 보이는 '뒷담화'의 경우, 4장에서 언급한 1음절의 선행 요소인 '뒷'이 접사적인 성격을 보이면서 일반 언중들의 인식에서 이미 '뒷'으로 그 형태가 굳어졌을 가능성을 배제할 수 없을 듯하다. '혓바늘' 역시 '뒷담화'만큼 사이시옷 표기형 선택 비율이 높은데 이는 '혓바닥', '혓몸' 등 '혓'의 형태를 포함하고 있는 관련 계열 어휘들의 영향을 받았을 가능성도 있다. 뿐만 아니라 다른 '1+2' 구성의 3음절어인 '뼛가루', '못자리'에 비해 '뒷담화', '혓바늘'의 사용 빈도가 높다는 점, 즉 사이시옷을 포함한 표기형 자체가 일반 언중들에게 보다 친숙한 어휘라는 점에 기인한 것일 수도 있다.

## 다. 3음절어(2+1)의 사이시옷 표기 양상

먼저 3음절어(2+1)의 사이시옷 표기 양상을 정리하면 다음과 같다.

(51)  3음절어(2+1)의 사이시옷 표기 양상

| 단어 | 사이시옷 표기형 | 표기형 비율 | 사이시옷 미표기형 | 미표기형 비율 |
|---|---|---|---|---|
| 바닷길 | 1,923 | 76.31% | 597 | 23.69% |
| 가짓수 | 1,108 | 43.97% | 1,412 | 56.03% |
| 전깃줄 | 906 | 35.95% | 1,614 | 64.05% |
| 잔칫상 | 729 | 28.93% | 1,791 | 71.07% |
| 부챗살 | 669 | 26.55% | 1,851 | 73.45% |
| 두붓국 | 253 | 10.04% | 2,267 | 89.96% |
| 평균 | 931 | 36.96% | 1,589 | 63.04% |

(51)에서 볼 수 있는 바와 같이, '1+2' 구성의 3음절에서와 달리 '2+1' 구성의 3음절어에서는 사이시옷 미표기형에 대한 응답률이 더 높게 나타났다. 이는 음절이 길어질수록 사이시옷 표기형에 대한 선택 비율이 낮아질 것이라는 일반적인 예측에 부합되는 결과이다. 어휘 개별적으로 보더라도 '바닷길'을 제외한 다른 모든 어휘에서 사이시옷 미표기형에 대한 응답 수가 더 많은 것이 확인된다. '바닷길'의 경우, 다른 어휘들에 비해 사용 빈도가 매우 높은

고빈도어라는 점에서 이러한 결과가 발생한 것이 아닐까 생각된다.

그렇다면 이제 3음절어 전체의 사이시옷 표기 양상에 대해 살펴보기로
한다. 먼저 이를 정리하면 다음과 같다.

(52) 3음절어의 사이시옷 표기 양상(전체)

| 단어 | 사이시옷 표기형 | 표기형 비율 | 사이시옷 미표기형 | 미표기형 비율 |
|---|---|---|---|---|
| 뒷담화 | 2,446 | 97.06% | 74 | 2.94% |
| 혓바늘 | 2,327 | 92.34% | 193 | 7.66% |
| 바닷길 | 1,923 | 76.31% | 597 | 23.69% |
| 뼛가루 | 1,477 | 58.61% | 1,043 | 41.39% |
| 가짓수 | 1,108 | 43.97% | 1,412 | 56.03% |
| 전깃줄 | 906 | 35.95% | 1,614 | 64.05% |
| 못자리 | 888 | 35.24% | 1,632 | 64.76% |
| 잔칫상 | 729 | 28.93% | 1,791 | 71.07% |
| 부챗살 | 669 | 26.55% | 1,851 | 73.45% |
| 두붓국 | 253 | 10.04% | 2,267 | 89.96% |
| 평균 | 1,273 | 50.50% | 1,247 | 49.50% |

(52)에서 보는 바와 같이 큰 차이라고 하기는 어렵지만 '1+2' 구성과 '2+1'
구성의 어휘들을 전체 음절 수에 따라 묶어 보면 3음절어에서는 사이시옷
미표기형에 대한 선택 비율(49.50%)보다 사이시옷 표기형에 대한 선택 비율
(50.50%)이 다소 높은 것으로 나타난다. 그러나 수치를 살펴보면 거의 차이가
없는 것이나 마찬가지일 정도로 통계적으로 유의미한 차이를 보이지는 않는
다. 즉 3음절어의 경우 사이시옷 표기형과 미표기형 중 어느 한쪽이 우세하
다고 말하기 어렵다는 것이다.

2음절어에서 사이시옷 미표기형에 대한 응답률이 사이시옷 표기형에 대
한 응답률보다 아주 작은 차이로 높았던 점, 다시 말해 사이시옷 표기 여부에

있어 이렇다 할 뚜렷한 경향성을 보이지 못했던 점을 상기해 본다면 3음절어에서도 이처럼 특별한 경향성을 보이지 않는 것은 음절 수가 적을 때에는 '음절 수'라는 변수 자체가 사이시옷 표기 여부에 큰 영향을 미치지는 않기 때문이라고 추정해 볼 수 있다.

### 라. 4음절어(2+2)의 사이시옷 표기 양상

4음절어 가운데 '2+2'의 구성인 어휘들의 사이시옷 표기 양상을 제시하면 다음과 같다.

(53)  4음절어(2+2)의 사이시옷 표기 양상

| 단어 | 사이시옷 표기형 | 표기형 비율 | 사이시옷 미표기형 | 미표기형 비율 |
|---|---|---|---|---|
| 골칫거리 | 1846 | 73.25% | 674 | 26.75% |
| 머리/고기 | 1579 | 62.66% | 941 | 37.34% |
| 바닷장어 | 418 | 16.59% | 2,102 | 83.41% |
| 주삿바늘 | 260 | 10.32% | 2,260 | 89.68% |
| 막냇삼촌 | 67 | 2.66% | 2,453 | 97.34% |
| 만홧가게 | 37 | 1.47% | 2,483 | 98.53% |
| 평균 | 701 | 27.82% | 1,819 | 72.18% |

(53)에서 볼 수 있는 바와 같이 4음절어(2+2)의 경우, 사이시옷 표기형 선택 비율보다 미표기형을 선택한 비율이 2, 3음절어에 비해 확연히 높은 양상으로 나타남이 확인된다. 다만 이 가운데 '골칫거리', '머리/고기'의 경우는 사이시옷 표기형의 비율이 미표기형의 선택 비율보다 높으며 전체 사이시옷 표기형 선택 비율을 훨씬 상회하는 관계로 전반적인 4음절어의 사이시옷 표기 경향과는 다소 다른 결과가 도출되고 있음에 주의할 필요가 있다. 이는 우선 '골칫거리'의 경우 후행 요소인 '거리'의 영향으로 보인다. 후술하는 바와 같이 5음절어이면서 '거리'를 계열 관계로 갖는 '눈요깃거리', '이야깃거

리' 역시 전체 평균에 비해서는 사이시옷 표기형에 대한 선택 비율이 높게 나타난 것을 확인할 수 있다.[15] 한편, '머리/고기'는 미등재어 가운데 매우 빈도가 높은 어휘로 해당 표기형 자체가 이미 일반 언중들에게 익숙해졌기 때문일 것으로 추정된다.

### 마. 4음절어(3+1)의 사이시옷 표기 양상

다음은 4음절어 가운데 '3+1'의 구성인 어휘들의 사이시옷 표기 양상을 정리한 것이다.

(54) 4음절어(3+1)의 사이시옷 표기 양상

| 단어 | 사이시옷 표기형 | 표기형 비율 | 사이시옷 미표기형 | 미표기형 비율 |
|---|---|---|---|---|
| 옆구리/살 | 320 | 12.70% | 2,200 | 87.30% |
| 꽃가룻병 | 185 | 7.34% | 2,335 | 92.66% |
| 가로수/길 | 181 | 7.18% | 2,339 | 92.82% |
| 고양잇과 | 173 | 6.87% | 2,347 | 93.13% |
| 복숭앗빛 | 138 | 5.48% | 2,382 | 94.52% |
| 생맥줏집 | 76 | 3.02% | 2,444 | 96.98% |
| 평균 | 179 | 7.10% | 2,341 | 92.90% |

(54)에서 볼 수 있는 바와 같이 4음절어이면서 '3+1' 구성을 가지는 어휘 역시 '2+2' 구성을 가지는 어휘와 마찬가지로 사이시옷 표기형 선택 비율에 비해 미표기형을 선택한 비율이 더 높은 것이 확인된다. 다만 그 비율상에 있어서 차이가 보인다. 즉 동일한 음절어라고 하더라도 선행 요소의 음절 수가 2음절이었던 경우에 비해 선행 요소 음절 수가 3음절인 어휘의 사이시옷 미표기형 선택 비율이 약 20% 포인트가 높은 것으로 확인되는 것이다. 어휘 개별적으로 보면 단 하나의 예외 없이 모든 '3+1' 구성의 4음절어에서

---

15) 이러한 시각은 §3.2에서 살펴본 바와 같이 일종의 구성족 효과를 떠올리게 한다.

사이시옷 미표기형에 대한 응답률이 압도적으로 높은 것을 알 수 있다.

그렇다면 3음절어와 마찬가지로 4음절어 전체의 사이시옷 표기 양상을 살펴볼 필요가 있다.

(55) 4음절어의 사이시옷 표기 양상(전체)

| 단어 | 사이시옷 표기형 | 표기형 비율 | 사이시옷 미표기형 | 미표기형 비율 |
|---|---|---|---|---|
| 골칫거리 | 1,846 | 73.25% | 674 | 26.75% |
| 머리/고기 | 1,579 | 62.66% | 941 | 37.34% |
| 바닷장어 | 418 | 16.59% | 2,102 | 83.41% |
| 옆구리/살 | 320 | 12.70% | 2,200 | 87.30% |
| 주삿바늘 | 260 | 10.32% | 2,260 | 89.68% |
| 꽃가룻병 | 185 | 7.34% | 2,335 | 92.66% |
| 가로수/길 | 181 | 7.18% | 2,339 | 92.82% |
| 고양잇과 | 173 | 6.87% | 2,347 | 93.13% |
| 복숭앗빛 | 138 | 5.48% | 2,382 | 94.52% |
| 생맥줏집 | 76 | 3.02% | 2,444 | 96.98% |
| 막냇삼촌 | 67 | 2.66% | 2,453 | 97.34% |
| 만홧가게 | 37 | 1.47% | 2,483 | 98.53% |
| 평균 | 440 | 17.46% | 2,080 | 82.54% |

(55)를 보면 4음절어에서는 2, 3음절어에 비하여 사이시옷 미표기형의 선택 비율이 사이시옷 표기형의 선택 비율을 훨씬 상회함을 확인할 수 있다. 이는 4음절어 이상을 구 구성으로 생각하거나 선, 후행 요소 간의 관계가 긴밀하지 않다고 판단하여 2, 3음절어에 비해 상대적으로 사이시옷을 표기하는 것을 기피한 결과로 해석이 가능하다.

한편 전체 음절 수 역시 사이시옷 표기 양상에 영향을 미치지만 선행 요소의 음절 수 역시 표기 양상과 상당히 밀접한 관계가 있음이 확인된다. 즉 같은 4음절어임에도 선행 요소가 2음절어인 경우에 비해 3음절어인 경우의

사이시옷 미표기형을 선택하는 비율이 평균 20% 포인트가 높다는 결과가
나타난 것이다.

## 바. 5음절어(3+2)의 사이시옷 표기 양상

먼저 5음절어(3+2)의 사이시옷 표기 양상을 정리하면 다음과 같다.

(56) 5음절어(3+2)의 사이시옷 표기 양상

| 단어 | 사이시옷 표기형 | 표기형 비율 | 사이시옷 미표기형 | 미표기형 비율 |
|---|---|---|---|---|
| 눈요깃거리 | 1,128 | 44.76% | 1,392 | 55.24% |
| 이야깃거리 | 615 | 24.40% | 1,905 | 75.60% |
| 다듬잇방석 | 167 | 6.63% | 2,353 | 93.37% |
| 옥수숫가루 | 140 | 5.56% | 2,380 | 94.44% |
| 평균 | 513 | 20.34% | 2,008 | 79.66% |

(56)을 보면 앞서 살펴본 4음절어에서와 같이 5음절어에서도 사이시옷
미표기형이 보다 자연스럽다고 응답한 비율이 사이시옷 표기형을 선택한
비율보다 매우 높게 나타났다. 일반적으로 음절 수가 늘어날수록 해당 어휘
를 한 단어로 인식하기보다 구 구성으로 인식할 것이라는 예측이 가능한데
4음절 이상의 어휘들에서 사이시옷 미표기형에 대한 선택 비율이 높다는
점은 이러한 예측에 힘을 실어주는 결과라 할 수 있다.

물론 4음절어의 사이시옷 미표기형에 대한 선택 비율에 비해 5음절어의
사이시옷 미표기형에 대한 선택 비율이 다소 낮아지기는 하였으나 이는 5음
절어의 어휘 목록 선정과도 연관되는 수치라고 볼 수 있다. 5음절어의 사이시
옷 표기형 선택 비율을 높이는 데 영향을 준 '눈요깃거리', '이야깃거리'의
경우 4음절의 '골칫거리'와 후행 요소 '거리'의 계열 관계를 형성하는데 앞서
언급한 바와 같이 '거리'의 영향으로 사이시옷 표기형의 빈도가 비교적 높게
나타난 것으로 볼 수 있기 때문이다.

사. 음절 수에 따른 사이시옷 표기 양상에 대한 종합적 검토

이상에서 살펴본 음절 구성에 따른 사이시옷 표기형과 사이시옷 미표기형
의 차이를 정리하면 다음과 같다.

(57) 세부 음절 수에 따른 사이시옷 표기 양상

| 세부 음절 수 | 사이시옷<br>표기형 | 표기형<br>비율 | 사이시옷<br>미표기형 | 미표기형<br>비율 |
|---|---|---|---|---|
| 2(1+1) | 1,136 | 45.06% | 1,384 | 54.94% |
| 3(1+2) | 1,785 | 70.81% | 736 | 29.19% |
| 3(2+1) | 931 | 36.96% | 1,589 | 63.04% |
| 4(2+2) | 701 | 27.82% | 1,819 | 72.18% |
| 4(3+1) | 179 | 7.10% | 2,341 | 92.90% |
| 5(3+2) | 513 | 20.34% | 2,008 | 79.66% |

(57)에 따르면 음절 수가 적은 2, 3음절어에서보다 음절 수가 많은 4, 5음절
어에서 사이시옷 미표기형에 대한 선택 비율이 높아지는 것을 확인할 수
있다. 다만 '1+2' 구성의 3음절어에서는 이와 반대되는 결과가 도출되었고
동일한 4음절어라고 하더라도 '3+1' 구성에서보다 '2+2' 구성에서 사이시옷
표기형에 대한 선택 비율이 다소 높게 나타난다는 점을 보면 음절 구성에
따른 특정한 흐름을 찾기는 쉽지 않을 듯하다.

이를 전체 음절 수를 기준으로 다시 정리하면 다음과 같다.

(58) 전체 음절 수에 따른 사이시옷 표기 양상

| 전체 음절 수 | 사이시옷<br>표기형 | 표기형<br>비율 | 사이시옷<br>미표기형 | 미표기형<br>비율 |
|---|---|---|---|---|
| 2 | 1,136 | 45.06% | 1,384 | 54.94% |
| 3 | 1,273 | 50.50% | 1,247 | 49.50% |
| 4 | 440 | 17.46% | 2,080 | 82.54% |
| 5 | 513 | 20.34% | 2,008 | 79.66% |

(58)을 보면 여기서도 역시 전체 음절 수가 길어질수록 사이시옷 미표기형에 대한 선택 비율이 현저하게 높아진다는 점을 알 수 있다. 2, 3음절어의 경우 사이시옷 표기형과 미표기형 중 어느 한 쪽이 우세하다고 말하기 어려울 정도로 비슷한 수치를 보였으나 4, 5음절어에서는 사이시옷 미표기형을 고른 비율이 현저히 높기 때문이다.

그렇다면 이러한 결과가 통계적으로도 유의미한지를 확인할 필요가 있다.

(59) 전체 음절 수에 따른 사이시옷 미표기 비율 차이 검정

| 구분 | 사례 수 | 평균 | t | 자유도 | 유의확률 (양측) | 평균 차이 | 차이의 95% 신뢰구간 상한 | 하한 |
|---|---|---|---|---|---|---|---|---|
| 2·3 음절 | 15 | 51.31 | -3.150 | 29 | 0.004 | -30.51 | -50.32 | -10.70 |
| 4·5 음절 | 16 | 81.82 | | | | | | |

(59)에서 볼 수 있는 바와 같이 4, 5음절어의 경우 사이시옷 미표기형에 정적인 영향을 미치는 것으로 드러났다. 2, 3음절어와 4, 5음절어 사이에 사이시옷 미표기형 비율의 차이가 있었으며 4, 5음절어에서 미표기 비율이 훨씬 높은 것으로 나타났기 때문이다.

다만 2음절어에 비해 3음절어에서 사이시옷 표기형을 선택한 비율이 다소 높아진 점, 4음절어와 5음절어에서도 마찬가지의 문제가 발견되는 점을 보면 전체 음절 수가 사이시옷 표기 여부에 어느 정도 영향을 미치기는 하나 다른 요인에 대한 분석이 추가될 필요가 있음을 알 수 있다.

이번에는 선행 음절 수에 따른 사이시옷 표기 양상을 살펴볼 필요가 있다. 여기에는 4장의 국립국어원(2017)에서 선행 음절 수가 짧아질수록 사이시옷을 표기하는 비율이 높다는 점을 참고할 필요가 있다.

(60) 선행 음절 수에 따른 사이시옷 표기 양상

| 선행 음절 수 | 사이시옷 표기형 | 표기형 비율 | 사이시옷 미표기형 | 미표기형 비율 |
|---|---|---|---|---|
| 1 | 1,424 | 56.51% | 1,096 | 43.49% |
| 2 | 816 | 32.39% | 1,704 | 67.61% |
| 3 | 312 | 12.39% | 2,208 | 87.61% |

(60)을 보면 선행 요소의 음절이 길어질수록 사이시옷 미표기형에 대한 선택률이 현저히 높아진다는 것을 확인할 수 있다. 이는 국립국어원(2017)의 결과와 일치한다는 점에서 주목할 필요가 있다.

그렇다면 이러한 결과가 통계적으로도 유의미한지 살펴볼 필요가 있다.

(61) 가. 선행 요소의 음절 수에 따른 집단 간 등분산성 검정

| 구분 | 사례 수 | 평균 | 표준편차 | Levene 등분산 검정 | |
|---|---|---|---|---|---|
| | | | | F | 유의확률 |
| 선행1음절 | 9 | 43.49 | 34.94 | | |
| 선행2음절 | 12 | 67.61 | 26.60 | 6.701 | 0.004 |
| 선행3음절 | 10 | 87.61 | 12.87 | | |

나. 선행 요소의 음절 수에 따른 사이시옷 미표기 비율 차이 검정

| 구분 | 제곱합 | 자유도 | 평균 제곱 | F | 유의 확률 | Welch test | 유의 확률 |
|---|---|---|---|---|---|---|---|
| 집단-간 | 9224.50 | 2 | 4612.25 | | | | |
| 집단-내 | 19041.94 | 28 | 680.07 | 6.782 | 0.004 | 7.631 | 0.005 |
| 전체 | 28266.44 | 30 | | | | | |

다. 선행 요소의 음절 수에 따른 사이시옷 미표기 비율 차이 검정 : Scheffe 사후분석

| 구분 | | 평균 차이 | 표준 오차 | 유의 확률 | 차이의 95% 신뢰구간 | |
|---|---|---|---|---|---|---|
| | | | | | 하한 | 상한 |
| 선행1음절 | 선행2음절 | -24.12 | 11.50 | 0.130 | -53.84 | 5.61 |
| | 선행3음절 | -44.12 | 11.98 | 0.004 | -75.09 | -13.14 |

| 구분 | | 평균 차이 | 표준 오차 | 유의 확률 | 차이의 95% 신뢰구간 | |
|---|---|---|---|---|---|---|
| | | | | | 하한 | 상한 |
| 선행2음절 | 선행1음절 | 24.12 | 11.50 | 0.130 | -5.61 | 53.84 |
| | 선행3음절 | -20.00 | 11.17 | 0.219 | -48.86 | 8.86 |
| 선행3음절 | 선행1음절 | 44.12 | 11.98 | 0.004 | 13.14 | 75.09 |
| | 선행2음절 | 20.00 | 11.17 | 0.219 | -8.86 | 48.86 |

라. 선행 요소의 음절 수에 따른 사이시옷 미표기 비율 차이 검정 :
Dunnett T3 사후분석

| 구분 | | 평균 차이 | 표준 오차 | 유의 확률 | 차이의 95% 신뢰구간 | |
|---|---|---|---|---|---|---|
| | | | | | 하한 | 상한 |
| 선행1음절 | 선행2음절 | -24.12 | 13.95 | 0.272 | -61.51 | 13.27 |
| | 선행3음절 | -44.12 | 12.34 | 0.015 | -79.05 | -9.18 |
| 선행2음절 | 선행1음절 | 24.12 | 13.95 | 0.272 | -13.27 | 61.51 |
| | 선행3음절 | -20.00 | 8.69 | 0.097 | -42.96 | 2.97 |
| 선행3음절 | 선행1음절 | 44.12 | 12.34 | 0.015 | 9.18 | 79.05 |
| | 선행2음절 | 20.00 | 8.69 | 0.097 | -2.97 | 42.96 |

(61)에서 제시한 바와 같이 선행 요소의 음절 수에 따라 사이시옷 표기 비율에 차이가 있는 것으로 나타났다. 구체적으로는 선행 요소의 음절이 길수록 미표기형의 비율이 높은 것을 알 수 있다. 이를 통해 추정이 가능한 사실은 사이시옷 표기 여부에 전체 음절 수뿐 아니라 선행 요소의 음절 수가 중요한 역할을 한다는 것이며 선행 요소의 음절 수가 많아질수록 사이시옷을 표기하지 않으려는 경향이 늘어난다는 것이다.

한편 다음은 후행 요소의 음절 수만을 고려하여 이에 따른 결과를 보인 것이다.

(62)  후행 음절수에 따른 사이시옷 표기 양상

| 후행 음절 수 | 사이시옷 표기형 | 표기형 비율 | 사이시옷 미표기형 | 미표기형 비율 |
|---|---|---|---|---|
| 1 | 726 | 28.80% | 1,794 | 71.20% |
| 2 | 957 | 37.97% | 1,563 | 62.03% |

(62)는 '1+1', '2+1', '3+1'과 같이 후행 요소의 음절 수가 1음절인 경우와 '1+2', '2+2', '3+2'와 같이 후행 요소의 음절 수가 2음절인 경우를 비교한 것이다. 비교 결과 후행 요소의 음절 수가 1음절인 경우 후행 요소의 음절 수가 2음절인 경우에 비해 사이시옷 미표기형에 대한 선택률이 높아진다는 것을 확인할 수 있다. 다만 후행 음절 수가 3음절 이상인 어휘에 대해서는 조사 및 분석이 충분히 이루어지지 못하여 후행 요소가 짧을수록 미표기형에 대한 선택률이 높아진다는 결과가, 모든 음절 수에 있어 확실하게 나타나는 경향성이라 단정 짓기는 어려울 것으로 보인다.

이상의 논의를 정리하면 사이시옷 표기 여부에 전체 음절 수와 선행 요소의 음절 수는 영향을 미쳐 음절 수가 많아질수록 사이시옷을 표기하지 않으려는 경향이 드러나고 있으며 후행 요소의 음절 수는 1음절인 경우, 2음절인 경우에 미표기 경향이 높아지기는 하나 이것을 전반적인 경향으로 여기기는 어려울 것으로 보인다.

### 5.4.1.2.4. 사잇소리 발음 여부에 따른 사이시옷 표기 실태

국립국어원(2018)의 네 번째 연구 문제는 '사잇소리의 발음 여부가 사이시옷 표기에 영향을 미치는가?'이다. 이에 발음 조사를 한 어휘를 대상으로 사잇소리를 실현한 선택지에 응답한 경우, 사이시옷 표기형 응답 비율과 사이시옷 미표기형 응답 비율을 분석하였고 반대로 사잇소리가 미실현된 발음을 선택한 경우의 사이시옷 표기형 응답 비율과 사이시옷 미표기형 응답 비율을 분석한 뒤 그 결과를 비교 분석하였다.

가. 사잇소리 발음 시 사이시옷 표기 양상

먼저 사잇소리 발음이 실현될 때 해당 어휘의 사이시옷 표기 양상이 어떻게 나타나는지를 정리하면 다음과 같다.

(63) 사잇소리 실현과 그에 따른 사이시옷 표기 양상

| 단어 | 사잇소리 실현 | 사잇소리 실현 비율 | 사이시옷 표기형 | 사이시옷 표기 비율 | 사이시옷 미표기형 | 사이시옷 미표기 비율 |
|---|---|---|---|---|---|---|
| 개수 | 2,348 | 93.17% | 1,610 | 68.57% | 738 | 31.43% |
| 나이/대 | 2,271 | 90.12% | 653 | 28.75% | 1,618 | 71.25% |
| 둘레/길 | 2,232 | 88.57% | 515 | 23.07% | 1,717 | 76.93% |
| 고양잇과 | 2,195 | 87.10% | 156 | 7.11% | 2,039 | 92.89% |
| 머리/고기 | 2,160 | 85.71% | 1,427 | 66.06% | 733 | 33.94% |
| 인사말 | 2,088 | 82.86% | 423 | 20.26% | 1,665 | 79.74% |
| 두붓국 | 2,015 | 79.96% | 229 | 11.36% | 1,786 | 88.64% |
| 좌푯값 | 1,956 | 77.62% | 205 | 10.48% | 1,751 | 89.52% |
| 가사/말 | 1,936 | 76.83% | 505 | 26.08% | 1,431 | 73.92% |
| 가짓수 | 1,897 | 75.28% | 915 | 48.23% | 982 | 51.77% |
| 부챗살 | 1,808 | 71.75% | 522 | 28.87% | 1,286 | 71.13% |
| 마룻바닥 | 1,792 | 71.11% | 781 | 43.58% | 1,011 | 56.42% |
| 옆구리/살 | 1,696 | 67.30% | 241 | 14.21% | 1,455 | 85.79% |
| 장맛날 | 1,568 | 62.22% | 612 | 39.03% | 956 | 60.97% |
| 보리/물 | 1,565 | 62.10% | 593 | 37.89% | 972 | 62.11% |
| 가로수/길 | 1,493 | 59.25% | 116 | 7.77% | 1,377 | 92.23% |
| 주삿바늘 | 1,287 | 51.07% | 180 | 13.99% | 1,107 | 86.01% |
| 옥수숫가루 | 1,243 | 49.33% | 96 | 7.72% | 1,147 | 92.28% |
| 휴지/조각 | 1,178 | 46.75% | 94 | 7.98% | 1,084 | 92.02% |
| 변기/솔 | 1,135 | 45.04% | 174 | 15.33% | 961 | 84.67% |
| 막내/손녀 | 437 | 17.34% | 32 | 7.32% | 405 | 92.68% |
| 막냇삼촌 | 183 | 7.26% | 22 | 12.02% | 161 | 87.98% |
| 평균 | 1658 | 65.81% | 459 | 24.81% | 1199 | 75.19% |

(63)에서 볼 수 있는 바와 같이 전반적으로 사잇소리 발음을 실현하더라도 사이시옷 표기에 있어서는 미표기형을 선택하는 비율이 높았다는 점이 확인된다. 예를 들어 '두붓국'의 경우 사잇소리를 발음하는 비율이 79.96%로 높게 나타났는데 그중 89.96%의 비율로 사이시옷 미표기형에 대한 응답률이 높았다. 이러한 양상은 사전 등재 여부와 관계없이 나타나는데 '나이/대', '둘레/길'의 경우에도 각각 사잇소리 발음 실현 비율이 90.12%, 88.57%로 아주 높았음에도 불구하고 사이시옷은 표기하지 않는 비율이 각각 72.26%, 78.61%로 높게 나타났다. 또한 전문 용어에 해당하는 '고양잇과'에서도 87.10%의 높은 사잇소리 발음 실현 비율이 사이시옷 표기로 이어지지는 않았음을 확인할 수 있다.

다만 '개수'의 경우 사잇소리 발음을 실현하는 비율이 93.17%로 압도적이지만 사이시옷 표기에 있어서는 미표기형의 선택 비율이 33.10%로, 이는 다른 어휘들보다 현격하게 적은 수치이다. 이와 같은 양상을 나타내는 어휘가 '개수' 하나라는 점은 별도의 해석을 요구한다고 볼 수 있다.[16)]

나. 사잇소리 미발음 시 사이시옷 표기 양상

먼저 사잇소리 발음이 실현되지 않을 때 사이시옷 표기 양상이 어떻게 나타나는지를 정리하면 다음과 같다.

(64) 사잇소리 미실현과 그에 따른 사이시옷 표기 양상

| 단어 | 사잇소리 미실현 | 사잇소리 미실현 비율 | 사이시옷 표기형 | 사이시옷 표기 비율 | 사이시옷 미표기형 | 사이시옷 미표기 비율 |
|---|---|---|---|---|---|---|
| 막냇삼촌 | 2,337 | 92.74% | 45 | 1.93% | 2,292 | 98.07% |
| 막내/손녀 | 2,083 | 82.66% | 45 | 2.16% | 2,038 | 97.84% |
| 변기/솔 | 1,385 | 54.96% | 123 | 8.88% | 1,262 | 91.12% |

16) 이에 대해서는 §5.4.1.2.5에서 후술하기로 한다.

| 단어 | 사잇소리 미실현 | 사잇소리 미실현 비율 | 사이시옷 표기형 | 사이시옷 표기 비율 | 사이시옷 미표기형 | 사이시옷 미표기 비율 |
|---|---|---|---|---|---|---|
| 휴지/조각 | 1,342 | 53.25% | 55 | 4.10% | 1,287 | 95.90% |
| 옥수숫가루 | 1,277 | 50.67% | 44 | 3.45% | 1,233 | 96.55% |
| 주삿바늘 | 1,233 | 48.93% | 80 | 6.49% | 1,153 | 93.51% |
| 가로수/길 | 1,027 | 40.75% | 65 | 6.33% | 962 | 93.67% |
| 보리/물 | 955 | 37.90% | 210 | 21.99% | 745 | 78.01% |
| 장맛날 | 952 | 37.78% | 258 | 27.10% | 694 | 72.90% |
| 옆구리/살 | 824 | 32.70% | 79 | 9.59% | 745 | 90.41% |
| 마룻바닥 | 728 | 28.89% | 204 | 28.02% | 524 | 71.98% |
| 부챗살 | 712 | 28.25% | 147 | 20.65% | 565 | 79.35% |
| 가짓수 | 623 | 24.72% | 193 | 30.98% | 430 | 69.02% |
| 가사/말 | 584 | 23.17% | 86 | 14.73% | 498 | 85.27% |
| 좌푯값 | 564 | 22.38% | 46 | 8.16% | 518 | 91.84% |
| 두붓국 | 505 | 20.04% | 24 | 4.75% | 481 | 95.25% |
| 인사말 | 432 | 17.14% | 56 | 12.96% | 376 | 87.04% |
| 머리/고기 | 360 | 14.29% | 152 | 42.22% | 208 | 57.78% |
| 고양잇과 | 325 | 12.90% | 17 | 5.23% | 308 | 94.77% |
| 둘레/길 | 288 | 11.43% | 24 | 8.33% | 264 | 91.67% |
| 나이/대 | 249 | 9.88% | 46 | 18.47% | 203 | 81.53% |
| 개수 | 172 | 6.83% | 76 | 44.19% | 96 | 55.81% |
| 평균 | 862 | 34.19% | 94 | 15.03% | 767 | 84.97% |

(64)에서 볼 수 있는 바와 같이 사잇소리를 발음하지 않는 경우에도 사이시옷 미표기형에 대한 선택 비율이 높았음이 확인된다. 사잇소리를 발음하는 경우에도 사이시옷을 표기하지 않으려는 경향이 있었던 점을 감안할 때 사잇소리의 미발음이 사이시옷의 미표기로 이어지는 결과는 당연한 것일 수 있다.

이처럼 평균값 비교 분석을 통해서 알 수 있는 사실은 사잇소리 발음 시 사이시옷 미표기 비율이 높다는 점, 사잇소리 미발음 시 사이시옷 미표기 비율이 높다는 점, 즉 사잇소리 발음의 실현이 곧 사이시옷의 표기로 이어지지는 않는다는 점이다.

  그렇다면 이러한 결과가 통계적으로도 유의미한지 살펴볼 필요가 있다.

(65) 가. 사잇소리 발음 여부에 따른 표기 여부 차이 검정('두붓국')

|  |  | 표기 여부 | | 전체 |
|  |  | 미표기 | 표기 |  |
|---|---|---|---|---|
| 발음 여부 | 미발음 | 481 | 24 | 505 |
|  | 발음 | 1786 | 229 | 2015 |
| 전체 | | 2267 | 253 | 2520 |
| $\chi^2$ | | 19.548 | | |
| 유의확률(양측) | | 0.000 | | |

  나. 사잇소리 발음 여부에 따른 표기 여부 차이 검정('둘레/길')

|  |  | 표기 여부 | | 전체 |
|  |  | 미표기 | 표기 |  |
|---|---|---|---|---|
| 발음 여부 | 미발음 | 264 | 24 | 288 |
|  | 발음 | 1717 | 515 | 2232 |
| 전체 | | 1981 | 539 | 2520 |
| $\chi^2$ | | 32.962 | | |
| 유의확률(양측) | | 0.000 | | |

  다. 사잇소리 발음 여부에 따른 표기 여부 차이 검정('인사말')

|  |  | 표기 여부 | | 전체 |
|  |  | 미표기 | 표기 |  |
|---|---|---|---|---|
| 발음 여부 | 미발음 | 376 | 56 | 432 |
|  | 발음 | 1665 | 423 | 2088 |
| 전체 | | 2041 | 479 | 2520 |
| $\chi^2$ | | 12.376 | | |
| 유의확률(양측) | | 0.000 | | |

라. 사잇소리 발음 여부에 따른 표기 여부 차이 검정('고양잇과')

| | | 표기 여부 | | 전체 |
|---|---|---|---|---|
| | | 미표기 | 표기 | |
| 발음 여부 | 미발음 | 308 | 17 | 325 |
| | 발음 | 2039 | 156 | 2195 |
| 전체 | | 2347 | 173 | 2520 |
| $X^2$ | | 1.559 | | |
| 유의확률(양측) | | 0.212 | | |

마. 사잇소리 발음 여부에 따른 표기 여부 차이 검정('가로숫길')

| | | 표기 여부 | | 전체 |
|---|---|---|---|---|
| | | 미표기 | 표기 | |
| 발음 여부 | 미발음 | 962 | 65 | 1027 |
| | 발음 | 1377 | 116 | 1493 |
| 전체 | | 2339 | 181 | 2520 |
| $X^2$ | | 1.894 | | |
| 유의확률(양측) | | 0.169 | | |

바. 사잇소리 발음 여부에 따른 표기 여부 차이 검정('좌푯값')

| | | 표기 여부 | | 전체 |
|---|---|---|---|---|
| | | 미표기 | 표기 | |
| 발음 여부 | 미발음 | 518 | 46 | 564 |
| | 발음 | 1751 | 205 | 1956 |
| 전체 | | 2269 | 251 | 2520 |
| $X^2$ | | 2.638 | | |
| 유의확률(양측) | | 0.104 | | |

(65)에 사용한 가설은 평균값 비교를 통해 얻은 잠정적 결론인 '사잇소리 발음이 사이시옷 미표기에 정적인 영향을 미친다', '사잇소리 미발음이 사이시옷 미표기에 정적인 영향을 미친다'였으며 해당 가설 사이에 유의미한 차이가 있는지를 살핀 결과, 총 22개의 어휘 중 '고양잇과', '가로수/길', '좌푯값'을 제외한 19개 어휘에서 유의미한 차이가 도출되었다. 다시 말해 '고양잇

과', '가로수/길', '좌푯값'의 경우는 사잇소리를 발음하든 안 하든 사이시옷 미표기형에 대한 선택 비율에 큰 차이가 없었던 반면 이 3개 어휘를 제외한 다른 어휘들에서는 모두 사잇소리 발음 시 미표기 비율보다 사잇소리 미발음 시 미표기 비율이 통계적으로 유의미하게 높았다. 이러한 결과는 사잇소리 미발음 시 사이시옷을 미표기하는 비율이, 사잇소리 발음 시 사이시옷을 미표기하는 비율보다 상대적으로 더 높다는 점을 알 수 있게 한다.

### 5.4.1.2.5. 한자어 예외 조항의 정착과 관련한 사이시옷 표기 실태

국립국어원(2018)의 다섯 번째 연구 문제는 '사이시옷 관련 표기 규정의 한자어 예외 조항은 정착되었는가?'이다. 이에 한자어 예외 조항 어휘의 사이시옷 표기형 응답 비율과 사이시옷 미표기형 응답 비율을 분석하였고 한자어 예외 조항 어휘와 계열 관계에 있는 비교 어휘의 사이시옷 표기형 응답 비율과 사이시옷 미표기형 응답 비율을 각각 분석한 뒤 그 결과를 비교 분석하였다.

### 가. 한자어 예외 조항 어휘의 사이시옷 표기 양상

먼저 예외 조항으로 선정한 '횟수', '셋방'에 대한 사이시옷 표기 양상을 제시하면 다음과 같다.

(66) 한자어 예외 조항 어휘의 사이시옷 표기 양상

| 단어 | 사이시옷 표기형 | 표기형 비율 | 사이시옷 미표기형 | 미표기형 비율 |
|------|------|------|------|------|
| 횟수 | 2289 | 90.83% | 231 | 9.17% |
| 셋방 | 2257 | 89.56% | 263 | 10.44% |
| 평균 | 2273 | 90.20% | 247 | 9.80% |

(66)에서 보는 바와 같이 '횟수', '셋방'에 대한 사이시옷 표기형 선택 비율은 평균 90.20%로 일반인은 이들 어휘에 사이시옷을 표기하는 것에는 사실

상 거부감이 없는 것으로 보인다. 즉 한자어 예외 조항에 속하는 어휘 가운데 현재 사용 빈도가 높은 것으로 보이는 이들 어휘는 사이시옷 표기형으로의 정착이 사실상 완료된 것으로 해석하여도 무방하다고 할 수 있다.

### 나. 비교 어휘의 사이시옷 표기 양상

먼저 예외 조항의 비교 어휘로 '개수', '전세방'에 대한 사이시옷 표기 양상을 제시하면 다음과 같다.

(67) 비교 어휘의 사이시옷 표기 양상

| 단어 | 사이시옷 표기형 | 표기형 비율 | 사이시옷 미표기형 | 미표기형 비율 |
|------|------|------|------|------|
| 개수 | 1686 | 66.90% | 834 | 33.10% |
| 전세방 | 1046 | 41.51% | 1474 | 58.49% |
| 평균 | 1366 | 54.21% | 1154 | 45.79% |

(67)에서 볼 수 있는 바와 같이 한자어 예외 조항에 속하지 않는 어휘 가운데 '셋방'과 어형이 유사한 '전세방'의 경우 사이시옷 미표기형 선택 비율이 '셋방'에 비해 낮은 편이지만 그럼에도 사이시옷 미표기형을 선택한 비율이 사이시옷 표기형을 선택한 비율보다는 높았다.

한편 '개수'는 사이시옷 미표기형이 표준형이나 실제로는 표기형을 선택한 비율이 더 높은 것으로 확인된다는 점에 주목할 필요가 있다. 심지어 사이시옷 표기형을 선택한 경우(66.90%)가 미표기형을 선택한 경우(33.10%)보다 2배 이상 더 높은 수치를 보인다. '개수'는 앞서 '사잇소리 발음 시 사이시옷 표기 양상'의 실태 조사 결과에서 살펴본 바 있듯이 사잇소리 발음을 실현하면서 사이시옷을 표기한다고 응답한 비율이 가장 높은 어휘였는데 보통 사잇소리 발음이 실현되어도 사이시옷 표기형의 선택 비율이 높지 않았음을 감안할 때 이 같은 양상은 상당히 특이하다고 할 수 있다.

다만 '개수'에 한해 이러한 양상이 나타나게 된 점에 대해서는 여러 가능성을 생각해 볼 수 있다. 첫 번째는 동음이의어의 존재가 일반인들이 사이시옷 미표기형을 선택하는 데 영향을 미쳤을 가능성이다. 즉, '개수(個數)'와 동음이의어인 '개수(改修)', '개수(설거지물)' 등의 존재로 인하여 이들과 어형이 같은 사이시옷 미표기형을 기피한 결과, 사이시옷 표기형의 선택 비율이 높아졌다고 보는 것이다. 그러나 이는 다른 어휘의 경우도 동음이의어를 가지는 상황은 많으나 '개수'와 같은 결과가 도출되지는 않는다는 점을 감안한다면 가능성이 그리 높지 않다.

두 번째로 후행 요소 '수'로 계열 관계를 이루며 한자어 예외 조항에 속하는 어휘인 '횟수'로의 유추로 해석할 수 있는 가능성이 있다. 전술한 바와 같이 '횟수'의 높은 사이시옷 표기형 비율이 동일 계열어인 '개수'에도 영향을 미쳤다고 추정하는 것이다. 그러나 후행 요소 '수'로 계열 관계를 형성하는 다른 어휘로 '가짓수'가 있는데 이 경우는 사잇소리 발음을 실현하는 비율이 '개수'와 마찬가지로 높은 편(75.28%)이나 사이시옷 표기형의 선택 비율은 56.03%로, 33.10%인 '개수'에 비해 상당히 높게 나타났다. 이는 계열 관계만으로는 '개수'의 이러한 경향을 설명하는 것이 쉽지 않음을 방증한다는 점에서 해당 가능성은 유보할 필요가 있다.

세 번째는 2장에서 살펴본 바와 같이 현재의 <한글 맞춤법>(1988)이 제정되기 이전 시기, 즉 <한글 맞춤법 통일안>(1946)의 영향 가능성이다. <한글 맞춤법 통일안>(1946)에서는 '한자어+한자어' 구성의 어휘에도 예외 없이 사이시옷을 표기하던 관습이 굳어진 관계로 이것이 현재까지 영향을 미친 결과로 해석할 수 있는 가능성이 있다는 점이다. 이와 더불어 '개수'가 2음절의 한자어라는 점 역시 고려할 대상이다. '개수'와 같은 음절 수의 한자어인 '대가, 시가, 초점, 허점' 등의 어휘 역시 현재까지 '댓가, 싯가, 촛점, 헛점' 등 사이시옷 표기형이 일상적으로 관찰되는데 이는 현행 규정 이전에 <한글 맞춤법 통일안>(1946)이 적용될 당시에는 사이시옷 표기형이 표준형이었다는 점이

현재까지 영향을 미친 결과로 해석을 할 여지가 있는 것이다.[17]

### 5.4.1.2.6. 외래어 혼종어의 사이시옷 표기 실태

국립국어원(2018)의 여섯 번째 연구 문제는 '외래어 혼종어의 사이시옷 표기 양상은 어떠한가?'이다. 이에 외래어 혼종어의 사이시옷 표기형 응답 비율과 사이시옷 미표기형 응답 비율을 분석하였다.

먼저 외래어 혼종어의 경우에 나타나는 사이시옷 표기 양상을 정리하면 다음과 같다.

(68) 외래어 혼종어의 사이시옷 표기 양상

| 단어 | 사이시옷 표기형 | 표기형 비율 | 사이시옷 미표기형 | 미표기형 비율 |
|---|---|---|---|---|
| 페트병 | 55 | 2.18% | 2465 | 97.82% |
| 피자집 | 127 | 5.04% | 2393 | 94.96% |
| 커피잔 | 127 | 5.04% | 2393 | 94.96% |
| 평균 | 103 | 4.09% | 2417 | 95.91% |

(68)에서 볼 수 있는 바와 같이 외래어가 포함된 어휘의 경우 사이시옷을 미표기하는 비율이 압도적으로 높음을 알 수 있다. 이 중 '페트병', '커피잔'은 '외래어+한자어' 구성이며 '피자집'은 '외래어+고유어'의 구성이지만 이러한 어종 변수는 외래어 혼종어의 사이시옷 표기 여부에 전혀 영향을 미치지

---

17) 이러한 사실은 사이시옷을 적는 예외의 여섯 한자어 외에 '개수'가 끊임없이 회자되는 이유에 대해서도 이해할 수 있게 해 준다. 이러한 점에서 1장에서 네이버 국어사전의 <우리말 바로쓰기> 코너 가운데서도 '개수'에 대한 질문이 있었다는 점을 상기할 필요가 있다. 또한 여기에서 제기되는 의문 가운데 하나는 '개수'에 대한 사이시옷 표기가 세대에 따른 차이를 보이는가 하는 점이다. 만약 <한글 맞춤법 통일안>(1946)의 영향이 크다면 <한글 맞춤법>(1988)로 교육을 받은 세대와 차이가 나타날 것으로 예측할 수 있기 때문이다. 이에 대해서는 후술하겠지만 먼저 결론을 제시한다면 '개수'는 이러한 측면에서 세대에 따른 차이를 보이는 어휘에 해당한다는 점에 주목할 필요가 있다.

못한 것으로 보인다.

### 5.4.1.2.7. 어종 및 발음 변화의 유형에 따른 사이시옷 표기 실태

국립국어원(2018)의 일곱 번째 연구 문제는 '어종과 발음 변화의 유형이 사이시옷 표기에 영향을 미치는가?'이다. 앞서 조사된 어휘 중 미등재어와 그 비교 대상으로 선정된 등재어 가운데 해당 연구 문제의 분석 대상 어휘를 선정하였으며 각각 어종이나 발음 변화의 유형 외에 다른 요인에 의한 영향을 줄이기 위해 다른 변수들을 최대한 통제하고자 한 바 있다. 이에 어종이 사이시옷 표기에 영향을 미치는지를 확인하기 위해서는 음절 수를 3, 4음절로 제한하였고 발음 변화의 유형은 '된소리'로 제한하였다. 또한 발음 변화의 유형이 사이시옷 표기에 영향을 미치는지를 확인하기 위해서는 음절 수를 3음절로 제한하고 어종을 '고유어+고유어', '한자어+고유어'로 제한하였는데 이는 'ㄴ(ㄴ)' 첨가의 발음 변화와 관련되는 어휘 자체가 적어 이에 맞추고자 하였기 때문이었음을 환기할 필요가 있다.

**가. 어종에 따른 사이시옷 표기 양상**

첫째, '고유어+고유어'의 사이시옷 표기 양상을 제시하면 다음과 같다.

(69) '고유어+고유어'의 사이시옷 표기 양상

| 단어 | 사이시옷 표기형 | 표기형 비율 | 사이시옷 미표기형 | 미표기형 비율 |
|------|------|------|------|------|
| 바닷길 | 1923 | 76.31% | 597 | 23.69% |
| 골칫거리 | 1846 | 73.25% | 674 | 26.75% |
| 머리/고기 | 1579 | 62.66% | 941 | 37.34% |
| 마룻바닥 | 985 | 39.09% | 1,535 | 60.91% |
| 부챗살 | 669 | 26.55% | 1,851 | 73.45% |
| 둘레/길 | 539 | 21.39% | 1,981 | 78.61% |
| 평균 | 1,257 | 49.88% | 1,263 | 50.13% |

(69)에서 보는 바와 같이 '고유어+고유어' 구성을 가지는 어휘의 경우는 전반적으로 사이시옷 표기형의 선택 비율과 사이시옷 미표기형의 선택 비율이 큰 차이를 보이지 않는 것이 확인되는데 사실상 동일하다고 보아도 무방한 수치로 판단할 수 있다. 이와 같은 결과는 '고유어+고유어'라는 구성이 사이시옷 표기 양상에 큰 영향을 미치는 요인으로 작용하지 않음을 방증한다. 비율을 보더라도 표기형 비율이 50% 이상인 것이 세 개 예에 해당하고 50% 이하인 것도 세 개 예에 해당하며 그 간격도 서로 대칭에 가깝다는 사실을 알 수 있다.

둘째, '고유어+한자어'의 사이시옷 표기 양상을 보이면 다음과 같다.

(70) '고유어+한자어'의 사이시옷 표기 양상

| 단어 | 사이시옷 표기형 | 표기형 비율 | 사이시옷 미표기형 | 미표기형 비율 |
|---|---|---|---|---|
| 가짓수 | 1108 | 43.97% | 1,412 | 56.03% |
| 잔칫상 | 729 | 28.93% | 1,791 | 71.07% |
| 나이/대 | 699 | 27.74% | 1,821 | 72.26% |
| 머릿수건 | 625 | 24.80% | 1,895 | 75.20% |
| 바닷장어 | 418 | 16.59% | 2,102 | 83.41% |
| 막내/손녀 | 77 | 3.06% | 2,443 | 96.94% |
| 평균 | 609 | 24.18% | 1,911 | 75.82% |

(70)에서 보는 바와 같이 '고유어+한자어' 구성을 가지는 어휘의 경우, '고유어+고유어' 구성의 어휘와 달리 사이시옷 미표기형을 선택한 비율이 75.82%로 상당히 높음을 확인할 수 있다. 이는 선행 요소인 고유어가 동일하기 때문에 후행하는 요소의 어종이 고유어인지 한자어인지에 따른 결과의 차이로 인식이 가능하며 한자어인 경우는 상대적으로 사이시옷을 표기하지 않는 경향이 높음을 알 수 있다. 사이시옷 표기형을 선택한 비율이 50%를 넘는 것은 단 하나도 없다는 사실도 앞의 '고유어+고유어'의 사이시옷 표기

양상과 뚜렷하게 차이가 나는 부분이다.

셋째, '한자어+고유어'의 사이시옷 표기 양상을 제시하면 다음과 같다.

(71) '한자어+고유어'의 사이시옷 표기 양상

| 단어 | 사이시옷 표기형 | 표기형 비율 | 사이시옷 미표기형 | 미표기형 비율 |
|---|---|---|---|---|
| 전깃줄 | 906 | 35.95% | 1,614 | 64.05% |
| 변기/솔 | 297 | 11.79% | 2,223 | 88.21% |
| 주삿바늘 | 260 | 10.32% | 2,260 | 89.68% |
| 두붓국 | 253 | 10.04% | 2,267 | 89.96% |
| 휴지/조각 | 149 | 5.91% | 2,371 | 94.09% |
| 만홧가게 | 37 | 1.47% | 2,483 | 98.53% |
| 평균 | 317 | 12.58% | 2,203 | 87.42% |

(71)에서 보는 바와 같이 '한자어+고유어' 구성을 가지는 어휘의 경우는 사이시옷 미표기형을 선택한 비율이 87.42%로 사이시옷 표기형을 선택한 비율(12.58%)보다 높은 것이 확인된다. 이러한 수치는 '고유어+고유어'의 경우는 물론 '고유어+한자어' 구성을 가지는 어휘의 경우보다도 미표기형을 선택한 비율이 매우 높음을 알게 해 준다. 사이시옷 표기형을 선택한 비율이 가장 높은 것도 35.95%로 '고유어+한자어'의 경우보다 낮으며 사이시옷 표기형을 선택한 비율이 가장 낮은 것도 1.47%로 역시 '고유어+한자어'의 평균 수치보다 낮다는 사실은 이러한 조사 결과가 일관성을 지니는 것으로 해석할 수 있게 해 준다. 또한 이러한 결과는 웹 검색을 통해 246개 어휘의 사이시옷 표기 경향을 분석한 국립국어원(2017)의 조사 결과와 일치하는 것이라는 사실에도 주목할 필요가 있다.

그렇다면 이러한 결과가 통계적으로도 유의미한지 살펴볼 필요가 있다.

(72) 가. 어종에 따른 집단 간 등분산성 검정

|  | 사례수 | 평균 | 표준편차 | Levene 등분산 검정 | |
|---|---|---|---|---|---|
|  |  |  |  | F | 유의확률 |
| 고유어+고유어 | 6 | 50.13 | 24.00 |  |  |
| 고유어+한자어 | 6 | 75.82 | 13.65 | 4.473 | 0.030 |
| 한자어+고유어 | 6 | 87.42 | 12.05 |  |  |

나. 어종에 따른 사이시옷 미표기 비율 차이 검정

|  | 제곱합 | 자유도 | 평균제곱 | F | 유의확률 | Welch test | 유의확률 |
|---|---|---|---|---|---|---|---|
| 집단-간 | 4371.38 | 2 | 2185.69 |  |  |  |  |
| 집단-내 | 4538.24 | 15 | 302.55 | 7.224 | 0.006 | 5.559 | 0.025 |
| 전체 | 8909.62 | 17 |  |  |  |  |  |

(72)의 표에 따르면 통계적으로도 어종에 따라 사이시옷 미표기 비율에 차이가 있음을 알 수 있다. 다음은 이에 대한 사후 분석 결과이다.

(73) 가. 어종에 따른 사이시옷 미표기 비율 차이 검정 : Scheffe 사후분석

|  |  | 평균 차이 | 표준 오차 | 유의 확률 | 차이의 95% 신뢰구간 | |
|---|---|---|---|---|---|---|
|  |  |  |  |  | 하한 | 상한 |
| 고유어+ 고유어 | 고유어+한자어 | -25.69 | 10.04 | 0.066 | -52.95 | 1.56 |
|  | 한자어+고유어 | -37.29 | 10.04 | 0.008 | -64.55 | -10.04 |
| 고유어+ 한자어 | 고유어+고유어 | 25.69 | 10.04 | 0.066 | -1.56 | 52.95 |
|  | 한자어+고유어 | -11.60 | 10.04 | 0.528 | -38.85 | 15.65 |
| 한자어+ 고유어 | 고유어+고유어 | 37.29 | 10.04 | 0.008 | 10.04 | 64.55 |
|  | 고유어+한자어 | 11.60 | 10.04 | 0.528 | -15.65 | 38.85 |

나. 어종에 따른 사이시옷 미표기 비율 차이 검정 : Dunnett T3 사후
분석

| | | 평균<br>차이 | 표준<br>오차 | 유의<br>확률 | 차이의 95%<br>신뢰구간 | |
|---|---|---|---|---|---|---|
| | | | | | 하한 | 상한 |
| 고유어+<br>고유어 | 고유어+한자어 | -25.69 | 11.27 | 0.138 | -59.11 | 7.72 |
| | 한자어+고유어 | -37.29 | 10.97 | 0.029 | -70.36 | -4.23 |
| 고유어+<br>한자어 | 고유어+고유어 | 25.69 | 11.27 | 0.138 | -7.72 | 59.11 |
| | 한자어+고유어 | -11.60 | 7.43 | 0.365 | -32.68 | 9.48 |
| 한자어+<br>고유어 | 고유어+고유어 | 37.29 | 10.97 | 0.029 | 4.23 | 70.36 |
| | 고유어+한자어 | 11.60 | 7.43 | 0.365 | -9.48 | 32.68 |

(73)의 사후 분석 결과 고유어로 이루어진 단어보다 한자어를 포함한 단어 특히 '한자어+고유어'의 경우 사이시옷 미표기 비율이 더 높은 것으로 드러났다.

이상의 내용을 보면 선행 요소든 후행 요소든 관계없이 해당 어휘의 구성 요소가 한자어인 경우에는 '고유어+고유어'에 비해 사이시옷 미표기형의 비율이 높게 나타나며 특히 한자어가 선행하는 '한자어+고유어'의 어휘에서 사이시옷 미표기형의 비율이 현저히 높다는 사실을 결론지을 수 있다.

나. 발음 변화의 유형에 따른 사이시옷 표기 양상

첫째, '된소리' 유형의 사이시옷 표기 양상을 정리하여 제시하면 다음과 같다.

(74) 발음 변화 '된소리'의 사이시옷 표기 양상

| 단어 | 사이시옷 표기형 | 표기형 비율 | 사이시옷 미표기형 | 미표기형 비율 |
|---|---|---|---|---|
| 바닷길 | 1923 | 76.31% | 597 | 23.69% |
| 전깃줄 | 906 | 35.95% | 1,614 | 64.05% |
| 부챗살 | 669 | 26.55% | 1,851 | 73.45% |
| 둘레/길 | 539 | 21.39% | 1,981 | 78.61% |
| 변기/솔 | 297 | 11.79% | 2,223 | 88.21% |
| 두붓국 | 253 | 10.04% | 2,267 | 89.96% |
| 평균 | 765 | 30.34% | 1,756 | 69.66% |

(74)에서 볼 수 있는 바와 같이 후행 요소가 된소리로 실현될 가능성이 있는 어휘의 경우 사이시옷 미표기형의 표기 선택 비율은 69.66%로, 사이시옷 표기형의 선택 비율인 30.34%를 훨씬 웃도는 결과를 보였다.

둘째, 'ㄴ(ㄴ)' 첨가 유형의 사이시옷 표기 양상을 정리해 제시하면 다음과 같다.

(75) 발음 변화 'ㄴ(ㄴ) 첨가'의 사이시옷 표기 양상

| 단어 | 사이시옷 표기형 | 표기형 비율 | 사이시옷 미표기형 | 미표기형 비율 |
|---|---|---|---|---|
| 비눗물 | 1998 | 79.29% | 522 | 20.71% |
| 존댓말 | 1849 | 73.37% | 671 | 26.63% |
| 예삿일 | 1774 | 70.40% | 746 | 29.60% |
| 고춧잎 | 1438 | 57.06% | 1,082 | 42.94% |
| 장맛날 | 870 | 34.52% | 1,650 | 65.48% |
| 보리/물 | 803 | 31.87% | 1,717 | 68.13% |
| 가사/말 | 591 | 23.45% | 1,929 | 76.55% |
| 인사말 | 479 | 19.01% | 2,041 | 80.99% |
| 평균 | 1225 | 48.62% | 1,295 | 51.38% |

(75)를 보면 'ㄴ(ㄴ)' 첨가의 발음 변화와 관련되는 어휘에서도 앞의 경우와

마찬가지로 사이시옷 미표기형의 선택 비율이 사이시옷 표기형의 선택 비율
보다 높게 나타났지만 그 차이는 '된소리' 유형의 경우와 달리 매우 미미하여
사실상 큰 의미가 없는 것으로 보인다.

그렇다면 이러한 발음 변화 유형에 대한 결과가 통계적으로도 의미가 있
는지 살펴볼 필요가 있다.

(76) 발음 변화 유형에 따른 사이시옷 미표기 비율 차이 검정

| 구분 | 사례 수 | 평균 | t | 자유도 | 유의확률 (양측) | 평균 차이 | 차이의 95% 신뢰구간 상한 | 하한 |
|---|---|---|---|---|---|---|---|---|
| 'ㄴ(ㄴ)'첨가 | 8 | 51.38 | 1.393 | 12 | 0.189 | 18.28 | -10.31 | 46.87 |
| 된소리 발음 | 6 | 69.66 | | | | | | |

(76)에서 보는 바와 같이 통계적으로는 된소리의 발음 변화를 보이든 'ㄴ
(ㄴ)' 첨가의 발음 변화를 보이든 사이시옷을 미표기하는 비율에 있어서 유의
미한 차이가 나타나지 않는다는 결론이 도출되었다. 그러나 이는 앞서 언급
한 바와 같이 통계 분석의 사례 수가 적은 데에 기인한 결과라는 점을 고려하
지 않을 수 없다. 통계 분석에 근거한 결과가 단순 수치 비교보다 신뢰도에
있어 반드시 우위를 점하는 것이 아니라는 점을 감안해야 한다.

이러한 점을 고려할 때 'ㄴ(ㄴ)' 첨가의 발음 변화 유형에서보다 '된소리'
발음 변화 유형에서 사이시옷 미표기형에 대한 선택 비율이 높아지는 것을
알 수 있다.[18]

---

18) 이는 앞서 §4.3.4에서 된소리의 경우보다 'ㄴ(ㄴ)' 첨가의 경우 사이시옷 표기에 대한 정확
   도가 높은 것 즉 사이시옷 표기형을 선택하는 비율이 높은 것과 같은 맥락이라는 점에서
   의의가 있다.

### 5.4.1.2.8. 연령에 따른 사이시옷 표기 실태

국립국어원(2018)에서는 위의 연구 문제 외에 별도로 연령에 따른 사이시옷 표기 실태도 확인해 보고자 하였다. 이에 표기 조사 대상 어휘 69개에 대하여 사이시옷 표기형의 선택 비율을 연령별로 비교 분석하고 사전 등재 여부 및 어종에 따른 사이시옷 표기 양상도 연령별로 분석하였다. (31)에서 제시한 바와 같이 연령 구분은 10대(13-18세), 20대(19-29세), 30대(30-39세), 40대(40-49세), 50대(50-59세)로 하였다. 특히 10대와 20대 초반 응답자의 경우, 2007년 교육과정 개편 이후 사이시옷이 반영된 표기에 익숙한 세대이므로 이들 응답자의 사이시옷 표기 양상이 이전 세대의 표기 양상과 차이를 보이는지를 중점적으로 분석하였다.

가. 전체 어휘의 사이시옷 표기 실태

전체 어휘를 대상으로 사이시옷 표기 양상을 연령별로 정리하여 제시하면 다음과 같다.

(77) 연령별 표기 비율(전체, 69개)

| 연령별 | 사이시옷 표기형 평균 | 비율 |
|---|---|---|
| 10대 | 28.65 | 41.53% |
| 20대 | 25.10 | 37.48% |
| 30대 | 22.99 | 33.18% |
| 40대 | 23.80 | 34.50% |
| 50대 | 23.12 | 34.52% |
| 평균 | 24.73 | 36.24% |

(77)에서 보는 바와 같이 전 연령대에서 사이시옷 표기형을 선택한 비율은 전체 69개의 어휘를 대상으로 했을 때 평균 36.24%로 높지 않았다. 2007년 교육 과정의 영향을 받은 세대인 10대의 경우 20대 이상의 응답자에 비해

사이시옷 표기형을 선택한 비율이 다소 높았지만 10대의 사이시옷 표기형 선택 비율도 41.53%에 그치기 때문에 절대적 비율이 높은 것은 아니라는 점을 감안할 필요가 있다.

나. 사전 등재 여부에 따른 연령별 사이시옷 표기 실태

다음으로는 등재어의 사이시옷 표기형 선택 비율과 미등재어의 사이시옷 표기형 선택 비율을 연령별로 비교 분석하였다. 다음은 등재어와 미등재어의 사이시옷 표기 양상을 연령별로 정리한 것이다.

(78) 사전 등재 여부에 따른 연령별 표기 비율

|  | 등재어(16개) | | 미등재어(8개) | |
| --- | --- | --- | --- | --- |
|  | 표기형 평균 | 비율 | 표기형 평균 | 비율 |
| 10대 | 8.80 | 55.00% | 2.17 | 27.08% |
| 20대 | 7.71 | 48.20% | 1.79 | 22.43% |
| 30대 | 6.81 | 42.56% | 1.72 | 21.56% |
| 40대 | 7.02 | 43.88% | 1.89 | 23.58% |
| 50대 | 6.63 | 41.47% | 1.94 | 24.29% |
| 전체 |  | 40.05% |  | 23.48% |

(78)에서 보는 바와 같이 20대 이상의 응답자들의 경우 사이시옷 표기형을 선택한 비율보다 사이시옷 미표기형을 선택한 비율이 높았으며 등재어보다 미등재어에서 사이시옷 미표기형을 선택한 비율이 더 높게 나타났다. 그런데 10대의 응답자들의 경우 미등재어에서는 사이시옷 미표기형을 선택한 비율이 사이시옷 표기형을 선택한 비율(27.08%)에 비해 높게 나타났지만 등재어에서 사이시옷 표기형을 선택한 비율(55.00%)이 사이시옷 미표기형을 선택한 비율보다 높게 나타났다. 등재어와 미등재어 모두 10대 응답자의 표기율이 가장 높았으며 등재어의 경우 연령이 낮을수록 표기형 선택 비율이 높아지는 것을 확인할 수 있었다.

다. 어종에 따른 연령별 사이시옷 표기 실태

다음은 어종에 따른 사이시옷 표기 양상을 연령별로 정리한 것이다.

(79) 어종에 따른 연령별 표기형 비율

| | 고고(6개) | | 고한(6개) | | 한고(6개) | | 한한(4개) | |
|---|---|---|---|---|---|---|---|---|
| | 표기형 | 비율 | 표기형 | 비율 | 표기형 | 비율 | 표기형 | 비율 |
| 10대 | 3.45 | 57.44% | 1.71 | 28.54% | 1.23 | 20.48% | 1.17 | 29.24% |
| 20대 | 3.13 | 52.10% | 1.47 | 24.49% | 0.83 | 13.82% | 1.14 | 28.40% |
| 30대 | 2.92 | 48.73% | 1.37 | 22.83% | 0.59 | 9.77% | 1.24 | 31.12% |
| 40대 | 2.97 | 49.57% | 1.40 | 23.39% | 0.66 | 11.08% | 1.60 | 40.07% |
| 50대 | 2.76 | 46.03% | 1.44 | 23.95% | 0.72 | 12.02% | 1.72 | 42.99% |
| 전체 | | 49.88% | | 24.18% | | 12.58% | | 34.36% |

(79)에서 볼 수 있는 바와 같이 '고유어+고유어' 구성을 가지는 어휘의 경우는 사이시옷 표기형의 선택 비율(49.88%)과 사이시옷 미표기형의 선택 비율(50.02%)이 큰 차이를 보이지 않았으며 이러한 경향은 연령별로 살펴보아도 크게 다르지 않다. 다만 10대에서 사이시옷 표기형을 선택한 비율(59.44%)이 다른 연령에 비해 가장 높았으며 연령이 높아질수록 사이시옷 미표기형을 선택하는 경향성이 더 커지는 것을 확인할 수 있다.

한편 '고유어+한자어' 구성과 '한자어+고유어' 구성을 가지는 어휘의 경우 사이시옷 표기형을 선택한 비율이 24.18%와 12.58%로, 사이시옷 미표기형을 선택한 비율에 비해 상당히 낮았으며 사이시옷 표기형 선택 비율은 특히 한자어가 선행하는 경우 더욱 낮은 것으로 나타났다. 10대의 표기형 선택 비율이 다른 연령대에 비해 높기는 하지만 연령과 표기율 사이에 비례 관계가 성립하지는 않는다. 다시 말해 30대의 표기율이 가장 낮고 40대, 50대, 20대 순으로 점점 높아져 10대의 표기율이 가장 높아지는 양상을 보이고 있다. 특히 10대와 20대의 경우 사이시옷 표기형을 선택하는 비율이 전체 연령의 평균 비율인 24.18%, 12.58%보다 높게 나타났다.

특히 다음은 '한자어+한자어' 구성을 가지는 어휘의 사이시옷 표기형 선택 비율을 연령별로 나타낸 것이다

(80) '한자어+한자어' 구성 어휘의 사이시옷 표기형 선택 평균과 비율

| 단어 | 사이시옷 표기형 | 10대 평균 | 20대 평균 | 30대 평균 | 40대 평균 | 50대 평균 | 표기형 비율 |
|---|---|---|---|---|---|---|---|
| 개수 | 1686 | 51.54 | 52.24 | 66.98 | 74.72 | 77.49 | 66.90% |
| 전세방 | 1046 | 36.56 | 36.19 | 33.78 | 46.35 | 49.76 | 41.51% |
| 장미과 | 137 | 3.52 | 6.53 | 4.55 | 5.02 | 6.36 | 5.44% |
| 피제수 | 706 | 26.87 | 18.28 | 19.17 | 34.20 | 38.34 | 28.02% |

(80)에서 알 수 있는 바와 같이 '한자어+한자어' 구성은 사이시옷 미표기형이 표준형인데도 표기형을 선택한 비율이 34.36% 수준을 보였다. '장미과', '피제수'와 같은 전문 용어보다 '개수', '전세방'과 같은 일상어에서 사이시옷 표기율이 높았으며 특히 '개수'는 사이시옷 표기형을 선택한 경우(66.90%)가 미표기형을 선택한 경우(33.10%)보다 2배 이상 더 높은 수치를 보였다. 다만 '한자어+한자어' 구성 어휘의 경우 연령과 표기형 선택 비율 간의 관련성을 따지기 어려울 만큼 개별 어휘별로 선택 비율이 차이를 보였다. 전반적으로 40대나 50대에 비해 10대에서 30대 응답자들이 사이시옷 표기형을 선택한 비율이 낮았고 특히 고빈도어이면서 친숙한 어휘에 해당하는 '개수'의 경우 10대로 갈수록 표기형 선택 비율이 낮아졌다. 이러한 경향은 앞에서도 언급한 바와 같이 현재의 <한글 맞춤법>(1988)이 제정되기 이전까지 <한글 맞춤법 통일안>(1946)의 영향력 아래 '한자어+한자어' 구성의 어휘에도 예외 없이 사이시옷을 표기하던 관습이 굳어진 관계로 이것이 현재까지 영향을 미친 결과로 해석할 수 있는 가능성이 있다.

라. 연령에 따른 사이시옷 표기 양상에 대한 종합적 검토

이상에서 연령에 따라 사이시옷 표기 양상에 차이가 있는지를 전체 어휘 대상으로 확인한 후 사전 등재 여부 및 어종에 따른 사이시옷 표기 양상도 연령별로 분석하였다. 그 결과 전반적으로 연령이 낮을수록 사이시옷 표기형을 선택한 비율이 높은 것으로 확인되었고 이러한 경향은 사전 등재 여부나 어종에 관계없이 비슷한 양상으로 나타나고 있었다. 특히 10대의 경우 사이시옷 표기형의 선택 비율이 다른 연령대에 비해 높게 나타났는데 이는 교육의 효과라는 측면에서 이해해 볼 수 있다.

2007 개정 교육과정에서는 사이시옷 규정이 적용되어 '함수값', '근사값', '최대값', '최소값' 등이 '함숫값', '근삿값', '최댓값', '최솟값'으로 바뀌어 표기되었다. 따라서 2007 교육과정의 적용을 받은 세대의 경우 사이시옷 표기형을 선택할 가능성이 높을 것으로 기대되었다. 이를 '최댓값'으로 예로 들어 정리해 보면 다음과 같다.

(81) '최댓값'의 사이시옷 표기 양상

| 연령 | 사이시옷 표기형 | 표기형 비율 |
|------|----------------|-------------|
| 10대 | 167 | 73.57% |
| 20대 | 207 | 38.62% |
| 30대 | 43 | 8.16% |
| 40대 | 47 | 7.62% |
| 50대 | 47 | 7.67% |
| 전체 | 511 | 20.28% |

(81)에서 보는 바와 같이 '최댓값'의 경우 사이시옷 표기형의 선택 비율이 10대에서 압도적으로 높게 나타났다. 전체 응답자 중 '최댓값'을 선택한 응답자의 수와 비율을 연령별로 비교해 보면 30대 이상 응답자의 경우 사이시옷 표기형을 선택한 응답자가 10%를 넘지 않았고 전체 응답자 기준으로 사이시

옷 표기형 선택 비율은 20.28%에 그쳤으나 10대 응답자는 73.57%가 사이시옷 표기형을 선택하였다. 20대 응답자의 사이시옷 표기형 선택 비율은 38.62%인데 그중 2007년 교육과정의 영향을 받은 24세 이하의 응답자의 경우 51.18%(254명 중 130명)가 사이시옷 표기형인 '최댓값'을 선택한 것으로 확인되었다. '최댓값'에 대한 전체 응답자의 사이시옷 표기형 선택 비율이 20% 정도임을 고려할 때 10대에서 20대 초반의 응답자들이 50% 이상의 비율을 나타내었다는 점은 공교육의 효과로 해석할 수 있다. 즉 교육과정 내에서 사이시옷 관련 어휘에 대해 지속적으로 노출하고 반복 교육을 시행한다면 정확한 표기로 이어질 수 있는 가능성이 보인다는 것이다.

그러나 '최댓값'을 선택한 10대에서 20대 응답자들의 비율이 다른 연령대에 비해 높았다고 하더라도 그것이 단어별 친숙도에 기인한 것인지 규정 자체에 대한 이해도에 의한 것인지에 대해서는 좀 더 생각해 볼 필요가 있다. 즉 '최댓값'의 경우 '최솟값', '함숫값', '근삿값' 등의 관련 단어들과 함께 교과서에서 반복적으로 그리고 직접적으로 노출이 되어 왔기 때문에 10대~20대 응답자들에게 상대적으로 친숙한 어휘일 수 있다. '최댓값'을 선택한 응답자들은 해당 어휘의 표기에 익숙해 있고 친숙하게 받아들여 왔기 때문에 그 표기형을 선택한 것일 뿐 어종이나 발음에 대한 분석이나 규정에 대한 이해에 따라 해당 표기형을 선택한 것은 아닐 수 있다는 것이다.

이러한 점에서 '고유어+고유어', '고유어+한자어', '한자어+고유어' 구성의 어휘 중 '최댓값'의 사이시옷 표기형 선택 비율과 가장 근사한 값을 나타내는 등재어/미등재어에 대해 연령별 사이시옷 표기 양상을 비교해 볼 필요가 있다.

(82)  등재어/미등재어에 대한 연령별 사이시옷 표기 양상

| 단어 | 사이시옷 표기형 | 10대 | 20대 | 30대 | 40대 | 50대 | 표기형 비율 |
|---|---|---|---|---|---|---|---|
| 부챗살 | 669 | 35.24% | 28.92% | 22.39% | 27.71% | 23.65% | 26.55% |
| 둘레/길 | 539 | 29.52% | 19.96% | 16.89% | 22.04% | 22.84% | 21.39% |
| 잔칫상 | 729 | 39.21% | 30.04% | 24.10% | 29.01% | 28.22% | 28.93% |
| 나이/대 | 699 | 20.26% | 22.20% | 25.43% | 29.01% | 36.05% | 27.74% |
| 전깃줄 | 906 | 59.03% | 42.16% | 24.86% | 30.15% | 37.36% | 35.95% |
| 변기/솔 | 297 | 23.35% | 12.50% | 10.25% | 10.70% | 9.30% | 11.79% |

(82)에서 알 수 있는 바와 같이 '나이/대'를 제외하면 어종이나 사전 등재 여부와 상관없이 사이시옷 표기형을 선택한 응답자의 비율은 10대의 경우가 가장 많았다. 어휘별 평균값에 비해 10대의 비율이 10% 내외 높게 나타났으나 '최댓값'의 경우에서처럼 압도적으로 높은 비율을 나타내지는 않았다. 또한 미등재어인 '나이/대'의 경우 오히려 10대의 사이시옷 표기형 선택 비율이 20.26%로 가장 낮게 나타났으며 연령이 높을수록 사이시옷 표기형 선택 비율이 점차 높아지는 양상을 보이기도 하였다.

결국 대부분의 어휘에서 10대의 사이시옷 표기형 선택 비율이 높게 나타나고 있고 교육과정 개편의 영향, 혹은 공교육의 효과를 어느 정도 짐작할 수는 있으나 그것이 규정 자체에 대한 인지도나 이해도로 이어지는 것이라고 해석하기는 어렵다. 즉 '최댓값'과 같은 예에서 10대의 사이시옷 표기율이 압도적으로 높게 나타난 것은, 해당 어휘가 교과과정에서 지속적으로 노출되었기 때문에 상대적으로 해당 표기를 친숙하게 받아들였기 때문이며 사이시옷 관련 표기 규정을 전반적으로 이해하고 표기형을 선택한 것이라고 말하기는 어렵다는 것이다.

무엇보다 10대에서 사이시옷 표기 비율이 다른 연령에 비해 상대적으로 높다고는 하나 그렇다고 하더라도 전체 어휘를 기준으로 하였을 때 사이시옷 표기형을 선택한 비율이 41.53%로 미표기형을 선택한 비율이 높은 것은 변

함없는 사실이다. 또한 10대의 사이시옷 표기율이 상대적으로 높다고 하더라도 사이시옷 표기율이 가장 낮은 30대(33.18%)와 비교할 때 그 차이가 10%를 넘지 않으며 연령 간 표기율 차이는 3~4% 수준에 그치고 있다. 또한 사이시옷 표기율은 30대에서 가장 낮고 40대와 50대가 거의 동일한 수준의 비율을 보였으며 20대와 10대가 가장 높은 표기율을 보이고 있어 연령과 사이시옷 표기율 간에 직접적인 비례 관계가 성립하지도 않는다. 따라서 연령 변수를 사이시옷 표기 개선 방향에 반영하기에는 어려움이 있을 것으로 보인다.[19]

### 5.4.1.2.9. 사이시옷 표기의 선택 요인

국립국어원(2018)의 하위 문항은 사이시옷 표기형 혹은 미표기형을 선택한 이유를 고르도록 한 것으로, '둘레/길', '가사/말', '휴지/조각' 등 미등재어 3개, '고양잇과', '좌푯값' 등 전문 용어 2개, 식품 관련 어휘 '두붓국' 1개, '개수', '전세방' 등 한자어 예외 조항 관련 어휘 2개의 총 8개 어휘에 한해 나타나도록 설정하였다. 먼저 사이시옷 표기형을 선택한 이유를 정리하면 다음과 같다.

(83)  사이시옷 표기형을 선택한 이유

| 단어 | 그렇게 발음하기 때문 | 표기가 익숙하기 때문 | 규정에 맞기 때문 | 다른 표기가 어색하기 때문 | 기타 |
|---|---|---|---|---|---|
| 둘렛길 | 310 | 100 | 61 | 154 | 7 |
| 두붓국 | 154 | 36 | 47 | 75 | 2 |
| 가삿말 | 327 | 97 | 63 | 211 | 2 |
| 휴짓조각 | 84 | 23 | 23 | 34 | 3 |
| 고양잇과 | 92 | 31 | 42 | 37 | 2 |
| 좌푯값 | 151 | 36 | 42 | 73 | 3 |

---

19) 이는 곧 사이시옷 표기 규정의 개정과 사이시옷 표기 규정의 교육 가운데 사이시옷 표기 규정의 개정이 보다 더 실효적임을 의미하는 것으로 해석할 수 있다.

| 단어 | 그렇게 발음하기 때문 | 표기가 익숙하기 때문 | 규정에 맞기 때문 | 다른 표기가 어색하기 때문 | 기타 |
|---|---|---|---|---|---|
| 갯수 | 857 | 485 | 288 | 507 | 7 |
| 전셋방 | 533 | 292 | 139 | 326 | 9 |
| 계 | 2508 | 1100 | 705 | 1417 | 35 |

(83)을 보면 사이시옷 표기형을 선택한 경우 그 선택 요인에 대해서는 가장 많은 비율이 예외 없이 '그렇게 발음하기 때문'이라고 답하였다. 그러나 여기서 주목할 것은 하위 문항이 나타나도록 설정된 (83)의 8개 어휘에서 모두 사이시옷 표기형을 선택한 비율 자체가 높지 않아 그 수가 적다는 사실 이다. 이는 곧 사잇소리 발음 실현이 사이시옷 표기로 이어진다고 보기 어렵 다는 사실을 말해 준다.

다음으로 사이시옷 미표기형을 선택한 이유를 정리하면 다음과 같다.

(84) 사이시옷 미표기형을 선택한 이유

| 단어 | 그렇게 발음하기 때문 | 표기가 익숙하기 때문 | 규정에 맞기 때문 | 다른 표기가 어색하기 때문 | 기타 |
|---|---|---|---|---|---|
| 둘레길 | 348 | 982 | 595 | 588 | 17 |
| 두부국 | 454 | 863 | 659 | 932 | 14 |
| 가사말 | 321 | 756 | 556 | 764 | 14 |
| 휴지조각 | 601 | 951 | 781 | 875 | 12 |
| 고양이과 | 534 | 891 | 840 | 839 | 16 |
| 좌표값 | 439 | 939 | 756 | 808 | 15 |
| 개수 | 108 | 356 | 332 | 233 | 11 |
| 전세방 | 222 | 693 | 467 | 484 | 19 |
| 계 | 3027 | 6431 | 4986 | 5523 | 118 |

(84)에서 볼 수 있는 바와 같이 사이시옷 미표기형을 선택한 경우, 대부분

'그렇게 적는 것을 더 많이 보았기 때문'이라고 답하였는데 이는 익숙하고 친숙한 정도가 사이시옷 표기 여부에 영향을 미치는 요인이 될 수 있으며 사이시옷을 표기하지 않으려는 경향 자체가 이러한 점에 기인한 것일 수 있음을 알게 해 준다.

또한 사이시옷 미표기형에 대한 선택 요인으로 '규정에 맞기 때문'이라고 답한 비율도 낮지 않았다는 점에 주목할 필요가 있다. 하위 문항이 나타나도록 설정된 어휘는 총 8개로, 그 가운데 '개수', '전세방'의 2개 어휘만이 사이시옷 미표기형이 표준형이다. 그런데 사이시옷 표기형이 표준형인 '두붓국', '고양잇과', '좌푯값' 등의 사이시옷 미표기형의 선택 이유로 '규정에 맞기 때문'이라는 답을 고른 응답이 미표기형 선택 응답 전체의 23.32%에 달한다는 것은 일반 언중들의 사이시옷 관련 표기 규정에 대한 이해도와 관련해 생각해 볼 필요가 있음을 시사해 준다.

이와 반대로 '규정에 맞기 때문'에 사이시옷 표기형을 선택한 경우는 사이시옷 미표기형에 대한 선택 요인으로 '규정에 맞기 때문'이라고 응답한 비율에 비해 현저히 떨어진다는 점 역시 주목된다. 즉 이는 사이시옷 관련 표기 규정을 정확하게 이해하고 이를 인식하여 사이시옷 표기형을 고르는 일은 많지 않고 오히려 사이시옷을 표기하지 않으면서 이를 규정에 맞는 것으로 잘못 이해한 경우가 적지 않다는 것을 의미하는 것이기 때문이다.

## 5.4.2. 전문가 조사 결과 및 분석

### 5.4.2.1. 전체 조사 결과 개요

국립국어원(2018)의 전문가 조사는 크게 전문 용어와 일반 용어의 전문성 인식 조사, 전문 용어와 일반 용어의 사이시옷 표기 실태 조사, 사이시옷 규정에 대한 인식 조사로 구분된다. 분야는 수학과 과학 두 분야인데 먼저 조사 결과를 요약하여 제시하면 다음과 같다.

(85) 가. 수학 분야 전문가 조사 결과 요약

| 수학 | 사이시옷 표기형 선택 비율 | 전문성 |
|---|---|---|
| 숫자 | 100.00% | 2.73 |
| 꼭짓점 | 81.82% | 4.09 |
| 피제수 | 81.82% | 4.27 |
| 고춧잎 | 72.73% | 1.91 |
| 대푯값 | 72.73% | 4.27 |
| 최댓값 | 72.73% | 4.09 |
| 소수점 | 63.64% | 4.00 |
| 자릿수 | 63.64% | 3.64 |
| 마딧점 | 27.27% | 3.82 |
| 죗값 | 27.27% | 1.91 |
| 가운뎃점 | 18.18% | 2.73 |
| 상댓값 | 18.18% | 4.18 |
| 고양잇과 | 9.09% | 2.64 |
| 꽃가룻병 | 9.09% | 2.36 |
| 풀이법 | 9.09% | 2.55 |
| 호도법 | 0.00% | 4.27 |
| 평균 | 45.45% | 3.34 |

나. 과학 분야 전문가 조사 결과 요약

| 과학 | 사이시옷 표기형 선택 비율 | 전문성 |
|---|---|---|
| 숫자 | 100.00% | 1.58 |
| 고춧잎 | 75.00% | 2.08 |
| 자릿수 | 75.00% | 2.92 |
| 서릿점 | 66.67% | 3.67 |
| 최댓값 | 58.33% | 2.92 |
| 꼭짓점 | 50.00% | 2.75 |
| 상댓값 | 41.67% | 3.33 |
| 죗값 | 41.67% | 2.08 |
| 고양잇과 | 25.00% | 3.33 |

| 과학 | 사이시옷 표기형 선택 비율 | 전문성 |
|---|---|---|
| 가짓과 | 16.67% | 2.92 |
| 꽃가룻병 | 16.67% | 3.00 |
| 가운뎃점 | 8.33% | 2.42 |
| 마딧점 | 8.33% | 3.67 |
| 유횻값 | 8.33% | 3.67 |
| 곰팡잇병 | 0.00% | 3.42 |
| 풀이법 | 0.00% | 2.75 |
| 평균 | 36.98% | 2.91 |

(85)는 수학 분야 전문가와 과학 분야 전문가에게 사이시옷과 관련된 어휘 중, 해당 분야(각각 수학과 과학) 전문 용어와 타 분야(각각 과학과 수학) 전문 용어, 일반 용어의 사이시옷 표기 실태와 전문성 인식 정도를 조사한 결과를 어휘별로 제시한 것이다. 조사 결과 수학 분야에서 전체 어휘의 사이시옷 표기형 선택 비율 평균은 45.45%였고 전문성 평균 점수는 3.34점이었다. 과학 분야에서 전체 어휘의 사이시옷 표기형 선택 비율 평균은 36.98%였으며 전문성 평균 점수는 2.91점이었다.

## 5.4.2.2. 전문 용어와 일반 용어의 전문성 인식 차이 조사

각 분야 전문가들이 전문 용어와 일반 용어의 전문성을 어떻게 인식하고 있는가를 조사하기 위해 사이시옷 관련 전문 용어와 일반 용어의 표기형을 조사함과 동시에 각 어휘의 전문성 정도를 5점 척도로 응답하게 하였다. 각 어휘의 표기형을 묻는 문항의 바로 아래에 가장 일반 용어에 가깝게 인식하는 경우 1점을, 가장 전문 용어에 가깝게 인식하는 경우 5점을 부여하게 한 문항을 제시한 것이다. 이 문항의 응답을 통해 전문가들이 각 분야 전문 용어와 일반 용어의 전문성을 어떻게 인식하는지를 파악하고 나아가 전문 용어를 규정하는 기준이 있는지 알아보고자 하였다. 또한 전문가들이 전문 용어와 일반 용어의 사이시옷 표기에 차별을 두고 있는지 역시 확인하고자 한다.

### 5.4.2.2.1. 수학 분야 전문가의 전문 용어와 일반 용어 전문성 인식 차이

수학 분야 전문가의 전문 용어와 일반 용어 전문성 인식을 분야별, 어휘별로 정리하고 수학 전문가가 인식한 각 분야별 전문 용어와 일반 용어의 전문성 정도의 평균을 구한 결과는 다음과 같다.

(86)  수학 분야 전문가의 전문 용어와 일반 용어 전문성 인식(단위 : 점)

| 수학 | | 과학 | | 일상어 | |
|---|---|---|---|---|---|
| 꼭짓점 | 4.09 | 고양잇과 | 2.64 | 가운뎃점[20] | 2.73 |
| 대푯값 | 4.27 | 꽃가룻병 | 2.36 | 고춧잎 | 1.91 |
| 소수점 | 4.00 | 마딧점 | 3.82 | 숫자 | 2.73 |
| 자릿수 | 3.64 | 상댓값 | 4.18 | 횟값 | 1.91 |
| 최댓값 | 4.09 | | | | |
| 풀이법 | 2.55 | | | | |
| 피제수 | 4.27 | | | | |
| 호도법 | 4.27 | | | | |
| 평균 | 3.90 | 평균 | 3.25 | 평균 | 2.32 |

수학 전문가의 경우 일반 용어나 타 분야 전문 용어에 비해 수학 분야 전문 용어에 대한 전문성 인식 정도가 높게 나타나는 경향이 있었다. 특히 수학 용어에 대한 전문성 인식의 정도(평균 3.90점)가 과학 용어에 대한 전문성

---

20) '가운뎃점'은 일반 용어가 아닌 언어 분야의 전문 용어이나 수학 분야와 과학 분야가 상호 연관성을 보이는 것에 비해 언어 분야의 경우 수학/과학 분야와 상대적으로 관련성이 떨어지기 때문에 일반 용어로서 선정한 어휘이다. 수학 용어인 '소수점', 과학 용어인 '마딧점' 등과 함께 후행 요소 계열 관계를 이루고 있다는 점에서도 '가운뎃점'을 분석해 볼 필요가 있다. 조사 결과 '가운뎃점'은 수학/과학 분야 전문가 모두에게 전문성 정도가 낮게 인식되어 다른 일반 용어들과 큰 차이를 보이지 않았다. 이에 따라 표에서 다른 일반 용어들과 함께 제시하여도 큰 무리가 없을 것이라 판단하였다.

인식의 정도(평균 3.25점)에 비해 더 높게 나타났다. 예를 들어 과학 분야의 전문 용어인 '꽃가룻병(2.36점)', '고양잇과(2.64점)'에 대해서는 전체 평균(3.34점)보다 낮은 정도의 전문성을 가지고 있는 것으로 인식하고 있었다. 이는 일반 용어인 '숫자(2.73점)'보다도 낮은 수치인데 이는 달리 말하자면 수학 분야의 전문가들은 일부 과학 분야 전문 용어를 전형적인 전문 용어로는 파악하고 있지 않다는 것을 의미한다.

또한 이상의 사실은 해당 전문가가 속한 분야 외의 다른 전문 용어에 대한 전문성 인식 정도는 다소 떨어지는 경향을 보인다는 점을 알 수 있게 한다. (86)에서 보이는 바와 같이 언어 분야의 전문 용어인 '가운뎃점' 역시 평균 2.73점으로, 전문성 정도를 인식하는 데 있어 일반 용어인 '숫자'와 유사한 정도로 인식되고 있음을 볼 수 있다.

그러나 전문가가 속해 있는 해당 전문 분야의 어휘라고 하더라도 모든 어휘가 유사한 수준의 전문성 인식 정도를 보이는 것은 아니다. 동일한 수학 분야 전문 용어라 할지라도 최대 4.27점에서 최소 2.55점의 넓은 편차를 보였으며 특히 '풀이법'에 대해서는 일반 용어의 평균 점수(2.32점)와 비슷한 2.55점의 전문성을 가지고 있었다. 이러한 점을 고려할 때 수학 분야의 전문가들은 '풀이법'을 일반 용어와 매우 가깝게 인식하고 있음을 알 수 있다. 이처럼 같은 분야의 전문 용어라고 하더라도 개별 어휘에 따라 전문성을 다르게 인식하는 경우도 충분히 있을 수 있을 것으로 보인다. 즉 특정 분야의 전문 용어라 해서 전문성이 높은 용어라고 단정할 수는 없다는 것이다.

또한 동일한 어휘라 할지라도 모든 전문가가 일관된 전문성 인식을 갖고 있다고 보기도 어렵다. 이는 전문가 개개인에 따라 전문성 인식 정도에 큰 차이를 보이는 경우가 존재하기 때문이다. 이러한 관점에서 다음을 참고할 필요가 있다.

(87) 전문가별 '풀이법'과 '자릿수'의 전문성 인식 정도

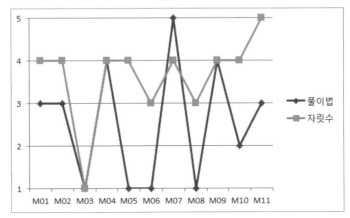

(87)에서 보는 바와 같이 '풀이법'과 '자릿수'의 경우 전문가에 따라 전문성 정도가 최저 1점에서 최고 5점까지 폭넓게 측정되어 매우 큰 인식차를 보여 준 용어가 존재함을 알 수 있다. 먼저 '풀이법'의 경우 응답자에 따라 완전한 일반 용어처럼 인식(M03, M05, M06, M08)되기도 하지만 이와 정반대로 완전한 전문 용어로서 인식(M07)되기도 한다. 다음으로 '자릿수'의 경우에도 응답자에 따라 완전한 일반 용어로 인식(M03)되기도 하는 반면 완전한 전문 용어로 인식(M11)되기도 한다.

이와 같은 수학 전문가들의 응답을 고려하면 '전문 용어'라는 것을 어떻게 정의할 수 있는지 혹은 어떠한 어휘들을 전문 용어로서 볼 수 있는지 하는 것은 어휘를 사용하는 사람의 자의적인 기준에 따라 서로 다르게 결정된다는 점을 알 수 있다. 즉 '전문 용어'의 기준이 무엇인지에 대한 인식적인 합의를 이끌어내는 것은 쉽지 않다는 것이다.

#### 5.4.2.2.2. 과학 분야 전문가의 전문 용어와 일반 용어 전문성 인식 차이

과학 분야 전문가의 전문 용어와 일반 용어 전문성 인식을 분야별, 어휘별

로 정리하고 과학 전문가가 인식한 각 분야별 전문 용어와 일반 용어의 전문성 정도의 평균을 구한 결과는 다음과 같다.

(88) 과학 분야 전문가의 전문 용어와 일반 용어 전문성 인식(단위 : 점)

| 과학 | | 수학 | | 일상어 | |
|---|---|---|---|---|---|
| 가짓과 | 2.92 | 꼭짓점 | 2.75 | 가운뎃점 | 2.42 |
| 고양잇과 | 3.33 | 자릿수 | 2.92 | 고춧잎 | 2.08 |
| 곰팡잇병 | 3.42 | 최댓값 | 2.92 | 숫자 | 1.58 |
| 꽃가룻병 | 3.00 | 풀이법 | 2.75 | 죗값 | 2.08 |
| 마딧점 | 3.67 | | | | |
| 상댓값 | 3.33 | | | | |
| 서릿점 | 3.67 | | | | |
| 유횻값 | 3.67 | | | | |
| 평균 | 3.38 | 평균 | 2.84 | 평균 | 2.04 |

(88)에서 알 수 있는 바와 같이 과학 분야 전문가의 경우에도 수학 분야 전문가와 마찬가지로 일반 용어를 제외한 대부분의 전문 용어에 대해 전문성 인식이 높은 것으로 나타났다. 또한 과학 분야 전문가는 과학 용어에 대한 전문성 인식의 정도(평균 3.38점)가 수학 용어에 대한 전문성 인식 정도(평균 2.84점)에 비해 더 높은 것으로 나타났다. 수학 분야의 전문 용어인 '풀이법'과 '꼭짓점'은 2.75점, '자릿수'와 '최댓값'은 2.92점으로 과학 분야의 전문 용어에 대한 전문성 인식 정도보다 낮은 정도의 전문성 인식률을 보이고 있다. 수학 분야에서 가장 높은 전문성 인식을 보여준 어휘는 '자릿수', '최댓값'이나 이 역시 과학 분야 전문어 가운데 전문성이 가장 떨어지는 것으로 인식되는 '가짓과'의 경우(2.92점)와 같은 정도이다.

다시 말해 해당 전문가가 속한 분야 외의 다른 전문 용어에 대한 전문성 인식 정도는 다소 떨어지는 것으로 보인다. 언어 분야의 전문 용어인 '가운뎃점(2.24점)'의 경우에는 과학 분야 전문 용어(3.38점)나 수학 분야 전문 용어(2.84

점)보다 '가운뎃점'을 제외한 일반 용어 전문성의 평균점인 1.91점에 더 가깝게 인식하고 있는 것이 확인된다.

수학 분야 전문 용어에 비해서는 편차가 좁은 편이었지만 동일한 과학 분야 전문 용어라 할지라도 최대 3.67점에서 최소 2.92점의 편차를 보였다. 또한 '고양잇과(3.33점)'와 '가짓과(2.92점)'의 경우를 통해 같은 계열에 속하는 어휘에서조차 전문성 인식 정도가 다르게 나타날 수 있다는 사실을 알 수 있다.

한편 수학과 마찬가지로 해당 전문가가 속한 분야에서도 어휘별로 전문성 인식 정도가 다르게 나타난다. 이를 위해 다음을 참고할 필요가 있다.

(89) 전문가별 '상댓값'과 '고양잇과'의 전문성 인식 정도

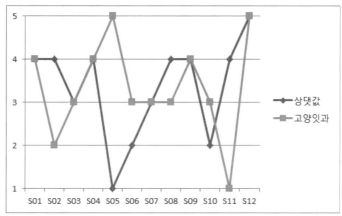

(89)에서 제시한 바와 같이 과학 분야 전문 용어의 경우에도 '상댓값'이나 '고양잇과'의 경우 전문성 인식의 정도에 있어 전문가에 따라 매우 큰 개인차를 보여 주었다. 즉 응답자에 따라 전문성에 대해 최저 1점에서 최고 5점까지의 인식차를 보여 주고 있는 것이다.

먼저 '상댓값'의 경우 응답자에 따라 완전한 일반 용어처럼 인식(S11)되기

도 하지만 이와 정반대로 완전한 전문 용어로서 인식(S05, S12)되기도 하였다. '고양잇과'의 경우에도 응답자에 따라 완전한 일반 용어로 인식(S05)되기도 하는 반면 완전한 전문 용어로 인식(S12)되기도 하였다. 이러한 결과는 이들 어휘를 사용하는 사람에 따라 전문 용어로서의 인식 정도가 판이하게 달라질 수 있음을 보여 주는 것이다.

### 5.4.2.2.3. 전문가의 전문 용어와 일반 용어 전문성 인식 차이

국립국어원(2018)에서는 전문가들의 전문 용어와 일반 용어의 인식 차이를 조사하기 위해 수학 분야와 과학 분야 양측의 설문에 동일한 어휘를 교차하여 제시하였다. 이는 수학 분야의 전문가와 과학 분야의 전문가 전체의 전문 용어와 일반 용어의 전문성 인식 차이를 확인하기 위한 것이다. 수학 분야의 전문가와 과학 분야의 전문가 모두에게 응답을 받은 어휘의 전문성 인식을 분야별, 어휘별로 정리하고 분야별로 평균을 구한 결과는 아래와 같다.

(90) 수학 분야 전문가와 과학 분야 전문가의 전문 용어와 일반 용어 전문성
      인식(단위 : 점)

| 수학 | | 과학 | | 일상어 | |
|---|---|---|---|---|---|
| 꼭짓점 | 3.39 | 고양잇과 | 3.00 | 가운뎃점 | 2.57 |
| 자릿수 | 3.26 | 꽃가룻병 | 2.70 | 고춧잎 | 2.00 |
| 최댓값 | 3.48 | 마딧점 | 3.91 | 숫자 | 2.13 |
| 풀이법 | 2.65 | 상댓값 | 3.57 | 죗값 | 2.00 |
| 평균 | 3.20 | 평균 | 3.29 | 평균 | 2.17 |

(90)을 통해 양 분야의 전문가는 전문 용어의 전문성 정도(3.24점)를 일반 용어의 전문성 정도(2.17점)보다 확연히 높게 인식하고 있음을 알 수 있다. 그러나 이와 같이 두 분야를 함께 살펴보는 경우에도 분야별로 나누어 살펴보았을 때와 마찬가지로 어휘 간 차이가 상당히 크게 나타나고 있다. 수학

분야의 경우 전문성 인식 정도가 가장 높은 '최댓값(3.48점)'과 가장 낮은 '풀이법(2.65점)' 사이에 약 0.83점의 차이가 있으며 과학 분야의 경우에는 전문성 인식 정도가 가장 높은 '마딧점(3.91점)'과 가장 낮은 '꽃가룻병(2.70점)' 사이에 무려 약 1.21점의 차이가 나타났다.

그러나 전문성 인식 정도가 모든 전문가에게서 일관되게 나타나는 것은 아니다. 앞에서 살펴본 바와 같이 전문가라고 하더라도 각 어휘에 대한 전문성 정도를 자의적으로 인식하는 경향이 있다. 물론 전반적인 조사 결과를 통해 알 수 있듯이 전문가들이 일반 용어의 전문성 정도에 비해서 상대적으로 전문 용어에 대한 전문성 정도를 높게 평가하고 있기는 하다. 그러나 각 분야 전문가 모두 해당 전문가가 속한 분야의 전문 용어의 전문성을 월등히 높게 인식하고 있었으며 타 분야의 전문 용어에 대해서는 상대적으로 전문 용어로서의 인식이 떨어지는 점을 볼 수 있다. 게다가 동일한 어휘에 대해서도 응답자에 따라 매우 큰 개인차를 보이고 있었다. 이러한 결과를 통해 '전문 용어'가 무엇인지에 대한 기준이 매우 자의적이라는 점을 다시 한 번 확인할 수 있다.

전문가들의 이와 같은 경향은 사이시옷과 관련된 의견을 자유롭게 기술하도록 한 개방형 질문에서도 나타난다. 전문 용어의 사이시옷 표기와 관련하여 "전문 용어는 사이시옷 표기에서 예외적으로 다루어야 한다."는 의견(S02)이나 "전문 용어와 일상용어가 같이 표기되었으면 한다."는 의견(S06)과 같이 전문 용어의 사이시옷 표기와 관련된 의견이 제시되기도 한 반면 "전문 용어가 무엇인지 정확히 규정지을 수 없으므로 사이시옷 표기를 적용한다는 것도 어렵다."는 의견(S08)과 같이 '전문 용어'가 무엇인지를 규정하는 것부터 문제가 있다는 의견이 제시되기도 하였다.

요컨대 전문 용어에 대한 전문성 인식 정도가 개개인에 따라 매우 큰 편차를 보이고 있으며 전문 영역에 따라서도 차이를 보인다는 사실은 전문 용어라는 개념에 있어 전문가들조차 상호 간 인식적 합의가 되어 있지 않음을 보여 주는 것이라고 할 수 있다.

### 5.4.2.3. 전문 용어와 일반 용어의 사이시옷 표기 조사

#### 5.4.2.3.1. 전문가의 전문 용어와 일반 용어의 사이시옷 표기 실태

**가. 수학 분야 전문가의 전문 용어와 일반 용어 사이시옷 표기 실태**

수학 분야 전문가의 전문 용어와 일반 용어 사이시옷 표기형 선택 비율을 분야별, 어휘별로 정리하고 각 분야별로 전문 용어와 일반 용어 사이시옷 표기형 선택 비율의 평균을 구한 결과는 다음과 같다.

(91) 수학 분야 전문가의 전문 용어와 일반 용어의 사이시옷 표기형 선택 비율(단위 : %)

| 수학 | | 과학 | | 일상어 | |
|---|---|---|---|---|---|
| 꼭짓점 | 81.82 | 고양잇과 | 9.09 | 가운뎃점 | 18.18 |
| 대푯값 | 72.73 | 꽃가룻병 | 9.09 | 고춧잎 | 72.73 |
| 소수점 | 63.64 | 마딧점 | 27.27 | 숫자 | 100.00 |
| 자릿수 | 63.64 | 상댓값 | 18.18 | 횟값 | 27.27 |
| 최댓값 | 72.73 | | | | |
| 풀이법 | 9.09 | | | | |
| 피제수 | 81.82 | | | | |
| 호도법 | 0.00 | | | | |
| 평균 | 47.83 | 평균 | 15.91 | 평균 | 54.55 |

(91)에서 보는 바와 같이 수학 전문가의 경우, '꼭짓점(81.82%)', '대푯값(72.73%)', '소수점(63.64%)', '자릿수(63.64%)', '최댓값(72.73%)', '피제수(81.82%)' 등 대부분의 수학 전문 용어에서 상대적으로 사이시옷 표기형을 사용하는 경향이 있는 것으로 보인다. 예를 들어 수용성이 매우 낮을 것으로 예상되었던 '최댓값', '대푯값'은 사이시옷 표기형에 대한 응답률이 더 높았으며 심지

어 '피제수', '소수점'과 같이 사이시옷 미표기형이 규정에 맞는 어휘들의 경우에도 사이시옷 표기형인 '피젯수', '소숫점'에 대한 응답률이 더 높게 나타난 것이 주목된다. '피제수'의 경우 사이시옷 표기형인 '피젯수'에 대한 응답률이 무려 81.82%로 같은 응답률을 보인 '꼭짓점'과 함께 가장 높은 비율로 사이시옷 표기형이 선택된 전문 용어이다.

그러나 같은 분야의 전문 용어라고 하더라도 사이시옷 표기형과 미표기형에 대한 선택 비율이 모두 유사하게 나타나는 것은 물론 아니다. 수학 분야의 전문 용어인 '풀이법(9.09%)'은 사이시옷 미표기형에 대한 응답률이 압도적으로 더 높았고 '호도법(0.00%)'은 모든 수학 전문가들이 사이시옷 표기형인 '호돗법' 대신 사이시옷 미표기형인 '호도법'을 선택하였다. 수학 전문가들의 '풀이법'에 대한 전문성 인식이 거의 없었던 것을 고려하면 해당 어휘를 전문 용어로서 인식하지 않고 일반 용어에 가깝게 인식하고 있던 점이 사이시옷 표기형보다 사이시옷 미표기형을 선호하게 된 이유가 될 수 있을 것처럼 보이기도 한다. 그러나 사이시옷 미표기형 선택 비율이 100%인 '호도법'에 대한 전문성 인식이 매우 높았던 것을 상기해 본다면 어떤 어휘에 대해 그 전문성 정도를 인식하는 것과 사이시옷 표기 여부를 선택하는 것은 무관하다고 볼 수 있을 듯하다.

전문 용어 가운데 수학 분야가 아닌 타 분야의 어휘들의 경우 평균적으로 사이시옷 미표기형에 대한 선호도가 더 높았는데 '상댓값', '마딧점' 역시 사이시옷 미표기형인 '상대값', '마디점'을 선택한 경우가 더 많았다. '상댓값'과 '마딧점'은 수학 전문가들이 전문성 정도를 높게 인식하고 있는 어휘 즉 전문 용어로 인식되고 있는 어휘임에도 사이시옷 미표기형에 대한 선호도가 더 높게 나타난 것이다. 이를 통해 다시 한 번 전문 용어로서의 인식과 사이시옷 표기 여부를 결정하는 것은 어떠한 연관성도 없음을 확인할 수 있다.

한편 일반 용어에 대해서도 이렇다 할 경향성이 발견되지 않았는데 일반 용어 가운데 '숫자(100.00%)', '고춧잎(72.73%)' 등은 매우 높은 비율로 사이시옷 표기형이 선택되었지만 '죗값(27.27%)'에 대해서는 상대적으로 낮은 비율로 사이시옷 표기형이 선택됐다. 언어 분야의 전문 용어이긴 하나 수학 전문가들에게 거의 일반 용어에 가깝게 인식되고 있는 '가운뎃점'은 사이시옷 미표기형인 '가운데점(81.82%)'에 대한 응답률이 사이시옷 표기형인 '가운뎃점(18.18%)'보다 훨씬 더 높게 나타났다.

즉 수학 분야 전문가의 전문 용어와 일반 용어 사이시옷 표기 실태를 살펴본 결과 수학 분야 전문가들이 사이시옷 표기에 있어 일반 용어와 달리 전문 용어에만 특정한 기준을 적용하는 것으로 분석할 만한 근거를 찾기는 어려웠다. 또한 타 전문 분야 및 일반 용어의 사이시옷 표기에 대해서도 이렇다 할 뚜렷한 경향성이 나타나지 않았다.

나. 과학 분야 전문가의 전문 용어와 일반 용어 사이시옷 표기 실태

과학 분야 전문가의 전문 용어와 일반 용어 사이시옷 표기형 선택 비율을 분야별, 어휘별로 정리하고 각 분야별로 전문 용어와 일반 용어 사이시옷 표기형 선택 비율의 평균을 구한 결과는 다음과 같다.

(92) 과학 분야 전문가의 전문 용어와 일반 용어의 사이시옷 표기형 선택 비율(단위 : %)

| 과학 | | 수학 | | 일상어 | |
|---|---|---|---|---|---|
| 가짓과 | 16.67 | 꼭짓점 | 50.00 | 가운뎃점 | 8.33 |
| 고양잇과 | 25.00 | 자릿수 | 75.00 | 고춧잎 | 75.00 |
| 곰팡이병 | 0.00 | 최댓값 | 58.33 | 숫자 | 100.00 |
| 꽃가룻병 | 16.67 | 풀이법 | 0.00 | 죗값 | 41.67 |
| 마딧점 | 8.33 | | | | |
| 상댓값 | 41.67 | | | | |
| 서릿점 | 66.67 | | | | |
| 유횻값 | 8.33 | | | | |
| 평균 | 22.92 | 평균 | 45.83 | 평균 | 56.25 |

(92)에서 보는 바와 같이 전반적으로 과학 전문가의 경우 과학 분야의 전문 용어의 사이시옷 미표기형을 선호하는 것으로 보인다. 그러나 이 경우에도 예외가 없는 것은 아니었는데 '최댓값(53.88%)', '꼭짓점(50.00%)', '서릿점(66.67%)'의 경우 사이시옷 표기형에 대한 응답률이 훨씬 높았다. 이들 어휘의 경우 모두 사이시옷 미표기형이 선호될 것으로 예상되었으나 실제로는 사이시옷 표기형에 대한 선호가 높음으로 인해 예상과는 정반대의 양상이 나타났다. 사전에는 세 어휘 모두 전문 용어로 등재되어 있으나 이중 '최댓값', '꼭짓점'은 일반 용어로 인식하는 것으로 드러났다. 즉 전문성 정도가 사이시옷 표기에 영향을 미치는 것은 아니었던 것으로 판단된다.

이는 타 계열 전문어의 경우에도 마찬가지 양상을 보임이 확인되는데 수학 분야 전문 용어 네 개는 모두 전문 용어로서의 인식 정도가 유사한 편임에도 불구하고 '풀이법'의 사이시옷 표기형에 대한 선호도는 0%로 '꼭짓점, 자릿수, 최댓값'와 매우 큰 격차를 보인다. '풀이법'의 경우 '-법'은 과학 분야 전문가가 이것을 접미사로 인식하고 표기상에 사이시옷을 반영하지 않은 것인지에 대한 여부까지는 확인할 수 없으나 다른 전문어의 경우 규정에 의거한 표기형을 일괄적으로 고른 양상이 확인되지 않음을 볼 때 표기형의 선택 비율이 0%으로 나오게 된 것은 단순히 미표기형의 선호도가 높은 것으로 해석할 수 있는 가능성이 있는 것으로 보인다.

또한 수학 전문가와 마찬가지로 '최댓값'이 선호되는 것에 비해 같은 계열 관계에 있는 '상댓값(41.67%)', '유횻값(8.33%)'의 경우 사이시옷 미표기형이 선호된 점은 사이시옷 표기에 있어 특정한 기준이나 경향성이 발견되지 않는다는 것을 의미한다고 볼 수 있다. 동일 계열의 일반 용어인 '죗값(41.67%)'과 비교해 보아도 '유횻값'은 매우 낮은 미표기형 선호도를 보이고 있다. 후행 요소가 '점'으로 계열 관계를 갖는 어휘는 '마딧점(8.33%)', '서릿점(66.67%)', '꼭짓점(50.00%)', '가운뎃점(8.33%)'인데 이 가운데 '마딧점'은 다른 두 전문어인 '서릿점', '꼭짓점'에 비하여 현저히 그 비율이 낮으며 타 분야 전문 용어인

'가운뎃점'과 사이시옷 미표기형의 선호도가 같음을 볼 때 표기 선호 양상은 전공 분야 전문어와 타 분야 전문어에 따른 기준으로 구분되는 것이 아님이 확인된다.

한편 일반 용어 가운데 '숫자(100%)'의 경우는 용어의 전문성 인식 정도가 수학, 과학 계열 전문 용어, 그리고 다른 일반 용어와 비교할 때 가장 낮았던 관계로 가장 전문 용어와 대척점에 있다고 인식되는 어휘로 볼 수 있다. '숫자'의 경우 100%의 비율로 사이시옷 표기형 선호를 보였는데 이는 일반 용어이니만큼 평소 표기에의 노출이 많이 되어 사이시옷 표기형을 선호하는 것으로 해석할 여지도 있으나 문제는 이러한 추정이 모든 어휘에 일률적으로 적용이 불가능하다는 점에 있다. '서릿점(66.67%)'과 '마딧점(8.33%)'은 전문 용어로서의 인식 정도가 평균을 훨씬 상회하는 3.67점의 수치를 보였는데 '마딧점'의 경우에는 '서릿점'에 비해 사이시옷 표기 선호 비율이 매우 낮음이 확인되는 것이다.

이와 같은 결과를 통해 수학 전문가들의 사이시옷 표기 경향과 마찬가지로 과학 전문가들 역시 각 어휘들에 대한 전문성 인식 정도와 사이시옷 표기 경향 간에 특정한 상관관계가 없다는 것을 확인할 수 있다.

### 다. 계열 관계에 있는 전문 용어와 일반 용어의 사이시옷 표기 실태

사이시옷 표기 선호도에 영향을 미치는 요인 중 하나로 계열 관계를 고려해 볼 수 있다. 수학 분야의 전문 용어와 과학 분야의 전문 용어는 공통적으로 후행 요소로 '점'이나 '값'으로 끝나는 어휘가 많으며 이러한 계열 관계가 사이시옷 표기에 영향을 미칠 수도 있을 것이라는 가설이다.[21] 이에 사이시옷과 관련된 수학 분야와 과학 분야의 전문 용어 중 후행 요소가 '점'이나 '값'인 용어와 일반 용어 중 후행 요소가 '점'이나 '값'인 용어의 표기 실태를

---

21) 이러한 가설에 대해서는 §3.2에서 구성족 효과로 어느 정도 검증한 바 있다.

두 분야 전문가 모두에게 확인함으로써 계열 관계가 사이시옷의 표기에 영향을 미치는 정도를 측정하고자 하였다. 그 결과는 다음과 같다.

(93) 계열 관계에 따른 사이시옷 관련 어휘 표기 실태 및 인식(양 분야 합산)

| 단어 | 사이시옷 표기형 선택 비율 | 전문성 정도 |
|---|---|---|
| 꼭짓점(수학) | 65.22% | 3.39 |
| 마딧점(과학) | 17.39% | 3.74 |
| 가운뎃점(일상) | 13.04% | 2.57 |
| 최댓값(수학) | 65.22% | 3.48 |
| 상댓값(과학) | 30.43% | 3.74 |
| 죗값(일상) | 34.78% | 2.00 |

조사 결과 수학 전문가들에게 수학 분야의 전문 용어인 '꼭짓점'과 '소수점'은 모두 사이시옷 표기형인 '꼭짓점(81.82%)'과 '소숫점(63.64%)'이 선호되고 과학 전문가들에게도 사이시옷 표기형인 '서릿점(66.67%)'과 '꼭짓점(50.00%)'이 비교적 선호되는 것으로 나타난다는 점을 보면 적어도 같은 요소를 가지고 있는 어휘 즉 같은 계열에 있는 어휘들의 경우에는 사이시옷 표기 여부가 일관되게 나타나는 것처럼 보이기도 한다.

그러나 '꼭짓점', '소숫점', '서릿점'과 같은 계열 관계에 있는 어휘인 '마딧점', '가운뎃점'을 살펴보면 계열 관계가 사이시옷 표기에 큰 영향을 미치지 못함을 확인할 수 있다. 수학 전문가들에게 사이시옷 표기형인 '꼭짓점', '소숫점'이 선호되는 것에 반해 '마딧점', '가운뎃점'은 사이시옷 미표기형인 '마디점(72.73%)', '가운데점(81.82%)'이 더 많이 선호된다. 마찬가지로 과학 전문가들에게 사이시옷 표기형인 '서릿점', '꼭짓점'이 선호되는 것에 반해 '마딧점', '가운뎃점'은 사이시옷 미표기형인 '마디점(91.67%)', '가운데점(91.67%)'이 더 선호된다. 즉 이를 통해 계열 관계에 따라 일관적으로 사이시옷 표기 여부를 결정하는 것은 아니라는 점을 확인할 수 있는 것이다.

이는 '값'을 후행 요소로 가지는 어휘들의 경우에서도 공통적으로 확인된다. 수학 전문가들에게 '대푯값(72.73%)', '최댓값(72.73%)'은 사이시옷 표기형이 더 선호되지만, '상댓값', '죗값'의 경우 사이시옷 미표기형인 '상대값(81.82%)', '죄값(72.73%)'이 보다 선호된다. 또한 과학 전문가들에게는 사이시옷 표기형이 더 선호되는 경우는 '최댓값(58.33%)'뿐이며 이를 제외한 '상댓값', '유횻값', '죗값' 등에서 모두 사이시옷 미표기형인 '상대값(58.33%)', '유효값(91.67%)', '죄값(58.33%)'이 선호된다는 점이 이를 증명한다.

수학, 과학 분야 전문가의 응답을 모두 합산한 결과를 보더라도 동일한 양상을 확인할 수 있다. '점'을 후행 요소로 가지는 어휘들과 '값'을 후행 요소로 가지는 어휘들 모두 사이시옷 표기 여부에서 일관된 양상을 보이지 않기 때문이다. '마딧점(17.39%)', '가운뎃점(13.04%)', '상댓값(30.43%)', '죗값(34.78%)' 등이 모두 상당히 낮은 비율로 사이시옷 표기형이 선택된 데 반해 '꼭짓점(65.22%)', '최댓값(65.22%)'의 경우 그보다 거의 두 배에 가까운 비율이 사이시옷 표기형을 선택하였다. 다시 말해 계열 관계를 통해서도 사이시옷 표기 여부의 일정한 경향성을 찾아볼 수 없었으며 같은 요소를 가지고 있는 어휘라 할지라도 각 어휘에 따라 사이시옷 표기 여부에 대한 선호도가 달라지는 등 어휘별로 차이를 보인다.

다만 전반적으로 과학 분야의 전문 용어나 일반 용어에 비해 수학 분야의 전문 용어에서 사이시옷 표기형에 대한 선호도가 대체적으로 높은 경향을 보인다. 그러나 과학 분야의 전문 용어인 '서릿점(66.67%)'과 같이 수학 분야의 전문 용어가 아님에도 사이시옷 표기형에 대한 선호도가 높은 어휘도 존재하여 전문 분야에 따른 경향성이 뚜렷하다고 단언하기는 어렵다.[22]

---

22) 그러나 물론 이러한 분석 결과가 구성족 효과를 부정하는 것은 아님에 주의할 필요가 있다. 즉 §3.2의 경우와는 달리 설문 조사는 전문 용어와 일반 용어가 섞여 있을 뿐만 아니라 단어들이 인접되어 있지도 않다. 더욱이 구성족 효과를 검증할 수 있도록 조직된 설문도 아니어서 '단독 설문'과 '상관 설문'을 통한 구성족 효과를 검증한 §3.2와는 본질적으로 차이가 있다는 점에 주의할 필요가 있는 것이다.

### 5.4.2.3.2. 표기에 영향을 미치는 요인 조사

국립국어원(2018)에서는 표기 실태 조사에 이어 해당 표기형을 선택한 이유를 확인하기 위해 "앞 문항에서 '꼭지점'을 선택한 이유는 무엇인가요?"와 같은 하위 문항을 제시하였다. 하위 문항은 해당 분야의 전문 용어 4개, 일상어 2개에 대해 노출되도록 하여 총 6개가 제시되었다.

응답지로는 "'꼭지점'이라고 발음하기 때문에(이하 '발음')", "'꼭지점'이라는 표기가 더 익숙하기 때문에(이하 '익숙')", "'꼭지점'이 <한글맞춤법> 규정에 맞기 때문에(이하 '규정')", "'꼭짓점'이 어색하기 때문에(이하 '어색')", "동일계열의 단어와 일관적으로 표기하기 위해(이하 '계열')", "관련 학회 등 해당 분야의 지침에 따르기 위해(이하 '지침')"와 같이 6개를 제시하였으며 '기타' 항목을 통해 자유로운 의견 수렴이 가능하게 하였다. 이 문항은 개수 제한 없이 복수 응답이 가능했다.

가. 수학 분야 전문가의 표기에 영향을 미치는 요인

수학 분야 전문가의 전문 용어 사이시옷 표기에 영향을 미치는 요인은 다음과 같이 정리할 수 있다.

(94) 어휘에 따른 수학 분야 전문가의 표기형 선택 이유

|  | 발음 | 익숙 | 규정 | 어색 | 계열 | 지침 | 기타 |
|---|---|---|---|---|---|---|---|
| 풀이법 | 5 | 7 | 3 | 3 |  | 1 |  |
| 풀잇법 | 1 |  |  |  |  |  |  |
| 자리수 | 1 | 2 | 1 | 3 |  |  |  |
| 자릿수 | 3 | 4 | 1 | 1 |  |  |  |
| 꼭지점 | 2 | 1 | 1 | 1 |  |  |  |
| 꼭짓점 | 4 | 3 | 2 | 1 | 2 | 2 |  |
| 최대값 | 2 | 2 | 1 | 1 |  |  |  |
| 최댓값 | 3 | 1 | 3 |  | 1 | 3 |  |
| 죄값 | 1 | 7 | 1 | 2 |  |  |  |

| | 발음 | 익숙 | 규정 | 어색 | 계열 | 지침 | 기타 |
|---|---|---|---|---|---|---|---|
| 죗값 | 1 | 2 | 1 | | 1 | | |
| 고추잎 | 1 | 3 | 1 | 2 | | | |
| 고춧잎 | 3 | 5 | 1 | 1 | | | |
| 계 | 27 | 37 | 16 | 15 | 4 | 6 | |
| 비율 | 25.71% | 35.24% | 15.24% | 14.29% | 3.81% | 5.71% | |

그리고 이것을 다시 비표준형을 선택한 이유와 표준형을 선택한 이유로 각각 나누어 살펴보면 다음과 같다.[23)]

(95) 가. 수학 분야 전문가의 비표준형 선택 이유

| | 발음 | 익숙 | 규정 | 어색 | 계열 | 지침 | 기타 |
|---|---|---|---|---|---|---|---|
| 계 | 8 | 15 | 5 | 9 | 0 | 0 | 0 |
| 비율 | 21.62% | 40.54% | 13.51% | 24.32% | 0.00% | 0.00% | 0.00% |

나. 수학 분야 전문가의 표준형 선택 이유

| | 발음 | 익숙 | 규정 | 어색 | 계열 | 지침 | 기타 |
|---|---|---|---|---|---|---|---|
| 계 | 19 | 22 | 11 | 6 | 4 | 6 | 0 |
| 비율 | 27.94% | 32.35% | 16.18% | 8.82% | 5.88% | 8.82% | 0.00% |

(95)에서 알 수 있는 바와 같이 사이시옷 미표기형이든 표기형이든 관계없이 해당 표기형을 선택한 이유로 수학 전문가들이 가장 많이 선택한 것은 '익숙하기 때문'(35.24%)이었다. 특히 비표준형을 선택하고 그 이유로 '익숙하기 때문'을 이유로 고른 비율은 40.54%로, 이는 해당 표기형이 규정을 준수한 것인지의 여부와는 상관없이 전문가 본인에게 있어 평소에 눈에 익은 표기형을 선택하여 사용함을 의미한다. 이러한 경향은 전문 용어와 일반 용

---

23) 수학 분야의 경우 하위 문항을 묻는 어휘에 사이시옷 미표기형이 표준형인 '풀이법'이 포함되어 있어 '사이시옷 표기형'과 '사이시옷 미표기형'으로 구분하기보다는 '표준형'과 '비표준형'으로 구분하였다.

어 모두에서 동일하게 나타난다.

한편 '그렇게 발음을 하기 때문'(25.71%)이라는 답변 역시 상당한 비율로 나타났으나 일반인과는 달리 전문가의 경우 응답자들의 발음을 직접 확인하지 못하였다는 점에서 신뢰도를 파악하기는 어렵다. 특히 '풀이법'의 경우, 실제 표준 발음이 [푸리뻡]이며 원래 '풀잇법'으로 등재되어 있던 것이 '풀이법'으로 바뀌게 된 지 그리 오래되지 않았다. 그럼에도 불구하고 '풀이법'을 선택한 이유로 '발음'을 선택한 응답이 26.32%에 달해, '발음'과 관련된 답변에 대해서는 신뢰하기 어렵다는 것을 알 수 있다.

'익숙하기 때문', '그렇게 발음을 하기 때문'이라는 이유 외에 표기형을 선택한 이유로 '규정에 맞기 때문'을 선택한 경우도 있다. 그러나 실제로 '규정에 맞기 때문'을 선택한 응답 중, 해당 표기형으로 규정에 맞지 않는 것을 고른 경우가 전체 16개의 응답 가운데 5개(31.25%)라는 점은 사이시옷 표기와 관련한 규정이 존재한다는 인식은 있으나 정작 규정의 세부 내용에 대한 이해도는 그렇게 높지 않음을 방증한다.

### 나. 과학 분야 전문가의 표기에 영향을 미치는 요인

과학 분야 전문가의 전문 용어 사이시옷 표기에 영향을 미치는 요인은 다음과 같다.

(96) 어휘에 따른 과학 분야 전문가의 표기형 선택 이유

|  | 발음 | 익숙 | 규정 | 어색 | 계열 | 지침 | 기타 |
|---|---|---|---|---|---|---|---|
| 꽃가루병 | 5 | 7 |  | 3 | 1 | 1 |  |
| 꽃가룻병 |  |  | 2 |  |  |  |  |
| 고양이과 | 3 | 8 | 1 | 2 | 1 | 1 |  |
| 고양잇과 |  | 1 | 2 |  |  | 1 |  |
| 마디점 | 3 | 5 | 1 | 4 | 2 |  |  |
| 마딧점 |  |  | 1 |  |  |  |  |

|  | 발음 | 익숙 | 규정 | 어색 | 계열 | 지침 | 기타 |
|---|---|---|---|---|---|---|---|
| 상대값 | 1 | 3 | 1 | 1 | 3 |  |  |
| 상댓값 | 1 | 3 | 2 |  |  |  | 1[24] |
| 죄값 |  | 5 | 1 | 2 | 1 |  |  |
| 죗값 | 1 | 3 | 1 | 1 |  |  |  |
| 고추잎 |  | 2 |  | 2 |  |  |  |
| 고춧잎 | 4 | 6 | 2 | 1 |  |  |  |
| 계 | 18 | 43 | 14 | 16 | 8 | 3 | 1 |
| 비율 | 17.48% | 41.75% | 13.59% | 15.53% | 7.77% | 2.91% | 1% |

이것을 수학의 경우와 마찬가지로 다시 비표준형을 선택한 이유와 표준형을 선택한 이유로 각각 나누어 살펴보면 다음과 같다.

(97) 가. 과학 분야 전문가의 사이시옷 미표기형 선택 이유

|  | 발음 | 익숙 | 규정 | 어색 | 계열 | 지침 | 기타 |
|---|---|---|---|---|---|---|---|
| 계 | 12 | 30 | 4 | 14 | 8 | 2 | 0 |
| 비율 | 17.14% | 42.86% | 5.71% | 20.00% | 11.43% | 2.86% | 0.00% |

나. 과학 분야 전문가의 사이시옷 표기형 선택 이유

|  | 발음 | 익숙 | 규정 | 어색 | 계열 | 지침 | 기타 |
|---|---|---|---|---|---|---|---|
| 계 | 6 | 13 | 10 | 2 | 0 | 1 | 1 |
| 비율 | 18.18% | 39.39% | 30.30% | 6.06% | 0.00% | 3.03% | 3.03% |

(97)을 보면 과학 분야 전문가의 경우 해당 표기형을 선택한 이유로 '익숙하기 때문'임을 선택한 비율이 전체의 41.75%이며 두 번째로 많은 비중을 차지하는 '발음이 그렇게 실현되기 때문'의 비율이 17.48%라는 점에서 전반적인 응답 경향은 수학 분야의 전문가와 유사함이 확인된다. 그러나 과학 분야 전문가들이 '익숙하기 때문'을 이유로 고른 비율이 수학 분야의 전문가

---

24) 기타 의견 1건은 "출제에 참여했을 때 '상댓값'이라고 표기하도록 지침을 받았다."는 내용이다. 즉 '지침'에 포함해도 무방할 것으로 보이나 응답자의 응답을 그대로 표시하였다.

들이 '익숙하기 때문'을 이유로 고른 비율(35.24%)보다 높아 평소 본인에게 많이 노출되었던 표기형을 선택하는 비율이 현저히 높은 것을 알 수 있다.

해당 표기형을 고른 이유로 '발음을 그렇게 하기 때문'을 선택한 경우는, 수학 분야의 결과와 마찬가지로, 실제 발음을 조사하기 어려우며 제시된 어휘의 표준형이 모두 사이시옷 표기형이고 사잇소리가 있는 발음이 표준 발음임에도 미표기형을 선택한 경우가 많다는 것(17.14%)을 고려할 때 신뢰하기 어렵다고 할 수 있다.

또한 과학 분야의 전문가들 역시 사이시옷 미표기형이 규정에 어긋남에도 사이시옷 미표기형을 선택하고 '규정에 맞기 때문'을 고른 비율이 전체 14개 응답 중 28.57%인 4개에 달해 과학 분야 전문가들도 수학 전문가와 마찬가지로 사이시옷 규정에 대해 충분한 이해가 없는 것으로 해석할 수 있다.

다. 전문가의 표기에 영향을 미치는 요인

수학 분야 전문가와 과학 분야 전문가의 표기형, 미표기형 선택 이유 조사 결과를 종합하여 제시하면 다음과 같다.

(98) 가. 수학 분야 전문가와 과학 분야 전문가의 사이시옷 표기형 선택 이유 (종합)

|  | 발음 | 익숙 | 규정 | 어색 | 계열 | 지침 | 기타 |
|---|---|---|---|---|---|---|---|
| 종합 | 45 | 80 | 30 | 31 | 12 | 9 | 1 |
| 비율 | 21.63% | 38.46% | 14.42% | 14.90% | 5.77% | 4.33% | 0.48% |

나. 수학 분야 전문가와 과학 분야 전문가의 사이시옷 미표기형 선택 이유(종합)

|  | 발음 | 익숙 | 규정 | 어색 | 계열 | 지침 | 기타 |
|---|---|---|---|---|---|---|---|
| 계 | 24 | 52 | 12 | 26 | 8 | 3 | 0 |
| 비율 | 19.20% | 41.60% | 9.60% | 20.80% | 6.40% | 2.40% | 0.00% |

(98가)를 보면 사이시옷 표기 여부를 결정하는 가장 큰 이유는 '익숙함(38.46%)'이다. 이는 전문가들이 사이시옷 표기형 또는 미표기형 중 어느 한쪽에 더 많이 노출되어 있으리라는 추론을 가능하게 한다. 그러나 (98나)를 보면 미표기형을 선택한 경우(41.60%)에도 표기형을 선택한 이유로 가장 많이 응답한 것은 '익숙함'이다. 이와 같이 사이시옷 표기형과 미표기형을 선택한 경우 모두 공통적으로 '익숙함'을 결정적인 이유로 골랐다는 점을 논리적으로 해석하는 일은 쉽지 않아 보인다. 해당 설문의 응답자 모두 전문가라는 점에서 해당 표기형을 선택한 근거로 '익숙함'을 골랐다면 이는 전문 용어의 표기를 선택함에 있어 응답이 사이시옷 표기형 혹은 미표기형 중 어느 한쪽으로 편향되어야 정상일 것으로 보이기 때문이다. 따라서 이러한 결과는 자의적인 기준에 근거하여 익숙함을 판단한 것을 의미하는 것으로 해석하는 것이 가장 타당해 보인다.

(98)을 보면 두 번째로 많은 응답을 얻은 '발음'의 경우에도 사이시옷 미표기형을 선택하고 그 이유로 '발음'을 선택한 경우(24건)와 사이시옷 표기형을 선택하고 그 이유로 '발음'을 선택한 경우(21건)가 거의 비슷한 정도로 나타난다. 이는 제시된 문항에 대해 통일된 발음이 없음을 가정한다면 이해될 수 있는 응답이다. 그러나 표기형 선택 이유를 조사한 어휘들은 모두 표준 발음이 있고 또한 비교적 보편적으로 사용되는 어휘라는 것을 고려하면 실태 조사 및 표기형 선택 이유를 조사한 결과에 높은 신뢰도를 담보할 수 없을 것으로 판단된다.

## 5.4.2.4. 전문가의 사이시옷 관련 규정에 대한 인식 조사

### 5.4.2.4.1. 규정에 대한 인지도

국립국어원(2018)에서는 전문가의 사이시옷 관련 규정에 대한 인식을 조사하기에 앞서 먼저 사이시옷 표기를 위한 어문 규정이 존재한다는 것을 알고 있는지 그 인지도를 확인하였다. 인지도 문항은 5점 척도로 제시되었으며 전문가가 스스로 사이시옷 관련 규정을 전혀 모른다고 생각할 때 1점을, 사이시옷 관련 규정을 아주 잘 알고 있다고 생각할 때 5점을 부여하도록 하였다.

먼저 수학 분야 전문가의 규정 인지도에 대한 조사 결과를 제시하면 다음과 같다.

(99) 가. 수학 분야 전문가의 규정 인지도

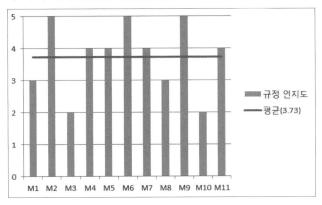

나. 수학 분야 전문가의 규정 인지도 점수별 인원 및 비율

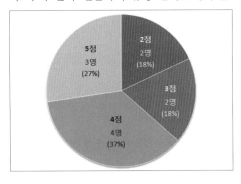

(99)를 보면 수학 분야 전문가의 사이시옷 관련 표기 규정에 대한 인지도

는 평균 3.73점으로 결코 낮지 않은 수치를 보였다. 적어도 수학 분야의 전문가는 모두 사이시옷 표기와 관련된 어문 규정이 존재한다는 것을 인지하고 있다고 볼 수 있다.

다만 사이시옷 관련 표기 규정의 존재를 알고 있다고 답했음에도 세부적인 규정의 내용을 잘못 파악하고 있는 경우가 많았다. '자릿수', '꼭짓점', '최댓값', '죗값', '고춧잎'의 경우에는 사이시옷 표기형이 규정에 맞는 표기임에도 불구하고 사이시옷 표기 규정에 대해 '아주 잘 알고 있다(5점)'고 응답한 수학 분야 전문가(M2)가 해당 어휘의 표기형으로 사이시옷 미표기형을 선택하면서 그 선택의 이유로 '규정에 맞기 때문'을 응답하기도 하였기 때문이다.

또한 사이시옷 표기 규정의 존재를 인지하고 있음에도 이를 적극적으로 표기에 반영하려는 경향이 높지는 않은 듯하였다. 실제로도 사이시옷과 관련된 의견을 자유롭게 기술하도록 한 개방형 질문에서 관련 규정이 어려워 표기에 적용하기는 어렵다는 응답이 대다수였는데 단순히 '사이시옷 표기 규정이 어렵다'라는 의견(M03, M04) 등이 있었다.

다음으로 과학 분야 전문가의 규정 인지도에 대한 조사 결과를 제시하면 다음과 같다.

(100) 가. 과학 분야 전문가의 규정 인지도

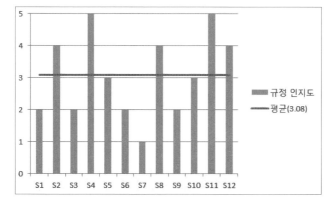

나. 과학 분야 전문가의 규정 인지도 점수별 인원 및 비율

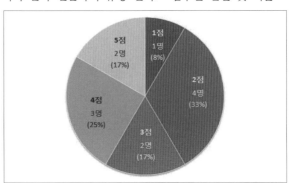

(100)을 보면 과학 분야 전문가의 사이시옷 관련 표기 규정에 대한 인지도 역시 3.08점으로 낮지 않은 수치였다. '전혀 모른다(1점)'라는 답변을 한 1명을 제외하면 적어도 대부분의 과학 분야 전문가가 사이시옷 표기와 관련된 규정이 존재한다는 것 정도는 인지하고 있는 것이다.

다만 과학 분야 전문가의 경우에도 세부적인 규정의 내용을 잘못 파악하고 있는 경우가 많았다. 예를 들어 '고양잇과', '마딧점', '상댓값', '죗값'의 경우에는 사이시옷 표기형이 규정에 맞는 표기임에도 불구하고 사이시옷 표기 규정에 대해 '아주 잘 알고 있다(5점)'고 응답한 과학 분야 전문가(S11)가 해당 어휘의 표기형으로 사이시옷 미표기형을 선택하면서 그 선택의 이유로 '규정에 맞기 때문'을 응답하였기 때문이다.

또한 과학 분야 전문가의 경우에도 사이시옷 표기 규정의 존재를 인지하고 있음에도 이를 적극적으로 표기에 반영하려는 경향이 높지는 않은 듯하다. 실제로도 사이시옷과 관련된 의견을 자유롭게 기술하도록 한 개방형 질문에서 관련 규정이 어려워 표기에 적용하기는 어렵다는 응답이 대다수였는데 '규칙을 언제 적용해야 할지 헷갈린다'라는 의견(S03, S05, M09, S06, S08), '어종에 따라 사이시옷 표기 여부가 달라진다는 것 등 사이시옷 관련 표기 규정의 세부적인 내용을 확실히 인지하고는 있으나 어종 구분 자체가 어렵

다'라는 의견(S04, S11) 등이 있었다.

규정 인지도 점수별 수학 및 과학 분야 전문가의 수를 정리하여 제시하면 다음과 같다.

(101)  규정 인지도 점수별 수학 및 과학 분야 전문가의 수

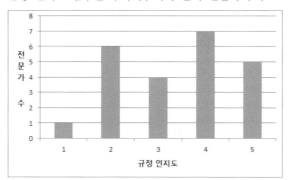

수학 분야의 전문가와 과학 분야의 전문가 모두의 사이시옷 관련 표기 규정에 대한 인지도는 평균 3.39점으로 상당히 높은 편이었다. (101)에서 보는 바와 같이 단 1명만이 '전혀 모른다(1점)'라는 답변을 하였으며 총 23명 중 50% 이상인 12명이 '잘 알고 있다(4점)', '아주 잘 알고 있다(5점)'을 답하여 수학 분야의 전문가와 과학 분야의 전문가 대부분이 스스로 사이시옷 규정에 대해 잘 알고 있다고 인식한다는 것을 알 수 있었다.

다만 앞에서 언급한 바와 같이 전문가가 스스로 사이시옷 관련 표기 규정에 대해 잘 인지하고 있다고 생각한다고 해서 그것이 곧 세부적인 규정의 내용을 잘 파악하고 있음을 의미하는 것은 아니었다. 수학 분야와 과학 분야 모두에서 사이시옷 관련 표기 규정에 대해 '아주 잘 알고 있다'고 답변한 전문가가 사이시옷 표기형이 규정에 맞는 어휘의 표기형으로 사이시옷 미표기형을 선택하고 그 선택의 이유로 '규정에 맞기 때문'을 응답한 사례가 나타났기 때문이다.

또한 개방형 질문을 통해 사이시옷 표기 규정이 있다는 사실을 알고 있다 하더라도 전문 용어의 표기에 사이시옷 관련 규정을 적극적으로 반영하고자 하는 경향이 그리 높지 않다는 것도 알 수 있었다.

### 5.4.2.4.2. 규정에 대한 수용도

이어 국립국어원(2018)에서는 전문 용어에 관한 사이시옷 표기형을 어느 정도로 수용할 수 있는지를 인지도와 마찬가지로 정도성으로 물었다. 수용도 문항은 5점 척도로 제시되었으며 전문가가 스스로 사이시옷 표기형의 어휘를 전혀 받아들일 수 없다고 생각할 때 1점을, 사이시옷 표기형의 어휘를 모두 수용할 수 있다고 생각할 때 5점을 부여하도록 하였다.

먼저 수학 분야 전문가의 규정 수용도에 대한 조사 결과를 제시하면 다음과 같다.

(102) 가. 수학 분야 전문가의 사이시옷 표기형 수용도

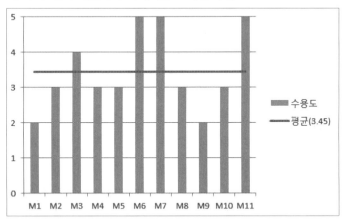

나. 수학 분야 전문가의 사이시옷 표기형 수용도 점수별 인원

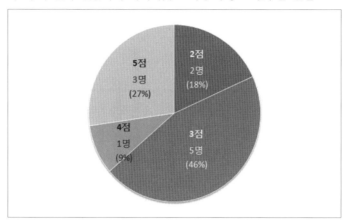

(102)에서 보는 바와 같이 수학 분야 전문가의 경우 사이시옷 표기형에 대한 수용도가 평균 3.45점으로 상당히 높은 수치임을 알 수 있다. 특히 '모두 받아들일 수 있다(5점)'라는 의견이 45.45%에 달했으며 '전혀 받아들일 수 없다(1점)'고 답한 수학 분야 전문가는 한 명도 없었다.

어휘별로 살펴볼 때에도 '최댓값', '꼭짓점'과 같이 사이시옷 표기형이 규정에 맞는 어휘의 표기형을 선택할 때 사이시옷 표기형을 선택하는 비율이 높았다. 심지어 '소수점', '피제수'와 같이 사이시옷 미표기형이 규정에 맞는 어휘의 표기형을 선택할 때에도 사이시옷 표기형을 선택하는 경향이 높았다. '소숫점'을 선택한 비율은 63.64%였으며 '피젯수'를 선택한 비율은 무려 81.82%에 달한 것이다. 그러나 모든 어휘에서 이와 같은 양상이 나타난 것은 아니며 역시 사이시옷 미표기형인 '풀이법'이나 '호도법'의 경우에는 사이시옷 표기형을 선택한 비율이 각각 9.09%와 0.00%로, 사이시옷 미표기형을 선택한 전문가가 훨씬 많이 나타났다.

다음으로 과학 분야 전문가의 규정 수용도에 대한 조사 결과를 제시하면 다음과 같다.

(103) 가. 과학 분야 전문가의 사이시옷 표기형 수용도

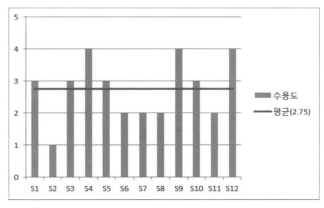

나. 과학 분야 전문가의 사이시옷 표기형 수용도 점수별 인원

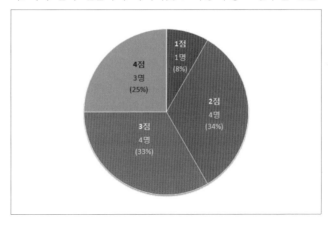

(103)을 보면 과학 분야 전문가는 수학 분야 전문가와 사뭇 다른 양상을 보인다는 점을 알 수 있다. 과학 분야 전문가의 경우 사이시옷 표기형에 대한 수용도가 평균 2.75점으로 수학 분야 전문가에 비해 다소 낮은 점수를 보임으로써 사이시옷 관련 표기 규정을 받아들이는 데 있어 상대적으로 보수적인 측면을 보였다. 또한 과학 분야 전문가들 가운데에는 사이시옷 관련 표기 규정을 적극적으로 수용하겠다는 의견은 없었으며 심지어 '전혀 받아들일

수 없다(1점)'라는 극단적인 의견을 제시한 전문가도 있었다.

　어휘별로 살펴볼 때에도 '상댓값', '마딧점'과 같이 사이시옷 표기형이 규정에 맞는 어휘의 표기형을 선택할 때 사이시옷 미표기형인 '상대값', '마디점'을 선택하는 비율이 훨씬 높아 '상대값'을 선택한 비율은 58.33%였고 '마디점'을 선택한 비율은 무려 91.67%에 달했다. 그러나 사이시옷 표기형이 규정에 맞는 어휘 중 하나인 '서릿점'의 경우 사이시옷 표기형을 선택한 비율이 66.67%로 과학 분야의 전문가가 모든 경우 사이시옷 미표기형을 선호한다고 볼 수 없어 과학 분야 전문가가 사이시옷 미표기형을 선택하는 양상이 있다는 것은 절대적인 경향성으로 볼 수는 없다.

### 5.4.2.4.3. 사이시옷 관련 규정 수용도에 대한 인식

　국립국어원(2018)에서 수학 분야 전문가와 과학 분야 전문가에게 사이시옷 규정 수용도가 낮은 이유에 대해 질문한 결과를 간단하게 제시하면 다음과 같다.

(104)　가. 수학 분야 전문가의 사이시옷 규정 수용도가 낮은 이유(중복 응답 가능)

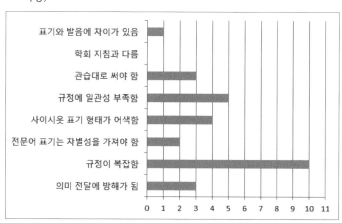

나. 과학 분야 전문가의 사이시옷 규정 수용도가 낮은 이유(중복 응답
가능)

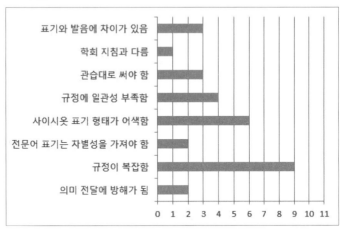

(104)에서 볼 수 있는 바와 같이 수학, 과학 분야의 전문가 모두 사이시옷
관련 표기 규정의 수용도가 낮을 만한 이유에 대해서는 '규정이 복잡하기
때문'이라는 응답을 가장 높은 비율로 선택하였다. 기타 의견을 통해 기술된
내용에서도 '적용 규칙을 잘 모르겠다(M09)'거나 '사이시옷을 언제 사용하는
지 정확하게 알 수 없다(S06)', '사이시옷 규정이 있다는 것은 알지만 너무
복잡하다(S08)'는 의견들이 대다수였음을 확인하였다. 구체적으로는 '순우리
말과 한자어를 명확히 구분하기가 어려워 언제 사이시옷을 넣어야 하는지
고민하게 된다(S11)'라고 답변하여 사이시옷 관련 표기 규정 중에서도 어종에
따라 사이시옷 표기 여부가 결정되는 것에 대하여 부정적 견해를 드러내는
경우도 있었다.

한편 '규정의 변화가 있어 학생과 교사 간에 혼선이 있을 수 있다(M08)',
'평소에 사용하지 않는 표기법이다(S07)'라는 의견도 있었다. 이는 1988년에
있었던 <한글맞춤법> 개정과 2007 교육과정 개편에 맞물려 본래 사용하였
거나 더 많이 노출되어 왔던 표기형과는 다른 표기형을 교과서나 교재 등에

서 사용해야 하는 상황으로 인해 사이시옷 표기 여부를 판단하는 데 혼란이 있을 수 있으므로 수용도가 낮을 수 있다는 견해로 이해된다.

   즉 사이시옷 관련 표기 규정 자체의 어려움뿐 아니라 이를 전문 용어의 노출이 가장 많은 교과서 등에 적용한 시기가 달랐던 점이 해당 규정에 대한 수용도가 그리 높지 않은 데 큰 영향을 미친 것으로 파악된다.

# 사잇소리 현상과 사이시옷 표기의 개선 방안

## 6.1. 국립국어원(2017)의 사이시옷 표기 규정 개선 방안

4장에서 살펴본 국립국어원(2017)에서는 기존 논의를 참고하여 새롭게 웹 검색을 통한 실태 조사를 바탕으로 사이시옷 표기 규정 개선에 대해서 현행 규정 유지를 포함한 네 가지의 개선 방안을 제시하고 이에 대해서 설문으로 타당성에 대해 조사한 바 있다. 여기서는 먼저 이에 대해 살펴보기로 한다.

### 6.1.1. 사이시옷 표기 규정 개선 방안

#### 6.1.1.1. 한자어 예외 규정 삭제

현행 사이시옷 규정에 의하면 한자어로 된 합성어에는 사이시옷을 받쳐 적지 않으나 '곳간, 셋방, 숫자, 찻간, 툇간, 횟수' 등 6개의 한자어에 대해서만 예외적으로 사이시옷을 적도록 하고 있다. 그러나 사이시옷 표기 규정에 관한 기존의 연구들을 검토하면 이에 대해 비판적인 목소리를 내는 경우가 적지 않다. 기존의 연구들에서 언급한 한자어 예외 규정의 문제점은 다음과 같다.

(1) 한자어 예외 규정의 문제점

　　가. 6개의 예외 단어를 설정하는 특정한 기준이 없다. 이는 곧 해당 조항이 매우 임의적임을 나타낸다.

　　나. '셋방/전세방, 찻간/기차간' 등 일관성 없는 표기를 양산한다는 문제가 있다.

　　다. 이에 따라 '셋방[세 : 빵/섿 : 빵], 전세방[전세빵]', '전셋집[전세찝/전섿찝], 傳貰집[전세찝]'과 같이 표기뿐 아니라 발음상의 차이도 발생하게 된다.

　　라. 예외 규정에 포함되지 않는 '초점/촛점, 허점/헛점, 대가/댓가, 개수/갯수' 등의 표기는 여전히 혼란이 심하다.[1]

　　마. 시간이 흐를수록 언중들의 한자어에 대한 인식이 희박해지므로 6개의 예외를 따로 암기해야 한다는 부담도 발생한다.

　　따라서 (1)에서 제시한 문제점을 바탕으로 사이시옷 규정 개선 방안의 첫 번째 안으로 6개 한자어에 대한 예외 조항을 삭제하는 것을 제안할 수 있다. 예외 조항을 삭제하는 것은 사이시옷 관련 표기 규정의 개정 부담을 최소화할 수 있는 효율적이고 경제적인 개선 방안이라고 할 수 있다. 따라서 한자어의 사이시옷 표기를 여섯 개로 한정하는 예외 조항을 삭제하여 한자어의 사이시옷 표기를 아예 없애는 <개선안 1>을 생각해 볼 수 있다. 이를 현행 규정에 적용하여 제시하면 다음과 같다.

(2) 사이시옷 표기 규정 <개선안 1>

> 제30항 사이시옷은 다음과 같은 경우에 받치어 적는다.
> 1. 순우리말로 된 합성어로서 앞말이 모음으로 끝난 경우
> 　(1) 뒷말의 첫소리가 된소리로 나는 것
> 　(2) 뒷말의 첫소리 'ㄴ, ㅁ' 앞에서 'ㄴ' 소리가 덧나는 것

---

1) 이 가운데 특히 '개수'의 경우가 문제가 된다는 사실은 5장에서도 살펴본 바 있다.

> (3) 뒷말의 첫소리 모음 앞에서 'ㄴㄴ' 소리가 덧나는 것
> 2. 순우리말과 한자어로 된 합성어로서 앞말이 모음으로 끝난 경우
>  (1) 뒷말의 첫소리가 된소리로 나는 것
>  (2) 뒷말의 첫소리 'ㄴ, ㅁ' 앞에서 'ㄴ' 소리가 덧나는 것
>  (3) 뒷말의 첫소리 모음 앞에서 'ㄴㄴ' 소리가 덧나는 것
> 3. 해당 규정 삭제

이러한 <개선안 1>의 적용 결과는 다음과 같다.

(3) <개선안 1>의 적용 결과

| 현행 | 개선 후 |
|---|---|
| 곳간 셋방 숫자 찻간 툇간 횟수 | 고간 세방 수자 차간 퇴간 회수 |

1장에서 살펴본 국립국어원(2014)에서는 이러한 예외 조항 삭제에 대한 전문가 대상 조사에서 '동의' 50%, '반대' 38.5%의 결과를 보고한 바 있다.

## 6.1.1.2. 사이시옷 표기의 폐지

전술해 온 바와 같이 사이시옷 표기는 사잇소리 현상을 전제로 한 것이다. 사잇소리 현상은 선행 요소가 자음으로 끝나든 모음으로 끝나든 일어날 수 있는 현상인데도 현행 규정에서는 사잇소리 현상이 일어나면서 선행 요소가 모음으로 끝나는 경우에만 사이시옷을 표기하도록 하고 있다.[2]

---

2) 이처럼 현행 <한글 맞춤법>(1988)은 모든 사잇소리 현상에 대해 사이시옷을 표기하고 있지는 않다. 이러한 관계에 대해서는 §1.1의 (6)에서 도식화한 바 있다. 그러나 우리의 표기 규정 변천사를 보면 모든 사잇소리 현상을 표기에 반영하려는 노력을 하지 않았던 것은 아니다. 이에 대해서는 2장에서 자세히 살펴본 바 있고 또 이는 표음주의, 표의주의라는 한글 맞춤법의 두 가지 원칙과도 맞물려 있음에 주목한 바 있다. 즉 다시 한 번 언급하는

또한 사잇소리 현상은 선행 요소가 고유어이든 한자어이든 동일하게 일어나는 현상인데도 현행 규정에서는 한자어와 한자어가 결합한 경우에는 사잇소리 현상이 일어나더라도 사이시옷을 적지 않도록 하고 있다.

따라서 현행 규정은 표기와 발음 사이에 모순을 낳고 언중들의 혼란을 가중시키므로 모든 사이시옷을 밝혀 적지 않는 방안을 생각해 볼 수도 있다. 이 방법은 고유어이든 한자어이든 어종에 따른 표기의 모순 문제를 일절 일으키지 않고 표기상의 사이시옷 때문에 발생하는 발음의 불일치 문제도 해결할 수 있다는 장점이 있다.

아울러 '최댓값', '뭇국', '등굣길'과 같은 낯선 표기를 최소화하는 방안으로서 현실성 있는 사이시옷 규정 내용이라고 할 수 있다. 이는 국립국어원(2014)에서 지적된 언중들의 사이시옷 규정에 대한 이해도와 수용도를 높이는 방안이기도 하다.

또한 사이시옷 관련 표기 규정이 사이시옷에 관한 <표준 발음법>(2017)과도 관련되어 있다는 점을 고려할 때 현실적인 발음과 표기의 일관성을 견지할 수 있는 규정으로도 평가할 수 있다. 즉 <표준 발음법>(2017)에 기반한 사이시옷 표기는 표준 발음이 두 개이므로 일관성이 있다고 보기 힘든 구석이 있는데 사이시옷 표기를 폐기하게 되면 표준 발음은 하나가 되므로 서로 일관성을 견지할 수 있는 규정이라고 볼 수 있다는 것이다.

2장에서 살펴본 바와 같이 그간의 사이시옷 표기 규정 변천사를 참고하면 특히 한자어의 경우는 극소수의 예외를 제외한 나머지는 적지 않는 쪽으로 변화하는 등 대체로 사이시옷 표기를 줄여가는 추세였음을 확인할 수 있다. 이를 고려하면 궁극적으로 사이시옷의 표기는 더 축소되어 갈 것으로 예상할 수 있다는 점을 알 수 있다.[3]

---

바와 같이 사잇소리 현상을 표기에 반영하는 것이 표음주의와 관련되어 있다면 이를 최소화하는 것은 표의주의와 관련되어 있다는 점이다.

3) 지금 살펴보고 있는 개정안은 국립국어원(2017)의 실태 조사에 따른 것이지만 사이시옷

여기에 북한의 경우 3개의 단어만을 예외로 두고 사이시옷을 받쳐 적지 않는 표기법을 따르고 있다는 점도 고려해 볼 수 있다.[4)]

(4) 사이시옷 표기 규정 <개선안 2>

| 현행 규정 삭제 |
| --- |

이러한 <개선안 2>의 적용 결과는 다음과 같다.

(5) <개선안 2>의 적용 결과

| 현행 | 개선 후 |
| --- | --- |
| 뭇국 바닷가 깻잎 나뭇잎 막냇동생 | 무국 바다가 깨잎 나무잎 막내동생 |
| 깃발 호숫가 대푯값 등굣길 개밋과 | 기발 호수가 대표값 등교길 개미과 |
| 곳간 셋방 숫자 찻간 툇간 횟수 | 고간 세방 수자 차간 퇴간 회수 |

## 6.1.1.3. 사이시옷 표기 축소

앞의 경우가 국립국어원(2017)의 실태 조사를 포괄적으로 반영하는 것이라면 이는 국립국어원(2017)의 결과를 보다 상세히 반영한 것이라 할 수 있다. 즉 사이시옷 표기를 전면적으로 폐기하는 대신 '한자어+고유어', '한자어+한자어'처럼 단어 구성 성분에서 한자어가 선행할 경우 한자어 밑에서는 사이시옷을 쓰지 않는 규정을 제안할 수 있다는 것이다. 다시 말하자면 선행 요소가 고유어인 경우에만 현행 사이시옷 규정을 적용하자는 것이다.

그동안의 사이시옷 표기 규정이 적용 대상을 축소하고 있다는 2장의 사이

---

표기를 하는 경우보다 그렇지 않은 경우가 더 많다는 사실은 5장에서 살펴본 국립국어원 (2018)의 조사에서도 확인된 사실이라는 점을 염두에 둘 필요가 있다.
4) 이는 2장에서 살펴본 것처럼 북한이 총칙에서 밝히고 있는 바와 같이 매우 높은 정도의 표의주의를 추구하고 있는 데 따른 것이다.

시옷 표기 규정 변천사를 참고하되 곧바로 사이시옷을 전면적으로 폐지하는 대신 그 범위를 줄이는 것이라는 점에서 이는 <개선안 2>가 가져오는 급진적인 변화에 대한 거부감을 완충하는 역할을 할 수 있는 절충안이라고 할 수 있다. 이때 초기의 모든 사잇소리 현상을 표기하려던 시도에서 한자어의 경우 극소수의 예외를 제외한 나머지는 적지 않는 쪽으로 변화하는 등 어종이 변인에 포함되어 있다는 점에 특히 주목할 필요가 있다. 이를 고려하면 어종을 중심으로 표기를 축소해 나아가는 것이 타당하다고 할 수 있다.

　현행 규정에 의하면 '고유어+고유어' 구성이나 '한자어+고유어' 구성에서 선행 요소가 모음으로 끝나고 사잇소리 현상이 일어나는 경우에는 사이시옷을 받쳐 적어야 한다. 그런데 이처럼 표기 규정에 '발음'뿐만 아니라 '어종' 변수를 반영할 경우 언중들의 혼란이 심화된다는 사실은 1장에서 충분히 살펴본 바 있다. 구성 요소의 어종에 대한 언중들의 인식 자체가 낮을 뿐만 아니라 선행 요소가 한자어일 때 사이시옷을 받쳐 적게 되면 한자어의 모습이 변형되는 것에 대한 혼란도 크다는 점을 고려할 필요가 있다.

　그렇다면 이러한 개선 방안이 국립국어원(2017)의 실태 조사 결과와 어떤 관련이 있는지 보다 자세하게 생각해 볼 필요가 있다. 4장에서 살펴본 바와 같이 실제로 사이시옷 표기 실태를 어종별로 조사한 결과 선행 요소의 어종이 오류율에 큰 영향을 미치며 특히 선행 요소가 한자어인 경우의 오류율이 통계적으로도 유의미할 만큼 높음을 확인할 수 있었다는 점에 주목할 필요가 있다.

　'한자어+고유어' 구성의 합성어 중 '최댓값, 근삿값, 구굿셈' 등의 전문어를 조사한 결과 전체 오류율이 50%를 넘었고 최대 95% 이상의 오류율을 보이는 단어도 있었음을 염두에 둘 필요가 있다. 따라서 선행 요소가 한자어인 경우에 사이시옷을 표기하지 않는 것으로 현행 규정을 일부 수정한다면 실태 조사의 결과를 충분히 반영할 수 있을 뿐만이 아니라 급작스러운 사이시옷 표기의 축소에 따른 혼란도 줄일 수 있을 것으로 판단된다. 물론 여전히 어종이라는 변수에 의존해야 한다는 문제점이 남지만 한자어의 모습이 변형되는 것은 원칙적으로 막을 수 있고 문제가 많다고 지적되어 온 전문 용어의 문제도 대부분 해결할 수 있다는 장점이 있다.

이제 이상의 사실을 반영하여 사이시옷 표기 규정 <개선안 3>을 제시하면 다음과 같다.

(6) 사이시옷 표기 규정 <개선안 3>

> 제30항 사이시옷은 앞말이 순우리말이고 모음으로 끝나는 합성어 가운데 다음과 같은 경우에 받치어 적는다.
> 1. 뒷말의 첫소리가 된소리로 나는 것
> 2. 뒷말의 첫소리 'ㄴ, ㅁ' 앞에서 'ㄴ' 소리가 덧나는 것
> 3. 뒷말의 첫소리 모음 앞에서 'ㄴㄴ' 소리가 덧나는 것

이러한 <개선안 3>의 적용 결과는 다음과 같다.

(7) <개선안 3>의 적용 결과

| 현행 | 개선 후 |
|---|---|
| 뭇국 바닷가 깻잎 나뭇잎 막냇동생 깃발 호숫가 대푯값 등굣길 개밋과 곳간 셋방 숫자 찻간 툇간 횟수 | 뭇국 바닷가 깻잎 나뭇잎 막냇동생 기발 호수가 대표값 등교길 개밋과 고간 세방 수자 차간 퇴간 회수 |

(7)의 <개선안 3>은 현행 규정을 준수하면서도 그동안 언중들의 사이시옷 표기에 있어서 혼란을 주었던 요소를 해결할 수 있다. 가령 현행 사이시옷 규범에 의하면 같은 'ㅇㅇ+값' 계열의 어휘일지라도 '한자어+고유어' 결합인 '최댓값, 최솟값'은 사이시옷을 받쳐 적으나 '최대치'처럼 '한자어+한자어' 결합은 사이시옷을 적지 않게 된다. 이러한 사이시옷 규정의 적용은 언중들에게는 같은 계열의 어휘인데도 표기상 차이를 보이므로 매우 비합리적으로

인식되어 왔다는 점을 고려하면 한자어가 선행할 경우 사이시옷을 받쳐 적지 않는 사이시옷 규정의 개선 방안은 1장에서 살펴본 언중의 이해도와 수용도를 높일 수 있을 것으로 판단된다.

국립국어원(2014)에서도 전문가를 대상으로 이러한 방안에 대해 동의하는지를 물은 결과, '그렇다' 73.1%, '그렇지 않다' 19.2%로 첫 번째 방안보다 '그렇다'의 비율이 압도적으로 높았다는 사실은 시사하는 바가 적지 않다고 할 수 있다. 국립국어원(2017)의 실태 조사가 국립국어원(2014)의 해당 방안을 객관적 조사를 통해 뒷받침하고 있음을 의미하는 것이기 때문이다.

### 6.1.1.4. 현행 규정 유지

현행 사이시옷 규정은 '어종'과 '발음'을 변수로 하고 있는데 어종과 발음에 대한 언중들의 인식이 매우 낮기에 표기 오류율이 높은 편이라는 사실은 1장에서부터 강조한 바 있다. 그러나 국립국어원(2017)의 표기 실태 조사 결과 지난 10년간의 사이시옷 표기의 오류율은 전반적으로 낮아지고 있는 추세임이 확인된다.

(8) 10년간 오류율 평균의 변화

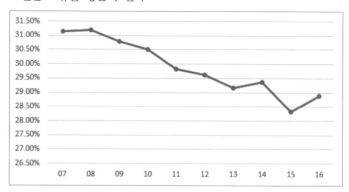

특히 어종에 따른 연도별 오류율 분석에서도 오류율은 점차 줄어드는 경향을 보였음을 알 수 있다. 가령 언중들이 표기의 혼란을 겪는다고 언급되는 '한자어+고유어' 구성이나 예외 조항 때문에 표기의 혼란이 가중된다고 언급되는 '한자어+한자어' 구성의 경우에도 10년간 오류율은 점차 줄어드는 경향을 보인 것이다. 이는 비록 사이시옷 규정에 대한 언중들의 이해도나 수용도가 낮기는 하지만 언중들이 현행 규정에 적응해 가고 있음을 보여 주는 것이라 할 수 있다. 이를 고려할 때 현행 규정을 그대로 유지하되 규정에 대한 교육과 홍보를 효과적으로 시행하는 방안을 모색하는 것도 하나의 방안이 될 수 있음을 알 수 있다.

## 6.1.2. 사이시옷 규정 개선 방안 비교 및 검토

이제 앞에서 제시한 사이시옷 표기 규정에 대한 개선 방안을 서로 비교하여 정리하면 다음과 같다.

(9) 개선 방안 및 적용 결과 비교

| | 개선안 1 | 개선안 2 | 개선안 3 | 개선안 4 |
|---|---|---|---|---|
| 장점 | 1) '셋방/전세방, 찻간/기차간' 등 일관성 없는 표기를 양산한다는 문제를 해결할 수 있음.<br>2) '셋방[세 : 빵/셋 : 빵], 전세방[전세빵]', '전셋집[전세 찝/전셋 찝], 傳貰집[전세 찝]'과 같은 발음상의 차이도 해소됨. | 1) '근삿값', '뭇국', '푯말' 등의 낯선 표기를 최소화하고 궁극적으로 언중들의 사이시옷 규정에 대한 수용도와 이해도를 높일 수 있음.<br>2) <표준 발음법>에 기반한 사이시옷 표기는 표준 발음이 두 개가 되지만 사이시옷 표기를 폐기하면 표기에 대응하는 발음은 하나가 되기 때 | 1) 선행어와 후행어의 어종에 따라 복잡하게 적용되는 규정이 보다 단순해 짐.<br>2) '최댓값', '최대치'의 경우와 마찬가지로 동일한 의미의 한자어가 표기상 차이를 보이는 문제를 해소하여 언중의 수용도를 높일 수 있음. | 1) 규정 개선으로 인한 혼란을 방지할 수 있음.<br>2) 규정 개선을 통해 '수자', '회수' 등 받아들여지기 어려운 단어들이 만들어질 가능성이 있음을 감안하면 익숙한 표기를 그대로 유지할 수 있다는 장점이 있음. |

|  | 개선안 1 | 개선안 2 | 개선안 3 | 개선안 4 |
|---|---|---|---|---|
|  | 3) 예외 규정에 포함되지 않는 '초점, 허점, 대가, 개수' 등의 표기와 일관성을 가지게 됨.<br>4) 6개의 예외를 암기해야 하는 부담감이 해소됨. | 문에 일관성을 견지할 수 있는 규정이라고 볼 수 있음.<br>3) 북한에서는 3개의 단어만을 예외로 규정하고 모두 사이시옷을 적지 않는 표기법을 따른다는 점을 고려할 때 남북한 표기 규정의 향후 통일 가능성을 전제한다면 현실적 방안으로 보임.<br>4) 사이시옷 표기 관련 규정이 점차적으로 사잇소리 현상의 일부를 표기에 반영하여 사이시옷 표기를 축소하는 방향으로 변화해 왔음을 볼 때 사이시옷 표기 폐지가 이러한 방향성과 부합함. | 3) 실태 조사 결과 선행 요소가 한자어인 경우의 오류율이 다른 경우에 비해 높았다는 것을 고려할 때 최소한의 규정으로 오류율을 낮출 수 있는 방안일 것임.<br>4) 사이시옷 표기 관련 규정이 점차적으로 사잇소리 현상의 일부를 표기에 반영하여 사이시옷 표기를 축소하는 방향으로 변화해 왔음을 볼 때 사이시옷 표기 축소가 이러한 방향성과 부합함. |  |
| 단점 | 1) 6개의 예외에 익숙해져 있는 언어 사용자들에게는 '세방, 퇴간, 차간' 등이 익숙하지 않을 수 있음.<br>2) 특히 '수자' 등의 적용 결과는 받아들여지기 어려운 점이 있음. | 1) 익숙해져 있던 사이시옷 표기를 없앰으로 인하여 언어 사용자들의 혼란을 초래할 수 있으며 <개선안 1>과 동일한 문제가 발생하게 됨.<br>2) '헛웃음' 등 사이시옷과 무관한 시옷의 표기까지 사이시옷 폐기로 유추함으로써 '허웃음' 등의 표기를 사용할 가능성이 있음. | 1) 익숙해져 있던 사이시옷 표기를 없앰으로 인하여 언어 사용자들의 혼란을 초래할 수 있으며 <개선안 1>과 동일한 문제가 발생하게 됨.<br>2) 언어 사용자가 어종에 대한 지식을 가지고 있어야 한다는 부담은 그대로 남음. | 1) 언중에게 혼란을 주어 오류율이 높다는 현재의 문제가 그대로 지속됨.<br>2) 꾸준한 교육과 홍보에도 불구하고 사이시옷 표기의 오류율은 여전히 30%에 가까워 교육과 홍보의 효과를 장담할 수 없음. |

## 6.1.3. 사이시옷 규정 개선을 위한 설문 조사

국립국어원(2017)에서는 (9)에 제시한 4개의 사이시옷 표기 규정 개선안에 대해 전문가와 교사를 대상으로 설문 조사를 실시하였다.

### 6.1.3.1. 전문가 대상 설문 조사

#### 6.1.3.1.1. 설문 조사 개요

국립국어원(2017)은 사이시옷 표기 규정의 현황과 문제점을 분석하고 사이시옷 포함 어휘의 표기 실태를 조사한 것이다. 그리고 이를 바탕으로 사이시옷 표기 규정의 개선안을 도출하였고 나아가 이러한 개선안의 타당성을 검토하고 실행 계획을 수립하기 위해 전문가 의견을 수렴하였다.

설문 조사 기간은 2017년 9월 5일부터 9월 29일까지이며 전자 우편을 통해 설문지를 배포하고 회수하였다. 조사 대상자는 어문 규범 및 국어학 관련 전문가로 국어규범정비위원회 및 국어심의회 어문규범분과 소속 위원, 유관 프로젝트 연구진 등으로 구성하였다.

총 28명에게 설문지를 배포하였으나 최종적으로 9명으로부터만 답변을 받았다.[5] 회수된 설문지에서 교수는 7명, 언론인은 2명이다. 응답자 수가 현저히 적으므로 국립국어원(2017)에서는 이를 일종의 서면 자문의 성격으로 설문 조사 결과를 정리하였다.

(10) 전문가 설문 대상자 및 응답자 구성

|  | 교수 | 언론인 | 규범/정책 전문가 | 계 |
|---|---|---|---|---|
| 조사 대상자 | 21 | 2 | 5 | 28 |
| 응답자 | 7 | 2 | 0 | 9 |

---

5) 이렇게 답변이 적은 데는 여러 가지 요인이 있겠지만 사이시옷 규정이 가지는 문제점에 비해 이를 개선하는 데 따른 부담감도 한몫을 한 것이 아닌가 추정해 볼 수 있다.

설문 문항은 크게 네 가지 영역으로 구성하였는데 이를 먼저 정리하여 제시하면 다음과 같다.

(11)  전문가 대상 설문 문항 구성

> 1부. 현행 사이시옷 규정 개선의 필요성
> 2부. 사이시옷 규정 개선안의 타당성
> 3부. 사이시옷 규정 개선안의 적절성
> 4부. 사이시옷 규정 개선안에 대한 기타 의견

(11)에 제시한 바와 같이 먼저 사이시옷 표기와 관련된 현행 한글 맞춤법 규정의 개선 필요성에 대해 의견을 개진하도록 하였다. 다음으로는 국립국어원(2017)의 실태 조사 결과를 바탕으로 도출한 사이시옷 규정 개선안 각각의 타당성에 대해, 그리고 각각의 개선안의 적절성에 대해 의견을 제시하도록 하였다. 그리고 마지막으로 사이시옷 규정 개선안에 대한 의견을 자유롭게 기술하도록 하였다.

1부에서 3부까지의 설문 문항은 선택형과 서술형의 질문 쌍으로 구성하여 사이시옷 규정에 대한 전문가들의 전반적인 의견을 수합하였다. 특히 2부의 설문 문항은 국립국어원(2017)의 실태 조사 결과를 바탕으로 현행 규정의 문제점을 참고 사항으로 제시하여 응답자들이 해당 개선안이 도출된 배경을 쉽게 파악하고 개선안의 타당성을 평가할 수 있도록 하였다.

### 6.1.3.1.2. 설문 조사 결과 분석

#### 가. 현행 사이시옷 개정의 필요성

<문항 Ⅰ>은 현행 사이시옷 규정을 수정할 필요성에 대한 질문으로 이를 제시하면 다음과 같다.

(12) 현행 사이시옷 규정 수정의 필요성에 대한 질문(전문가용)

---

### Ⅰ. 현행 사이시옷 규정의 개선 필요성

1. 다음은 현행 한글 맞춤법의 사이시옷 관련 규정 내용입니다. 이 조항의 내용을 수정할 필요가 있다고 생각하십니까?

> 제30항 사이시옷은 다음과 같은 경우에 받치어 적는다.
> 1. 순우리말로 된 합성어로서 앞말이 모음으로 끝난 경우
>    (1) 뒷말의 첫소리가 된소리로 나는 것
>    (2) 뒷말의 첫소리 'ㄴ, ㅁ' 앞에서 'ㄴ' 소리가 덧나는 것
>    (3) 뒷말의 첫소리 모음 앞에서 'ㄴㄴ' 소리가 덧나는 것
> 2. 순우리말과 한자어로 된 합성어로서 앞말이 모음으로 끝난 경우
>    (1) 뒷말의 첫소리가 된소리로 나는 것
>    (2) 뒷말의 첫소리 'ㄴ, ㅁ' 앞에서 'ㄴ' 소리가 덧나는 것
>    (3) 뒷말의 첫소리 모음 앞에서 'ㄴㄴ' 소리가 덧나는 것
> 3. 두 음절로 된 다음 한자어
>    곳간(庫間)   셋방(貰房)   숫자(數字)
>    찻간(車間)   툇간(退間)   횟수(回數)

---

(12)의 <문항 Ⅰ>에 대한 구체적인 설문 조사 결과를 정리하면 다음과 같다.


(13) 현행 사이시옷 규정 수정의 필요성에 대한 전문가 응답

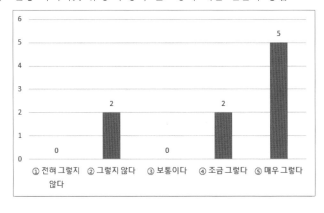

(13)을 보면 현행 사이시옷 규정의 개정 필요성에 대하여 응답자 9명 중 7명이 '필요가 있다(매우 그렇다, 조금 그렇다)'고 답하였고 2명은 '개선될 필요가 없다'고 답하였다. 이때 규정의 개선이 필요하다고 본 응답자들의 근거를 정리하면 다음과 같다.

(14) 규정 개정이 필요하다고 답한 응답자들의 근거
    가. 언중의 국어 사용에 어려움 초래
    나. 조항 자체의 비일관성
    다. 통일 이후의 맞춤법 염두
    라. 불필요한 내용이 포함됨

(14가)는 사이시옷 규정 개선의 필요성이 높다고 답한 응답자들에게서 가장 많이 제시(N2, N9, N7)된 이유로 현행 사이시옷 표기 규정은 조항 수가 많아서 복잡하고 언중들이 규정을 이해하기에 어려움이 있다는 것이다. 즉 1장에서 사이시옷 표기에 대한 조건을 명시한 것을 상기한다면 현행 사이시옷 표기 규정은 일반 국민들이 '합성어와 파생어의 차이'를 알아야 하고 '사잇소리 현상에 대한 인식'이 있어야 하며 '한자어, 고유어, 외래어의 어종 차이'를 이해해야 하는 세 가지 전문 지식이 있어야 이해와 사용이 가능하다는 이유를 든 것이라 할 수 있다.

(14나)는 조항 자체에 일관성이 없다고 본 견해(N2, N9)로서 이는 사잇소리의 음성적 실현, 발음과 관련된 이유를 기반으로 한 것이다. 가령 사잇소리의 음성적 실현이 언어 사용자마다 다를 수 있으며 사잇소리의 음성적 실현이 된소리, 'ㄴ' 첨가, 'ㄴㄴ' 첨가 등 여러 가지로 나타나며 합성어의 선행 요소, 후행 요소라는 조건에 따라 사잇소리가 나더라도 사이시옷이 표기되지 않는 등 일관성 있는 설명이 어렵다는 점을 지적한 것이다.

(14다)는 통일 이후의 맞춤법 개정을 염두에 둘 때 사이시옷 규정의 개정은 불가피하기 때문이라는 주장(N2)인데 앞서 언급한 바와 같이 사이시옷을 적

지 않는 북한의 맞춤법에 비해 남한의 사이시옷 규정이 지나치게 이론적이라는 점을 근거로 들어 규정이 개선될 필요가 있다고 하였다.

(14라)는 사이시옷 규정 내에는 불필요한 내용이 포함되어 있기에 개선이 필요하다는 의견을 반영한 것이다. 조항 내용 중 '순우리말로 된 합성어로서 앞말이 모음으로 끝난 경우 뒷말의 첫소리 모음 앞에서 'ㄴㄴ' 소리가 덧나는 것'과 '순우리말과 한자어로 된 합성어로서 앞말이 모음으로 끝난 경우, 뒷말의 첫소리 모음 앞에서 'ㄴㄴ' 소리가 덧나는 것'은 불필요한 조항이라는 것이다. 더불어 한자어 예외 규정은 혼란을 준다고 본 것(N5)도 여기에 넣을 수 있다.

반면 현행 사이시옷 표기 규정을 개선할 필요가 없다고 답한 응답자도 없었던 것은 아니다. 현행 사이시옷 표기 규정보다 사이시옷을 더 철저하게 표기해야 한다는 것이 그 하나이다.[6] 그러나 현행 표기법이 상당히 정착되어 있으므로 현행 수준에서 그치는 것이 좋겠다는 의견이 있었다(N1). 즉 원칙적으로는 '경음화', 'ㄴ 삽입', 'ㄴㄴ 삽입'이 된 발음을 가지는 A+B 합성명사의 경우 '보룻달'처럼 A에 모두 사이시옷을 적어야 한다는 견해이다.[7]

다른 견해는 사이시옷의 개재 여부가 실제 발음과 관련되고 부분적으로 사이시옷 여부에 의해 단어가 변별되기도 하므로 표기 규정으로 두는 것이 좋다고 본 것인데(N3) 이는 앞의 견해보다는 소극적인 것이라 할 수 있다.

---

6) 이는 사이시옷의 표기를 확대하여 표음성을 높이자는 것으로도 해석이 가능하다.
7) 이러한 견해에 부합하는 사이시옷 표기 규정이 우리의 표기 규정 가운데 없었던 것은 아니다. 2장에서 살펴본 <普通學校用 諺文綴字法大要>(1921)의 사이시옷 표기 규정이 이에 해당한다고 할 수 있기 때문이다. 그러나 <普通學校用 諺文綴字法大要>(1921)의 표기 원칙은 표음주의에 해당하고 이에 따른 사이시옷 표기 규정도 이와 일맥상통하는 것으로 이해할 수 있다는 점에 주목할 필요가 있다. 그러나 현행 <한글 맞춤법>(1988)은 『한글 마춤법 통일안』(1933)을 직접적인 모태로 삼고 있고 따라서 표의주의를 지향하는 정도가 상대적으로 높으므로 이러한 맥락에서 보면 사이시옷 표기 규정만 표음주의를 추구하는 것은 문제가 있다는 반론도 얼마든지 제기될 수 있다.

## 나. 사이시옷 규정 개선안의 타당성

다음은 <개선안 1> 즉 한자어 예외 규정 삭제의 타당성에 대한 질문이다.

(15) 한자어 예외 규정 삭제안의 타당성에 대한 질문(전문가용)

> 현행 사이시옷 규정에 의하면 한자어로 된 합성어에는 사이시옷을 받쳐 적지 않으나 '곳간, 셋방, 숫자' 등 6개의 한자어에 대해서만 예외적으로 사이시옷을 적도록 하고 있습니다. 그런데 6개의 예외 단어를 설정하는 특정한 기준이 없고, 예외 규정에 포함되지 않는 '초점/촛점, 허점/헛점, 대가/댓가, 개수/갯수' 등의 표기는 여전히 혼란이 심합니다. 또한 '셋방/전세방, 찻간/기차간' 등 일관성 없는 표기를 양산한다는 문제도 있습니다.
>
> 실제로 사이시옷 표기 실태를 조사한 결과 한자어로 된 합성어의 오류율은 다른 어종에 비해 높은 편은 아니지만 연도별 오류율 변화가 다른 어종에 비해 심한 편입니다. 따라서 한자어의 사이시옷 표기를 여섯 개로 한정하는 예외 조항을 삭제하여, 한자어의 사이시옷 표기를 아예 없애는 <개선안 1>을 생각해 볼 수 있습니다. <개선안 1>과 그 개선 결과가 타당하다고 생각하십니까?
>
> **<개선안 1>**
>
>> 제30항 사이시옷은 다음과 같은 경우에 받치어 적는다.
>> 1. 순우리말로 된 합성어로서 앞말이 모음으로 끝난 경우
>>    (1) 뒷말의 첫소리가 된소리로 나는 것
>>    (2) 뒷말의 첫소리 'ㄴ, ㅁ' 앞에서 'ㄴ' 소리가 덧나는 것
>>    (3) 뒷말의 첫소리 모음 앞에서 'ㄴㄴ' 소리가 덧나는 것
>> 2. 순우리말과 한자어로 된 합성어로서 앞말이 모음으로 끝난 경우
>>    (1) 뒷말의 첫소리가 된소리로 나는 것
>>    (2) 뒷말의 첫소리 'ㄴ, ㅁ' 앞에서 'ㄴ' 소리가 덧나는 것
>>    (3) 뒷말의 첫소리 모음 앞에서 'ㄴㄴ' 소리가 덧나는 것
>> 3. 해당 규정 삭제

<개선안 1>의 적용 결과

| 현행 | 개선 후 |
|---|---|
| 곳간 셋방 숫자 찻간 툇간 횟수 | 고간 세방 수자 차간 퇴간 회수 |

① 전혀 그렇지 않다  ② 그렇지 않다  ③ 보통이다  ④ 조금 그렇다
⑤ 매우 그렇다

(15)에 대한 구체적인 설문 조사 결과를 정리하면 다음과 같다.

(16)  한자어 예외 규정 삭제안의 타당성에 대한 전문가 응답

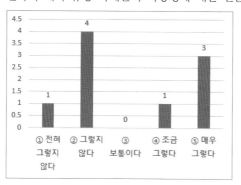

(16)에서 볼 수 있는 바와 같이 한자어의 사이시옷 표기를 없애는 <개선안 1>에 대해서는 긍정적으로 답한 응답자와 부정적으로 답한 응답자가 유사하게 나타났다. 한자어 예외 규정이 삭제되어야 한다고 주장한 응답자들의 이유는 모두 동일한데 한자어 예외 규정을 삭제하면 언중들의 규정 수용도가 높아질 것으로 본 것이 그것이다. 즉 한자어 합성어의 경우 사이시옷을 받쳐 적지 않는다는 것으로 표기를 통일하는 것이, 언중들이 사이시옷 규정을 받아들이기에 더 쉬워질 것이라고 판단한 것이다(N2, N4, N5).

한편 한자어 예외 규정이 삭제될 필요가 없다고 답한 응답자들의 이유로
는 한자어도 한국어 어휘 체계에 포함되므로 고유어와 같은 조처가 취해져야
한다는 견해(N6), 눈에 익은 6개의 한자어 이외에도 '촛점, 싯가, 댓가, 갯수,
홧병'처럼 굳어진 한자어의 경우 사이시옷 표기를 늘릴 필요가 있다는 견해
(N9), 한자 2자어의 경우는 더욱더 사이시옷 적기를 철저히 할 필요가 있는데
표기가 발음 변화를 유도하는 것은 옳지 않으므로 '촛점', '칫과', '갯수(個數)'
처럼 현행 표기보다 더 강하게 발음을 반영하는 표기를 해야 한다는 견해(N1)
등이 제시되었다.

기타 의견으로는 예외 조항에 해당하는 한자어들은 실제로 사잇소리 현상
이 있으므로 굳이 폐기할 필요는 없으며 사잇소리 현상이 수의적이라면 복수
표기 허용도 고려할 만하다는 주장도 있었다(N3).[8] 또한 한자어 예외 조항을
삭제하는 것으로는 규정 개선의 효과가 없다는 견해도 제시된 바 있다(N7,
N8).

다음은 <개선안 2> 즉 사이시옷 표기 폐지의 타당성에 대한 질문이다.

(17) 사이시옷 표기 폐지안의 타당성에 대한 질문(전문가용)

> 사이시옷 표기는 사잇소리 현상임을 전제로 한 것입니다. 사잇
> 소리 현상은 선행 요소가 자음으로 끝나든 모음으로 끝나든 일어
> 날 수 있는 현상인데, 현행 규정에서는 사잇소리 현상이 일어나
> 면서 선행 요소가 모음으로 끝나는 경우에만 사이시옷을 표기하도
> 록 하고 있습니다. 또한 사잇소리 현상은 선행 요소가 고유어이든
> 한자어이든 동일하게 일어나는 현상인데도 현행 규정에서는 한자
> 어와 한자어가 결합한 경우에는 사잇소리 현상이 일어나더라도

---

8) 복수 표기안을 허용하자는 방안을 현행 표기 규정 자체에 반영하는 것은 쉽지 않다. 이에
대해 후술하는 국립국어원(2018)의 개선 방안은 표기 규정이 아니라 표기 방법을 대상으
로 한 것이라는 점에서 복수 표기안에 대해서도 융통성을 가지고 있다는 점에서 차이가
있다.

사이시옷을 적지 않도록 하고 있습니다.

따라서 현행 규정은 표기와 발음 사이에 모순을 낳고, 언중들의 혼란을 가중시키므로 모든 사이시옷을 밝혀 적지 않는 방안을 생각해 볼 수도 있습니다. 이 방법은 고유어이든 한자어이든 표기의 모순 문제를 일체 일으키지 않고 표기상의 사이시옷 때문에 발생하는 발음의 불일치 문제도 해결할 수 있습니다. 더불어 북한의 경우 3개의 단어만을 예외로 두고 사이시옷을 받쳐 적지 않는 표기법을 따르고 있다는 점도 고려해 볼 수 있습니다. 이처럼 사이시옷 표기 자체를 아예 없애 언중들의 혼란을 줄이자는 <개선안 2>와 그 개선 결과가 타당하다고 생각하십니까?

**<개선안 2>**

| 현행 규정 삭제 |
| --- |

**<개선안 2>의 적용 결과**

| 현행 | 개선 후 |
| --- | --- |
| 뭇국 바닷가 깻잎 나뭇잎 막냇동생 깃발 호숫가 대푯값 등굣길 개밋과 곳간 셋방 숫자 찻간 툇간 횟수 | 무국 바다가 깨잎 나무잎 막내동생 기발 호수가 대표값 등교길 개미과 고간 세방 수자 차간 퇴간 회수 |

① 전혀 그렇지 않다  ② 그렇지 않다  ③ 보통이다  ④ 조금 그렇다
⑤ 매우 그렇다

이에 대한 구체적인 설문 조사 결과를 정리하면 다음과 같다.

(18)  사이시옷 표기 폐지안의 타당성에 대한 전문가 응답

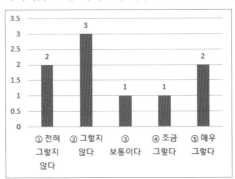

(18)에서 볼 수 있는 바와 같이 사이시옷 표기 자체를 아예 없애 언중들의 혼란을 줄이자는 <개선안 2>에 대해서는 긍정적 견해와 부정적 견해가 유사하게 나타났다('보통이다'로 답한 응답자(N8)의 경우 서술한 내용을 고려하여 긍정적 견해로 포함함).

사이시옷 표기 자체를 없애자고 주장하는 이유로는 현행 사이시옷 표기 규정을 개선하고자 한다면 아예 폐지해야 가능하다는 견해(N2), 당분간 언중의 혼란이 있을 수는 있으나 사이시옷 표기를 없애는 편이 언중들이 규정을 익히기에 쉽고 현실적으로도 수월한 방안이며 이때 '냇가', '깃발'처럼 굳어진 표기에 대해서는 사이시옷을 인정하자는 견해(N7, N8), 언어 사용자들의 세대적 특성을 고려했을 때 점차 어종 구분을 할 수 있는 인구가 감소하는 추세이며 한국어를 배우는 외국인의 입장까지 생각해 본다면 우리말의 세계화를 위해서는 사이시옷 표기를 없애는 것도 필요한 조치라고 보는 견해(N5), 남북 통합 이후를 고려할 때에도 가장 적절한 방안이라는 견해(N8) 등이 제시되었다.

반면 사이시옷 표기 자체를 없애면 안 된다고 주장하는 이유로는 사이시옷 표기 자체를 아예 없애는 것은 언중들의 혼란을 줄이기보다 도리어 가중시킬 수 있다는 견해(N1, N4, N9)가 주류를 이루었다. 즉 사이시옷 표기를 없애

면 '표기상의 혼란'을 줄일지는 몰라도 그 대신 발음과 의미 이해에서 혼란을 키우게 될 것이며(N1), 2음절어(깃발→기발, 콧등→코등, 밧줄→바줄, 횃불→홰불, 냇가→내가, 냇물→내물)에서 보듯이 사이시옷을 완전히 폐지할 경우 언중의 거부감이 크고 표기와 발음의 간극이 너무 커져서 결국 언중들의 언어생활이 더욱 혼란스러워질 수 있다는 것이다(N4, N9). 한편 표기의 보수성을 고려했을 때 문제가 있다는 견해도 있었는데(N3, N6) 이는 <개정안 2>가 '소리대로' 표기한다는 한글 맞춤법의 대원칙을 어긴다는 문제가 있으며(N6) 표기란 다소 일관성이 없더라도 가능하면 표기의 전통을 고려해야 하기 때문이라는 견해도 제시되었다(N3).

다음은 <개선안 3> 즉 사이시옷 표기 축소(선행 요소가 한자어인 경우 사이시옷 미표기)의 타당성에 대한 질문이다.

(19) 사이시옷 표기 축소안의 타당성에 대한 질문(전문가용)

> 현행 규정에 의하면 '고유어+고유어' 구성이나 '한자어+고유어' 구성에서 선행 요소가 모음으로 끝나고 사잇소리 현상이 일어나는 경우에는 사이시옷을 받쳐 적어야 합니다. 그런데 이처럼 표기 규정에 '발음'뿐만 아니라 '어종' 변수를 반영할 경우 언중들의 혼란이 심화됩니다. 구성 요소의 어종에 대한 언중들의 인식 자체가 낮을 뿐만 아니라 선행 요소가 한자어일 때 사이시옷을 받쳐 적게 되면 한자어의 모습이 변형되는 것에 대한 혼란도 크기 때문입니다.
>
> 실제로 지난 10년간의 사이시옷 표기 실태를 어종별로 조사한 결과, 선행 요소의 어종이 오류율에 큰 영향을 미치며 특히 선행 요소가 한자어인 경우의 오류율이 통계적으로도 유의미할 만큼 높음을 확인할 수 있었습니다. 또한 '한자어+고유어' 구성의 합성어 중 '최댓값, 근삿값, 구굿셈' 등의 전문어를 조사한 결과 전체 오류율이 50%를 넘었고, 최대 95% 이상의 오류율을 보이는 단어

도 있었습니다.

그러므로 선행 요소가 한자어인 경우에 사이시옷을 표기하지 않는 것으로 현행 규정을 일부 수정한다면 혼란을 다소 줄일 수 있을 것입니다. 물론 여전히 어종이라는 변수에 의존해야 한다는 문제점이 남지만 한자어의 모습이 변형되는 것은 원칙적으로 막을 수 있고 문제가 많다고 지적되어 온 전문 용어의 문제도 대부분 해결할 수 있습니다. 이러한 <개선안 3>과 그 개선 결과가 타당하다고 생각하십니까?

---

**<개선안 3>**

제30항 사이시옷은 앞말이 순우리말이고 모음으로 끝나는 합성어 가운데 다음과 같은 경우에 받치어 적는다.
1. 뒷말의 첫소리가 된소리로 나는 것
2. 뒷말의 첫소리 'ㄴ, ㅁ' 앞에서 'ㄴ' 소리가 덧나는 것
3. 뒷말의 첫소리 모음 앞에서 'ㄴㄴ' 소리가 덧나는 것

**<개선안 3>의 적용 결과**

| 현행 | 개선 후 |
|---|---|
| 뭇국 바닷가 깻잎 나뭇잎<br>막냇동생 깃발 호숫가 대푯값<br>등굣길 개밋과 곳간 셋방 숫자<br>찻간 툇간 횟수 | 뭇국 바닷가 깻잎 나뭇잎<br>막냇동생 기발 호수가 대표값<br>등교길 개밋과 고간 세방 수자<br>차간 퇴간 회수 |

① 전혀 그렇지 않다 ② 그렇지 않다 ③ 보통이다 ④ 조금 그렇다
⑤ 매우 그렇다

---

(19)에 대한 구체적인 설문 조사 결과를 정리하면 다음과 같다.

(20) 사이시옷 표기 축소안의 타당성에 대한 전문가 응답

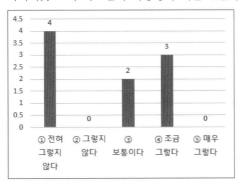

(20)에서 보는 바와 같이 분석 결과 전체 응답자 중 '사이시옷 표기 축소'안의 타당성에 대해 긍정적으로 평가한 응답자와 부정적으로 평가한 응답자가 대등하게 나타났다.

먼저 사이시옷 표기를 축소하는 개선안에 대해 긍정적인 이유로는 크게 현행 규정 자체의 복잡성과 한자어의 모습이 변형되는 것을 근거로 들었다. 즉 사이시옷 관련 현행 규정이 어종과 발음을 변수로 하고 있어 언중들의 혼란이 크므로 규정을 단순화하여 언중들이 쉽게 익히고 쓸 수 있도록 할 필요가 있다는 점에서 <개선안 3>은 타당하다는 견해(N9, N7), 선행 요소가 한자어인 경우 사이시옷을 표기하지 않도록 하면 한자어의 원래 모습이 변형되는 것을 막을 수 있다는 점에서 사이시옷 표기를 축소해야 한다는 견해가 있었다(N3).

이에 대해 사이시옷 표기를 축소하는 개선안에 대해 부정적인 이유로는 현행 규정에 대한 언중들의 혼란을 가중시킬 것이라는 점을 들었다. 즉 선행 요소가 한자어인 경우에 한해 사이시옷 표기를 하지 않도록 하더라도 여전히 '어종'을 구별해야 한다는 부담은 존재하기 때문이라는 것이다. 현행 규정을 그대로 두거나 아예 폐지하지 않는 한, 현행 규정과 혼동되어 오히려 현행보다 더한 혼란을 부추길 수도 있다는 견해도 있었다(N2, N5). 선행 요소가 한자

어인 경우에 한해 사이시옷 표기를 축소하는 것은 국어 표기법에서 한자어를 특별히 취급하는 것인데 지금처럼 한자어를 한글로 표기하는 상황에서 한자어를 고유어와 달리 특별 취급하는 것은 비논리적이라는 견해도 이에 포함된다(N1). 또한 한글 맞춤법이 '소리대로' 표기하는 것을 대원칙으로 삼고 있다는 점에서 사이시옷 표기 축소안은 타당하지 않다는 견해도 제시되었다(N6).

한편 사이시옷 표기 축소안의 타당성에 대해 '보통'이라고 답한 응답자의 이유로는 선행 요소가 한자어인 경우에 사이시옷을 표기하지 않는 것으로 현행 규정을 일부 수정하는 것의 긍정적 효과는 기대하지만 다른 한편으로는 언중들의 저항감에 대한 우려를 표한 경우가 있었다. 즉 선행 요소가 한자어일 때 사이시옷 표기를 하지 않는다면 한자어의 표기를 통일시키는 효과가 있을 뿐만 아니라 선행 요소가 한자어인 전문어의 사이시옷 표기에 대한 반대 의견을 줄일 수도 있지만 한자어에 대한 인식이 날로 약화되고 있는 시점에서 같은 현상(소리의 덧남)을 어종만으로 구별하는 것은 여전히 어렵다는 점에서 한계를 지닌다는 것이다(N4). 이미 굳어진 2음절 혼종 합성어나 한자어 합성어에 대해 사이시옷 표기를 하지 않도록 한다면 언중들의 저항감이 클 것으로 예상하는 견해도 있었다(N8).

이외 기타 의견으로는 사이시옷 표기를 축소하는 안에 대해서는 긍정적이지만 이미 굳어진 표기에 대한 문제를 제기한 응답자도 있었다. 가령 <개선안 3>을 적용하게 되면 '깃발'은 '기발'로 표기하게 되는데 이러한 표기가 언중들에게 어색하게 느껴질 수도 있다는 것이다. 또한 '대가'의 경우 현행 규정에서도 '대가'로 표기해야 하고 <개선안 3>을 적용해도 마찬가지인데 이러한 표기 역시 어색하므로 '댓가'로 표기하도록 예외를 허용하자는 의견도 제시되었다(N9).

다음 문항은 <개선안 4> 즉 현행 사이시옷 표기 규정을 유지하는 안의 타당성에 대한 질문이다.

(21)  현행 사이시옷 표기 규정 유지안의 타당성에 대한 질문(전문가용)

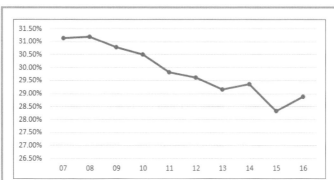

<그림> 10년간 오류율 평균

　　현행 사이시옷 규정은 '어종'과 '발음'을 변수로 하고 있는데, 어종과 발음에 대한 언중들의 인식이 매우 낮기에 표기 오류율이 높은 편입니다. 그러나 표기 실태 조사 결과 지난 10년간의 사이시옷 표기의 오류율은 전반적으로 낮아지고 있는 추세임을 확인할 수 있었습니다. 특히 어종에 따른 연도별 오류율 분석에서도 오류율은 점차 줄어드는 경향을 보였습니다. 예컨대 언중들이 표기의 혼란을 겪는다고 언급되는 '한자어+고유어' 구성이나, 예외 조항 때문에 표기의 혼란이 가중된다고 언급되는 '한자어+한자어' 구성의 경우에도 10년간 오류율은 점차 줄어드는 경향을 보인 것입니다.

　　이는 비록 사이시옷 규정에 대한 언중들의 이해도나 수용도가 낮기는 하지만, 언중들이 현행 규정에 적응해 가고 있음을 보여주는 것이라 할 수 있겠습니다. 이를 고려할 때 현행 규정을 그대로 유지하되 규정에 대한 교육과 홍보를 효과적으로 시행하는 방안을 모색하는 것이 합리적이라는 의견이 있습니다. 이에 대하여 동의하십니까?

① 전혀 그렇지 않다  ② 그렇지 않다  ③ 보통이다  ④ 조금 그렇다
⑤ 매우 그렇다

이에 대한 구체적인 설문 조사 결과를 정리하면 다음과 같다.

(22) 현행 사이시옷 표기 규정 유지안의 타당성에 대한 전문가 응답

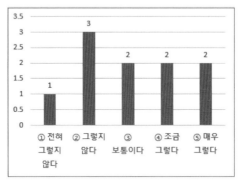

(22)에서 보는 바와 같이 '현행 규정을 유지'하는 개선안에 대해서도 긍정적으로 평가한 응답자와 부정적으로 평가한 응답자가 비슷한 수치를 보였다. 먼저 현행 규정 유지에 찬성하는 응답자의 이유로는 시기적인 문제와 규정의 관습성을 고려해야 한다는 것이다. 즉 현재는 시기적으로 맞춤법을 수정하는 것이 적절하지 않으며(N7) 표기는 관습의 문제이므로 발음 등이 심하게 변한 경우가 아니라면 유지하는 것이 좋다는 견해가 있었다(N3). 어문 규범의 위상과 신뢰도를 고려해야 한다는 견해도 있었는데 어문 규범의 위상과 신뢰도를 위해 현행 상태를 유지하되 발음에 혼란이 있는 경우 국립국어원에서 현실 상황을 고려하여 바른 표기형을 정해주도록 하는 방법을 제안한 경우도 있었다(N4).

한편 현행 규정을 수정해야 한다고 본 응답자들의 이유로는 사이시옷 표기 오류율을 근거로 제시한 경우가 있었다. 즉 실태 조사 결과 최근 10년간 사이시옷 표기의 오류율이 점차 줄어드는 추세였으나 오류율이 줄어들고 있다는 근거도 불분명하다는 것이다(N2). 오류율의 변화는 교육이나 홍보가 꾸준히 이루어졌음을 고려하면 당연한 결과라는 견해도 있었다(N9). 사이시옷 표기 오류율이 줄어들고 있다고는 하지만 그런 과정에 오랜 시일이 필요

하고 현재도 나아진 상태라고는 하지만 여전히 매년 30% 가까운 오류율을 보이고 있음을 감안하면 현행 규정에 변화가 필요한 것은 분명하다는 견해도 제시되었고(N5) 장기적으로는 남북의 어문 규범 통일에도 대비할 필요가 있으므로 사이시옷 관련 현행 규정을 유지하는 것은 타당하지 않다는 견해도 제시되었다(N9).

국립국어원(2017)에서는 이상 네 가지 개선안의 타당도를 설문 조사한 결과를 바탕으로 각 개선안의 선호도를 점수화하여 어느 개선안이 가장 선호도가 높은지 분석하였다. 설문 조사에서는 각각의 개선안에 대한 선호도를 리커트 5점 척도로 나타내도록 한 바 있다. 이에 따라 ① '전혀 그렇지 않다'를 '1점', ⑤ '매우 그렇다'를 '5점'으로 환산하여 선호도 점수를 수치화하였다. 그 결과 사이시옷 규정 개선안의 타당성에 대한 선호도 평균 점수는 '한자어 예외 규정 삭제(개선안 1 / 3.1점) > 현행 규정 유지(개선안 4 / 2.9점) > 사이시옷 규정 폐지(개선안 2 / 2.8점) > 사이시옷 규정 축소(개선안 3 / 2.4점)' 순으로 나타났다.

이러한 순위가 함의하는 바는 다음과 같다.

첫째, 개선안 중 가장 최소한의 수정이라고 볼 수 있는 '한자어 예외 규정 삭제(개선안 1)'이 가장 선호되는 것으로 보아 응답자들은 최소 수정을 통해 현행 규정을 보완하고 언어 사용자들의 편의를 도모하고자 한다고 판단할 수 있다.

둘째, 사이시옷 규정의 개정 필요성을 인정하면서도 '현행 규정 유지(개선안 4)'를 두 번째로 선호한 것으로 보아 규정 개선이 현재의 규정에 대한 언중들의 혼란을 감소시키는 데 긍정적으로 기능할 것인지에 대한 우려를 갖고 있음을 알 수 있다. 이는 사이시옷 규정을 축소하는 개선안 3에 대한 선호도가 4위로 나타난 것에서도 추정이 가능하다. 사이시옷 규정을 축소한다고 해도 언중들이 '어종'에 대한 판단을 해야 한다는 부담은 여전히 남기 때문이다.

셋째, 사이시옷 규정 폐지안이 선호도 3위로 나타난 것으로 보아 대부분의 응답자들이 현행 규정을 유지하거나 예외 규정만을 삭제하는 방법을 선호하되 개정을 한다면 '어종' 변수를 남겨 두는 축소안(3안)보다는 사이시옷 표기를 전면 폐지하는 안을 선호한다는 것을 추정할 수 있다.

### 다. 사이시옷 규정 개선안의 적절성

다음 문항은 사이시옷 규정 개선안 네 가지 중 가장 적절한 개선안을 선택하는 질문이다.

(23) 사이시옷 표기 규정 개선안의 적절성에 대한 질문(전문가용)

> **1-1.** 앞에서 제시된 개선안 중, 가장 적절한 개선안으로 생각되는 것을 고르고 그렇게 생각하신 이유를 적어 주시기 바랍니다.

이에 대한 구체적인 설문 조사 결과를 정리하면 다음과 같다.

(24) 사이시옷 표기 규정 개선안의 적절성에 대한 전문가 응답

| 개선안 | 수 |
|---|---|
| ① 한자어 예외 규정 삭제 | 2 |
| ② 사이시옷 표기 폐지 | 3 |
| ③ 사이시옷 표기 축소 | 3 |
| ④ 현행 규정 유지 | 1 |
| ⑤ 기타 | 1 |
| 계 | 10 |
| * 중복 응답 있음. | |

(24)에서 알 수 있는 바와 같이 현행 규정을 유지해야 한다는 응답에 비해 규정을 축소하거나 없애야 한다는 응답이 높게 나타났다. 특히 사이시옷 표기 규정이 언중들의 표기 실태와 차이가 많고 규정에 대한 언중들의 이해도

와 수용도가 낮다는 공통된 의견을 바탕으로 현행 규정을 폐지하거나 축소하는 방안이 가장 적절하다고 응답한 경우가 많았다. 단어의 구성을 어종에 따라 구별할 수 있는 인구가 점차 감소하고 있는 추세를 감안하면 사이시옷 표기를 폐지하는 안도 충분히 고려할 만하다는 것이다. 특히 한국어를 배우는 외국인이 고유어와 한자어를 구별하는 것까지 배워야 하는 이중고를 겪을 가능성이 크므로 우리말의 세계화를 위해서도 사이시옷 표기 폐지는 필요한 조치라는 주장도 있었다(N5).

사이시옷 표기를 완전히 폐지하는 것보다는 현행 규정을 좀 더 단순화하는 방안으로 수정하는 안이 적절하다는 의견도 있었다. 사이시옷 표기를 완전히 없애게 되면 '콧등/코등, 깃발/기발, 냇물/내물' 등 이미 굳어진 말까지 없애는 것이어서 효용성이 떨어질 뿐만 아니라 언중들의 저항이 클 것이므로 전반적으로 사이시옷 표기를 줄이는 쪽으로 개선하되(N9) 이미 굳어진 말에 대해서는 사이시옷 표기를 하도록 하는 예외 규정이 수반되어야 함을 강조하기도 하였다(N9, N5).

반대로 현행 규정을 유지하거나 한자어 예외 조항 6개만을 삭제하는 최소한의 개선을 선택한 응답자들도 있었다. 현행 규정이 지나치게 복잡하고 일관성도 떨어지기는 하지만 맞춤법 규정 개선 또는 개정의 사유가 분명하게 있지 않는 한 현행 규정을 당분간 유지하는 것이 좋겠다는 의견이 있었다(N7, 다만 이 응답자의 경우 규정을 수정한다면 사이시옷을 적지 않는 방향으로 수정해야 한다고 의견을 제시하였음에 유의할 필요가 있음).

한자어 중 '곳간, 셋방, 숫자, 찻간, 툇간, 횟수'에만 사이시옷을 적도록 한 예외 규정만을 삭제하는 최소한의 개선안을 선택한 응답자도 있었다(N4). 사이시옷 표기를 완전히 폐지하거나 선행 요소가 한자어인 경우에 한해 사이시옷을 적지 않도록 하는 방법은 사이시옷 표기에 대한 언중들의 혼란을 더 가중시킬 뿐이며 한자어 예외 규정만을 삭제하여 한자어의 표기를 통일하는 것이 개선의 적정선이라는 의견이라고 할 수 있다.

기타 의견으로 '한자어+한자어'의 경우에는 사이시옷을 적지 않는다는 규정을 삭제하자는 것, 다시 말해 한자어 합성어 내에도 사이시옷을 표기하도록 하자는 주장도 있었다(N1). 그 외에도 고유어의 경우 현행 표기법을 적용하고 한자어의 경우 뒷소리의 실현에 따라 사이시옷 표기를 확대해야 한다는 기타 의견도 있었다(N6).

다음으로 개선안의 적절성과 타당도의 상관관계에 대해 분석할 필요가 있다. 앞서 응답자들에게 개선안에 대한 타당도를 5점 척도로 질문하였는데 이는 각각의 개선안에 대한 타당도가 네 가지 개선안 중 가장 적절한 개선안을 선택하는 데 어떤 영향을 미쳤는지 파악해 보기 위한 것이다. 응답자에 따라 가장 타당하다고 여긴 개선안을 가장 적절한 개선안으로 선택했을 수도 있으나 이러한 관계가 일치하지 않을 수도 있기 때문이다.

이에 응답자별로 '가장 적절한 개선안'으로 선택한 것과 그 선택지에 대한 타당성 응답 내용을 정리하여 제시하면 다음과 같다.

(25) 전문가 응답에서 개선안의 적절성과 타당성의 상관관계

| 응답자 | 타당도 / 적절성 | ① 전혀 그렇지 않다 | ② 그렇지 않다 | ③ 보통이다 | ④ 조금 그렇다 | ⑤ 매우 그렇다 |
|---|---|---|---|---|---|---|
| N4 | 개선안 1 | | | | | √ |
| N1 | | | √ | | | |
| N5 | 개선안 2 | | | | √ | |
| N2 | | | | | | √ |
| N7 | | | | | | √ |
| N3 | 개선안 3 | | | | √ | |
| N8 | | | √ | | | |
| N9 | | | | | √ | |
| N7 | 개선안 4 | | | | √ | |
| N6 | 기타 | | | | | |

(25)에서 볼 수 있는 바와 같이 적절성과 타당성의 상관관계를 살펴본 결과 중복 응답을 포함하여 총 10개의 응답에서 8건의 경우 타당도와 적절성의 관계는 대체로 비례한다는 것을 알 수 있다.

그러나 이러한 관계가 성립되지 않는 두 가지 응답이 발견된다는 점에 주목할 필요가 있다. 첫째, 타당도는 낮지만 가장 적절한 개선안으로 평가한 경우이다(N1). 이 응답자는 가장 적절한 개선안으로 '개선안 1 : 한자어 예외 규정 삭제'를 선택하였으나 이 안에 대한 타당도는 '②그렇지 않다'로 낮게 평가하였다. 이렇게 선택한 이유는 N1 답변자의 기본 주장이 현행 사이시옷 관련 규정 조항의 내용을 수정할 필요가 없다고 보기 때문이다(N1 응답자는 현행 사이시옷 조항의 내용의 수정 여부에 대하여 '그렇지 않다'라고 답하였고 개선안4(현행 규정 유지)에 대한 타당도로는 '④조금 그렇다'와 '⑤매우 그렇다'를 복수 선택하였음).

둘째, '개선안 3 : 사이시옷 표기 축소'가 가장 적절하기는 하지만 타당도는 '보통이다'라고 선택한 경우이다(N8). 이 응답자의 경우 개선안(선행 요소가 한자어일 때 사이시옷 미표기)과는 달리 "순우리말의 경우만 살리는 것에 찬성"하였고 "이미 굳어진 2음절 혼종 합성어, 한자어 합성어는 사이시옷 표기를 인정하는 규정이 필요하다"는 주장을 하고 있다. 이러한 이유로 개선안에 대한 타당도를 보통 수준으로 평가한 것으로 판단할 수 있다.

끝으로 적절하다고 판단한 개선안에 대한 타당성 점수를 수치화하여 나타내면 <개선안 1> 즉 '한자어 예외 규정 삭제'가 가장 적절하다고 선택한 응답자는 2명이며 타당도 점수는 3.5점이다(5점 1명, 2점 1명). <개선안 2> 즉 '사이시옷 규정 폐지'를 선택한 응답자 역시 3명이며 타당도 점수는 4.7점이다(4점 1명, 5점 2명). <개선안 3> 즉 '사이시옷 규정 축소'를 선택한 응답자는 3명이고 타당도 점수는 3.7점이다(3점 1명, 4점 2명). <개선안 4> 즉 '현행 규정 유지'를 선택한 응답자는 1명으로 타당도 점수는 4점이다.

다음 문항은 사이시옷 규정 개선의 적절한 시기에 대한 질문이다.

(26) 사이시옷 표기 규정 개선 시기에 대한 질문(전문가용)

> **1-2.** 만약 개선이 필요하다면 그 개선이 언제 이루어지는 것이 타
> 당하다고 생각하시는지 자유롭게 적어 주시기 바랍니다.

이에 대한 대답은 다양하였는데 그 결과를 몇 가지로 요약하면 다음과
같다.

(27) 사이시옷 표기 규정 개선 시기에 대한 전문가 응답

| ① 지금도 가능<br>(빠를수록 좋음) | ② 5년 이내 | ③ 기타 | ④ 무응답 |
|---|---|---|---|
| 1(11%) | 2(22%) | 5(56%) | 1(11%) |

(27)을 보면 규정 개선의 시기에 대한 의견은 크게 두 가지로 나뉜다. 첫째,
5년 이내에 규정을 개선하는 것이 좋다는 응답을 들 수 있다. 북한과의 언어
통일을 위해서라도 문제가 되는 규정은 미리 선제적으로 조정하는 것이 필요
하며 사이시옷 관련 규정도 그 일환으로 개선 또는 개정이 필요하다고 본
것이라 할 수 있다. 적어도 5년 안에는 규정을 개선하되(N6) 최소 1~2년간
교육 및 홍보를 통해 그 필요성과 타당성을 알린 뒤 개선을 하는 것이 좋겠다
는 견해도 있었다(N8). 사이시옷 표기를 전면 폐지하는 것이라면 한글 맞춤법
규정을 전반적으로 검토하여 수정할 때 실시해야 하겠지만 부분적인 개선이
라면 지금이라도 가능하다는 의견도 제시되었다(N3). 특히 통일을 대비하기
위해서라도 개선의 시기가 빠르면 빠를수록 좋다는 의견도 주목할 만하다
(N5).

둘째, 구체적인 개선 시기를 지금 당장 정하지 말고 신중하게 고민해야
한다는 응답을 들 수 있다. 즉 현행 규정에 대한 문제 제기는 지금 시작하되
규정 개선의 필요성 및 타당성에 대한 깊이 있는 연구, 한글 맞춤법 규정

전반의 개정 시기, 통일 가능성 및 대중의 호응 등을 다각도로 고려한 후 규정 개선을 시행해야 한다는 의견이라 할 수 있다(N1, N2, N9, N7).

라. 사이시옷 규정 개선안에 대한 기타 의견

질문지의 4부에서는 사이시옷 표기와 관련된 현행 규정 및 규정 개선안에 대한 기타 의견을 자유롭게 기술하도록 하였다. 그 결과를 몇 가지로 정리하면 다음과 같다.

첫째, 사이시옷 관련 현행 규정 유지에 대한 것이다. <한글 맞춤법>의 기본 원칙인 '소리대로'를 고려하면 사이시옷 표기를 축소하거나 폐지하는 방안은 적절하지 않다는 것이다. 언중들이 사이시옷과 관련하여 느끼는 혼란은 대개 표기의 혼란인데 표기의 혼란 때문에 사이시옷 표기를 전면적으로 또는 부분적으로 폐지한다면 읽기의 혼란과 발음의 변화 이로 인한 의미 이해의 혼란이 뒤따르게 될 것이라는 점을 고려해야 한다는 의견이다. 그리고 '길'이나 '법' 등의 이른바 사이시옷 선행 명사 혹은 '數' 같은 그 경향이 강한 단어를 예로 들어 사이시옷 표기에 대한 판단을 유도해서는 안 된다는 것을 강조하였다. 또한 전문 용어의 사이시옷 표기에 대한 저항의 문제는 어떤 규정으로 교육을 받았는지의 세대 차이와 관련된 것이므로 과도 기간(혹은 적응 기간)을 길게 잡음으로써 해결할 수 있는 문제이지 사이시옷 표기를 폐지하거나 축소함으로써 해결해야 할 문제는 아니라고 주장하였다(N1).

둘째, 사이시옷 표기 축소에 따른 굳어진 말의 처리 문제이다. 사이시옷 표기를 축소하는 안이 타당하다고 평가한 응답자 중 이미 굳어진 말을 어떻게 처리할 것인지에 대한 의견을 제시한 경우가 있었다. 현행 규정의 복잡성을 줄이는 방향으로 사이시옷 표기를 축소하는 것은 좋으나 그 결과 이미 굳어진 말의 표기를 수정해야 하는 부담이 뒤따르게 될 것이므로 이에 대한 고려가 필요하다는 것이다(N9, N8). 다만 굳어진 말의 범위를 어디까지 잡을지, 만약 굳어진 말에 대해서는 사이시옷을 표기하도록 한다면 이들 단어를 기술적으로 어떻게 처리할 것인지 등을 과제별로 시나리오화해야 규정 개선에 따른 반발이나 부작용을 줄일 수 있음을 강조한 견해도 주목할 만하다(N9).

셋째, 사이시옷 표기 규정 개선을 위한 발음 사전의 필요성을 제기한 경우이다. 이는 사이시옷 표기를 축소하거나 폐지하려면 더욱 세밀하고 실용적인 발음 사전이 필요하다는 의견이라 할 수 있다. 사이시옷 표기는 발음과도 깊이 연결되어 있기 때문에 전문가 및 언중들의 발음 실태를 고려하여 규정 개선의 부작용을 최소화하는 작업이 필요하다고 본 것이다(N5).

넷째, 사용자를 고려한 한글 맞춤법 규정 전체의 개선이다. 이는 사이시옷 규정뿐 아니라 한글 맞춤법 규정을 사용자 위주로 개정할 필요성을 제기한 것이라 할 수 있다(N2).

### 6.1.3.2. 교사 대상 설문 조사

#### 6.1.3.2.1. 설문 조사 개요

국립국어원(2017)에서는 사이시옷 표기 규정의 개선안을 도출하고 이러한 개선안의 타당성을 검토하여 실행 계획을 수립하기 위해 현직 고등학교 국어 교사들의 의견도 수렴하였다.

설문 조사 대상인 고등학교 국어 교사 집단은 <한글 맞춤법>(1988)을 인지하고 있으며 학생들에게 이를 가르쳐야 하는 입장에 있다는 점에서 준전문가라 할 수 있다.9) 따라서 교사 자신이 사이시옷 규정에 대한 의견과 문제의식을 가지고 있을 뿐만 아니라 10대 청소년들의 규범에 대한 수용도 실태를 상세히 파악하고 있다는 특수성을 지니고 있다.

교사들의 사이시옷 표기 규정 개선을 위한 설문 조사 기간은 2017년 10월

---

9) §1.3에서 살펴본 국립국어원(2014)에서는 교사를 전문가로 간주하고 있다는 사실을 참고할 필요가 있다.

10일에서 20일까지이며 전자 우편을 통해 설문지를 배포하고 회수하였다. 총 100명에게 설문지를 배포하였고 37명으로부터 답변을 받았다. 응답자의 인구학적 배경은 남성 15명, 여성 11명(성별 미표기 1명), 연령은 20대 1명, 30대 8명, 40대 15명, 50대 12명, 지역은 경상도(경남, 부산, 양산)와 전라도(광주, 전주), 경기도(인천, 안산) 등 다양하게 분포되어 있다.

설문 문항 구성은 전문가 집단과 동일하다.

(28)  고등학교 국어 교사 대상 설문 문항 구성

> 1부. 현행 사이시옷 규정 개선의 필요성
> 2부. 사이시옷 규정 개선안의 타당성
> 3부. 사이시옷 규정 개선안의 적절성
> 4부. 사이시옷 규정 개선안에 대한 기타 의견

(28)에서 보는 바와 같이 설문 문항은 크게 위의 네 가지 영역으로 구성하였다. 먼저 사이시옷 표기와 관련된 현행 한글 맞춤법 규정의 개선 필요성에 대해 의견을 개진하도록 하였다. 다음으로는 국립국어원(2017)의 실태 조사 결과를 바탕으로 도출한 사이시옷 규정 개선안 각각의 타당성에 대해 그리고 각각의 개선안의 적절성에 대해 의견을 제시하도록 하였다. 그리고 마지막으로 사이시옷 규정 개선안에 대한 의견을 자유롭게 기술하도록 하였다. 다만 설문 항목에 대한 설명의 경우 전문적인 내용까지 자세히 서술한 전문가 대상 설문과는 달리 교사 대상 설문지는 전문적인 내용은 가급적 줄이고 그 내용을 간략하게 제시하였다는 점에 유의할 필요가 있다.

동일한 문항에 대해 고등학교 교사용 설문지의 구성과 전문가용 설문지의 구성은 다음과 같은 차이를 보인다.

(29) 가. 고등학교 국어 교사 대상 설문 문항의 예

---

**2-2 사이시옷 규정 삭제**

사잇소리 현상은 선행 요소가 고유어이든 한자어이든 동일하게 일어나지만 한자어와 한자어가 결합한 경우에는 사이시옷을 적지 않도록 하고 있기 때문에 언중들의 혼란을 가중시키므로 모든 사이시옷을 밝혀 적지 않는 방안을 생각해 볼 수도 있습니다.

이처럼 사이시옷 표기 규정을 삭제하자는 의견에 동의하십니까?

&lt;개선안 2&gt;
*현행 규정 삭제*

① 전혀 그렇지 않다　② 그렇지 않다　③ 보통이다　④ 조금 그렇다　⑤ 매우 그렇다

---

## 나. 전문가 대상 설문 문항의 예

---

**2-1. 사이시옷 규정 삭제**

사이시옷 표기 자체를 최소화하는 방안은 사이시옷이 사잇소리 현상임을 전제로 한 것입니다. 사잇소리 현상은 선행 요소가 자음으로 끝나든 모음으로 끝나든 일어날 수 있는 현상인데도, 현행 규정에서는 사잇소리 현상이 일어나면서 선행 요소가 모음으로 끝나는 경우에만 사이시옷을 표기하도록 하고 있습니다. 또한 사잇소리 현상은 선행 요소가 고유어이든 한자어이든 동일하게 일어나는 현상인데도 현행 규정에서는 한자어와 한자어가 결합한 경우에는 사잇소리 현상이 일어나더라도 사이시옷을 적지 않도록 하고 있습니다.

따라서 현행 규정은 표기와 발음 사이에 모순을 낳고, 언중들의 혼란을 가중시키므로 모든 사이시옷을 밝혀 적지 않는 방안을 생각해 볼 수도 있습니다. 이 방법은 고유어이든 한자어이든 표기의 모순 문제를 일제 일으키지 않고 표기상의 사이시옷 때문에 발생하는 발음의 불일치 문제도 해결할 수 있습니다. 더불어 북한의 경우 3개의 단어만을 예외로 두고 사이시옷을 받쳐 적지 않는 표기법을 따르고 있다는 점도 고려해 볼 수 있습니다. 이처럼 사이시옷 표기 자체를 최소화하여 언중들의 혼란을 줄이자는 &lt;개선안 2&gt;와 그 개선 결과가 타당하다고 생각하십니까?

&lt;개선안 2&gt;
*현행 규정 삭제*

&lt;개선안 2&gt;의 개선 결과

| 현행 | | | 개선 후 | | |
|---|---|---|---|---|---|
| 뭇국　바닷가　깻잎　나뭇잎　막냇동생 | | | 무국　바다가　깨잎　나무잎　막내동생 | | |
| 깃발　호숫가　대푯값　등굣길　개밋과 | | | 기발　호수가　대표값　등교길　개미과 | | |
| 곳간　셋방　숫자　찻간　툇간　횟수 | | | 고간　세방　수자　차간　퇴간　회수 | | |

① 전혀 그렇지 않다　② 그렇지 않다　③ 보통이다　④ 조금 그렇다　⑤ 매우 그렇다

**2-2. &lt;개선안 2&gt;에 대해 보다 구체적인 조언을 부탁드립니다.**

---

### 6.1.3.2.2. 설문 조사 결과 분석

#### 가. 현행 사이시옷 규정의 개선 필요성

첫 번째 문항은 현행 사이시옷 규정을 수정할 필요성에 대한 질문인데 이를 제시하면 다음과 같다.

(30) 현행 사이시옷 규정 수정의 필요성에 대한 질문(고교 교사용)

> 다음은 현행 한글 맞춤법의 사이시옷 관련 규정 내용입니다. 이 조항의 내용을 수정할 필요가 있다고 생각하십니까?
>
> 제30항 사이시옷은 다음과 같은 경우에 받치어 적는다.
> 1. 순우리말로 된 합성어로서 앞말이 모음으로 끝난 경우
>    (1) 뒷말의 첫소리가 된소리로 나는 것
>    (2) 뒷말의 첫소리 'ㄴ, ㅁ' 앞에서 'ㄴ' 소리가 덧나는 것
>    (3) 뒷말의 첫소리 모음 앞에서 'ㄴㄴ' 소리가 덧나는 것
> 2. 순우리말과 한자어로 된 합성어로서 앞말이 모음으로 끝난 경우
>    (1) 뒷말의 첫소리가 된소리로 나는 것
>    (2) 뒷말의 첫소리 'ㄴ, ㅁ' 앞에서 'ㄴ' 소리가 덧나는 것
>    (3) 뒷말의 첫소리 모음 앞에서 'ㄴㄴ' 소리가 덧나는 것
> 3. 두 음절로 된 다음 한자어
>    곳간(庫間)   셋방(貰房)   숫자(數字)
>    찻간(車間)   툇간(退間)   횟수(回數)
>
> ① 전혀 그렇지 않다 ② 그렇지 않다 ③ 보통이다 ④ 조금 그렇다
> ⑤ 매우 그렇다

이에 대한 구체적인 설문 조사 결과를 정리하면 다음과 같다.

(31)  현행 사이시옷 규정 수정의 필요성에 대한 고교 교사 응답

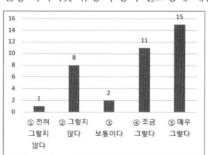

(31)을 보면 알 수 있는 바와 같이 현행 사이시옷 규정의 개정 필요성에 대하여 응답자 70%(26명)가 '필요가 있다(매우 그렇다, 조금 그렇다 포함)'고 답하였고 24%(9명)가 '필요가 없다(전혀 그렇지 않다, 그렇지 않다 포함), 5%(2명)은 '보통이다'라고 답하였다.

규정의 개선이 필요하다고 본 응답자가 다수를 차지하며 그 이유를 몇 가지로 정리하면 다음과 같다. 첫째, 사이시옷 규정 자체의 난해함이다. 응답자들은 사이시옷 규정 자체가 지나치게 복잡하고 언어 사용자가 이해하기에는 어려우므로 언중들이 알기 쉽게 규정을 간소화, 단순화하는 것이 필요하다고 보았다(N23, N6, N14, N36, N30). 복잡한 규정 자체가 도리어 언어 사용자에게 혼란을 초래한다는 것이다.

둘째, 사이시옷 규정 적용의 어려움이다. 사이시옷 규정을 숙지하고 있는 사람일지라도 실제 언어생활에서 사이시옷을 적용하기란 상당히 까다롭고 번거로운 일이라는 의견이 있었다. 즉 개별 단어에 사이시옷을 적기 위해서는 단어의 합성어 여부를 판단할 수 있어야 하고(N17), 어종을 구분해야 한다는 복잡함과 번거로움(N8, N17)이 문제라는 것이다. 또한 사잇소리 현상이 나타나는 경우에도 표기 규정에 따라 사이시옷을 적는 경우와 적지 않는 경우가 발생하므로 규정을 정확하게 숙지하고 있지 않으면 실제 언어생활에서 혼란을 줄 수 있다고 판단하였다(N17).

셋째, 한자어 관련 조항에 대한 반감이다. 사이시옷 규정 개선의 필요성을 주장하는 응답자들의 대다수가 한자어 예외 조항에 대한 반감을 표시하였다. 한자어 예외 조항의 근거가 없고(N36, N33, M31, N8, N27, N5, N10, N29, N37), 발음과 무관하게 예외인 단어들을 암기해야 하는 것은 문제라고 생각하는 것임을 알 수 있다(N12, N13). 또한 같은 환경에서 같은 음운 변동이 일어난다면 일관성 있게 표기하는 것이 적합하므로 한자어 예외 조항은 삭제되어야 하며(N36) 두 음절 한자의 경우, 현실음을 살려 더 적극적으로 사이시옷을 적으면 좋겠다는 의견도 있었다(N16).

넷째, 규정 자체에 대한 의문이다. 이는 사이시옷 표기 규정 자체에 대한 의문을 제기하며 이 조항이 개선될 필요성이 있다고 본 것이다. 한국어 음운 변동에서 소리가 첨가되거나 교체되는 현상에 대해서는 표기에 반영하지 않으므로 굳이 사이시옷만 적을 이유는 없다고 주장한 경우도 있었고(N28), 소리 나는 대로 적는 원칙과 어법에 맞게 적는 원칙 어디에도 딱 떨어지는 규정이 아니므로 개선될 필요가 있다고 하였다(N6). 한편 한국어 어휘 체계 내에서는 한자어의 비중이 높은데 순우리말과 한자어를 구분하는 것 자체가 큰 의미가 있는지 의문이며 어문 규정에서 두 가지를 구분한 것이 문법 체계를 더욱 복잡하게 만든다는 주장도 있었다(N20).

다섯째, 사이시옷 표기에 대한 어색함이다. 사이시옷 규정의 개선 이유로 '등굣길, 최솟값, 최댓값, 순댓국' 등 '한자어+고유어' 합성어의 표기가 어색하기 때문이라는 주장도 있었다(N22, N2). 그리고 사이시옷을 표기함으로써 어휘 의미가 모호해지는 경우도 있고 경제성도 떨어진다고 주장하기도 하였다. 예컨대 '장마비, 장미빛, 등교길'로 표기해도 의미 전달에 전혀 문제가 없으므로 굳이 사이시옷을 표기할 필요가 없다고 본 것이다(N2).

한편 사이시옷 규정은 개선될 필요가 없다고 답한 응답자 9명 중, 구체적인 이유를 제시한 응답자는 1명뿐이었다. '그렇지 않다'로 답한 응답자는 '현행대로 유지하며 차차 교육을 통해 정착시켜 나가면 된다'라고 주장하였다(N3).

## 나. 사이시옷 규정 개선안의 타당성

다음은 <개선안 1> 즉 한자어 예외 규정 삭제의 타당성에 대한 질문이다.

(32) 한자어 예외 규정 삭제안의 타당성에 대한 질문(고교 교사용)

> 6개의 예외 단어를 설정하는 특정한 기준이 없고, 사이시옷 표기 실태를 조사한 결과 한자어로 된 합성어의 오류율은 연도별 오류율 변화(오르내림)가 다른 어종에 비해 심한 편이므로, 언중들의 혼란을 가중시키고 있습니다.
> (예) 셋방/전세방, 찻간/기차간 등
> 따라서 아래와 같이 한자어의 사이시옷 표기를 여섯 개로 한정하는 예외 조항을 삭제하여, 한자어의 사이시옷 표기를 아예 없애는 방안을 생각해 볼 수 있습니다. 이에 동의하십니까?
>
> **<개선안 1>**
>
> > 제30항 사이시옷은 다음과 같은 경우에 받치어 적는다.
> > 1. 순우리말로 된 합성어로서 앞말이 모음으로 끝난 경우
> >  (1) 뒷말의 첫소리가 된소리로 나는 것
> >  (2) 뒷말의 첫소리 'ㄴ, ㅁ' 앞에서 'ㄴ' 소리가 덧나는 것
> >  (3) 뒷말의 첫소리 모음 앞에서 'ㄴㄴ' 소리가 덧나는 것
> > 2. 순우리말과 한자어로 된 합성어로서 앞말이 모음으로 끝난 경우
> >  (1) 뒷말의 첫소리가 된소리로 나는 것
> >  (2) 뒷말의 첫소리 'ㄴ, ㅁ' 앞에서 'ㄴ' 소리가 덧나는 것
> >  (3) 뒷말의 첫소리 모음 앞에서 'ㄴㄴ' 소리가 덧나는 것
> > 3. 해당 규정 삭제
>
> ① 전혀 그렇지 않다  ② 그렇지 않다  ③ 보통이다  ④ 조금 그렇다
> ⑤ 매우 그렇다

이에 대한 구체적인 설문 조사 결과를 정리하면 다음과 같다.

(33) 한자어 예외 규정 삭제안의 타당성에 대한 고교 교사 응답

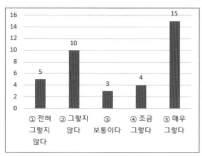

(33)을 보면 한자어의 사이시옷 표기를 여섯 개로 한정하는 예외 조항을 삭제하여 한자어의 사이시옷 표기를 아예 없애는 개선안에 대해 긍정적으로 답한 응답자는 19명(51.4%), 부정적으로 답한 응답자는 15명(40.5%)으로 긍정적 의견을 보인 경우가 약간 많은 것으로 나타났다.

다음은 <개선안 2> 즉 사이시옷 표기 폐지의 타당성에 대한 질문이다.

(34) 사이시옷 표기 폐지안의 타당성에 대한 질문(고교 교사용)

> 사잇소리 현상은 선행 요소가 고유어이든 한자어이든 동일하게 일어나지만 한자어와 한자어가 결합한 경우에는 사이시옷을 적지 않도록 하고 있기 때문에 언중들의 혼란을 가중시키므로 모든 사이시옷을 밝혀 적지 않는 방안을 생각해 볼 수도 있습니다.
> 이처럼 사이시옷 표기 규정을 삭제하자는 의견에 동의하십니까?
>
> **<개선안 2>**
>
> | 현행 규정 삭제 |
> |---|
>
> ① 전혀 그렇지 않다  ② 그렇지 않다  ③ 보통이다  ④ 조금 그렇다
> ⑤ 매우 그렇다

이에 대한 구체적인 설문 조사 결과를 정리하면 다음과 같다.

(35) 사이시옷 표기 폐지안의 타당성에 대한 고교 교사 응답

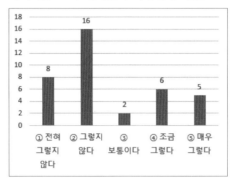

(35)에서 볼 수 있는 바와 같이 사이시옷 표기 자체를 아예 없애 언중들의 혼란을 줄이자는 개선안에 대해서는 부정적 견해가 24명(64.9%), 긍정적 견해가 11명(29.7%)이었다. 사이시옷 표기 규정을 삭제하는 개선안에 대해서는 부정적 평가가 압도적으로 많았음을 알 수 있다.

다음은 <개선안 3> 즉 사이시옷 표기 축소(선행 요소가 한자어인 경우 사이시옷 미표기)의 타당성에 대한 질문이다.

(36) 사이시옷 표기 축소안의 타당성에 대한 질문(고교 교사용)

지난 10년간의 사이시옷 표기 실태를 어종별로 조사한 결과, 선행 요소가 한자어인 경우의 오류율이 특히 높음을 확인할 수 있었습니다.

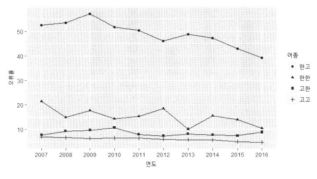

<그림> 어종에 따른 연도별 오류율 추이

**<개선안 3>**

제30항 사이시옷은 앞말이 순우리말이고 모음으로 끝나는 합
　　　성어 가운데 다음과 같은 경우에 받치어 적는다.
1. 뒷말의 첫소리가 된소리로 나는 것
2. 뒷말의 첫소리 'ㄴ, ㅁ' 앞에서 'ㄴ' 소리가 덧나는 것
3. 뒷말의 첫소리 모음 앞에서 'ㄴㄴ' 소리가 덧나는 것

그러므로 선행 요소가 한자어인 경우에 사이시옷을 표기하지 않는 것으로 다음과 같이 현행 규정을 일부 수정한다면 혼란을 다소 줄일 수 있을 것입니다. 이러한 의견에 동의하십니까?

① 전혀 그렇지 않다  ② 그렇지 않다  ③ 보통이다  ④ 조금 그렇다
⑤ 매우 그렇다

이에 대한 구체적인 설문 조사 결과는 다음과 같다.

(37) 사이시옷 표기 축소안의 타당성에 대한 고교 교사 응답

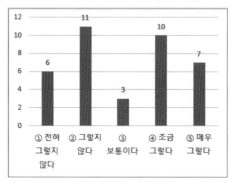

(37)을 보면 전문가 대상 설문 조사 결과와 마찬가지로 교사 대상 설문 조사에서도 '사이시옷 표기 축소'안의 타당성에 대해 긍정적으로 평가한 응답자와 부정적으로 평가한 응답자가 각각 17명(45.9%)으로 대등한 수치를 보였다. 보통으로 평가한 응답자는 3명(8.1%)이었다.

다음은 <개선안 4> 즉 사이시옷 표기와 관련된 현행 규정을 유지하는 안의 타당성에 대한 질문이다.

(38) 현행 사이시옷 표기 규정 유지안의 타당성에 대한 질문(고교 교사용)

> 표기 실태 조사 결과 지난 10년간의 사이시옷 표기의 오류율은 전반적으로 낮아지고 있는 추세임을 확인할 수 있었습니다.
>
> 이를 고려할 때 현행 규정을 그대로 유지하되 규정에 대한 교육과 홍보를 효과적으로 시행하는 방안을 모색하는 것이 합리적이라는 의견이 있습니다. 이에 동의하십니까?

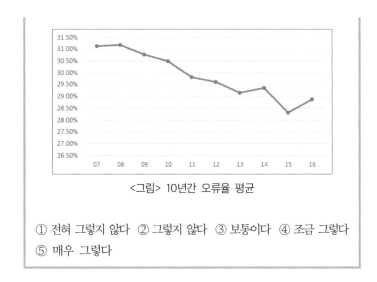

<그림> 10년간 오류율 평균

① 전혀 그렇지 않다  ② 그렇지 않다  ③ 보통이다  ④ 조금 그렇다
⑤ 매우 그렇다

이에 대한 구체적인 설문 조사 결과를 정리하면 다음과 같다.

(39) 현행 사이시옷 표기 규정 유지안의 타당성에 대한 고교 교사 응답

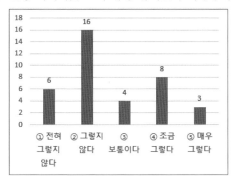

(39)를 보면 알 수 있는 바와 같이 '현행 규정을 유지'하는 개선안에 대해서
는 부정적으로 평가(전혀 그렇지 않다, 그렇지 않다)한 응답자가 22명(59.4%), 긍정
적으로 평가한 응답자가 11명(29.7%)으로, 부정적 의견이 2배로 많이 나타났
다. 타당도를 중간(보통이다)으로 평가한 응답자는 4명(10.8%)이었다. 현행 사

이시옷 규정 개선의 타당성을 물었을 때 '필요가 있다(매우 그렇다, 조금 그렇다 포함)'고 답한 응답자가 26명(70.3%)이었던 것과도 같은 맥락에서 해석할 수 있다. 현행 규정 자체의 난해함과 규정 적용의 어려움 등을 고려했을 때 현행 규정을 그대로 유지하는 것보다는 어떤 방식으로든 규정을 수정, 보완할 필요가 있다고 인식한 결과라고 해석할 수 있다.

이상 네 가지 개선안의 타당도를 설문 조사한 결과를 바탕으로 전문가의 경우와 마찬가지로 각 개선안의 선호도를 점수화하여 어느 개선안이 가장 선호도가 높은지 분석해 보았다. 설문 조사에서는 각각의 개선안에 대한 선호도를 리커트 5점 척도로 나타내도록 하였다. 이에 ① 전혀 그렇지 않다를 '1점', ⑤ 매우 그렇다를 '5점'으로 환산하여 선호도 점수를 수치화하였다. 그 결과 사이시옷 규정 개선안의 타당성에 대한 선호도 평균 점수는 '한자어 예외 규정 삭제(개선안 1 /3.4점) 〉 사이시옷 규정 축소(개선안 3 / 3.0점) 〉 현행 규정 유지(개선안 4 / 2.62점) 〉 사이시옷 규정 폐지(개선안 2 / 2.57점)' 순으로 나타났다.

이를 전문가 대상 설문 조사 결과와 비교해 볼 때 '사이시옷 규정 축소(개선안 3)'에 대한 선호도가 상대적으로 높다는 점에 주목할 만하다. 전문가들이 개선안 3에 대해 가장 낮은 선호도를 보인 데 반해 교사 집단에서는 한자어 뒤에서 사이시옷을 표기하지 말자는 개선안을 선호하고 있는 것이다. 교사 집단의 설문 조사 결과를 종합하면 현행 규정의 문제점에 충분히 공감하고 개선 또는 개정이 필요함을 주장하지만 현행 규정을 완전히 폐지하는 것(개선안 2)보다는 현행 규정의 틀을 유지하는 선에서의 개선(개선안 1, 개선안 3)을 선호한다는 것으로 분석된다.

이러한 타당도 순위가 함의하는 바는 다음과 같다. 첫째, 개선안 중 가장 최소한의 수정이라고 볼 수 있는 '한자어 예외 규정 삭제(개선안 1)'이 가장 선호되는 것으로 보아 응답자들은 최소 수정을 통해 현행 규정을 보완하고 언어 사용자들의 편의를 도모하고자 한다고 판단할 수 있다. 이러한 결과는 전문가 대상 설문 조사 결과와도 일치하는 것이다. 사이시옷 규정이 갖는 모순점이나 규정 적용의 문제를 고려할 때 규정의 개정 또는 개선이 필요하지만 현행 규정을 대폭 수정하는 것보다는 규정의 큰 틀은 유지하면서 문제를 개선하는 것이 현실적이라고 인식한 것이다.

둘째, '사이시옷 규정 축소안(개선안 3)'에 대한 선호도가 2위로 나타난 것 역시 같은 맥락에서 이해할 수 있다. 현행 규정을 개선하되 전면적인 수정보다는 현행 규정의 적용 범위를 축소하는 방법을 선호하는 것이다. 응답자 중 다수가 현행 규정의 한자어 뒤의 사이시옷 표기가 주는 어색함 또는 표기상의 오류 문제를 지적하고 있는데 <개선안 3>이 이 문제를 해소할 수 있는 가장 현실적인 방법이라고 이해한 것임을 알 수 있다.

셋째, 사이시옷 규정 개선의 필요성을 인정하면서도('사이시옷 규정 개선의 필요성' 문항에 대한 선호도 점수는 평균은 3.8점으로 매우 높게 나타났음) '사이시옷 규정 폐지안(개선안 2)'보다 '현행 규정 유지(개선안 4)를 선호한 것으로 보아 규정을 전면 폐지했을 때 언중들이 갖게 되는 또 다른 혼란을 우려하고 있음을 알 수 있다. 물론 <개선안 2>와 <개선안 4>에 대한 선호도 차이가 크지는 않으나 현행 규정을 유지하는 안을 선호한다는 것은 흥미로운 결과라고 할 수 있다. 현행 규정 유지를 찬성하는 응답자들은 현행 규정에 대한 교육의 효과가 어느 정도 있으며 언중들이 혼란을 느끼고 있기는 하지만 현행 규정을 적용한 표기에 대해 어느 정도의 익숙함도 가지고 있음을 강조한 바 있다. 따라서 규정을 폐지함으로써 새로운 규정과 표기에 대해 교육해야 하는 부담 그리고 교육 대상자인 학생들이 느껴야 하는 혼란을 우려하고 있는 것이라 할 수 있다.

다. 사이시옷 규정 개선안의 적절성

다음 문항은 사이시옷 규정 개선안 네 가지 중 가장 적절한 개선안을 선택하는 질문에 해당한다.

(40) 사이시옷 표기 규정 개선안의 적절성에 대한 질문(고교 교사용)

> 위에서 제시한 개선안 중, 가장 적절한 개선안으로 생각되는 것을 고르고 그렇게 생각하신 이유를 적어 주시기 바랍니다.

이에 대한 구체적인 설문 조사 결과를 정리하면 다음과 같다.

(41) 사이시옷 표기 규정 개선안의 적절성에 대한 고교 교사 응답

| 개선안 | 수(비율) |
|---|---|
| ① 한자어 예외 규정 삭제 | 13(35%) |
| ② 사이시옷 표기 폐지 | 4(11%) |
| ③ 사이시옷 표기 축소 | 9(24%) |
| ④ 현행 규정 유지 | 8(22%) |
| ⑤ 기타 | 3(8%) |
| 계 | 37(100%) |
| * 무응답 1명, 복수응답 1명 | |

(41)에서 보는 바와 같이 '한자어 예외 규정 삭제(개선안 1) >사이시옷 규정 축소(개선안 3) >현행 규정 유지(개선안 4) >사이시옷 규정 폐지(개선안 2)' 순으로 응답자 수가 많았다. 이는 앞에서 조사한 각각의 개선안에 대한 타당도 평가 점수 순위와도 일치하는 것이라는 점에서 의미가 있어 보인다.

현행 규정에서 한자어 예외 조항만을 삭제하는 <개선안 1>을 선택한 응답자(13명, 35.1%)들은 주로 예외 조항이 주는 혼란을 그 근거로 들었다는 것이 특징이다. 규칙에 예외가 많으면 혼란스럽고(N7, N10, N21, N27) 예외를 인정한 기준이 모호하며(N29, N31) 예외가 되는 단어들을 암기해야 하는 부담이 크다(N19)는 의견은 모두 이러한 점에서 공통된다. 따라서 규정 자체가 다소 규칙적이지 않고(N35) 어종에 대한 정보를 필요로 한다는 점에서 언어 사용자들에게 스트레스를 유발하기는 하지만(N36) 현재 널리 사용되고 있는 표기까지 다 고쳐가면서 규정을 전반적으로 바꾸는 것은 불필요하고(N35) 언어의 안정

성 면에서도 바람직하지 않다(N36)는 의견이 제시되었다.

사이시옷 표기를 축소하는 방안 즉 선행 요소가 한자어일 때에는 사이시옷을 적지 않도록 하는 <개선안 3>을 선택한 응답자는 9명(24.3%)으로 나타났다. <개선안 3>을 선택한 응답자들은 선행 요소가 한자어인 경우가 사이시옷 표기상의 오류가 높고(N6, N37) 사이시옷 표기에 대해 어색함을 느끼는 비율이 높다(N22, N34)는 점을 그 근거로 들고 있다. 한자어의 사이시옷 표기 오류가 줄어든 것은 암기식으로 교육된 결과(N24)일 뿐이라는 의견도 있었다. 다만 사이시옷 표기 규정 자체를 삭제하게 되면 언중들의 언어생활이 갑자기 바뀌어 더 큰 혼란을 낳을 것이므로(N37) 사이시옷 표기 규정을 폐지하는 것보다는 사이시옷 표기를 축소함으로써 표기 규정을 단순화하는 방안이 가장 현실적이고 적절하다고 한 점을 고려할 필요가 있다.

현행 규정을 유지하는 방안(개선안 4)이 가장 적절하다고 본 응답자 역시 8명으로 전체 응답자의 21.6%를 차지하고 있다는 점도 주목할 필요가 있다. 그 근거로는 현행 규정이 까다로운 면은 있지만 현행 교육과정 속에서 교육이 잘 이루어지고 있고(N4) 언중들이 현행 규정에 어느 정도 익숙해져 있으며(N32) 사이시옷 표기의 오류 비율이 낮아지고 있는 추세(N9)라는 점을 들었다. 현행 규정을 바꾸게 되면 '곳간, 숫자, 셋방, 횟수' 등 언어공동체 안에서 이미 익숙해진 표현들을 새롭게 익혀야 하는데 이는 발음과 표현의 괴리로 더 큰 혼란을 일으킬 수 있고 '수자, 회수' 등의 경우 동음이의어 문제를 가져올 수도 있다는 것이다(N11). 그 외에도 일부 수정이든 전면 삭제이든 이에 따른 혼란은 불가피하며 새로운 규정을 적용했을 때 개별 사례에 대한 불편과 문의가 많을 것이라는 의견(N18)도 있었다. 따라서 규정을 일부 수정하거나 폐지하는 것보다는 교육과 홍보를 통해 현행 규정의 정착을 유도하는 것이 현실적이라는 의견(N3)도 있었다.

사이시옷 규정을 전면적으로 폐지하는 <개선안 2>를 선택한 응답자들은 표기 생활의 통일성(N8)과 고유어와 한자어의 구분 능력 부족에 따른 혼란을 줄일 수 있다는 점(N28) 그리고 표기법이 단순할수록 언어생활이 편리하므로 (N15) 고유어와 한자어를 구분하지 않고 사이시옷을 언제나 적지 않는 규정이 가장 합리적(N17)이라는 의견을 제시하였다.

한편 기타 의견으로 '한자어+한자어'의 경우에는 사이시옷을 적지 않는다는 규정을 삭제하자는 것, 다시 말해 한자어 합성어 내에도 현실음을 살려 사이시옷을 표기하도록 하자는 주장도 있었다(N16). 그 외에 고유어와 한자어의 구분을 없애고 현행대로 사이시옷을 표기하도록 하자는 기타 의견도 있었다(N20).

전문가의 경우와 마찬가지로 국립국어원(2017)에서는 개선안의 적절성과 타당도의 상관관계를 분석해 보았다. 앞서 응답자들에게 개선안에 대한 타당도를 5점 척도로 질문하였는데 이는 각각의 개선안에 대한 타당도가 네 가지 개선안 중 가장 적절한 개선안을 선택하는 데 어떤 영향을 미쳤는지 파악해 보기 위한 것이다. 응답자에 따라 가장 타당하다고 여긴 개선안을 가장 적절한 개선안으로 선택했을 수도 있으나 이러한 관계가 일치하지 않을 수도 있다고 가정했기 때문이다.

다음은 응답자별로 '가장 적절한 개선안'으로 선택한 것과 그 선택지에 대한 타당도 표기를 정리한 것이다.

(42) 고교 교사 응답에서 개선안의 적절성과 타당성의 상관관계

| 응답자 | 타당도 / 적절성 | ① 전혀 그렇지 않다 | ② 그렇지 않다 | ③ 보통이다 | ④ 조금 그렇다 | ⑤ 매우 그렇다 |
|---|---|---|---|---|---|---|
| N5 | 개선안1 | | | | | √ |
| N7 | | | | | | |
| N10 | | | | | | √ |
| N12 | | | | | √ | |
| N19 | | | | | | √ |
| N21 | | | | | | √ |
| N25 | | | | | √ | |
| N27 | | | | | | √ |

| 응답자 | 타당도 적절성 | ① 전혀 그렇지 않다 | ② 그렇지 않다 | ③ 보통이다 | ④ 조금 그렇다 | ⑤ 매우 그렇다 |
|---|---|---|---|---|---|---|
| N29 | | | | | √ | |
| N31 | | | | | | √ |
| N33 | | √ | | | | |
| N35 | | | | | | √ |
| N36 | | | | | √ | |
| N8 | 개선안2 | | | | | √ |
| N15 | | | | | | √ |
| N17 | | | | | √ | |
| N28 | | | | | | √ |
| N2 | 개선안3 | | | | | √ |
| N6 | | | | | √ | |
| N13 | | | | | | √ |
| N14 | | | | | | √ |
| N22 | | | | | | √ |
| N23 | | | | | | √ |
| N24 | | | | | | √ |
| N34 | | | | | √ | |
| N37 | | | | | √ | |
| N2 | 개선안4 | | | | | √ |
| N3 | | | | | √ | |
| N4 | | | | | √ | |
| N9 | | | | | √ | |
| N11 | | | | | √ | |
| N18 | | | | | | √ |
| N26 | | | | | √ | |
| N32 | | | | | | √ |
| N16 | 기타 | | | | | |
| N20 | | | | | | |
| N30 | | | | | | |
| N1 | 무응답 | | | | | |

(42)를 보면 적절성과 타당도의 상관관계를 다음과 같이 분석할 수 있다. 37명의 응답자 중 3명은 ⑤기타를 선택하였고 1명은 응답하지 않았다. 그리고 응답자 3명은 적절한 개선안을 2개 선택하였다(복수 응답). 이상 34건의 응답 중 33건의 경우 타당도와 적절성의 관계는 대체로 비례하는 것이라 할 수 있다. 즉 대부분의 응답자들은 2번 문항에서 타당성이 있다고 판단한 개선안을 '가장 적절하다'고 평가한 것이다.

(42)에서 확인할 수 있는 바와 같이 타당도와 적절성이 비례하지 않는 경우(N33)도 없는 것은 아니다. 이 응답자의 경우 가장 적절한 개선안의 경우 '개선안 1 : 한자어 예외 규정 삭제'를 선택하였으나 이 안에 대한 타당도는 '① 전혀 그렇지 않다'로 낮게 평가하였기 때문이다. 이는 N33 응답자가 한자어 예외 조항을 삭제하여 한자어 합성어의 경우 사이시옷 표기를 일관되게 하지는 것에는 동의하지만 '한자어 합성어의 경우에는 모두 사이시옷을 적지 않는' 것에는 동의하지 않는 것이라고 해석할 수 있다. N33 응답자의 주관식 답변('한자어 결합에서도 사잇소리 현상이 일어나는 경우 사이시옷을 표기하여 사잇소리 현상의 의미 분화 기능을 표기로 보여 주는 것이 좋다', '사이시옷 표기 규정을 삭제하는 것보다 예외 규정을 삭제하여 일관된 원칙을 만드는 것이 더 효과적이다.')에서도 이러한 입장을 확인할 수 있다.

N33 응답자의 경우 각 개선안의 타당도를 점검하는 2번 문항에서 4개 개선안 중 3개 안의 타당도를 '전혀 그렇지 않다'로 매우 낮게 평가하였으나 '현행 규정 유지'에 대해서만 '조금 그렇다'로 평가하였다. 이는 가장 적절한 개선안을 선택하는 3번 문항의 응답 결과와 주관식 의견이 상충되는 것이라고 할 수 있다.

N29의 경우 <개선안 1>을 가장 적절한 안으로 선택하고 이에 대한 타당도 평가는 '④조금 그렇다'로 비교적 높게 평가하였다. 그러나 2번 문항에서 개별 개선안의 타당도를 평가할 때에는 개선안 3에 가장 높은 점수를 부과하였다(개선안 3의 타당도는 '⑤매우 그렇다'로 평가함).

마지막으로 전체 응답자들이 가장 적절하다고 판단한 개선안에 대해 부과한 타당도 점수를 수치화하여 나타내면 다음과 같다. 먼저 <개선안 1> 즉 '한자어 예외 규정 삭제'가 가장 적절하다고 선택한 응답자는 13명이며, 이중 무응답자 1명을 제외한 12명의 타당도 점수는 4.3점(5점 7명, 4점 4명, 1점 1명)이다. 다음으로 <개선안 2> 즉 '사이시옷 규정 폐지'를 선택한 응답자는 4명이며 타당도 점수는 4.75점(5점 3명, 4점 1명)이다. 한편 <개선안 3> 즉 '사이시옷 규정 축소'를 선택한 응답자는 9명이고 타당도 점수는 4.67점(5점 6명, 4점 3명)이다. 마지막으로 <개선안 4> 즉 '현행 규정 유지'를 선택한 응답자는 8명으로 타당도 점수는 4.38점(5점 3명, 4점 5명)이다.

개선안별 적절성과 타당성을 조사하였을 때 <개선안 1>에 대한 적절성이 가장 높게 평가되었다. 그러나 타당성 조사 결과에서는 <개선안 1>이 가장 낮은 점수를 보이고 있다는 점은 주목할 만하다. 이는 앞에서 언급하였듯이 N33 응답자가 개선안 1을 가장 적절한 안으로 선택한 반면 개선안 1에 대한 타당도 점수를 낮게 부과한 결과라고 할 수 있다.

### 라. 사이시옷 규정 개선안에 대한 기타 의견

전문가의 경우와 마찬가지로 고교 교사의 설문 4부에서도 사이시옷 표기와 관련된 현행 규정 및 규정 개선안에 대한 기타 의견을 자유롭게 기술하도록 하였다. 이를 몇 가지로 정리하면 다음과 같다.

첫째, 표기 원칙의 일관성 고수이다. 규칙이란 예외가 없을수록 바람직하므로 고유어이든 한자어이든 사잇소리 현상이 나타나는 단어라면 모두 사이시옷을 받쳐 쓰는 것이 좋다는 의견이 제기되었다. 이것이 표기와 현실 발음이 유리되지 않도록 하는 방법이기 때문이라는 것이다(N22, N29).[10] 현행 한자어 예외 규정을 삭제한다면 좀 더 일관된 원칙을 만들 수 있다고 본 것도

---

10) 이러한 의견은 전문가의 의견에서도 찾을 수 있었다.

(N34) 역시 표기 원칙의 일관성 측면에서 바라볼 수 있다.

둘째, 언어 관습을 존중한 개선안 도출이다. 표기 원칙의 일관성을 고수해야 한다는 주장과는 반대로 언어 관습도 중요하므로 언어 관습과 표기 원칙의 일관성을 적절히 조화시켜 개선안을 만들어야 한다는 의견이 제시되었다 (N23).

셋째, 사이시옷 규정의 간소화이다. 발음에서 나타나는 사잇소리가 표기되지 않을 때 생기는 인식의 혼란을 고민하여 개선안이 마련되어야 한다는 주장이 있었다(N17). 사잇소리 현상은 수의적이므로 표기 규정에서는 필연적인 부분만을 확정해 주는 쪽으로 정해지면 좋겠다는 견해라고 할 수 있다. 한편 현행 사이시옷 표기 규정은 지나치게 복잡해 보이므로 다음과 같이 간략화되어 제시되었으면 좋겠다는 주장이 있었다(N30).[11]

(43) 현행 사이시옷 표기 규정에 대한 간소화 방안

> 제30항 사이시옷은 앞말이 모음으로 끝나는 합성어인 경우에 받치
>        어 적는다.
> 1. 뒷말의 첫소리가 된소리로 나는 것
> 2. 뒷말의 첫소리 'ㄴ, ㅁ' 앞에서 'ㄴ' 소리가 덧나는 것
> 3. 뒷말의 첫소리 모음 앞에서 'ㄴㄴ' 소리가 덧나는 것
> 단, 앞말과 뒷말이 모두 한자어인 경우는 사이시옷을 적지 않는다.

넷째, 지속적인 맞춤법 교육 및 홍보 확대이다. 사이시옷 오류는 지속적인 교육과 홍보를 통해 줄일 수 있다는 주장이 있었다(N20, N33). 규정을 개선하기보다는 현행 규정이 '원칙'에 가깝다면 현행 사이시옷 규정을 좀 더 홍보하는 데 주력해야 한다는 것이다.

---

11) 물론 구체적인 예들을 제시할 때 어종에 따른 구별이 필요하겠지만 (42)는 결국 '한자어+한자어'인 경우에만 사이시옷을 적지 않는다는 사실을 부각한 것이라 할 수 있다.

다섯째, 규정 개선에 대한 반대이다. 표기 규정에서 사이시옷의 표기 여부는 사잇소리 현상을 전제하는 것이므로 사이시옷을 적든 적지 않든 언어생활에서 혼란을 일으키는 것은 같다고 보는 견해도 있었다. 즉 사이시옷 표기 자체가 안고 있는 문제는 표기법으로 처리될 성질이 아니라고 본 것이다. 또한 규정 개선으로 인해 세대 간 간극이 생길 수 있으므로 세세한 부분의 규정 변화는 바람직하지 않다는 의견(N25)도 제시되었다.

여섯째, 기타 의견으로 사이시옷 규정을 유지하는 경우 사이시옷이 통시적 관점에서 비롯된 것(관형격 조사 'ㅅ')임을 규정에 언급하여야 하며(N11) 사이시옷 개선안을 만들기 전에 순우리말과 한자어를 구분하는 문제, 일부 한자어만을 예외적으로 인정하는 문제, 사잇소리를 표기에 반영할 것인지의 문제 중 어떤 것이 우선적으로 고려되어야 하는지에 대한 합의가 선결되어야 한다는 의견이 제시되었다(N17).

### 6.1.3.3. 전문가와 교사 대상 설문 조사 결과 비교

#### 6.1.3.3.1. 현행 사이시옷 개정의 필요성

현행 사이시옷 규정의 개정 필요성에 대하여 전문가 집단은 9명 중 7명(약 78%)이, 교사 집단은 37명 중 26명(약 70%)이 '필요가 있다(매우 그렇다, 조금 그렇다 포함)'고 답하였다. 두 집단의 응답자 대다수가 사이시옷 규정의 문제점에 동의하고 개정이 필요하다고 답한 것이다. 이는 국립국어원(2014)와도 일치하는 결과임을 알 수 있다.

두 집단의 응답자들이 사이시옷 규정을 개정할 필요가 있다고 응답한 가장 대표적이고 공통적인 근거는 '사이시옷 규정의 난해함'에서 비롯된 언중들의 혼란이다. 현행 사이시옷 규정이 지나치게 복잡하고 '단어 구조', '발음', '어종'에 대한 인식이 있어야 이해와 사용이 가능하다는 점을 문제로 지적하고 있는 것이라 할 수 있다.

이외에도 전문가 집단은 개별 조항들 간의 비일관성과 불필요함, 통일 이후의 언어 정책에 대한 의견도 제시하였고 교사 집단은 몇몇 사이시옷 표기에 대한 어색함 등을 문제로 들기도 하였다.

### 6.1.3.3.2. 사이시옷 규정 개선안의 타당성

국립국어원(2017)에서는 실태 조사 결과를 바탕으로 현행 규정의 문제점을 지적하고 4가지 개선안을 제안한 바 있다. 4가지 개선안의 타당성에 대한 설문 조사 결과를 응답자 집단별로 분석해 보면 다음과 같다.

(44) 가. 개선안에 대한 양 집단의 타당도 비교(순위 기준)

| 순위 | 전문가 집단 | 교사 집단 |
|---|---|---|
| 1 | <개선안 1><br>한자어 예외 규정 삭제(3.1점) | <개선안 1><br>한자어 예외 규정 삭제(3.4점) |
| 2 | <개선안 4><br>현행 규정 유지(2.9점) | <개선안 3><br>사이시옷 규정 축소(3.0점) |
| 3 | <개선안 2><br>사이시옷 규정 폐지(2.8점) | <개선안 4><br>현행 규정 유지(2.62점) |
| 4 | <개선안 3><br>사이시옷 규정 축소(2.4점) | <개선안 2><br>사이시옷 규정 폐지(2.57점) |

나. 개선안에 대한 양 집단의 타당도 비교(개선안 기준)

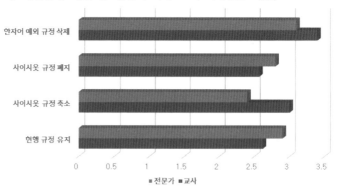

(44)는 개선안에 대한 타당도를 순위와 개선안을 기준으로 각각 점수화한 것이다. 전문가 대상 설문 조사 결과와 교사 대상 설문 조사 결과를 비교해 볼 때 두 집단 모두 '한자어 예외 규정 삭제(개선안 1)'를 가장 타당하다고 보았다. 두 집단의 응답자 모두 사이시옷 규정의 난해함이나 모순점에 대해서는 공감하지만 현행 규정을 전면적으로 대폭 수정하기보다는 현재의 틀을 유지하면서 최소한의 수정으로 언중들의 혼란을 막고자 한 것이라고 해석할 수 있다.

한편 앞에서도 언급한 바와 같이 전문가 집단의 응답자들은 '사이시옷 규정 축소(개선안 3)'에 대해 가장 낮은 선호도를 보였는데 교사 집단의 응답자들은 이에 대해 상대적으로 높은 선호도를 보이고 있다는 점은 주목할 만하다. 교사 집단의 응답자들은 한자어 뒤의 사이시옷 표기가 주는 어색함이나 오류율을 문제로 지적한 바 있는데 한자어 뒤에서 사이시옷을 적지 않도록 하는 <개선안 3>은 이 문제를 해결할 수 있다는 점에서 현실적이라고 보고 있는 것이다. 반면 전문가 집단의 응답자들은 사이시옷 규정을 축소한다고 해도 '어종'에 대한 변별력이 있어야 규정의 이해와 사용이 가능하다는 문제를 지적하고 있는 것이라 할 수 있다.

### 6.1.3.3.3. 사이시옷 규정 개선안의 적절성

마지막으로 앞에서 제안한 4가지 개선안 중 가장 적절한 개선안을 선택하는 문항에 대한 답변 결과를 정리하면 다음과 같다.

(45) 가. 개선안의 적절성에 대한 양 집단의 응답 비교(순위 기준)

| 순위 | 전문가 집단 | 교사 집단 |
|---|---|---|
| 1 | <개선안 2><br>사이시옷 표기 폐지(3명) | <개선안 1><br>한자어 예외 규정 삭제(13명) |
| 2 | <개선안 3><br>사이시옷 표기 축소(3명) | <개선안 3><br>사이시옷 규정 축소(9명) |
| 3 | <개선안 1><br>한자어 예외 규정 삭제(2명) | <개선안 4><br>현행 규정 유지(8명) |
| 4 | <개선안 4><br>현행 규정 유지(1명) | <개선안 2><br>사이시옷 규정 폐지(4명) |

나. 개선안의 적절성에 대한 양 집단의 응답 비교(개선안 기준)

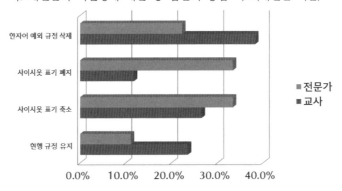

(45)는 개선안에 대한 적절성을, 순위와 개선안을 기준으로 각각 점수화한 것이다. 여기에서 볼 수 있는 바와 같이 두 집단 모두 현행 규정을 유지하는 것보다는 규정을 개선하거나 개정하는 방안을 더 적절하다고 인식하고 있었다. 다만 사이시옷 규정을 완전히 폐지하는 <개선안 2>의 적절성에 대해서는 두 집단의 응답 결과가 상이하게 나타났다. 전문가 집단의 경우 사이시옷 표기를 폐지하는 방안을 가장 선호하였으나 교사 집단의 경우 이 방안을 가장 선호하지 않는 것으로 나타났기 때문이다. <개선안 2>를 가장 적절하다고 응답한 전문가 응답자들은 단어의 구성을 어종별로 구별할 수 있는 인구가 감소하고 있는 추세이며 한국어를 배우는 외국인들에게도 이 규정이 주는

혼란이 크다는 점을 고려해야 한다고 주장하였음에 주목할 필요가 있다.

반면 교사 집단의 응답자들은 사이시옷 표기를 폐지하면 표기의 일관성이나 언어생활의 편의성이 확보되기는 하지만 현행 규정에 대한 교육이 잘 이루어지고 있고 학생들을 비롯한 언중들이 현행 규정과 표기에 어느 정도 익숙해져 있음을 강조하고 있다. 이는 사이시옷 표기를 폐지하였을 때 새로운 규정을 교육해야 하는 부담감과, 기존 표기와 바뀐 표기 사이에서 언중들이 느낄 혼란에 대한 우려를 나타내고 있는 것이라 할 수 있다.

## 6.2. 국립국어원(2018)의 사이시옷 표기 개선 방향

5장에서 살펴본 국립국어원(2018)에서도 설문지를 통한 실태 조사를 바탕으로 사이시옷 표기에 대한 개선 방향을 제시한 바 있다. 국립국어원(2017)의 개선안은 현행 사이시옷 표기 규정 자체에 대한 수정의 성격을 지니고 있지만 국립국어원(2018)의 개선 방향은 현행 사이시옷 표기 규정 자체에 대한 수정의 성격이 아니라는 점에서 본질적인 차이가 있다.[12] 또한 국립국어원(2017)에서는 웹 검색을 통한 실태 조사 결과를 바탕으로 연구진에서 마련한 규정 개선 방안에 대해 별도의 의견을 묻고 있지만 국립국어원(2018)의 개선 방향은 설문을 통한 실태 조사에 대해 연구진에서 규정 개선 방향을 제시한 것이라는 점에서도 차이가 있다.[13]

---

12) 따라서 후술하는 바와 같이 '사이시옷 표기와 미표기의 복수 허용'과 같은 개선 방향이 제시될 수 있다. 규정을 염두에 둔다면 이처럼 복수 표기를 허용하는 것은 제안하기 어려울 것이다. 따라서 §6.2의 제목을 '사이시옷 표기 규정 개선 방안'이 아니라 '사이시옷 표기 개선 방향'이라고 하였음에 유의할 필요가 있다. 그러나 개선 방향이 규정과 관련되는 부분에 대해서는 규정에 대해서도 언급하는 일이 있음에 주의할 필요가 있다.

13) 이는 달리 말하자면 국립국어원(2017)은 규정 개선에 더 큰 방점이 놓이지만 국립국어원(2018)은 실태 조사에 더 큰 비중이 놓인 것이라는 점을 의미하는 것이기도 하다.

### 6.2.1. 국립국어원(2018)의 <연구 문제>와 사이시옷 표기 개선 방향

우선 국립국어원(2018)에서는 사이시옷의 표기에 있어 나타나는 여러 가지 혼동 양상을 보다 구체적으로 살펴보기 위해 일곱 가지의 <연구 문제>를 설정한 바 있음을 상기할 필요가 있다. 그런데 이때 변수로 둔 '사전 등재 여부', '전문 용어 여부', '음절 수', '사잇소리 발음 여부', '어종 및 발음 변화의 유형'에 따른 결과가 직접적이고 개별적으로 모두 개선안으로 연결될 수 있는 것은 아니라는 점에 주의하여야 한다.[14]

'사전 등재 여부'는 미등재어의 경우에서 사이시옷 미표기 경향이 높았으나(76.52%) 이는 어디까지나 상대적일 뿐, 등재어의 경우에도 사이시옷 미표기 경향이 결코 낮다고 볼 수 없다(59.95%). 따라서 이를 바탕으로 미등재어의 경우에만 사이시옷을 표기하지 말자는 식의 개선 방향을 제시하기는 어려워 보인다.

'전문 용어 여부'도 마찬가지이다. '전문 용어'의 경우 사이시옷을 미표기하는 경향이 높기는 하였지만(70.53%) 일반 용어 역시 사이시옷을 미표기하는 경향이 높아(66.98%) 이것도 역시 상대적인 차이일 뿐이다. 또한 일반 용어와 전문 용어를 구분하는 기준 자체가 명확하지 않아 일반 용어의 경우에는 사이시옷을 표기하고 전문 용어의 경우에는 사이시옷을 미표기하자는 개선 방향을 제시하는 것은 어렵다.

'음절 수'는 정도성을 가지는 것이어서 그 자체가 개선 방향이 되기에는 한계가 있다. 4, 5음절의 경우(81.82%)가 2, 3음절(51.31%)에 비해 사이시옷을 미표기하는 경향이 상대적으로 높았지만[15] 만약 이것이 절대적으로 높다고 하더라도 2, 3음절의 경우에만 사이시옷을 표기하자는 개선 방향은 현행 표기보다 더 복잡한 결과를 낳을 수 있기 때문이다. 이보다는 음절 수에 따른

---

14) 이는 국립국어원(2017)의 규정 개선 방안도 마찬가지였음을 상기할 필요가 있다.
15) 이러한 경향성은 국립국어원(2017)에서도 확인되고 있다는 점에는 주목할 필요가 있다.

실태 조사 결과는 언중들의 합성어에 대한 인식이나 접사 인식 등을 위한 기초 자료로서의 성격을 가진다고 보는 것이 좋을 것이다.

'사잇소리 발음 여부'는 표기가 발음과 어떤 상관성을 가지는지 살펴보기 위한 것이다. 실태 조사 결과 사잇소리를 발음하는 경우에도 사이시옷 표기를 하지 않는 경우(75.19%)가 적지 않으므로 이는 사이시옷 표기를 축소하는 개선 방향을 제시하는 데 간접적인 근거 자료로 발전시킬 수 있는 가능성이 높다.

그에 비하면 '어종'은 직접적인 개선 방향으로 이어질 가능성이 가장 높은 것이다. 앞서 국립국어원(2017)의 표기 규정 개선안도 결국은 '어종' 변수를 기반으로 한 것임을 상기할 필요가 있다. 이는 현행 사이시옷 표기가 어종을 가장 중요한 변수로 삼고 있다는 점과 관련될 뿐만 아니라 언중들이 사이시옷 관련 규정과 관련하여 가장 큰 혼란을 느끼는 지점도 어종이기 때문이다. 또한 국립국어원(2018)의 실태 조사 결과에서도 어종에 따른 사이시옷 표기 비율에서 명확한 차이가 드러났다. '고유어+고유어'의 경우(50.13%), '고유어+한자어'(75.82%)나 '한자어+고유어'(87.42%)에 비해 사이시옷을 미표기하는 경향이 낮은 편이었다.16)

'발음 변화'의 경우 '된소리'가 나거나 'ㄴ(ㄴ) 첨가'가 발생하는 경우 사이시옷을 표기하는 것으로, 발음에 변화가 있을 경우 사이시옷을 표기하는 것이다. '된소리'가 나는 경우(69.66%)에 비해 'ㄴ(ㄴ) 첨가'가 발생하는 경우(51.38%) 사이시옷을 미표기하는 경향이 낮다는 차이가 있었다. 그러나 이는 '어종'과 달리 일관적이므로 '발음 변화'에서는 언중들이 큰 혼란을 겪고 있지 않으며 두 가지 발음 변화 중 어느 한쪽에서만 사이시옷을 미표기하는 방향으로 변화하는 것은 오히려 언중의 혼란을 초래할 수 있을 것으로 예상

---

16) 특히 한자어가 선행 요소일 경우 사이시옷 미표기 경향이 가장 높은 것은 국립국어원(2017)에서도 동일하게 확인되었다는 점에 주목할 필요가 있다. 어휘 수로만 보면 국립국어원(2017)이 보다 대규모이므로 오히려 객관적인 타당성은 국립국어원(2017)의 조사 결과가 더 높다고 보아야 할 것이다.

된다. 따라서 '발음 변화'의 경우 둘 중 하나만 개선 방향과 연결하는 것은 불필요할 것으로 보인다.

실태 조사 결과를 전반적으로 살펴보았을 때 변수에 따른 차이는 보였으나 사이시옷을 미표기하는 경향이 상대적으로 높은 것으로 나타났다. 따라서 개선 방향은 크게 사이시옷의 미표기를 지향하되 사이시옷 표기형을 원칙으로 하는 방향과 사이시옷 표기형을 허용하지 않는 두 가지 측면에서 모색할 수 있다고 판단할 수 있다. 우선 이를 도식화하여 제시하면 다음과 같다.

(46) 가. <개선 방향 1> 사이시옷 미표기형을 허용하는 방안

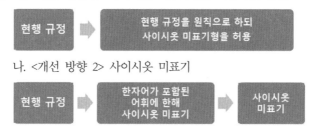

나. <개선 방향 2> 사이시옷 미표기

(46가)의 <개선 방향 1>은 기존의 사이시옷 관련 표기 규정에 따른 표기형을 원칙으로 두되, 사이시옷 미표기형을 허용하는 방향으로의 개선이며 (46나)의 <개선 방향 2>는 사이시옷의 미표기로 가는 중간 단계로서 한자어를 포함하는 어휘에서는 사이시옷을 표기하지 않는 방향으로 개선하는 것이다. <개선 방향 1>과 <개선 방향 2> 모두 '사이시옷 표기 여부'의 측면에서 본다면 결과적으로 '사이시옷의 미표기'에 그 방향성이 있다는 점에서 공통적인 부분이 있다. 그러나 '규정 자체의 수정 및 개선'이라는 측면에서 본다면 <개선 방향 1>은 규정 자체를 수정하지 않고 그대로 원칙으로 두면서 허용 조항을 따로 만드는 것이고 <개선 방향 2>는 현행 규정 자체를 그대로 두지 않고 세부 내용을 수정해야 할 필요가 있다는 점에서 첫 번째 개선 방향과는 차별점이 있다.

## 6.2.2. 사이시옷 표기에 대한 개선 방향

### 6.2.2.1. 사이시옷 미표기에 대한 허용

<개선 방향 1>은 기존처럼 사이시옷 표기를 하는 것을 원칙으로 삼되 사이시옷을 표기하지 않는 것도 허용하는 것이다. 이는 규정의 세부적인 부분을 일일이 수정하지 않고도 전면적으로 개정을 한 것과 같은 효과를 기대할 수 있다는 점에서 혼란을 줄이고 경제적인 부담 역시 가급적 피할 수 있다는 장점이 있다. 국립국어원(2018)에서 진행한 사잇소리 관련 어휘들의 발음 및 표기 실태 조사 결과 다음 (47)에서 보는 바와 같이 일반 언중들이 전반적으로는 사이시옷을 표기하지 않는 것을 선호한다는 경향성을 반영한 것이기도 하다.

(47) 사이시옷 표기형/미표기형 선택 비율

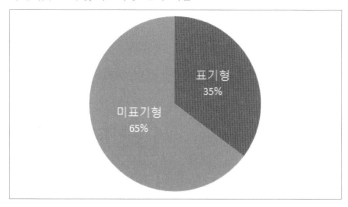

또한 이러한 개선 방향을 제시하는 데 가장 큰 영향을 미친 것 가운데 하나는 미등재어의 경우 사이시옷 표기율이 등재어에 비해서 상대적으로 낮았다는 점이다. 국립국어원(2018)의 실태 조사에서 제시했던 <연구 문제 1. 사전 등재 여부가 사이시옷 표기에 영향을 미치는가?>에 대한 결과에 따르

면 등재어보다 미등재어에서 사이시옷 미표기형의 선택 비율이 현저히 높은 것이 확인된다(등재어 59.95%, 미등재어 76.52%). 등재어에서 사이시옷 표기형을 선택한 경우는 18개 어휘 중 6개였는데(1/3) 미등재어의 경우 8개 어휘 중 1개에 그쳤다(1/8). 이는 사전에 등재되지 않은 새로운 어휘에 대해 사이시옷 표기 여부를 판단해야 할 때 언중들은 어종, 전문 용어, 음절 수, 발음 여부와 관계없이 사이시옷을 적지 않는 것을 선호하고 있음을 방증하는 결과로 볼 수 있는 것이다.

또한 사이시옷 표기와 사이시옷 미표기 중 어느 한쪽만을 표준형으로 제시하는 것이 아니라는 점에서 사이시옷 표기에 대한 언중들의 부담을 줄일 수 있다는 장점도 있다. 규정대로의 표기를 원칙으로 유지하는 기조를 취하되 사이시옷 미표기형을 허용하는 방식을 택함으로써 규정 자체의 방향성을 바꾸는 것으로 인한 거부감이나 표기 규정의 극적 변화로 인한 혼란을 최소화할 수 있다는 점도 상당한 이점이다. 사이시옷 표기를 전면적으로 확대하거나 전면적으로 폐지하는 양 극단의 개선안이 갖는 위험 부담의 가능성을 줄일 수 있다는 것도 첫 번째 개선 방향의 현실적인 장점이라 할 수 있다. 이러한 관점에서 다음 예들에 대해 살펴보기로 하자.

(48) 사이시옷 표기형 비율이 높은 예들

| 단어 | 사이시옷 표기형 | 표기형 비율 | 사이시옷 미표기형 | 미표기형 비율 |
|---|---|---|---|---|
| 숫자 | 23 | 100% | 0 | 0% |
| 뒷담화 | 2,446 | 97.06% | 74 | 2.94% |
| 혓바늘 | 2,327 | 92.34% | 193 | 7.66% |
| 횟수 | 2289 | 90.83% | 231 | 9.17% |
| 진돗개 | 2,272 | 90.16% | 248 | 9.84% |
| 셋방 | 2257 | 89.56% | 263 | 10.44% |
| 횟집 | 2,192 | 86.98% | 328 | 13.02% |
| 핏빛 | 2,078 | 82.46% | 442 | 17.54% |

(48)에서 제시된 것들은 국립국어원(2018)에서 사이시옷 표기형 비율이 80%를 넘는 것들을 정리한 것이다. 만약 사이시옷 미표기형만을 인정하게 되면 이미 사이시옷 표기형으로 굳어진 '숫자, 횟수' 등도 각각 '수자, 회수'로 적어야 할 것이다. 따라서 이들에 대한 사이시옷 표기는 정착된 것으로 그대로 인정하고 대신 미표기형도 인정하게 되면 이러한 거부감은 크게 줄어들 것으로 보인다.[17]

이러한 개선 방향을 적용한 결과를 예를 들어 제시하면 다음과 같다.

(49) <개선 방향 1>에 따른 예

| 개선 방향 적용 전 | 개선 방향 적용 후 |
| --- | --- |
| 갯과 | 갯과/개과 |
| 경곳빛 | 경곳빛/경고빛 |
| 두붓국 | 두붓국/두부국 |
| 막냇삼촌 | 막냇삼촌/막내삼촌 |
| 뭇국 | 뭇국/무국 |
| 부챗살 | 부챗살/부채살 |
| 만홧가게 | 만홧가게/만화가게 |
| 좌푯값 | 좌푯값/좌표값 |
| 최댓값 | 최댓값/최대값 |

(49)의 예 가운데 '만홧가게', '경곳빛', '막냇삼촌'의 경우는 사이시옷 표기가 원칙이나 실태 조사 결과 사이시옷 표기형의 비율이 각각 1.47%, 2.18%, 2.34%에 불과한 것들이다. 따라서 이들은 개선 방향 적용 결과 '만화가게', '경고빛', '막내삼촌'으로도 적을 수 있게 되어 언중들이 대부분 잘못 표기하고 있다는 굴레를 벗겨 줄 수 있을 것으로 판단된다.

사이시옷 미표기를 허용하는 개선 방향은 전체적으로 볼 때 사이시옷에

---

17) 여기에는 국립국어원(2017)에서 규정 개선안에 대해 우려를 표명한 전문가 및 교사 집단 가운데는 이처럼 이미 정착한 표기에 대한 개선안이 가질 수 있는 혼란상을 지적한 경우가 적지 않았다는 점을 참고할 필요가 있다.

대한 표기를 줄이는 쪽으로의 지향성을 가지고 있다는 사실도 인식할 필요가 있다. 이는 그동안 사이시옷에 대한 표기의 역사성 측면에서도 타당성을 인정받을 수 있다. 2장에서 자세히 살펴본 바와 같이 우리의 사이시옷에 대한 표기는 자음으로 끝나는 경우에도 이를 밝혀 적기도 하였고('둥ㅅ불') 한자로 이루어진 경우에도 적다가('촛점') 지금은 자음으로 끝나는 경우에도 이를 밝혀 적지 않고 한자로 이루어진 경우에는 예외의 여섯 가지만을 남겨 두고 적지 않고 있다. 따라서 사이시옷 미표기를 허용하는 개선 방향은 그동안 사이시옷 표기가 걸어온 길을 염두에 둘 때 그 방향성에 합치하는 대안으로서 큰 손색이 없다고 할 수 있다. 더욱이 이 개선 방향은 현행 사이시옷 표기 규정을 수정하지 않아도 된다는 점에서 규정 개정에 대한 부담도 제기하지 않는다는 장점을 가진다. 즉 규정의 세부적인 부분을 일일이 수정하지 않고도 전면적으로 개정을 한 효과를 볼 수 있는 것이다.

그러나 이 개선 방향은 하나의 어휘에 대해 두 가지 표기형을 모두 열어두는 것이기에 일관성 없는 표기로 인한 언중의 혼란을 야기할 수 있다는 점에서 한계가 있다. 다시 말해 첫 번째 개선 방향은 사이시옷 표기형을 원칙으로 삼되 미표기형을 허용하는 것이어서 고유어가 포함된 어휘의 경우 표기형과 미표기형이 모두 가능한데, '한자어+한자어' 구성의 어휘는 사이시옷 미표기형이 원칙이므로 사이시옷 표기형이 허용되지 않아 표기의 일관성 문제가 제기된다. 무엇보다도 어종 구별의 문제가 여전히 해소되지 않는다. 사이시옷 표기형을 허용하는 개선안에 따르면 '한자어+한자어' 구성의 어휘를 변별해 내야 하는 부담이 그대로 남게 되는 것이다.

이러한 점을 고려할 때 사이시옷 표기에 있어 '원칙'과 '허용'을 두는 개선 방향을 유지하는 또 다른 방안으로, '한자어+한자어' 구성 역시 기존 규정대로의 미표기형을 '원칙'으로 하되 사이시옷 표기형을 '허용'하는 <개선 방향 1-1>에 대해서도 생각해볼 수 있다.

이러한 개선 방향은 상기한 '한자어+한자어' 구성이 다른 어종 구성과는 그 표기 양상이 이질적일 수 있다는 단점을 해소할 수 있는 측면이 있다. 즉 어종 구성에 관계없이 사이시옷 표기형과 미표기형을 모두 적용할 수 있다는 점을 고려할 때 사이시옷 표기형과 미표기형이 모두 용인됨으로써 사이시옷 표기 규정이 적용될 수 있는 어휘를 대상으로 표기에서의 일관된 기조를 확보할 수 있게 되는 것이다. 이는 궁극적으로는 사이시옷 관련 규정 자체의 폐지와 동등한 효과를 누리면서도 원칙이 공식적으로 존재하므로 표기의 지침이 될 수 있는 근거가 사라지지 않는다는 큰 이점이 있다. 이를 (49)와 평행하게 구체적인 예를 들어 보이면 다음과 같다.

(50) <개선 방향1-1>에 따른 예

| 개선 전 | 개선 후 |
|---|---|
| 갯과 | 갯과/개과 |
| 경곳빛 | 경곳빛/경고빛 |
| 두붓국 | 두붓국/두부국 |
| 막냇삼촌 | 막냇삼촌/막내삼촌 |
| 뭇국 | 뭇국/무국 |
| 부챗살 | 부챗살/부채살 |
| 만홧가게 | 만홧가게/만화가게 |
| 좌푯값 | 좌푯값/좌표값 |
| 최댓값 | 최댓값/최대값 |
| 개수 | 개수/갯수 |
| 전세방 | 전세방/전셋방 |

그러나 개선이라는 것 자체는 기존의 규정에서 달라지는 부분이 분명 있음을 전제하는 것이므로 당장에 발생할 혼란은 불가피한 측면이 있다. 즉 하나의 개념에 두 가지의 표기가 혼재함으로 인하여 혼란이 발생할 수 있는 것이다. 또한 사이시옷이 표기되는 어휘의 수가 많아진다는 점에서 전반적인 사이시옷 표기 규정 개선의 흐름과 반대된다는 문제가 발생한다는 점 역시 <개선 방향 1-1>의 문제라고 할 수 있다.

이에 이러한 혼란을 가급적 축소시킬 수 있는 방법으로는 등재 예정 어휘에 한해 우선적으로 제시된 개선 방향을 적용하는 것도 생각해 볼 수 있다. 다만 이는 당장의 혼란을 피하기 위한 방책은 될 수 있으나 장기적으로 보았을 때는 해당 개선 방향의 적용 대상이 되는 등재 예정 어휘와 기존 등재어를 구별하지 못하는 문제를 해결할 수 없다는 맹점을 간과할 수 없다.

### 6.2.2.2. 사이시옷의 단계적 미표기

#### 6.2.2.2.1. 한자어가 포함된 어휘의 사이시옷 미표기

한편 최종적으로는 사이시옷의 미표기로 가되 전면적인 사이시옷의 미표기가 극단적인 개선 방향이라는 점을 고려하여 그 중간 단계로서 한자어를 포함하는 어휘에서 우선적으로 사이시옷을 표기하지 않는 방안을 두는 것으로 <개선 방향 2-1>을 잡아 볼 수 있다.

<개선 방향 2-1>은 한자어가 포함된 어휘에서는 사이시옷을 미표기하자는 것이다. 이를 위해 국립국어원(2018)의 어종별 사이시옷 표기 실태를 정리하여 제시하면 다음과 같다.

(51)  '고유어+고유어', '고유어+한자어', '한자어+고유어'의 사이시옷 표기율 차이

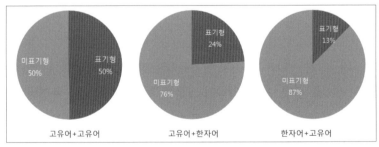

(51)을 보면 한자어를 포함한 어휘에서 사이시옷 미표기에 대한 선택 비율은 75% 정도로 매우 높게 나타났다. '고유어+고유어' 구성의 어휘에서 약

50.13%의 사이시옷 미표기 선택 비율이 나타난 것에 비해 상당히 높은 수치
이다. 즉 어종 조합별로 비교하였을 때 '고유어+고유어' 구성의 어휘보다
'고유어+한자어'(75.82%)나 '한자어+고유어'(87.42%) 구성의 어휘에서 사이시
옷 미표기형의 선택 비율이 높다는 것이다. 이는 '고유어+고유어' 구성의
어휘보다 한자어가 포함된 어휘에서 사이시옷 표기 정확도가 더 낮다고 설명
한 국립국어원(2017)의 조사 결과와도 일치되는 것이다.

'고유어+한자어', '한자어+고유어'는 결국 어느 하나가 한자어인 경우에
해당하므로 (51)에서 '고유어+한자어', '한자어+고유어'인 경우를 합쳐 이를
다시 정리하면 다음과 같다.

(52) '고유어+고유어'와 '한자어 포함'의 사이시옷 표기율 차이

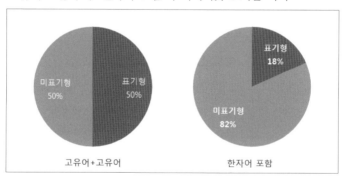

이러한 개선 방향은 여전히 어종을 변수로 삼아야 한다는 점에서는 한계
가 있기는 하나 결과적으로는 사이시옷을 표기하는 경우의 수를 크게 줄여
사이시옷 미표기형을 선호한다는 실태 조사 결과와 일관성을 유지할 수 있다
는 장점을 갖는다. <개선 방향 2-1>에 따르면 사이시옷을 표기해야 하는 조건
및 환경이 줄어들게 되므로 표기 현실과의 괴리도 어느 정도 해소할 수 있을
듯 보인다.

이러한 개선 방향을 적용한 결과를 예를 들어 제시하면 다음과 같다.

(53) <개선 방향 2-1>에 따른 예

| 개선 방향 적용 전 | 개선 방향 적용 후 |
|---|---|
| 갯과 | 개과 |
| 경곳빛 | 경고빛 |
| 두붓국 | 두부국 |
| 막냇삼촌 | 막내삼촌 |
| 만홧가게 | 만화가게 |
| 좌푯값 | 좌표값 |
| 최댓값 | 최대값 |

(53)에서 '좌푯값', '최댓값' 등은 전문 용어에 해당한다. 그동안 전문 용어의 사이시옷 표기와 관련하여 여러 번 문제가 제기된 바 있다. 그리고 전문 용어 가운데 상당수는 한자어를 포함하고 있다. 이러한 <개선 방향 2-1>은 전문 용어의 사이시옷 표기를 줄여 표기 수용도가 상대적으로 더 낮았던 한자어가 포함된 전문 용어에서의 사이시옷 표기 문제도 대부분 해결할 수 있을 것으로 보인다. 이를 보이면 다음과 같다.

(54) <개선 방향 2-1>에 따라 변경되는 한자어가 포함된 전문 용어 예

| 개선 방향 적용 전 | 개선 방향 적용 후 |
|---|---|
| 가짓과 | 가지과 |
| 경곳빛 | 경고빛 |
| 고양잇과 | 고양이과 |
| 꼭짓점 | 꼭지점 |
| 사잇각 | 사이각 |
| 좌푯값 | 좌표값 |
| 최댓값 | 최대값 |

<개선 방향 2-1>은 <개선 방향 1>과 마찬가지로 그동안 우리의 사이시옷 표기가 걸어온 역사성의 측면에서도 역시 모순을 가지지 않는다. 현재 사이시옷을 표기할 때 어종을 새로운 변수로 도입한 것은 한자어와 한자어가 결합하는 경우 사이시옷을 밝히지 않기로 한 데 따른 것이다. 즉 한자어와

한자어가 결합하는 경우를 배제하기 위해 어종을 구별하기에 이른 것이다. 그런데 한자어와 한자어가 결합할 때 사잇소리 현상이 나타나는데도 사이시옷을 표기하지 않는 것은 한자어가 가지는 표의성과 직접적 연관을 갖는다. 사이시옷을 받쳐 적게 되면 한자어의 표의성이 그만큼 떨어지기 때문이다. 두 번째 개선 방향도 바로 이러한 측면과 직접적인 연관을 맺는다. 한자어가 포함된 경우는 언중들의 표의성에 대한 인식이 높기 때문에 미표기형을 선택하는 경우가 많았을 것이라는 가정이 타당하다면 한자어와 한자어가 결합한 경우뿐만이 아니라 한자어가 포함된 경우에는 사이시옷을 표기하지 말자는 개선 방향도 어느 정도 타당성을 확보할 수 있을 것으로 판단된다.

그러나 두 번째 개선 방향에 따르면 사이시옷을 표기해야 하는 어종 조합의 수는 줄어들지만 사이시옷 표기 여부를 결정할 때 여전히 어종에 대해 고려해야 한다는 점은 해결되지 않는다. '고유어+고유어'일 때만 사이시옷을 적으면 된다고는 하지만 일반 언중들은 결국 어휘의 구성 요소가 고유어인지 한자어인지를 구별해야 한다는 점에서 기존 사이시옷 관련 표기 규정에서 느낀 어려움을 그대로 떠안게 되기 때문이다. 이를 보이면 다음과 같다.

(55) <개선 방향 2-1>에 따르는 어휘 표기의 예

| 개선 전 | 개선 후 |
|---|---|
| 가짓수 | 가지수 |
| 골칫거리 | 골칫거리 |
| 두붓국 | 두부국 |
| 마룻바닥 | 마룻바닥 |
| 만홧가게 | 만화가게 |
| 머릿수건 | 머리수건 |
| 바닷길 | 바닷길 |
| 바닷장어 | 바다장어 |
| 부챗살 | 부챗살 |
| 잔칫상 | 잔치상 |
| 전깃줄 | 전기줄 |
| 주삿바늘 | 주사바늘 |

(55)를 보면 알 수 있는 바와 같이 어휘의 구성 요소가 각각 어떠한 어종인지를 판별하여 사이시옷의 표기 여부를 결정하는 것은 쉽지 않은 일이다. 사이시옷의 표기 여부를 결정하는 데 여전히 지나치게 복잡한 정보를 요구하는 것이기 때문이다. 국립국어원(2018)의 실태 조사 결과를 통해 확실하게 알 수 있는 것은, 한자어가 포함된 어휘에 비해 고유어로만 이루어진 어휘에서 사이시옷을 표기하는 비율이 상대적으로 다소 높다는 것이지 고유어로만 이루어진 어휘에 한해서는 사이시옷의 표기가 제대로 이루어지고 있다는 것은 물론 아니다. 이러한 점에서 다음 예들을 살펴볼 필요가 있다.

(56) '고유어+고유어' 합성어 중 오류율이 높은 예

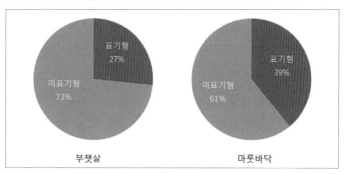

게다가 '값', '국' 등처럼 많은 어휘들이 계열 관계를 이루게 되는 경우에 어종에 따라 사이시옷 표기 여부가 달라져 일반 언중들의 관점에서 오히려 혼란스러울 수 있는 예들이 있다. 이를 보이면 다음과 같다.

(57) <개선 방향 2-1>에 의해 혼란이 야기되는 예

| 고유어+고유어 | 한자어 포함 합성어 |
|---|---|
| 뭇국 | 두부국 |
| 순댓국 | 북어국 |

| 고유어+고유어 | 한자어 포함 합성어 |
|---|---|
| 덩칫값 | 최대값 |
| 자릿값 | 좌표값 |
| 갓길 | 기차길 |
| 바닷길 | 차길 |

요컨대 사이시옷 표기의 축소를 위해 한자어를 포함하는 어휘에 한해 사이시옷을 표기하지 않는 방향으로의 개선을 주장하는 것은 표면적인 오류율을 획기적으로 낮출 수 있다는 장점이 기대되는 한편 여전히 '어종'이라는 현행 사이시옷 관련 표기 규정의 문제점을 그대로 가진다는 점에서 한계가 있다.

### 6.2.2.2.2. 전면적인 사이시옷의 미표기

앞서 언급한 바와 같이 국립국어원(2018)의 사잇소리 발음 및 표기 실태 조사 결과에 따르면 미등재어에서 사이시옷 미표기형에 대한 선택 비율은 76.52%로 현저히 높게 나타났으며 등재어에서도 약 60%의 비율로 사이시옷 미표기형을 선택하는 등 전반적으로 사이시옷을 표기하지 않으려는 경향을 보였다. 등재어와 미등재어를 모두 포함했을 때 평균적인 사이시옷 표기형 선택 비율이 40.05%로 절반에도 미치지 못했다는 점은 이러한 사실을 증명해 준다. 또한 사이시옷 미표기형을 선택하는 비율은 사전 등재 여부뿐 아니라 전문 용어 여부, 사잇소리 발음의 실현 여부 등에 관계없이 사이시옷 표기형에 비해 현저히 높게 나타났음이 확인된다.

현행 사이시옷 표기 규정에 따르면 사이시옷의 표기는 사잇소리 현상을 전제로 한다는 점을 생각해 볼 때 실태 조사 결과, 사잇소리 발음의 실현 여부에 상관없이 사이시옷 미표기 비율이 높았다는 점은 주목할 만하다. 특히 사잇소리 현상이 나타나더라도 사이시옷 표기에 있어서는 미표기형을 선택하는 비율이 높게 나타났다는 점이 매우 특징적인데 예를 들어 '두붓국'

의 경우 사잇소리를 발음하는 비율이 79.96%로 높게 나타났으나 사이시옷 표기형(11.36%)에 비해 미표기형을 선택한 비율이 89.64%로 두드러지게 높게 나타났다.[18] 즉 이러한 실태 조사 결과를 통해 사잇소리 현상에 따라 사이시옷을 표기하게 하는 현행 사이시옷 관련 표기 규정의 이해도 및 수용도가 그리 높지 않음을 알 수 있다.

　이는 앞서 언급한 사이시옷 관련 표기 규정이 가지고 있는 내재적 문제점과도 상통하는 부분이다. 사잇소리 현상은 선행 요소가 자음으로 끝나든 모음으로 끝나든 일어날 수 있는 현상임에도 현행 사이시옷 관련 표기 규정에서는 사잇소리 현상이 일어나면서 선행 요소가 모음으로 끝날 때에만 사이시옷을 표기하도록 하고 있다. 또한 한자어와 한자어가 결합한 경우에는 사잇소리 현상이 일어나고 선행 요소가 모음으로 끝나더라도 사이시옷을 적지 않도록 하고 있다. 즉 표기와 발음 사이에 모순을 낳고 사이시옷 표기를 결정하는 데 어종에 대한 정보를 요구한다는 점에서 언중들의 혼란을 가중시키고 있는 것이다. 이러한 관점에서 사잇소리 현상의 실현이 혼란스러운 예들을 살펴보기로 하자.

---

18) 이에 대한 보다 자세한 언급은 최형용(2019)를 참고하기 바란다. 최형용(2019)에서는 미등재어의 사잇소리 현상에 따른 발음의 실현 양상이 등재어의 경우와 큰 차이가 없었는데도 불구하고 결과적으로 사이시옷의 표기로 이어진 경우는 더 적어 사이시옷 표기 규정의 적용이 원활하지 않다는 사실을 추론할 수 있었음을 밝히고 이를 통해 현행 규정에서 사이시옷을 표기해야 하는 경우 가운데 '한자어+고유어'에서부터 사이시옷을 적지 않도록 하고 점진적으로는 사이시옷 표기를 줄여 나가는 쪽으로 개선 방안을 마련해야 한다고 주장한 바 있다.

(58) 사잇소리 현상이 혼란스러운 어휘

| 어휘 | 사잇소리 발음 비율 |
|---|---|
| 가로수/길 | 59.25% |
| 변기/솔 | 54.96% |
| 주사/바늘 | 51.07% |
| 옥수수/가루 | 49.33% |
| 휴지/조각 | 46.75% |

(58)에서 보는 바와 같이 사잇소리 현상의 실현 여부가 어느 한 쪽으로 고정되어 있지 않은 예들도 많이 발견되었는데 중요한 것은 이 경우에도 사이시옷 표기에 있어서는 사이시옷 미표기형을 선택한 비율이 훨씬 높았다는 점이다.

(59) 사잇소리 현상이 혼란스러운 어휘의 사이시옷 미표기율

| 어휘 | 사잇소리 미표기 비율 |
|---|---|
| 가로수/길 | 92.82% |
| 변기/솔 | 88.21% |
| 주사/바늘 | 89.68% |
| 옥수수/가루 | 94.44% |
| 휴지/조각 | 94.09% |

이처럼 사잇소리 발음 여부에 기대어 사이시옷 표기 여부를 결정하기 어려운 예들이 많다는 점 그리고 사잇소리 발음이 정착되지 않은 예들에서조차 사이시옷 미표기율이 높았다는 점 역시 전면적인 사이시옷의 미표기에 대한 근거가 될 수 있다. 따라서 이러한 점을 근거로 사잇소리의 발음이나 구성 요소의 어종 등에 상관없이 전면적으로 사이시옷을 표기하지 않는 방향으로의 개선을 제안해 볼 수 있다. 이러한 개선 방향은 일반 언중들이 사잇소리 발음 여부나 어휘 구성 요소의 어종 등을 고려하지 않아도 된다는 점, 사이시

옷을 전부 표기하지 않아도 되므로 일관성을 가지는 표기법이 될 수 있다는 점에서 언어생활의 편의성을 높일 수 있을 것이다. 이러한 사이시옷의 전면적 미표기는 <개선 방향 2-2>라고 할 수 있는데 그 결과를 몇 가지 예를 통해 보이면 다음과 같다.

(60) <개선 방향 2-2>에 따른 예

| 개선 전 | 개선 후 |
|---|---|
| 경곳빛 | 경고빛 |
| 두붓국 | 두부국 |
| 막냇삼촌 | 막내삼촌 |
| 만홧가게 | 만화가게 |
| 최댓값 | 최대값 |

이러한 개선 방향에 따르면 (60)의 표에서와 같이 '경곳빛', '두붓국', '막냇삼촌', '만홧가게', '최댓값' 등의 낯선 표기를 최소화할 수 있다. 이들은 실제로 사이시옷 표기형이 표준형임에도 실태 조사 결과에서 사이시옷 미표기형에 대한 선택 비율이 훨씬 높았던 예들이기도 하다. 이러한 예들이 적지 않음을 고려할 때 전면적인 사이시옷의 미표기는 사이시옷 표기와 관련된 오류율을 낮출 수 있을 것이다. 2장에서 살펴본 바와 같이 북한의 경우, '샛별', '빗바람' 등의 극소수의 단어에서만 예외적으로 사이시옷을 표기할 수 있도록 하고 그 외 모든 어휘에서는 사이시옷을 적지 않도록 규정하고 있다는 점도 고려해 볼 수 있다.[19)]

다만 사이시옷을 전면적으로 표기하지 않게 된다면 '깃발', '나뭇잎', '바닷길', '비눗물', '젓가락' 등 이미 친숙도가 높은 어휘의 경우 표기에서 오히려

---

19) 물론 이는 북한의 맞춤법이 표음주의인 '소리대로'보다 표의주의인 '어법에 맞도록'에 더 비중을 두고 있기 때문에 나타난 현상이다. 그렇다면 결국 가장 중요한 것은 '소리대로'도 아니고 '어법에 맞도록'도 아닌 현행 <한글 맞춤법>(1988)의 사이시옷 표기 규정의 무게가 어느 쪽으로 기울어져야 하는가를 결정해야 한다는 점일 것이다.

다음과 같은 혼란이 생길 수 있다.

(61)  <개선 방향 2-2>에 따른 혼란이 예상되는 예

| 개선 전 | 개선 후 |
|---|---|
| 골칫거리 | 골치거리 |
| 바닷길 | 바다길 |
| 비눗물 | 비누물 |
| 예삿일 | 예사일 |
| 존댓말 | 존대말 |
| 핏빛 | 피빛 |
| 혓바늘 | 혀바늘 |
| 횟집 | 회집 |

실제로 국립국어원(2018)의 실태 조사에서도 아래와 같이 사이시옷 표기형
을 선택한 비율이 확연히 높은 어휘들이 나타났다.

(62)  사이시옷 표기형 비율이 높은 예들

| 단어 | 사이시옷 표기형 | 표기형 비율 | 사이시옷 미표기형 | 미표기형 비율 |
|---|---|---|---|---|
| 숫자 | 23 | 100% | 0 | 0% |
| 뒷담화 | 2,446 | 97.06% | 74 | 2.94% |
| 혓바늘 | 2,327 | 92.34% | 193 | 7.66% |
| 횟수 | 2289 | 90.83% | 231 | 9.17% |
| 진돗개 | 2,272 | 90.16% | 248 | 9.84% |
| 셋방 | 2257 | 89.56% | 263 | 10.44% |
| 횟집 | 2,192 | 86.98% | 328 | 13.02% |
| 핏빛 | 2,078 | 82.46% | 442 | 17.54% |
| 반딧벌레 | 2,000 | 79.37% | 520 | 20.63% |
| 비눗물 | 1,998 | 79.29% | 522 | 20.71% |
| 바닷길 | 1,923 | 76.31% | 597 | 23.69% |
| 존댓말 | 1,849 | 73.37% | 671 | 26.63% |
| 골칫거리 | 1,846 | 73.25% | 674 | 26.75% |
| 예삿일 | 1,774 | 70.40% | 746 | 29.60% |

또한 잘못된 유추로 인해 '덧니', '웃어른', '헛웃음' 등 사이시옷이 아닌 단어 내부의 'ㅅ'까지 영향을 받을 가능성이 있다.[20] 그러므로 지금으로서는 이처럼 극단적일 수 있는 개선 방향을 주장하기 위해서는 계속하여 더 깊은 논의와 그에 따른 합의가 필요하다는 점을 강조하는 수밖에는 없을 것으로 보인다.

---

20) '덧-', '웃-', '헛-'은 접두사이므로 그 표기가 고정되어 있으며 기원적으로는 사이시옷과 관련될 수 있지만 공시적으로는 사이시옷이라고 보기 어렵다. 그러나 언중들에게 이러한 구별까지 요구하는 것은 지나칠 수 있다.

# 사잇소리 현상과 사이시옷 표기의 실태 조사와 개선안에 대한 평가

## 7.1. 국립국어원(2017)과 국립국어원(2018)의 실태 조사 평가

### 7.1.1. 국립국어원(2017)의 실태 조사에 대한 평가

국립국어원(2017)의 실태 조사에 대해서는 앞서 4장에서 자세히 언급한 바 있다. 국립국어원(2017)이 실태 조사의 측면에서 가지는 가장 큰 의의는 모두 246개의 어휘를 조사 대상으로 삼음으로써 사잇소리 현상과 사이시옷 표기에 대한 지금까지의 연구 가운데 가장 큰 규모의 연구가 이루어졌다는 데 있다. 이들 어휘의 10년간 총 빈도를 합하면 모두 65,349,400회에 이른다.[1] 이러한 광범위한 조사가 가능했던 것은 국립국어원(2017)이 기존의 설문 조사라는 방법론에서 탈피하여 박동근(2012)에서 제시한 웹 검색이라는 방법론을 새롭게 취한 덕분이다.

따라서 이러한 국립국어원(2017)의 가장 큰 장점은 여기에서 제시한 실태가 그 이전의 어떤 조사보다도 많은 자료를 포함하고 있어 객관성을 담보할

---

1) 그 가운데 상위 10개 어휘와 하위 10개 어휘의 빈도와 비율을 제시하면 다음과 같다.

수 있다는 점이다. 그리고 국립국어원(2017)의 실태 조사 자료는 사이시옷 표기 규정 개선을 목표로 하고 있기는 하지만 꼭 그렇지는 않더라도 그 자체로서 기초 자료로서의 역할을 할 수 있다는 점이 가장 큰 성과라고 할 수 있다.2)

규정 개선이라는 목표를 위해 국립국어원(2017)에서 가장 주목하고자 한 것은 실태 조사 결과가 어종에 따른 경향성을 보이는가 하는 것이었다. 사이시옷의 표기에 있어서 여러 가지 변수가 있을 수 있고 순수한 연구의 관점에서는 이러한 변수가 모두 중요한 가치를 가진다는 사실에는 이견이 있을 수 없다. 그러나 주지하는 바와 같이 현행 사이시옷 표기 규정이 어종에 따라 조직되어 있을 뿐만 아니라 다른 변수들은 유의미한 차이가 나더라도 이를 규정 개선에 반영하기에는 한계가 있을 수밖에 없다. 이것은 곧 어종에 따른 실태 조사 결과가 국립국어원(2017)에서 가장 중요하다는 것을 의미한다.

최형용(2008)에서는 우리의 어문 규범 변천사를 염두에 둘 때 현행 사이시옷 표기 규정이 '한자어+한자어'의 경우를 예외의 여섯 가지만 남기고 밝히

| 단어 | 빈도 | 비율 | 단어 | 빈도 | 비율 |
|---|---|---|---|---|---|
| 햇살 | 5049053 | 99.88% | 구굿셈 | 9 | 0.42% |
| 오랫동안 | 4034186 | 93.12% | 배냇말 | 7 | 70.00% |
| 햇빛 | 3952371 | 99.39% | 귀에말 | 6 | 0.05% |
| 뒷면 | 2699318 | 89.90% | 남자줏빛 | 4 | 100.00% |
| 머릿속 | 2584240 | 81.99% | 태가락 | 4 | 17.39% |
| 뒷모습 | 2228565 | 99.69% | 고삿말 | 3 | 17.65% |
| 뱃살 | 1582765 | 99.09% | 배내말 | 3 | 30.00% |
| 갯수 | 1544655 | 55.30% | 페툿병 | 1 | 0.00% |
| 젓가락 | 1524925 | 99.98% | 주숫병 | 0 | 0.00% |
| 촛불 | 1519199 | 99.43% | 남자주빛 | 0 | 0.00% |

우선 상위 10개 어휘에서 흥미로운 것은 '갯수'의 예인데 '갯수'는 상당히 높은 빈도에도 불구하고 사이시옷을 표기한 비율이 55.30%에 불과하다. 이는 '개수'로 표기하는 빈도도 매우 높다는 것을 말해 준다. 이는 하위 10개 어휘에서도 발견되는 현상이다. '남자줏빛'은 총 4회 출현한 것의 비율이 100%에 해당하기 때문이다.

2) 지면의 제약 탓이기는 하지만 매체를 통합하고 10년간을 모두 합쳐 <부록 2>로 제시한 것은 물론 <부록 2-1>(빈도순), <부록 2-2>(비율순), <부록 2-3>(가나다순), <부록 2-4>(역순)로 조사 결과를 따로 정리한 것도 이러한 이유를 크게 고려한 때문이다.

지 않도록 한 것임에 주목한 바 있다. 그런데 여기에서 초점을 두어야 할 부분은 사이시옷이 표기되는 위치이다. 사이시옷은 2장에서 살펴본 바와 같이 사잇소리 현상을 반영하는 정도에 따라 선행 요소와 후행 요소 사이에서 음절의 자리를 차지한 경우도 있고 후행 요소의 첫 자음과 병합되어 실현된 경우도 있었다. 이들을 포함하여 사이시옷을 표기할 수 있는 가능성을 모두 생각해 보면 다음과 같다.

(1) 사이시옷의 표기 가능성
　　가. 선행 요소의 일부
　　　　① 선행 요소가 자음으로 끝나는 경우 – 예) 뉣밤
　　　　② 선행 요소가 모음으로 끝나는 경우 – 예) 바닷가
　　나. 선행 요소와 후행 요소의 사이 – 예) 바다ㅅ가
　　다. 후행 요소의 일부 – 예) 봄쌤, 바다까3)

　이 가운데 '뉣', '쌤', '까'의 경우는 합용 병서를 허용해야 한다는 점에서 받아들이기 어렵고 '바다ㅅ가'의 경우는 'ㅅ'이 하나의 음절 자리를 차지한다는 점에서 비경제적이라는 점을 알 수 있다. 따라서 남은 가능성은 '바닷가'뿐인데 이러한 표기가 가지는 가장 큰 문제는 선행 요소의 자형(字形)을 변화시킨다는 것이다. 표의주의와 표음주의의 두 가지 표기 원칙의 측면에서 '바다가'를 염두에 둘 때 이러한 표기는 표의주의보다는 표음주의에 가깝다는 것을 알 수 있다. 그런데 이러한 처리는 표의성이 두드러지는 한자의 경우와 서로 양립하기 어렵다는 문제가 있다. 따라서 이러한 맥락을 염두에 둔다면 '한자어+한자어'의 경우 사이시옷을 적지 않기로 한 것은 보다 엄밀한 의미에서는 표의성이 높은 선행 요소의 변화를 막기 위한 조처라고 해석할 수

---

3) 후행 요소가 모음으로 시작하는 경우도 생각해 볼 수 있으나 이 경우는 'ㄴ' 첨가가 일어나므로 'ㅅ'을 적는 경우는 발생하지 않는다는 점에 주의할 필요가 있다. '사랑니'의 '니'는 이러한 'ㄴ' 첨가가 표기에도 반영된 경우이다.

있다.

그렇다면 여기에서 생기는 의문은 선행 요소가 한자어인 '한자어+고유어'의 경우도 사이시옷 표기에 따라 결과적으로 표의성이 높은 선행 요소의 변화가 발생하는 것 아니냐 하는 점이다. 이에 따라 최형용(2008)에서는 '한자어+한자어'의 경우 사이시옷을 표기하지 말아야 한다면 '한자어+고유어'의 경우도 사이시옷을 표기하지 말아야 한다고 주장한 바 있다.

그러나 이는 어디까지나 이론적인 측면에서의 주장일 뿐 이를 구체적으로 증명할 수 있는 증거가 뒷받침되지 못한 상태라고 할 수 있다. 이러한 관점에서 국립국어원(2017)의 결과는 매우 고무적이지 않을 수 없다. 이러한 관점에서, 4장에서는 편의상 표기 정확도를 80% 이상, 20~80% 미만, 20% 미만으로 나누어 살펴보았지만 여기서는 이를 어종의 관점에서만 구별하여 다시 주목해 보기로 한다.

먼저 '고유어+고유어'의 경우로 이에 해당하는 어휘는 모두 124개에 해당한다.

(2) '고유어+고유어'의 사이시옷 표기 정확도

| 젓가락 | 99.98% | 핏물 | 98.43% | 후춧가루 | 60.95% |
|---|---|---|---|---|---|
| 귀엣말 | 99.95% | 허드렛일 | 98.30% | 날갯죽지 | 59.89% |
| 뒷맛 | 99.95% | 아랫목 | 98.05% | 아랫마을 | 58.51% |
| 뒷다리 | 99.92% | 뒷줄 | 97.85% | 어젯밤 | 57.83% |
| 햇살 | 99.88% | 베갯잇 | 97.83% | 장맛비 | 57.06% |
| 뱃노래 | 99.87% | 잿빛 | 97.08% | 주머닛돈 | 54.58% |
| 뒷얘기 | 99.84% | 뒷바퀴 | 96.96% | 이야깃거리 | 52.79% |
| 뒷이야기 | 99.83% | 윗돌 | 95.77% | 다듬잇돌 | 50.60% |
| 윗입술 | 99.81% | 비눗물 | 95.71% | 가겟집 | 49.19% |
| 뒷모습 | 99.69% | 콧구멍 | 95.06% | 마룻바닥 | 48.81% |
| 뒷골목 | 99.68% | 혼잣말 | 94.67% | 나잇값 | 48.75% |
| 뒷머리 | 99.65% | 아랫돌 | 94.23% | 장맛날 | 47.30% |

| | | | | | |
|---|---|---|---|---|---|
| 뒷마무리 | 99.60% | 쇳덩이 | 94.20% | 잔칫집 | 45.14% |
| 뒷날 | 99.55% | 노랫말 | 94.10% | 허릿살 | 44.24% |
| 아랫배 | 99.53% | 골칫거리 | 93.89% | 한가윗날 | 43.43% |
| 콧물 | 99.52% | 하룻밤 | 93.65% | 고깃집 | 42.13% |
| 뒷사람 | 99.52% | 나뭇잎 | 93.40% | 바닷물고기 | 41.18% |
| 시냇물 | 99.49% | 뒷일 | 93.32% | 우스갯소리 | 38.03% |
| 뒷지느러미 | 99.45% | 오랫동안 | 93.12% | 바윗덩어리 | 37.07% |
| 윗도리 | 99.45% | 귓밥 | 92.91% | 날갯짓 | 32.96% |
| 촛불 | 99.43% | 아랫녘 | 92.05% | 어깻짓 | 30.94% |
| 뒷바라지 | 99.43% | 아랫입술 | 91.97% | 미꾸라짓국 | 29.12% |
| 요샛말 | 99.42% | 하룻강아지 | 90.69% | 낚싯배 | 19.27% |
| 뒷주머니 | 99.40% | 찻숟갈 | 90.58% | 옥수숫대 | 19.04% |
| 햇빛 | 99.39% | 아랫길 | 84.05% | 가운뎃손가락 | 18.61% |
| 윗마을 | 99.36% | 머릿속 | 81.99% | 덩칫값 | 17.31% |
| 아랫도리 | 99.35% | 핏덩어리 | 80.79% | 빨랫방망이 | 16.91% |
| 뒷받침 | 99.30% | 조갯살 | 79.51% | 뱃멀미 | 15.42% |
| 윗눈썹 | 99.27% | 콧속 | 79.43% | 색싯감 | 13.70% |
| 윗사람 | 99.21% | 사잇길 | 78.22% | 낚싯바늘 | 13.03% |
| 뱃머리 | 99.15% | 나뭇가지 | 77.44% | 복숭앗빛 | 12.67% |
| 뒷심 | 99.10% | 고춧잎 | 76.47% | 빨랫비누 | 12.53% |
| 뱃살 | 99.09% | 아랫동네 | 73.72% | 다듬잇방망이 | 9.27% |
| 뒷굽 | 99.06% | 담뱃불 | 73.63% | 혼잣몸 | 8.90% |
| 뒷걸음 | 99.03% | 아랫사람 | 73.07% | 막냇동생 | 4.97% |
| 뒷목 | 98.99% | 바닷속 | 72.16% | 나그넷길 | 4.52% |
| 이맛살 | 98.98% | 골칫덩어리 | 70.04% | 국숫집 | 4.34% |
| 윗집 | 98.97% | 배냇말 | 70.00% | 뭇국 | 4.14% |
| 묏자리 | 98.91% | 뒤쪽 | 68.25% | 가운뎃발가락 | 4.08% |
| 빗줄기 | 98.81% | 고깃덩어리 | 68.23% | 옥수숫가루 | 0.63% |
| 윗녘 | 98.60% | 김칫독 | 64.44% | | |
| 바닷물 | 98.51% | 고갯짓 | 63.51% | | |
| 평균 | | | 72.69% | | |

다음으로 '고유어+한자어'의 경우로 이에 해당하는 어휘는 모두 39개이다.

(3) '고유어+한자어'의 사이시옷 표기 정확도

| 뒷거래 | 99.91% | 뒷간 | 98.01% | 뼛골 | 73.41% |
|---|---|---|---|---|---|
| 뗏목 | 99.76% | 뒷산 | 97.85% | 가짓수 | 71.84% |
| 뒷조사 | 99.74% | 뒷모양 | 97.32% | 머릿수건 | 69.51% |
| 뒷감당 | 99.68% | 방앗간 | 96.04% | 아랫부분 | 61.92% |
| 뒷정리 | 99.41% | 아랫변 | 95.11% | 잔칫상 | 57.72% |
| 뒷수습 | 99.34% | 귓병 | 94.93% | 담뱃갑 | 55.98% |
| 촛농 | 99.19% | 뒷면 | 89.90% | 사잇문 | 55.61% |
| 뒷문 | 98.92% | 아랫면 | 87.88% | 가겟방 | 54.23% |
| 뒷부분 | 98.90% | 머릿수 | 87.43% | 자릿세 | 52.29% |
| 뒷벽 | 98.52% | 아랫방 | 86.90% | 고깃점 | 50.58% |
| 찻잔 | 98.49% | 기왓장 | 82.89% | 구둣방 | 28.21% |
| 뒷방 | 98.31% | 종잇장 | 80.10% | 꼭짓점 | 19.91% |
| 뒷장 | 98.08% | 찻주전자 | 79.78% | 막냇삼촌 | 1.49% |
| 평균 | 79.87% | | | | |

마지막으로 '한자어+고유어'의 경우로 이에 해당하는 어휘는 모두 67개이다.

(4) '한자어+고유어'의 사이시옷 표기 정확도

| 남자줏빛 | 100.00% | 양칫물 | 69.62% | 시곗바늘 | 24.43% |
|---|---|---|---|---|---|
| 훗날 | 99.87% | 전셋값 | 63.23% | 최솟값 | 20.20% |
| 팻말 | 99.78% | 예삿날 | 62.34% | 상앗빛 | 19.17% |
| 툇마루 | 99.15% | 전깃줄 | 61.17% | 최댓값 | 18.06% |
| 곗날 | 97.21% | 문젯거리 | 60.52% | 북엇국 | 17.74% |
| 시쳇말 | 96.74% | 부좃돈 | 54.24% | 고삿말 | 17.65% |
| 세숫물 | 96.08% | 황톳길 | 53.98% | 주삿바늘 | 12.91% |
| 횟감 | 95.20% | 자줏빛 | 52.32% | 간숫물 | 12.64% |

| 횟집 | 94.45% | 과붓집 | 46.45% | 비췻빛 | 10.85% |
|------|--------|--------|--------|--------|--------|
| 칫솔 | 93.98% | 기댓값 | 45.11% | 계핏가루 | 10.54% |
| 세뱃돈 | 93.56% | 대푯값 | 43.63% | 도맷값 | 9.21% |
| 존댓말 | 92.80% | 하굣길 | 42.59% | 시곗줄 | 4.97% |
| 제삿날 | 91.56% | 연둣빛 | 42.23% | 생맥줏집 | 3.27% |
| 수돗물 | 91.51% | 우윳빛 | 41.94% | 거랫날 | 3.03% |
| 낙숫물 | 88.60% | 만둣국 | 41.06% | 두붓국 | 2.96% |
| 혼삿말 | 86.93% | 횟값 | 39.73% | 맥줏집 | 2.10% |
| 외갓집 | 85.76% | 세숫비누 | 38.61% | 초깃값 | 2.06% |
| 부잣집 | 83.81% | 전셋집 | 36.50% | 만홧가게 | 1.49% |
| 탯가락 | 82.61% | 근삿값 | 30.20% | 산봇길 | 1.01% |
| 동짓날 | 80.96% | 단옷날 | 35.44% | 최젓값 | 0.70% |
| 이삿짐 | 75.62% | 못자리 | 32.64% | 구굿셈 | 0.42% |
| 판잣집 | 72.96% | 귀갓길 | 28.66% | | |
| 소싯적 | 69.78% | 소줏집 | 26.21% | | |
| 평균 | 49.44% | | | | |

(2), (3), (4)를 보면 (2)와 (3)은 그 평균이 거의 차이가 없을 뿐만 아니라 정확도도 높은 데 비해 (4)의 경우는 (2), (3)과 비교해 그 평균이 크게 차이가 날 뿐만 아니라 정확도도 상당히 낮다는 점에 대해서는 이미 4장에서 언급한 바 있다.[4] 최형용(2018)에서는 이를 바탕으로 '한자어+고유어'의 경우에도 사이시옷 표기에서 이를 제외해야 한다는 주장이 실증적으로 검증된 것으로 평가한 바 있다.

여기서는 (2), (3), (4) 가운데 계열 관계를 보이는 것들에 다시 주목해 보기로 한다. 앞서 언급한 바와 같이 이때의 계열 관계는 후행 요소가 동일한 것이고 변수는 선행 요소이면서 고유어와 한자어로 달라져야 하므로 후행 요소는 고유어에 해당한다. 이들을 정리해 보면 다음과 같다.

---

4) 여기에는 '한자어+한자어'의 경우 사이시옷을 표기하지 않는 것이 정확한 표기인데 모두 13개 어휘의 평균 정확도는 82.05%라는 점도 참고할 필요가 있다.

(5) 후행 요소를 기준으로 한 계열 관계어들의 사이시옷 표기 정확도

| 후행 요소 | '고유어+고유어' | | '한자어+고유어' | |
|---|---|---|---|---|
| '가락' | 젓가락 | 99.98% | 탯가락 | 82.61% |
| '말' | 귀엣말 | 99.95% | 시쳇말 | 96.74% |
| | 혼잣말 | 94.67% | 존댓말 | 92.80% |
| | 노랫말 | 94.10% | | |
| | 배냇말 | 70.00% | | |
| | 평균 | 89.68% | 평균 | 94.77% |
| '물' | 시냇물 | 99.49% | 세숫물 | 96.08% |
| | 바닷물 | 98.51% | 양칫물 | 69.62% |
| | 핏물 | 98.43% | 간숫물 | 12.64% |
| | 비눗물 | 95.71% | | |
| | 평균 | 98.04% | 평균 | 59.45% |
| '줄' | 뒷줄 | 97.85% | 전깃줄 | 61.17% |
| | | | 시곗줄 | 4.97% |
| | 평균 | 97.85% | 평균 | 33.07% |
| '가루' | 후춧가루 | 60.95% | 계핏가루 | 10.54% |
| | 옥수숫가루 | 0.63% | | |
| | 평균 | 30.79% | 평균 | 10.54% |
| '빛' | 햇빛 | 99.39% | 남자줏빛 | 100.00% |
| | 잿빛 | 97.08% | 자줏빛 | 52.32% |
| | 복숭앗빛 | 12.67% | 연둣빛 | 42.23% |
| | | | 우윳빛 | 41.94% |
| | | | 상앗빛 | 19.17% |
| | | | 비췻빛 | 10.85% |
| | 평균 | 69.71% | 평균 | 44.42% |
| '돈' | 주머닛돈 | 54.58% | 세뱃돈 | 93.56% |
| | | | 부좃돈 | 54.24% |
| | 평균 | 54.58% | 평균 | 73.90% |
| '거리' | 골칫거리 | 93.89% | 문젯거리 | 60.52% |
| | 이야깃거리 | 52.79% | | |
| | 평균 | 73.34% | 평균 | 60.52% |
| '집' | 윗집 | 98.97% | 횟집 | 94.45% |

| 후행 요소 | '고유어+고유어' | | '한자어+고유어' | |
|---|---|---|---|---|
| | 가겟집 | 49.19% | 과붓집 | 46.45% |
| | 잔칫집 | 45.14% | 생맥줏집 | 3.27% |
| | 고깃집 | 42.13% | 맥줏집 | 2.10% |
| | 국숫집 | 4.34% | | |
| | 평균 | 47.95% | 평균 | 36.57% |
| '값' | 나잇값 | 48.75% | 전셋값 | 63.23% |
| | 덩칫값 | 17.31% | 기댓값 | 45.11% |
| | | | 대푯값 | 43.63% |
| | | | 죗값 | 39.73% |
| | | | 근삿값 | 30.20% |
| | | | 최솟값 | 20.20% |
| | | | 최댓값 | 18.06% |
| | | | 도맷값 | 9.21% |
| | | | 초깃값 | 2.06% |
| | | | 최젓값 | 0.70% |
| | 평균 | 33.03% | 평균 | 27.21% |
| '날' | 장맛날 | 47.30% | 훗날 | 99.87% |
| | 한가윗날 | 43.43% | 곗날 | 97.21% |
| | | | 제삿날 | 91.56% |
| | | | 동짓날 | 80.96% |
| | | | 예삿날 | 62.34% |
| | | | 단옷날 | 35.44% |
| | | | 거랫날 | 3.03% |
| | 평균 | 45.37% | 평균 | 67.20% |
| '길' | 아랫길 | 84.05% | 황톳길 | 53.98% |
| | 사잇길 | 78.22% | 하굣길 | 42.59% |
| | 나그넷길 | 4.52% | 귀갓길 | 28.66% |
| | | | 산봇길 | 1.01% |
| | 평균 | 55.60% | 평균 | 31.56% |
| '감' | 색싯감 | 13.70% | 횟감 | 95.20% |
| '바늘' | 낚싯바늘 | 13.03% | 시곗바늘 | 24.43% |
| | | | 주삿바늘 | 12.91% |

| 후행 요소 | '고유어+고유어' | | '한자어+고유어' | |
|---|---|---|---|---|
| | 평균 | 13.03% | 평균 | 18.67% |
| '비누' | 빨랫비누 | 12.53% | 세숫비누 | 38.61% |
| '국' | 뭇국 | 4.14% | 만둣국 | 41.06% |
| | | | 북엇국 | 17.74% |
| | | | 두붓국 | 2.96% |
| '자리' | 평균 | 4.14% | 평균 | 20.59% |
| | 묏자리 | 98.91% | 못자리 | 32.64% |
| 전체 평균 | | 60.75% | | 44.76% |

(5)의 경우를 보면 같은 계열어의 경우에도 정확도 전체 평균이 '고유어+고유어'의 경우가 60.75%이고 '한자어+고유어'의 경우가 44.76%이므로 이역시 '한자어+고유어'의 경우를 사이시옷 표기에서 제외하자는 주장이 타당하다고 할 수 있다.

다만 세부적으로는 '말', '날', '감', '바늘', '비누', '국' 계열어에서 사이시옷표기 정확도가 역전된다는 점에 주의할 필요가 있다. 이들에 대해서는 비교를 위한 표본의 수가 적은 것이나 어느 한 예의 정확도가 현저하게 낮거나높은 데 일차적인 이유가 있다고 해석할 수 있다. 그러나 이는 곧 해당 계열어들에 대한 보다 세밀한 조사가 필요하다는 것을 의미하는 것이기도 하다는점에서 주목할 필요가 있어 보인다.

또한 사이시옷 표기 정확도 평균이 50%를 밑도는 것들에도 주목할 필요가 있다. 이는 다시 두 가지로 그 경우를 나눌 수 있다. 하나는 '고유어+고유어'의 경우에는 정확도 평균이 50%를 넘지만 '한자어+고유어'의 경우에는정확도 평균이 50%를 밑도는 경우이고 다른 하나는 '고유어+고유어'뿐만아니라 '한자어+고유어'의 경우에도 정확도 평균이 50%를 밑도는 경우이다.
(5)에서 이들 각각을 정리하여 제시하면 다음과 같다.

(6) 가. '고유어+고유어'의 정확도 평균 50% 이상, '한자어+고유어'의 정확
도 평균 50% 미만

| 후행 요소 | '고유어+고유어' | | '한자어+고유어' | |
|---|---|---|---|---|
| '줄' | 뒷줄 | 97.85% | 전깃줄 | 61.17% |
| | | | 시곗줄 | 4.97% |
| | 평균 | 97.85% | 평균 | 35.63% |
| '빛' | 햇빛 | 99.39% | 남자줏빛 | 100.00% |
| | 잿빛 | 97.08% | 자줏빛 | 52.32% |
| | 복숭앗빛 | 12.67% | 연둣빛 | 42.23% |
| | | | 우윳빛 | 41.94% |
| | | | 상앗빛 | 19.17% |
| | | | 비췻빛 | 10.85% |
| | 평균 | 69.71% | 평균 | 44.42% |
| '길' | 아랫길 | 84.05% | 황톳길 | 53.98% |
| | 사잇길 | 78.22% | 하굣길 | 42.59% |
| | 나그넷길 | 4.52% | 귀갓길 | 28.66% |
| | | | 산봇길 | 1.01% |
| | 평균 | 55.60% | 평균 | 31.56% |
| '자리' | 묏자리 | 98.91% | 묫자리 | 32.64% |

나. '고유어+고유어', '한자어+고유어' 모두 정확도 평균 50% 미만

| 후행 요소 | '고유어+고유어' | | '한자어+고유어' | |
|---|---|---|---|---|
| '가루' | 후춧가루 | 60.95% | 계핏가루 | 10.54% |
| | 옥수숫가루 | 0.63% | | |
| | 평균 | 30.79% | 평균 | 10.54% |
| '집' | 윗집 | 98.97% | 횟집 | 94.45% |
| | 가겟집 | 49.19% | 과붓집 | 46.45% |
| | 잔칫집 | 45.14% | 생맥줏집 | 3.27% |
| | 고깃집 | 42.13% | 맥줏집 | 2.10% |
| | 국숫집 | 4.34% | | |
| | 평균 | 47.95% | 평균 | 36.57% |
| '값' | 나잇값 | 48.75% | 전셋값 | 63.23% |
| | 덩칫값 | 17.31% | 기댓값 | 45.11% |
| | | | 대푯값 | 43.63% |

| 후행 요소 | '고유어+고유어' | | '한자어+고유어' | |
|---|---|---|---|---|
| | | | 죗값 | 39.73% |
| | | | 근삿값 | 30.20% |
| | | | 최솟값 | 20.20% |
| | | | 최댓값 | 18.06% |
| | | | 도맷값 | 9.21% |
| | | | 초깃값 | 2.06% |
| | | | 최젓값 | 0.70% |
| | 평균 | 33.03% | 평균 | 27.21% |
| '바늘' | 낚싯바늘 | 13.03% | 시곗바늘 | 24.43% |
| | | | 주삿바늘 | 12.91% |
| | 평균 | 13.03% | 평균 | 18.67% |
| '비누' | 빨랫비누 | 12.53% | 세숫비누 | 38.61% |
| '국' | 뭇국 | 4.14% | 만둣국 | 41.06% |
| | | | 북엇국 | 17.74% |
| | | | 두붓국 | 2.96% |
| | 평균 | 4.14% | 평균 | 20.59% |

(6가)를 통해 알 수 있는 바는 선행 요소가 고유어에서 한자어로 바뀌면 정확도 평균이 50%를 넘지 않아 사이시옷을 표기하지 않는 경우가 더 일반적인 경우가 있다는 것이고 (6나)를 통해 알 수 있는 바는 선행 요소가 고유어라도 정확도 평균이 50%를 넘지 않아 사이시옷을 표기하지 않는 경우가 더 일반적이라는 사실이다. 그런데 (6)에서 제시된 선행 요소 '줄, 빛, 길, 자리'(6가), '가루, 집, 값, 바늘, 비누, 국'(6나)에는 공통점이 있다. 그것은 3장의 (14), (14')에서 제시한 바와 같이 이들이 모두 사이시옷을 선행 요소로 가지고 있는 명사로 간주할 수 있는 것들에 해당한다는 점이다. 이것이 의미하는 바는 이들은 모두 어휘 내적으로 사이시옷을 선행 요소로 가지고 있는 것이라고 할 수 있으므로 사이시옷을 표기하지 않아도 된소리나 'ㄴ' 첨가와 같은 사잇소리 현상을 실현시키는 데 문제가 없다는 점이다. 이 역시 특히

한자어의 경우 사이시옷을 표기하지 않아도 된다는 앞의 주장에 대한 근거가 된다는 점에서 주목할 만하다.

## 7.1.2. 국립국어원(2018)의 실태 조사에 대한 평가

국립국어원(2018)의 실태 조사에 대해서는 앞서 5장에서 자세히 언급한 바 있다. 그런데 국립국어원(2017)의 실태 조사를 '한자어+고유어'의 경우 사이시옷을 적지 말자고 한 최형용(2008)과 그에 대한 검증이 국립국어원(2017)이라는 입장에서 중요한 것은 국립국어원(2018)에서 미등재어를 조사 대상으로 삼고 있다는 점이다.

미등재어는 아직 규정 표기형이 정해지지 않은 것들이므로 그 표기는 유동적인 상황에 놓여 있다. 이들 미등재어에 대해서는 국립국어원(2017)에서는 관심을 기울이고 있지 못하다. 이는 미등재어이든 아니든 국립국어원(2017)은 웹 검색이라는 방법의 한계상 발음을 염두에 두고 있지 못한 것과도 관련이 된다. 따라서 국립국어원(2018)은 등재어이든 미등재어이든 이를 발음과 관련하여 조사하고 있다는 점에서 가장 큰 의의를 부여할 수 있다.

이에 따라 미등재어의 사잇소리 현상과 사이시옷 표기에 대해 주목한 것은 최형용(2019)이다. 국립국어원(2018)은 설문 조사가 가지는 특성상 많은 어휘를 대상으로 할 수는 없다는 한계를 가지기 때문에 국립국어원(2017)에 비해 변수를 통제하기 위해 노력하였다는 사실에 대해서는 이미 5장에서 강조한 바 있다. 대신 국립국어원(2018)에서는 하나의 어휘에 인구 비례에 따른 2,520명의 조사를 통해 해당 어휘에 대한 결과의 객관성을 확보하는 데 노력하고 있다는 점에 관심을 기울일 필요가 있다.

변수 통제는 등재어와 미등재어에도 그대로 적용되었는데 먼저 어휘 목록을 변수와 함께 제시하면 다음과 같다. 등재어의 경우 모든 것을 사잇소리 현상 파악을 위한 것으로 삼지 않았기 때문에 먼저 사이시옷 표기를 검토하

기 위한 목록과 사잇소리 현상을 검토하기 위한 목록을 각각 정리하여 제시
하면 다음과 같다.

(7)  사이시옷 표기 검토를 위한 등재어와 미등재어 목록

| 음절수 \ 음운변동 | 어종 | 등재어 | | | 미등재어 | | |
|---|---|---|---|---|---|---|---|
| | | 고유어+고유어 | 고유어+한자어 | 한자어+고유어 | 고유어+고유어 | 고유어+한자어 | 한자어+고유어 |
| 3음절 | 된소리 | 바닷길<br>부챗살 | 가짓수<br>잔칫상 | 전깃줄<br>두붓국 | 둘레/길 | 나이/대 | 변기/솔 |
| 3음절 | ㄴ(ㄴ)첨가 | 장맛날<br>비눗물<br>고춧잎 | 존댓말<br>인사말<br>예삿일 | | 보리/물 | 가사/말 | |
| 4음절 | 된소리 | 마룻바닥<br>골칫거리 | 머릿수건<br>막냇삼촌 | 만홧가게<br>주삿바늘 | 머리/고기 | 막내/손녀 | 휴지/조각 |
| 계 | | 7개 | 7개 | 4개 | 3개 | 3개 | 2개 |

(8)  사잇소리 현상 검토를 위한 등재어와 미등재어 목록

| 음절수 \ 음운변동 | 어종 | 등재어 | | | 미등재어 | | |
|---|---|---|---|---|---|---|---|
| | | 고유어+고유어 | 고유어+한자어 | 한자어+고유어 | 고유어+고유어 | 고유어+한자어 | 한자어+고유어 |
| 3음절 | 된소리 | 부챗살 | 가짓수 | 두붓국 | 둘레/길 | 나이/대 | 변기/솔 |
| 3음절 | ㄴ(ㄴ)첨가 | 장맛날 | 인사말 | | 보리/물 | 가사/말 | |
| 4음절 | 된소리 | 마룻바닥 | 막냇삼촌 | 주삿바늘 | 머리/고기 | 막내/손녀 | 휴지/조각 |
| 계 | | 3개 | 3개 | 2개 | 3개 | 3개 | 2개 |

(7)과 (8)을 비교해 보면 사이시옷 표기를 위해서는 등재어의 목록이 더
많지만 사잇소리 현상 검토를 위해서는 등재어와 미등재어를 1 : 1의 관계로

대응시키고 있다는 점에서 차이가 있다.

이에 따라 먼저 사이시옷 표기율을 (7)에 표시하여 먼저 제시하면 다음과 같다.

(9) 등재어와 미등재어의 사이시옷 표기율

| 음절수 \ 음운변동 \ 어종 | 등재어 | | | 미등재어 | | |
|---|---|---|---|---|---|---|
| | 고유어+고유어 | 고유어+한자어 | 한자어+고유어 | 고유어+고유어 | 고유어+한자어 | 한자어+고유어 |
| 3음절 / 된소리 | 바닷길 76.31% | 가짓수 43.97% | 전깃줄 35.95% | 둘레/길 21.39% | 나이/대 27.74% | 변기/솔 11.79% |
| | 부챗살 26.55% | 잔칫상 28.93% | 두붓국 10.04% | | | |
| 3음절 / ㄴ(ㄴ) 첨가 | 장맛날 34.52% | 존댓말 73.37% | | 보리/물 31.87% | 가사/말 23.45% | |
| | 비눗물 79.29% | 인사말 19.01% | | | | |
| | 고춧잎 57.06% | 예삿일 70.40% | | | | |
| 4음절 / 된소리 | 마룻바닥 39.09% | 머릿수건 24.80% | 만홧가게 1.47% | 머리/고기 62.66% | 막내/손녀 3.06% | 휴지/조각 5.91% |
| | 골칫거리 73.25% | 막냇삼촌 12.02% | 주삿바늘 10.32% | | | |
| 평균 | 55.15% | 42.25% | 14.45% | 38.64% | 18.08% | 8.85% |

(9)에서 사이시옷 미표기가 사전 표제항인 '인사말'을 제외하면 등재어 전체의 표기율 평균은 40.54%이고 미등재어는 23.48%이다. 이를 다시 '된소리'와 'ㄴ(ㄴ) 첨가'로 나누면 먼저 '된소리'의 경우 등재어 전체의 표기율 평균은 31.89%이고 미등재어 전체의 표기율은 22.09%이다. 'ㄴ(ㄴ) 첨가'의 경우 등재어 전체의 표기율 평균은 62.89%이고 미등재어 전체의 표기율은 27.66%이다. 3음절 등재어 전체의 표기율 평균은 46.28%인 데 비해 미등재

어 전체의 표기율은 25.99%이고 4음절 등재어 전체의 표기율 평균은 26.83%인 데 비해 미등재어 전체의 표기율은 23.88%이다. 한편 어종은 등재어 전체가 37.28%이고 미등재어 전체가 21.86%이며 각 세부 어종별 평균은 (9)에 제시한 바와 같다.

우선 이러한 사실들을 통해 알 수 있는 것은 등재어와 미등재어의 가장 큰 차이는 '어종'은 물론 '된소리', 'ㄴ(ㄴ) 첨가', '음절 수' 등 모든 변수에서 미등재어의 사이시옷 표기율이 등재어의 사이시옷 표기율에 비해 일관적으로 매우 낮다는 점이다. 그리고 이는 특히 '한자어+고유어'의 경우에 훨씬 더 두드러지는 사실이라는 점은 최형용(2008)에서 주장되고 국립국어원(2017)에서 검증된 것과 동일하다는 점에 주목할 필요가 있다.

다음으로 (8)에 따른 사잇소리 현상 실현율을 제시하면 다음과 같다.

(10) 등재어와 미등재어의 사잇소리 실현율

| 음절 수 \ 음운 변동 | 어종 | 등재어 | | | 미등재어 | | |
|---|---|---|---|---|---|---|---|
| | | 고유어+고유어 | 고유어+한자어 | 한자어+고유어 | 고유어+고유어 | 고유어+한자어 | 한자어+고유어 |
| 3음절 | 된소리 | 부챗살 71.75% | 가짓수 75.28% | 두붓국 79.96% | 둘레/길 88.57% | 나이/대 90.12% | 변기/솔 45.04% |
| | ㄴ(ㄴ) 첨가 | 장맛날 62.22% | 인사말 82.86% | | 보리/물 62.10% | 가사/말 76.83% | |
| 4음절 | 된소리 | 마룻바닥 71.11% | 막냇삼촌 7.26% | 주삿바늘 51.07% | 머리/고기 85.71% | 막내/손녀 17.34% | 휴지/조각 46.75% |
| 평균 | | 68.36% | 55.13% | 65.52% | 78.79% | 61.43% | 45.90% |

이번에는 사잇소리 실현율이 초점이므로 '인사말'을 포함하면 등재어 전체는 62.69%에서 사잇소리가 실현되었으며 미등재어 전체는 64.06%에서 사잇소리가 실현된 것으로 조사되었다. 사잇소리 가운데 '된소리'는 등재어

가운데 59.41%, 미등재어 가운데 62.26%에서 실현되었고 'ㄴ(ㄴ) 첨가'는 등재어 가운데 72.54%, 미등재어 가운데 69.47%에서 실현되었다. '음절 수'로는 3음절 등재어는 74.41%에서 사잇소리가 실현되었고 미등재어는 72.53%에서 사잇소리가 실현되었다. 한편 4음절 등재어는 43.15%에서 사잇소리가 실현되었고 미등재어는 49.93%에서 사잇소리가 실현되었다. 어종에 따른 사잇소리 실현율은 등재어 전체로는 63.00%이고 미등재어 전체로는 62.04%이며 각 어종별 평균은 (10)에 제시한 바와 같다.

우선 이상의 사실들에서 알 수 있는 가장 큰 특징은, 전체적으로 볼 때 등재어와 미등재어가 사잇소리의 실현율에서 큰 차이가 없다는 점이다. 그리고 오히려 전체 단어들을 대상으로 할 때는 미세하게나마 미등재어에서 사잇소리 발현 비율이 높았는데 이는 '된소리' 실현율, 4음절이라는 음절 수가 변수가 되는 부분에서의 차이가 영향을 미친 것이라 해석할 수 있다.

(9)와 (10)을 통해 예상할 수 있는 것은 사잇소리 현상의 실현이 사이시옷의 표기에 그대로 반영되는 것은 아니라는 점이다. 이는 특히 미등재어의 경우 사잇소리 실현율이 등재어에 비해 낮지 않은데도 불구하고 사이시옷 표기율은 현저히 낮다는 사실을 통해 짐작이 가능하다.

그렇다면 앞서 언급한 바와 같이 이러한 사실이 특히 '한자어+고유어'의 경우에서 두드러지는지에 대해 살펴볼 필요가 있다. 이를 위해 필요한 것은 등재어와 미등재어의 사잇소리 현상에 따른 사이시옷 표기의 상대 비율이다. 이를 정리하면 다음과 같다.

(11) 사잇소리 실현에 따른 사이시옷 표기의 상대 비율

| 음절수 \ 음운변동 \ 어종 | 등재어 | | | 미등재어 | | |
|---|---|---|---|---|---|---|
| | 고유어+고유어 | 고유어+한자어 | 한자어+고유어 | 고유어+고유어 | 고유어+한자어 | 한자어+고유어 |
| 3음절 된소리 | 부챗살 40.24% | 가짓수 64.07% | 두붓국 14.21% | 둘레/길 26.05% | 나이/대 31.90% | 변기/솔 34.04% |
| 3음절 ㄴ(ㄴ)첨가 | 장맛날 62.73% | 인사말 24.45% | | 보리/물 61.01% | 가사/말 33.95% | |
| 4음절 된소리 | 마룻바닥 61.29% | 막냇삼촌 165.56% | 주삿바늘 27.39% | 머리/고기 77.07% | 막내/손녀 42.21% | 휴지/조각 17.07% |
| 평균 | 54.75% | 84.69% (막냇삼촌 제외시 44.26%) | 20.80% | 54.71% | 36.02% | 25.56% |

(11)에서 우선 주목할 필요가 있는 것은 상대 비율의 평균에서 가장 낮은 비율을 보이고 있는 것은 등재어와 미등재어 모두 '한자어+고유어'에 해당한 다는 점이다. 이것은 결국 등재어이든 미등재어이든 사잇소리 현상이 나타나 더라도 이를 사이시옷 표기로 연결시키는 것은 '한자어+고유어'에서 가장 낮다는 것을 의미한다. 다만 미등재어의 경우 '한자어+고유어'가 등재어의 경우보다 상대 비율이 높은데 이것은 (9)에서 볼 수 있는 바와 같이 사이시옷 표기율이 미등재어에서 더 낮은 것을 참조할 때 쉽게 설명이 가능하다. 이는 곧 사잇소리 현상의 실현율도 낮은 것에 따른 것이지 사이시옷 표기 자체가 등재어보다 많다는 것을 의미하는 것은 아니기 때문이다.

이상의 내용을 종합할 때 결과적으로 선행 요소가 한자어인 경우는 사이시 옷을 적지 말아야 한다는 최형용(2008, 2018)의 주장이 미등재어에서도 타당성 을 가진다는 것을 최종적으로 확인할 수 있다. 이는 국립국어원(2018)의 설문 조사 결과를 그 이전의 연구들과 일맥상통하는 것으로 평가할 수 있게 한다.[5]

## 7.2. 국립국어원(2017)과 국립국어원(2018)의 개선안 평가

### 7.2.1. 국립국어원(2017)의 개선안에 대한 평가

앞서 6장을 통해 국립국어원(2017)의 개선안에 대해 살펴본 바 있다. 우선 국립국어원(2017)의 개선안은 표기 규정을 대상으로 한 것이라는 점을 다시 한 번 강조할 필요가 있다. 국립국어원(2017)의 실태 조사 결과를 바탕으로 모두 네 가지의 개선안을 제시하였는데 사실 이 가운데 국립국어원(2017)의 실태 조사 결과를 가장 직접적으로 반영한 것은 <개선안 3>에 해당한다. 6장에서 제시한 (6), (7)을 다시 가져와 한데 제시하면 다음과 같다.

(12)  가. 국립국어원(2017)의 사이시옷 표기 규정 <개선안 3>

> 제30항 사이시옷은 앞말이 순우리말이고 모음으로 끝나는 합성어
> 가운데 다음과 같은 경우에 받치어 적는다.
> 1. 뒷말의 첫소리가 된소리로 나는 것
> 2. 뒷말의 첫소리 'ㄴ, ㅁ' 앞에서 'ㄴ' 소리가 덧나는 것
> 3. 뒷말의 첫소리 모음 앞에서 'ㄴㄴ' 소리가 덧나는 것

나. 국립국어원(2017)의 <개선안 3>의 적용 결과

| 현행 | 개선 후 |
|---|---|
| 뭇국 바닷가 깻잎 나뭇잎 막냇동생 깃발 호숫가 대푯값 등굣길 개밋과 곳간 셋방 숫자 찻간 툇간 횟수 | 뭇국 바닷가 깻잎 나뭇잎 막냇동생 기발 호수가 대표값 등교길 개밋과 고간 세방 수자 차간 퇴간 회수 |

이러한 <개선안 3>은, 전술한 바와 같이, 국립국어원(2014)에서도 전문가를

---

5) 이는 곧 실제 발음을 고려하지 못한 국립국어원(2017)의 조사 결과가 국립국어원(2018)을 통해 검증되고 있다는 의미를 갖는다는 점에서도 매우 중요하다. 국립국어원(2017)의 조사 결과가 극단적으로 사이시옷 현상이 발현되지 않는데도 불구하고 사이시옷을 표기했을 가능성은 크지 않고 사이시옷 표기를 한 것들은 사이시옷 현상이 발현된 것으로 보아 무방하다는 것을 뜻하는 것으로 해석할 수 있기 때문이다.

대상으로 이러한 방안에 대해 동의하는지를 물은 결과 '그렇다' 73.1%, '그렇지 않다' 19.2%로 매우 높은 타당성을 가지는 것으로 평가할 수 있다.

국립국어원(2017)에서는 개선안들에 대해 타당도와 적절성을 분리하여 질문하였는데 해당 부분을 6장에서 다시 가져와 정리하면 다음과 같다.

(13) 가. 개선안에 대한 양 집단의 타당도 비교(순위 기준)

| 순위 | 전문가 집단 | 교사 집단 |
|---|---|---|
| 1 | <개선안 1> 한자어 예외 규정 삭제(3.1점) | <개선안 1> 한자어 예외 규정 삭제(3.4점) |
| 2 | <개선안 4> 현행 규정 유지(2.9점) | **<개선안 3> 사이시옷 규정 축소(3.0점)** |
| 3 | <개선안 2> 사이시옷 규정 폐지(2.8점) | <개선안 4> 현행 규정 유지(2.62점) |
| 4 | **<개선안 3> 사이시옷 규정 축소(2.4점)** | <개선안 2> 사이시옷 규정 폐지(2.57점) |

나. 개선안의 적절성에 대한 양 집단의 응답 비교(순위 기준)

| 순위 | 전문가 집단 | 교사 집단 |
|---|---|---|
| 1 | <개선안 2> 사이시옷 표기 폐지(3명) | <개선안 1> 한자어 예외 규정 삭제(13명) |
| 2 | **<개선안 3> 사이시옷 표기 축소(3명)** | **<개선안 3> 사이시옷 규정 축소(9명)** |
| 3 | <개선안 1> 한자어 예외 규정 삭제(2명) | <개선안 4> 현행 규정 유지(8명) |
| 4 | <개선안 4> 현행 규정 유지(1명) | <개선안 2> 사이시옷 규정 폐지(4명) |

(13)의 경우를 전체적으로 보면 실태 조사에서 도출된 <개선안 3>의 순위가 높지 않다고 할 수 있을지 모른다. 그러나 여기에는 두 가지 측면에서 고려해야 할 사항이 있어 보인다. 첫째, 전문가의 경우 표본이 너무 작다는 문제가 있다. 이는 전문가의 경우 타당도와 적절성에서 개선안 사이의 순위가 서로 일치하지 않는다는 문제에 대한 요인으로 해석할 수도 있다. 둘째,

(12나)에서 볼 수 있는 바와 같이 <개선안 3>은 <개선안 1>을 포함하고 있다는 점이다. 이러한 관점에서 주목해야 할 것은 교사 집단의 개선안 타당도와 적절성 순위이다. <개선안 3>은 두 경우에서 모두 2순위를 차지하고 있음을 볼 수 있는데 <개선안 1>은 모두 1순위를 차지하고 있음을 볼 수 있다. 이는 곧 사이시옷 표기 규정에 대한 수정의 정도를 점진적으로 가져오는 것이 더 타당하고 적절하다는 생각을 반영한 것으로 해석할 수도 있음을 의미한다. 한자어 예외 규정은 선행 요소가 한자어일 경우 사이시옷을 표기하는 예외를 인정한다는 점에서 이에 대한 삭제는 <개선안 3>을 위한 전제 조건의 성격을 가지는 것으로 해석할 수 있다. 따라서 <개선안 1>이 <개선안 3>보다 높은 순위를 차지하고 있다는 사실로부터 <개선안 3>의 가치가 더 낮다는 것을 의미하는 것은 아니라고 할 수 있다.

## 7.2.2. 국립국어원(2018)의 개선안에 대한 평가

앞서 6장에서는 설문 조사를 통해 사잇소리 현상과 사이시옷 표기에 대한 개선안에 대해 살펴보았다. 6장에서도 밝힌 바와 같이 국립국어원(2018)은 실태 조사를 바탕으로 하되 국립국어원(2017)과는 달리 개선안에 대해 따로 조사한 것은 아니다. 또한 국립국어원(2017)이 사이시옷 표기에 대한 규정을 개선 대상으로 삼고 있는 데 비해 국립국어원(2018)에서는 규정을 직접적인 대상으로 삼고 있지도 않다는 차이가 있다.

이에 따라 국립국어원(2018)에서는 크게 '사이시옷 미표기형을 허용하는 방안'과 '사이시옷 미표기'라는 두 가지 개선안으로부터 논의를 시작하였다. 그런데 이 두 가지는 모두 국립국어원(2017)의 <개선안 3>과 직접적인 관련을 가지고 있다는 데 주목할 필요가 있다.

먼저 '사이시옷 미표기형을 허용하는 방안'이 나오게 된 배경은 국립국어원(2017)보다도 국립국어원(2018)의 사이시옷 표기 비율이 전반적으로 더 낮은

것과 관련이 있다. 이에 대해 살펴보기 위해 어종별 국립국어원(2017)의 사이
시옷 표기 정확도와 국립국어원(2018)의 사이시옷 표기 비율을 정리해 제시할
필요가 있다.

(14) 국립국어원(2017)의 사이시옷 표기 정확도와 국립국어원(2018)의 사이
시옷 표기율

| 고유어+고유어 | | | 고유어+한자어 | | | 한자어+고유어 | | |
|---|---|---|---|---|---|---|---|---|
| 국립국어원(2017) | 국립국어원(2018) | | 국립국어원(2017) | 국립국어원(2018) | | 국립국어원(2017) | 국립국어원(2018) | |
| | 등재어 | 미등재어 | | 등재어 | 미등재어 | | 등재어 | 미등재어 |
| 72.69% | 55.15% | 38.64% | 79.87% | 42.25% | 18.08% | 49.44% | 14.45% | 8.85% |

(14)에서 보는 바와 같이 국립국어원(2017)의 경우 '한자어+고유어'의 경우
에도 사이시옷 표기 정확도가 50%에 가까웠지만 국립국어원(2018)의 경우
사이시옷 표기율은 '고유어+고유어' 등재어의 경우가 가장 높은데도 50%를
조금 상회할 뿐이라는 점에 주목할 필요가 있다. 이는 곧 국립국어원(2018)의
경우 전체 사이시옷 표기율은 29.57%로 절반에도 훨씬 미치지 못한다는 것
을 말해 준다. 이것은 화자의 인식 측면에서 볼 때 텍스트 생산자의 인식을
반영하는 국립국어원(2017)의 웹 문서와는 달리 등재어든 미등재어든 사이시
옷을 표기하려는 경향이 매우 낮다는 것을 의미한다. 즉 웹 문서는 사이시옷
표기 규정에 상대적으로 큰 영향을 받고 있지만 이러한 표기 규정을 염두에
두지 않은 국립국어원(2018)의 결과는 사이시옷을 표기하지 않으려는 화자들
의 입장을 고스란히 반영하고 있는 것이다.

이러한 사실은 국립국어원(2017)에서 사이시옷 표기 정확도를 구간별로 나
눈 것처럼 국립국어원(2018)의 경우도 사이시옷 표기율을 구간별로 나누어
보면 더 확연히 드러난다.

(15) 가. 국립국어원(2017)의 사이시옷 표기 정확도

| 정확도 \ 어종 | 고유어+고유어 | 고유어+한자어 | 한자어+고유어 |
|---|---|---|---|
| 80% 이상 | 69개(55.6%) | 25개(64.1%) | 20개(29.9%) |
| 20~80% 이상 | 37개(29.9%) | 12개(30.8%) | 28개(41.8%) |
| 20% 이하 | 18개(14.5%) | 2개(5.1%) | 19개(28.4%) |
| 계 | 124개(100%) | 39개(100%) | 67개(100%) |

나. 국립국어원(2018)의 사이시옷 표기율

| 사이시옷 표기율 \ 어종 / 등재여부 | 고유어+고유어 | | 고유어+한자어 | | 한자어+고유어 | |
|---|---|---|---|---|---|---|
| | 등재어 | 미등재어 | 등재어 | 미등재어 | 등재어 | 미등재어 |
| 80% 이상 | 0개(0%) | 0개(0%) | 0개(0%) | 0개(0%) | 0개(0%) | 0개(0%) |
| 20~80% 이상 | 7개(100%) | 3개(100%) | 5개(83.33%) | 2개(66.67%) | 1개(25%) | 0개(0%) |
| 20% 이하 | 0개(0%) | 0개(0%) | 1개(16.7%) | 1개(33.33%) | 3개(75%) | 2개(100%) |
| 계 | 7개(100%) | 3개(100%) | 6개(100%) | 3개(100%) | 4개(100%) | 2개(100%) |

(15가, 나)를 비교해 보면 국립국어원(2018)의 경우 표기율 80%를 넘는 것은 단 하나도 존재하지 않는다는 것을 알 수 있다.

그렇다면 이러한 사실을 통해 국립국어원(2018)에서 '사이시옷 미표기형을 허용하는 방안'과 '사이시옷 미표기'라는 두 가지 개선안을 제시한 배경을 이해할 수 있다. 그리고 국립국어원(2018)의 실태 조사에서 이처럼 저조한 사이시옷 표기율을 견인하고 있는 것은 등재어와 미등재어 모두 '한자어+고유어'의 경우라는 점에서 결국 앞서 언급한 <개선안 3>이 나오게 된 배경과 일치한다는 것을 알 수 있다.

다만 국립국어원(2018)에서 '사이시옷 미표기형을 허용하는 방안'처럼 복수의 표기를 인정하는 데 대해서는 이론(異論)이 있을 수 있다. 물론 표준어

가운데는 '자장면', '짜장면'처럼 복수의 표기를 인정하는 경우가 없는 것은 아니지만 사이시옷 표기형과 미표기형을 모두 인정하여 복수의 표기가 된 것은 존재하지 않기 때문이다. 그럼에도 불구하고 복수의 표기법을 제시한 이유는 개선안이 기존의 표기를 수정하는 데서 오는 거부감을 줄이기 위한 고육지책이라고 할 수 있다. 즉 가령 (12가)처럼 한자어 다음에는 사이시옷을 받쳐 적지 말자고 하는 데에 대해서는 거부감이 덜할 수 있지만 (12나)와 같이 구체적인 적용 결과를 받은 다음에는 거부감이 더한 경우가 생기는 것이 인지상정이다. 따라서 이미 표기 형태가 정해진 등재어는 몰라도 표기 형태가 정해지지 않은 미등재어에서나마 사이시옷 미표기형을 허용하는 것은 거부감이 덜할 수 있다는 생각을 할 수 있다. 그러나 그 결과 의미 차이가 없이 사이시옷 표기형과 미표기형이 공존한다는 점은 계속하여 부담이 되지 않을 수 없을 것이다.

한편 국립국어원(2018)에서 사이시옷의 표기 개선 방향으로 '한자어+고유어'뿐만 아니라 '고유어+한자어'의 경우도 한데 묶은 것은 '한자어+고유어' 정도는 아니지만 '고유어+한자어'의 경우도 표기율이 낮다는 실태 조사를 충실히 반영한 결과이다. 그러나 '한자어+고유어'와는 달리 '고유어+한자어'의 경우에는 한자어의 자형(字形)에 변화가 나타나는 것은 아니라는 점에서 이는 어디까지나 국립국어원(2018)의 조사 결과에 따라 사이시옷 표기를 점진적으로 줄여 나가야 한다는 측면에서 접근한 것임을 이해할 필요가 있다.

# 사잇소리 현상과 사이시옷 표기에 대한 과제와 전망
## -결론을 대신하며

## 8.1. 사잇소리 현상과 사이시옷 표기에 대한 과제

지금까지 사잇소리 현상과 사이시옷 표기에 대해 살펴보았다. 그러나 이것으로서 사잇소리 현상과 이에 따른 사이시옷 표기에 대한 문제가 모두 해결된 것은 아니다. 따라서 앞으로의 사잇소리 현상과 사이시옷 표기에 대한 과제를 제시하기 위해 먼저 지금까지의 논의를 과정적으로 정리할 필요가 있다. 이를 도식화하면 다음과 같다.

(1) 사잇소리 현상과 사이시옷 표기에 대한 고찰 내용 도식화

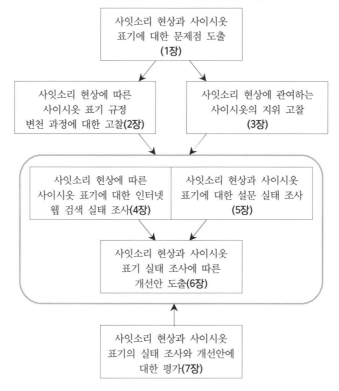

1장에서 살펴본 바와 같이 사잇소리 현상에 따른 사이시옷의 표기는 여러 가지 측면에서 문제를 가지는 것으로 지적되어 왔다. 이는 곧 사잇소리 현상과 그에 따른 사이시옷 표기의 성격 규명과 더불어 이에 대한 실태 조사의 필요성을 제기하는 것이라 할 수 있다.

이에 따라 2장과 3장을 통해 사잇소리 현상과 사이시옷 표기에 대한 성격을 규명하였는데 먼저 2장에서는 사잇소리 현상과 사이시옷 표기에 대한 성격을 규명하기 위해 거시적인 측면에서 규범의 변천 과정, 미시적인 측면에서 사잇소리 현상에 따른 사이시옷 표기의 규정이 걸어온 길에 대해 살펴보았다. 사이시옷은 사잇소리 현상을 표기에 반영하기 위한 수단으로서 이는

규정의 변천 과정에서 다른 어떤 것보다도 많은 변화를 거친 것임을 확인하였는데 그 과정을 한마디로 요약하자면 사이시옷 표기에 대한 점진적 축소라고 정리할 수 있다. 이는 큰 틀에서 보면 더 급진적이고 전면적일 뿐 북한의 경우도 마찬가지라고 할 수 있다.

3장에서는 사잇소리 현상에 대한 사이시옷 표기에 대한 성격을 규명하기 위해 사이시옷의 지위에 대해 고찰하였다. 사이시옷은 문법 요소로부터 출발하였으나 지금은 합성어라는 단어 내부에 나타나는 소리 요소라 할 수 있으며 어휘의 앞이나 뒤에 고정적으로 따라다니는 요소의 지위를 지니고 있으므로 이를 어휘부에 표시해야 할 필요성이 있음에 대해 언급하였다. 다만 사잇소리 현상에 대한 판단이 수의성을 가지는 것에 기반한다면 이를 구성족 측면에서 해석할 수 있는 가능성에 대해서도 설문 조사 결과를 통해 제시하였다.

4장과 5장에서는, 1장에서 제기된 사잇소리 현상과 사이시옷 표기에 대한 문제점, 2, 3장에서 살펴본 사잇소리 현상과 사이시옷 표기에 대한 성격 규명 작업을 바탕으로 사잇소리 현상에 따른 사이시옷 표기에 대한 실태 조사에 대해 살펴보았다. 먼저 4장에서는 웹 검색을 통해 모두 246개의 어휘에 대한 사이시옷 표기 정확도에 대해 조사하였다. 246개의 어휘를 대상으로 모두 10년간의 표기 양상에 대해 고찰하였는데 이는 사이시옷 표기에 대한 단일 조사 가운데는 가장 규모가 큰 것이라고 할 수 있다. 이에 따라 사잇소리 현상과 이에 따른 사이시옷 표기를 음절 수, 어종, 전문어, 발음 변화 등 여러 가지 변수에 따라 조사하였는데 이 가운데 가장 크게 주목한 것은 어종에 따른 사이시옷 표기가 뚜렷한 차이를 보이는가 하는 것이었다. 그 결과 '한자어+고유어'의 경우에 사이시옷 표기의 정확도가 '고유어+고유어', '고유어+한자어'에 비해 유의미하게 낮다는 것을 확인하였다.

5장에서는 설문을 통해 사잇소리 현상과 그에 다른 사이시옷 표기에 대해 조사해 보았다. 특히 설문 조사에서 주목한 것은 4장에서의 대규모 사이시옷 표기 조사에서는 할 수 없었던 사잇소리 현상의 확인과 미등재어의 사이시옷 표기라고 할 수 있다. 또한 4장에서의 웹을 통한 실태 조사가 어문 규정의 영향 아래에 있는 표기 실태인 데 비해 5장에서의 설문을 바탕으로 한 실태 조사는 어문 규정의 영향보다는 화자의 실제 표기 실태에 초점을 두고 있다는 점도 주목할 필요가 있다. 그 결과 웹 검색에 비해 사이시옷 표기 비율이 전반적으로 현저하게 낮았고 이것은 등재어보다 미등재어에서 보다 뚜렷한 것임을 확인하였다. 이때 중요한 것은 사잇소리 현상의 실현에 따른 사이시옷 표기율인데 이 경우에는 등재어와 미등재어 모두 사잇소리 현상이 실현된 비율에서 큰 차이가 없음에도 불구하고 등재어보다 미등재어의 사이시옷 표기율이 더 낮다는 점에 주목하였다. 또한 4장에서의 결과와 동일하게 등재어와 미등재어 모두 '한자어+고유어'의 경우에 사이시옷 표기율이 가장 낮게 나온 것은 동일하다는 점도 확인하였다. 한편 별도로 과학과 수학 분야 전문가를 대상으로 전문 용어의 사이시옷 표기와 일반 용어의 사이시옷 표기의 차이에 대해서도 조사하여 이를 비중 있게 다루었다. 이는 4장에서 전문 용어에 대한 사이시옷 표기 조사가 상대적으로 그 수도 적고 분야도 한 군데로 쏠려 있는 단점을 보완하기 위한 성격을 가지고 있다.

6장에서는 4장과 5장에서의 실태 조사를 통한 개선안에 대해 살펴보았다. 먼저 4장에 따른 개선안은 규정 개선을 염두에 둔 것이라는 점을 염두에 둘 필요가 있다. 실태 조사를 통해 도출된 사이시옷 표기 규정 개선안은 모두 네 가지였다. <개선안 1>은 '한자어 예외 규정 삭제'이고 <개선안 2>는 '사이시옷 표기 규정 삭제'이며 <개선안 3>은 '사이시옷 표기 축소'로서 '한자어+고유어'의 경우 사이시옷을 표기하지 않는 것이고 <개선안 4>는 '현행 규정 유지'였다. 이러한 개선안에 대해 전문가와 국어 교사를 대상으로 타당도와 적절성에 대해 설문 결과를 분석하였다. 그 결과가 일치하지는 않았지만 모두 현행 사이시옷 표기 규정을 개선할 필요가 있다는 점에서는 공통된 의견을 확인할 수 있었다. 5장에 따른 개선안은 규정 개선을 염두에 둔 것도 아니고 별도로 이를 조사한 것도 아니라는 점에서 4장에서의 규정 개선안과 차이가 있다. 이를 감안하여 그 명칭도 '개선 방향'으로 하여 두 가지를 제안하였는데 <개선 방향 1>은 '사이시옷 미표기형을 허용하는 방안'이고 <개선 방향 2>는 '한자어가 포함된 어휘의 사이시옷 미표기'와 '전면적인 사이시옷의 미표기'에 해당한다. 이는 연구진의 개선 방향이기는 하되 어디까지나 실태 조사에 기반한 것임을 강조할 필요가 있다.

 7장에서는 4장과 5장에서 살펴본 실태 조사와 6장에서 살펴본 개선안을 특히 '한자어+고유어'의 경우에 한정하여 '평가'라는 이름을 붙여 일관적으로 논의하고자 하였다. 이는 우선 4장과 5장에서의 실태 조사가 모두 일관적으로 '사이시옷의 표기 축소' 즉 '한자어+고유어'의 경우 사이시옷을 표기하지 말자는 <개선안 3>으로 수렴된다고 보았기 때문이다. 따라서 이러한 맥락에서 웹을 통한 실태 조사와 설문을 통한 실태 조사의 의미를 보다 심층적으로 분석하였다. 웹을 통한 실태 조사에 대해서는 규정 개선 방안에 대한 설문 조사가 포함되었는데 <개선안 3>에 대한 전문가의 지지는 그렇게 높지 않았다. 이러한 결과는 답변을 제시한 전문가의 수가 많지 않고 또 타당도와 적절성에 대한 순위가 일치하지 않는다는 문제가 영향을 미칠 수 있음을 언급하였다. 한편 국어 교사들을 대상으로 한 설문 조사에서는 타당도와 적절성이 비례한 결과를 얻었는데 <개선안 3>에 대한 지지가 상대적으로 높다는 데 주목하였다. 또한 가장 높은 지지를 받은 <개선안 1>이 곧 <개선안 3>에 포함되어 있음에 대해서도 언급하였다. 설문 조사를 통한 등재어와 미등재어의 사잇소리 현상과 그에 따른 사이시옷 표기에 대한 실태 조사도 큰 틀에서는 <개선안 3>과 일관적이라는 사실은 매우 중요한 가치를 가진다고 평가할 수 있다.

 그러나 이상과 같은 실태 조사와 개선안이 보다 실효적인 의의를 가지기 위해서는 다음과 같은 몇 가지 과제를 해결할 필요가 있음에 주목할 필요가 있다.

첫째, 실태 조사 결과를 통해 드러난 것처럼 '한자어+고유어'에 대해 사이시옷 표기율이 일관적으로 낮은 것을 뒷받침하기 위해서는 언중들이 어종에 대한 인식을 가지고 있다는 것을 증명해야 한다. 만약 언중들의 어종에 대한 인식이 크지 않다면 '한자어+고유어'의 경우에 특히 사이시옷 표기율이 낮은 것을 이해하기 힘들기 때문이다. 따라서 이는 곧 어종에 대한 언중들의 인식에 대한 조사가 필요하다는 것을 의미한다. 그러나 이때 어종에 대한 조사는 우선 사이시옷 표기와 상관적인 관계에 있어야 한다는 점에 주의할 필요가 있다. 사이시옷 표기 이외의 경우도 어종에 대한 조사를 시행할 수 있지만 그렇게 되면 사이시옷 표기의 경우에도 적용되리라는 점을 또 다시 증명해야 하는 부담이 있다. 따라서 이를 위해서는 국립국어원(2017)과 같은 웹 검색을 통한 실태 조사는 어종에 대한 언중의 인식을 조사하는 데는 한계가 있으므로 국립국어원(2018)에서 실시한 설문을 통한 실태 조사가 더 바람직하다고 할 수 있다. 또한 발음 문항 유형이 아니라 표기 문항 유형에 이를 하위 질문으로 추가하는 방식이 가시성을 확보하고 있다는 점에서 선호될 필요가 있다. 이를 예로 들어 보이면 다음과 같다. 표기 문항 유형은 5장에서 제시한 (26) 가운데 표기 문항 유형 1만 가져오기로 한다.

(2) 표기 문항 유형 1과 그에 따른 어종 설문 조사

> <문 1> 다음 중, 어떻게 적는 것이 자연스러운가요?
>   ① 바다길              ② 바닷길
> <문 1-1> 이때 '바다'와 '길'의 어종은 무엇이라고 생각하나요?
>   ① '바다'와 '길'은 모두 고유어이다.
>   ② '바다'는 고유어, '길'은 한자어이다.
>   ③ '바다'는 한자어, '길'은 고유어이다.
>   ④ '바다'와 '길'은 모두 한자어이다.

그리고 이에 대한 결과 분석은 종속적으로 해석할 필요가 있다. 즉 <문 1>에서 '바다길'을 선택하였다면 이는 사이시옷을 표기하지 않는 조건에 해당하므로 <문 1-1>에서 ④로 선택한 것이 의미가 있고 마찬가지로 <문 1>에서는 '바닷길'을 선택하였다면 이는 사이시옷을 표기하는 조건에 해당하므로 <문 1-1>에서 이를 ①이나 ②, ③으로 선택한 것이 의미를 가지게 된다. 반대로 <문 1>에서 '바다길'을 선택하였다면 이는 사이시옷을 표기하지 않는 조건에 해당하므로 <문 1-1>에서 ①이나 ②, ③로 선택한 것이나 <문 1>에서는 '바닷길'을 선택하였는데 <문1-1>에서 ④로 선택한 것은 의미를 부여하기 어렵다. 즉 이는 3장에서 구성족과 관련하여 살펴본 바와 같이 단독 설문이 아니라 상관 설문의 성격을 지니는 것이다.

이를 보다 자세히 살펴보기 위해 국립국어원(2018)에서 '바닷길'에 대한 사이시옷 표기율 결과를 제시해 보기로 한다.

(3) 국립국어원(2018)에서의 '바닷길'에 대한 사이시옷 표기율

| 단어 | 사이시옷 표기형 | 표기형 비율 | 사이시옷 미표기형 | 미표기형 비율 |
|---|---|---|---|---|
| 바닷길 | 1,923 | 76.31% | 597 | 23.69% |

어종이 변수가 되는 경우는 사이시옷 표기가 어종과 상관성을 가진다는 것이 전제가 되므로 어종에 대한 설문인 (2)의 <문 1-1>에 대한 결과가 (3)의 표기율과 어느 정도 일치한다면 이는 어종에 따라 사이시옷을 표기한다고 해석할 수 있지만 그렇지 않다면 어종에 따라 사이시옷을 표기한다고 해석하기 어려울 것이다. 물론 (3)에서 대답을 한 사람들을 다시 조사할 수는 없으므로 (2)와 같이 설문지를 제작하여 다시 설문 조사를 진행해야 할 것이다. 이 경우 사이시옷 표기 비율은 국립국어원(2018)과 달라질 수도 있다는 점에 주의할 필요가 있다.

둘째, 합성어에 대한 인식의 조사이다. 전술해 온 바와 같이 사이시옷의 표기는 합성어를 전제로 하고 있다. 그리고 합성어 가운데서도 합성 명사에 한정되어 있다. 그런데 언중들의 입장에서 합성 명사에 대한 인식이 늘 일정한 것이라고 보기는 어렵다. 이를 위해 2장의 (23)에서 제시한 현행 <한글 맞춤법>(1988)의 사이시옷 규정을 다시 가져와 보기로 한다.

(4) <한글 맞춤법>(1988)의 사이시옷 표기 규정

제30항 사이시옷은 다음과 같은 경우에 받치어 적는다.
1. 순우리말로 된 합성어로서 앞말이 모음으로 끝난 경우
 (1) 뒷말의 첫소리가 된소리로 나는 것

| | | | | |
|---|---|---|---|---|
| 고랫재 | 귓밥 | 나룻배 | 나뭇가지 | 냇가 |
| 댓가지 | 뒷갈망 | 맷돌 | 머릿기름 | 모깃불 |
| 못자리 | 바닷가 | 뱃길 | 볏가리 | 부싯돌 |
| 선짓국 | 쇳조각 | 아랫집 | 우렁잇속 | 잇자국 |
| 잿더미 | 조갯살 | 찻집 | 쳇바퀴 | 킷값 |
| 핏대 | 햇볕 | 혓바늘 | | |

 (2) 뒷말의 첫소리 'ㄴ, ㅁ' 앞에서 'ㄴ' 소리가 덧나는 것

| | | | | |
|---|---|---|---|---|
| 멧나물 | 아랫니 | 텃마당 | 아랫마을 | 뒷머리 |
| 잇몸 | 깻묵 | 냇물 | 빗물 | |

 (3) 뒷말의 첫소리 모음 앞에서 'ㄴㄴ' 소리가 덧나는 것

| | | | | |
|---|---|---|---|---|
| 도리깻열 | 뒷윷 | 두렛일 | 뒷일 | 뒷입맛 |
| 베갯잇 | 욧잇 | 깻잎 | 나뭇잎 | 댓잎 |

2. 순우리말과 한자어로 된 합성어로서 앞말이 모음으로 끝난 경우
 (1) 뒷말의 첫소리가 된소리로 나는 것

| | | | | |
|---|---|---|---|---|
| 귓병 | 머릿방 | 뱃병 | 봇둑 | 사잣밥 |
| 샛강 | 아랫방 | 자릿세 | 전셋집 | 찻잔 |
| 찻종 | 촛국 | 콧병 | 탯줄 | 텃세 |
| 핏기 | 햇수 | 횟가루 | 횟배 | |

> (2) 뒷말의 첫소리 'ㄴ, ㅁ' 앞에서 'ㄴ' 소리가 덧나는 것
> 
> 　　 곗날　　 제삿날　　 훗날　　　 툇마루　　 양칫물
> 
> (3) 뒷말의 첫소리 모음 앞에서 'ㄴㄴ' 소리가 덧나는 것
> 
> 　　 가욋일　　 사삿일　　 예삿일　　 훗일
> 
> 3. 두 음절로 된 다음 한자어
> 
> 　　 곳간(庫間)　셋방(貰房)　숫자(數字)　찻간(車間)
> 
> 　　 툇간(退間)　횟수(回數)

　(4)에서 제시한 예들은 다시 고유어가 포함된 것과 그렇지 않은 것으로 크게 나눌 수 있다. 이때 고유어는 대부분 실질 형태소이면서 자립 형태소이기 때문에 명사의 자격을 가지고 있는 데 비해 한자어는 실질 형태소이기는 하지만 의존 형태소가 적지 않기 때문에 그 자체로는 명사의 자격을 가지고 있지 못한 경우가 있다. 이에 따라 '고유어+고유어'로 되어 있으면서 구성 요소가 모두 명사의 자격을 가지는 '나뭇가지'류는 합성어로의 인식이 높지만 '한자어+한자어'로 구성되어 있으면서 구성 요소가 모두 자립 명사의 자격을 가지지 못하는 '곳간'과 같은 경우는 합성어로의 인식이 낮다고 할 수 있다. 이처럼 합성어로의 인식은 어종보다는 자립성에 더 민감하다고 할 수 있다. 합성어로의 인식을 국립국어원(2017)에서 웹 검색을 통해 제시한 예들을 대상으로 제시해 보면 다음과 같다.

　(5) 합성 명사로서의 인식 가능성 정도

　　가. 자립 형태소 + 자립 형태소 - 귓병(94.93%)

　　나. 자립 형태소 + 의존 형태소 - 뼛골(73.41%)

　　다. 의존 형태소 + 자립 형태소 - 칫솔(93.98%)

　　라. 의존 형태소 + 의존 형태소 - 툇간(83.52%)

괄호 안에 제시된 수치는 4장에서 살펴본 바와 같이 웹 검색을 통한 사이 시옷 표기 정확도를 뜻하는데 특히 후행 요소가 의존 형태소일 경우 사이시 옷 표기 정확도가 상대적으로 낮다는 사실을 보여 준다. 과연 이러한 사실이 합성 명사로서의 인식 가능성과 어느 정도 일치하는지 조사해 볼 필요가 있어 보인다.

만약 합성 명사로서의 인식이 낮다면 사이시옷을 표기할 가능성도 낮아진 다고 해석할 수 있다. 그러나 사이시옷 표기가 나타나더라도 이를 합성 명사 에서 제외해야 할 경우에 대해서도 생각해 볼 수 있다. 이는 곧 사이시옷 구성이 접두사화한 경우를 고려해야 한다는 의미인데 이와 관련하여 합성 명사 가운데 '뒷X' 구성을 가지는 다음 예들에 주목할 필요가 있다.

(6) '뒷X' 구성 합성 명사의 빈도와 비율

|  | 빈도 | 비율 |  | 빈도 | 비율 |
|---|---|---|---|---|---|
| 뒷모습 | 2228565 | 99.69% | 뒷맛 | 195480 | 99.95% |
| 뒤모습 | 7001 | 0.31% | 뒤맛 | 95 | 0.05% |
| 뒷바라지 | 160561 | 99.43% | 뒷장 | 171985 | 98.08% |
| 뒤바라지 | 924 | 0.57% | 뒤장 | 3374 | 1.92% |
| 뒷간 | 39115 | 98.01% | 뒷사람 | 163041 | 99.52% |
| 뒤간 | 793 | 1.99% | 뒤사람 | 781 | 0.48% |
| 뒷굽 | 99858 | 99.06% | 뒷받침 | 1040240 | 99.30% |
| 뒤굽 | 948 | 0.94% | 뒤받침 | 7307 | 0.70% |
| 뒷감당 | 66888 | 99.68% | 뒷산 | 468747 | 97.85% |
| 뒤감당 | 216 | 0.32% | 뒤산 | 10279 | 2.15% |
| 뒷심 | 108306 | 99.10% | 뒷거래 | 67864 | 99.91% |
| 뒤심 | 980 | 0.90% | 뒤거래 | 64 | 0.09% |
| 뒷일 | 83022 | 93.32% | 뒷머리 | 334615 | 99.65% |
| 뒤일 | 5943 | 6.68% | 뒤머리 | 1173 | 0.35% |
| 뒷날 | 75680 | 99.55% | 뒷이야기 | 161737 | 99.83% |
| 뒤날 | 340 | 0.45% | 뒤이야기 | 279 | 0.17% |
| 뒷문 | 381163 | 98.92% | 뒷조사 | 68607 | 99.74% |

|  | 빈도 | 비율 |  | 빈도 | 비율 |
|---|---|---|---|---|---|
| 뒤문 | 4179 | 1.08% | 뒤조사 | 181 | 0.26% |
| 뒷벽 | 15157 | 98.52% | 뒷목 | 347690 | 98.99% |
| 뒤벽 | 228 | 1.48% | 뒤목 | 3557 | 1.01% |
| 뒷방 | 41071 | 98.31% | 뒷줄 | 105805 | 97.85% |
| 뒤방 | 706 | 1.69% | 뒤줄 | 2330 | 2.15% |
| 뒷마무리 | 34924 | 99.60% | 뒷모양 | 10947 | 97.32% |
| 뒤마무리 | 142 | 0.40% | 뒤모양 | 302 | 2.68% |
| 뒷얘기 | 55478 | 99.84% | 뒤쪽 | 645146 | 66.29% |
| 뒤얘기 | 90 | 0.16% | 뒷쪽 | 328106 | 33.71% |

(6)의 표에서 드러나는 바와 같이 '뒷X'의 사이시옷 표기 비율은 거의 예외 없이 100%에 육박할 정도로 높아 전체 사이시옷 표기 비율을 견인하고 있다 는 점에 대해서는 4장에서도 언급한 바 있다. 그런데 여기에서 주목할 것은 '뒷쪽'의 경우이다. 사이시옷은 'ㄴ' 첨가가 아니면 후행 요소의 경음화를 유발하기 때문에 이미 '쪽'과 같이 경음인 요소 앞에서는 사이시옷을 밝히지 말아야 하므로 규정 표기는 '뒤쪽'이다. 그러나 (6)의 표에서 알 수 있는 바와 같이 '뒤쪽'의 비율이 66.29%로 상대적으로 비율이 낮을 뿐만 아니라 '뒷쪽' 의 비율이 33.71%에 해당하고 다른 경우와 비교하면 빈도도 매우 높기 때문 이다. 이는 '뒷'이 합성어의 선행 요소가 아니라 하나의 접두사로 굳어진 것으로 해석이 가능하다.[1] 만약 '뒷'이 '뒷-'으로 접두사화한 것이라면 이들 은 사이시옷 표기의 대상에서 제외해야 할 것이다. '윗'이나 '아랫'도 이러한 관점에서 다시 검토할 필요가 있다.[2]

한편 합성어와 파생어도 사이시옷 표기에 영향을 미치지만 합성어와 구도

---

[1] '뒷쪽'과 더불어 역시 사이시옷 표기를 할 필요가 없는 '뒷풀이'의 높은 빈도도 참고할 필요가 있다.

[2] 사실 우리의 어문 규정 가운데는 파생어, 합성어와 같은 단어 구조 정보를 요구하는 것이 적지 않다. 따라서 합성어에 대한 인식 조사는 비단 사이시옷 표기 규정에만 한정되는 것이 아니라는 점에 주목할 필요가 있다.

사이시옷 표기에 영향을 미친다. 구도 사이시옷을 표기하지 않는 대상이기 때문이다. 만약 해당 구성이 단어가 아니라 구로 인식된다면 역시 사이시옷을 표기하지 않을 가능성이 높다. 따라서 합성어에 대한 인식은 구와의 구별도 포함할 필요가 있다. 사실 4장에서 언급한 바와 같이 국립국어원(2017)에서도 이와 관련된 문제 의식을 가지고는 있었지만 웹 문서라는 특성 때문에 이를 검증하지 못한 한계를 지적한 바 있다. 따라서 합성어와 구의 구별에 대한 인식은 발음을 포함한 설문 조사 방법을 취하는 것이 합리적이라 판단된다. 이를 5장에서 제시한 발음 문항 유형 3을 이용하여 제시하면 다음과 같다.

(7) 발음 문항 유형 3과, 합성어와 구의 구별에 대한 설문 조사

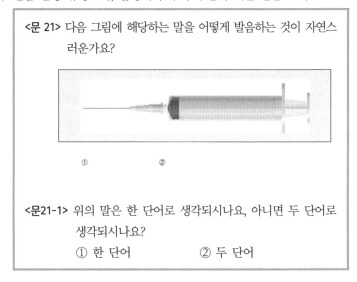

<문 21> 다음 그림에 해당하는 말을 어떻게 발음하는 것이 자연스러운가요?

①       ②

<문21-1> 위의 말은 한 단어로 생각되시나요, 아니면 두 단어로 생각되시나요?
   ① 한 단어       ② 두 단어

(2)에서 제시한 어종의 문제와 마찬가지로 합성어와 구의 구별도 역시 상관적으로 해석해야 할 것으로 보인다. 발음 문제에서 사잇소리 현상이 실현된 경우 이를 '두 단어'로 대답한 것은 큰 의미를 가지지 않기 때문이다.

그러나 사잇소리 현상이 실현되지 않았을 경우 이를 '한 단어'나 '두 단어'로 응답한 것은 모두 의미를 가진다. 특히 사잇소리 현상이 실현되지 않고 이를 '두 단어'로 응답한 경우는 해당 구성을 구로 간주한 것이라고 해석할 수 있다.

셋째, 국립국어원(2017)과 국립국어원(2018)의 실태 조사 결과는 사이시옷의 미표기 경향을 보여 준다는 점에서 한글 맞춤법의 표음주의와 표의주의 두 원칙에 대한 언중의 인식에 대해서도 조사할 필요가 있다. 앞의 두 가지 과제가 사잇소리 현상과 사이시옷 표기를 직접적이고 미시적으로 관심 대상으로 삼는 것이라면 이는 간접적이고 거시적인 과제라 할 수 있다. 2장에서도 언급한 바와 같이 우리의 어문 규정은 표음주의를 지향하는 것과 표의주의를 지향하는 것으로 나눌 수 있다. 가령 구개음화를 표기에 반영하지 않는 것은 소리에 따른 형태 변화를 인정하지 않는다는 점에서 표의주의를 지향하는 것이고 두음 법칙을 인정하는 것은 소리에 따른 형태 변화를 인정한다는 점에서 표음주의를 지향하는 것이라고 할 수 있다. 이에 따르면 사이시옷을 미표기하는 경향은 표의주의를 지향하는 것으로 해석할 수 있다. 따라서 이를 확인하기 위해서는 어문 규정 가운데 표음주의를 지향하는 것과 표의주의를 지향하는 것을 대상으로 언중들이 어떤 경향성을 보이는지 조사할 필요가 있다. 만약 전체적이고 거시적인 측면에서 표의주의를 지향하는 경향이 두드러진다면 이 책에서 언급한 바와 같은 사이시옷 표기의 점진적 축소나 폐지라는 개선안이 더 큰 타당성을 지닐 수 있을 것으로 판단된다. 따라서 이에 대한 설문은 사잇소리 현상과 사이시옷 표기뿐만이 아니라 구개음화나 두음 법칙에 따른 문항을 포함하게 된다. 이를 (2)에서 제시한 표기 문항 유형 1과 관련하여 제시해 보면 다음과 같다.3)

3) 물론 1장에서 언급한 바와 같이 구개음화나 두음 법칙과 관련된 표기 조사가 이전에 없었던 것은 아니다. 그러나 그 관심은 규정에 '어긋난' 표기 즉 오류의 관점에서 접근한 것이므로 표음주의와 표의주의 가운데 어떤 것이 주된 원칙인지를 파악하는 것과는 구별해야

(8) 표기 문항 유형 1과 맞춤법의 원리에 대한 설문 조사

> **<문 1>** 다음 중, 어떻게 적는 것이 자연스러운가요?
>      ① 바다길          ② 바닷길
> **<문 2>** 다음 중, 어떻게 적는 것이 자연스러운가요?
>      ① 해도지          ② 해돋이
> **<문 3>** 다음 중, 어떻게 적는 것이 자연스러운가요?
>      ① 왕릉            ② 왕능

<문 1>은 사잇소리 현상에 따른 사이시옷 표기를, <문 2>는 구개음화에 따른 표기를, <문 3>은 두음 법칙에 따른 표기를 묻고 있다. 이 가운데 각각 ①, ②, ②를 고른 경우 표의주의를 추구하는 경향이, ②, ①, ①을 선택한 경우 표음주의를 추구하는 경향이 높다고 해석할 수 있다.


## 8.2. 사잇소리 현상과 사이시옷 표기에 대한 전망

앞서 제시한 사잇소리 현상과 사이시옷 표기에 대한 과제가 이 책에서의 한계를 극복하기 위한 것이라면 여기에서는 이 책에서의 연구가 가지는 의의를 바탕으로 보다 포괄적이고 발전적인 측면에서의 연구 지향점을 제시해 보기로 한다.

첫 번째는 이 책에서의 연구가 가지는 이론적 측면에서의 의의와 앞으로의 연구 지향점에 대해 생각해 볼 수 있다. 이 책은 사잇소리 현상과 사이시옷 표기에 대한 계량적 연구를 목적으로 삼고 있다. 그러나 오로지 계량적인

---

한다. 따라서 질문도 "맞는 표기는?" 혹은 "올바른 표기는?"과 같은 것이 아니라 "자연스러운 표기는?"과 같이 바뀐다는 점에 주의할 필요가 있다. 앞의 것이 일종의 정답을 찾는 시험의 성격을 지닌다면 뒤의 것은 일종의 의견을 구하는 자문의 성격을 지니기 때문이다.

부분만을 관심 대상으로 삼고 있지는 않았다. 즉 사잇소리 현상에 따른 사이시옷의 실체성에 대한 탐구도 포함하고 있다. 사이시옷은 문법 요소로부터 출발하였으나 지금은 합성어라는 단어 내부에 나타나는 소리 요소라 할 수 있으며 어휘의 앞이나 뒤에 고정적으로 따라다니는 요소의 지위를 지니고 있으므로 이를 어휘부에 표시해야 할 필요성이 있다. 이는 앞으로 사잇소리 현상과 사이시옷 표기에 대한 연구가 어휘부의 조직과 관련된 기초 자료를 제시할 수 있음을 의미하는 것이기도 하다. 또한 사이시옷의 공시적 해석과 통시적 발달 과정에 대한 지속적인 연구에도 기여하는 바 적지 않을 것으로 판단된다. 한편 한국어의 사이시옷은 언어유형론적인 측면에서도 비교 대상이 적지 않다고 한 바 있는데 이는 사이시옷과 관련된 다른 언어와의 대조 연구가 필요하다는 것을 제기하는 것이기도 하다.

두 번째는 이 책에서의 연구가 가지는 실용적 측면에서의 의의와 앞으로의 연구 지향점에 대해 언급할 필요가 있다. 이 책에서의 연구 결과는 무엇보다 사잇소리 현상과 사이시옷 표기에 대한 규정 개선 방안을 담고 있다는 점에서 실용적 측면에서 기대 효과가 작지 않으리라 판단되기 때문이다. 사이시옷과 관련한 표기 규정은 합성어와 구 구성을 구별하는 어휘 구성 방식 및 한자어와 고유어 등을 구별하는 어종에 관한 정보를 바탕으로 한다는 점에서 언중들에게 학문적이고 어려운 이론 지식으로 받아들여지고 있는 실정이고 이는 언어 사용자들의 높은 표기 오류를 결과시키고 있다. 언중들의 사이시옷 표기 오류 실태를 어휘 구성 방식, 어종, 음절 수, 전문어 여부와 관련하여 살펴봄으로써 현행 표기 규정의 문제점을 도출한 본 연구는 이러한 측면에서 규정 개선의 방향성을 제시하는 것이라 할 수 있었다. 결국 이 책에서의 연구 결과는 어문 규정과 표기 현실과의 괴리를 줄이는 데 기여할 수 있고 어문 규정에 대한 언중들의 친밀감을 높일 수 있는 계기가 될 수 있다는 의의를 찾을 수 있다. 그러나 바로 앞서 언급한 바와 같이 이 책에서의 연구가 실용적 측면에서의 의의를 공고히 하기 위해서는 사잇소리 현상과 사이시옷 표기 문제뿐만이 아니라 어문 규범 전체의 측면에서 볼 때 정책적인 측면도 고려해야 하는 것임을 알 수 있다. 따라서 이론적인 연구를 바탕으로 한 정책적인 측면에서의 연구는 앞으로도 지속적으로 이루어져야 할 필요가 있다.

　세 번째로는 이 책에서의 연구가 가지는 방법론 측면에서의 의의와 앞으로의 연구 지향점에 대해 생각해 볼 수 있다. 이 책에서는 사잇소리 현상과 사이시옷 표기에 대해 크게 두 가지 계량적 연구를 진행하고 이에 대해 소개한 바 있다. 첫 번째는 웹을 대상으로 한 대규모 조사 방법이고 두 번째는 설문을 대상으로 한 조사 방법이다. 이들 각각의 방법은 물론 사잇소리 현상과 사이시옷 표기에만 국한되는 것은 아니다. 현재 어문 규범 내에서뿐만 아니라 이론적인 연구의 측면에서도 이러한 연구 방법론은 객관적인 통계를 바탕으로 합리적이고 실행 가능한 대안 마련을 위한 필수적인 단계에 해당한다고 할 수 있기 때문이다. 대규모 말뭉치를 기반으로 한 계량적 연구가 점점 더 많은 연구 성과를 내고 있는 현금의 실태를 고려할 때 이 책에서의 연구 방법론은 이론적인 측면은 물론 실용적인 측면에서의 관련 연구 분야에 대해 방법론적인 측면에서 의의를 가질 수 있을 것으로 판단할 수 있다. 그러나 그만큼 한계를 가지는 부분도 적지 않았는데 앞으로의 연구에서는 이들을 발전적으로 극복할 수 있는 방안이 모색될 수 있도록 연구 방법론에 대한 고민도 필요하다고 할 수 있다.

　네 번째로는 이 책에서의 연구가 가지는 교육적 측면에서의 의의와 앞으로의 연구 지향점에 대해 생각해 볼 수 있다. 이 책에서의 연구를 통해 그 나름대로 사잇소리 현상과 사이시옷 표기에 대한 계량적 연구를 바탕으로 합리적이고 현실적인 규정 개선의 토대를 마련하고 있다고 평가할 수 있는데 이는 통일된 지침 개발로서의 의미뿐 아니라 통일된 한국어 교육의 기준 마련으로서의 가치를 지닌다고 할 수 있다. 가령 이 책에서 살펴본 규정 개선 방안에 대한 다각적 검토 내용은 한국어 교육 내용 체계의 구성에 참고 자료로서 활용될 수도 있고 더 나아가 일반 대중을 위한 평생 교육 자료 개발의 전범으로도 기능할 수 있을 것으로 기대된다. 그러나 이를 실현시키기 위해서는 교육론적 방법론의 도입과 검증이라는 과정이 필요하므로 지금까지와는 차별되는 방향으로서의 연구가 활성화되기를 기대해 본다.

# 참고문헌

강옥미(1998), 「전남 지역 대학생의 표준어 수용 태도」, 『숙명어문논집 창간호』, 22-25.

강창석(1995), 「한글과 한글 표기법 이론의 체계화에 대하여」, 『국어학』 25, 165-197.

강창석(2005), 「한자어의 한글 표기에 대하여」, 『국어학』 45, 243-274.

강희숙(2003), 『국어 정서법의 이해』, 역락.

고광모(1992), 「ㄴ첨가와 사이시옷에 대한 연구」, 『언어학』 14, 31-51.

고영근(1978), 「형태소 분석한계」, 『언어학』 3, 29-35.

고영근(1983), 『국어문법의 연구-그 어제와 오늘-』, 탑출판사.

고영근(1995), 「주시경 국어문법의 형성에 얽힌 문제-검열본을 중심으로-」, 『대동문화연구』 30, 233-277.

고영근(2000), 『북한 및 재외교민의 철자법 집성』, 역락.

고영근(2001), 『역대한국문법의 통합적 연구』, 서울대학교출판부.

고영근(2005), 「형태소의 교체와 형태론의 범위 : 형태음운론적 교체를 중심으로」, 『국어학』 46, 19-51.

고영근·구본관(2008), 『우리말 문법론』, 집문당.

교육부(2015), 『국어과 교육과정』.

교육인적자원부(2004), 『고등학교 문법』, 두산.

구본관(1997), 「의미와 통사범주를 바꾸지 않는 접미사류에 대하여」, 『국어학』 29, 113-140.

구본관(2008), 「맞춤법 교육 내용 연구」, 『국어교육』 127, 195-232.

국립국어연구원(1999), 『표준국어대사전』, 두산동아.

국립국어연구원(2002), 『표준 발음 실태 조사』.

국립국어연구원(2003), 『표준 발음 실태 조사 Ⅱ』.

국립국어원(2005), 『현대 국어 사용 빈도 조사』.

국립국어원(2006), 『바른 국어 생활 : 국어문화학교』.

국립국어원(2010), 『어문 규범의 단계별 교재 개발을 위한 실태 조사 결과 보고서』.

국립국어원(2012), 『표준 발음법 영향 평가』.

국립국어원(2014), 『한글 맞춤법 영향 평가』.

국립국어원(2016), 『한국어의 발음 현황 조사』.

국립국어원(2017), 『사이시옷 표기 실태 조사 및 규정 개선 방안 연구』.

국립국어원(2018), 『사이시옷 관련 어휘의 발음 및 표기 실태 조사』.

국문연구소(1908), 「국문연구안」(역대한국문법대계 ③09).

국문연구소(1909), 「국문연구의정안」(역대한국문법대계 ③10).

권용경(2001), 「국어 사이시옷에 대한 통시적 연구」, 서울대학교 박사학위논문.

권재일(2001), 「새로 짓는 길 이름의 사이시옷 표기」, 『도로명의 사이시옷 표기, 성씨의 로마
　　　　자 표기 공개 토론회』(문화관광부 국립국어연구원) 15-18.

김규식(1908~1909?), 『대한문법』(유인본) (역대한국문법대계 ①14).

김규식(1912), 『조선문법』(유인본) (역대한국문법대계 ①15).

김두봉(1916), 『조선말본』, 신문관(역대한국문법대계 ①22).

김민수(1973), 『국어정책론』, 탑출판사.

김민수(1977), 『주시경 연구』, 탑출판사.

김민수(1986), 「1세기 반에 걸친 한국문법연구사」, 『역대한국문법대계 별책』, 탑출판사, 5-32.

김민수·고영근(2008), 『역대한국문법대계』(102책)(제2판), 박이정.

김민수·고영근·최호철·최형용(2009), 『역대한국문법대계(Ⅱ)』, 박이정.

김민수·고영근·최호철·최형용(2015), 『역대한국문법대계(Ⅱ)』(1부 보유편 2책), 박이정.

김병문(2018), 「〈한글 마춤법 통일안〉(1933) 총론의 '소리대로 적되 어법에 맞도록 한다'는
　　　　규정의 역사적 의미 검토-당대의 논의를 중심으로-」, 『언어사실과 관점』 44,
　　　　169-203.

김병문(2019가), 「근대계몽기 '국문론'의 양상과 새로운 주체 형성의 문제에 대하여」, 『어문연
　　　　구』 47-3, 91-115.

김병문(2019나), 「근대계몽기 '국문론'의 레퍼런스에 대하여」, 『한말연구』 54, 35-60.

김병일(2000), 『국어 합성어 연구』, 역락.

김석득(1983), 『우리말 연구사』, 정음문화사.

김선호(2002), 「대전 소재 대학생들의 한글 맞춤법·표준어 규정에 대한 인지 실태 연구」, 『어
　　　　문연구』 38, 45-82.

김세중(1992), 「표준어 규정과 한글 맞춤법의 몇 가지 문제」, 『말과 글』 51, 24-27.

김세진(2009), 「열림도 동화의 관점에서 본 'ㄴ끼우기'」, 『한글』 284, 5-72.

김영욱(1997), 「공형태소에 대하여」, 『전농어문연구』 9, 181-198.

김유범(2007), 「형태론적 과정에 나타나는 음운론적 현상에 대하여」 『한국어학』 37, 47-73.

김유범·박선우··안병섭·이봉원(2002), 「'ㄴ' 삽입 현상의 연구사적 검토」, 『어문논집』 46, 41-71.

김인균(2002가), 『국어의 명사 연결 구성 연구』, 서강대학교 박사학위논문.

김인균(2002나), 「합성명사의 의미 관계와 사이시옷에 대하여」, 『한국어 의미학』 11, 119-138.

김인균(2004), 「사이시옷 교육론」, 『어문연구』 122, 437-460.

김재호(1967), 「사이 ㅅ연구」, 『국어국문학』 37, 38, 1-20.

김정수(1989), 「한말의 사잇소리 따위의 문법 기능」, 『한글』 205, 5-34.

김정수(2005), 「옛말의 힘줌 사잇가지와 힘줌 앞가지」, 『한글』 267, 35-62.

김정태(2001), 「현행 한글 맞춤법에 대한 대학생들의 의식 고찰」, 『인문학연구』 28, 1-32.

김정태(2004), 「대학생들의 맞춤법 인식과 실태」, 『학생생활연구』 30, 17-41.

김정태(2005), 『현행 한글 맞춤법의 이해와 실제』, 충남대학교 출판부.

김정현(2004), 「사이시옷 표기에 대한 연구 성과 고찰」, 『한어문교육』 12, 107-136.

김종택(1980), 「사잇소리 'ㅅ'과 형태소 'ㅅ'에 대하여」, 『국어교육연구』 12, 15-26.

김주필(1991), 「'표준어 모음'의 심의 경위와 해설」, 『말과 글』 46, 26-37.

김주필(2005), 「한글 맞춤법 원칙의 특성과 의미」, 『어문학논총』 24, 87-107.

김주필(2014), 「보통학교용 언문철자법(1912)'의 성격과 특징」, 『반교어문연구』 37, 37-70.

김주필(2017), 「보통학교용 언문철자법(1912)'의 제정 의도와 표기사적 문제점」, 『국어사 연구』 25, 207-253.

김진규(2005), 『맞춤법과 표준어』, 공주대학교 출판부.

김차균(1984), 「현대국어의 사이 ㅅ」, 『언어학』 7, 67-82.

김차균(1992), 「사이 ㅅ의 음운론」, 『국어학』 22, 191-236.

김창섭(1996), 『국어의 단어형성과 단어구조 연구』, 태학사.

김창섭(1999), 『국어 어휘 자료 처리를 위한 한자어의 형태·통사론적 연구』, 국립국어연구원.

김천학(2005), 「사이시옷과 의미관계」, 『새국어교육』 70, 177-198.

김하수(1997), 「남북한 통합 맞춤법에 대한 구상」, 『한글 맞춤법, 무엇이 문제인가?』, 태학사.

김형배(2007), 「현행 한국어 어문규정의 문제점-국어 상담 사례를 중심으로-」, 『한민족문화연구』 22, 31-58.

나찬연(2005), 『한글 맞춤법의 이해』, 월인.

남경완(2010), 「표준어 규정과 표준어 정책에 대하여」, 『한국학연구』 33, 41-46.

남궁억(1913?), 『조선문법』(필사본) (역대한국문법대계 ①24).

남기심·고영근(2014), 『표준국어문법론』(4판), 박이정.

남기심·고영근·유현경·최형용(2019), 『표준국어문법론』(전면개정판), 한국문화사.

남미정(2012), 「중세국어의 사이시옷과 합성명사」, 『언어와 정보 사회』 18, 77-100.

노명희(2005), 『현대국어 한자어 연구』, 태학사.

노연숙(2007), 「개화계몽기 국어국문운동의 전개와 양상-언문일치를 둘러싼 논쟁을 중심으로-」, 『한국문화』 40, 59-94.

리의도(2013), 「한국어 한글 표기법의 변천」, 『한글』 301, 143-218.

문교부(1954), 『한글 간소화 방안』(유인본) (역대한국문법대계 ③34).

문교부(1988), 『국어 어문 규정집』, 대한교과서주식회사.

문화관광부(2008), 『국어 어문 규정집』(28판), 대한교과서주식회사.

민현식(1994), 「한글맞춤법(1988)의 문제점에 대하여(1)」, 『南川 朴甲洙 先生 華甲記念文集』,

태학사.

민현식(1999), 『국어 정서법 연구』, 태학사.

민현식(2001), 「언어 규범의 해석과 집행에 대하여- 도로명(道路名)의 사이시옷 표기 문제를 중심으로」, 『국어 연구의 이론과 실제』, 태학사.

민현식 외(2018), 언어와 매체, 천재교육.

박덕유(1998), 「국어 어문규정의 인지 실태와 그 문제점 : 중 고등학생을 대상으로」, 『국어교육』 97, 137-162.

박동근(2006), 「남북한 맞춤법 통일 방안에 대한 비판적 검토」, 『겨레어문학』, 30, 89-115.

박동근(2012), 「웹 검색 엔진을 활용한 어문규범 오류 실태의 계량적 추출 방법」, 『언어과학연구』 63, 145-170.

박동근(2014), 「웹 검색을 이용한 맞춤법 오류의 변화 양상 연구-사이시옷 표기를 중심으로-」, 『문법 교육』 21, 67-93.

박승빈(1936), 『조선어학회 사정 『한글 마춤법 통일안』에 대한 비판』, 조선어연구회(역대한국문법대계 ③21).

박영목 외(2012), 『독서와 문법 I 』, 천재교육.

박영목 외(2014), 『독서와 문법』, 천재교육.

박창원(1997), 「사잇소리와 사이시옷(1)」, 『이화어문논집』 15, 461-482.

박창원(2007), 「한글맞춤법 '총칙 제1항'의 음운론」, 『국어학회 제34회 겨울학술대회 발표자료집』, 154-158.

박홍길(1999), 『국어 정서법 연구』, 한국문화사.

방민호 외(2018), 『언어와 매체』, 미래엔.

배성봉·이광오(2012), 「사이시옷이 단어 재인에 미치는 영향」, 『인지과학』 23, 349-366.

배성봉·이광오(2016), 「사이시옷 합성어의 재인에서 구성성분 분리」, 『한국심리학회 : 인지 및 생물』 28, 691-698.

서울대학교 국어교육연구소(1996), 『문법』, 교육부.

서울대학교 국어교육연구소(2002), 『문법』, 교육인적자원부.

서울대학교 국어교육연구소(2004), 『문법(교사용 지도서)』, 교육인적자원부.

성균관대학교 대동문화연구원(1985), 『문법』, 교육부.

성균관대학교 대동문화연구원(1991), 『문법』, 교육부.

송기중(1992), 「현대국어 한자어의 구조」, 『한국어문』 1, 1-85.

송미영(2019가), 「어문 규범으로 보는 음운 현상의 표기 반영 양상-〈普通學校用 諺文綴字法〉과 『한글 맞춤법 통일안』을 중심으로-」, 『어문연구』 47-2, 47-72.

송미영(2019나), 북한의 '소리 끼우기'에 대한 고찰-어문 규범과 국어 문법 교과서를 중심으로-, 『한국언어문학』 111, 7-34.

송원용(2015), 「복합어의 심리적 실재성 검증」, 『형태론』 17-1, 1-21.

송철의(1987), 「15세기 국어의 표기법에 대한 음운론적 고찰」, 『국어학』 16, 325-360.

송철의(1993), 「언어 변화와 언어의 화석」, 『국어사 자료와 국어학의 연구』, 문학과 지성사, 352-370.

송철의·이남순·김창섭(1992), 『국어사전에서의 파생어 처리에 관한 연구』, 국립국어연구원.

시정곤(2000), 「공형태소를 다시 생각함」, 『한국어학』 12, 147-165.

신지연(2019), 「〈한글 맞춤법〉 '소리대로 적되'의 의미」, 『국어학』 92, 3-36.

신창순(1991), 「국어 정서법의 비판적 회고」, 『어문연구』 69, 7-18.

신창순(2001), 「국문연구소 〈國文研究議定案〉의 검토」, 『어문논집』 44, 5-49.

신창순(2003), 『국어근대표기법의 전개』, 태학사.

신희삼(2003), 「N2의 의미변화와 사이시옷의 상관관계」, 『한국어 의미학』 12, 79-98.

심재기(1979), 「관형화의 의미기능」, 『어학연구』 15-2, 109-121.

심혜란(2018), 사잇소리 현상의 교육 내용 연구, 한국교원대학교 석사학위논문.

안  확(1917) 「조선문법」, 유일서관(역대한국문법대계 ①175).

안병희(1968), 「중세국어 속격어미 '-ㅅ'에 대하여」, 『이숭녕박사 송수기념논총』, 을유문화사, 335-345.

안소진(2005), 「'한자어의 경음화'에 대한 재론」, 『국어학』 45, 69-93.

안예리(2015), 「언어적 근대에 대한 시론적 고찰-고전어와 속어의 관계 변화를 중심으로」, 『반교어문연구』 41, 285-313.

안예리(2016), 「언어에 대한 근대적 인식과 언어의 근대화」, 『언어사실과 관점』 39, 81-105.

양순임(1996), 「현대국어의 사잇소리 덧나기와 된소리되기」, 『우리말연구』 6, 35-68.

양순임(2011), 「사잇소리 현상과 사이시옷 표기에 대하여」, 『한글』 293, 117-167.

엄태수(1988), 「국어 표면음성제약의 상위원리」, 『서강어문』 6, 5-27.

엄태수(1998), 「합성어의 음운현상」, 『서강어문』 14, 53-79.

엄태수(2006), 「현대국어 사이시옷 현상의 검토」, 『국제어문』 28, 165-200.

엄태수(2007가), 「사이시옷 현상과 한글 맞춤법」, 『시학과 언어학』 13, 239-288.

엄태수(2007나), 「표준어 규정에 대한 연구」, 『한중인문학연구』 22, 57-78.

여채려·김양진(2015), 「한자어 단어 구성에서의 두음 법칙과 경음화」, 『어문논집』 73, 157-181.

연규동(1998), 『「통일시대」의 한글 맞춤법』, 박이정.

왕문용(1989), 「명사 관형구성에 대한 고찰」, 『주시경학보』 4, 139-157.

우형식(1993가), 「사이시옷 표기의 변천」, 『외대어문논집』 9, 131-164.

우형식(1993나), 「국어 받침 표기 규정의 변천」, 『우암어문논집』 3, 5-34.

유소연(2019), 한국어의 사잇소리 현상 연구, 충남대학교 박사학위논문.

유현경(2013), 표준 국어 문법 개발 기초 연구, 국립국어원.

육태화(1994), 「현대국어의 사이시옷에 대하여」, 『어문연구』 84, 616-632.

윤석민(2005), 「일제시대 어문규범 정리 과정에서 나타난 수용과 변천의 양상-〈언문철자법〉

　　　　　과 〈한글 맞춤법 통일안〉을 중심으로-」, 『한국언어문학』 55, 51-72.

윤여탁 외(2012), 『독서와 문법Ⅰ』, 미래엔.

윤여탁 외(2014), 『독서와 문법』, 미래엔.

윤천탁(2002), 「어문 규범의 측면에서 본 국어 교과서 표기의 문제점」, 『청람어문교육』 25, 207-234.

이강훈(1976), 「국어의 복합어 및 한자어 내부에서 일어나는 경음화 현상」, 『논문집』 5, 37-58.

이강훈(1977), 「국어의 복합어 및 한자어 내부에서 일어나는 경음화 현상(Ⅱ)」, 『논문집』 6, 171-190.

이강훈(1978), 「국어의 복합어 및 한자어 내부에서 일어나는 경음화 현상(Ⅲ)」, 『논문집』 7, 213-225.

이강훈(1981), 「국어의 복합어 및 한자어 내부에서 일어나는 경음화 현상(Ⅴ)」, 『논문집』 10, 81-97.

이강훈(1982), 「국어의 복합어 및 한자어 내부에서 일어나는 경음화 현상(Ⅵ)」, 『논문집』 11, 93-108.

이관규(2016가), 「남북한 어문 정책의 동질성 회복 방안에 대한 연구」, 『국어국문학』 176, 63-90.

이관규(2016나), 「남북한 어문 규범의 사잇소리 표기법과 발음법에 대한 비교 연구」, 『문법교육』 28, 135-164.

이관규 외(2014), 『독서와 문법』, 비상교육.

이관규 외(2018), 『언어와 매체』, 비상교육.

이광호(1979), 「국문연구소 〈國文硏究議定案〉에 대하여」, 『국어문학』 20, 87-115.

이광호(1993), 「중세국어의 '사이시옷' 문제와 그 해석 방안」, 『국어사 자료와 국어학의 연구』 (안병희선생 회갑기념논총), 문학과지성사.

이광호·한재영·장소원 (1998), 『국어정서법』, 한국방송통신대학교출판부.

이규영(1913), 『온갖것』(필사본) (역대한국문법대계 ①112).

이규영(1913?), 『말듬』(필사본) (역대한국문법대계 ①113).

이규영(1919?가), 『한글적새 ㄱ』(필사본) (역대한국문법대계 ①114).

이규영(1919?나), 『한글적새 ㄷ』(필사본) (역대한국문법대계 ①115).

이기문(1963), 『국어표기법의 역사적 연구』, 한국연구원(역대한국문법대계 ③36).

이기문(1970), 『개화기의 국문 연구』, 일조각.

이기문(1972), 『국어사개설』(개정판), 탑출판사.

이기문(1984), 「개화기의 국문 사용에 관한 연구」, 『한국문화』 5, 65-84.

이기문(1998), 『국어사개설』(신정판), 태학사.

이남순(1988), 『국어의 부정격과 격표지 생략』, 탑출판사.

이남호 외(2012), 『독서와 문법Ⅰ』, 비상교육.

이도영 외(2014), 『독서와 문법』, 창비교육.

이동석(2006), 「효과적인 사이시옷 표기 교육」, 『새국어교육』72, 103-123.

이동석(2011), 「현행 사이시옷 규정과 관련된 몇 문제」, 『민족문화연구』54, 185-226.

이병기(2009), 「한자·한문의 수용과 저항」, 『인문학연구』15, 89-115.

이병기(2015), 「'국어' 및 '국문'과 근대적 민족의식」, 『국어학』75, 165-193.

이삼형 외(2012), 『독서와 문법Ⅰ』, 지학사.

이삼형 외(2014), 『독서와 문법』, 지학사.

이삼형 외(2018), 『언어와 매체』, 지학사.

이상혁(2013), 「남북 서사규범의 역사성과 그 상관관계 연구-〈훈민정음〉(1446) 및 〈한글마춤법통일안〉(1933)과의 대응을 중심으로-」, 『한성어문학』32, 45-66.

이윤동(1983), 「현대 국어 유성음간 무성자음의 강화에 대하여」, 『어문학』43, 127-153.

이윤하(1999), 「문말첨사의 통사·의미적 특징에 대하여」, 『국어학』34, 59-85.

이익섭(1992), 『국어표기법연구』, 서울대학교출판부.

이익섭·채완(1999), 『국어문법론강의』, 학연사.

이현규(1982), 「'사이시옷'의 형태와 기능」, 『한글』176, 179-210.

이현복(1996), 「한글 맞춤법의 평가와 개선 방안」, 『한국 어문규정의 이해』, 태학사.

이호영(2009), 「서울 토박이들의 경음화 선호도」, 『말소리와 음성과학』1, 151-162.

이희승(1955), 「삽요어(음)에 대하여」, 『서울대학교 논문집』2, 45-61.

이희승·안병희(1994), 『한글 맞춤법 강의』(고친판), 신구문화사.

임동현(2014), 「1930년대 조선어학회의 철자법 정리·통일운동과 민족어 규범 형성」, 『역사와 현실』94, 429-462.

임석규(2008), 「사이시옷 규정의 문제점 고찰」, 『우리말글』43, 1-24.

임홍빈(1981), 「사이시옷 문제의 해결을 위하여」, 『국어학』10, 1-35.

임홍빈(1996), 「맞춤법 규정의 논리성과 명료성」, 『한국 어문규정의 이해』, 태학사.

장윤희(1999), 「공형태 분석의 타당성 검토」, 『형태론』1-2, 227-244.

전철웅(1976), 『현대 한국어의 경음화 연구』, 서울대학교 석사학위논문.

전철웅(1979), 「경음화 문제 해석의 한 제안」, 『국어교육』35, 한국어교육학회, 143-154.

전철웅(1990), 「사이시옷」, 『국어연구 어디까지 왔나』, 동아출판사, 186-194.

정경해(1954), 『한글 마춤법 개정안』, 한국대학통신교육출판부(역대한국문법대계 ③33).

정승철(2005), 「일제강점기의 언어 정책-'언문철자법'을 중심으로-」, 『진단학보』100, 221-261.

정원수(1997), 「한글 맞춤법과 관련한 몇 문제」, 『언어』18, 359-379.

정준섭(1988), 「한글 맞춤법 개정 방향과 운용 방향」, 『말과 글』34, 73-92.

정혜현(2018), 「남북한 사이시옷 표기 규정의 차이와 쟁점 분석」, 『한국어문교육』25, 127-158.

정희창(2011), 「한글 맞춤법의 '역사적 표기법'과 교육 내용 구성」, 『문법 교육』14, 99-122.

정희창(2014), 「어문 규범의 현황과 전망」, 『우리말글』60, 53-73.

정희창(2019), 「표기 단위로서의 형태소」, 『한민족문화연구』 65, 225-244.

정희창(2020), 「남북 어문 규범의 단일성과 다양성 -표준어 맞춤법, 문화어 맞춤법을 중심으로-」, 『국제어문』 84, 147-166.

조규태(2002), 「표준어 교육과 지역 언어 교육」, 『한글』 262, 247-288.

조남호(2019), 「어문 규범의 변화」, 『나라사랑』 128, 외솔회, pp.84-98.

조선어학회(1933), 『한글 마춤법 통일안-朝鮮語 綴字法 統一案-』(역대한국문법대계 ③20).

조선민주주의인민공화국 과학원(1954), 『조선어 철자법』.

조선민주주의인민공화국 내각직속 국어사정위원회(1966), 『조선말규범집』, 사회과학원출판사.

조선민주주의인민공화국 국어사정위원회(1987), 『조선말규범집』, 사회과학출판사.

조선민주주의인민공화국 국어사정위원회(2010), 『조선말규범집』, 사회과학출판사.

조선어문연구회(1948), 『조선어 신철자법』.

조선총독부(1912), 「普通學校用 諺文綴字法」(역대한국문법대계 ③15).

조선총독부(1921), 「普通學校用 諺文綴字法大要」(역대한국문법대계 ③16).

조선총독부(1930), 「諺文綴字法」(역대한국문법대계 ③17).

조윤제(1947), 『국어교육의 당면한 문제』, 서울문화당(역대한국문법대계 ③31).

조태린(2006), 「국어라는 용어에 대한 비판적 고찰」, 『국어학』 75, 363-393.

조태린(2009), 「근대 국어 의식 형성의 보편성과 특수성-언어와 국민 사이의 관계 인식을 중심으로-」, 『한국언어문화』 39, 81-108.

주시경(1909), 『국어문법』(검열본)(역대한국문법대계 ①123).

주시경(1910), 『국어문법』, 박문서관(역대한국문법대계 ①11).

주시경(1911), 『조선어문법』, 신구서림(역대한국문법대계 ①111).

주시경(1913), 『조선어문법』, 신구서림(역대한국문법대계 ①12).

주시경(1914), 『말의소리』, 신문관(역대한국문법대계 ①13).

채서영(2008), 「한국어 사이시옷 표기 혼란과 표준어 정책의 방향」, 『언어학』 52, 187-214.

채 완(2002), 「사이시옷 규정과 문자 생활의 현실」, 『인문과학연구』 8, 43-62.

채현식(2003), 『유추에 의한 복합명사 형성 연구』, 태학사.

채현식(2006), 「합성명사에서의 의미 전이와 관습화」, 『한국언어문학』 58, 5-23.

채현식(2012), 「계열관계에 기반한 단어 분석과 단어 형성」, 『형태론』 14-2, 208-232.

최경봉(2014), 「근대 학문 형성기, 구어(口語)의 발견과 문법학적 모색」, 『우리어문연구』 49, 81-122.

최경봉(2020가), 「규범문법 수립이라는 과제와 국어학-국어학사의 관점에서 본 국어 규범문법의 특수성-」, 『한국어학』 86, 85-118.

최경봉(2020나), 「근대적 문어 양식의 성립과 국한문의 규범화」, 『국어학』 94, 27-65.

최남희(1995), 「'사잇소리'에 대하여」, 『한말연구』 1, 219-242.

최용기(2003), 『남북한 국어 정책 변천사 연구』, 박이정.

최현배(1930), 「조선어의 품사분류론」, 『조선어문연구』(연희전문학교문과논문집   제1집), 51-99(역대한국문법대계 ①44).

최현배(1937/1975), 『우리말본』(다섯번째 고침), 정음사.

최형강(2018), 「'사이시옷'과 '두음 법칙' 재고」, 『어문학』 140, 97-121.

최형용(2003가), 『국어 단어의 형태와 통사-통사적 결합어를 중심으로-』, 태학사.

최형용(2003나), 「규범문법과 학문문법의 친소」, 『한중인문학연구』 11, 70-95.

최형용(2006), 「합성어 형성과 어순」, 『국어국문학』 143, 235-272.

최형용(2008), 「사잇소리 현상과 표기」, 『한중인문학연구』 23, 151-175.

최형용(2009가), 「<한글 맞춤법> 총칙 제1항과 표기의 원리」, 『한중인문학연구』 26, 165-183.

최형용(2009나), 「현대 국어의 사이시옷은 과연 형태소인가」, 『형태론』 11-1, 61-78.

최형용(2014), 「'덧셈', '뺄셈', '곱셈', '나눗셈'의 형태론-어휘장 형태론을 제안하며-」, 『형태론』 16-1, 1-23.

최형용(2015가), 「문법에서 유추의 역할은 무엇인가-블레빈스 외 편(2009), Analogy in Grammar 를 중심으로-」, 『형태론』 17-2, 285-335.

최형용(2015나), 「학교 문법 품사 분류의 미래를 위한 현재의 비판적 고찰」, 『언어와 정보 사회』 26, 506-548.

최형용(2016), 『한국어 형태론』, 역락.

최형용(2017), 「명사와 접미사의 용법을 지니는 단위의 사이시옷 표기에 대하여」, 『언어와 정보사회』 31, 311-340.

최형용(2018), 「실태 조사를 바탕으로 한 사이시옷 표기 규정의 개선 방안에 대하여」, 『언어와 정보 사회』 34, 363-396.

최형용(2019), 「미등재어의 사잇소리 현상과 사이시옷 표기에 대하여」, 『이화어문논집』 48, 207-230.

최형용(2020가), 「1910년대 품사 연구」, 『한국어학』 88, 61-111.

최형용(2020나), 「근대 어문 규범의 성립과 한자 문제」, 『어문연구』 48-4, 5-51.

최형용(2021), 「두음 법칙 규정과 어종」, 『언어와 정보 사회』 43, 139-168.

최형용·김혜지(2016), 「구성족 개념에 따른 사이시옷의 실현과 비실현」, 『국어학』 80, 195-227.

최형용 외(2015), 『한국어 연구와 유추』, 역락.

최형용 외(2018), 『언어와 매체』, 창비교육.

최호철(2012), 「북한 <조선말규범집>의 2010년 개정과 그 의미」, 『어문논집』 65, 251-286.

하동호 편(1985/2008), 「국문론집성」, 박이정(역대한국문법대계 ③06).

하동호 편(1986가/2008가), 「한글 논쟁논설집」(上), 박이정(역대한국문법대계 ③22).

하동호 편(1986나/2008나), 「한글 논쟁논설집」(下), 박이정(역대한국문법대계 ③23).

하세경(2006가), 「현대국어 사잇소리 현상의 형태론과 음운론」, 서울대학교 박사학위논문.

하세경(2006나), 「사잇소리와 합성명사의 내부구조」, 『음성, 음운, 형태론 연구』 12, 177-197.

하세경·문양수(2005), 「국어의 사잇소리 현상과 최적성 이론」, 『언어학』 41, 267-303.

하정수(2010), 「현대국어 형태소 |시|의 의미와 기능」, 『어문연구』 38, 141-167.

한주섭(1970), 「사이 ㅅ 표기에 대한 고찰」, 『전주교대논문집』 5, 407-425.

한철우 외(2014), 『독서와 문법』, 교학사.

허재영(2011가), 「근대계몽기 언문일치의 본질과 국한문체의 유형」, 『어문학』 114, 441-467.

허재영(2011나), 「국어 표기 규범화 과정에서 나타난 '역사적 철자법'의 성격」, 『어문연구』 68, 159-179.

허 춘(2015), 「제주 신문의 우리 말글 사용 실태 검토」, 『영주어문』 29, 377-398.

홍윤표(1994), 『근대국어연구(I)』, 태학사.

홍윤표(2013), 『한글 이야기1-한글의 역사』, 태학사.

황경수(2007), 「대학생들의 표준 발음 실태에 대한 고찰」, 『한말연구』 20, 317-340.

Aronoff, M. (1976), *Word Formation in Generative Grammar*, Linguistic Inquiry Monograph no. 1, Cambridge : MIT Press.

Bae, S. & Yi, K. (2012), Processing of Korean compounds with saisios, *Korean Journal of Cognitive Science* 23, 349-366.

Bae, S., Park, K., Lee, H.-W., & Yi, K. (2016), The mono-syllabic word inferiority effect within korean word recognition, *The Journal of Linguistics Science* 77, 109-125.

Blevins, J. P. & Blevins, J. (eds.) (2009), *Analogy in Grammar : Form and Acquisition*, New Yor k : Oxford University Press.

Bloomfield, L. (1933), *Language*, New York, Holt, Rinehart & Winston.

Booij, G. (2005), *The Grammar of Words*, New York : Oxford University Press.

Hacken, P. Ten(2014), Delineating Derivation and Inflection, In Lieber, R. & P. Štekauer(eds.), *The Oxford Handbook of Derivational Morphology*, Oxford : Oxford University Press, 10-25.

Haspelmath, M. (2002), *Understanding Morphology*, London : Arnold.

Kim, Chin-w. (1970), Boundary Phenomena in Korea, *Papers in Linguistics* 2-1.

Kim, J. M. (1986), *Phonology and Syntax of Korean Morphology*, Hanshin Co.

Krott, A. (2009), The role of analogy for compound words, In Blevins, J. P. & Blevins, J. (eds.) (2009), *Analogy in Grammar : Form and Acquisition*, New York : Oxford University Press, 117-136.

Lieber, R. & P. Štekauer(eds.) (2014), *The Oxford Handbook of Derivational Morphology*, Oxford : Oxford University Press.

Mugdan, J. (1986), Was ist eigentlich ein Morphem?, *Zeitschrift für Phonetik, Sprachwissenschaft und Kommunika-tionsforschung* 39, 29-43.

Plag, I. (2006), The variability of compound stress in English : Structural, semantic, and analogical factors, *English Language & Linguistics* 10, 143-172.

Ramstedt, G. J. (1939), *A Korean Grammer*, Helsinki.

Sampson, G. (1985), *Writing Systems : A Linguistic Introduction*, Standford University Press.

Stump, G. T. (1998), Inflection, In Spencer & Zwicky(eds.), *The Handbook of Morphology*, Oxford : Blackwell Publishers Ltd., 13-43.

Underwood, H. G. 1890. *An Introduction to the Korean Spoken Language*(韓英文法(한영문법)). Yokohama, Shaghai, Hongkong, Singapore : Kelly & Walsh Ltd. (역대한국문법대계 ②11).

Underwood, H. G. 1915. *An Introduction to the Korean Spoken Language*(鮮英文法(선영문법)). New York : MacMillan Company. Yokohama, Shanghai : Kelly & Walsh Ltd. (역대한국문법대계 ②12).

Vachek, J. (1973), *Written Language : General Problmes and Problems of English*, The Hague : Mouton.

Vance, Timothy J. (1980), The psychological status of a constraint on Japanese consonant alternation, *Linguistics* 18, 145-167.

# <부록 1> 국립국어원(2017)의 실태 조사 어휘 총 목록

| 번호 | 어휘 | 선행 요소 | 후행 요소 | 어종 | 선행 요소 음절 수 | 후행 요소 음절 수 | 전체 음절 수 | 발음 |
|---|---|---|---|---|---|---|---|---|
| 1 | 뒷면 | 뒤 | 면 | 고한 | 1 | 1 | 2 | ㄴ |
| 2 | 찻잔 | 차 | 잔 | 고한 | 1 | 1 | 2 | 된소리 |
| 3 | 콧물 | 코 | 물 | 고고 | 1 | 1 | 2 | ㄴ |
| 4 | 칫솔 | 치 | 솔 | 한고 | 1 | 1 | 2 | 된소리 |
| 5 | 아랫배 | 아래 | 배 | 고고 | 2 | 1 | 3 | 된소리 |
| 6 | 담뱃불 | 담배 | 불 | 고고 | 2 | 1 | 3 | 된소리 |
| 7 | 아랫도리01 | 아래 | 도리 | 고고 | 2 | 2 | 4 | 된소리 |
| 8 | 판잣집 | 판자 | 집 | 한고 | 2 | 1 | 3 | 된소리 |
| 9 | 근삿값 | 근사 | 값 | 한고 | 2 | 1 | 3 | 된소리 |
| 10 | 우스갯소리 | 우스개 | 소리 | 고고 | 3 | 2 | 5 | 된소리 |
| 11 | 단옷날 | 단오 | 날 | 한고 | 2 | 1 | 3 | ㄴ |
| 12 | 고깃덩어리 | 고기 | 덩어리 | 고고 | 2 | 3 | 5 | 된소리 |
| 13 | 뒷주머니 | 뒤 | 주머니 | 고고 | 1 | 3 | 4 | 된소리 |
| 14 | 베갯잇 | 베개 | 잇 | 고고 | 2 | 1 | 3 | ㄴㄴ |
| 15 | 북엇국 | 북어 | 국 | 한고 | 2 | 1 | 3 | 된소리 |
| 16 | 상앗빛 | 상아 | 빛 | 한고 | 2 | 1 | 3 | 된소리 |
| 17 | 우윳빛 | 우유 | 빛 | 한고 | 2 | 1 | 3 | 된소리 |
| 18 | 잔칫집 | 잔치 | 집 | 고고 | 2 | 1 | 3 | 된소리 |
| 19 | 나잇값 | 나이 | 값 | 고고 | 2 | 1 | 3 | 된소리 |
| 20 | 덩칫값 | 덩치 | 값 | 고고 | 2 | 1 | 3 | 된소리 |
| 21 | 오랫동안 | 오래 | 동안 | 고고 | 2 | 2 | 4 | 된소리 |
| 22 | 머릿속 | 머리 | 속 | 고고 | 2 | 1 | 3 | 된소리 |
| 23 | 햇살 | 해 | 살 | 고고 | 1 | 1 | 2 | 된소리 |
| 24 | 햇빛 | 해 | 빛 | 고고 | 1 | 1 | 2 | 된소리 |
| 25 | 뒷모습 | 뒤 | 모습 | 고고 | 1 | 2 | 3 | ㄴ |
| 26 | 혼잣말 | 혼자 | 말 | 고고 | 2 | 1 | 3 | ㄴ |
| 27 | 어젯밤 | 어제 | 밤 | 고고 | 2 | 1 | 3 | 된소리 |
| 28 | 하룻밤 | 하루 | 밤 | 고고 | 2 | 1 | 3 | 된소리 |
| 29 | 바닷물 | 바다 | 물 | 고고 | 2 | 1 | 3 | ㄴ |
| 30 | 촛불 | 초 | 불 | 고고 | 1 | 1 | 2 | 된소리 |

| 번호 | 어휘 | 선행 요소 | 후행 요소 | 어종 | 선행 요소 음절 수 | 후행 요소 음절 수 | 전체 음절 수 | 발음 |
|---|---|---|---|---|---|---|---|---|
| 31 | 핏물 | 피 | 물 | 고고 | 1 | 1 | 2 | ㄴ |
| 32 | 낚싯바늘 | 낚시 | 바늘 | 고고 | 2 | 2 | 4 | 된소리 |
| 33 | 아랫부분 | 아래 | 부분 | 고한 | 2 | 2 | 4 | 된소리 |
| 34 | 아랫사람 | 아래 | 사람 | 고고 | 2 | 2 | 4 | 된소리 |
| 35 | 이맛살 | 이마 | 살 | 고고 | 2 | 1 | 3 | 된소리 |
| 36 | 아랫입술 | 아래 | 입술 | 고고 | 2 | 2 | 4 | ㄴㄴ |
| 37 | 횟집02 | 회 | 집 | 한고 | 1 | 1 | 2 | 된소리 |
| 38 | 꼭짓점 | 꼭지 | 점 | 고한 | 2 | 1 | 3 | 된소리 |
| 39 | 마룻바닥 | 마루 | 바닥 | 고고 | 2 | 2 | 4 | 된소리 |
| 40 | 자줏빛 | 자주 | 빛 | 한고 | 2 | 1 | 3 | 된소리 |
| 41 | 담뱃갑 | 담배 | 갑 | 고한 | 2 | 1 | 3 | 된소리 |
| 42 | 뒷바라지01 | 뒤 | 바라지 | 고고 | 1 | 3 | 4 | 된소리 |
| 43 | 윗사람 | 위 | 사람 | 고고 | 1 | 2 | 3 | 된소리 |
| 44 | 콧구멍 | 코 | 구멍 | 고고 | 1 | 2 | 3 | 된소리 |
| 45 | 뒷부분 | 뒤 | 부분 | 고한 | 1 | 2 | 3 | 된소리 |
| 46 | 이삿짐 | 이사 | 짐 | 한고 | 2 | 1 | 3 | 된소리 |
| 47 | 김칫독 | 김치 | 독 | 고고 | 2 | 1 | 3 | 된소리 |
| 48 | 골칫거리 | 골치 | 거리 | 고고 | 2 | 2 | 4 | 된소리 |
| 49 | 뒷간 | 뒤 | 간 | 고한 | 1 | 1 | 2 | 된소리 |
| 50 | 툇마루 | 퇴 | 마루 | 한고 | 1 | 2 | 3 | ㄴ |
| 51 | 동짓날 | 동지 | 날 | 한고 | 2 | 1 | 3 | ㄴ |
| 52 | 뒷굽 | 뒤 | 굽 | 고고 | 1 | 1 | 2 | 된소리 |
| 53 | 뒷바퀴 | 뒤 | 바퀴 | 고고 | 1 | 2 | 3 | 된소리 |
| 54 | 막냇동생 | 막내 | 동생 | 고고 | 2 | 2 | 4 | 된소리 |
| 55 | 복숭앗빛 | 복숭아 | 빛 | 고고 | 3 | 1 | 4 | 된소리 |
| 56 | 색싯감 | 색시 | 감 | 고고 | 2 | 1 | 3 | 된소리 |
| 57 | 세숫물 | 세수 | 물 | 한고 | 2 | 1 | 3 | ㄴ |
| 58 | 소싯적 | 소시 | 적 | 한고 | 2 | 1 | 3 | 된소리 |
| 59 | 아랫녘 | 아래 | 녘 | 고고 | 2 | 1 | 3 | ㄴ |
| 60 | 아랫방 | 아래 | 방 | 고한 | 2 | 1 | 3 | 된소리 |
| 61 | 빨랫비누 | 빨래 | 비누 | 고고 | 2 | 2 | 4 | 된소리 |
| 62 | 뼛골 | 뼈 | 골 | 고한 | 1 | 1 | 2 | 된소리 |

| 번호 | 어휘 | 선행 요소 | 후행 요소 | 어종 | 선행 요소 음절 수 | 후행 요소 음절 수 | 전체 음절 수 | 발음 |
|---|---|---|---|---|---|---|---|---|
| 63 | 세뱃돈 | 세배 | 돈 | 한고 | 2 | 1 | 3 | 된소리 |
| 64 | 쇳덩이 | 쇠 | 덩이 | 고고 | 1 | 2 | 3 | 된소리 |
| 65 | 시곗줄 | 시계 | 줄 | 한고 | 2 | 1 | 3 | 된소리 |
| 66 | 아랫돌 | 아래 | 돌 | 고고 | 2 | 1 | 3 | 된소리 |
| 67 | 어깻짓 | 어깨 | 짓 | 고고 | 2 | 1 | 3 | 된소리 |
| 68 | 주삿바늘 | 주사 | 바늘 | 한고 | 2 | 2 | 4 | 된소리 |
| 69 | 찻숟갈 | 차 | 숟갈 | 고고 | 1 | 2 | 3 | 된소리 |
| 70 | 촛농 | 초 | 농 | 고한 | 1 | 1 | 2 | ㄴ |
| 71 | 주머닛돈 | 주머니 | 돈 | 고고 | 3 | 1 | 4 | 된소리 |
| 72 | 허드렛일 | 허드레 | 일02 | 고고 | 3 | 1 | 4 | ㄴㄴ |
| 73 | 가짓수 | 가지 | 수 | 고한 | 2 | 1 | 3 | 된소리 |
| 74 | 귀엣말 | 귀에 | 말 | 고고 | 2 | 1 | 3 | ㄴ |
| 75 | 뒷감당 | 뒤 | 감당 | 고한 | 1 | 2 | 3 | 된소리 |
| 76 | 뒷걸음 | 뒤 | 걸음 | 고고 | 1 | 2 | 3 | 된소리 |
| 77 | 머릿수 | 머리 | 수 | 고한 | 2 | 1 | 3 | 된소리 |
| 78 | 시곗바늘 | 시계 | 바늘 | 한고 | 2 | 2 | 4 | 된소리 |
| 79 | 시쳇말 | 시체 | 말 | 한고 | 2 | 1 | 3 | ㄴ |
| 80 | 장맛비 | 장마 | 비 | 고고 | 2 | 1 | 3 | 된소리 |
| 81 | 황톳길 | 황토 | 길 | 한고 | 2 | 1 | 3 | 된소리 |
| 82 | 간숫물 | 간수 | 물 | 한고 | 2 | 1 | 3 | ㄴ |
| 83 | 계핏가루 | 계피 | 가루 | 한고 | 2 | 2 | 4 | 된소리 |
| 84 | 곗날 | 계 | 날 | 한고 | 1 | 1 | 2 | ㄴ |
| 85 | 고춧잎 | 고추 | 잎 | 고고 | 2 | 1 | 3 | ㄴㄴ |
| 86 | 과붓집 | 과부 | 집 | 한고 | 2 | 1 | 3 | 된소리 |
| 87 | 귓병 | 귀 | 병 | 고한 | 1 | 1 | 2 | 된소리 |
| 88 | 낙숫물 | 낙수 | 물 | 한고 | 2 | 1 | 3 | ㄴ |
| 89 | 낚싯배 | 낚시 | 배 | 고고 | 2 | 1 | 3 | 된소리 |
| 89 | 날갯죽지 | 날개 | 죽지 | 고고 | 2 | 2 | 4 | 된소리 |
| 91 | 제삿날 | 제사 | 날 | 한고 | 2 | 1 | 3 | ㄴ |
| 92 | 초깃값 | 초기 | 값 | 한고 | 2 | 1 | 3 | 된소리 |
| 93 | 최댓값 | 최대 | 값 | 한고 | 2 | 1 | 3 | 된소리 |
| 94 | 최젓값 | 최저 | 값 | 한고 | 2 | 1 | 3 | 된소리 |

| 번호 | 어휘 | 선행 요소 | 후행 요소 | 어종 | 선행 요소 음절 수 | 후행 요소 음절 수 | 전체 음절 수 | 발음 |
|---|---|---|---|---|---|---|---|---|
| 95 | 탯가락 | 태 | 가락 | 고한 | 1 | 2 | 3 | 된소리 |
| 96 | 팻말 | 패 | 말 | 한고 | 1 | 1 | 2 | ㄴ |
| 97 | 체기(滯氣) | 체 | 기 | 한한 | 1 | 1 | 2 | 된소리 |
| 98 | 페트병 | 페트 | 병 | 외한 | 2 | 1 | 3 | 된소리 |
| 99 | 피자집 | 피자 | 집 | 외한 | 2 | 1 | 3 | 된소리 |
| 100 | 혼삿말 | 혼사 | 말 | 한고 | 2 | 1 | 3 | ㄴ |
| 101 | 나그넷길 | 나그네 | 길 | 고고 | 3 | 1 | 4 | 된소리 |
| 102 | 뒷심01 | 뒤 | 심 | 고고 | 1 | 1 | 2 | 된소리 |
| 103 | 만홧가게 | 만화 | 가게 | 한고 | 2 | 2 | 4 | 된소리 |
| 104 | 방앗간 | 방아 | 간 | 고한 | 2 | 1 | 3 | 된소리 |
| 105 | 뱃멀미 | 배 | 멀미 | 고고 | 1 | 2 | 3 | ㄴ |
| 106 | 윗녘 | 위 | 녘 | 고고 | 1 | 1 | 2 | ㄴ |
| 107 | 아랫동네 | 아래 | 동네 | 고+한고 | 2 | 2 | 4 | 된소리 |
| 108 | 윗돌 | 위 | 돌 | 고고 | 1 | 1 | 2 | 된소리 |
| 109 | 윗입술 | 위 | 입술 | 고고 | 1 | 2 | 3 | ㄴㄴ |
| 110 | 옥수숫대 | 옥수수 | 대 | 고고 | 3 | 1 | 4 | 된소리 |
| 111 | 윗마을 | 위 | 마을 | 고고 | 1 | 2 | 3 | ㄴ |
| 112 | 죗값 | 죄 | 값 | 한고 | 1 | 1 | 2 | 된소리 |
| 113 | 하룻강아지 | 하루 | 강아지 | 고고 | 2 | 3 | 5 | 된소리 |
| 114 | 혼잣몸 | 혼자 | 몸 | 고고 | 2 | 1 | 3 | ㄴ |
| 115 | 사잇길 | 사이 | 길 | 고고 | 2 | 1 | 3 | 된소리 |
| 116 | 한가윗날 | 한가위 | 날 | 고고 | 3 | 1 | 4 | ㄴ |
| 117 | 최솟값 | 최소 | 값 | 한고 | 2 | 1 | 3 | 된소리 |
| 118 | 툇간 | 퇴 | 간 | 한한 | 1 | 1 | 2 | 된소리 |
| 119 | 허릿살 | 허리 | 살 | 고고 | 2 | 1 | 3 | 된소리 |
| 120 | 주스병 | 주스 | 병 | 외한 | 2 | 1 | 3 | 된소리 |
| 121 | 횟감 | 회 | 감 | 한고 | 1 | 1 | 2 | 된소리 |
| 122 | 후춧가루 | 후추 | 가루 | 고고 | 2 | 2 | 4 | 된소리 |
| 123 | 하굣길 | 하교 | 길 | 한고 | 2 | 1 | 3 | 된소리 |
| 124 | 뒤쪽 | 뒤 | 쪽 | 고고 | 1 | 1 | 2 | 된소리 |
| 125 | 연둣빛 | 연두 | 빛 | 한고 | 2 | 1 | 3 | 된소리 |
| 126 | 잔칫상 | 잔치 | 상 | 고한 | 2 | 1 | 3 | 된소리 |

| 번호 | 어휘 | 선행 요소 | 후행 요소 | 어종 | 선행 요소 음절 수 | 후행 요소 음절 수 | 전체 음절 수 | 발음 |
|---|---|---|---|---|---|---|---|---|
| 127 | 뒷수습 | 뒤 | 수습 | 고한 | 1 | 2 | 3 | 된소리 |
| 128 | 뒷일01 | 뒤 | 일02 | 고고 | 1 | 1 | 2 | ㄴㄴ |
| 129 | 전셋집 | 전세 | 집 | 한고 | 2 | 1 | 3 | 된소리 |
| 130 | 구둣방 | 구두 | 방 | 고한 | 2 | 1 | 3 | 된소리 |
| 131 | 윗눈썹 | 위 | 눈썹 | 고고 | 1 | 2 | 3 | ㄴ |
| 132 | 사잇문 | 사이 | 문 | 고한 | 2 | 1 | 3 | ㄴ |
| 133 | 산봇길 | 산보 | 길 | 한고 | 2 | 1 | 3 | 된소리 |
| 134 | 세숫비누 | 세수 | 비누 | 한고 | 2 | 2 | 4 | 된소리 |
| 135 | 아랫길 | 아래 | 길 | 고고 | 2 | 1 | 3 | 된소리 |
| 136 | 윗집 | 위 | 집 | 고고 | 1 | 1 | 2 | 된소리 |
| 137 | 조갯살 | 조개 | 살 | 고고 | 2 | 1 | 3 | 된소리 |
| 138 | 종잇장 | 종이 | 장 | 고한 | 2 | 1 | 3 | 된소리 |
| 139 | 뱃살 | 배 | 살 | 고고 | 1 | 1 | 2 | 된소리 |
| 140 | 뒷날 | 뒤 | 날 | 고고 | 1 | 1 | 2 | ㄴ |
| 141 | 아랫면 | 아래 | 면 | 고한 | 2 | 1 | 3 | ㄴ |
| 142 | 뭇국 | 무 | 국 | 고고 | 1 | 1 | 2 | 된소리 |
| 143 | 뒷문 | 뒤 | 문 | 고한 | 1 | 1 | 2 | ㄴ |
| 144 | 뒷정리 | 뒤 | 정리 | 고한 | 1 | 2 | 3 | 된소리 |
| 145 | 뒷벽 | 뒤 | 벽 | 고한 | 1 | 1 | 2 | 된소리 |
| 146 | 아랫목 | 아래 | 목 | 고고 | 2 | 1 | 3 | ㄴ |
| 147 | 뒷방 | 뒤 | 방 | 고한 | 1 | 1 | 2 | 된소리 |
| 148 | 뒷마무리 | 뒤 | 마무리 | 고고 | 1 | 3 | 4 | ㄴ |
| 149 | 다듬잇돌 | 다듬이 | 돌 | 고고 | 3 | 1 | 4 | 된소리 |
| 150 | 번지수 | 번지 | 수 | 한한 | 2 | 1 | 3 | 된소리 |
| 151 | 소주병 | 소주 | 병 | 한한 | 2 | 1 | 3 | 된소리 |
| 152 | 외가댁 | 외가 | 댁 | 한한 | 2 | 1 | 3 | 된소리 |
| 153 | 연두색 | 연두 | 색 | 한한 | 2 | 1 | 3 | 된소리 |
| 154 | 자주색 | 자주 | 색 | 한한 | 2 | 1 | 3 | 된소리 |
| 155 | 전세방 | 전세 | 방 | 한한 | 2 | 1 | 3 | 된소리 |
| 156 | 전셋값 | 전세 | 값 | 한고 | 2 | 1 | 3 | 된소리 |
| 157 | 장맛날 | 장마 | 날 | 고고 | 2 | 1 | 3 | ㄴ |
| 158 | 자릿세 | 자리 | 세 | 고한 | 2 | 1 | 3 | 된소리 |

| 번호 | 어휘 | 선행 요소 | 후행 요소 | 어종 | 선행 요소 음절 수 | 후행 요소 음절 수 | 전체 음절 수 | 발음 |
|---|---|---|---|---|---|---|---|---|
| 159 | 요샛말 | 요새 | 말 | 고고 | 2 | 1 | 3 | ㄴ |
| 160 | 외갓집 | 외가 | 집 | 한고 | 2 | 1 | 3 | 된소리 |
| 161 | 옥수숫가루 | 옥수수 | 가루 | 고고 | 3 | 2 | 5 | 된소리 |
| 162 | 예삿날 | 예사 | 날 | 한고 | 2 | 1 | 3 | ㄴ |
| 163 | 양칫물 | 양치 | 물 | 한고 | 2 | 1 | 3 | ㄴ |
| 164 | 아랫변 | 아래 | 변 | 고한 | 2 | 1 | 3 | 된소리 |
| 165 | 소줏집 | 소주 | 집 | 한고 | 2 | 1 | 3 | 된소리 |
| 166 | 생맥줏집 | 생맥주 | 집 | 한고 | 3 | 1 | 4 | 된소리 |
| 167 | 빨랫방망이 | 빨래 | 방망이 | 고고 | 2 | 3 | 5 | 된소리 |
| 168 | 비췻빛 | 비취 | 빛 | 한고 | 2 | 1 | 3 | 된소리 |
| 169 | 바윗덩어리 | 바위 | 덩어리 | 고고 | 2 | 3 | 5 | 된소리 |
| 170 | 바닷속 | 바다 | 속 | 고고 | 2 | 1 | 3 | 된소리 |
| 171 | 맥주병 | 맥주 | 병 | 한한 | 2 | 1 | 3 | 된소리 |
| 172 | 문젯거리 | 문제 | 거리 | 한고 | 2 | 2 | 4 | 된소리 |
| 173 | 뒷지느러미 | 뒤 | 지느러미 | 고고 | 1 | 4 | 5 | 된소리 |
| 174 | 뒷얘기 | 뒤 | 얘기 | 고고 | 1 | 2 | 3 | ㄴㄴ |
| 175 | 뒷맛 | 뒤 | 맛 | 고한 | 1 | 1 | 2 | ㄴ |
| 176 | 기왓장 | 기와 | 장 | 고한 | 2 | 1 | 3 | 된소리 |
| 177 | 귀갓길 | 귀가 | 길 | 한고 | 2 | 1 | 3 | 된소리 |
| 178 | 골칫덩어리 | 골치 | 덩어리 | 고고 | 2 | 3 | 5 | 된소리 |
| 179 | 콧속 | 코 | 속 | 고고 | 1 | 1 | 2 | 된소리 |
| 180 | 이야깃거리 | 이야기 | 거리 | 고고 | 3 | 2 | 5 | 된소리 |
| 181 | 머릿수건 | 머리 | 수건 | 고한 | 2 | 2 | 4 | 된소리 |
| 182 | 뒷장02 | 뒤 | 장 | 고한 | 1 | 1 | 2 | 된소리 |
| 183 | 뒷사람 | 뒤 | 사람 | 고고 | 1 | 2 | 3 | 된소리 |
| 184 | 전깃줄 | 전기 | 줄 | 한고 | 2 | 1 | 3 | 된소리 |
| 185 | 윗도리 | 위 | 도리 | 고고 | 1 | 2 | 3 | 된소리 |
| 186 | 뒷받침 | 뒤 | 받침 | 고고 | 1 | 2 | 3 | 된소리 |
| 187 | 잿빛 | 재 | 빛 | 고고 | 1 | 1 | 2 | 된소리 |
| 188 | 뒷다리 | 뒤 | 다리 | 고고 | 1 | 2 | 3 | 된소리 |
| 189 | 나뭇가지 | 나무 | 가지 | 고고 | 2 | 2 | 4 | 된소리 |
| 190 | 빗줄기 | 비 | 줄기 | 고고 | 1 | 2 | 3 | 된소리 |

| 번호 | 어휘 | 선행 요소 | 후행 요소 | 어종 | 선행 요소 음절 수 | 후행 요소 음절 수 | 전체 음절 수 | 발음 |
|---|---|---|---|---|---|---|---|---|
| 191 | 수돗물 | 수도 | 물 | 한고 | 2 | 1 | 3 | ㄴ |
| 192 | 훗날 | 후 | 날 | 한고 | 1 | 1 | 2 | ㄴ |
| 193 | 젓가락 | 저 | 가락 | 고고 | 1 | 2 | 3 | 된소리 |
| 194 | 부잣집 | 부자 | 집 | 한고 | 2 | 1 | 3 | 된소리 |
| 195 | 뒷산 | 뒤 | 산 | 고한 | 1 | 1 | 2 | 된소리 |
| 196 | 나뭇잎 | 나무 | 잎 | 고고 | 2 | 1 | 3 | ㄴㄴ |
| 197 | 뒷골목 | 디 | 골목 | 고고 | 1 | 2 | 3 | 된소리 |
| 198 | 시냇물 | 시내 | 물 | 고고 | 2 | 1 | 3 | ㄴ |
| 199 | 뒷거래 | 뒤 | 거래 | 고한 | 1 | 2 | 3 | 된소리 |
| 200 | 뒷머리 | 뒤 | 머리 | 고고 | 1 | 2 | 3 | ㄴ |
| 201 | 비눗물 | 비누 | 물 | 고고 | 2 | 1 | 3 | ㄴ |
| 202 | 존댓말 | 존대 | 말 | 한고 | 2 | 1 | 3 | ㄴ |
| 203 | 뗏목 | 떼 | 목 | 고한 | 1 | 1 | 2 | ㄴ |
| 204 | 날갯짓 | 날개 | 짓 | 고고 | 2 | 1 | 3 | 된소리 |
| 205 | 뒷이야기 | 뒤 | 이야기 | 고고 | 1 | 3 | 4 | ㄴㄴ |
| 206 | 뒷조사 | 뒤 | 조사 | 고한 | 1 | 2 | 3 | 된소리 |
| 207 | 뱃머리 | 배 | 머리 | 고고 | 1 | 2 | 3 | ㄴ |
| 208 | 아랫마을 | 아래 | 마을 | 고고 | 2 | 2 | 4 | ㄴ |
| 209 | 찻주전자 | 차 | 주전자 | 고한 | 1 | 3 | 4 | 된소리 |
| 210 | 가겟방 | 가게 | 방 | 고한 | 2 | 1 | 3 | 된소리 |
| 211 | 고깃점 | 고기 | 점 | 고한 | 2 | 1 | 3 | 된소리 |
| 212 | 바닷물고기 | 바다 | 물고기 | 고고 | 2 | 3 | 5 | ㄴ |
| 213 | 핏덩어리 | 피 | 덩어리 | 고고 | 1 | 3 | 4 | 된소리 |
| 214 | 가겟집 | 가게 | 집 | 고고 | 2 | 1 | 3 | 된소리 |
| 215 | 귓밥 | 귀 | 밥 | 고고 | 1 | 1 | 2 | 된소리 |
| 216 | 대푯값 | 대표 | 값 | 한고 | 2 | 1 | 3 | 된소리 |
| 217 | 두붓국 | 두부 | 국 | 한고 | 2 | 1 | 3 | 된소리 |
| 218 | 뒷목02 | 뒤 | 목 | 고고 | 1 | 1 | 2 | ㄴ |
| 219 | 뒷줄 | 뒤 | 줄 | 고고 | 1 | 1 | 2 | 된소리 |
| 220 | 막냇삼촌 | 막내 | 삼촌 | 고한 | 2 | 2 | 4 | 된소리 |
| 221 | 만둣국 | 만두 | 국 | 한고 | 2 | 1 | 3 | 된소리 |
| 222 | 뱃노래 | 배 | 노래 | 고고 | 1 | 2 | 3 | ㄴ |

| 번호 | 어휘 | 선행 요소 | 후행 요소 | 어종 | 선행 요소 음절 수 | 후행 요소 음절 수 | 전체 음절 수 | 발음 |
|---|---|---|---|---|---|---|---|---|
| 223 | 부좃돈 | 부조 | 돈 | 한고 | 2 | 1 | 3 | 된소리 |
| 224 | 배냇말 | 배내 | 말 | 고고 | 2 | 1 | 3 | ㄴ |
| 225 | 가운뎃발가락 | 가운데 | 발가락 | 고고 | 3 | 3 | 6 | 된소리 |
| 226 | 가운뎃손가락 | 가운데 | 손가락 | 고고 | 3 | 3 | 6 | 된소리 |
| 227 | 거랫날 | 거래 | 날 | 한고 | 2 | 1 | 3 | ㄴ |
| 228 | 고갯짓 | 고개 | 짓 | 고고 | 2 | 1 | 3 | 된소리 |
| 229 | 고깃집 | 고기 | 집 | 고고 | 2 | 1 | 3 | 된소리 |
| 230 | 고삿말 | 고사 | 말 | 한고 | 2 | 1 | 3 | ㄴ |
| 231 | 구굿셈 | 구구 | 셈 | 한고 | 2 | 1 | 3 | 된소리 |
| 232 | 국숫집 | 국수 | 집 | 고고 | 2 | 1 | 3 | 된소리 |
| 233 | 기댓값 | 기대 | 값 | 한고 | 2 | 1 | 3 | 된소리 |
| 234 | 남자줏빛 | 남자주 | 빛 | 한고 | 3 | 1 | 4 | 된소리 |
| 235 | 노랫말 | 노래 | 말 | 고고 | 2 | 1 | 3 | ㄴ |
| 236 | 다듬잇방망이 | 다듬이 | 방망이 | 고고 | 3 | 3 | 6 | 된소리 |
| 237 | 도맷값 | 도매 | 값 | 한고 | 2 | 1 | 3 | 된소리 |
| 238 | 뒷모양 | 뒤 | 모양 | 고한 | 1 | 2 | 3 | ㄴ |
| 239 | 백지장 | 백지 | 장 | 한한 | 2 | 1 | 3 | 된소리 |
| 240 | 맥줏집 | 맥주 | 집 | 한고 | 2 | 1 | 3 | 된소리 |
| 241 | 묏자리 | 뫼 | 자리 | 고고 | 1 | 2 | 3 | 된소리 |
| 242 | 묫자리 | 묘 | 자리 | 한고 | 1 | 2 | 3 | 된소리 |
| 243 | 미꾸라짓국 | 미꾸라지 | 국 | 고고 | 4 | 1 | 5 | 된소리 |
| 244 | 개수(個數) | 개 | 수 | 한한 | 1 | 1 | 2 | 된소리 |
| 245 | 기차간 | 기차 | 간 | 한한 | 2 | 1 | 3 | 된소리 |
| 246 | 마구간 | 마구 | 간 | 한한 | 2 | 1 | 3 | 된소리 |

## <부록 2> 국립국어원(2017)의 실태 조사 어휘별 결과(매체 통합)

| 번호 | 단어 | 계 | | 구성 | | 어종 | | 음절 수 | | | 발음 |
|---|---|---|---|---|---|---|---|---|---|---|---|
| | | 빈도 | 비율 | 선행 | 후행 | 앞 | 뒤 | 앞 | 뒤 | 전체 | |
| 1 | 뒷면 | 2699318 | 89.90% | 뒤 | 면 | 고 | 한 | 1 | 1 | 2 | ㄴ |
| | 뒤면 | 303348 | 10.10% | 뒤 | 면 | 고 | 한 | 1 | 1 | 2 | ㄴ |
| 2 | 찻잔 | 486265 | 98.49% | 차 | 잔 | 고 | 한 | 1 | 1 | 2 | 된소리 |
| | 차잔 | 7456 | 1.51% | 차 | 잔 | 고 | 한 | 1 | 1 | 2 | 된소리 |
| 3 | 콧물 | 1453337 | 99.52% | 코 | 물 | 고 | 고 | 1 | 1 | 2 | ㄴ |
| | 코물 | 7037 | 0.48% | 코 | 물 | 고 | 고 | 1 | 1 | 2 | ㄴ |
| 4 | 칫솔 | 930457 | 93.98% | 치 | 솔 | 한 | 고 | 1 | 1 | 2 | 된소리 |
| | 치솔 | 59638 | 6.02% | 치 | 솔 | 한 | 고 | 1 | 1 | 2 | 된소리 |
| 5 | 아랫배 | 701211 | 99.53% | 아내 | 배 | 고 | 고 | 2 | 1 | 3 | 된소리 |
| | 아래배 | 3323 | 0.47% | 아내 | 배 | 고 | 고 | 2 | 1 | 3 | 된소리 |
| 6 | 담뱃불 | 41398 | 73.63% | 담배 | 불 | 고 | 고 | 2 | 1 | 3 | 된소리 |
| | 담배불 | 14824 | 26.37% | 담배 | 불 | 고 | 고 | 2 | 1 | 3 | 된소리 |
| 7 | 아랫도리 | 75399 | 99.35% | 아래 | 도리 | 고 | 고 | 2 | 2 | 4 | 된소리 |
| | 아래도리 | 494 | 0.65% | 아래 | 도리 | 고 | 고 | 2 | 2 | 4 | 된소리 |
| 8 | 판잣집 | 18709 | 72.96% | 판자 | 집 | 한 | 고 | 2 | 1 | 3 | 된소리 |
| | 판자집 | 6935 | 27.04% | 판자 | 집 | 한 | 고 | 2 | 1 | 3 | 된소리 |
| 9 | 근삿값 | 4557 | 30.20% | 근사 | 값 | 한 | 고 | 2 | 1 | 3 | 된소리 |
| | 근사값 | 10534 | 69.80% | 근사 | 값 | 한 | 고 | 2 | 1 | 3 | 된소리 |
| 10 | 우스갯소리 | 18200 | 38.03% | 우스개 | 소리 | 고 | 고 | 3 | 2 | 5 | 된소리 |
| | 우스개소리 | 29655 | 61.97% | 우스개 | 소리 | 고 | 고 | 3 | 2 | 5 | 된소리 |
| 11 | 단옷날 | 4777 | 35.44% | 단오 | 날 | 한 | 고 | 2 | 1 | 3 | ㄴ |
| | 단오날 | 8704 | 64.56% | 단오 | 날 | 한 | 고 | 2 | 1 | 3 | ㄴ |
| 12 | 고깃덩어리 | 31683 | 68.23% | 고기 | 덩어리 | 고 | 고 | 2 | 3 | 5 | 된소리 |
| | 고기덩어리 | 14752 | 31.77% | 고기 | 덩어리 | 고 | 고 | 2 | 3 | 5 | 된소리 |
| 13 | 뒷주머니 | 89945 | 99.40% | 뒤 | 주머리 | 고 | 고 | 1 | 3 | 4 | 된소리 |
| | 뒤주머니 | 544 | 0.60% | 뒤 | 주머리 | 고 | 고 | 1 | 3 | 4 | 된소리 |
| 14 | 베갯잇 | 25040 | 97.83% | 베개 | 잇 | 고 | 고 | 2 | 1 | 3 | ㄴㄴ |
| | 베개잇 | 555 | 2.17% | 베개 | 잇 | 고 | 고 | 2 | 1 | 3 | ㄴㄴ |
| 15 | 북엇국 | 15253 | 17.74% | 북어 | 국 | 한 | 고 | 2 | 1 | 3 | 된소리 |

| 번호 | 단어 | 계 | | 구성 | | 어종 | | 음절 수 | | | 발음 |
|---|---|---|---|---|---|---|---|---|---|---|---|
| | | 빈도 | 비율 | 선행 | 후행 | 앞 | 뒤 | 앞 | 뒤 | 전체 | |
| | 북어국 | 70717 | 82.26% | 북어 | 국 | 한 | 고 | 2 | 1 | 3 | 된소리 |
| 16 | 상앗빛 | 1115 | 19.17% | 상아 | 빛 | 한 | 고 | 2 | 1 | 3 | 된소리 |
| | 상아빛 | 4702 | 80.83% | 상아 | 빛 | 한 | 고 | 2 | 1 | 3 | 된소리 |
| 17 | 우윳빛 | 56196 | 41.94% | 우유 | 빛 | 한 | 고 | 2 | 1 | 3 | 된소리 |
| | 우유빛 | 77811 | 58.06% | 우유 | 빛 | 한 | 고 | 2 | 1 | 3 | 된소리 |
| 18 | 잔칫집 | 22383 | 45.14% | 잔치 | 집 | 고 | 고 | 2 | 1 | 3 | 된소리 |
| | 잔치집 | 27204 | 54.86% | 잔치 | 집 | 고 | 고 | 2 | 1 | 3 | 된소리 |
| 19 | 나잇값 | 23299 | 48.75% | 나이 | 값 | 고 | 고 | 2 | 1 | 3 | 된소리 |
| | 나이값 | 24490 | 51.25% | 나이 | 값 | 고 | 고 | 2 | 1 | 3 | 된소리 |
| 20 | 덩칫값 | 1175 | 17.31% | 덩치 | 값 | 고 | 고 | 2 | 1 | 3 | 된소리 |
| | 덩치값 | 5612 | 82.69% | 덩치 | 값 | 고 | 고 | 2 | 1 | 3 | 된소리 |
| 21 | 오랫동안 | 4034186 | 93.12% | 오래 | 동안 | 고 | 고 | 2 | 2 | 4 | 된소리 |
| | 오래동안 | 298197 | 6.88% | 오래 | 동안 | 고 | 고 | 2 | 2 | 4 | 된소리 |
| 22 | 머릿속 | 2584240 | 81.99% | 머리 | 속 | 고 | 고 | 2 | 1 | 3 | 된소리 |
| | 머리속 | 567796 | 18.01% | 머리 | 속 | 고 | 고 | 2 | 1 | 3 | 된소리 |
| 23 | 햇살 | 5049053 | 99.88% | 해 | 살 | 고 | 고 | 1 | 1 | 2 | 된소리 |
| | 해살 | 6312 | 0.12% | 해 | 살 | 고 | 고 | 1 | 1 | 2 | 된소리 |
| 24 | 햇빛 | 3952371 | 99.39% | 해 | 빛 | 고 | 고 | 1 | 1 | 2 | 된소리 |
| | 해빛 | 24195 | 0.61% | 해 | 빛 | 고 | 고 | 1 | 1 | 2 | 된소리 |
| 25 | 뒷모습 | 2228565 | 99.69% | 뒤 | 모습 | 고 | 고 | 1 | 2 | 3 | ㄴ |
| | 뒤모습 | 7001 | 0.31% | 뒤 | 모습 | 고 | 고 | 1 | 2 | 3 | ㄴ |
| 26 | 혼잣말 | 516345 | 94.67% | 혼자 | 말 | 고 | 고 | 2 | 1 | 3 | ㄴ |
| | 혼자말 | 29069 | 5.33% | 혼자 | 말 | 고 | 고 | 2 | 1 | 3 | ㄴ |
| 27 | 어젯밤 | 1081145 | 57.83% | 어제 | 밤 | 고 | 고 | 2 | 1 | 3 | 된소리 |
| | 어제밤 | 788539 | 42.17% | 어제 | 밤 | 고 | 고 | 2 | 1 | 3 | 된소리 |
| 28 | 하룻밤 | 1075119 | 93.65% | 하루 | 밤 | 고 | 고 | 2 | 1 | 3 | 된소리 |
| | 하루밤 | 72929 | 6.35% | 하루 | 밤 | 고 | 고 | 2 | 1 | 3 | 된소리 |
| 29 | 바닷물 | 752797 | 98.51% | 바다 | 물 | 고 | 고 | 2 | 1 | 3 | ㄴ |
| | 바다물 | 11404 | 1.49% | 바다 | 물 | 고 | 고 | 2 | 1 | 3 | ㄴ |
| 30 | 촛불 | 1519199 | 99.43% | 초 | 불 | 고 | 고 | 1 | 1 | 2 | 된소리 |
| | 초불 | 8784 | 0.57% | 초 | 불 | 고 | 고 | 1 | 1 | 2 | 된소리 |

| 번호 | 단어 | 계 | | 구성 | | 어종 | | 음절 수 | | | 발음 |
|---|---|---|---|---|---|---|---|---|---|---|---|
| | | 빈도 | 비율 | 선행 | 후행 | 앞 | 뒤 | 앞 | 뒤 | 전체 | |
| 31 | 핏물 | 293370 | 98.43% | 피 | 물 | 고 | 고 | 1 | 1 | 2 | ㄴ |
| | 피물 | 4689 | 1.57% | 피 | 물 | 고 | 고 | 1 | 1 | 2 | ㄴ |
| 32 | 낚싯바늘 | 6052 | 13.03% | 낚시 | 바늘 | 고 | 고 | 2 | 2 | 4 | 된소리 |
| | 낚시바늘 | 40407 | 86.97% | 낚시 | 바늘 | 고 | 고 | 2 | 2 | 4 | 된소리 |
| 33 | 아랫부분 | 341033 | 61.92% | 아래 | 부분 | 고 | 한 | 2 | 2 | 4 | 된소리 |
| | 아래부분 | 209753 | 38.08% | 아래 | 부분 | 고 | 한 | 2 | 2 | 4 | 된소리 |
| 34 | 아랫사람 | 81564 | 73.07% | 아래 | 사람 | 고 | 고 | 2 | 2 | 4 | 된소리 |
| | 아래사람 | 30053 | 26.93% | 아래 | 사람 | 고 | 고 | 2 | 2 | 4 | 된소리 |
| 35 | 이맛살 | 24449 | 98.98% | 이마 | 살 | 고 | 고 | 2 | 1 | 3 | 된소리 |
| | 이마살 | 252 | 1.02% | 이마 | 살 | 고 | 고 | 2 | 1 | 3 | 된소리 |
| 36 | 아랫입술 | 103172 | 91.97% | 아래 | 입술 | 고 | 고 | 2 | 2 | 4 | ㄴㄴ |
| | 아래입술 | 9005 | 8.03% | 아래 | 입술 | 고 | 고 | 2 | 2 | 4 | ㄴㄴ |
| 37 | 횟집 | 1069618 | 94.45% | 회 | 집 | 한 | 고 | 1 | 1 | 2 | 된소리 |
| | 회집 | 62804 | 5.55% | 회 | 집 | 한 | 고 | 1 | 1 | 2 | 된소리 |
| 38 | 꼭짓점 | 29015 | 19.91% | 꼭지 | 점 | 고 | 한 | 2 | 1 | 3 | 된소리 |
| | 꼭지점 | 116700 | 80.09% | 꼭지 | 점 | 고 | 한 | 2 | 1 | 3 | 된소리 |
| 39 | 마룻바닥 | 48408 | 48.81% | 마루 | 바닥 | 고 | 고 | 2 | 2 | 4 | 된소리 |
| | 마루바닥 | 50766 | 51.19% | 마루 | 바닥 | 고 | 고 | 2 | 2 | 4 | 된소리 |
| 40 | 자줏빛 | 82178 | 52.32% | 자주 | 빛 | 한 | 고 | 2 | 1 | 3 | 된소리 |
| | 자주빛 | 74882 | 47.68% | 자주 | 빛 | 한 | 고 | 2 | 1 | 3 | 된소리 |
| 41 | 담뱃갑 | 45306 | 55.98% | 담배 | 갑 | 고 | 한 | 2 | 1 | 3 | 된소리 |
| | 담배갑 | 35621 | 44.02% | 담배 | 갑 | 고 | 한 | 2 | 1 | 3 | 된소리 |
| 42 | 뒷바라지 | 160561 | 99.43% | 뒤 | 바라지 | 고 | 고 | 1 | 3 | 4 | 된소리 |
| | 뒤바라지 | 924 | 0.57% | 뒤 | 바라지 | 고 | 고 | 1 | 3 | 4 | 된소리 |
| 43 | 윗사람 | 198502 | 99.21% | 위 | 사람 | 고 | 고 | 1 | 2 | 3 | 된소리 |
| | 위사람 | 1586 | 0.79% | 위 | 사람 | 고 | 고 | 1 | 2 | 3 | 된소리 |
| 44 | 콧구멍 | 360254 | 95.06% | 코 | 구멍 | 고 | 고 | 1 | 2 | 3 | 된소리 |
| | 코구멍 | 18705 | 4.94% | 코 | 구멍 | 고 | 고 | 1 | 2 | 3 | 된소리 |
| 45 | 뒷부분 | 1090430 | 98.90% | 뒤 | 부분 | 고 | 한 | 1 | 2 | 3 | 된소리 |
| | 뒤부분 | 12170 | 1.10% | 뒤 | 부분 | 고 | 한 | 1 | 2 | 3 | 된소리 |
| 46 | 이삿짐 | 423354 | 75.62% | 이사 | 짐 | 한 | 고 | 2 | 1 | 3 | 된소리 |

| 번호 | 단어 | 계 | | 구성 | | 어종 | | 음절 수 | | | 발음 |
|---|---|---|---|---|---|---|---|---|---|---|---|
| | | 빈도 | 비율 | 선행 | 후행 | 앞 | 뒤 | 앞 | 뒤 | 전체 | |
| | 이사짐 | 136489 | 24.38% | 이사 | 짐 | 한 | 고 | 2 | 1 | 3 | 된소리 |
| 47 | 김칫독 | 3957 | 64.44% | 김치 | 독 | 고 | 고 | 2 | 1 | 3 | 된소리 |
| | 김치독 | 2184 | 35.56% | 김치 | 독 | 고 | 고 | 2 | 1 | 3 | 된소리 |
| 48 | 골칫거리 | 112810 | 93.89% | 골치 | 거리 | 고 | 고 | 2 | 2 | 4 | 된소리 |
| | 골치거리 | 7346 | 6.11% | 골치 | 거리 | 고 | 고 | 2 | 2 | 4 | 된소리 |
| 49 | 뒷간 | 39115 | 98.01% | 뒤 | 간 | 고 | 한 | 1 | 1 | 2 | 된소리 |
| | 뒤간 | 793 | 1.99% | 뒤 | 간 | 고 | 한 | 1 | 1 | 2 | 된소리 |
| 50 | 툇마루 | 65652 | 99.15% | 퇴 | 마루 | 한 | 고 | 1 | 2 | 3 | ㄴ |
| | 퇴마루 | 562 | 0.85% | 퇴 | 마루 | 한 | 고 | 1 | 2 | 3 | ㄴ |
| 51 | 동짓날 | 35496 | 80.96% | 동지 | 날 | 한 | 고 | 2 | 1 | 3 | ㄴ |
| | 동지날 | 8346 | 19.04% | 동지 | 날 | 한 | 고 | 2 | 1 | 3 | ㄴ |
| 52 | 뒷굽 | 99858 | 99.06% | 뒤 | 굽 | 고 | 고 | 1 | 1 | 2 | 된소리 |
| | 뒤굽 | 948 | 0.94% | 뒤 | 굽 | 고 | 고 | 1 | 1 | 2 | 된소리 |
| 53 | 뒷바퀴 | 258540 | 96.96% | 뒤 | 바퀴 | 고 | 고 | 1 | 2 | 3 | 된소리 |
| | 뒤바퀴 | 8107 | 3.04% | 뒤 | 바퀴 | 고 | 고 | 1 | 2 | 3 | 된소리 |
| 54 | 막냇동생 | 4331 | 4.97% | 막내 | 동생 | 고 | 고 | 2 | 2 | 4 | 된소리 |
| | 막내동생 | 82831 | 95.03% | 막내 | 동생 | 고 | 고 | 2 | 2 | 4 | 된소리 |
| 55 | 복숭앗빛 | 1572 | 12.67% | 복숭아 | 빛 | 고 | 고 | 3 | 1 | 4 | 된소리 |
| | 복숭아빛 | 10839 | 87.33% | 복숭아 | 빛 | 고 | 고 | 3 | 1 | 4 | 된소리 |
| 56 | 색싯감 | 574 | 13.70% | 색시 | 감 | 고 | 고 | 2 | 1 | 3 | 된소리 |
| | 색시감 | 3616 | 86.30% | 색시 | 감 | 고 | 고 | 2 | 1 | 3 | 된소리 |
| 57 | 세숫물 | 6474 | 96.08% | 세수 | 물 | 한 | 고 | 2 | 1 | 3 | ㄴ |
| | 세수물 | 264 | 3.92% | 세수 | 물 | 한 | 고 | 2 | 1 | 3 | ㄴ |
| 58 | 소싯적 | 78227 | 69.78% | 소시 | 적 | 한 | 고 | 2 | 1 | 3 | 된소리 |
| | 소시적 | 33877 | 30.22% | 소시 | 적 | 한 | 고 | 2 | 1 | 3 | 된소리 |
| 59 | 아랫녘 | 5894 | 92.05% | 아래 | 녘 | 고 | 고 | 2 | 1 | 3 | ㄴ |
| | 아래녘 | 509 | 7.95% | 아래 | 녘 | 고 | 고 | 2 | 1 | 3 | ㄴ |
| 60 | 아랫방 | 7489 | 86.90% | 아래 | 방 | 고 | 한 | 2 | 1 | 3 | 된소리 |
| | 아래방 | 1129 | 13.10% | 아래 | 방 | 고 | 한 | 2 | 1 | 3 | 된소리 |
| 61 | 빨랫비누 | 3574 | 12.53% | 빨래 | 비누 | 고 | 고 | 2 | 2 | 4 | 된소리 |
| | 빨래비누 | 24949 | 87.47% | 빨래 | 비누 | 고 | 고 | 2 | 2 | 4 | 된소리 |

| 번호 | 단어 | 계 | | 구성 | | 어종 | | 음절 수 | | | 발음 |
|---|---|---|---|---|---|---|---|---|---|---|---|
| | | 빈도 | 비율 | 선행 | 후행 | 앞 | 뒤 | 앞 | 뒤 | 전체 | |
| 62 | 뼛골 | 4628 | 73.41% | 뼈 | 골 | 고 | 한 | 1 | 1 | 2 | 된소리 |
| | 뼈골 | 1676 | 26.59% | 뼈 | 골 | 고 | 한 | 1 | 1 | 2 | 된소리 |
| 63 | 세뱃돈 | 196933 | 93.56% | 세배 | 돈 | 한 | 고 | 2 | 1 | 3 | 된소리 |
| | 세배돈 | 13560 | 6.44% | 세배 | 돈 | 한 | 고 | 2 | 1 | 3 | 된소리 |
| 64 | 쇳덩이 | 42673 | 94.20% | 쇠 | 덩이 | 고 | 고 | 1 | 2 | 3 | 된소리 |
| | 쇠덩이 | 2629 | 5.80% | 쇠 | 덩이 | 고 | 고 | 1 | 2 | 3 | 된소리 |
| 65 | 시곗줄 | 4960 | 4.97% | 시계 | 줄 | 한 | 고 | 2 | 1 | 3 | 된소리 |
| | 시계줄 | 94820 | 95.03% | 시계 | 줄 | 한 | 고 | 2 | 1 | 3 | 된소리 |
| 66 | 아랫돌 | 6404 | 94.23% | 아래 | 돌 | 고 | 고 | 2 | 1 | 3 | 된소리 |
| | 아래돌 | 392 | 5.77% | 아래 | 돌 | 고 | 고 | 2 | 1 | 3 | 된소리 |
| 67 | 어깻짓 | 690 | 30.94% | 어깨 | 짓 | 고 | 고 | 2 | 1 | 3 | 어깨짇 |
| | 어깨짓 | 1540 | 69.06% | 어깨 | 짓 | 고 | 고 | 2 | 1 | 3 | 어깨짇 |
| 68 | 주삿바늘 | 8641 | 12.91% | 주사 | 바늘 | 한 | 고 | 2 | 2 | 4 | 된소리 |
| | 주사바늘 | 58304 | 87.09% | 주사 | 바늘 | 한 | 고 | 2 | 2 | 4 | 된소리 |
| 69 | 찻숟갈 | 2576 | 90.58% | 차 | 숟갈 | 고 | 고 | 1 | 2 | 3 | 된소리 |
| | 차숟갈 | 268 | 9.42% | 차 | 숟갈 | 고 | 고 | 1 | 2 | 3 | 된소리 |
| 70 | 촛농 | 43985 | 99.19% | 초 | 농 | 고 | 한 | 1 | 1 | 2 | ㄴ |
| | 초농 | 361 | 0.81% | 초 | 농 | 고 | 한 | 1 | 1 | 2 | ㄴ |
| 71 | 주머닛돈 | 1121 | 54.58% | 주머니 | 돈 | 고 | 고 | 3 | 1 | 4 | 된소리 |
| | 주머니돈 | 933 | 45.42% | 주머니 | 돈 | 고 | 고 | 3 | 1 | 4 | 된소리 |
| 72 | 허드렛일 | 40663 | 98.30% | 허드레 | 일02 | 고 | 고 | 3 | 1 | 4 | ㄴㄴ |
| | 허드레일 | 704 | 1.70% | 허드레 | 일02 | 고 | 고 | 3 | 1 | 4 | ㄴㄴ |
| 73 | 가짓수 | 195725 | 71.84% | 가지 | 수 | 고 | 한 | 2 | 1 | 3 | 된소리 |
| | 가지수 | 76703 | 28.16% | 가지 | 수 | 고 | 한 | 2 | 1 | 3 | 된소리 |
| 74 | 귀엣말 | 13257 | 99.95% | 귀에 | 말 | 고 | 고 | 2 | 1 | 3 | ㄴ |
| | 귀에말 | 6 | 0.05% | 귀에 | 말 | 고 | 고 | 2 | 1 | 3 | ㄴ |
| 75 | 뒷감당 | 66888 | 99.68% | 뒤 | 감당 | 고 | 한 | 1 | 2 | 3 | 된소리 |
| | 뒤감당 | 216 | 0.32% | 뒤 | 감당 | 고 | 한 | 1 | 2 | 3 | 된소리 |
| 76 | 뒷걸음 | 63593 | 99.03% | 뒤 | 걸음 | 고 | 고 | 1 | 2 | 3 | 된소리 |
| | 뒤걸음 | 622 | 0.97% | 뒤 | 걸음 | 고 | 고 | 1 | 2 | 3 | 된소리 |
| 77 | 머릿수 | 58176 | 87.43% | 머리 | 수 | 고 | 한 | 2 | 1 | 3 | 된소리 |

| 번호 | 단어 | 계 | | 구성 | | 어종 | | 음절 수 | | | 발음 |
|---|---|---|---|---|---|---|---|---|---|---|---|
| | | 빈도 | 비율 | 선행 | 후행 | 앞 | 뒤 | 앞 | 뒤 | 전체 | |
| | 머리수 | 8367 | 12.57% | 머리 | 수 | 고 | 한 | 2 | 1 | 3 | 된소리 |
| 78 | 시곗바늘 | 17499 | 24.43% | 시계 | 바늘 | 한 | 고 | 2 | 2 | 4 | 된소리 |
| | 시계바늘 | 54116 | 75.57% | 시계 | 바늘 | 한 | 고 | 2 | 2 | 4 | 된소리 |
| 79 | 시쳇말 | 37858 | 96.74% | 시체 | 말 | 한 | 고 | 2 | 1 | 3 | ㄴ |
| | 시체말 | 1275 | 3.26% | 시체 | 말 | 한 | 고 | 2 | 1 | 3 | ㄴ |
| 80 | 장맛비 | 128187 | 57.06% | 장마 | 비 | 고 | 고 | 2 | 1 | 3 | 된소리 |
| | 장마비 | 96474 | 42.94% | 장마 | 비 | 고 | 고 | 2 | 1 | 3 | 된소리 |
| 81 | 황톳길 | 18079 | 53.98% | 황토 | 길 | 한 | 고 | 2 | 1 | 3 | 된소리 |
| | 황토길 | 15413 | 46.02% | 황토 | 길 | 한 | 고 | 2 | 1 | 3 | 된소리 |
| 82 | 간숫물 | 22 | 12.64% | 간수 | 물 | 한 | 고 | 2 | 1 | 3 | ㄴ |
| | 간수물 | 122 | 87.36% | 간수 | 물 | 한 | 고 | 2 | 1 | 3 | ㄴ |
| 83 | 계핏가루 | 8354 | 10.54% | 계피 | 가루 | 한 | 고 | 2 | 2 | 4 | 된소리 |
| | 계피가루 | 70895 | 89.46% | 계피 | 가루 | 한 | 고 | 2 | 2 | 4 | 된소리 |
| 84 | 곗날 | 10484 | 97.21% | 계 | 날 | 한 | 고 | 1 | 1 | 2 | ㄴ |
| | 계날 | 301 | 2.79% | 계 | 날 | 한 | 고 | 1 | 1 | 2 | ㄴ |
| 85 | 고춧잎 | 21685 | 76.47% | 고추 | 잎 | 고 | 고 | 2 | 1 | 3 | ㄴㄴ |
| | 고추잎 | 6672 | 23.53% | 고추 | 잎 | 고 | 고 | 2 | 1 | 3 | ㄴㄴ |
| 86 | 과붓집 | 766 | 46.45% | 과부 | 집 | 한 | 고 | 2 | 1 | 3 | 된소리 |
| | 과부집 | 883 | 53.55% | 과부 | 집 | 한 | 고 | 2 | 1 | 3 | 된소리 |
| 87 | 귓병 | 20707 | 94.93% | 귀 | 병 | 고 | 한 | 1 | 1 | 2 | 된소리 |
| | 귀병 | 1106 | 5.07% | 귀 | 병 | 고 | 한 | 1 | 1 | 2 | 된소리 |
| 88 | 낙숫물 | 16264 | 88.60% | 낙수 | 물 | 한 | 고 | 2 | 1 | 3 | ㄴ |
| | 낙수물 | 2092 | 11.40% | 낙수 | 물 | 한 | 고 | 2 | 1 | 3 | ㄴ |
| 89 | 낚싯배 | 13674 | 19.27% | 낚개 | 죽지 | 고 | 고 | 2 | 2 | 4 | 된소리 |
| | 낚시배 | 57292 | 80.73% | 낚개 | 죽지 | 고 | 고 | 2 | 2 | 4 | 된소리 |
| 90 | 날갯죽지 | 7314 | 59.89% | 날개 | 죽지 | 고 | 고 | 2 | 2 | 4 | 된소리 |
| | 날개죽지 | 4898 | 40.11% | 날개 | 죽지 | 고 | 고 | 2 | 2 | 4 | 된소리 |
| 91 | 제삿날 | 51467 | 91.56% | 제사 | 날 | 한 | 고 | 2 | 1 | 3 | ㄴ |
| | 제사날 | 4743 | 8.44% | 제사 | 날 | 한 | 고 | 2 | 1 | 3 | ㄴ |
| 92 | 초깃값 | 381 | 2.06% | 초기 | 값 | 한 | 고 | 2 | 1 | 3 | 된소리 |
| | 초기값 | 18136 | 97.94% | 초기 | 값 | 한 | 고 | 2 | 1 | 3 | 된소리 |

| 번호 | 단어 | 계 | | 구성 | | 어종 | | 음절 수 | | | 발음 |
|---|---|---|---|---|---|---|---|---|---|---|---|
| | | 빈도 | 비율 | 선행 | 후행 | 앞 | 뒤 | 앞 | 뒤 | 전체 | |
| 93 | 최댓값 | 11360 | 18.06% | 최대 | 값 | 한 | 고 | 2 | 1 | 3 | 된소리 |
| | 최대값 | 51529 | 81.94% | 최대 | 값 | 한 | 고 | 2 | 1 | 3 | 된소리 |
| 94 | 최젓값 | 34 | 0.70% | 최저 | 값 | 한 | 고 | 2 | 1 | 3 | 된소리 |
| | 최저값 | 4811 | 99.30% | 최저 | 값 | 한 | 고 | 2 | 1 | 3 | 된소리 |
| 95 | 탯가락 | 19 | 82.61% | 태 | 가락 | 한 | 고 | 1 | 2 | 3 | 된소리 |
| | 태가락 | 4 | 17.39% | 태 | 가락 | 한 | 고 | 1 | 2 | 3 | 된소리 |
| 96 | 팻말 | 310912 | 99.78% | 패 | 말 | 한 | 고 | 1 | 1 | 2 | ㄴ |
| | 패말 | 671 | 0.22% | 패 | 말 | 한 | 고 | 1 | 1 | 2 | ㄴ |
| 97 | 체기 | 33382 | 92.63% | 체 | 기 | 한 | 한 | 1 | 1 | 2 | 된소리 |
| | 쳇기 | 2656 | 7.37% | 체 | 기 | 한 | 한 | 1 | 1 | 2 | 된소리 |
| 98 | 페트병 | 130168 | 100.00% | 페트 | 병 | 외 | 한 | 2 | 1 | 3 | 된소리 |
| | 페틋병 | 1 | 0.00% | 페트 | 병 | 외 | 한 | 2 | 1 | 3 | 된소리 |
| 99 | 피자집 | 4794 | 95.44% | 피자 | 집 | 외 | 고 | 2 | 1 | 3 | 된소리 |
| | 피잣집 | 229 | 4.56% | 피자 | 집 | 외 | 고 | 2 | 1 | 3 | 된소리 |
| 100 | 혼삿말 | 286 | 86.93% | 혼사 | 말 | 한 | 고 | 2 | 1 | 3 | ㄴ |
| | 혼사말 | 43 | 13.07% | 혼사 | 말 | 한 | 고 | 2 | 1 | 3 | ㄴ |
| 101 | 나그넷길 | 694 | 4.52% | 나그네 | 길 | 고 | 고 | 3 | 1 | 4 | 된소리 |
| | 나그네길 | 14659 | 95.48% | 나그네 | 길 | 고 | 고 | 3 | 1 | 4 | 된소리 |
| 102 | 뒷심 | 108306 | 99.10% | 뒤 | 심 | 고 | 고 | 1 | 1 | 2 | 된소리 |
| | 뒤심 | 980 | 0.90% | 뒤 | 심 | 고 | 고 | 1 | 1 | 2 | 된소리 |
| 103 | 만홧가게 | 89 | 1.49% | 만화 | 가게 | 한 | 고 | 2 | 2 | 4 | 된소리 |
| | 만화가게 | 5884 | 98.51% | 만화 | 가게 | 한 | 고 | 2 | 2 | 4 | 된소리 |
| 104 | 방앗간 | 374613 | 96.04% | 방아 | 간 | 고 | 한 | 2 | 1 | 3 | 된소리 |
| | 방아간 | 15465 | 3.96% | 방아 | 간 | 고 | 한 | 2 | 1 | 3 | 된소리 |
| 105 | 뱃멀미 | 11313 | 15.42% | 배 | 멀미 | 고 | 고 | 1 | 2 | 3 | ㄴ |
| | 배멀미 | 62030 | 84.58% | 배 | 멀미 | 고 | 고 | 1 | 2 | 3 | ㄴ |
| 106 | 윗녘 | 1342 | 98.60% | 위 | 녘 | 고 | 고 | 1 | 1 | 2 | ㄴ |
| | 위녘 | 19 | 1.40% | 위 | 녘 | 고 | 고 | 1 | 1 | 2 | ㄴ |
| 107 | 아랫동네 | 28565 | 73.72% | 아래 | 동네 | 고 | 한고 | 2 | 2 | 4 | 된소리 |
| | 아래동네 | 10182 | 26.28% | 아래 | 동네 | 고 | 한고 | 2 | 2 | 4 | 된소리 |
| 108 | 윗돌 | 9267 | 95.77% | 위 | 돌 | 고 | 고 | 1 | 1 | 2 | 된소리 |

| 번호 | 단어 | 계 | | 구성 | | 어종 | | 음절 수 | | | 발음 |
|---|---|---|---|---|---|---|---|---|---|---|---|
| | | 빈도 | 비율 | 선행 | 후행 | 앞 | 뒤 | 앞 | 뒤 | 전체 | |
| | 위돌 | 409 | 4.23% | 위 | 돌 | 고 | 고 | 1 | 1 | 2 | 된소리 |
| 109 | 윗입술 | 81129 | 99.81% | 위 | 입술 | 고 | 고 | 1 | 2 | 3 | ㄴㄴ |
| | 위입술 | 154 | 0.19% | 위 | 입술 | 고 | 고 | 1 | 2 | 3 | ㄴㄴ |
| 110 | 옥수숫대 | 2368 | 19.04% | 옥수수 | 대 | 고 | 고 | 3 | 1 | 4 | 된소리 |
| | 옥수수대 | 10070 | 80.96% | 옥수수 | 대 | 고 | 고 | 3 | 1 | 4 | 된소리 |
| 111 | 윗마을 | 12500 | 99.36% | 위 | 마을 | 고 | 고 | 1 | 2 | 3 | ㄴ |
| | 위마을 | 81 | 0.64% | 위 | 마을 | 고 | 고 | 1 | 2 | 3 | ㄴ |
| 112 | 죗값 | 54285 | 39.73% | 죄 | 값 | 한 | 고 | 1 | 1 | 2 | 된소리 |
| | 죄값 | 82356 | 60.27% | 죄 | 값 | 한 | 고 | 1 | 1 | 2 | 된소리 |
| 113 | 하룻강아지 | 10273 | 90.69% | 하루 | 강아지 | 고 | 고 | 2 | 3 | 5 | 된소리 |
| | 하루강아지 | 1054 | 9.31% | 하루 | 강아지 | 고 | 고 | 2 | 3 | 5 | 된소리 |
| 114 | 혼잣몸 | 404 | 8.90% | 혼자 | 몸 | 고 | 고 | 2 | 1 | 3 | ㄴ |
| | 혼자몸 | 4134 | 91.10% | 혼자 | 몸 | 고 | 고 | 2 | 1 | 3 | ㄴ |
| 115 | 사잇길 | 73716 | 78.22% | 사이 | 길 | 고 | 고 | 2 | 1 | 3 | 된소리 |
| | 사이길 | 20528 | 21.78% | 사이 | 길 | 고 | 고 | 2 | 1 | 3 | 된소리 |
| 116 | 한가윗날 | 942 | 43.43% | 한가위 | 날 | 고 | 고 | 3 | 1 | 4 | ㄴ |
| | 한가위날 | 1227 | 56.57% | 한가위 | 날 | 고 | 고 | 3 | 1 | 4 | ㄴ |
| 117 | 최솟값 | 9203 | 20.20% | 최소 | 값 | 한 | 고 | 2 | 1 | 3 | 된소리 |
| | 최소값 | 36350 | 79.80% | 최소 | 값 | 한 | 고 | 2 | 1 | 3 | 된소리 |
| 118 | 툇간 | 3238 | 83.52% | 퇴 | 간 | 한 | 한 | 1 | 1 | 2 | 된소리 |
| | 퇴간 | 639 | 16.48% | 퇴 | 간 | 한 | 한 | 1 | 1 | 2 | 된소리 |
| 119 | 허릿살 | 9390 | 44.24% | 허리 | 살 | 고 | 고 | 2 | 1 | 3 | 된소리 |
| | 허리살 | 11834 | 55.76% | 허리 | 살 | 고 | 고 | 2 | 1 | 3 | 된소리 |
| 120 | 주스병 | 1157 | 100.00% | 주스 | 병 | 외 | 한 | 2 | 1 | 3 | 된소리 |
| | 주슷병 | 0 | 0.00% | 주스 | 병 | 외 | 한 | 2 | 1 | 3 | 된소리 |
| 121 | 횟감 | 164853 | 95.20% | 회 | 감 | 한 | 고 | 1 | 1 | 2 | 된소리 |
| | 회감 | 8305 | 4.80% | 회 | 감 | 한 | 고 | 1 | 1 | 2 | 된소리 |
| 122 | 후춧가루 | 169328 | 60.95% | 후추 | 가루 | 고 | 고 | 2 | 2 | 4 | 된소리 |
| | 후추가루 | 108468 | 39.05% | 후추 | 가루 | 고 | 고 | 2 | 2 | 4 | 된소리 |
| 123 | 하굣길 | 44614 | 42.59% | 하교 | 길 | 한 | 고 | 2 | 1 | 3 | 된소리 |

| 번호 | 단어 | 계 | | 구성 | | 어종 | | 음절 수 | | | 발음 |
|---|---|---|---|---|---|---|---|---|---|---|---|
| | | 빈도 | 비율 | 선행 | 후행 | 앞 | 뒤 | 앞 | 뒤 | 전체 | |
| | 하교길 | 60127 | 57.41% | 하교 | 길 | 한 | 고 | 2 | 1 | 3 | 된소리 |
| 124 | 뒤쪽 | 645146 | 66.29% | 뒤 | 쪽 | 고 | 고 | 1 | 1 | 2 | 된소리 |
| | 뒷쪽 | 328106 | 33.71% | 뒤 | 쪽 | 고 | 고 | 1 | 1 | 2 | 된소리 |
| 125 | 연둣빛 | 59709 | 42.23% | 연두 | 빛 | 한 | 고 | 2 | 1 | 3 | 된소리 |
| | 연두빛 | 81669 | 57.77% | 연두 | 빛 | 한 | 고 | 2 | 1 | 3 | 된소리 |
| 126 | 잔칫상 | 25566 | 57.72% | 잔치 | 상 | 고 | 한 | 2 | 1 | 3 | 된소리 |
| | 잔치상 | 18728 | 42.28% | 잔치 | 상 | 고 | 한 | 2 | 1 | 3 | 된소리 |
| 127 | 뒷수습 | 46962 | 99.34% | 뒤 | 수습 | 고 | 한 | 1 | 2 | 3 | 된소리 |
| | 뒤수습 | 313 | 0.66% | 뒤 | 수습 | 고 | 한 | 1 | 2 | 3 | 된소리 |
| 128 | 뒷일 | 83022 | 93.32% | 뒤 | 일 | 고 | 고 | 1 | 1 | 2 | ㄴㄴ |
| | 뒤일 | 5943 | 6.68% | 뒤 | 일 | 고 | 고 | 1 | 1 | 2 | ㄴㄴ |
| 129 | 전셋집 | 51859 | 36.50% | 전세 | 집 | 한 | 고 | 2 | 1 | 3 | 된소리 |
| | 전세집 | 90218 | 63.50% | 전세 | 집 | 한 | 고 | 2 | 1 | 3 | 된소리 |
| 130 | 구둣방 | 10802 | 28.21% | 구두 | 방 | 고 | 한 | 2 | 1 | 3 | 된소리 |
| | 구두방 | 27495 | 71.79% | 구두 | 방 | 고 | 한 | 2 | 1 | 3 | 된소리 |
| 131 | 윗눈썹 | 2875 | 99.27% | 위 | 눈썹 | 고 | 고 | 1 | 2 | 3 | ㄴ |
| | 위눈썹 | 21 | 0.73% | 위 | 눈썹 | 고 | 고 | 1 | 2 | 3 | ㄴ |
| 132 | 사잇문 | 639 | 55.61% | 사이 | 문 | 고 | 한 | 2 | 1 | 3 | ㄴ |
| | 사이문 | 510 | 44.39% | 사이 | 문 | 고 | 한 | 2 | 1 | 3 | ㄴ |
| 133 | 산봇길 | 18 | 1.01% | 산보 | 길 | 한 | 고 | 2 | 1 | 3 | 된소리 |
| | 산보길 | 1765 | 98.99% | 산보 | 길 | 한 | 고 | 2 | 1 | 3 | 된소리 |
| 134 | 세숫비누 | 4215 | 38.61% | 세수 | 비누 | 한 | 고 | 2 | 2 | 4 | 된소리 |
| | 세수비누 | 6701 | 61.39% | 세수 | 비누 | 한 | 고 | 2 | 2 | 4 | 된소리 |
| 135 | 아랫길 | 20913 | 84.05% | 아래 | 길 | 고 | 고 | 2 | 1 | 3 | 된소리 |
| | 아래길 | 3969 | 15.95% | 아래 | 길 | 고 | 고 | 2 | 1 | 3 | 된소리 |
| 136 | 윗집 | 139625 | 98.97% | 위 | 집 | 고 | 고 | 1 | 1 | 2 | 된소리 |
| | 위집 | 1455 | 1.03% | 위 | 집 | 고 | 고 | 1 | 1 | 2 | 된소리 |
| 137 | 조갯살 | 54831 | 79.51% | 조개 | 살 | 고 | 고 | 2 | 1 | 3 | 된소리 |
| | 조개살 | 14131 | 20.49% | 조개 | 살 | 고 | 고 | 2 | 1 | 3 | 된소리 |
| 138 | 종잇장 | 51716 | 80.10% | 종이 | 장 | 고 | 한 | 2 | 1 | 3 | 된소리 |
| | 종이장 | 12846 | 19.90% | 종이 | 장 | 고 | 한 | 2 | 1 | 3 | 된소리 |

| 번호 | 단어 | 계 | | 구성 | | 어종 | | 음절 수 | | | 발음 |
|---|---|---|---|---|---|---|---|---|---|---|---|
| | | 빈도 | 비율 | 선행 | 후행 | 앞 | 뒤 | 앞 | 뒤 | 전체 | |
| 139 | 뱃살 | 1582765 | 99.09% | 배 | 살 | 고 | 고 | 1 | 1 | 2 | 된소리 |
| | 배살 | 14519 | 0.91% | 배 | 살 | 고 | 고 | 1 | 1 | 2 | 된소리 |
| 140 | 뒷날 | 75680 | 99.55% | 뒤 | 날 | 고 | 고 | 1 | 1 | 2 | ㄴ |
| | 뒤날 | 340 | 0.45% | 뒤 | 날 | 고 | 고 | 1 | 1 | 2 | ㄴ |
| 141 | 아랫면 | 84545 | 87.88% | 아래 | 면 | 고 | 한 | 2 | 1 | 3 | ㄴ |
| | 아래면 | 11656 | 12.12% | 아래 | 면 | 고 | 한 | 2 | 1 | 3 | ㄴ |
| 142 | 뭇국 | 10078 | 4.14% | 무 | 국 | 고 | 고 | 1 | 1 | 2 | 된소리 |
| | 무국 | 233356 | 95.86% | 무 | 국 | 고 | 고 | 1 | 1 | 2 | 된소리 |
| 143 | 뒷문 | 381163 | 98.92% | 뒤 | 문 | 고 | 한 | 1 | 1 | 2 | ㄴ |
| | 뒤문 | 4179 | 1.08% | 뒤 | 문 | 고 | 한 | 1 | 1 | 2 | ㄴ |
| 144 | 뒷정리 | 222009 | 99.41% | 뒤 | 정리 | 고 | 한 | 1 | 2 | 3 | 된소리 |
| | 뒤정리 | 1312 | 0.59% | 뒤 | 정리 | 고 | 한 | 1 | 2 | 3 | 된소리 |
| 145 | 뒷벽 | 15157 | 98.52% | 뒤 | 벽 | 고 | 한 | 1 | 1 | 2 | 된소리 |
| | 뒤벽 | 228 | 1.48% | 뒤 | 벽 | 고 | 한 | 1 | 1 | 2 | 된소리 |
| 146 | 아랫목 | 84679 | 98.05% | 아래 | 목 | 고 | 고 | 2 | 1 | 3 | ㄴ |
| | 아래목 | 1680 | 1.95% | 아래 | 목 | 고 | 고 | 2 | 1 | 3 | ㄴ |
| 147 | 뒷방 | 41071 | 98.31% | 뒤 | 방 | 고 | 한 | 1 | 1 | 2 | 된소리 |
| | 뒤방 | 706 | 1.69% | 뒤 | 방 | 고 | 한 | 1 | 1 | 2 | 된소리 |
| 148 | 뒷마무리 | 34924 | 99.60% | 뒤 | 마무리 | 고 | 고 | 1 | 3 | 4 | ㄴ |
| | 뒤마무리 | 142 | 0.40% | 뒤 | 마무리 | 고 | 고 | 1 | 3 | 4 | ㄴ |
| 149 | 다듬잇돌 | 2836 | 50.60% | 다듬이 | 돌 | 고 | 고 | 3 | 1 | 4 | 된소리 |
| | 다듬이돌 | 2769 | 49.40% | 다듬이 | 돌 | 고 | 고 | 3 | 1 | 4 | 된소리 |
| 150 | 번지수 | 35880 | 98.27% | 번지 | 수 | 한 | 한 | 2 | 1 | 3 | 된소리 |
| | 번짓수 | 609 | 1.73% | 번지 | 수 | 한 | 한 | 2 | 1 | 3 | 된소리 |
| 151 | 소주병 | 63566 | 97.91% | 소주 | 병 | 한 | 한 | 2 | 1 | 3 | 된소리 |
| | 소줏병 | 1359 | 2.09% | 소주 | 병 | 한 | 한 | 2 | 1 | 3 | 된소리 |
| 152 | 외가댁 | 31577 | 55.52% | 외가 | 댁 | 한 | 한 | 2 | 1 | 3 | 된소리 |
| | 외갓댁 | 25293 | 44.48% | 외가 | 댁 | 한 | 한 | 2 | 1 | 3 | 된소리 |
| 153 | 연두색 | 31 | 0.01% | 연두 | 색 | 한 | 한 | 2 | 1 | 3 | 된소리 |
| | 연둣색 | 594196 | 99.99% | 연두 | 색 | 한 | 한 | 2 | 1 | 3 | 된소리 |
| 154 | 자주색 | 297814 | 99.90% | 자주 | 색 | 한 | 한 | 2 | 1 | 3 | 된소리 |

| 번호 | 단어 | 계 | | 구성 | | 어종 | | 음절 수 | | | 발음 |
| --- | --- | --- | --- | --- | --- | --- | --- | --- | --- | --- | --- |
| | | 빈도 | 비율 | 선행 | 후행 | 앞 | 뒤 | 앞 | 뒤 | 전체 | |
| | 자줏색 | 307 | 0.10% | 자주 | 색 | 한 | 한 | 2 | 1 | 3 | 된소리 |
| 155 | 전세방 | 20672 | 95.37% | 전세 | 방 | 한 | 한 | 2 | 1 | 3 | 된소리 |
| | 전셋방 | 1003 | 4.63% | 전세 | 방 | 한 | 한 | 2 | 1 | 3 | 된소리 |
| 156 | 전셋값 | 101057 | 63.23% | 전세 | 값 | 한 | 고 | 2 | 1 | 3 | 된소리 |
| | 전세값 | 58773 | 36.77% | 전세 | 값 | 한 | 고 | 2 | 1 | 3 | 된소리 |
| 157 | 장맛날 | 289 | 47.30% | 장마 | 날 | 고 | 고 | 2 | 1 | 3 | ㄴ |
| | 장마날 | 322 | 52.70% | 장마 | 날 | 고 | 고 | 2 | 1 | 3 | ㄴ |
| 158 | 자릿세 | 29805 | 52.29% | 자리 | 세 | 고 | 한 | 2 | 1 | 3 | 된소리 |
| | 자리세 | 27198 | 47.71% | 자리 | 세 | 고 | 한 | 2 | 1 | 3 | 된소리 |
| 159 | 요샛말 | 4770 | 99.42% | 요새 | 말 | 고 | 고 | 2 | 1 | 3 | ㄴ |
| | 요새말 | 28 | 0.58% | 요새 | 말 | 고 | 고 | 2 | 1 | 3 | ㄴ |
| 160 | 외갓집 | 158696 | 85.76% | 외가 | 집 | 한 | 고 | 2 | 1 | 3 | 된소리 |
| | 외가집 | 26358 | 14.24% | 외가 | 집 | 한 | 고 | 2 | 1 | 3 | 된소리 |
| 161 | 옥수숫가루 | 103 | 0.57% | 옥수수 | 가루 | 고 | 고 | 3 | 2 | 5 | 된소리 |
| | 옥수수가루 | 17829 | 99.43% | 옥수수 | 가루 | 고 | 고 | 3 | 3 | 5 | 된소리 |
| 162 | 예삿날 | 96 | 62.34% | 예사 | 날 | 한 | 고 | 2 | 1 | 3 | ㄴ |
| | 예사날 | 58 | 37.66% | 예사 | 날 | 한 | 고 | 2 | 1 | 3 | ㄴ |
| 163 | 양칫물 | 2209 | 69.62% | 양치 | 물 | 한 | 고 | 2 | 1 | 3 | ㄴ |
| | 양치물 | 964 | 30.38% | 양치 | 물 | 한 | 고 | 2 | 1 | 3 | ㄴ |
| 164 | 아랫변 | 3620 | 95.11% | 아래 | 변 | 고 | 한 | 2 | 1 | 3 | 된소리 |
| | 아래변 | 186 | 4.89% | 아래 | 변 | 고 | 한 | 2 | 1 | 3 | 된소리 |
| 165 | 소줏집 | 970 | 26.21% | 소주 | 집 | 한 | 고 | 2 | 1 | 3 | 된소리 |
| | 소주집 | 2731 | 73.79% | 소주 | 집 | 한 | 고 | 2 | 1 | 3 | 된소리 |
| 166 | 생맥줏집 | 375 | 3.27% | 생맥주 | 집 | 한 | 고 | 3 | 1 | 4 | 된소리 |
| | 생맥주집 | 11086 | 96.73% | 생맥주 | 집 | 한 | 고 | 3 | 1 | 4 | 된소리 |
| 167 | 빨랫방망이 | 479 | 16.91% | 빨래 | 방망이 | 한 | 한 | 2 | 3 | 5 | 된소리 |
| | 빨래방망이 | 2354 | 83.09% | 빨래 | 방망이 | 한 | 한 | 2 | 3 | 5 | 된소리 |
| 168 | 비췻빛 | 967 | 10.85% | 비취 | 빛 | 한 | 고 | 2 | 1 | 3 | 된소리 |
| | 비취빛 | 7946 | 89.15% | 비취 | 빛 | 한 | 고 | 2 | 1 | 3 | 된소리 |
| 169 | 바윗덩어리 | 7021 | 37.07% | 바위 | 덩어리 | 고 | 고 | 2 | 3 | 5 | 된소리 |
| | 바위덩어리 | 11918 | 62.93% | 바위 | 덩어리 | 고 | 고 | 2 | 3 | 5 | 된소리 |

| 번호 | 단어 | 계 | | 구성 | | 어종 | | 음절 수 | | | 발음 |
|---|---|---|---|---|---|---|---|---|---|---|---|
| | | 빈도 | 비율 | 선행 | 후행 | 앞 | 뒤 | 앞 | 뒤 | 전체 | |
| 170 | 바닷속 | 345522 | 72.16% | 바다 | 속 | 고 | 고 | 2 | 1 | 3 | 된소리 |
| | 바다속 | 133291 | 27.84% | 바다 | 속 | 고 | 고 | 2 | 1 | 3 | 된소리 |
| 171 | 맥주병 | 112190 | 99.94% | 맥주 | 병 | 한 | 한 | 2 | 1 | 3 | 된소리 |
| | 맥줏병 | 62 | 0.06% | 맥주 | 병 | 한 | 한 | 2 | 1 | 3 | 된소리 |
| 172 | 문젯거리 | 9384 | 60.52% | 문제 | 거리 | 한 | 고 | 2 | 2 | 4 | 된소리 |
| | 문제거리 | 6122 | 39.48% | 문제 | 거리 | 한 | 고 | 2 | 2 | 4 | 된소리 |
| 173 | 뒷지느러미 | 3460 | 99.45% | 뒤 | 지느러미 | 고 | 고 | 1 | 4 | 5 | 된소리 |
| | 뒤지느러미 | 19 | 0.55% | 뒤 | 지느러미 | 고 | 고 | 1 | 4 | 5 | 된소리 |
| 174 | 뒷얘기 | 55478 | 99.84% | 뒤 | 얘기 | 고 | 고 | 1 | 2 | 3 | ㄴㄴ |
| | 뒤얘기 | 90 | 0.16% | 뒤 | 얘기 | 고 | 고 | 1 | 2 | 3 | ㄴㄴ |
| 175 | 뒷맛 | 195480 | 99.95% | 뒤 | 맛 | 고 | 고 | 1 | 1 | 2 | ㄴ |
| | 뒤맛 | 95 | 0.05% | 뒤 | 맛 | 고 | 고 | 1 | 1 | 2 | ㄴ |
| 176 | 기왓장 | 48412 | 82.89% | 기와 | 장 | 고 | 한 | 2 | 1 | 3 | 된소리 |
| | 기와장 | 9990 | 17.11% | 기와 | 장 | 고 | 한 | 2 | 1 | 3 | 된소리 |
| 177 | 귀갓길 | 31736 | 28.66% | 귀가 | 길 | 한 | 고 | 2 | 1 | 3 | 된소리 |
| | 귀가길 | 78984 | 71.34% | 귀가 | 길 | 한 | 고 | 2 | 1 | 3 | 된소리 |
| 178 | 골칫덩어리 | 31708 | 70.04% | 골치 | 덩어리 | 고 | 고 | 2 | 3 | 5 | 된소리 |
| | 골치덩어리 | 13566 | 29.96% | 골치 | 덩어리 | 고 | 고 | 2 | 3 | 5 | 된소리 |
| 179 | 콧속 | 97118 | 79.43% | 코 | 속 | 고 | 고 | 1 | 1 | 2 | 된소리 |
| | 코속 | 25146 | 20.57% | 코 | 속 | 고 | 고 | 1 | 1 | 2 | 된소리 |
| 180 | 이야깃거리 | 56650 | 52.79% | 이야기 | 거리 | 고 | 고 | 3 | 2 | 5 | 된소리 |
| | 이야기거리 | 50663 | 47.21% | 이야기 | 거리 | 고 | 고 | 3 | 2 | 5 | 된소리 |
| 181 | 머릿수건 | 1491 | 69.51% | 머리 | 수건 | 고 | 한 | 2 | 2 | 4 | 된소리 |
| | 머리수건 | 654 | 30.49% | 머리 | 수건 | 고 | 한 | 2 | 2 | 4 | 된소리 |
| 182 | 뒷장 | 171985 | 98.08% | 뒤 | 장 | 고 | 한 | 1 | 1 | 2 | 된소리 |
| | 뒤장 | 3374 | 1.92% | 뒤 | 장 | 고 | 한 | 1 | 1 | 2 | 된소리 |
| 183 | 뒷사람 | 163041 | 99.52% | 뒤 | 사람 | 고 | 고 | 1 | 2 | 3 | 된소리 |
| | 뒤사람 | 781 | 0.48% | 뒤 | 사람 | 고 | 고 | 1 | 2 | 3 | 된소리 |
| 184 | 전깃줄 | 50172 | 61.17% | 전기 | 줄 | 한 | 고 | 2 | 1 | 3 | 된소리 |
| | 전기줄 | 31844 | 38.83% | 전기 | 줄 | 한 | 고 | 2 | 1 | 3 | 된소리 |
| 185 | 윗도리 | 73992 | 99.45% | 위 | 도리 | 고 | 고 | 1 | 2 | 3 | 된소리 |

| 번호 | 단어 | 계 | | 구성 | | 어종 | | 음절 수 | | | 발음 |
|---|---|---|---|---|---|---|---|---|---|---|---|
| | | 빈도 | 비율 | 선행 | 후행 | 앞 | 뒤 | 앞 | 뒤 | 전체 | |
| | 위도리 | 406 | 0.55% | 위 | 도리 | 고 | 고 | 1 | 2 | 3 | 된소리 |
| 186 | 뒷받침 | 1040240 | 99.30% | 뒤 | 받침 | 고 | 고 | 1 | 2 | 3 | 된소리 |
| | 뒤받침 | 7307 | 0.70% | 뒤 | 받침 | 고 | 고 | 1 | 2 | 3 | 된소리 |
| 187 | 잿빛 | 251847 | 97.08% | 재 | 빛 | 고 | 고 | 1 | 1 | 2 | 된소리 |
| | 재빛 | 7587 | 2.92% | 재 | 빛 | 고 | 고 | 1 | 1 | 2 | 된소리 |
| 188 | 뒷다리 | 304637 | 99.92% | 뒤 | 다리 | 고 | 고 | 1 | 2 | 3 | 된소리 |
| | 뒤다리 | 248 | 0.08% | 뒤 | 다리 | 고 | 고 | 1 | 2 | 3 | 된소리 |
| 189 | 나뭇가지 | 575137 | 77.44% | 나무 | 가지 | 고 | 고 | 2 | 2 | 4 | 된소리 |
| | 나무가지 | 167532 | 22.56% | 나무 | 가지 | 고 | 고 | 2 | 2 | 4 | 된소리 |
| 190 | 빗줄기 | 261901 | 98.81% | 비 | 줄기 | 고 | 고 | 1 | 2 | 3 | 된소리 |
| | 비줄기 | 3160 | 1.19% | 비 | 줄기 | 고 | 고 | 1 | 2 | 3 | 된소리 |
| 191 | 수돗물 | 371714 | 91.51% | 수도 | 물 | 한 | 고 | 2 | 1 | 3 | ㄴ |
| | 수도물 | 34474 | 8.49% | 수도 | 물 | 한 | 고 | 2 | 1 | 3 | ㄴ |
| 192 | 훗날 | 757380 | 99.87% | 후 | 날 | 한 | 고 | 1 | 1 | 2 | ㄴ |
| | 후날 | 973 | 0.13% | 후 | 날 | 한 | 고 | 1 | 1 | 2 | ㄴ |
| 193 | 젓가락 | 1524925 | 99.98% | 저 | 가락 | 고 | 고 | 1 | 2 | 3 | 된소리 |
| | 저가락 | 276 | 0.02% | 저 | 가락 | 고 | 고 | 1 | 2 | 3 | 된소리 |
| 194 | 부잣집 | 266713 | 83.81% | 부자 | 집 | 한 | 고 | 2 | 1 | 3 | 된소리 |
| | 부자집 | 51508 | 16.19% | 부자 | 집 | 한 | 고 | 2 | 1 | 3 | 된소리 |
| 195 | 뒷산 | 468747 | 97.85% | 뒤 | 산 | 고 | 한 | 1 | 1 | 2 | 된소리 |
| | 뒤산 | 10279 | 2.15% | 뒤 | 산 | 고 | 한 | 1 | 1 | 2 | 된소리 |
| 196 | 나뭇잎 | 1182143 | 93.40% | 나무 | 잎 | 고 | 고 | 2 | 1 | 3 | ㄴㄴ |
| | 나무잎 | 83539 | 6.60% | 나무 | 잎 | 고 | 고 | 2 | 1 | 3 | ㄴㄴ |
| 197 | 뒷골목 | 366977 | 99.68% | 뒤 | 골목 | 고 | 고 | 1 | 2 | 3 | 된소리 |
| | 뒤골목 | 1183 | 0.32% | 뒤 | 골목 | 고 | 고 | 1 | 2 | 3 | 된소리 |
| 198 | 시냇물 | 202044 | 99.49% | 시내 | 물 | 고 | 고 | 2 | 1 | 3 | ㄴ |
| | 시내물 | 1043 | 0.51% | 시내 | 물 | 고 | 고 | 2 | 1 | 3 | ㄴ |
| 199 | 뒷거래 | 67864 | 99.91% | 뒤 | 거래 | 고 | 한 | 1 | 2 | 3 | 된소리 |
| | 뒤거래 | 64 | 0.09% | 뒤 | 거래 | 고 | 한 | 1 | 2 | 3 | 된소리 |
| 200 | 뒷머리 | 334615 | 99.65% | 뒤 | 머리 | 고 | 고 | 1 | 2 | 3 | ㄴ |
| | 뒤머리 | 1173 | 0.35% | 뒤 | 머리 | 고 | 고 | 1 | 2 | 3 | ㄴ |

| 번호 | 단어 | 계 | | 구성 | | 어종 | | 음절 수 | | | 발음 |
|---|---|---|---|---|---|---|---|---|---|---|---|
| | | 빈도 | 비율 | 선행 | 후행 | 앞 | 뒤 | 앞 | 뒤 | 전체 | |
| 201 | 비눗물 | 60089 | 95.71% | 비누 | 물 | 고 | 고 | 2 | 1 | 3 | ㄴ |
| | 비누물 | 2691 | 4.29% | 비누 | 물 | 고 | 고 | 2 | 1 | 3 | ㄴ |
| 202 | 존댓말 | 452030 | 92.80% | 존대 | 말 | 한 | 고 | 2 | 1 | 3 | ㄴ |
| | 존대말 | 35070 | 7.20% | 존대 | 말 | 한 | 고 | 2 | 1 | 3 | ㄴ |
| 203 | 뗏목 | 108090 | 99.76% | 떼 | 목 | 고 | 한 | 1 | 1 | 2 | ㄴ |
| | 떼목 | 260 | 0.24% | 떼 | 목 | 고 | 한 | 1 | 1 | 2 | ㄴ |
| 204 | 날갯짓 | 100134 | 32.96% | 날개 | 짓 | 고 | 고 | 2 | 1 | 3 | 된소리 |
| | 날개짓 | 203683 | 67.04% | 날개 | 짓 | 고 | 고 | 2 | 1 | 3 | 된소리 |
| 205 | 뒷이야기 | 161737 | 99.83% | 뒤 | 이야기 | 고 | 고 | 1 | 3 | 4 | ㄴㄴ |
| | 뒤이야기 | 279 | 0.17% | 뒤 | 이야기 | 고 | 고 | 1 | 3 | 4 | ㄴㄴ |
| 206 | 뒷조사 | 68607 | 99.74% | 뒤 | 조사 | 고 | 한 | 1 | 2 | 3 | 된소리 |
| | 뒤조사 | 181 | 0.26% | 뒤 | 조사 | 고 | 한 | 1 | 2 | 3 | 된소리 |
| 207 | 뱃머리 | 62638 | 99.15% | 배 | 머리 | 고 | 고 | 1 | 2 | 3 | ㄴ |
| | 배머리 | 534 | 0.85% | 배 | 머리 | 고 | 고 | 1 | 2 | 3 | ㄴ |
| 208 | 아랫마을 | 32674 | 58.51% | 아래 | 마을 | 고 | 고 | 2 | 2 | 4 | ㄴ |
| | 아래마을 | 23167 | 41.49% | 아래 | 마을 | 고 | 고 | 2 | 2 | 4 | ㄴ |
| 209 | 찻주전자 | 10750 | 79.78% | 차 | 주전자 | 고 | 한 | 1 | 3 | 4 | 된소리 |
| | 차주전자 | 2724 | 20.22% | 차 | 주전자 | 고 | 한 | 1 | 3 | 4 | 된소리 |
| 210 | 가겟방 | 1123 | 54.23% | 가게 | 방 | 고 | 한 | 2 | 1 | 3 | 된소리 |
| | 가게방 | 948 | 45.77% | 가게 | 방 | 고 | 한 | 2 | 1 | 3 | 된소리 |
| 211 | 고깃점 | 1470 | 50.58% | 고기 | 점 | 고 | 한 | 2 | 1 | 3 | 된소리 |
| | 고기점 | 1436 | 49.42% | 고기 | 점 | 고 | 한 | 2 | 1 | 3 | 된소리 |
| 212 | 바닷물고기 | 8685 | 41.18% | 바다 | 물고기 | 고 | 고 | 2 | 3 | 5 | ㄴ |
| | 바다물고기 | 12404 | 58.82% | 바다 | 물고기 | 고 | 고 | 2 | 3 | 5 | ㄴ |
| 213 | 핏덩어리 | 22225 | 80.79% | 피 | 덩어리 | 고 | 고 | 1 | 3 | 4 | 된소리 |
| | 피덩어리 | 5286 | 19.21% | 피 | 덩어리 | 고 | 고 | 1 | 3 | 4 | 된소리 |
| 214 | 가겟집 | 2922 | 49.19% | 가게 | 집 | 고 | 고 | 2 | 1 | 3 | 된소리 |
| | 가게집 | 3018 | 50.81% | 가게 | 집 | 고 | 고 | 2 | 1 | 3 | 된소리 |
| 215 | 귓밥 | 11034 | 92.91% | 귀 | 밥 | 고 | 고 | 1 | 1 | 2 | 된소리 |
| | 귀밥 | 842 | 7.09% | 귀 | 밥 | 고 | 고 | 1 | 1 | 2 | 된소리 |
| 216 | 대푯값 | 2264 | 43.63% | 대표 | 값 | 한 | 고 | 2 | 1 | 3 | 된소리 |

| 번호 | 단어 | 계 | | 구성 | | 어종 | | 음절 수 | | | 발음 |
|---|---|---|---|---|---|---|---|---|---|---|---|
| | | 빈도 | 비율 | 선행 | 후행 | 앞 | 뒤 | 앞 | 뒤 | 전체 | |
| | 대표값 | 2925 | 56.37% | 대표 | 값 | 한 | 고 | 2 | 1 | 3 | 된소리 |
| 217 | 두붓국 | 386 | 2.96% | 두부 | 국 | 한 | 고 | 2 | 1 | 3 | 된소리 |
| | 두부국 | 12645 | 97.04% | 두부 | 국 | 한 | 고 | 2 | 1 | 3 | 된소리 |
| 218 | 뒷목 | 347690 | 98.99% | 뒤 | 목 | 고 | 고 | 1 | 1 | 2 | ㄴ |
| | 뒤목 | 3557 | 1.01% | 뒤 | 목 | 고 | 고 | 1 | 1 | 2 | ㄴ |
| 219 | 뒷줄 | 105805 | 97.85% | 뒤 | 줄 | 고 | 고 | 1 | 1 | 2 | 된소리 |
| | 뒤줄 | 2330 | 2.15% | 뒤 | 줄 | 고 | 고 | 1 | 1 | 2 | 된소리 |
| 220 | 막냇삼촌 | 128 | 1.49% | 막내 | 삼촌 | 고 | 한 | 2 | 2 | 4 | 된소리 |
| | 막내삼촌 | 8479 | 98.51% | 막내 | 삼촌 | 고 | 한 | 2 | 2 | 4 | 된소리 |
| 221 | 만둣국 | 64703 | 41.06% | 만두 | 국 | 한 | 고 | 2 | 1 | 3 | 된소리 |
| | 만두국 | 92868 | 58.94% | 만두 | 국 | 한 | 고 | 2 | 1 | 3 | 된소리 |
| 222 | 뱃노래 | 36604 | 99.87% | 배 | 노래 | 고 | 고 | 1 | 2 | 3 | ㄴ |
| | 배노래 | 46 | 0.13% | 배 | 노래 | 고 | 고 | 1 | 2 | 3 | ㄴ |
| 223 | 부좃돈 | 211 | 54.24% | 부조 | 돈 | 한 | 고 | 2 | 1 | 3 | 된소리 |
| | 부조돈 | 178 | 45.76% | 부조 | 돈 | 한 | 고 | 2 | 1 | 3 | 된소리 |
| 224 | 배냇말 | 7 | 70.00% | 배내 | 말 | 고 | 고 | 2 | 1 | 3 | 된소리 |
| | 배내말 | 3 | 30.00% | 배내 | 말 | 고 | 고 | 2 | 1 | 3 | 된소리 |
| 225 | 가운뎃발가락 | 52 | 4.08% | 가운데 | 발가락 | 고 | 고 | 3 | 3 | 6 | 된소리 |
| | 가운데발가락 | 1221 | 95.92% | 가운데 | 발가락 | 고 | 고 | 3 | 3 | 6 | 된소리 |
| 226 | 가운뎃손가락 | 2640 | 18.61% | 가운데 | 손가락 | 고 | 고 | 3 | 3 | 6 | 된소리 |
| | 가운뎃손가락 | 11548 | 81.39% | 가운데 | 손가락 | 고 | 고 | 3 | 3 | 6 | 된소리 |
| 227 | 거랫날 | 17 | 3.03% | 거래 | 날 | 한 | 고 | 2 | 1 | 3 | ㄴ |
| | 거래날 | 544 | 96.97% | 거래 | 날 | 한 | 고 | 2 | 1 | 3 | ㄴ |
| 228 | 고갯짓 | 24304 | 63.51% | 고개 | 짓 | 고 | 고 | 2 | 1 | 3 | 된소리 |
| | 고개짓 | 13963 | 36.49% | 고개 | 짓 | 고 | 고 | 2 | 1 | 3 | 된소리 |
| 229 | 고깃집 | 551630 | 42.13% | 고기 | 집 | 고 | 고 | 2 | 1 | 3 | 된소리 |
| | 고기집 | 757636 | 57.87% | 고기 | 집 | 고 | 고 | 2 | 1 | 3 | 된소리 |
| 230 | 고삿말 | 3 | 17.65% | 고사 | 말 | 한 | 고 | 2 | 1 | 3 | ㄴ |
| | 고사말 | 14 | 82.35% | 고사 | 말 | 한 | 고 | 2 | 1 | 3 | ㄴ |
| 231 | 구굿셈 | 9 | 0.42% | 구구 | 셈 | 한 | 고 | 2 | 1 | 3 | 된소리 |
| | 구구셈 | 2149 | 99.58% | 구구 | 셈 | 한 | 고 | 2 | 1 | 3 | 된소리 |

| 번호 | 단어 | 계 | | 구성 | | 어종 | | 음절 수 | | | 발음 |
|---|---|---|---|---|---|---|---|---|---|---|---|
| | | 빈도 | 비율 | 선행 | 후행 | 앞 | 뒤 | 앞 | 뒤 | 전체 | |
| 232 | 국숫집 | 10591 | 4.34% | 국수 | 집 | 고 | 고 | 2 | 1 | 3 | 된소리 |
| | 국수집 | 233699 | 95.66% | 국수 | 집 | 고 | 고 | 2 | 1 | 3 | 된소리 |
| 233 | 기댓값 | 6432 | 45.11% | 기대 | 값 | 한 | 고 | 2 | 1 | 3 | 된소리 |
| | 기대값 | 7828 | 54.89% | 기대 | 값 | 한 | 고 | 2 | 1 | 3 | 된소리 |
| 234 | 남자줏빛 | 4 | 100.00% | 남자주 | 빛 | 한 | 고 | 3 | 1 | 4 | 된소리 |
| | 남자주빛 | 0 | 0.00% | 남자주 | 빛 | 한 | 고 | 3 | 1 | 4 | 된소리 |
| 235 | 노랫말 | 179100 | 94.10% | 노래 | 말 | 고 | 고 | 2 | 1 | 3 | ㄴ |
| | 노래말 | 11231 | 5.90% | 노래 | 말 | 고 | 고 | 2 | 1 | 3 | ㄴ |
| 236 | 다듬잇방망이 | 159 | 9.27% | 다듬이 | 방망이 | 고 | 고 | 3 | 3 | 6 | 된소리 |
| | 다듬이방망이 | 1556 | 90.73% | 다듬이 | 방망이 | 고 | 고 | 3 | 3 | 6 | 된소리 |
| 237 | 도맷값 | 182 | 9.21% | 도매 | 값 | 한 | 고 | 2 | 1 | 3 | 된소리 |
| | 도매값 | 1794 | 90.79% | 도매 | 값 | 한 | 고 | 2 | 1 | 3 | 된소리 |
| 238 | 뒷모양 | 10947 | 97.32% | 뒤 | 모양 | 고 | 한 | 1 | 2 | 3 | ㄴ |
| | 뒤모양 | 302 | 2.68% | 뒤 | 모양 | 고 | 한 | 1 | 2 | 3 | ㄴ |
| 239 | 백지장 | 51805 | 78.21% | 백지 | 장 | 고 | 고 | 2 | 1 | 3 | 된소리 |
| | 백짓장 | 14433 | 21.79% | 백지 | 장 | 고 | 고 | 2 | 1 | 3 | 된소리 |
| 240 | 맥줏집 | 4571 | 2.10% | 맥주 | 집 | 한 | 고 | 2 | 1 | 3 | 된소리 |
| | 맥주집 | 213347 | 97.90% | 맥주 | 집 | 한 | 고 | 2 | 1 | 3 | 된소리 |
| 241 | 묏자리 | 7699 | 98.91% | 뫼 | 자리 | 고 | 고 | 1 | 2 | 3 | 된소리 |
| | 뫼자리 | 85 | 1.09% | 뫼 | 자리 | 고 | 고 | 1 | 2 | 3 | 된소리 |
| 242 | 못자리 | 4512 | 32.64% | 묘 | 자리 | 한 | 고 | 1 | 2 | 3 | 된소리 |
| | 묘자리 | 9313 | 67.36% | 묘 | 자리 | 한 | 고 | 1 | 2 | 3 | 된소리 |
| 243 | 미꾸라짓국 | 76 | 29.12% | 미꾸라지 | 국 | 고 | 고 | 4 | 1 | 5 | 된소리 |
| | 미꾸라지국 | 185 | 70.88% | 미꾸라지 | 국 | 고 | 고 | 4 | 1 | 5 | 된소리 |
| 244 | 개수 | 1248686 | 44.70% | 개 | 수 | 한 | 한 | 1 | 1 | 2 | 된소리 |
| | 갯수 | 1544655 | 55.30% | 개 | 수 | 한 | 한 | 1 | 1 | 2 | 된소리 |
| 245 | 기차간 | 2300 | 62.50% | 기차 | 간 | 한 | 한 | 2 | 1 | 3 | 된소리 |
| | 기찻간 | 1380 | 37.50% | 기차 | 간 | 한 | 한 | 2 | 1 | 3 | 된소리 |
| 246 | 마구간 | 51011 | 47.60% | 마구 | 간 | 한 | 한 | 2 | 1 | 3 | 된소리 |
| | 마굿간 | 56165 | 52.40% | 마구 | 간 | 한 | 한 | 2 | 1 | 3 | 된소리 |

## <부록 2-1> 국립국어원(2017)의 실태 조사 어휘별 결과(빈도순)

| 단어 | 계 | | 구성 | | 어종 | | 음절 수 | | | 발음 |
|------|------|------|------|------|------|------|------|------|------|------|
| | 빈도 | 비율 | 선행 | 후행 | 앞 | 뒤 | 앞 | 뒤 | 전체 | |
| 햇살 | 5049053 | 99.88% | 해 | 살 | 고 | 고 | 1 | 1 | 2 | 된소리 |
| 오랫동안 | 4034186 | 93.12% | 오래 | 동안 | 고 | 고 | 2 | 2 | 4 | 된소리 |
| 햇빛 | 3952371 | 99.39% | 해 | 빛 | 고 | 고 | 1 | 1 | 2 | 된소리 |
| 뒷면 | 2699318 | 89.90% | 뒤 | 면 | 고 | 한 | 1 | 1 | 2 | ㄴ |
| 머릿속 | 2584240 | 81.99% | 머리 | 속 | 고 | 고 | 2 | 1 | 3 | 된소리 |
| 뒷모습 | 2228565 | 99.69% | 뒤 | 모습 | 고 | 고 | 1 | 2 | 3 | ㄴ |
| 뱃살 | 1582765 | 99.09% | 배 | 살 | 고 | 고 | 1 | 1 | 2 | 된소리 |
| 갯수 | 1544655 | 55.30% | 개 | 수 | 한 | 한 | 1 | 1 | 2 | 된소리 |
| 젓가락 | 1524925 | 99.98% | 저 | 가락 | 고 | 고 | 1 | 2 | 3 | 된소리 |
| 촛불 | 1519199 | 99.43% | 초 | 불 | 고 | 고 | 1 | 1 | 2 | 된소리 |
| 콧물 | 1453337 | 99.52% | 코 | 물 | 고 | 고 | 1 | 1 | 2 | ㄴ |
| 개수 | 1248686 | 44.70% | 개 | 수 | 한 | 한 | 1 | 1 | 2 | 된소리 |
| 나뭇잎 | 1182143 | 93.40% | 나무 | 잎 | 고 | 고 | 2 | 1 | 3 | ㄴㄴ |
| 뒷부분 | 1090430 | 98.90% | 뒤 | 부분 | 고 | 한 | 1 | 2 | 3 | 된소리 |
| 어젯밤 | 1081145 | 57.83% | 어제 | 밤 | 고 | 고 | 2 | 1 | 3 | 된소리 |
| 하룻밤 | 1075119 | 93.65% | 하루 | 밤 | 고 | 고 | 2 | 1 | 3 | 된소리 |
| 횟집 | 1069618 | 94.45% | 회 | 집 | 한 | 고 | 1 | 1 | 2 | 된소리 |
| 뒷받침 | 1040240 | 99.30% | 뒤 | 받침 | 고 | 고 | 1 | 2 | 3 | 된소리 |
| 칫솔 | 930457 | 93.98% | 치 | 솔 | 한 | 고 | 1 | 1 | 2 | 된소리 |
| 어제밤 | 788539 | 42.17% | 어제 | 밤 | 고 | 고 | 2 | 1 | 3 | 된소리 |
| 고기집 | 757636 | 57.87% | 고기 | 집 | 고 | 고 | 2 | 1 | 3 | 된소리 |
| 훗날 | 757380 | 99.87% | 후 | 날 | 한 | 고 | 1 | 1 | 2 | ㄴ |
| 바닷물 | 752797 | 98.51% | 바다 | 물 | 고 | 고 | 2 | 1 | 3 | ㄴ |
| 아랫배 | 701211 | 99.53% | 아내 | 배 | 고 | 고 | 2 | 1 | 3 | 된소리 |
| 뒤쪽 | 645146 | 66.29% | 뒤 | 쪽 | 고 | 고 | 1 | 1 | 2 | 된소리 |
| 연둣색 | 594196 | 99.99% | 연두 | 색 | 한 | 한 | 2 | 1 | 3 | 된소리 |
| 나뭇가지 | 575137 | 77.44% | 나무 | 가지 | 고 | 고 | 2 | 2 | 4 | 된소리 |
| 머리속 | 567796 | 18.01% | 머리 | 속 | 고 | 고 | 2 | 1 | 3 | 된소리 |
| 고깃집 | 551630 | 42.13% | 고기 | 집 | 고 | 고 | 2 | 1 | 3 | 된소리 |

| 단어 | 계 | | 구성 | | 어종 | | 음절 수 | | | 발음 |
|---|---|---|---|---|---|---|---|---|---|---|
| | 빈도 | 비율 | 선행 | 후행 | 앞 | 뒤 | 앞 | 뒤 | 전체 | |
| 혼잣말 | 516345 | 94.67% | 혼자 | 말 | 고 | 고 | 2 | 1 | 3 | ㄴ |
| 찻잔 | 486265 | 98.49% | 차 | 잔 | 고 | 한 | 1 | 1 | 2 | 된소리 |
| 뒷산 | 468747 | 97.85% | 뒤 | 산 | 고 | 한 | 1 | 1 | 2 | 된소리 |
| 존댓말 | 452030 | 92.80% | 존대 | 말 | 한 | 고 | 2 | 1 | 3 | ㄴ |
| 이삿짐 | 423354 | 75.62% | 이사 | 짐 | 한 | 고 | 2 | 1 | 3 | 된소리 |
| 뒷문 | 381163 | 98.92% | 뒤 | 문 | 고 | 한 | 1 | 1 | 2 | ㄴ |
| 방앗간 | 374613 | 96.04% | 방아 | 간 | 고 | 한 | 2 | 1 | 3 | 된소리 |
| 수돗물 | 371714 | 91.51% | 수도 | 물 | 한 | 고 | 2 | 1 | 3 | ㄴ |
| 뒷골목 | 366977 | 99.68% | 뒤 | 골목 | 고 | 고 | 1 | 2 | 3 | 된소리 |
| 콧구멍 | 360254 | 95.06% | 코 | 구멍 | 고 | 고 | 1 | 2 | 3 | 된소리 |
| 뒷목 | 347690 | 98.99% | 뒤 | 목 | 고 | 고 | 1 | 1 | 2 | ㄴ |
| 바닷속 | 345522 | 72.16% | 바다 | 속 | 고 | 고 | 2 | 1 | 3 | 된소리 |
| 아랫부분 | 341033 | 61.92% | 아래 | 부분 | 고 | 한 | 2 | 2 | 4 | 된소리 |
| 뒷머리 | 334615 | 99.65% | 뒤 | 머리 | 고 | 고 | 1 | 2 | 3 | ㄴ |
| 뒷쪽 | 328106 | 33.71% | 뒤 | 쪽 | 고 | 고 | 1 | 1 | 2 | 된소리 |
| 팻말 | 310912 | 99.78% | 패 | 말 | 한 | 고 | 1 | 1 | 2 | ㄴ |
| 뒷다리 | 304637 | 99.92% | 뒤 | 다리 | 고 | 고 | 1 | 2 | 3 | 된소리 |
| 뒤면 | 303348 | 10.10% | 뒤 | 면 | 고 | 한 | 1 | 1 | 2 | ㄴ |
| 오래동안 | 298197 | 6.88% | 오래 | 동안 | 고 | 고 | 2 | 2 | 4 | 된소리 |
| 자주색 | 297814 | 99.90% | 자주 | 색 | 한 | 한 | 2 | 1 | 3 | 된소리 |
| 핏물 | 293370 | 98.43% | 피 | 물 | 고 | 고 | 1 | 1 | 2 | ㄴ |
| 부잣집 | 266713 | 83.81% | 부자 | 집 | 한 | 고 | 2 | 1 | 3 | 된소리 |
| 빗줄기 | 261901 | 98.81% | 비 | 줄기 | 고 | 고 | 1 | 2 | 3 | 된소리 |
| 뒷바퀴 | 258540 | 96.96% | 뒤 | 바퀴 | 고 | 고 | 1 | 2 | 3 | 된소리 |
| 잿빛 | 251847 | 97.08% | 재 | 빛 | 고 | 고 | 1 | 1 | 2 | 된소리 |
| 국수집 | 233699 | 95.66% | 국수 | 집 | 고 | 고 | 2 | 1 | 3 | 된소리 |
| 무국 | 233356 | 95.86% | 무 | 국 | 고 | 고 | 1 | 1 | 2 | 된소리 |
| 뒷정리 | 222009 | 99.41% | 뒤 | 정리 | 고 | 한 | 1 | 2 | 3 | 된소리 |
| 맥주집 | 213347 | 97.90% | 맥주 | 집 | 한 | 고 | 2 | 1 | 3 | 된소리 |
| 아래부분 | 209753 | 38.08% | 아래 | 부분 | 고 | 한 | 2 | 2 | 4 | 된소리 |
| 날개짓 | 203683 | 67.04% | 날개 | 짓 | 고 | 고 | 2 | 1 | 3 | 된소리 |

| 단어 | 계 | | 구성 | | 어종 | | 음절 수 | | | 발음 |
|------|------|------|------|------|------|------|------|------|------|------|
| | 빈도 | 비율 | 선행 | 후행 | 앞 | 뒤 | 앞 | 뒤 | 전체 | |
| 시냇물 | 202044 | 99.49% | 시내 | 물 | 고 | 고 | 2 | 1 | 3 | ㄴ |
| 윗사람 | 198502 | 99.21% | 위 | 사람 | 고 | 고 | 1 | 2 | 3 | 된소리 |
| 세뱃돈 | 196933 | 93.56% | 세배 | 돈 | 한 | 고 | 2 | 1 | 3 | 된소리 |
| 가짓수 | 195725 | 71.84% | 가지 | 수 | 고 | 한 | 2 | 1 | 3 | 된소리 |
| 뒷맛 | 195480 | 99.95% | 뒤 | 맛 | 고 | 고 | 1 | 1 | 2 | ㄴ |
| 노랫말 | 179100 | 94.10% | 노래 | 말 | 고 | 고 | 2 | 1 | 3 | ㄴ |
| 뒷장 | 171985 | 98.08% | 뒤 | 장 | 고 | 한 | 1 | 1 | 2 | 된소리 |
| 후춧가루 | 169328 | 60.95% | 후추 | 가루 | 고 | 고 | 2 | 2 | 4 | 된소리 |
| 나무가지 | 167532 | 22.56% | 나무 | 가지 | 고 | 고 | 2 | 2 | 4 | 된소리 |
| 횟감 | 164853 | 95.20% | 회 | 감 | 한 | 고 | 1 | 1 | 2 | 된소리 |
| 뒷사람 | 163041 | 99.52% | 뒤 | 사람 | 고 | 고 | 1 | 2 | 3 | 된소리 |
| 뒷이야기 | 161737 | 99.83% | 뒤 | 이야기 | 고 | 고 | 1 | 3 | 4 | ㄴㄴ |
| 뒷바라지 | 160561 | 99.43% | 뒤 | 바라지 | 고 | 고 | 1 | 3 | 4 | 된소리 |
| 외갓집 | 158696 | 85.76% | 외가 | 집 | 한 | 고 | 2 | 1 | 3 | 된소리 |
| 윗집 | 139625 | 98.97% | 위 | 집 | 고 | 고 | 1 | 1 | 2 | 된소리 |
| 이사짐 | 136489 | 24.38% | 이사 | 짐 | 한 | 고 | 2 | 1 | 3 | 된소리 |
| 바다속 | 133291 | 27.84% | 바다 | 속 | 고 | 고 | 2 | 1 | 3 | 된소리 |
| 페트병 | 130168 | 100.00% | 페트 | 병 | 외 | 한 | 2 | 1 | 3 | 된소리 |
| 장맛비 | 128187 | 57.06% | 장마 | 비 | 고 | 고 | 2 | 1 | 3 | 된소리 |
| 꼭지점 | 116700 | 80.09% | 꼭지 | 점 | 고 | 한 | 2 | 1 | 3 | 된소리 |
| 골칫거리 | 112810 | 93.89% | 골치 | 거리 | 고 | 고 | 2 | 2 | 4 | 된소리 |
| 맥주병 | 112190 | 99.94% | 맥주 | 병 | 한 | 한 | 2 | 1 | 3 | 된소리 |
| 후추가루 | 108468 | 39.05% | 후추 | 가루 | 고 | 고 | 2 | 2 | 4 | 된소리 |
| 뒷심 | 108306 | 99.10% | 뒤 | 심 | 고 | 고 | 1 | 1 | 2 | 된소리 |
| 뗏목 | 108090 | 99.76% | 떼 | 목 | 고 | 한 | 1 | 1 | 2 | ㄴ |
| 뒷줄 | 105805 | 97.85% | 뒤 | 줄 | 고 | 고 | 1 | 1 | 2 | 된소리 |
| 아랫입술 | 103172 | 91.97% | 아래 | 입술 | 고 | 고 | 2 | 2 | 4 | ㄴㄴ |
| 전셋값 | 101057 | 63.23% | 전세 | 값 | 한 | 고 | 2 | 1 | 3 | 된소리 |
| 날갯짓 | 100134 | 32.96% | 날개 | 짓 | 고 | 고 | 2 | 1 | 3 | 된소리 |
| 뒷굽 | 99858 | 99.06% | 뒤 | 굽 | 고 | 고 | 1 | 1 | 2 | 된소리 |
| 콧속 | 97118 | 79.43% | 코 | 속 | 고 | 고 | 1 | 1 | 2 | 된소리 |

| 단어 | 계 | | 구성 | | 어종 | | 음절 수 | | | 발음 |
|---|---|---|---|---|---|---|---|---|---|---|
| | 빈도 | 비율 | 선행 | 후행 | 앞 | 뒤 | 앞 | 뒤 | 전체 | |
| 장마비 | 96474 | 42.94% | 장마 | 비 | 고 | 고 | 2 | 1 | 3 | 된소리 |
| 시계줄 | 94820 | 95.03% | 시계 | 줄 | 한 | 고 | 2 | 1 | 3 | 된소리 |
| 만두국 | 92868 | 58.94% | 만두 | 국 | 한 | 고 | 2 | 1 | 3 | 된소리 |
| 전세집 | 90218 | 63.50% | 전세 | 집 | 한 | 고 | 2 | 1 | 3 | 된소리 |
| 뒷주머니 | 89945 | 99.40% | 뒤 | 주머니 | 고 | 고 | 1 | 3 | 4 | 된소리 |
| 아랫목 | 84679 | 98.05% | 아래 | 목 | 고 | 고 | 2 | 1 | 3 | ㄴ |
| 아랫면 | 84545 | 87.88% | 아래 | 면 | 고 | 한 | 2 | 1 | 3 | ㄴ |
| 나무잎 | 83539 | 6.60% | 나무 | 잎 | 고 | 고 | 2 | 1 | 3 | ㄴㄴ |
| 뒷일 | 83022 | 93.32% | 뒤 | 일 | 고 | 고 | 1 | 1 | 2 | ㄴㄴ |
| 막내동생 | 82831 | 95.03% | 막내 | 동생 | 고 | 고 | 2 | 2 | 4 | 된소리 |
| 죗값 | 82356 | 60.27% | 죄 | 값 | 한 | 고 | 1 | 1 | 2 | 된소리 |
| 자줏빛 | 82178 | 52.32% | 자주 | 빛 | 한 | 고 | 2 | 1 | 3 | 된소리 |
| 연두빛 | 81669 | 57.77% | 연두 | 빛 | 한 | 고 | 2 | 1 | 3 | 된소리 |
| 아랫사람 | 81564 | 73.07% | 아래 | 사람 | 고 | 고 | 2 | 2 | 4 | 된소리 |
| 윗입술 | 81129 | 99.81% | 위 | 입술 | 고 | 고 | 1 | 2 | 3 | ㄴㄴ |
| 귀가길 | 78984 | 71.34% | 귀가 | 길 | 한 | 고 | 2 | 1 | 3 | 된소리 |
| 소싯적 | 78227 | 69.78% | 소시 | 적 | 한 | 고 | 2 | 1 | 3 | 된소리 |
| 우유빛 | 77811 | 58.06% | 우유 | 빛 | 한 | 고 | 2 | 1 | 3 | 된소리 |
| 가지수 | 76703 | 28.16% | 가지 | 수 | 고 | 한 | 2 | 1 | 3 | 된소리 |
| 뒷날 | 75680 | 99.55% | 뒤 | 날 | 고 | 고 | 1 | 1 | 2 | ㄴ |
| 아랫도리 | 75399 | 99.35% | 아래 | 도리 | 고 | 고 | 2 | 2 | 4 | 된소리 |
| 자주빛 | 74882 | 47.68% | 자주 | 빛 | 한 | 고 | 2 | 1 | 3 | 된소리 |
| 윗도리 | 73992 | 99.45% | 위 | 도리 | 고 | 고 | 1 | 2 | 3 | 된소리 |
| 사잇길 | 73716 | 78.22% | 사이 | 길 | 고 | 고 | 2 | 1 | 3 | 된소리 |
| 하루밤 | 72929 | 6.35% | 하루 | 밤 | 고 | 고 | 2 | 1 | 3 | 된소리 |
| 계피가루 | 70895 | 89.46% | 계피 | 가루 | 한 | 고 | 2 | 2 | 4 | 된소리 |
| 북어국 | 70717 | 82.26% | 북어 | 국 | 한 | 고 | 2 | 1 | 3 | 된소리 |
| 뒷조사 | 68607 | 99.74% | 뒤 | 조사 | 고 | 한 | 1 | 2 | 3 | 된소리 |
| 뒷거래 | 67864 | 99.91% | 뒤 | 거래 | 고 | 한 | 1 | 2 | 3 | 된소리 |
| 뒷감당 | 66888 | 99.68% | 뒤 | 감당 | 고 | 한 | 1 | 2 | 3 | 된소리 |
| 툇마루 | 65652 | 99.15% | 퇴 | 마루 | 한 | 고 | 1 | 2 | 3 | ㄴ |

| 단어 | 계 | | 구성 | | 어종 | | 음절 수 | | | 발음 |
|---|---|---|---|---|---|---|---|---|---|---|
| | 빈도 | 비율 | 선행 | 후행 | 앞 | 뒤 | 앞 | 뒤 | 전체 | |
| 만둣국 | 64703 | 41.06% | 만두 | 국 | 한 | 고 | 2 | 1 | 3 | 된소리 |
| 뒷걸음 | 63593 | 99.03% | 뒤 | 걸음 | 고 | 고 | 1 | 2 | 3 | 된소리 |
| 소주병 | 63566 | 97.91% | 소주 | 병 | 한 | 한 | 2 | 1 | 3 | 된소리 |
| 회집 | 62804 | 5.55% | 회 | 집 | 한 | 고 | 1 | 1 | 2 | 된소리 |
| 뱃머리 | 62638 | 99.15% | 배 | 머리 | 고 | 고 | 1 | 2 | 3 | ㄴ |
| 배멀미 | 62030 | 84.58% | 배 | 멀미 | 고 | 고 | 1 | 2 | 3 | ㄴ |
| 하굣길 | 60127 | 57.41% | 하교 | 길 | 한 | 고 | 2 | 1 | 3 | 된소리 |
| 비눗물 | 60089 | 95.71% | 비누 | 물 | 고 | 고 | 2 | 1 | 3 | ㄴ |
| 연둣빛 | 59709 | 42.23% | 연두 | 빛 | 한 | 고 | 2 | 1 | 3 | 된소리 |
| 치솔 | 59638 | 6.02% | 치 | 솔 | 한 | 고 | 1 | 1 | 2 | 된소리 |
| 전세값 | 58773 | 36.77% | 전세 | 값 | 한 | 고 | 2 | 1 | 3 | 된소리 |
| 주사바늘 | 58304 | 87.09% | 주사 | 바늘 | 한 | 고 | 2 | 2 | 4 | 된소리 |
| 머릿수 | 58176 | 87.43% | 머리 | 수 | 고 | 한 | 2 | 1 | 3 | 된소리 |
| 낚시배 | 57292 | 80.73% | 날개 | 죽지 | 고 | 고 | 2 | 2 | 4 | 된소리 |
| 이야깃거리 | 56650 | 52.79% | 이야기 | 거리 | 고 | 고 | 3 | 2 | 5 | 된소리 |
| 우윳빛 | 56196 | 41.94% | 우유 | 빛 | 한 | 고 | 2 | 1 | 3 | 된소리 |
| 마굿간 | 56165 | 52.40% | 마구 | 간 | 한 | 한 | 2 | 1 | 3 | 된소리 |
| 뒷얘기 | 55478 | 99.84% | 뒤 | 얘기 | 고 | 고 | 1 | 2 | 3 | ㄴㄴ |
| 조갯살 | 54831 | 79.51% | 조개 | 살 | 고 | 고 | 2 | 1 | 3 | 된소리 |
| 죗값 | 54285 | 39.73% | 죄 | 값 | 한 | 고 | 1 | 1 | 2 | 된소리 |
| 시계바늘 | 54116 | 75.57% | 시계 | 바늘 | 한 | 고 | 2 | 2 | 4 | 된소리 |
| 전셋집 | 51859 | 36.50% | 전세 | 집 | 한 | 고 | 2 | 1 | 3 | 된소리 |
| 백지장 | 51805 | 78.21% | 백지 | 장 | 고 | 고 | 2 | 1 | 3 | 된소리 |
| 종잇장 | 51716 | 80.10% | 종이 | 장 | 고 | 한 | 2 | 1 | 3 | 된소리 |
| 최대값 | 51529 | 81.94% | 최대 | 값 | 한 | 고 | 2 | 1 | 3 | 된소리 |
| 부자집 | 51508 | 16.19% | 부자 | 집 | 한 | 고 | 2 | 1 | 3 | 된소리 |
| 제삿날 | 51467 | 91.56% | 제사 | 날 | 한 | 고 | 2 | 1 | 3 | ㄴ |
| 마구간 | 51011 | 47.60% | 마구 | 간 | 한 | 한 | 2 | 1 | 3 | 된소리 |
| 마루바닥 | 50766 | 51.19% | 마루 | 바닥 | 고 | 고 | 2 | 2 | 4 | 된소리 |
| 이야기거리 | 50663 | 47.21% | 이야기 | 거리 | 고 | 고 | 3 | 2 | 5 | 된소리 |
| 전깃줄 | 50172 | 61.17% | 전기 | 줄 | 한 | 고 | 2 | 1 | 3 | 된소리 |

| 단어 | 계 | | 구성 | | 어종 | | 음절 수 | | | 발음 |
|---|---|---|---|---|---|---|---|---|---|---|
| | 빈도 | 비율 | 선행 | 후행 | 앞 | 뒤 | 앞 | 뒤 | 전체 | |
| 기왓장 | 48412 | 82.89% | 기와 | 장 | 고 | 한 | 2 | 1 | 3 | 된소리 |
| 마룻바닥 | 48408 | 48.81% | 마루 | 바닥 | 고 | 고 | 2 | 2 | 4 | 된소리 |
| 뒷수습 | 46962 | 99.34% | 뒤 | 수습 | 고 | 한 | 1 | 2 | 3 | 된소리 |
| 담뱃갑 | 45306 | 55.98% | 담배 | 갑 | 고 | 한 | 2 | 1 | 3 | 된소리 |
| 하굣길 | 44614 | 42.59% | 하교 | 길 | 한 | 고 | 2 | 1 | 3 | 된소리 |
| 촛농 | 43985 | 99.19% | 초 | 농 | 고 | 한 | 1 | 1 | 2 | ㄴ |
| 쇳덩이 | 42673 | 94.20% | 쇠 | 덩이 | 고 | 고 | 1 | 2 | 3 | 된소리 |
| 담뱃불 | 41398 | 73.63% | 담배 | 불 | 고 | 고 | 2 | 1 | 3 | 된소리 |
| 뒷방 | 41071 | 98.31% | 뒤 | 방 | 고 | 한 | 1 | 1 | 2 | 된소리 |
| 허드렛일 | 40663 | 98.30% | 허드레 | 일02 | 고 | 고 | 3 | 1 | 4 | ㄴㄴ |
| 낚시바늘 | 40407 | 86.97% | 낚시 | 바늘 | 고 | 고 | 2 | 2 | 4 | 된소리 |
| 뒷간 | 39115 | 98.01% | 뒤 | 간 | 고 | 한 | 1 | 1 | 2 | 된소리 |
| 시쳇말 | 37858 | 96.74% | 시체 | 말 | 한 | 고 | 2 | 1 | 3 | ㄴ |
| 뱃노래 | 36604 | 99.87% | 배 | 노래 | 고 | 고 | 1 | 2 | 3 | ㄴ |
| 최소값 | 36350 | 79.80% | 최소 | 값 | 한 | 고 | 2 | 1 | 3 | 된소리 |
| 번지수 | 35880 | 98.27% | 번지 | 수 | 한 | 한 | 2 | 1 | 3 | 된소리 |
| 담배갑 | 35621 | 44.02% | 담배 | 갑 | 고 | 한 | 2 | 1 | 3 | 된소리 |
| 동짓날 | 35496 | 80.96% | 동지 | 날 | 한 | 고 | 2 | 1 | 3 | ㄴ |
| 존대말 | 35070 | 7.20% | 존대 | 말 | 한 | 고 | 2 | 1 | 3 | ㄴ |
| 뒷마무리 | 34924 | 99.60% | 뒤 | 마무리 | 고 | 고 | 1 | 3 | 4 | ㄴ |
| 수도물 | 34474 | 8.49% | 수도 | 물 | 한 | 고 | 2 | 1 | 3 | ㄴ |
| 소시적 | 33877 | 30.22% | 소시 | 적 | 한 | 고 | 2 | 1 | 3 | 된소리 |
| 체기 | 33382 | 92.63% | 체 | 기 | 한 | 한 | 1 | 1 | 2 | 된소리 |
| 아랫마을 | 32674 | 58.51% | 아래 | 마을 | 고 | 고 | 2 | 2 | 4 | ㄴ |
| 전기줄 | 31844 | 38.83% | 전기 | 줄 | 한 | 고 | 2 | 1 | 3 | 된소리 |
| 귀갓길 | 31736 | 28.66% | 귀가 | 길 | 한 | 고 | 2 | 1 | 3 | 된소리 |
| 골칫덩어리 | 31708 | 70.04% | 골치 | 덩어리 | 고 | 고 | 2 | 3 | 5 | 된소리 |
| 고깃덩어리 | 31683 | 68.23% | 고기 | 덩어리 | 고 | 고 | 2 | 3 | 5 | 된소리 |
| 외가댁 | 31577 | 55.52% | 외가 | 댁 | 한 | 한 | 2 | 1 | 3 | 된소리 |
| 아래사람 | 30053 | 26.93% | 아래 | 사람 | 고 | 고 | 2 | 2 | 4 | 된소리 |
| 자릿세 | 29805 | 52.29% | 자리 | 세 | 고 | 한 | 2 | 1 | 3 | 된소리 |

| 단어 | 계 | | 구성 | | 어종 | | 음절 수 | | | 발음 |
|---|---|---|---|---|---|---|---|---|---|---|
| | 빈도 | 비율 | 선행 | 후행 | 앞 | 뒤 | 앞 | 뒤 | 전체 | |
| 우스개소리 | 29655 | 61.97% | 우스개 | 소리 | 고 | 고 | 3 | 2 | 5 | 된소리 |
| 혼자말 | 29069 | 5.33% | 혼자 | 말 | 고 | 고 | 2 | 1 | 3 | ㄴ |
| 꼭짓점 | 29015 | 19.91% | 꼭지 | 점 | 고 | 한 | 2 | 1 | 3 | 된소리 |
| 아랫동네 | 28565 | 73.72% | 아래 | 동네 | 고 | 한고 | 2 | 2 | 4 | 된소리 |
| 구두방 | 27495 | 71.79% | 구두 | 방 | 고 | 한 | 2 | 1 | 3 | 된소리 |
| 잔치집 | 27204 | 54.86% | 잔치 | 집 | 고 | 고 | 2 | 1 | 3 | 된소리 |
| 자리세 | 27198 | 47.71% | 자리 | 세 | 고 | 한 | 2 | 1 | 3 | 된소리 |
| 외가집 | 26358 | 14.24% | 외가 | 집 | 한 | 고 | 2 | 1 | 3 | 된소리 |
| 잔칫상 | 25566 | 57.72% | 잔치 | 상 | 고 | 한 | 2 | 1 | 3 | 된소리 |
| 외갓댁 | 25293 | 44.48% | 외가 | 댁 | 한 | 한 | 2 | 1 | 3 | 된소리 |
| 코속 | 25146 | 20.57% | 코 | 속 | 고 | 고 | 1 | 1 | 2 | 된소리 |
| 베갯잇 | 25040 | 97.83% | 베개 | 잇 | 고 | 고 | 2 | 1 | 3 | ㄴㄴ |
| 빨래비누 | 24949 | 87.47% | 빨래 | 비누 | 고 | 고 | 2 | 2 | 4 | 된소리 |
| 나이값 | 24490 | 51.25% | 나이 | 값 | 고 | 고 | 2 | 1 | 3 | 된소리 |
| 이맛살 | 24449 | 98.98% | 이마 | 살 | 고 | 고 | 2 | 1 | 3 | 된소리 |
| 고갯짓 | 24304 | 63.51% | 고개 | 짓 | 고 | 고 | 2 | 1 | 3 | 된소리 |
| 해빛 | 24195 | 0.61% | 해 | 빛 | 고 | 고 | 1 | 1 | 2 | 된소리 |
| 나잇값 | 23299 | 48.75% | 나이 | 값 | 고 | 고 | 2 | 1 | 3 | 된소리 |
| 아래마을 | 23167 | 41.49% | 아래 | 마을 | 고 | 고 | 2 | 2 | 4 | ㄴ |
| 잔칫집 | 22383 | 45.14% | 잔치 | 집 | 고 | 고 | 2 | 1 | 3 | 된소리 |
| 핏덩어리 | 22225 | 80.79% | 피 | 덩어리 | 고 | 고 | 1 | 3 | 4 | 된소리 |
| 고춧잎 | 21685 | 76.47% | 고추 | 잎 | 고 | 고 | 2 | 1 | 3 | ㄴㄴ |
| 아랫길 | 20913 | 84.05% | 아래 | 길 | 고 | 고 | 2 | 1 | 3 | 된소리 |
| 귓병 | 20707 | 94.93% | 귀 | 병 | 고 | 한 | 1 | 1 | 2 | 된소리 |
| 전세방 | 20672 | 95.37% | 전세 | 방 | 한 | 한 | 2 | 1 | 3 | 된소리 |
| 사이길 | 20528 | 21.78% | 사이 | 길 | 고 | 고 | 2 | 1 | 3 | 된소리 |
| 잔치상 | 18728 | 42.28% | 잔치 | 상 | 고 | 한 | 2 | 1 | 3 | 된소리 |
| 판잣집 | 18709 | 72.96% | 판자 | 집 | 한 | 고 | 2 | 1 | 3 | 된소리 |
| 코구멍 | 18705 | 4.94% | 코 | 구멍 | 고 | 고 | 1 | 2 | 3 | 된소리 |
| 우스갯소리 | 18200 | 38.03% | 우스개 | 소리 | 고 | 고 | 3 | 2 | 5 | 된소리 |
| 초기값 | 18136 | 97.94% | 초기 | 값 | 한 | 고 | 2 | 1 | 3 | 된소리 |

| 단어 | 계 | | 구성 | | 어종 | | 음절 수 | | | 발음 |
|---|---|---|---|---|---|---|---|---|---|---|
| | 빈도 | 비율 | 선행 | 후행 | 앞 | 뒤 | 앞 | 뒤 | 전체 | |
| 황톳길 | 18079 | 53.98% | 황토 | 길 | 한 | 고 | 2 | 1 | 3 | 된소리 |
| 옥수수가루 | 17829 | 99.43% | 옥수수 | 가루 | 고 | 고 | 3 | 3 | 5 | 된소리 |
| 시곗바늘 | 17499 | 24.43% | 시계 | 바늘 | 한 | 고 | 2 | 2 | 4 | 된소리 |
| 낙숫물 | 16264 | 88.60% | 낙수 | 물 | 한 | 고 | 2 | 1 | 3 | ㄴ |
| 방아간 | 15465 | 3.96% | 방아 | 간 | 고 | 한 | 2 | 1 | 3 | 된소리 |
| 황토길 | 15413 | 46.02% | 황토 | 길 | 한 | 고 | 2 | 1 | 3 | 된소리 |
| 북엇국 | 15253 | 17.74% | 북어 | 국 | 한 | 고 | 2 | 1 | 3 | 된소리 |
| 뒷벽 | 15157 | 98.52% | 뒤 | 벽 | 고 | 한 | 1 | 1 | 2 | 된소리 |
| 담배불 | 14824 | 26.37% | 담배 | 불 | 고 | 고 | 2 | 1 | 3 | 된소리 |
| 고기덩어리 | 14752 | 31.77% | 고기 | 덩어리 | 고 | 고 | 2 | 3 | 5 | 된소리 |
| 나그네길 | 14659 | 95.48% | 나그네 | 길 | 고 | 고 | 3 | 1 | 4 | 된소리 |
| 배살 | 14519 | 0.91% | 배 | 살 | 고 | 고 | 1 | 1 | 2 | 된소리 |
| 백짓장 | 14433 | 21.79% | 백지 | 장 | 고 | 고 | 2 | 1 | 3 | 된소리 |
| 조개살 | 14131 | 20.49% | 조개 | 살 | 고 | 고 | 2 | 1 | 3 | 된소리 |
| 고개짓 | 13963 | 36.49% | 고개 | 짓 | 고 | 고 | 2 | 1 | 3 | 된소리 |
| 낚싯배 | 13674 | 19.27% | 날개 | 죽지 | 고 | 고 | 2 | 2 | 4 | 된소리 |
| 골치덩어리 | 13566 | 29.96% | 골치 | 덩어리 | 고 | 고 | 2 | 3 | 5 | 된소리 |
| 세배돈 | 13560 | 6.44% | 세배 | 돈 | 한 | 고 | 2 | 1 | 3 | 된소리 |
| 귀엣말 | 13257 | 99.95% | 귀에 | 말 | 고 | 고 | 2 | 1 | 3 | ㄴ |
| 종이장 | 12846 | 19.90% | 종이 | 장 | 고 | 한 | 2 | 1 | 3 | 된소리 |
| 두붓국 | 12645 | 97.04% | 두부 | 국 | 한 | 고 | 2 | 1 | 3 | 된소리 |
| 윗마을 | 12500 | 99.36% | 위 | 마을 | 고 | 고 | 1 | 2 | 3 | ㄴ |
| 바다물고기 | 12404 | 58.82% | 바다 | 물고기 | 고 | 고 | 2 | 3 | 5 | ㄴ |
| 뒤부분 | 12170 | 1.10% | 뒤 | 부분 | 고 | 한 | 1 | 2 | 3 | 된소리 |
| 바위덩어리 | 11918 | 62.93% | 바위 | 덩어리 | 고 | 고 | 2 | 3 | 5 | 된소리 |
| 허리살 | 11834 | 55.76% | 허리 | 살 | 고 | 고 | 2 | 1 | 3 | 된소리 |
| 아래면 | 11656 | 12.12% | 아래 | 면 | 고 | 한 | 2 | 1 | 3 | ㄴ |
| 가운뎃손가락 | 11548 | 81.39% | 가운데 | 손가락 | 고 | 고 | 3 | 3 | 6 | 된소리 |
| 바다물 | 11404 | 1.49% | 바다 | 물 | 고 | 고 | 2 | 1 | 3 | ㄴ |
| 최댓값 | 11360 | 18.06% | 최대 | 값 | 한 | 고 | 2 | 1 | 3 | 된소리 |
| 뱃멀미 | 11313 | 15.42% | 배 | 멀미 | 고 | 고 | 1 | 2 | 3 | ㄴ |

| 단어 | 계 | | 구성 | | 어종 | | 음절 수 | | | 발음 |
|---|---|---|---|---|---|---|---|---|---|---|
| | 빈도 | 비율 | 선행 | 후행 | 앞 | 뒤 | 앞 | 뒤 | 전체 | |
| 노래말 | 11231 | 5.90% | 노래 | 말 | 고 | 고 | 2 | 1 | 3 | ㄴ |
| 생맥주집 | 11086 | 96.73% | 생맥주 | 집 | 한 | 고 | 3 | 1 | 4 | 된소리 |
| 귓밥 | 11034 | 92.91% | 귀 | 밥 | 고 | 고 | 1 | 1 | 2 | 된소리 |
| 뒷모양 | 10947 | 97.32% | 뒤 | 모양 | 고 | 한 | 1 | 2 | 3 | ㄴ |
| 복숭아빛 | 10839 | 87.33% | 복숭아 | 빛 | 고 | 고 | 3 | 1 | 4 | 된소리 |
| 구둣방 | 10802 | 28.21% | 구두 | 방 | 고 | 한 | 2 | 1 | 3 | 된소리 |
| 찻주전자 | 10750 | 79.78% | 차 | 주전자 | 고 | 한 | 1 | 3 | 4 | 된소리 |
| 국숫집 | 10591 | 4.34% | 국수 | 집 | 고 | 고 | 2 | 1 | 3 | 된소리 |
| 근삿값 | 10534 | 69.80% | 근사 | 값 | 한 | 고 | 2 | 1 | 3 | 된소리 |
| 곗날 | 10484 | 97.21% | 계 | 날 | 한 | 고 | 1 | 1 | 2 | ㄴ |
| 뒷산 | 10279 | 2.15% | 뒤 | 산 | 고 | 한 | 1 | 1 | 2 | 된소리 |
| 하룻강아지 | 10273 | 90.69% | 하루 | 강아지 | 고 | 고 | 2 | 3 | 5 | 된소리 |
| 아랫동네 | 10182 | 26.28% | 아래 | 동네 | 고 | 한고 | 2 | 2 | 4 | 된소리 |
| 뭇국 | 10078 | 4.14% | 무 | 국 | 고 | 고 | 1 | 1 | 2 | 된소리 |
| 옥수숫대 | 10070 | 80.96% | 옥수수 | 대 | 고 | 고 | 3 | 1 | 4 | 된소리 |
| 기왓장 | 9990 | 17.11% | 기와 | 장 | 고 | 한 | 2 | 1 | 3 | 된소리 |
| 허릿살 | 9390 | 44.24% | 허리 | 살 | 고 | 고 | 2 | 1 | 3 | 된소리 |
| 문젯거리 | 9384 | 60.52% | 문제 | 거리 | 한 | 고 | 2 | 2 | 4 | 된소리 |
| 묘자리 | 9313 | 67.36% | 묘 | 자리 | 한 | 고 | 1 | 2 | 3 | 된소리 |
| 윗돌 | 9267 | 95.77% | 위 | 돌 | 고 | 고 | 1 | 1 | 2 | 된소리 |
| 최솟값 | 9203 | 20.20% | 최소 | 값 | 한 | 고 | 2 | 1 | 3 | 된소리 |
| 아랫입술 | 9005 | 8.03% | 아래 | 입술 | 고 | 고 | 2 | 2 | 4 | ㄴㄴ |
| 촛불 | 8784 | 0.57% | 초 | 불 | 고 | 고 | 1 | 1 | 2 | 된소리 |
| 단옷날 | 8704 | 64.56% | 단오 | 날 | 한 | 고 | 2 | 1 | 3 | ㄴ |
| 바닷물고기 | 8685 | 41.18% | 바다 | 물고기 | 고 | 고 | 2 | 3 | 5 | ㄴ |
| 주삿바늘 | 8641 | 12.91% | 주사 | 바늘 | 한 | 고 | 2 | 2 | 4 | 된소리 |
| 막냇삼촌 | 8479 | 98.51% | 막내 | 삼촌 | 고 | 한 | 2 | 2 | 4 | 된소리 |
| 머릿수 | 8367 | 12.57% | 머리 | 수 | 고 | 한 | 2 | 1 | 3 | 된소리 |
| 계핏가루 | 8354 | 10.54% | 계피 | 가루 | 한 | 고 | 2 | 2 | 4 | 된소리 |
| 동짓날 | 8346 | 19.04% | 동지 | 날 | 한 | 고 | 2 | 1 | 3 | ㄴ |
| 회감 | 8305 | 4.80% | 회 | 감 | 한 | 고 | 1 | 1 | 2 | 된소리 |

| 단어 | 계 | | 구성 | | 어종 | | 음절 수 | | | 발음 |
|---|---|---|---|---|---|---|---|---|---|---|
| | 빈도 | 비율 | 선행 | 후행 | 앞 | 뒤 | 앞 | 뒤 | 전체 | |
| 뒤바퀴 | 8107 | 3.04% | 뒤 | 바퀴 | 고 | 고 | 1 | 2 | 3 | 된소리 |
| 비취빛 | 7946 | 89.15% | 비취 | 빛 | 한 | 고 | 2 | 1 | 3 | 된소리 |
| 기대값 | 7828 | 54.89% | 기대 | 값 | 한 | 고 | 2 | 1 | 3 | 된소리 |
| 묏자리 | 7699 | 98.91% | 뫼 | 자리 | 고 | 고 | 1 | 2 | 3 | 된소리 |
| 재빛 | 7587 | 2.92% | 재 | 빛 | 고 | 고 | 1 | 1 | 2 | 된소리 |
| 아랫방 | 7489 | 86.90% | 아래 | 방 | 고 | 한 | 2 | 1 | 3 | 된소리 |
| 차잔 | 7456 | 1.51% | 차 | 잔 | 고 | 한 | 1 | 1 | 2 | 된소리 |
| 골치거리 | 7346 | 6.11% | 골치 | 거리 | 고 | 고 | 2 | 2 | 4 | 된소리 |
| 날갯죽지 | 7314 | 59.89% | 날개 | 죽지 | 고 | 고 | 2 | 2 | 4 | 된소리 |
| 뒤받침 | 7307 | 0.70% | 뒤 | 받침 | 고 | 고 | 1 | 2 | 3 | 된소리 |
| 코물 | 7037 | 0.48% | 코 | 물 | 고 | 고 | 1 | 1 | 2 | ㄴ |
| 바윗덩어리 | 7021 | 37.07% | 바위 | 덩어리 | 고 | 고 | 2 | 3 | 5 | 된소리 |
| 뒤모습 | 7001 | 0.31% | 뒤 | 모습 | 고 | 고 | 1 | 2 | 3 | ㄴ |
| 판자집 | 6935 | 27.04% | 판자 | 집 | 한 | 고 | 2 | 1 | 3 | 된소리 |
| 세수비누 | 6701 | 61.39% | 세수 | 비누 | 한 | 고 | 2 | 2 | 4 | 된소리 |
| 고추잎 | 6672 | 23.53% | 고추 | 잎 | 고 | 고 | 2 | 1 | 3 | ㄴㄴ |
| 세숫물 | 6474 | 96.08% | 세수 | 물 | 한 | 고 | 2 | 1 | 3 | ㄴ |
| 기댓값 | 6432 | 45.11% | 기대 | 값 | 한 | 고 | 2 | 1 | 3 | 된소리 |
| 아랫돌 | 6404 | 94.23% | 아래 | 돌 | 고 | 고 | 2 | 1 | 3 | 된소리 |
| 해살 | 6312 | 0.12% | 해 | 살 | 고 | 고 | 1 | 1 | 2 | 된소리 |
| 문제거리 | 6122 | 39.48% | 문제 | 거리 | 한 | 고 | 2 | 2 | 4 | 된소리 |
| 낚싯바늘 | 6052 | 13.03% | 낚시 | 바늘 | 고 | 고 | 2 | 2 | 4 | 된소리 |
| 뒤일 | 5943 | 6.68% | 뒤 | 일 | 고 | 고 | 1 | 1 | 2 | ㄴㄴ |
| 아랫녘 | 5894 | 92.05% | 아래 | 녘 | 고 | 고 | 2 | 1 | 3 | ㄴ |
| 만화가게 | 5884 | 98.51% | 만화 | 가게 | 한 | 고 | 2 | 2 | 4 | 된소리 |
| 덩치값 | 5612 | 82.69% | 덩치 | 값 | 고 | 고 | 2 | 1 | 3 | 된소리 |
| 피덩어리 | 5286 | 19.21% | 피 | 덩어리 | 고 | 고 | 1 | 3 | 4 | 된소리 |
| 시곗줄 | 4960 | 4.97% | 시계 | 줄 | 한 | 고 | 2 | 1 | 3 | 된소리 |
| 날개죽지 | 4898 | 40.11% | 날개 | 죽지 | 고 | 고 | 2 | 2 | 4 | 된소리 |
| 최저값 | 4811 | 99.30% | 최저 | 값 | 한 | 고 | 2 | 1 | 전체 | 된소리 |
| 피자집 | 4794 | 95.44% | 피자 | 집 | 외 | 고 | 2 | 1 | 3 | 된소리 |

| 단어 | 계 | | 구성 | | 어종 | | 음절 수 | | | 발음 |
|---|---|---|---|---|---|---|---|---|---|---|
| | 빈도 | 비율 | 선행 | 후행 | 앞 | 뒤 | 앞 | 뒤 | 전체 | |
| 단옷날 | 4777 | 35.44% | 단오 | 날 | 한 | 고 | 2 | 1 | 3 | ㄴ |
| 요샛말 | 4770 | 99.42% | 요새 | 말 | 고 | 고 | 2 | 1 | 3 | ㄴ |
| 제사날 | 4743 | 8.44% | 제사 | 날 | 한 | 고 | 2 | 1 | 3 | ㄴ |
| 상아빛 | 4702 | 80.83% | 상아 | 빛 | 한 | 고 | 2 | 1 | 3 | 된소리 |
| 피물 | 4689 | 1.57% | 피 | 물 | 고 | 고 | 1 | 1 | 2 | ㄴ |
| 뼛골 | 4628 | 73.41% | 뼈 | 골 | 고 | 한 | 1 | 1 | 2 | 된소리 |
| 맥줏집 | 4571 | 2.10% | 맥주 | 집 | 한 | 고 | 2 | 1 | 3 | 된소리 |
| 근삿값 | 4557 | 30.20% | 근사 | 값 | 한 | 고 | 2 | 1 | 3 | 된소리 |
| 묫자리 | 4512 | 32.64% | 묘 | 자리 | 한 | 고 | 1 | 2 | 3 | 된소리 |
| 막냇동생 | 4331 | 4.97% | 막내 | 동생 | 고 | 고 | 2 | 2 | 4 | 된소리 |
| 세숫비누 | 4215 | 38.61% | 세수 | 비누 | 한 | 고 | 2 | 2 | 4 | 된소리 |
| 뒤문 | 4179 | 1.08% | 뒤 | 문 | 고 | 한 | 1 | 1 | 2 | ㄴ |
| 혼자몸 | 4134 | 91.10% | 혼자 | 몸 | 고 | 고 | 2 | 1 | 3 | ㄴ |
| 아래길 | 3969 | 15.95% | 아래 | 길 | 고 | 고 | 2 | 1 | 3 | 된소리 |
| 김칫독 | 3957 | 64.44% | 김치 | 독 | 고 | 고 | 2 | 1 | 3 | 된소리 |
| 아랫변 | 3620 | 95.11% | 아래 | 변 | 고 | 한 | 2 | 1 | 3 | 된소리 |
| 색시감 | 3616 | 86.30% | 색시 | 감 | 고 | 고 | 2 | 1 | 3 | 된소리 |
| 빨랫비누 | 3574 | 12.53% | 빨래 | 비누 | 고 | 고 | 2 | 2 | 4 | 된소리 |
| 뒤목 | 3557 | 1.01% | 뒤 | 목 | 고 | 고 | 1 | 1 | 2 | ㄴ |
| 뒷지느러미 | 3460 | 99.45% | 뒤 | 지느러미 | 고 | 고 | 1 | 4 | 5 | 된소리 |
| 뒤장 | 3374 | 1.92% | 뒤 | 장 | 고 | 한 | 1 | 1 | 2 | 된소리 |
| 아래배 | 3323 | 0.47% | 아내 | 배 | 고 | 고 | 2 | 1 | 3 | 된소리 |
| 툇간 | 3238 | 83.52% | 퇴 | 간 | 한 | 한 | 1 | 1 | 2 | 된소리 |
| 비줄기 | 3160 | 1.19% | 비 | 줄기 | 고 | 고 | 1 | 2 | 3 | 된소리 |
| 가게집 | 3018 | 50.81% | 가게 | 집 | 고 | 고 | 2 | 1 | 3 | 된소리 |
| 대표값 | 2925 | 56.37% | 대표 | 값 | 한 | 고 | 2 | 1 | 3 | 된소리 |
| 가겟집 | 2922 | 49.19% | 가게 | 집 | 고 | 고 | 2 | 1 | 3 | 된소리 |
| 윗눈썹 | 2875 | 99.27% | 위 | 눈썹 | 고 | 고 | 1 | 2 | 3 | ㄴ |
| 다듬잇돌 | 2836 | 50.60% | 다듬이 | 돌 | 고 | 고 | 3 | 1 | 4 | 된소리 |
| 다듬이돌 | 2769 | 49.40% | 다듬이 | 돌 | 고 | 고 | 3 | 1 | 4 | 된소리 |
| 소주집 | 2731 | 73.79% | 소주 | 집 | 한 | 고 | 2 | 1 | 3 | 된소리 |

| 단어 | 계 | | 구성 | | 어종 | | 음절 수 | | | 발음 |
|---|---|---|---|---|---|---|---|---|---|---|
| | 빈도 | 비율 | 선행 | 후행 | 앞 | 뒤 | 앞 | 뒤 | 전체 | |
| 차주전자 | 2724 | 20.22% | 차 | 주전자 | 고 | 한 | 1 | 3 | 4 | 된소리 |
| 비누물 | 2691 | 4.29% | 비누 | 물 | 고 | 고 | 2 | 1 | 3 | ㄴ |
| 쳇기 | 2656 | 7.37% | 체 | 기 | 한 | 한 | 1 | 1 | 2 | 된소리 |
| 가운뎃손가락 | 2640 | 18.61% | 가운데 | 손가락 | 고 | 고 | 3 | 3 | 6 | 된소리 |
| 쇠덩이 | 2629 | 5.80% | 쇠 | 덩이 | 고 | 고 | 1 | 2 | 3 | 된소리 |
| 찻숟갈 | 2576 | 90.58% | 차 | 숟갈 | 고 | 고 | 1 | 2 | 3 | 된소리 |
| 옥수숫대 | 2368 | 19.04% | 옥수수 | 대 | 고 | 고 | 3 | 1 | 4 | 된소리 |
| 빨래방망이 | 2354 | 83.09% | 빨래 | 방망이 | 한 | 한 | 2 | 3 | 5 | 된소리 |
| 뒤줄 | 2330 | 2.15% | 뒤 | 줄 | 고 | 고 | 1 | 1 | 2 | 된소리 |
| 기차간 | 2300 | 62.50% | 기차 | 간 | 한 | 한 | 2 | 1 | 3 | 된소리 |
| 대푯값 | 2264 | 43.63% | 대표 | 값 | 한 | 고 | 2 | 1 | 3 | 된소리 |
| 양칫물 | 2209 | 69.62% | 양치 | 물 | 한 | 고 | 2 | 1 | 3 | ㄴ |
| 김치독 | 2184 | 35.56% | 김치 | 독 | 고 | 고 | 2 | 1 | 3 | 된소리 |
| 구구셈 | 2149 | 99.58% | 구구 | 셈 | 한 | 고 | 2 | 1 | 3 | 된소리 |
| 낙수물 | 2092 | 11.40% | 낙수 | 물 | 한 | 고 | 2 | 1 | 3 | ㄴ |
| 도매값 | 1794 | 90.79% | 도매 | 값 | 한 | 고 | 2 | 1 | 3 | 된소리 |
| 산보길 | 1765 | 98.99% | 산보 | 길 | 한 | 고 | 2 | 1 | 3 | 된소리 |
| 아래목 | 1680 | 1.95% | 아래 | 목 | 고 | 고 | 2 | 1 | 3 | ㄴ |
| 뼈골 | 1676 | 26.59% | 뼈 | 골 | 고 | 한 | 1 | 1 | 2 | 된소리 |
| 위사람 | 1586 | 0.79% | 위 | 사람 | 고 | 고 | 1 | 2 | 3 | 된소리 |
| 복숭앗빛 | 1572 | 12.67% | 복숭아 | 빛 | 고 | 고 | 3 | 1 | 4 | 된소리 |
| 다듬이방망이 | 1556 | 90.73% | 다듬이 | 방망이 | 고 | 고 | 3 | 3 | 6 | 된소리 |
| 어깨짓 | 1540 | 69.06% | 어깨 | 짓 | 고 | 고 | 2 | 1 | 3 | 된소리 |
| 머릿수건 | 1491 | 69.51% | 머리 | 수건 | 고 | 한 | 2 | 2 | 4 | 된소리 |
| 고깃점 | 1470 | 50.58% | 고기 | 점 | 고 | 한 | 2 | 1 | 3 | 된소리 |
| 위집 | 1455 | 1.03% | 위 | 집 | 고 | 고 | 1 | 1 | 2 | 된소리 |
| 고기점 | 1436 | 49.42% | 고기 | 점 | 고 | 한 | 2 | 1 | 3 | 된소리 |
| 기찻간 | 1380 | 37.50% | 기차 | 간 | 한 | 한 | 2 | 1 | 3 | 된소리 |
| 소줏병 | 1359 | 2.09% | 소주 | 병 | 한 | 한 | 2 | 1 | 3 | 된소리 |
| 윗녘 | 1342 | 98.60% | 위 | 녘 | 고 | 고 | 1 | 1 | 2 | ㄴ |
| 뒤정리 | 1312 | 0.59% | 뒤 | 정리 | 고 | 한 | 1 | 2 | 3 | 된소리 |

| 단어 | 계 | | 구성 | | 어종 | | 음절 수 | | | 발음 |
|---|---|---|---|---|---|---|---|---|---|---|
| | 빈도 | 비율 | 선행 | 후행 | 앞 | 뒤 | 앞 | 뒤 | 전체 | |
| 시체말 | 1275 | 3.26% | 시체 | 말 | 한 | 고 | 2 | 1 | 3 | ㄴ |
| 한가위날 | 1227 | 56.57% | 한가위 | 날 | 고 | 고 | 3 | 1 | 4 | ㄴ |
| 가운데발가락 | 1221 | 95.92% | 가운데 | 발가락 | 고 | 고 | 3 | 3 | 6 | 된소리 |
| 뒤골목 | 1183 | 0.32% | 뒤 | 골목 | 고 | 고 | 1 | 2 | 3 | 된소리 |
| 덩칫값 | 1175 | 17.31% | 덩치 | 값 | 고 | 고 | 2 | 1 | 3 | 된소리 |
| 뒤머리 | 1173 | 0.35% | 뒤 | 머리 | 고 | 고 | 1 | 2 | 3 | ㄴ |
| 주스병 | 1157 | 100.00% | 주스 | 병 | 외 | 한 | 2 | 1 | 3 | 된소리 |
| 아래방 | 1129 | 13.10% | 아래 | 방 | 고 | 한 | 2 | 1 | 3 | 된소리 |
| 가겟방 | 1123 | 54.23% | 가게 | 방 | 고 | 한 | 2 | 1 | 3 | 된소리 |
| 주머닛돈 | 1121 | 54.58% | 주머니 | 돈 | 고 | 고 | 3 | 1 | 4 | 된소리 |
| 상앗빛 | 1115 | 19.17% | 상아 | 빛 | 한 | 고 | 2 | 1 | 3 | 된소리 |
| 귀병 | 1106 | 5.07% | 귀 | 병 | 고 | 한 | 1 | 1 | 2 | 된소리 |
| 하루강아지 | 1054 | 9.31% | 하루 | 강아지 | 고 | 고 | 2 | 3 | 5 | 된소리 |
| 시내물 | 1043 | 0.51% | 시내 | 물 | 고 | 고 | 2 | 1 | 3 | ㄴ |
| 전셋방 | 1003 | 4.63% | 전세 | 방 | 한 | 한 | 2 | 1 | 3 | 된소리 |
| 뒤심 | 980 | 0.90% | 뒤 | 심 | 고 | 고 | 1 | 1 | 2 | 된소리 |
| 후날 | 973 | 0.13% | 후 | 날 | 한 | 고 | 1 | 1 | 2 | ㄴ |
| 소줏집 | 970 | 26.21% | 소주 | 집 | 한 | 고 | 2 | 1 | 3 | 된소리 |
| 비췻빛 | 967 | 10.85% | 비취 | 빛 | 한 | 고 | 2 | 1 | 3 | 된소리 |
| 양치물 | 964 | 30.38% | 양치 | 물 | 한 | 고 | 2 | 1 | 3 | ㄴ |
| 가게방 | 948 | 45.77% | 가게 | 방 | 고 | 한 | 2 | 1 | 3 | 된소리 |
| 뒤굽 | 948 | 0.94% | 뒤 | 굽 | 고 | 고 | 1 | 1 | 2 | 된소리 |
| 한가윗날 | 942 | 43.43% | 한가위 | 날 | 고 | 고 | 3 | 1 | 4 | ㄴ |
| 주머니돈 | 933 | 45.42% | 주머니 | 돈 | 고 | 고 | 3 | 1 | 4 | 된소리 |
| 뒤바라지 | 924 | 0.57% | 뒤 | 바라지 | 고 | 고 | 1 | 3 | 4 | 된소리 |
| 과부집 | 883 | 53.55% | 과부 | 집 | 한 | 고 | 2 | 1 | 3 | 된소리 |
| 귀밥 | 842 | 7.09% | 귀 | 밥 | 고 | 고 | 1 | 1 | 2 | 된소리 |
| 뒤간 | 793 | 1.99% | 뒤 | 간 | 고 | 한 | 1 | 1 | 2 | 된소리 |
| 뒤사람 | 781 | 0.48% | 뒤 | 사람 | 고 | 고 | 1 | 2 | 3 | 된소리 |
| 과붓집 | 766 | 46.45% | 과부 | 집 | 한 | 고 | 2 | 1 | 3 | 된소리 |
| 뒤방 | 706 | 1.69% | 뒤 | 방 | 고 | 한 | 1 | 1 | 2 | 된소리 |

| 단어 | 계 | | 구성 | | 어종 | | 음절 수 | | | 발음 |
|---|---|---|---|---|---|---|---|---|---|---|
| | 빈도 | 비율 | 선행 | 후행 | 앞 | 뒤 | 앞 | 뒤 | 전체 | |
| 허드레일 | 704 | 1.70% | 허드레 | 일02 | 고 | 고 | 3 | 1 | 4 | ㄴㄴ |
| 나그넷길 | 694 | 4.52% | 나그네 | 길 | 고 | 고 | 3 | 1 | 4 | 된소리 |
| 어깻짓 | 690 | 30.94% | 어깨 | 짓 | 고 | 고 | 2 | 1 | 3 | 된소리 |
| 패말 | 671 | 0.22% | 패 | 말 | 한 | 고 | 1 | 1 | 2 | ㄴ |
| 머리수건 | 654 | 30.49% | 머리 | 수건 | 고 | 한 | 2 | 2 | 4 | 된소리 |
| 사잇문 | 639 | 55.61% | 사이 | 문 | 고 | 한 | 2 | 1 | 3 | ㄴ |
| 퇴간 | 639 | 16.48% | 퇴 | 간 | 한 | 한 | 1 | 1 | 2 | 된소리 |
| 뒤걸음 | 622 | 0.97% | 뒤 | 걸음 | 고 | 고 | 1 | 2 | 3 | 된소리 |
| 번짓수 | 609 | 1.73% | 번지 | 수 | 한 | 한 | 2 | 1 | 3 | 된소리 |
| 색싯감 | 574 | 13.70% | 색시 | 감 | 고 | 고 | 2 | 1 | 3 | 된소리 |
| 퇴마루 | 562 | 0.85% | 퇴 | 마루 | 한 | 고 | 1 | 2 | 3 | ㄴ |
| 베개잇 | 555 | 2.17% | 베개 | 잇 | 고 | 고 | 2 | 1 | 3 | ㄴㄴ |
| 뒤주머니 | 544 | 0.60% | 뒤 | 주머니 | 고 | 고 | 1 | 3 | 4 | 된소리 |
| 거래날 | 544 | 96.97% | 거래 | 날 | 한 | 고 | 2 | 1 | 3 | ㄴ |
| 배머리 | 534 | 0.85% | 배 | 머리 | 고 | 고 | 1 | 2 | 3 | ㄴ |
| 사이문 | 510 | 44.39% | 사이 | 문 | 고 | 한 | 2 | 1 | 3 | ㄴ |
| 아래녘 | 509 | 7.95% | 아래 | 녘 | 고 | 고 | 2 | 1 | 3 | ㄴ |
| 아래도리 | 494 | 0.65% | 아래 | 도리 | 고 | 고 | 2 | 2 | 4 | 된소리 |
| 빨랫방망이 | 479 | 16.91% | 빨래 | 방망이 | 한 | 한 | 2 | 3 | 5 | 된소리 |
| 위돌 | 409 | 4.23% | 위 | 돌 | 고 | 고 | 1 | 1 | 2 | 된소리 |
| 위도리 | 406 | 0.55% | 위 | 도리 | 고 | 고 | 1 | 2 | 3 | 된소리 |
| 혼잣몸 | 404 | 8.90% | 혼자 | 몸 | 고 | 고 | 2 | 1 | 3 | ㄴ |
| 아래돌 | 392 | 5.77% | 아래 | 돌 | 고 | 고 | 2 | 1 | 3 | 된소리 |
| 두붓국 | 386 | 2.96% | 두부 | 국 | 한 | 고 | 2 | 1 | 3 | 된소리 |
| 초깃값 | 381 | 2.06% | 초기 | 값 | 한 | 고 | 2 | 1 | 3 | 된소리 |
| 생맥줏집 | 375 | 3.27% | 생맥주 | 집 | 한 | 고 | 3 | 1 | 4 | 된소리 |
| 초농 | 361 | 0.81% | 초 | 농 | 고 | 한 | 1 | 1 | 2 | ㄴ |
| 뒷날 | 340 | 0.45% | 뒤 | 날 | 고 | 고 | 1 | 1 | 2 | ㄴ |
| 장마날 | 322 | 52.70% | 장마 | 날 | 고 | 고 | 2 | 1 | 3 | ㄴ |
| 뒤수습 | 313 | 0.66% | 뒤 | 수습 | 고 | 한 | 1 | 2 | 3 | 된소리 |
| 자줏색 | 307 | 0.10% | 자주 | 색 | 한 | 한 | 2 | 1 | 3 | 된소리 |

| 단어 | 계 | | 구성 | | 어종 | | 음절 수 | | | 발음 |
|---|---|---|---|---|---|---|---|---|---|---|
| | 빈도 | 비율 | 선행 | 후행 | 앞 | 뒤 | 앞 | 뒤 | 전체 | |
| 뒤모양 | 302 | 2.68% | 뒤 | 모양 | 고 | 한 | 1 | 2 | 3 | ㄴ |
| 계날 | 301 | 2.79% | 계 | 날 | 한 | 고 | 1 | 1 | 2 | ㄴ |
| 장맛날 | 289 | 47.30% | 장마 | 날 | 고 | 고 | 2 | 1 | 3 | ㄴ |
| 혼삿말 | 286 | 86.93% | 혼사 | 말 | 한 | 고 | 2 | 1 | 3 | ㄴ |
| 뒤이야기 | 279 | 0.17% | 뒤 | 이야기 | 고 | 고 | 1 | 3 | 4 | ㄴㄴ |
| 저가락 | 276 | 0.02% | 저 | 가락 | 고 | 고 | 1 | 2 | 3 | 된소리 |
| 차숟갈 | 268 | 9.42% | 차 | 숟갈 | 고 | 고 | 1 | 2 | 3 | 된소리 |
| 세수물 | 264 | 3.92% | 세수 | 물 | 한 | 고 | 2 | 1 | 3 | ㄴ |
| 떼목 | 260 | 0.24% | 떼 | 목 | 고 | 한 | 1 | 1 | 2 | ㄴ |
| 이마살 | 252 | 1.02% | 이마 | 살 | 고 | 고 | 2 | 1 | 3 | 된소리 |
| 뒤다리 | 248 | 0.08% | 뒤 | 다리 | 고 | 고 | 1 | 2 | 3 | 된소리 |
| 피잣집 | 229 | 4.56% | 피자 | 집 | 외 | 고 | 2 | 1 | 3 | 된소리 |
| 뒤벽 | 228 | 1.48% | 뒤 | 벽 | 고 | 한 | 1 | 1 | 2 | 된소리 |
| 뒤감당 | 216 | 0.32% | 뒤 | 감당 | 고 | 한 | 1 | 2 | 3 | 된소리 |
| 부좃돈 | 211 | 54.24% | 부조 | 돈 | 한 | 고 | 2 | 1 | 3 | 된소리 |
| 아래변 | 186 | 4.89% | 아래 | 변 | 고 | 한 | 2 | 1 | 3 | 된소리 |
| 미꾸라지국 | 185 | 70.88% | 미꾸라지 | 국 | 고 | 고 | 4 | 1 | 5 | 된소리 |
| 도맷값 | 182 | 9.21% | 도매 | 값 | 한 | 고 | 2 | 1 | 3 | 된소리 |
| 뒤조사 | 181 | 0.26% | 뒤 | 조사 | 고 | 한 | 1 | 2 | 3 | 된소리 |
| 부조돈 | 178 | 45.76% | 부조 | 돈 | 한 | 고 | 2 | 1 | 3 | 된소리 |
| 다듬잇방망이 | 159 | 9.27% | 다듬이 | 방망이 | 고 | 고 | 3 | 3 | 6 | 된소리 |
| 위입술 | 154 | 0.19% | 위 | 입술 | 고 | 고 | 1 | 2 | 3 | ㄴㄴ |
| 뒤마무리 | 142 | 0.40% | 뒤 | 마무리 | 고 | 고 | 1 | 3 | 4 | ㄴ |
| 막냇삼촌 | 128 | 1.49% | 막내 | 삼촌 | 고 | 한 | 2 | 2 | 4 | 된소리 |
| 간수물 | 122 | 87.36% | 간수 | 물 | 한 | 고 | 2 | 1 | 3 | ㄴ |
| 옥수숫가루 | 103 | 0.57% | 옥수수 | 가루 | 고 | 고 | 3 | 2 | 5 | 된소리 |
| 예삿날 | 96 | 62.34% | 예사 | 날 | 한 | 고 | 2 | 1 | 3 | ㄴ |
| 뒤맛 | 95 | 0.05% | 뒤 | 맛 | 고 | 고 | 1 | 1 | 2 | ㄴ |
| 뒤얘기 | 90 | 0.16% | 뒤 | 얘기 | 고 | 고 | 1 | 2 | 3 | ㄴㄴ |
| 만홧가게 | 89 | 1.49% | 만화 | 가게 | 한 | 고 | 2 | 2 | 4 | 된소리 |
| 뇌자리 | 85 | 1.09% | 뇌 | 자리 | 고 | 고 | 1 | 2 | 3 | 된소리 |

| 단어 | 계 | | 구성 | | 어종 | | 음절 수 | | | 발음 |
|---|---|---|---|---|---|---|---|---|---|---|
| | 빈도 | 비율 | 선행 | 후행 | 앞 | 뒤 | 앞 | 뒤 | 전체 | |
| 위마을 | 81 | 0.64% | 위 | 마을 | 고 | 고 | 1 | 2 | 3 | ㄴ |
| 미꾸라짓국 | 76 | 29.12% | 미꾸라지 | 국 | 고 | 고 | 4 | 1 | 5 | 된소리 |
| 뒷거래 | 64 | 0.09% | 뒤 | 거래 | 고 | 한 | 1 | 2 | 3 | 된소리 |
| 맥줏병 | 62 | 0.06% | 맥주 | 병 | 한 | 한 | 2 | 1 | 3 | 된소리 |
| 예삿날 | 58 | 37.66% | 예사 | 날 | 한 | 고 | 2 | 1 | 3 | ㄴ |
| 가운뎃발가락 | 52 | 4.08% | 가운데 | 발가락 | 고 | 고 | 3 | 3 | 6 | 된소리 |
| 배노래 | 46 | 0.13% | 배 | 노래 | 고 | 고 | 1 | 2 | 3 | ㄴ |
| 혼삿말 | 43 | 13.07% | 혼사 | 말 | 한 | 고 | 2 | 1 | 3 | ㄴ |
| 최젓값 | 34 | 0.70% | 최저 | 값 | 한 | 고 | 2 | 1 | 3 | 된소리 |
| 연두색 | 31 | 0.01% | 연두 | 색 | 한 | 한 | 2 | 1 | 3 | 된소리 |
| 요샛말 | 28 | 0.58% | 요새 | 말 | 고 | 고 | 2 | 1 | 3 | ㄴ |
| 간숫물 | 22 | 12.64% | 간수 | 물 | 한 | 고 | 2 | 1 | 3 | ㄴ |
| 위눈썹 | 21 | 0.73% | 위 | 눈썹 | 고 | 고 | 1 | 2 | 3 | ㄴ |
| 위녘 | 19 | 1.40% | 위 | 녘 | 고 | 고 | 1 | 1 | 2 | ㄴ |
| 탯가락 | 19 | 82.61% | 태 | 가락 | 한 | 고 | 1 | 2 | 3 | 된소리 |
| 뒤지느러미 | 19 | 0.55% | 뒤 | 지느러미 | 고 | 고 | 1 | 4 | 5 | 된소리 |
| 산봇길 | 18 | 1.01% | 산보 | 길 | 한 | 고 | 2 | 1 | 3 | 된소리 |
| 거랫날 | 17 | 3.03% | 거래 | 날 | 한 | 고 | 2 | 1 | 3 | ㄴ |
| 고삿말 | 14 | 82.35% | 고사 | 말 | 한 | 고 | 2 | 1 | 3 | ㄴ |
| 구굿셈 | 9 | 0.42% | 구구 | 셈 | 한 | 고 | 2 | 1 | 3 | 된소리 |
| 배냇말 | 7 | 70.00% | 배내 | 말 | 고 | 고 | 2 | 1 | 3 | 된소리 |
| 귀에말 | 6 | 0.05% | 귀에 | 말 | 고 | 고 | 2 | 1 | 3 | ㄴ |
| 남자줏빛 | 4 | 100.00% | 남자주 | 빛 | 한 | 고 | 3 | 1 | 4 | 된소리 |
| 태가락 | 4 | 17.39% | 태 | 가락 | 한 | 고 | 1 | 2 | 3 | 된소리 |
| 고삿말 | 3 | 17.65% | 고사 | 말 | 한 | 고 | 2 | 1 | 3 | ㄴ |
| 배내말 | 3 | 30.00% | 배내 | 말 | 고 | 고 | 2 | 1 | 3 | 된소리 |
| 페툿병 | 1 | 0.00% | 페트 | 병 | 외 | 한 | 2 | 1 | 3 | 된소리 |
| 주숫병 | 0 | 0.00% | 주스 | 병 | 외 | 한 | 2 | 1 | 3 | 된소리 |
| 남자주빛 | 0 | 0.00% | 남자주 | 빛 | 한 | 고 | 3 | 1 | 4 | 된소리 |

## <부록 2-2> 국립국어원(2017)의 실태 조사 어휘별 결과(비율순)

| 단어 | 계 | | 구성 | | 어종 | | 음절 수 | | | 발음 |
|---|---|---|---|---|---|---|---|---|---|---|
| | 빈도 | 비율 | 선행 | 후행 | 앞 | 뒤 | 앞 | 뒤 | 전체 | |
| 남자줏빛 | 4 | 100.00% | 남자주 | 빛 | 한 | 고 | 3 | 1 | 4 | 된소리 |
| 주스병 | 1157 | 100.00% | 주스 | 병 | 외 | 한 | 2 | 1 | 3 | 된소리 |
| 페트병 | 130168 | 100.00% | 페트 | 병 | 외 | 한 | 2 | 1 | 3 | 된소리 |
| 연둣색 | 594196 | 99.99% | 연두 | 색 | 한 | 한 | 2 | 1 | 3 | 된소리 |
| 젓가락 | 1524925 | 99.98% | 저 | 가락 | 고 | 고 | 1 | 2 | 3 | 된소리 |
| 뒷맛 | 195480 | 99.95% | 뒤 | 맛 | 고 | 고 | 1 | 1 | 2 | ㄴ |
| 귀엣말 | 13257 | 99.95% | 귀에 | 말 | 고 | 고 | 2 | 1 | 3 | ㄴ |
| 맥주병 | 112190 | 99.94% | 맥주 | 병 | 한 | 한 | 2 | 1 | 3 | 된소리 |
| 뒷다리 | 304637 | 99.92% | 뒤 | 다리 | 고 | 고 | 1 | 2 | 3 | 된소리 |
| 뒷거래 | 67864 | 99.91% | 뒤 | 거래 | 고 | 한 | 1 | 2 | 3 | 된소리 |
| 자주색 | 297814 | 99.90% | 자주 | 색 | 한 | 한 | 2 | 1 | 3 | 된소리 |
| 햇살 | 5049053 | 99.88% | 해 | 살 | 고 | 고 | 1 | 1 | 2 | 된소리 |
| 훗날 | 757380 | 99.87% | 후 | 날 | 한 | 고 | 1 | 1 | 2 | ㄴ |
| 뱃노래 | 36604 | 99.87% | 배 | 노래 | 고 | 고 | 1 | 2 | 3 | ㄴ |
| 뒷얘기 | 55478 | 99.84% | 뒤 | 얘기 | 고 | 고 | 1 | 2 | 3 | ㄴㄴ |
| 뒷이야기 | 161737 | 99.83% | 뒤 | 이야기 | 고 | 고 | 1 | 3 | 4 | ㄴㄴ |
| 윗입술 | 81129 | 99.81% | 위 | 입술 | 고 | 고 | 1 | 2 | 3 | ㄴㄴ |
| 팻말 | 310912 | 99.78% | 패 | 말 | 한 | 고 | 1 | 1 | 2 | ㄴ |
| 뗏목 | 108090 | 99.76% | 떼 | 목 | 고 | 한 | 1 | 1 | 2 | ㄴ |
| 뒷조사 | 68607 | 99.74% | 뒤 | 조사 | 고 | 한 | 1 | 2 | 3 | 된소리 |
| 뒷모습 | 2228565 | 99.69% | 뒤 | 모습 | 고 | 고 | 1 | 2 | 3 | ㄴ |
| 뒷감당 | 66888 | 99.68% | 뒤 | 감당 | 고 | 한 | 1 | 2 | 3 | 된소리 |
| 뒷골목 | 366977 | 99.68% | 뒤 | 골목 | 고 | 고 | 1 | 2 | 3 | 된소리 |
| 뒷머리 | 334615 | 99.65% | 뒤 | 머리 | 고 | 고 | 1 | 2 | 3 | ㄴ |
| 뒷마무리 | 34924 | 99.60% | 뒤 | 마무리 | 고 | 고 | 1 | 3 | 4 | ㄴ |
| 구구셈 | 2149 | 99.58% | 구구 | 셈 | 한 | 고 | 2 | 1 | 3 | 된소리 |
| 뒷날 | 75680 | 99.55% | 뒤 | 날 | 고 | 고 | 1 | 1 | 2 | ㄴ |
| 아랫배 | 701211 | 99.53% | 아내 | 배 | 고 | 고 | 2 | 1 | 3 | 된소리 |
| 뒷사람 | 163041 | 99.52% | 뒤 | 사람 | 고 | 고 | 1 | 2 | 3 | 된소리 |

| 단어 | 계 | | 구성 | | 어종 | | 음절 수 | | | 발음 |
|---|---|---|---|---|---|---|---|---|---|---|
| | 빈도 | 비율 | 선행 | 후행 | 앞 | 뒤 | 앞 | 뒤 | 전체 | |
| 콧물 | 1453337 | 99.52% | 코 | 물 | 고 | 고 | 1 | 1 | 2 | ㄴ |
| 시냇물 | 202044 | 99.49% | 시내 | 물 | 고 | 고 | 2 | 1 | 3 | ㄴ |
| 뒷지느러미 | 3460 | 99.45% | 뒤 | 지느러미 | 고 | 고 | 1 | 4 | 5 | 된소리 |
| 윗도리 | 73992 | 99.45% | 위 | 도리 | 고 | 고 | 1 | 2 | 3 | 된소리 |
| 옥수수가루 | 17829 | 99.43% | 옥수수 | 가루 | 고 | 고 | 3 | 3 | 5 | 된소리 |
| 촛불 | 1519199 | 99.43% | 초 | 불 | 고 | 고 | 1 | 1 | 2 | 된소리 |
| 뒷바라지 | 160561 | 99.43% | 뒤 | 바라지 | 고 | 고 | 1 | 3 | 4 | 된소리 |
| 요샛말 | 4770 | 99.42% | 요새 | 말 | 고 | 고 | 2 | 1 | 3 | ㄴ |
| 뒷정리 | 222009 | 99.41% | 뒤 | 정리 | 고 | 한 | 1 | 2 | 3 | 된소리 |
| 뒷주머니 | 89945 | 99.40% | 뒤 | 주머니 | 고 | 고 | 1 | 3 | 4 | 된소리 |
| 햇빛 | 3952371 | 99.39% | 해 | 빛 | 고 | 고 | 1 | 1 | 2 | 된소리 |
| 윗마을 | 12500 | 99.36% | 위 | 마을 | 고 | 고 | 1 | 2 | 3 | ㄴ |
| 아랫도리 | 75399 | 99.35% | 아래 | 도리 | 고 | 고 | 2 | 2 | 4 | 된소리 |
| 뒷수습 | 46962 | 99.34% | 뒤 | 수습 | 고 | 한 | 1 | 2 | 3 | 된소리 |
| 뒷받침 | 1040240 | 99.30% | 뒤 | 받침 | 고 | 고 | 1 | 2 | 3 | 된소리 |
| 최저값 | 4811 | 99.30% | 최저 | 값 | 한 | 고 | 2 | 1 | 3 | 된소리 |
| 윗눈썹 | 2875 | 99.27% | 위 | 눈썹 | 고 | 고 | 1 | 2 | 3 | ㄴ |
| 윗사람 | 198502 | 99.21% | 위 | 사람 | 고 | 고 | 1 | 2 | 3 | 된소리 |
| 촛농 | 43985 | 99.19% | 초 | 농 | 고 | 한 | 1 | 1 | 2 | ㄴ |
| 뱃머리 | 62638 | 99.15% | 배 | 머리 | 고 | 고 | 1 | 2 | 3 | ㄴ |
| 툇마루 | 65652 | 99.15% | 퇴 | 마루 | 한 | 고 | 1 | 2 | 3 | ㄴ |
| 뒷심 | 108306 | 99.10% | 뒤 | 심 | 고 | 고 | 1 | 1 | 2 | 된소리 |
| 뱃살 | 1582765 | 99.09% | 배 | 살 | 고 | 고 | 1 | 1 | 2 | 된소리 |
| 뒷굽 | 99858 | 99.06% | 뒤 | 굽 | 고 | 고 | 1 | 1 | 2 | 된소리 |
| 뒷걸음 | 63593 | 99.03% | 뒤 | 걸음 | 고 | 고 | 1 | 2 | 3 | 된소리 |
| 산보길 | 1765 | 98.99% | 산보 | 길 | 한 | 고 | 2 | 1 | 3 | 된소리 |
| 뒷목 | 347690 | 98.99% | 뒤 | 목 | 고 | 고 | 1 | 1 | 2 | ㄴ |
| 이맛살 | 24449 | 98.98% | 이마 | 살 | 고 | 고 | 2 | 1 | 3 | 된소리 |
| 윗집 | 139625 | 98.97% | 위 | 집 | 고 | 고 | 1 | 1 | 2 | 된소리 |
| 뒷문 | 381163 | 98.92% | 뒤 | 문 | 고 | 한 | 1 | 1 | 2 | ㄴ |
| 묏자리 | 7699 | 98.91% | 뫼 | 자리 | 고 | 고 | 1 | 2 | 3 | 된소리 |

| 단어 | 계 | | 구성 | | 어종 | | 음절 수 | | | 발음 |
|---|---|---|---|---|---|---|---|---|---|---|
| | 빈도 | 비율 | 선행 | 후행 | 앞 | 뒤 | 앞 | 뒤 | 전체 | |
| 뒷부분 | 1090430 | 98.90% | 뒤 | 부분 | 고 | 한 | 1 | 2 | 3 | 된소리 |
| 빗줄기 | 261901 | 98.81% | 비 | 줄기 | 고 | 고 | 1 | 2 | 3 | 된소리 |
| 윗녘 | 1342 | 98.60% | 위 | 녘 | 고 | 고 | 1 | 1 | 2 | ㄴ |
| 뒷벽 | 15157 | 98.52% | 뒤 | 벽 | 고 | 한 | 1 | 1 | 2 | 된소리 |
| 바닷물 | 752797 | 98.51% | 바다 | 물 | 고 | 고 | 2 | 1 | 3 | ㄴ |
| 막내삼촌 | 8479 | 98.51% | 막내 | 삼촌 | 고 | 한 | 2 | 2 | 4 | 된소리 |
| 만화가게 | 5884 | 98.51% | 만화 | 가게 | 한 | 고 | 2 | 2 | 4 | 된소리 |
| 찻잔 | 486265 | 98.49% | 차 | 잔 | 고 | 한 | 1 | 1 | 2 | 된소리 |
| 핏물 | 293370 | 98.43% | 피 | 물 | 고 | 고 | 1 | 1 | 2 | ㄴ |
| 뒷방 | 41071 | 98.31% | 뒤 | 방 | 고 | 한 | 1 | 1 | 2 | 된소리 |
| 허드렛일 | 40663 | 98.30% | 허드레 | 일02 | 고 | 고 | 3 | 1 | 4 | ㄴㄴ |
| 번지수 | 35880 | 98.27% | 번지 | 수 | 한 | 한 | 2 | 1 | 3 | 된소리 |
| 뒷장 | 171985 | 98.08% | 뒤 | 장 | 고 | 한 | 1 | 1 | 2 | 된소리 |
| 아랫목 | 84679 | 98.05% | 아래 | 목 | 고 | 고 | 2 | 1 | 3 | ㄴ |
| 뒷간 | 39115 | 98.01% | 뒤 | 간 | 고 | 한 | 1 | 1 | 2 | 된소리 |
| 초기값 | 18136 | 97.94% | 초기 | 값 | 한 | 고 | 2 | 1 | 3 | 된소리 |
| 소주병 | 63566 | 97.91% | 소주 | 병 | 한 | 한 | 2 | 1 | 3 | 된소리 |
| 맥주집 | 213347 | 97.90% | 맥주 | 집 | 한 | 고 | 2 | 1 | 3 | 된소리 |
| 뒷산 | 468747 | 97.85% | 뒤 | 산 | 고 | 한 | 1 | 1 | 2 | 된소리 |
| 뒷줄 | 105805 | 97.85% | 뒤 | 줄 | 고 | 고 | 1 | 1 | 2 | 된소리 |
| 베갯잇 | 25040 | 97.83% | 베개 | 잇 | 고 | 고 | 2 | 1 | 3 | ㄴㄴ |
| 뒷모양 | 10947 | 97.32% | 뒤 | 모양 | 고 | 한 | 1 | 2 | 3 | ㄴ |
| 곗날 | 10484 | 97.21% | 계 | 날 | 한 | 고 | 1 | 1 | 2 | ㄴ |
| 잿빛 | 251847 | 97.08% | 재 | 빛 | 고 | 고 | 1 | 1 | 2 | 된소리 |
| 두부국 | 12645 | 97.04% | 두부 | 국 | 한 | 고 | 2 | 1 | 3 | 된소리 |
| 거래날 | 544 | 96.97% | 거래 | 날 | 한 | 고 | 2 | 1 | 3 | ㄴ |
| 뒷바퀴 | 258540 | 96.96% | 뒤 | 바퀴 | 고 | 고 | 1 | 2 | 3 | 된소리 |
| 시쳇말 | 37858 | 96.74% | 시체 | 말 | 한 | 고 | 2 | 1 | 3 | ㄴ |
| 생맥주집 | 11086 | 96.73% | 생맥주 | 집 | 한 | 고 | 3 | 1 | 4 | 된소리 |
| 세숫물 | 6474 | 96.08% | 세수 | 물 | 한 | 고 | 2 | 1 | 3 | ㄴ |
| 방앗간 | 374613 | 96.04% | 방아 | 간 | 고 | 한 | 2 | 1 | 3 | 된소리 |

| 단어 | 계 | | 구성 | | 어종 | | 음절 수 | | | 발음 |
|---|---|---|---|---|---|---|---|---|---|---|
| | 빈도 | 비율 | 선행 | 후행 | 앞 | 뒤 | 앞 | 뒤 | 전체 | |
| 가운데발가락 | 1221 | 95.92% | 가운데 | 발가락 | 고 | 고 | 3 | 3 | 6 | 된소리 |
| 무국 | 233356 | 95.86% | 무 | 국 | 고 | 고 | 1 | 1 | 2 | 된소리 |
| 윗돌 | 9267 | 95.77% | 위 | 돌 | 고 | 고 | 1 | 1 | 2 | 된소리 |
| 비눗물 | 60089 | 95.71% | 비누 | 물 | 고 | 고 | 2 | 1 | 3 | ㄴ |
| 국수집 | 233699 | 95.66% | 국수 | 집 | 고 | 고 | 2 | 1 | 3 | 된소리 |
| 나그네길 | 14659 | 95.48% | 나그네 | 길 | 고 | 고 | 3 | 1 | 4 | 된소리 |
| 피자집 | 4794 | 95.44% | 피자 | 집 | 외 | 고 | 2 | 1 | 3 | 된소리 |
| 전세방 | 20672 | 95.37% | 전세 | 방 | 한 | 한 | 2 | 1 | 3 | 된소리 |
| 횟감 | 164853 | 95.20% | 회 | 감 | 한 | 고 | 1 | 1 | 2 | 된소리 |
| 아랫변 | 3620 | 95.11% | 아래 | 변 | 고 | 한 | 2 | 1 | 3 | 된소리 |
| 콧구멍 | 360254 | 95.06% | 코 | 구멍 | 고 | 고 | 1 | 2 | 3 | 된소리 |
| 막내동생 | 82831 | 95.03% | 막내 | 동생 | 고 | 고 | 2 | 2 | 4 | 된소리 |
| 시계줄 | 94820 | 95.03% | 시계 | 줄 | 한 | 고 | 2 | 1 | 3 | 된소리 |
| 귓병 | 20707 | 94.93% | 귀 | 병 | 고 | 한 | 1 | 1 | 2 | 된소리 |
| 혼잣말 | 516345 | 94.67% | 혼자 | 말 | 고 | 고 | 2 | 1 | 3 | ㄴ |
| 횟집 | 1069618 | 94.45% | 회 | 집 | 한 | 고 | 1 | 1 | 2 | 된소리 |
| 아랫돌 | 6404 | 94.23% | 아래 | 돌 | 고 | 고 | 2 | 1 | 3 | 된소리 |
| 쇳덩이 | 42673 | 94.20% | 쇠 | 덩이 | 고 | 고 | 1 | 2 | 3 | 된소리 |
| 노랫말 | 179100 | 94.10% | 노래 | 말 | 고 | 고 | 2 | 1 | 3 | ㄴ |
| 칫솔 | 930457 | 93.98% | 치 | 솔 | 한 | 고 | 1 | 1 | 2 | 된소리 |
| 골칫거리 | 112810 | 93.89% | 골치 | 거리 | 고 | 고 | 2 | 2 | 4 | 된소리 |
| 하룻밤 | 1075119 | 93.65% | 하루 | 밤 | 고 | 고 | 2 | 1 | 3 | 된소리 |
| 세뱃돈 | 196933 | 93.56% | 세배 | 돈 | 한 | 고 | 2 | 1 | 3 | 된소리 |
| 나뭇잎 | 1182143 | 93.40% | 나무 | 잎 | 고 | 고 | 2 | 1 | 3 | ㄴㄴ |
| 뒷일 | 83022 | 93.32% | 뒤 | 일 | 고 | 고 | 1 | 1 | 2 | ㄴㄴ |
| 오랫동안 | 4034186 | 93.12% | 오래 | 동안 | 고 | 고 | 2 | 2 | 4 | 된소리 |
| 귓밥 | 11034 | 92.91% | 귀 | 밥 | 고 | 고 | 1 | 1 | 2 | 된소리 |
| 존댓말 | 452030 | 92.80% | 존대 | 말 | 한 | 고 | 2 | 1 | 3 | ㄴ |
| 체기 | 33382 | 92.63% | 체 | 기 | 한 | 한 | 1 | 1 | 2 | 된소리 |
| 아랫녘 | 5894 | 92.05% | 아래 | 녘 | 고 | 고 | 2 | 1 | 3 | ㄴ |
| 아랫입술 | 103172 | 91.97% | 아래 | 입술 | 고 | 고 | 2 | 2 | 4 | ㄴㄴ |

| 단어 | 계 | | 구성 | | 어종 | | 음절 수 | | | 발음 |
|------|------|------|------|------|------|------|------|------|------|------|
| | 빈도 | 비율 | 선행 | 후행 | 앞 | 뒤 | 앞 | 뒤 | 전체 | |
| 제삿날 | 51467 | 91.56% | 제사 | 날 | 한 | 고 | 2 | 1 | 3 | ㄴ |
| 수돗물 | 371714 | 91.51% | 수도 | 물 | 한 | 고 | 2 | 1 | 3 | ㄴ |
| 혼자몸 | 4134 | 91.10% | 혼자 | 몸 | 고 | 고 | 2 | 1 | 3 | ㄴ |
| 도매값 | 1794 | 90.79% | 도매 | 값 | 한 | 고 | 2 | 1 | 3 | 된소리 |
| 다듬이방망이 | 1556 | 90.73% | 다듬이 | 방망이 | 고 | 고 | 3 | 3 | 6 | 된소리 |
| 하룻강아지 | 10273 | 90.69% | 하루 | 강아지 | 고 | 고 | 2 | 3 | 5 | 된소리 |
| 찻숟갈 | 2576 | 90.58% | 차 | 숟갈 | 고 | 고 | 1 | 2 | 3 | 된소리 |
| 뒷면 | 2699318 | 89.90% | 뒤 | 면 | 고 | 한 | 1 | 1 | 2 | ㄴ |
| 계피가루 | 70895 | 89.46% | 계피 | 가루 | 한 | 고 | 2 | 2 | 4 | 된소리 |
| 비췻빛 | 7946 | 89.15% | 비취 | 빛 | 한 | 고 | 2 | 1 | 3 | 된소리 |
| 낙숫물 | 16264 | 88.60% | 낙수 | 물 | 한 | 고 | 2 | 1 | 3 | ㄴ |
| 아랫면 | 84545 | 87.88% | 아래 | 면 | 고 | 한 | 2 | 1 | 3 | ㄴ |
| 빨래비누 | 24949 | 87.47% | 빨래 | 비누 | 고 | 고 | 2 | 2 | 4 | 된소리 |
| 머릿수 | 58176 | 87.43% | 머리 | 수 | 고 | 한 | 2 | 1 | 3 | 된소리 |
| 간수물 | 122 | 87.36% | 간수 | 물 | 한 | 고 | 2 | 1 | 3 | ㄴ |
| 복숭아빛 | 10839 | 87.33% | 복숭아 | 빛 | 고 | 고 | 3 | 1 | 4 | 된소리 |
| 주사바늘 | 58304 | 87.09% | 주사 | 바늘 | 한 | 고 | 2 | 2 | 4 | 된소리 |
| 낚시바늘 | 40407 | 86.97% | 낚시 | 바늘 | 고 | 고 | 2 | 2 | 4 | 된소리 |
| 혼삿말 | 286 | 86.93% | 혼사 | 말 | 한 | 고 | 2 | 1 | 3 | ㄴ |
| 아랫방 | 7489 | 86.90% | 아래 | 방 | 고 | 한 | 2 | 1 | 3 | 된소리 |
| 색시감 | 3616 | 86.30% | 색시 | 감 | 고 | 고 | 2 | 1 | 3 | 된소리 |
| 외갓집 | 158696 | 85.76% | 외가 | 집 | 한 | 고 | 2 | 1 | 3 | 된소리 |
| 배멀미 | 62030 | 84.58% | 배 | 멀미 | 고 | 고 | 1 | 2 | 3 | ㄴ |
| 아랫길 | 20913 | 84.05% | 아래 | 길 | 고 | 고 | 2 | 1 | 3 | 된소리 |
| 부잣집 | 266713 | 83.81% | 부자 | 집 | 한 | 고 | 2 | 1 | 3 | 된소리 |
| 툇간 | 3238 | 83.52% | 퇴 | 간 | 한 | 한 | 1 | 1 | 2 | 된소리 |
| 빨래방망이 | 2354 | 83.09% | 빨래 | 방망이 | 한 | 한 | 2 | 3 | 5 | 된소리 |
| 기왓장 | 48412 | 82.89% | 기와 | 장 | 고 | 한 | 2 | 1 | 3 | 된소리 |
| 덩치값 | 5612 | 82.69% | 덩치 | 값 | 고 | 고 | 2 | 1 | 3 | 된소리 |
| 탯가락 | 19 | 82.61% | 태 | 가락 | 한 | 고 | 1 | 2 | 3 | 된소리 |
| 고사말 | 14 | 82.35% | 고사 | 말 | 한 | 고 | 2 | 1 | 3 | ㄴ |

| 단어 | 계 | | 구성 | | 어종 | | 음절 수 | | | 발음 |
|---|---|---|---|---|---|---|---|---|---|---|
| | 빈도 | 비율 | 선행 | 후행 | 앞 | 뒤 | 앞 | 뒤 | 전체 | |
| 북어국 | 70717 | 82.26% | 북어 | 국 | 한 | 고 | 2 | 1 | 3 | 된소리 |
| 머릿속 | 2584240 | 81.99% | 머리 | 속 | 고 | 고 | 2 | 1 | 3 | 된소리 |
| 최대값 | 51529 | 81.94% | 최대 | 값 | 한 | 고 | 2 | 1 | 3 | 된소리 |
| 가운뎃손가락 | 11548 | 81.39% | 가운데 | 손가락 | 고 | 고 | 3 | 3 | 6 | 된소리 |
| 옥수수대 | 10070 | 80.96% | 옥수수 | 대 | 고 | 고 | 3 | 1 | 4 | 된소리 |
| 동짓날 | 35496 | 80.96% | 동지 | 날 | 한 | 고 | 2 | 1 | 3 | ㄴ |
| 상아빛 | 4702 | 80.83% | 상아 | 빛 | 한 | 고 | 2 | 1 | 3 | 된소리 |
| 핏덩어리 | 22225 | 80.79% | 피 | 덩어리 | 고 | 고 | 1 | 3 | 4 | 된소리 |
| 낚시배 | 57292 | 80.73% | 날개 | 죽지 | 고 | 고 | 2 | 2 | 4 | 된소리 |
| 종잇장 | 51716 | 80.10% | 종이 | 장 | 고 | 한 | 2 | 1 | 3 | 된소리 |
| 꼭지점 | 116700 | 80.09% | 꼭지 | 점 | 고 | 한 | 2 | 1 | 3 | 된소리 |
| 혼잣몸 | 404 | 8.90% | 혼자 | 몸 | 고 | 고 | 2 | 1 | 3 | ㄴ |
| 수도물 | 34474 | 8.49% | 수도 | 물 | 한 | 고 | 2 | 1 | 3 | ㄴ |
| 제사날 | 4743 | 8.44% | 제사 | 날 | 한 | 고 | 2 | 1 | 3 | ㄴ |
| 아래입술 | 9005 | 8.03% | 아래 | 입술 | 고 | 고 | 2 | 2 | 4 | ㄴㄴ |
| 최소값 | 36350 | 79.80% | 최소 | 값 | 한 | 고 | 2 | 1 | 3 | 된소리 |
| 찻주전자 | 10750 | 79.78% | 차 | 주전자 | 고 | 한 | 1 | 3 | 4 | 된소리 |
| 조갯살 | 54831 | 79.51% | 조개 | 살 | 고 | 고 | 2 | 1 | 3 | 된소리 |
| 콧속 | 97118 | 79.43% | 코 | 속 | 고 | 고 | 1 | 1 | 2 | 된소리 |
| 사잇길 | 73716 | 78.22% | 사이 | 길 | 고 | 고 | 2 | 1 | 3 | 된소리 |
| 백지장 | 51805 | 78.21% | 백지 | 장 | 고 | 고 | 2 | 1 | 3 | 된소리 |
| 나뭇가지 | 575137 | 77.44% | 나무 | 가지 | 고 | 고 | 2 | 2 | 4 | 된소리 |
| 고춧잎 | 21685 | 76.47% | 고추 | 잎 | 고 | 고 | 2 | 1 | 3 | ㄴㄴ |
| 이삿짐 | 423354 | 75.62% | 이사 | 짐 | 한 | 고 | 2 | 1 | 3 | 된소리 |
| 시계바늘 | 54116 | 75.57% | 시계 | 바늘 | 한 | 고 | 2 | 2 | 4 | 된소리 |
| 소주집 | 2731 | 73.79% | 소주 | 집 | 한 | 고 | 2 | 1 | 3 | 된소리 |
| 아랫동네 | 28565 | 73.72% | 아래 | 동네 | 고 | 한고 | 2 | 2 | 4 | 된소리 |
| 담뱃불 | 41398 | 73.63% | 담배 | 불 | 고 | 고 | 2 | 1 | 3 | 된소리 |
| 뼛골 | 4628 | 73.41% | 뼈 | 골 | 고 | 한 | 1 | 1 | 2 | 된소리 |
| 아랫사람 | 81564 | 73.07% | 아래 | 사람 | 고 | 고 | 2 | 2 | 4 | 된소리 |
| 판잣집 | 18709 | 72.96% | 판자 | 집 | 한 | 고 | 2 | 1 | 3 | 된소리 |

| 단어 | 계 | | 구성 | | 어종 | | 음절 수 | | | 발음 |
|---|---|---|---|---|---|---|---|---|---|---|
| | 빈도 | 비율 | 선행 | 후행 | 앞 | 뒤 | 앞 | 뒤 | 전체 | |
| 바닷속 | 345522 | 72.16% | 바다 | 속 | 고 | 고 | 2 | 1 | 3 | 된소리 |
| 가짓수 | 195725 | 71.84% | 가지 | 수 | 고 | 한 | 2 | 1 | 3 | 된소리 |
| 구두방 | 27495 | 71.79% | 구두 | 방 | 고 | 한 | 2 | 1 | 3 | 된소리 |
| 귀가길 | 78984 | 71.34% | 귀가 | 길 | 한 | 고 | 2 | 1 | 3 | 된소리 |
| 미꾸라지국 | 185 | 70.88% | 미꾸라지 | 국 | 고 | 고 | 4 | 1 | 5 | 된소리 |
| 골칫덩어리 | 31708 | 70.04% | 골치 | 덩어리 | 고 | 고 | 2 | 3 | 5 | 된소리 |
| 배냇말 | 7 | 70.00% | 배내 | 말 | 고 | 고 | 2 | 1 | 3 | 된소리 |
| 근삿값 | 10534 | 69.80% | 근사 | 값 | 한 | 고 | 2 | 1 | 3 | 된소리 |
| 소싯적 | 78227 | 69.78% | 소시 | 적 | 한 | 고 | 2 | 1 | 3 | 된소리 |
| 양칫물 | 2209 | 69.62% | 양치 | 물 | 한 | 고 | 2 | 1 | 3 | ㄴ |
| 머릿수건 | 1491 | 69.51% | 머리 | 수건 | 고 | 한 | 2 | 2 | 4 | 된소리 |
| 어깨깃 | 1540 | 69.06% | 어깨 | 깃 | 고 | 고 | 2 | 1 | 3 | 된소리 |
| 고깃덩어리 | 31683 | 68.23% | 고기 | 덩어리 | 고 | 고 | 2 | 3 | 5 | 된소리 |
| 묫자리 | 9313 | 67.36% | 묘 | 자리 | 한 | 고 | 1 | 2 | 3 | 된소리 |
| 날갯짓 | 203683 | 67.04% | 날개 | 짓 | 고 | 고 | 2 | 1 | 3 | 된소리 |
| 뒤쪽 | 645146 | 66.29% | 뒤 | 쪽 | 고 | 고 | 1 | 1 | 2 | 된소리 |
| 단오날 | 8704 | 64.56% | 단오 | 날 | 한 | 고 | 2 | 1 | 3 | ㄴ |
| 김칫독 | 3957 | 64.44% | 김치 | 독 | 고 | 고 | 2 | 1 | 3 | 된소리 |
| 고갯짓 | 24304 | 63.51% | 고개 | 짓 | 고 | 고 | 2 | 1 | 3 | 된소리 |
| 전세집 | 90218 | 63.50% | 전세 | 집 | 한 | 고 | 2 | 1 | 3 | 된소리 |
| 전셋값 | 101057 | 63.23% | 전세 | 값 | 한 | 고 | 2 | 1 | 3 | 된소리 |
| 바위덩어리 | 11918 | 62.93% | 바위 | 덩어리 | 고 | 고 | 2 | 3 | 5 | 된소리 |
| 기차간 | 2300 | 62.50% | 기차 | 간 | 한 | 한 | 2 | 1 | 3 | 된소리 |
| 예삿날 | 96 | 62.34% | 예사 | 날 | 한 | 고 | 2 | 1 | 3 | ㄴ |
| 우스개소리 | 29655 | 61.97% | 우스개 | 소리 | 고 | 고 | 3 | 2 | 5 | 된소리 |
| 아랫부분 | 341033 | 61.92% | 아래 | 부분 | 고 | 한 | 2 | 2 | 4 | 된소리 |
| 세수비누 | 6701 | 61.39% | 세수 | 비누 | 한 | 고 | 2 | 2 | 4 | 된소리 |
| 전깃줄 | 50172 | 61.17% | 전기 | 줄 | 한 | 고 | 2 | 1 | 3 | 된소리 |
| 후춧가루 | 169328 | 60.95% | 후추 | 가루 | 고 | 고 | 2 | 2 | 4 | 된소리 |
| 문젯거리 | 9384 | 60.52% | 문제 | 거리 | 한 | 고 | 2 | 2 | 4 | 된소리 |
| 죗값 | 82356 | 60.27% | 죄 | 값 | 한 | 고 | 1 | 1 | 2 | 된소리 |

| 단어 | 계 | | 구성 | | 어종 | | 음절 수 | | | 발음 |
|---|---|---|---|---|---|---|---|---|---|---|
| | 빈도 | 비율 | 선행 | 후행 | 앞 | 뒤 | 앞 | 뒤 | 전체 | |
| 날갯죽지 | 7314 | 59.89% | 날개 | 죽지 | 고 | 고 | 2 | 2 | 4 | 된소리 |
| 만두국 | 92868 | 58.94% | 만두 | 국 | 한 | 고 | 2 | 1 | 3 | 된소리 |
| 바다물고기 | 12404 | 58.82% | 바다 | 물고기 | 고 | 고 | 2 | 3 | 5 | ㄴ |
| 아랫마을 | 32674 | 58.51% | 아래 | 마을 | 고 | 고 | 2 | 2 | 4 | ㄴ |
| 우유빛 | 77811 | 58.06% | 우유 | 빛 | 한 | 고 | 2 | 1 | 3 | 된소리 |
| 고기집 | 757636 | 57.87% | 고기 | 집 | 고 | 고 | 2 | 1 | 3 | 된소리 |
| 어젯밤 | 1081145 | 57.83% | 어제 | 밤 | 고 | 고 | 2 | 1 | 3 | 된소리 |
| 연두빛 | 81669 | 57.77% | 연두 | 빛 | 한 | 고 | 2 | 1 | 3 | 된소리 |
| 잔칫상 | 25566 | 57.72% | 잔치 | 상 | 고 | 한 | 2 | 1 | 3 | 된소리 |
| 하교길 | 60127 | 57.41% | 하교 | 길 | 한 | 고 | 2 | 1 | 3 | 된소리 |
| 장맛비 | 128187 | 57.06% | 장마 | 비 | 고 | 고 | 2 | 1 | 3 | 된소리 |
| 한가위날 | 1227 | 56.57% | 한가위 | 날 | 고 | 고 | 3 | 1 | 4 | ㄴ |
| 대표값 | 2925 | 56.37% | 대표 | 값 | 한 | 고 | 2 | 1 | 3 | 된소리 |
| 담뱃갑 | 45306 | 55.98% | 담배 | 갑 | 고 | 한 | 2 | 1 | 3 | 된소리 |
| 허리살 | 11834 | 55.76% | 허리 | 살 | 고 | 고 | 2 | 1 | 3 | 된소리 |
| 사잇문 | 639 | 55.61% | 사이 | 문 | 고 | 한 | 2 | 1 | 3 | ㄴ |
| 외가댁 | 31577 | 55.52% | 외가 | 댁 | 한 | 한 | 2 | 1 | 3 | 된소리 |
| 갯수 | 1544655 | 55.30% | 개 | 수 | 한 | 한 | 1 | 1 | 2 | 된소리 |
| 기대값 | 7828 | 54.89% | 기대 | 값 | 한 | 고 | 2 | 1 | 3 | 된소리 |
| 잔치집 | 27204 | 54.86% | 잔치 | 집 | 고 | 고 | 2 | 1 | 3 | 된소리 |
| 주머닛돈 | 1121 | 54.58% | 주머니 | 돈 | 고 | 고 | 3 | 1 | 4 | 된소리 |
| 부좃돈 | 211 | 54.24% | 부조 | 돈 | 한 | 고 | 2 | 1 | 3 | 된소리 |
| 가겟방 | 1123 | 54.23% | 가게 | 방 | 고 | 한 | 2 | 1 | 3 | 된소리 |
| 황톳길 | 18079 | 53.98% | 황토 | 길 | 한 | 고 | 2 | 1 | 3 | 된소리 |
| 과부집 | 883 | 53.55% | 과부 | 집 | 한 | 고 | 2 | 1 | 3 | 된소리 |
| 이야깃거리 | 56650 | 52.79% | 이야기 | 거리 | 고 | 고 | 3 | 2 | 5 | 된소리 |
| 장마날 | 322 | 52.70% | 장마 | 날 | 고 | 고 | 2 | 1 | 3 | ㄴ |
| 마굿간 | 56165 | 52.40% | 마구 | 간 | 한 | 한 | 2 | 1 | 3 | 된소리 |
| 자줏빛 | 82178 | 52.32% | 자주 | 빛 | 한 | 고 | 2 | 1 | 3 | 된소리 |
| 자릿세 | 29805 | 52.29% | 자리 | 세 | 고 | 한 | 2 | 1 | 3 | 된소리 |
| 나이값 | 24490 | 51.25% | 나이 | 값 | 고 | 고 | 2 | 1 | 3 | 된소리 |

| 단어 | 계 | | 구성 | | 어종 | | 음절 수 | | | 발음 |
|---|---|---|---|---|---|---|---|---|---|---|
| | 빈도 | 비율 | 선행 | 후행 | 앞 | 뒤 | 앞 | 뒤 | 전체 | |
| 마루바닥 | 50766 | 51.19% | 마루 | 바닥 | 고 | 고 | 2 | 2 | 4 | 된소리 |
| 가게집 | 3018 | 50.81% | 가게 | 집 | 고 | 고 | 2 | 1 | 3 | 된소리 |
| 다듬잇돌 | 2836 | 50.60% | 다듬이 | 돌 | 고 | 고 | 3 | 1 | 4 | 된소리 |
| 고깃점 | 1470 | 50.58% | 고기 | 점 | 고 | 한 | 2 | 1 | 3 | 된소리 |
| 고기점 | 1436 | 49.42% | 고기 | 점 | 고 | 한 | 2 | 1 | 3 | 된소리 |
| 다듬이돌 | 2769 | 49.40% | 다듬이 | 돌 | 고 | 고 | 3 | 1 | 4 | 된소리 |
| 가겟집 | 2922 | 49.19% | 가게 | 집 | 고 | 고 | 2 | 1 | 3 | 된소리 |
| 마룻바닥 | 48408 | 48.81% | 마루 | 바닥 | 고 | 고 | 2 | 2 | 4 | 된소리 |
| 나잇값 | 23299 | 48.75% | 나이 | 값 | 고 | 고 | 2 | 1 | 3 | 된소리 |
| 자리세 | 27198 | 47.71% | 자리 | 세 | 고 | 한 | 2 | 1 | 3 | 된소리 |
| 자주빛 | 74882 | 47.68% | 자주 | 빛 | 한 | 고 | 2 | 1 | 3 | 된소리 |
| 마구간 | 51011 | 47.60% | 마구 | 간 | 한 | 한 | 2 | 1 | 3 | 된소리 |
| 장맛날 | 289 | 47.30% | 장마 | 날 | 고 | 고 | 2 | 1 | 3 | ㄴ |
| 이야기거리 | 50663 | 47.21% | 이야기 | 거리 | 고 | 고 | 3 | 2 | 5 | 된소리 |
| 과붓집 | 766 | 46.45% | 과부 | 집 | 한 | 고 | 2 | 1 | 3 | 된소리 |
| 황토길 | 15413 | 46.02% | 황토 | 길 | 한 | 고 | 2 | 1 | 3 | 된소리 |
| 가게방 | 948 | 45.77% | 가게 | 방 | 고 | 한 | 2 | 1 | 3 | 된소리 |
| 부조돈 | 178 | 45.76% | 부조 | 돈 | 한 | 고 | 2 | 1 | 3 | 된소리 |
| 주머니돈 | 933 | 45.42% | 주머니 | 돈 | 고 | 고 | 3 | 1 | 4 | 된소리 |
| 잔칫집 | 22383 | 45.14% | 잔치 | 집 | 고 | 고 | 2 | 1 | 3 | 된소리 |
| 기댓값 | 6432 | 45.11% | 기대 | 값 | 한 | 고 | 2 | 1 | 3 | 된소리 |
| 개수 | 1248686 | 44.70% | 개 | 수 | 한 | 한 | 1 | 1 | 2 | 된소리 |
| 외갓댁 | 25293 | 44.48% | 외가 | 댁 | 한 | 한 | 2 | 1 | 3 | 된소리 |
| 사이문 | 510 | 44.39% | 사이 | 문 | 고 | 한 | 2 | 1 | 3 | ㄴ |
| 허릿살 | 9390 | 44.24% | 허리 | 살 | 고 | 고 | 2 | 1 | 3 | 된소리 |
| 담배갑 | 35621 | 44.02% | 담배 | 갑 | 고 | 한 | 2 | 1 | 3 | 된소리 |
| 대푯값 | 2264 | 43.63% | 대표 | 값 | 한 | 고 | 2 | 1 | 3 | 된소리 |
| 한가윗날 | 942 | 43.43% | 한가위 | 날 | 고 | 고 | 3 | 1 | 4 | ㄴ |
| 장마비 | 96474 | 42.94% | 장마 | 비 | 고 | 고 | 2 | 1 | 3 | 된소리 |
| 하굣길 | 44614 | 42.59% | 하교 | 길 | 한 | 고 | 2 | 1 | 3 | 된소리 |
| 잔치상 | 18728 | 42.28% | 잔치 | 상 | 고 | 한 | 2 | 1 | 3 | 된소리 |

| 단어 | 계 | | 구성 | | 어종 | | 음절 수 | | | 발음 |
|---|---|---|---|---|---|---|---|---|---|---|
| | 빈도 | 비율 | 선행 | 후행 | 앞 | 뒤 | 앞 | 뒤 | 전체 | |
| 연둣빛 | 59709 | 42.23% | 연두 | 빛 | 한 | 고 | 2 | 1 | 3 | 된소리 |
| 어제밤 | 788539 | 42.17% | 어제 | 밤 | 고 | 고 | 2 | 1 | 3 | 된소리 |
| 고깃집 | 551630 | 42.13% | 고기 | 집 | 고 | 고 | 2 | 1 | 3 | 된소리 |
| 우윳빛 | 56196 | 41.94% | 우유 | 빛 | 한 | 고 | 2 | 1 | 3 | 된소리 |
| 아래마을 | 23167 | 41.49% | 아래 | 마을 | 고 | 고 | 2 | 2 | 4 | ㄴ |
| 바닷물고기 | 8685 | 41.18% | 바다 | 물고기 | 고 | 고 | 2 | 3 | 5 | ㄴ |
| 만둣국 | 64703 | 41.06% | 만두 | 국 | 한 | 고 | 2 | 1 | 3 | 된소리 |
| 날개죽지 | 4898 | 40.11% | 날개 | 죽지 | 고 | 고 | 2 | 2 | 4 | 된소리 |
| 죗값 | 54285 | 39.73% | 죄 | 값 | 한 | 고 | 1 | 1 | 2 | 된소리 |
| 문제거리 | 6122 | 39.48% | 문제 | 거리 | 한 | 고 | 2 | 2 | 4 | 된소리 |
| 후추가루 | 108468 | 39.05% | 후추 | 가루 | 고 | 고 | 2 | 2 | 4 | 된소리 |
| 전기줄 | 31844 | 38.83% | 전기 | 줄 | 한 | 고 | 2 | 1 | 3 | 된소리 |
| 세숫비누 | 4215 | 38.61% | 세수 | 비누 | 한 | 고 | 2 | 2 | 4 | 된소리 |
| 아래부분 | 209753 | 38.08% | 아래 | 부분 | 고 | 한 | 2 | 2 | 4 | 된소리 |
| 우스갯소리 | 18200 | 38.03% | 우스개 | 소리 | 고 | 고 | 3 | 2 | 5 | 된소리 |
| 예사날 | 58 | 37.66% | 예사 | 날 | 한 | 고 | 2 | 1 | 3 | ㄴ |
| 기찻간 | 1380 | 37.50% | 기차 | 간 | 한 | 한 | 2 | 1 | 3 | 된소리 |
| 바윗덩어리 | 7021 | 37.07% | 바위 | 덩어리 | 고 | 고 | 2 | 3 | 5 | 된소리 |
| 전세값 | 58773 | 36.77% | 전세 | 값 | 한 | 고 | 2 | 1 | 3 | 된소리 |
| 전셋집 | 51859 | 36.50% | 전세 | 집 | 한 | 고 | 2 | 1 | 3 | 된소리 |
| 고개짓 | 13963 | 36.49% | 고개 | 짓 | 고 | 고 | 2 | 1 | 3 | 된소리 |
| 김치독 | 2184 | 35.56% | 김치 | 독 | 고 | 고 | 2 | 1 | 3 | 된소리 |
| 단옷날 | 4777 | 35.44% | 단오 | 날 | 한 | 고 | 2 | 1 | 3 | ㄴ |
| 뒷쪽 | 328106 | 33.71% | 뒤 | 쪽 | 고 | 고 | 1 | 1 | 2 | 된소리 |
| 날갯짓 | 100134 | 32.96% | 날개 | 짓 | 고 | 고 | 2 | 1 | 3 | 된소리 |
| 못자리 | 4512 | 32.64% | 묘 | 자리 | 한 | 고 | 1 | 2 | 3 | 된소리 |
| 고기덩어리 | 14752 | 31.77% | 고기 | 덩어리 | 고 | 고 | 2 | 3 | 5 | 된소리 |
| 어깻짓 | 690 | 30.94% | 어깨 | 짓 | 고 | 고 | 2 | 1 | 3 | 된소리 |
| 머리수건 | 654 | 30.49% | 머리 | 수건 | 고 | 한 | 2 | 2 | 4 | 된소리 |
| 양치물 | 964 | 30.38% | 양치 | 물 | 한 | 고 | 2 | 1 | 3 | ㄴ |
| 소시적 | 33877 | 30.22% | 소시 | 적 | 한 | 고 | 2 | 1 | 3 | 된소리 |

| 단어 | 계 | | 구성 | | 어종 | | 음절 수 | | | 발음 |
|---|---|---|---|---|---|---|---|---|---|---|
| | 빈도 | 비율 | 선행 | 후행 | 앞 | 뒤 | 앞 | 뒤 | 전체 | |
| 근삿값 | 4557 | 30.20% | 근사 | 값 | 한 | 고 | 2 | 1 | 3 | 된소리 |
| 배내말 | 3 | 30.00% | 배내 | 말 | 고 | 고 | 2 | 1 | 3 | 된소리 |
| 골치덩어리 | 13566 | 29.96% | 골치 | 덩어리 | 고 | 고 | 2 | 3 | 5 | 된소리 |
| 미꾸라짓국 | 76 | 29.12% | 미꾸라지 | 국 | 고 | 고 | 4 | 1 | 5 | 된소리 |
| 귀갓길 | 31736 | 28.66% | 귀가 | 길 | 한 | 고 | 2 | 1 | 3 | 된소리 |
| 구둣방 | 10802 | 28.21% | 구두 | 방 | 고 | 한 | 2 | 1 | 3 | 된소리 |
| 가지수 | 76703 | 28.16% | 가지 | 수 | 고 | 한 | 2 | 1 | 3 | 된소리 |
| 바다속 | 133291 | 27.84% | 바다 | 속 | 고 | 고 | 2 | 1 | 3 | 된소리 |
| 판자집 | 6935 | 27.04% | 판자 | 집 | 한 | 고 | 2 | 1 | 3 | 된소리 |
| 아래사람 | 30053 | 26.93% | 아래 | 사람 | 고 | 고 | 2 | 2 | 4 | 된소리 |
| 뼈골 | 1676 | 26.59% | 뼈 | 골 | 고 | 한 | 1 | 1 | 2 | 된소리 |
| 담배불 | 14824 | 26.37% | 담배 | 불 | 고 | 고 | 2 | 1 | 3 | 된소리 |
| 아래동네 | 10182 | 26.28% | 아래 | 동네 | 고 | 한고 | 2 | 2 | 4 | 된소리 |
| 소줏집 | 970 | 26.21% | 소주 | 집 | 한 | 고 | 2 | 1 | 3 | 된소리 |
| 시곗바늘 | 17499 | 24.43% | 시계 | 바늘 | 한 | 고 | 2 | 2 | 4 | 된소리 |
| 이삿짐 | 136489 | 24.38% | 이사 | 짐 | 한 | 고 | 2 | 1 | 3 | 된소리 |
| 고추잎 | 6672 | 23.53% | 고추 | 잎 | 고 | 고 | 2 | 1 | 3 | ㄴㄴ |
| 나무가지 | 167532 | 22.56% | 나무 | 가지 | 고 | 고 | 2 | 2 | 4 | 된소리 |
| 백짓장 | 14433 | 21.79% | 백지 | 장 | 고 | 고 | 2 | 1 | 3 | 된소리 |
| 사이길 | 20528 | 21.78% | 사이 | 길 | 고 | 고 | 2 | 1 | 3 | 된소리 |
| 코속 | 25146 | 20.57% | 코 | 속 | 고 | 고 | 1 | 1 | 2 | 된소리 |
| 조개살 | 14131 | 20.49% | 조개 | 살 | 고 | 고 | 2 | 1 | 3 | 된소리 |
| 차주전자 | 2724 | 20.22% | 차 | 주전자 | 고 | 한 | 1 | 3 | 4 | 된소리 |
| 최솟값 | 9203 | 20.20% | 최소 | 값 | 한 | 고 | 2 | 1 | 3 | 된소리 |
| 꼭짓점 | 29015 | 19.91% | 꼭지 | 점 | 고 | 한 | 2 | 1 | 3 | 된소리 |
| 종이장 | 12846 | 19.90% | 종이 | 장 | 고 | 한 | 2 | 1 | 3 | 된소리 |
| 낚싯배 | 13674 | 19.27% | 날개 | 죽지 | 고 | 고 | 2 | 2 | 4 | 된소리 |
| 피덩어리 | 5286 | 19.21% | 피 | 덩어리 | 고 | 고 | 1 | 3 | 4 | 된소리 |
| 상앗빛 | 1115 | 19.17% | 상아 | 빛 | 한 | 고 | 2 | 1 | 3 | 된소리 |
| 옥수숫대 | 2368 | 19.04% | 옥수수 | 대 | 고 | 고 | 3 | 1 | 4 | 된소리 |
| 동지날 | 8346 | 19.04% | 동지 | 날 | 한 | 고 | 2 | 1 | 3 | ㄴ |

| 단어 | 계 | | 구성 | | 어종 | | 음절 수 | | | 발음 |
|---|---|---|---|---|---|---|---|---|---|---|
| | 빈도 | 비율 | 선행 | 후행 | 앞 | 뒤 | 앞 | 뒤 | 전체 | |
| 가운뎃손가락 | 2640 | 18.61% | 가운데 | 손가락 | 고 | 고 | 3 | 3 | 6 | 된소리 |
| 최댓값 | 11360 | 18.06% | 최대 | 값 | 한 | 고 | 2 | 1 | 3 | 된소리 |
| 머리속 | 567796 | 18.01% | 머리 | 속 | 고 | 고 | 2 | 1 | 3 | 된소리 |
| 북엇국 | 15253 | 17.74% | 북어 | 국 | 한 | 고 | 2 | 1 | 3 | 된소리 |
| 고삿말 | 3 | 17.65% | 고사 | 말 | 한 | 고 | 2 | 1 | 3 | ㄴ |
| 태가락 | 4 | 17.39% | 태 | 가락 | 한 | 고 | 1 | 2 | 3 | 된소리 |
| 덩칫값 | 1175 | 17.31% | 덩치 | 값 | 고 | 고 | 2 | 1 | 3 | 된소리 |
| 기와장 | 9990 | 17.11% | 기와 | 장 | 고 | 한 | 2 | 1 | 3 | 된소리 |
| 빨랫방망이 | 479 | 16.91% | 빨래 | 방망이 | 한 | 한 | 2 | 3 | 5 | 된소리 |
| 퇴간 | 639 | 16.48% | 퇴 | 간 | 한 | 한 | 1 | 1 | 2 | 된소리 |
| 부자집 | 51508 | 16.19% | 부자 | 집 | 한 | 고 | 2 | 1 | 3 | 된소리 |
| 아래길 | 3969 | 15.95% | 아래 | 길 | 고 | 고 | 2 | 1 | 3 | 된소리 |
| 뱃멀미 | 11313 | 15.42% | 배 | 멀미 | 고 | 고 | 1 | 2 | 3 | ㄴ |
| 외가집 | 26358 | 14.24% | 외가 | 집 | 한 | 고 | 2 | 1 | 3 | 된소리 |
| 색싯감 | 574 | 13.70% | 색시 | 감 | 고 | 고 | 2 | 1 | 3 | 된소리 |
| 아래방 | 1129 | 13.10% | 아래 | 방 | 고 | 한 | 2 | 1 | 3 | 된소리 |
| 혼사말 | 43 | 13.07% | 혼사 | 말 | 한 | 고 | 2 | 1 | 3 | ㄴ |
| 낚싯바늘 | 6052 | 13.03% | 낚시 | 바늘 | 고 | 고 | 2 | 2 | 4 | 된소리 |
| 주삿바늘 | 8641 | 12.91% | 주사 | 바늘 | 한 | 고 | 2 | 2 | 4 | 된소리 |
| 복숭앗빛 | 1572 | 12.67% | 복숭아 | 빛 | 고 | 고 | 3 | 1 | 4 | 된소리 |
| 간숫물 | 22 | 12.64% | 간수 | 물 | 한 | 고 | 2 | 1 | 3 | ㄴ |
| 머리수 | 8367 | 12.57% | 머리 | 수 | 고 | 한 | 2 | 1 | 3 | 된소리 |
| 빨랫비누 | 3574 | 12.53% | 빨래 | 비누 | 고 | 고 | 2 | 2 | 4 | 된소리 |
| 아래면 | 11656 | 12.12% | 아래 | 면 | 고 | 한 | 2 | 1 | 3 | ㄴ |
| 낙수물 | 2092 | 11.40% | 낙수 | 물 | 한 | 고 | 2 | 1 | 3 | ㄴ |
| 비췻빛 | 967 | 10.85% | 비취 | 빛 | 한 | 고 | 2 | 1 | 3 | 된소리 |
| 계핏가루 | 8354 | 10.54% | 계피 | 가루 | 한 | 고 | 2 | 2 | 4 | 된소리 |
| 뒤면 | 303348 | 10.10% | 뒤 | 면 | 고 | 한 | 1 | 1 | 2 | ㄴ |
| 차숟갈 | 268 | 9.42% | 차 | 숟갈 | 고 | 고 | 1 | 2 | 3 | 된소리 |
| 하루강아지 | 1054 | 9.31% | 하루 | 강아지 | 고 | 고 | 2 | 3 | 5 | 된소리 |
| 다듬잇방망이 | 159 | 9.27% | 다듬이 | 방망이 | 고 | 고 | 3 | 3 | 6 | 된소리 |

| 단어 | 계 | | 구성 | | 어종 | | 음절 수 | | | 발음 |
|---|---|---|---|---|---|---|---|---|---|---|
| | 빈도 | 비율 | 선행 | 후행 | 앞 | 뒤 | 앞 | 뒤 | 전체 | |
| 도맷값 | 182 | 9.21% | 도매 | 값 | 한 | 고 | 2 | 1 | 3 | 된소리 |
| 아래녘 | 509 | 7.95% | 아래 | 녘 | 고 | 고 | 2 | 1 | 3 | ㄴ |
| 쳇기 | 2656 | 7.37% | 체 | 기 | 한 | 한 | 1 | 1 | 2 | 된소리 |
| 존댓말 | 35070 | 7.20% | 존대 | 말 | 한 | 고 | 2 | 1 | 3 | ㄴ |
| 귓밥 | 842 | 7.09% | 귀 | 밥 | 고 | 고 | 1 | 1 | 2 | 된소리 |
| 오래동안 | 298197 | 6.88% | 오래 | 동안 | 고 | 고 | 2 | 2 | 4 | 된소리 |
| 뒷일 | 5943 | 6.68% | 뒤 | 일 | 고 | 고 | 1 | 1 | 2 | ㄴㄴ |
| 나뭇잎 | 83539 | 6.60% | 나무 | 잎 | 고 | 고 | 2 | 1 | 3 | ㄴㄴ |
| 세뱃돈 | 13560 | 6.44% | 세배 | 돈 | 한 | 고 | 2 | 1 | 3 | 된소리 |
| 하룻밤 | 72929 | 6.35% | 하루 | 밤 | 고 | 고 | 2 | 1 | 3 | 된소리 |
| 골칫거리 | 7346 | 6.11% | 골치 | 거리 | 고 | 고 | 2 | 2 | 4 | 된소리 |
| 칫솔 | 59638 | 6.02% | 치 | 솔 | 한 | 고 | 1 | 1 | 2 | 된소리 |
| 노랫말 | 11231 | 5.90% | 노래 | 말 | 고 | 고 | 2 | 1 | 3 | ㄴ |
| 쇳덩이 | 2629 | 5.80% | 쇠 | 덩이 | 고 | 고 | 1 | 2 | 3 | 된소리 |
| 아랫돌 | 392 | 5.77% | 아래 | 돌 | 고 | 고 | 2 | 1 | 3 | 된소리 |
| 횟집 | 62804 | 5.55% | 회 | 집 | 한 | 고 | 1 | 1 | 2 | 된소리 |
| 혼잣말 | 29069 | 5.33% | 혼자 | 말 | 고 | 고 | 2 | 1 | 3 | ㄴ |
| 귓병 | 1106 | 5.07% | 귀 | 병 | 고 | 한 | 1 | 1 | 2 | 된소리 |
| 막냇동생 | 4331 | 4.97% | 막내 | 동생 | 고 | 고 | 2 | 2 | 4 | 된소리 |
| 시곗줄 | 4960 | 4.97% | 시계 | 줄 | 한 | 고 | 2 | 1 | 3 | 된소리 |
| 콧구멍 | 18705 | 4.94% | 코 | 구멍 | 고 | 고 | 1 | 2 | 3 | 된소리 |
| 아랫변 | 186 | 4.89% | 아래 | 변 | 고 | 한 | 2 | 1 | 3 | 된소리 |
| 횟감 | 8305 | 4.80% | 회 | 감 | 한 | 고 | 1 | 1 | 2 | 된소리 |
| 전셋방 | 1003 | 4.63% | 전세 | 방 | 한 | 한 | 2 | 1 | 3 | 된소리 |
| 피잣집 | 229 | 4.56% | 피자 | 집 | 외 | 고 | 2 | 1 | 3 | 된소리 |
| 나그넷길 | 694 | 4.52% | 나그네 | 길 | 고 | 고 | 3 | 1 | 4 | 된소리 |
| 국숫집 | 10591 | 4.34% | 국수 | 집 | 고 | 고 | 2 | 1 | 3 | 된소리 |
| 비눗물 | 2691 | 4.29% | 비누 | 물 | 고 | 고 | 2 | 1 | 3 | ㄴ |
| 윗돌 | 409 | 4.23% | 위 | 돌 | 고 | 고 | 1 | 1 | 2 | 된소리 |
| 뭇국 | 10078 | 4.14% | 무 | 국 | 고 | 고 | 1 | 1 | 2 | 된소리 |
| 가운뎃발가락 | 52 | 4.08% | 가운데 | 발가락 | 고 | 고 | 3 | 3 | 6 | 된소리 |

| 단어 | 계 | | 구성 | | 어종 | | 음절 수 | | | 발음 |
|---|---|---|---|---|---|---|---|---|---|---|
| | 빈도 | 비율 | 선행 | 후행 | 앞 | 뒤 | 앞 | 뒤 | 전체 | |
| 방아간 | 15465 | 3.96% | 방아 | 간 | 고 | 한 | 2 | 1 | 3 | 된소리 |
| 세수물 | 264 | 3.92% | 세수 | 물 | 한 | 고 | 2 | 1 | 3 | ㄴ |
| 생맥줏집 | 375 | 3.27% | 생맥주 | 집 | 한 | 고 | 3 | 1 | 4 | 된소리 |
| 시체말 | 1275 | 3.26% | 시체 | 말 | 한 | 고 | 2 | 1 | 3 | ㄴ |
| 뒤바퀴 | 8107 | 3.04% | 뒤 | 바퀴 | 고 | 고 | 1 | 2 | 3 | 된소리 |
| 거랫날 | 17 | 3.03% | 거래 | 날 | 한 | 고 | 2 | 1 | 3 | ㄴ |
| 두붓국 | 386 | 2.96% | 두부 | 국 | 한 | 고 | 2 | 1 | 3 | 된소리 |
| 재빛 | 7587 | 2.92% | 재 | 빛 | 고 | 고 | 1 | 1 | 2 | 된소리 |
| 계날 | 301 | 2.79% | 계 | 날 | 한 | 고 | 1 | 1 | 2 | ㄴ |
| 뒤모양 | 302 | 2.68% | 뒤 | 모양 | 고 | 한 | 1 | 2 | 3 | ㄴ |
| 베갯잇 | 555 | 2.17% | 베개 | 잇 | 고 | 고 | 2 | 1 | 3 | ㄴㄴ |
| 뒷산 | 10279 | 2.15% | 뒤 | 산 | 고 | 한 | 1 | 1 | 2 | 된소리 |
| 뒷줄 | 2330 | 2.15% | 뒤 | 줄 | 고 | 고 | 1 | 1 | 2 | 된소리 |
| 맥줏집 | 4571 | 2.10% | 맥주 | 집 | 한 | 고 | 2 | 1 | 3 | 된소리 |
| 소줏병 | 1359 | 2.09% | 소주 | 병 | 한 | 한 | 2 | 1 | 3 | 된소리 |
| 초깃값 | 381 | 2.06% | 초기 | 값 | 한 | 고 | 2 | 1 | 3 | 된소리 |
| 뒷간 | 793 | 1.99% | 뒤 | 간 | 고 | 한 | 1 | 1 | 2 | 된소리 |
| 아래목 | 1680 | 1.95% | 아래 | 목 | 고 | 고 | 2 | 1 | 3 | ㄴ |
| 뒷장 | 3374 | 1.92% | 뒤 | 장 | 고 | 한 | 1 | 1 | 2 | 된소리 |
| 번짓수 | 609 | 1.73% | 번지 | 수 | 한 | 한 | 2 | 1 | 3 | 된소리 |
| 허드레일 | 704 | 1.70% | 허드레 | 일02 | 고 | 고 | 3 | 1 | 4 | ㄴㄴ |
| 뒷방 | 706 | 1.69% | 뒤 | 방 | 고 | 한 | 1 | 1 | 2 | 된소리 |
| 핏물 | 4689 | 1.57% | 피 | 물 | 고 | 고 | 1 | 1 | 2 | ㄴ |
| 찻잔 | 7456 | 1.51% | 차 | 잔 | 고 | 한 | 1 | 1 | 2 | 된소리 |
| 만홧가게 | 89 | 1.49% | 만화 | 가게 | 한 | 고 | 2 | 2 | 4 | 된소리 |
| 바닷물 | 11404 | 1.49% | 바다 | 물 | 고 | 고 | 2 | 1 | 3 | ㄴ |
| 막냇삼촌 | 128 | 1.49% | 막내 | 삼촌 | 고 | 한 | 2 | 2 | 4 | 된소리 |
| 뒷벽 | 228 | 1.48% | 뒤 | 벽 | 고 | 한 | 1 | 1 | 2 | 된소리 |
| 윗녘 | 19 | 1.40% | 위 | 녘 | 고 | 고 | 1 | 1 | 2 | ㄴ |
| 빗줄기 | 3160 | 1.19% | 비 | 줄기 | 고 | 고 | 1 | 2 | 3 | 된소리 |
| 뒷부분 | 12170 | 1.10% | 뒤 | 부분 | 고 | 한 | 1 | 2 | 3 | 된소리 |

| 단어 | 계 | | 구성 | | 어종 | | 음절 수 | | | 발음 |
|------|------|------|------|------|------|------|------|------|------|------|
| | 빈도 | 비율 | 선행 | 후행 | 앞 | 뒤 | 앞 | 뒤 | 전체 | |
| 뫼자리 | 85 | 1.09% | 뫼 | 자리 | 고 | 고 | 1 | 2 | 3 | 된소리 |
| 뒷문 | 4179 | 1.08% | 뒤 | 문 | 고 | 한 | 1 | 1 | 2 | ㄴ |
| 위집 | 1455 | 1.03% | 위 | 집 | 고 | 고 | 1 | 1 | 2 | 된소리 |
| 이마살 | 252 | 1.02% | 이마 | 살 | 고 | 고 | 2 | 1 | 3 | 된소리 |
| 뒤목 | 3557 | 1.01% | 뒤 | 목 | 고 | 고 | 1 | 1 | 2 | ㄴ |
| 산봇길 | 18 | 1.01% | 산보 | 길 | 한 | 고 | 2 | 1 | 3 | 된소리 |
| 뒤걸음 | 622 | 0.97% | 뒤 | 걸음 | 고 | 고 | 1 | 2 | 3 | 된소리 |
| 뒤굽 | 948 | 0.94% | 뒤 | 굽 | 고 | 고 | 1 | 1 | 2 | 된소리 |
| 배살 | 14519 | 0.91% | 배 | 살 | 고 | 고 | 1 | 1 | 2 | 된소리 |
| 뒤심 | 980 | 0.90% | 뒤 | 심 | 고 | 고 | 1 | 1 | 2 | 된소리 |
| 배머리 | 534 | 0.85% | 배 | 머리 | 고 | 고 | 1 | 2 | 3 | ㄴ |
| 퇴마루 | 562 | 0.85% | 퇴 | 마루 | 한 | 고 | 1 | 2 | 3 | ㄴ |
| 초농 | 361 | 0.81% | 초 | 농 | 고 | 한 | 1 | 1 | 2 | ㄴ |
| 위사람 | 1586 | 0.79% | 위 | 사람 | 고 | 고 | 1 | 2 | 3 | 된소리 |
| 위눈썹 | 21 | 0.73% | 위 | 눈썹 | 고 | 고 | 1 | 2 | 3 | ㄴ |
| 최젓값 | 34 | 0.70% | 최저 | 값 | 한 | 고 | 2 | 1 | 3 | 된소리 |
| 뒤받침 | 7307 | 0.70% | 뒤 | 받침 | 고 | 고 | 1 | 2 | 3 | 된소리 |
| 뒤수습 | 313 | 0.66% | 뒤 | 수습 | 고 | 한 | 1 | 2 | 3 | 된소리 |
| 아래도리 | 494 | 0.65% | 아래 | 도리 | 고 | 고 | 2 | 2 | 4 | 된소리 |
| 위마을 | 81 | 0.64% | 위 | 마을 | 고 | 고 | 1 | 2 | 3 | ㄴ |
| 해빛 | 24195 | 0.61% | 해 | 빛 | 고 | 고 | 1 | 1 | 2 | 된소리 |
| 뒤주머니 | 544 | 0.60% | 뒤 | 주머니 | 고 | 고 | 1 | 3 | 4 | 된소리 |
| 뒤정리 | 1312 | 0.59% | 뒤 | 정리 | 고 | 한 | 1 | 2 | 3 | 된소리 |
| 요새말 | 28 | 0.58% | 요새 | 말 | 고 | 고 | 2 | 1 | 3 | ㄴ |
| 옥수숫가루 | 103 | 0.57% | 옥수수 | 가루 | 고 | 고 | 3 | 2 | 5 | 된소리 |
| 뒤바라지 | 924 | 0.57% | 뒤 | 바라지 | 고 | 고 | 1 | 3 | 4 | 된소리 |
| 초불 | 8784 | 0.57% | 초 | 불 | 고 | 고 | 1 | 1 | 2 | 된소리 |
| 뒤지느러미 | 19 | 0.55% | 뒤 | 지느러미 | 고 | 고 | 1 | 4 | 5 | 된소리 |
| 위도리 | 406 | 0.55% | 위 | 도리 | 고 | 고 | 1 | 2 | 3 | 된소리 |
| 시내물 | 1043 | 0.51% | 시내 | 물 | 고 | 고 | 2 | 1 | 3 | ㄴ |
| 뒤사람 | 781 | 0.48% | 뒤 | 사람 | 고 | 고 | 1 | 2 | 3 | 된소리 |

| 단어 | 계 | | 구성 | | 어종 | | 음절 수 | | | 발음 |
|---|---|---|---|---|---|---|---|---|---|---|
| | 빈도 | 비율 | 선행 | 후행 | 앞 | 뒤 | 앞 | 뒤 | 전체 | |
| 코물 | 7037 | 0.48% | 코 | 물 | 고 | 고 | 1 | 1 | 2 | ㄴ |
| 아래배 | 3323 | 0.47% | 아내 | 배 | 고 | 고 | 2 | 1 | 3 | 된소리 |
| 뒤날 | 340 | 0.45% | 뒤 | 날 | 고 | 고 | 1 | 1 | 2 | ㄴ |
| 구굿셈 | 9 | 0.42% | 구구 | 셈 | 한 | 고 | 2 | 1 | 3 | 된소리 |
| 뒤마무리 | 142 | 0.40% | 뒤 | 마무리 | 고 | 고 | 1 | 3 | 4 | ㄴ |
| 뒤머리 | 1173 | 0.35% | 뒤 | 머리 | 고 | 고 | 1 | 2 | 3 | ㄴ |
| 뒤골목 | 1183 | 0.32% | 뒤 | 골목 | 고 | 고 | 1 | 2 | 3 | 된소리 |
| 뒤감당 | 216 | 0.32% | 뒤 | 감당 | 고 | 한 | 1 | 2 | 3 | 된소리 |
| 뒤모습 | 7001 | 0.31% | 뒤 | 모습 | 고 | 고 | 1 | 2 | 3 | ㄴ |
| 뒤조사 | 181 | 0.26% | 뒤 | 조사 | 고 | 한 | 1 | 2 | 3 | 된소리 |
| 떼목 | 260 | 0.24% | 떼 | 목 | 고 | 한 | 1 | 1 | 2 | ㄴ |
| 패말 | 671 | 0.22% | 패 | 말 | 한 | 고 | 1 | 1 | 2 | ㄴ |
| 위입술 | 154 | 0.19% | 위 | 입술 | 고 | 고 | 1 | 2 | 3 | ㄴㄴ |
| 뒤이야기 | 279 | 0.17% | 뒤 | 이야기 | 고 | 고 | 1 | 3 | 4 | ㄴㄴ |
| 뒤얘기 | 90 | 0.16% | 뒤 | 얘기 | 고 | 고 | 1 | 2 | 3 | ㄴㄴ |
| 후날 | 973 | 0.13% | 후 | 날 | 한 | 고 | 1 | 1 | 2 | ㄴ |
| 배노래 | 46 | 0.13% | 배 | 노래 | 고 | 고 | 1 | 2 | 3 | ㄴ |
| 해살 | 6312 | 0.12% | 해 | 살 | 고 | 고 | 1 | 1 | 2 | 된소리 |
| 자줏색 | 307 | 0.10% | 자주 | 색 | 한 | 한 | 2 | 1 | 3 | 된소리 |
| 뒤거래 | 64 | 0.09% | 뒤 | 거래 | 고 | 한 | 1 | 2 | 3 | 된소리 |
| 뒤다리 | 248 | 0.08% | 뒤 | 다리 | 고 | 고 | 1 | 2 | 3 | 된소리 |
| 맥줏병 | 62 | 0.06% | 맥주 | 병 | 한 | 한 | 2 | 1 | 3 | 된소리 |
| 뒤맛 | 95 | 0.05% | 뒤 | 맛 | 고 | 고 | 1 | 1 | 2 | ㄴ |
| 귀에말 | 6 | 0.05% | 귀에 | 말 | 고 | 고 | 2 | 1 | 3 | ㄴ |
| 저가락 | 276 | 0.02% | 저 | 가락 | 고 | 고 | 1 | 2 | 3 | 된소리 |
| 연두색 | 31 | 0.01% | 연두 | 색 | 한 | 한 | 2 | 1 | 3 | 된소리 |
| 남자주빛 | 0 | 0.00% | 남자주 | 빛 | 한 | 고 | 3 | 1 | 4 | 된소리 |
| 주슷병 | 0 | 0.00% | 주스 | 병 | 외 | 한 | 2 | 1 | 3 | 된소리 |
| 페틋병 | 1 | 0.00% | 페트 | 병 | 외 | 한 | 2 | 1 | 3 | 된소리 |

## <부록 2-3> 국립국어원(2017)의 실태 조사 어휘별 결과(가나다순)

| 단어 | 계 | | 구성 | | 어종 | | 음절 수 | | | 발음 |
|---|---|---|---|---|---|---|---|---|---|---|
| | 빈도 | 비율 | 선행 | 후행 | 앞 | 뒤 | 앞 | 뒤 | 전체 | |
| 가게방 | 948 | 45.77% | 가게 | 방 | 고 | 한 | 2 | 1 | 3 | 된소리 |
| 가게집 | 3018 | 50.81% | 가게 | 집 | 고 | 고 | 2 | 1 | 3 | 된소리 |
| 가겟방 | 1123 | 54.23% | 가게 | 방 | 고 | 한 | 2 | 1 | 3 | 된소리 |
| 가겟집 | 2922 | 49.19% | 가게 | 집 | 고 | 고 | 2 | 1 | 3 | 된소리 |
| 가운데발가락 | 1221 | 95.92% | 가운데 | 발가락 | 고 | 고 | 3 | 3 | 6 | 된소리 |
| 가운뎃발가락 | 52 | 4.08% | 가운데 | 발가락 | 고 | 고 | 3 | 3 | 6 | 된소리 |
| 가운뎃손가락 | 2640 | 18.61% | 가운데 | 손가락 | 고 | 고 | 3 | 3 | 6 | 된소리 |
| 가운뎃손가락 | 11548 | 81.39% | 가운데 | 손가락 | 고 | 고 | 3 | 3 | 6 | 된소리 |
| 가지수 | 76703 | 28.16% | 가지 | 수 | 고 | 한 | 2 | 1 | 3 | 된소리 |
| 가짓수 | 195725 | 71.84% | 가지 | 수 | 고 | 한 | 2 | 1 | 3 | 된소리 |
| 간수물 | 122 | 87.36% | 간수 | 물 | 한 | 고 | 2 | 1 | 3 | ㄴ |
| 간숫물 | 22 | 12.64% | 간수 | 물 | 한 | 고 | 2 | 1 | 3 | ㄴ |
| 개수 | 1248686 | 44.70% | 개 | 수 | 한 | 한 | 1 | 1 | 2 | 된소리 |
| 갯수 | 1544655 | 55.30% | 개 | 수 | 한 | 한 | 1 | 1 | 2 | 된소리 |
| 거래날 | 544 | 96.97% | 거래 | 날 | 한 | 고 | 2 | 1 | 3 | ㄴ |
| 거랫날 | 17 | 3.03% | 거래 | 날 | 한 | 고 | 2 | 1 | 3 | ㄴ |
| 계날 | 301 | 2.79% | 계 | 날 | 한 | 고 | 1 | 1 | 2 | ㄴ |
| 계피가루 | 70895 | 89.46% | 계피 | 가루 | 한 | 고 | 2 | 2 | 4 | 된소리 |
| 계핏가루 | 8354 | 10.54% | 계피 | 가루 | 한 | 고 | 2 | 2 | 4 | 된소리 |
| 곗날 | 10484 | 97.21% | 계 | 날 | 한 | 고 | 1 | 1 | 2 | ㄴ |
| 고개짓 | 13963 | 36.49% | 고개 | 짓 | 고 | 고 | 2 | 1 | 3 | 된소리 |
| 고갯짓 | 24304 | 63.51% | 고개 | 짓 | 고 | 고 | 2 | 1 | 3 | 된소리 |
| 고기덩어리 | 14752 | 31.77% | 고기 | 덩어리 | 고 | 고 | 2 | 3 | 5 | 된소리 |
| 고기점 | 1436 | 49.42% | 고기 | 점 | 고 | 한 | 2 | 1 | 3 | 된소리 |
| 고기집 | 757636 | 57.87% | 고기 | 집 | 고 | 고 | 2 | 1 | 3 | 된소리 |
| 고깃덩어리 | 31683 | 68.23% | 고기 | 덩어리 | 고 | 고 | 2 | 3 | 5 | 된소리 |
| 고깃점 | 1470 | 50.58% | 고기 | 점 | 고 | 한 | 2 | 1 | 3 | 된소리 |
| 고깃집 | 551630 | 42.13% | 고기 | 집 | 고 | 고 | 2 | 1 | 3 | 된소리 |
| 고사말 | 14 | 82.35% | 고사 | 말 | 한 | 고 | 2 | 1 | 3 | ㄴ |

| 단어 | 계 | | 구성 | | 어종 | | 음절 수 | | | 발음 |
|---|---|---|---|---|---|---|---|---|---|---|
| | 빈도 | 비율 | 선행 | 후행 | 앞 | 뒤 | 앞 | 뒤 | 전체 | |
| 고삿말 | 3 | 17.65% | 고사 | 말 | 한 | 고 | 2 | 1 | 3 | ㄴ |
| 고추잎 | 6672 | 23.53% | 고추 | 잎 | 고 | 고 | 2 | 1 | 3 | ㄴㄴ |
| 고춧잎 | 21685 | 76.47% | 고추 | 잎 | 고 | 고 | 2 | 1 | 3 | ㄴㄴ |
| 골치거리 | 7346 | 6.11% | 골치 | 거리 | 고 | 고 | 2 | 2 | 4 | 된소리 |
| 골치덩어리 | 13566 | 29.96% | 골치 | 덩어리 | 고 | 고 | 2 | 3 | 5 | 된소리 |
| 골칫거리 | 112810 | 93.89% | 골치 | 거리 | 고 | 고 | 2 | 2 | 4 | 된소리 |
| 골칫덩어리 | 31708 | 70.04% | 골치 | 덩어리 | 고 | 고 | 2 | 3 | 5 | 된소리 |
| 과부집 | 883 | 53.55% | 과부 | 집 | 한 | 고 | 2 | 1 | 3 | 된소리 |
| 과붓집 | 766 | 46.45% | 과부 | 집 | 한 | 고 | 2 | 1 | 3 | 된소리 |
| 구구셈 | 2149 | 99.58% | 구구 | 셈 | 한 | 고 | 2 | 1 | 3 | 된소리 |
| 구굿셈 | 9 | 0.42% | 구구 | 셈 | 한 | 고 | 2 | 1 | 3 | 된소리 |
| 구두방 | 27495 | 71.79% | 구두 | 방 | 고 | 한 | 2 | 1 | 3 | 된소리 |
| 구둣방 | 10802 | 28.21% | 구두 | 방 | 고 | 한 | 2 | 1 | 3 | 된소리 |
| 국수집 | 233699 | 95.66% | 국수 | 집 | 고 | 고 | 2 | 1 | 3 | 된소리 |
| 국숫집 | 10591 | 4.34% | 국수 | 집 | 고 | 고 | 2 | 1 | 3 | 된소리 |
| 귀가길 | 78984 | 71.34% | 귀가 | 길 | 한 | 고 | 2 | 1 | 3 | 된소리 |
| 귀갓길 | 31736 | 28.66% | 귀가 | 길 | 한 | 고 | 2 | 1 | 3 | 된소리 |
| 귀밥 | 842 | 7.09% | 귀 | 밥 | 고 | 고 | 1 | 1 | 2 | 된소리 |
| 귀병 | 1106 | 5.07% | 귀 | 병 | 고 | 한 | 1 | 1 | 2 | 된소리 |
| 귀에말 | 6 | 0.05% | 귀에 | 말 | 고 | 고 | 2 | 1 | 3 | ㄴ |
| 귀엣말 | 13257 | 99.95% | 귀에 | 말 | 고 | 고 | 2 | 1 | 3 | ㄴ |
| 귓밥 | 11034 | 92.91% | 귀 | 밥 | 고 | 고 | 1 | 1 | 2 | 된소리 |
| 귓병 | 20707 | 94.93% | 귀 | 병 | 고 | 한 | 1 | 1 | 2 | 된소리 |
| 근사값 | 10534 | 69.80% | 근사 | 값 | 한 | 고 | 2 | 1 | 3 | 된소리 |
| 근삿값 | 4557 | 30.20% | 근사 | 값 | 한 | 고 | 2 | 1 | 3 | 된소리 |
| 기대값 | 7828 | 54.89% | 기대 | 값 | 한 | 고 | 2 | 1 | 3 | 된소리 |
| 기댓값 | 6432 | 45.11% | 기대 | 값 | 한 | 고 | 2 | 1 | 3 | 된소리 |
| 기와장 | 9990 | 17.11% | 기와 | 장 | 고 | 한 | 2 | 1 | 3 | 된소리 |
| 기왓장 | 48412 | 82.89% | 기와 | 장 | 고 | 한 | 2 | 1 | 3 | 된소리 |
| 기차간 | 2300 | 62.50% | 기차 | 간 | 한 | 한 | 2 | 1 | 3 | 된소리 |
| 기찻간 | 1380 | 37.50% | 기차 | 간 | 한 | 한 | 2 | 1 | 3 | 된소리 |

| 단어 | 계 | | 구성 | | 어종 | | 음절 수 | | | 발음 |
|---|---|---|---|---|---|---|---|---|---|---|
| | 빈도 | 비율 | 선행 | 후행 | 앞 | 뒤 | 앞 | 뒤 | 전체 | |
| 김치독 | 2184 | 35.56% | 김치 | 독 | 고 | 고 | 2 | 1 | 3 | 된소리 |
| 김칫독 | 3957 | 64.44% | 김치 | 독 | 고 | 고 | 2 | 1 | 3 | 된소리 |
| 꼭지점 | 116700 | 80.09% | 꼭지 | 점 | 고 | 한 | 2 | 1 | 3 | 된소리 |
| 꼭짓점 | 29015 | 19.91% | 꼭지 | 점 | 고 | 한 | 2 | 1 | 3 | 된소리 |
| 나그네길 | 14659 | 95.48% | 나그네 | 길 | 고 | 고 | 3 | 1 | 4 | 된소리 |
| 나그넷길 | 694 | 4.52% | 나그네 | 길 | 고 | 고 | 3 | 1 | 4 | 된소리 |
| 나무가지 | 167532 | 22.56% | 나무 | 가지 | 고 | 고 | 2 | 2 | 4 | 된소리 |
| 나무잎 | 83539 | 6.60% | 나무 | 잎 | 고 | 고 | 2 | 1 | 3 | ㄴㄴ |
| 나뭇가지 | 575137 | 77.44% | 나무 | 가지 | 고 | 고 | 2 | 1 | 4 | 된소리 |
| 나뭇잎 | 1182143 | 93.40% | 나무 | 잎 | 고 | 고 | 2 | 1 | 3 | ㄴㄴ |
| 나이값 | 24490 | 51.25% | 나이 | 값 | 고 | 고 | 2 | 1 | 3 | 된소리 |
| 나잇값 | 23299 | 48.75% | 나이 | 값 | 고 | 고 | 2 | 1 | 3 | 된소리 |
| 낙수물 | 2092 | 11.40% | 낙수 | 물 | 한 | 고 | 2 | 1 | 3 | ㄴ |
| 낙숫물 | 16264 | 88.60% | 낙수 | 물 | 한 | 고 | 2 | 1 | 3 | ㄴ |
| 낚시바늘 | 40407 | 86.97% | 낚시 | 바늘 | 고 | 고 | 2 | 2 | 4 | 된소리 |
| 낚시배 | 57292 | 80.73% | 날개 | 죽지 | 고 | 고 | 2 | 2 | 4 | 된소리 |
| 낚싯바늘 | 6052 | 13.03% | 낚시 | 바늘 | 고 | 고 | 2 | 2 | 4 | 된소리 |
| 낚싯배 | 13674 | 19.27% | 날개 | 죽지 | 고 | 고 | 2 | 2 | 4 | 된소리 |
| 날개죽지 | 4898 | 40.11% | 날개 | 죽지 | 고 | 고 | 2 | 2 | 4 | 된소리 |
| 날개짓 | 203683 | 67.04% | 날개 | 짓 | 고 | 고 | 2 | 1 | 3 | 된소리 |
| 날갯죽지 | 7314 | 59.89% | 날개 | 죽지 | 고 | 고 | 2 | 2 | 4 | 된소리 |
| 날갯짓 | 100134 | 32.96% | 날개 | 짓 | 고 | 고 | 2 | 1 | 3 | 된소리 |
| 남자주빛 | 0 | 0.00% | 남자주 | 빛 | 한 | 고 | 3 | 1 | 4 | 된소리 |
| 남자줏빛 | 4 | 100.00% | 남자주 | 빛 | 한 | 고 | 3 | 1 | 4 | 된소리 |
| 노래말 | 11231 | 5.90% | 노래 | 말 | 고 | 고 | 2 | 1 | 3 | ㄴ |
| 노랫말 | 179100 | 94.10% | 노래 | 말 | 고 | 고 | 2 | 1 | 3 | ㄴ |
| 다듬이돌 | 2769 | 49.40% | 다듬이 | 돌 | 고 | 고 | 3 | 1 | 4 | 된소리 |
| 다듬이방망이 | 1556 | 90.73% | 다듬이 | 방망이 | 고 | 고 | 3 | 3 | 6 | 된소리 |
| 다듬잇돌 | 2836 | 50.60% | 다듬이 | 돌 | 고 | 고 | 3 | 1 | 4 | 된소리 |
| 다듬잇방망이 | 159 | 9.27% | 다듬이 | 방망이 | 고 | 고 | 3 | 3 | 6 | 된소리 |
| 단오날 | 8704 | 64.56% | 단오 | 날 | 한 | 고 | 2 | 1 | 3 | ㄴ |

| 단어 | 계 | | 구성 | | 어종 | | 음절 수 | | | 발음 |
|---|---|---|---|---|---|---|---|---|---|---|
| | 빈도 | 비율 | 선행 | 후행 | 앞 | 뒤 | 앞 | 뒤 | 전체 | |
| 단옷날 | 4777 | 35.44% | 단오 | 날 | 한 | 고 | 2 | 1 | 3 | ㄴ |
| 담배갑 | 35621 | 44.02% | 담배 | 갑 | 고 | 한 | 2 | 1 | 3 | 된소리 |
| 담배불 | 14824 | 26.37% | 담배 | 불 | 고 | 고 | 2 | 1 | 3 | 된소리 |
| 담뱃갑 | 45306 | 55.98% | 담배 | 갑 | 고 | 한 | 2 | 1 | 3 | 된소리 |
| 담뱃불 | 41398 | 73.63% | 담배 | 불 | 고 | 고 | 2 | 1 | 3 | 된소리 |
| 대표값 | 2925 | 56.37% | 대표 | 값 | 한 | 고 | 2 | 1 | 3 | 된소리 |
| 대푯값 | 2264 | 43.63% | 대표 | 값 | 한 | 고 | 2 | 1 | 3 | 된소리 |
| 덩치값 | 5612 | 82.69% | 덩치 | 값 | 고 | 고 | 2 | 1 | 3 | 된소리 |
| 덩칫값 | 1175 | 17.31% | 덩치 | 값 | 고 | 고 | 2 | 1 | 3 | 된소리 |
| 도매값 | 1794 | 90.79% | 도매 | 값 | 한 | 고 | 2 | 1 | 3 | 된소리 |
| 도맷값 | 182 | 9.21% | 도매 | 값 | 한 | 고 | 2 | 1 | 3 | 된소리 |
| 동지날 | 8346 | 19.04% | 동지 | 날 | 한 | 고 | 2 | 1 | 3 | ㄴ |
| 동짓날 | 35496 | 80.96% | 동지 | 날 | 한 | 고 | 2 | 1 | 3 | ㄴ |
| 두부국 | 12645 | 97.04% | 두부 | 국 | 한 | 고 | 2 | 1 | 3 | 된소리 |
| 두붓국 | 386 | 2.96% | 두부 | 국 | 한 | 고 | 2 | 1 | 3 | 된소리 |
| 뒤간 | 793 | 1.99% | 뒤 | 간 | 고 | 한 | 1 | 1 | 2 | 된소리 |
| 뒤감당 | 216 | 0.32% | 뒤 | 감당 | 고 | 한 | 1 | 2 | 3 | 된소리 |
| 뒤거래 | 64 | 0.09% | 뒤 | 거래 | 고 | 한 | 1 | 2 | 3 | 된소리 |
| 뒤걸음 | 622 | 0.97% | 뒤 | 걸음 | 고 | 고 | 1 | 2 | 3 | 된소리 |
| 뒤골목 | 1183 | 0.32% | 뒤 | 골목 | 고 | 고 | 1 | 2 | 3 | 된소리 |
| 뒤굽 | 948 | 0.94% | 뒤 | 굽 | 고 | 고 | 1 | 1 | 2 | 된소리 |
| 뒤날 | 340 | 0.45% | 뒤 | 날 | 고 | 고 | 1 | 1 | 2 | ㄴ |
| 뒤다리 | 248 | 0.08% | 뒤 | 다리 | 고 | 고 | 1 | 2 | 3 | 된소리 |
| 뒤마무리 | 142 | 0.40% | 뒤 | 마무리 | 고 | 고 | 1 | 3 | 4 | ㄴ |
| 뒤맛 | 95 | 0.05% | 뒤 | 맛 | 고 | 고 | 1 | 1 | 2 | ㄴ |
| 뒤머리 | 1173 | 0.35% | 뒤 | 머리 | 고 | 고 | 1 | 2 | 3 | ㄴ |
| 뒤면 | 303348 | 10.10% | 뒤 | 면 | 고 | 한 | 1 | 1 | 2 | ㄴ |
| 뒤모습 | 7001 | 0.31% | 뒤 | 모습 | 고 | 고 | 1 | 2 | 3 | ㄴ |
| 뒤모양 | 302 | 2.68% | 뒤 | 모양 | 고 | 한 | 1 | 2 | 3 | ㄴ |
| 뒤목 | 3557 | 1.01% | 뒤 | 목 | 고 | 고 | 1 | 1 | 2 | ㄴ |
| 뒤문 | 4179 | 1.08% | 뒤 | 문 | 고 | 한 | 1 | 1 | 2 | ㄴ |

| 단어 | 계 | | 구성 | | 어종 | | 음절 수 | | | 발음 |
|---|---|---|---|---|---|---|---|---|---|---|
| | 빈도 | 비율 | 선행 | 후행 | 앞 | 뒤 | 앞 | 뒤 | 전체 | |
| 뒤바라지 | 924 | 0.57% | 뒤 | 바라지 | 고 | 고 | 1 | 3 | 4 | 된소리 |
| 뒤바퀴 | 8107 | 3.04% | 뒤 | 바퀴 | 고 | 고 | 1 | 2 | 3 | 된소리 |
| 뒤받침 | 7307 | 0.70% | 뒤 | 받침 | 고 | 고 | 1 | 2 | 3 | 된소리 |
| 뒤방 | 706 | 1.69% | 뒤 | 방 | 고 | 한 | 1 | 1 | 2 | 된소리 |
| 뒤벽 | 228 | 1.48% | 뒤 | 벽 | 고 | 한 | 1 | 1 | 2 | 된소리 |
| 뒤부분 | 12170 | 1.10% | 뒤 | 부분 | 고 | 한 | 1 | 2 | 3 | 된소리 |
| 뒤사람 | 781 | 0.48% | 뒤 | 사람 | 고 | 고 | 1 | 2 | 3 | 된소리 |
| 뒤산 | 10279 | 2.15% | 뒤 | 산 | 고 | 한 | 1 | 1 | 2 | 된소리 |
| 뒤수습 | 313 | 0.66% | 뒤 | 수습 | 고 | 한 | 1 | 2 | 3 | 된소리 |
| 뒤심 | 980 | 0.90% | 뒤 | 심 | 고 | 고 | 1 | 1 | 2 | 된소리 |
| 뒤얘기 | 90 | 0.16% | 뒤 | 얘기 | 고 | 고 | 1 | 2 | 3 | ㄴㄴ |
| 뒤이야기 | 279 | 0.17% | 뒤 | 이야기 | 고 | 고 | 1 | 3 | 4 | ㄴㄴ |
| 뒤일 | 5943 | 6.68% | 뒤 | 일 | 고 | 고 | 1 | 1 | 2 | ㄴㄴ |
| 뒤장 | 3374 | 1.92% | 뒤 | 장 | 고 | 한 | 1 | 1 | 2 | 된소리 |
| 뒤정리 | 1312 | 0.59% | 뒤 | 정리 | 고 | 한 | 1 | 2 | 3 | 된소리 |
| 뒤조사 | 181 | 0.26% | 뒤 | 조사 | 고 | 한 | 1 | 2 | 3 | 된소리 |
| 뒤주머니 | 544 | 0.60% | 뒤 | 주머니 | 고 | 고 | 1 | 3 | 4 | 된소리 |
| 뒤줄 | 2330 | 2.15% | 뒤 | 줄 | 고 | 고 | 1 | 1 | 2 | 된소리 |
| 뒤지느러미 | 19 | 0.55% | 뒤 | 지느러미 | 고 | 고 | 1 | 4 | 5 | 된소리 |
| 뒤쪽 | 645146 | 66.29% | 뒤 | 쪽 | 고 | 고 | 1 | 1 | 2 | 된소리 |
| 뒷간 | 39115 | 98.01% | 뒤 | 간 | 고 | 한 | 1 | 1 | 2 | 된소리 |
| 뒷감당 | 66888 | 99.68% | 뒤 | 감당 | 고 | 한 | 1 | 2 | 3 | 된소리 |
| 뒷거래 | 67864 | 99.91% | 뒤 | 거래 | 고 | 한 | 1 | 2 | 3 | 된소리 |
| 뒷걸음 | 63593 | 99.03% | 뒤 | 걸음 | 고 | 고 | 1 | 2 | 3 | 된소리 |
| 뒷골목 | 366977 | 99.68% | 뒤 | 골목 | 고 | 고 | 1 | 2 | 3 | 된소리 |
| 뒷굽 | 99858 | 99.06% | 뒤 | 굽 | 고 | 고 | 1 | 1 | 2 | 된소리 |
| 뒷날 | 75680 | 99.55% | 뒤 | 날 | 고 | 고 | 1 | 1 | 2 | ㄴ |
| 뒷다리 | 304637 | 99.92% | 뒤 | 다리 | 고 | 고 | 1 | 2 | 3 | 된소리 |
| 뒷마무리 | 34924 | 99.60% | 뒤 | 마무리 | 고 | 고 | 1 | 3 | 4 | ㄴ |
| 뒷맛 | 195480 | 99.95% | 뒤 | 맛 | 고 | 고 | 1 | 1 | 2 | ㄴ |
| 뒷머리 | 334615 | 99.65% | 뒤 | 머리 | 고 | 고 | 1 | 2 | 3 | ㄴ |

| 단어 | 계 | | 구성 | | 어종 | | 음절 수 | | | 발음 |
|---|---|---|---|---|---|---|---|---|---|---|
| | 빈도 | 비율 | 선행 | 후행 | 앞 | 뒤 | 앞 | 뒤 | 전체 | |
| 뒷면 | 2699318 | 89.90% | 뒤 | 면 | 고 | 한 | 1 | 1 | 2 | ㄴ |
| 뒷모습 | 2228565 | 99.69% | 뒤 | 모습 | 고 | 고 | 1 | 2 | 3 | ㄴ |
| 뒷모양 | 10947 | 97.32% | 뒤 | 모양 | 고 | 한 | 1 | 2 | 3 | ㄴ |
| 뒷목 | 347690 | 98.99% | 뒤 | 목 | 고 | 고 | 1 | 1 | 2 | ㄴ |
| 뒷문 | 381163 | 98.92% | 뒤 | 문 | 고 | 한 | 1 | 1 | 2 | ㄴ |
| 뒷바라지 | 160561 | 99.43% | 뒤 | 바라지 | 고 | 고 | 1 | 3 | 4 | 된소리 |
| 뒷바퀴 | 258540 | 96.96% | 뒤 | 바퀴 | 고 | 고 | 1 | 2 | 3 | 된소리 |
| 뒷받침 | 1040240 | 99.30% | 뒤 | 받침 | 고 | 고 | 1 | 2 | 3 | 된소리 |
| 뒷방 | 41071 | 98.31% | 뒤 | 방 | 고 | 한 | 1 | 1 | 2 | 된소리 |
| 뒷벽 | 15157 | 98.52% | 뒤 | 벽 | 고 | 한 | 1 | 1 | 2 | 된소리 |
| 뒷부분 | 1090430 | 98.90% | 뒤 | 부분 | 고 | 한 | 1 | 2 | 3 | 된소리 |
| 뒷사람 | 163041 | 99.52% | 뒤 | 사람 | 고 | 고 | 1 | 2 | 3 | 된소리 |
| 뒷산 | 468747 | 97.85% | 뒤 | 산 | 고 | 한 | 1 | 1 | 2 | 된소리 |
| 뒷수습 | 46962 | 99.34% | 뒤 | 수습 | 고 | 한 | 1 | 2 | 3 | 된소리 |
| 뒷심 | 108306 | 99.10% | 뒤 | 심 | 고 | 고 | 1 | 1 | 2 | 된소리 |
| 뒷얘기 | 55478 | 99.84% | 뒤 | 얘기 | 고 | 고 | 1 | 2 | 3 | ㄴㄴ |
| 뒷이야기 | 161737 | 99.83% | 뒤 | 이야기 | 고 | 고 | 1 | 3 | 4 | ㄴㄴ |
| 뒷일 | 83022 | 93.32% | 뒤 | 일 | 고 | 고 | 1 | 1 | 2 | ㄴㄴ |
| 뒷장 | 171985 | 98.08% | 뒤 | 장 | 고 | 한 | 1 | 1 | 2 | 된소리 |
| 뒷정리 | 222009 | 99.41% | 뒤 | 정리 | 고 | 한 | 1 | 2 | 3 | 된소리 |
| 뒷조사 | 68607 | 99.74% | 뒤 | 조사 | 고 | 한 | 1 | 2 | 3 | 된소리 |
| 뒷주머니 | 89945 | 99.40% | 뒤 | 주머니 | 고 | 고 | 1 | 3 | 4 | 된소리 |
| 뒷줄 | 105805 | 97.85% | 뒤 | 줄 | 고 | 고 | 1 | 1 | 2 | 된소리 |
| 뒷지느러미 | 3460 | 99.45% | 뒤 | 지느러미 | 고 | 고 | 1 | 4 | 5 | 된소리 |
| 뒷쪽 | 328106 | 33.71% | 뒤 | 쪽 | 고 | 고 | 1 | 1 | 2 | 된소리 |
| 떼목 | 260 | 0.24% | 떼 | 목 | 고 | 한 | 1 | 1 | 2 | ㄴ |
| 뗏목 | 108090 | 99.76% | 떼 | 목 | 고 | 한 | 1 | 1 | 2 | ㄴ |
| 마구간 | 51011 | 47.60% | 마구 | 간 | 한 | 한 | 2 | 1 | 3 | 된소리 |
| 마굿간 | 56165 | 52.40% | 마구 | 간 | 한 | 한 | 2 | 1 | 3 | 된소리 |
| 마루바닥 | 50766 | 51.19% | 마루 | 바닥 | 고 | 고 | 2 | 2 | 4 | 된소리 |
| 마룻바닥 | 48408 | 48.81% | 마루 | 바닥 | 고 | 고 | 2 | 2 | 4 | 된소리 |

| 단어 | 계 | | 구성 | | 어종 | | 음절 수 | | | 발음 |
|---|---|---|---|---|---|---|---|---|---|---|
| | 빈도 | 비율 | 선행 | 후행 | 앞 | 뒤 | 앞 | 뒤 | 전체 | |
| 막내동생 | 82831 | 95.03% | 막내 | 동생 | 고 | 고 | 2 | 2 | 4 | 된소리 |
| 막내삼촌 | 8479 | 98.51% | 막내 | 삼촌 | 고 | 한 | 2 | 2 | 4 | 된소리 |
| 막냇동생 | 4331 | 4.97% | 막내 | 동생 | 고 | 고 | 2 | 2 | 4 | 된소리 |
| 막냇삼촌 | 128 | 1.49% | 막내 | 삼촌 | 고 | 한 | 2 | 2 | 4 | 된소리 |
| 만두국 | 92868 | 58.94% | 만두 | 국 | 한 | 고 | 2 | 1 | 3 | 된소리 |
| 만둣국 | 64703 | 41.06% | 만두 | 국 | 한 | 고 | 2 | 1 | 3 | 된소리 |
| 만화가게 | 5884 | 98.51% | 만화 | 가게 | 한 | 고 | 2 | 2 | 4 | 된소리 |
| 만홧가게 | 89 | 1.49% | 만화 | 가게 | 한 | 고 | 2 | 2 | 4 | 된소리 |
| 맥주병 | 112190 | 99.94% | 맥주 | 병 | 한 | 한 | 2 | 1 | 3 | 된소리 |
| 맥주집 | 213347 | 97.90% | 맥주 | 집 | 한 | 고 | 2 | 1 | 3 | 된소리 |
| 맥줏병 | 62 | 0.06% | 맥주 | 병 | 한 | 한 | 2 | 1 | 3 | 된소리 |
| 맥줏집 | 4571 | 2.10% | 맥주 | 집 | 한 | 고 | 2 | 1 | 3 | 된소리 |
| 머리속 | 567796 | 18.01% | 머리 | 속 | 고 | 고 | 2 | 1 | 3 | 된소리 |
| 머리수 | 8367 | 12.57% | 머리 | 수 | 고 | 한 | 2 | 1 | 3 | 된소리 |
| 머리수건 | 654 | 30.49% | 머리 | 수건 | 고 | 한 | 2 | 2 | 4 | 된소리 |
| 머릿속 | 2584240 | 81.99% | 머리 | 속 | 고 | 고 | 2 | 1 | 3 | 된소리 |
| 머릿수 | 58176 | 87.43% | 머리 | 수 | 고 | 한 | 2 | 1 | 3 | 된소리 |
| 머릿수건 | 1491 | 69.51% | 머리 | 수건 | 고 | 한 | 2 | 2 | 4 | 된소리 |
| 뫼자리 | 85 | 1.09% | 뫼 | 자리 | 고 | 고 | 1 | 2 | 3 | 된소리 |
| 묏자리 | 7699 | 98.91% | 뫼 | 자리 | 고 | 고 | 1 | 2 | 3 | 된소리 |
| 묘자리 | 9313 | 67.36% | 묘 | 자리 | 한 | 고 | 1 | 2 | 3 | 된소리 |
| 묫자리 | 4512 | 32.64% | 묘 | 자리 | 한 | 고 | 1 | 2 | 3 | 된소리 |
| 무국 | 233356 | 95.86% | 무 | 국 | 고 | 고 | 1 | 1 | 2 | 된소리 |
| 문제거리 | 6122 | 39.48% | 문제 | 거리 | 한 | 고 | 2 | 2 | 4 | 된소리 |
| 문젯거리 | 9384 | 60.52% | 문제 | 거리 | 한 | 고 | 2 | 2 | 4 | 된소리 |
| 뭇국 | 10078 | 4.14% | 무 | 국 | 고 | 고 | 1 | 1 | 2 | 된소리 |
| 미꾸라지국 | 185 | 70.88% | 미꾸라지 | 국 | 고 | 고 | 4 | 1 | 5 | 된소리 |
| 미꾸라짓국 | 76 | 29.12% | 미꾸라지 | 국 | 고 | 고 | 4 | 1 | 5 | 된소리 |
| 바다물 | 11404 | 1.49% | 바다 | 물 | 고 | 고 | 2 | 1 | 3 | ㄴ |
| 바다물고기 | 12404 | 58.82% | 바다 | 물고기 | 고 | 고 | 2 | 3 | 5 | ㄴ |
| 바다속 | 133291 | 27.84% | 바다 | 속 | 고 | 고 | 2 | 1 | 3 | 된소리 |

| 단어 | 계 | | 구성 | | 어종 | | 음절 수 | | | 발음 |
|------|------|------|------|------|------|------|------|------|------|------|
| | 빈도 | 비율 | 선행 | 후행 | 앞 | 뒤 | 앞 | 뒤 | 전체 | |
| 바닷물 | 752797 | 98.51% | 바다 | 물 | 고 | 고 | 2 | 1 | 3 | ㄴ |
| 바닷물고기 | 8685 | 41.18% | 바다 | 물고기 | 고 | 고 | 2 | 3 | 5 | ㄴ |
| 바닷속 | 345522 | 72.16% | 바다 | 속 | 고 | 고 | 2 | 1 | 3 | 된소리 |
| 바위덩어리 | 11918 | 62.93% | 바위 | 덩어리 | 고 | 고 | 2 | 3 | 5 | 된소리 |
| 바윗덩어리 | 7021 | 37.07% | 바위 | 덩어리 | 고 | 고 | 2 | 3 | 5 | 된소리 |
| 방아간 | 15465 | 3.96% | 방아 | 간 | 고 | 한 | 2 | 1 | 3 | 된소리 |
| 방앗간 | 374613 | 96.04% | 방아 | 간 | 고 | 한 | 2 | 1 | 3 | 된소리 |
| 배내말 | 3 | 30.00% | 배내 | 말 | 고 | 고 | 2 | 1 | 3 | 된소리 |
| 배냇말 | 7 | 70.00% | 배내 | 말 | 고 | 고 | 2 | 1 | 3 | 된소리 |
| 배노래 | 46 | 0.13% | 배 | 노래 | 고 | 고 | 1 | 2 | 3 | ㄴ |
| 배머리 | 534 | 0.85% | 배 | 머리 | 고 | 고 | 1 | 2 | 3 | ㄴ |
| 배멀미 | 62030 | 84.58% | 배 | 멀미 | 고 | 고 | 1 | 2 | 3 | ㄴ |
| 배살 | 14519 | 0.91% | 배 | 살 | 고 | 고 | 1 | 1 | 2 | 된소리 |
| 백지장 | 51805 | 78.21% | 백지 | 장 | 고 | 고 | 2 | 1 | 3 | 된소리 |
| 백짓장 | 14433 | 21.79% | 백지 | 장 | 고 | 고 | 2 | 1 | 3 | 된소리 |
| 뱃노래 | 36604 | 99.87% | 배 | 노래 | 고 | 고 | 1 | 2 | 3 | ㄴ |
| 뱃머리 | 62638 | 99.15% | 배 | 머리 | 고 | 고 | 1 | 2 | 3 | ㄴ |
| 뱃멀미 | 11313 | 15.42% | 배 | 멀미 | 고 | 고 | 1 | 2 | 3 | ㄴ |
| 뱃살 | 1582765 | 99.09% | 배 | 살 | 고 | 고 | 1 | 1 | 2 | 된소리 |
| 번지수 | 35880 | 98.27% | 번지 | 수 | 한 | 한 | 2 | 1 | 3 | 된소리 |
| 번짓수 | 609 | 1.73% | 번지 | 수 | 한 | 한 | 2 | 1 | 3 | 된소리 |
| 베개잇 | 555 | 2.17% | 베개 | 잇 | 고 | 고 | 2 | 1 | 3 | ㄴㄴ |
| 베갯잇 | 25040 | 97.83% | 베개 | 잇 | 고 | 고 | 2 | 1 | 3 | ㄴㄴ |
| 복숭아빛 | 10839 | 87.33% | 복숭아 | 빛 | 고 | 고 | 3 | 1 | 4 | 된소리 |
| 복숭앗빛 | 1572 | 12.67% | 복숭아 | 빛 | 고 | 고 | 3 | 1 | 4 | 된소리 |
| 부자집 | 51508 | 16.19% | 부자 | 집 | 한 | 고 | 2 | 1 | 3 | 된소리 |
| 부잣집 | 266713 | 83.81% | 부자 | 집 | 한 | 고 | 2 | 1 | 3 | 된소리 |
| 부조돈 | 178 | 45.76% | 부조 | 돈 | 한 | 고 | 2 | 1 | 3 | 된소리 |
| 부좃돈 | 211 | 54.24% | 부조 | 돈 | 한 | 고 | 2 | 1 | 3 | 된소리 |
| 북어국 | 70717 | 82.26% | 북어 | 국 | 한 | 고 | 2 | 1 | 3 | 된소리 |
| 북엇국 | 15253 | 17.74% | 북어 | 국 | 한 | 고 | 2 | 1 | 3 | 된소리 |

| 단어 | 계 | | 구성 | | 어종 | | 음절 수 | | | 발음 |
|---|---|---|---|---|---|---|---|---|---|---|
| | 빈도 | 비율 | 선행 | 후행 | 앞 | 뒤 | 앞 | 뒤 | 전체 | |
| 비누물 | 2691 | 4.29% | 비누 | 물 | 고 | 고 | 2 | 1 | 3 | ㄴ |
| 비눗물 | 60089 | 95.71% | 비누 | 물 | 고 | 고 | 2 | 1 | 3 | ㄴ |
| 비줄기 | 3160 | 1.19% | 비 | 줄기 | 고 | 고 | 1 | 2 | 3 | 된소리 |
| 비취빛 | 7946 | 89.15% | 비취 | 빛 | 한 | 고 | 2 | 1 | 3 | 된소리 |
| 비췻빛 | 967 | 10.85% | 비취 | 빛 | 한 | 고 | 2 | 1 | 3 | 된소리 |
| 빗줄기 | 261901 | 98.81% | 비 | 줄기 | 고 | 고 | 1 | 2 | 3 | 된소리 |
| 빨래방망이 | 2354 | 83.09% | 빨래 | 방망이 | 한 | 한 | 2 | 3 | 5 | 된소리 |
| 빨래비누 | 24949 | 87.47% | 빨래 | 비누 | 고 | 고 | 2 | 2 | 4 | 된소리 |
| 빨랫방망이 | 479 | 16.91% | 빨래 | 방망이 | 한 | 한 | 2 | 3 | 5 | 된소리 |
| 빨랫비누 | 3574 | 12.53% | 빨래 | 비누 | 고 | 고 | 2 | 2 | 4 | 된소리 |
| 뼈골 | 1676 | 26.59% | 뼈 | 골 | 고 | 한 | 1 | 1 | 2 | 된소리 |
| 뼛골 | 4628 | 73.41% | 뼈 | 골 | 고 | 한 | 1 | 1 | 2 | 된소리 |
| 사이길 | 20528 | 21.78% | 사이 | 길 | 고 | 고 | 2 | 1 | 3 | 된소리 |
| 사이문 | 510 | 44.39% | 사이 | 문 | 고 | 한 | 2 | 1 | 3 | ㄴ |
| 사잇길 | 73716 | 78.22% | 사이 | 길 | 고 | 고 | 2 | 1 | 3 | 된소리 |
| 사잇문 | 639 | 55.61% | 사이 | 문 | 고 | 한 | 2 | 1 | 3 | ㄴ |
| 산보길 | 1765 | 98.99% | 산보 | 길 | 한 | 고 | 2 | 1 | 3 | 된소리 |
| 산봇길 | 18 | 1.01% | 산보 | 길 | 한 | 고 | 2 | 1 | 3 | 된소리 |
| 상아빛 | 4702 | 80.83% | 상아 | 빛 | 한 | 고 | 2 | 1 | 3 | 된소리 |
| 상앗빛 | 1115 | 19.17% | 상아 | 빛 | 한 | 고 | 2 | 1 | 3 | 된소리 |
| 색시감 | 3616 | 86.30% | 색시 | 감 | 고 | 고 | 2 | 1 | 3 | 된소리 |
| 색싯감 | 574 | 13.70% | 색시 | 감 | 고 | 고 | 2 | 1 | 3 | 된소리 |
| 생맥주집 | 11086 | 96.73% | 생맥주 | 집 | 한 | 고 | 3 | 1 | 4 | 된소리 |
| 생맥줏집 | 375 | 3.27% | 생맥주 | 집 | 한 | 고 | 3 | 1 | 4 | 된소리 |
| 세배돈 | 13560 | 6.44% | 세배 | 돈 | 한 | 고 | 2 | 1 | 3 | 된소리 |
| 세뱃돈 | 196933 | 93.56% | 세배 | 돈 | 한 | 고 | 2 | 1 | 3 | 된소리 |
| 세수물 | 264 | 3.92% | 세수 | 물 | 한 | 고 | 2 | 1 | 3 | ㄴ |
| 세수비누 | 6701 | 61.39% | 세수 | 비누 | 한 | 고 | 2 | 2 | 4 | 된소리 |
| 세숫물 | 6474 | 96.08% | 세수 | 물 | 한 | 고 | 2 | 1 | 3 | ㄴ |
| 세숫비누 | 4215 | 38.61% | 세수 | 비누 | 한 | 고 | 2 | 2 | 4 | 된소리 |
| 소시적 | 33877 | 30.22% | 소시 | 적 | 한 | 고 | 2 | 1 | 3 | 된소리 |

| 단어 | 계 | | 구성 | | 어종 | | 음절 수 | | | 발음 |
|---|---|---|---|---|---|---|---|---|---|---|
| | 빈도 | 비율 | 선행 | 후행 | 앞 | 뒤 | 앞 | 뒤 | 전체 | |
| 소싯적 | 78227 | 69.78% | 소시 | 적 | 한 | 고 | 2 | 1 | 3 | 된소리 |
| 소주병 | 63566 | 97.91% | 소주 | 병 | 한 | 한 | 2 | 1 | 3 | 된소리 |
| 소주집 | 2731 | 73.79% | 소주 | 집 | 한 | 고 | 2 | 1 | 3 | 된소리 |
| 소줏병 | 1359 | 2.09% | 소주 | 병 | 한 | 한 | 2 | 1 | 3 | 된소리 |
| 소줏집 | 970 | 26.21% | 소주 | 집 | 한 | 고 | 2 | 1 | 3 | 된소리 |
| 쇠덩이 | 2629 | 5.80% | 쇠 | 덩이 | 고 | 고 | 1 | 2 | 3 | 된소리 |
| 쇳덩이 | 42673 | 94.20% | 쇠 | 덩이 | 고 | 고 | 1 | 2 | 3 | 된소리 |
| 수도물 | 34474 | 8.49% | 수도 | 물 | 한 | 고 | 2 | 1 | 3 | ㄴ |
| 수돗물 | 371714 | 91.51% | 수도 | 물 | 한 | 고 | 2 | 1 | 3 | ㄴ |
| 시계바늘 | 54116 | 75.57% | 시계 | 바늘 | 한 | 고 | 2 | 2 | 4 | 된소리 |
| 시계줄 | 94820 | 95.03% | 시계 | 줄 | 한 | 고 | 2 | 1 | 3 | 된소리 |
| 시곗바늘 | 17499 | 24.43% | 시계 | 바늘 | 한 | 고 | 2 | 2 | 4 | 된소리 |
| 시곗줄 | 4960 | 4.97% | 시계 | 줄 | 한 | 고 | 2 | 1 | 3 | 된소리 |
| 시내물 | 1043 | 0.51% | 시내 | 물 | 고 | 고 | 2 | 1 | 3 | ㄴ |
| 시냇물 | 202044 | 99.49% | 시내 | 물 | 고 | 고 | 2 | 1 | 3 | ㄴ |
| 시체말 | 1275 | 3.26% | 시체 | 말 | 한 | 고 | 2 | 1 | 3 | ㄴ |
| 시쳇말 | 37858 | 96.74% | 시체 | 말 | 한 | 고 | 2 | 1 | 3 | ㄴ |
| 아래길 | 3969 | 15.95% | 아래 | 길 | 고 | 고 | 2 | 1 | 3 | 된소리 |
| 아래녘 | 509 | 7.95% | 아래 | 녘 | 고 | 고 | 2 | 1 | 3 | ㄴ |
| 아래도리 | 494 | 0.65% | 아래 | 도리 | 고 | 고 | 2 | 2 | 4 | 된소리 |
| 아래돌 | 392 | 5.77% | 아래 | 돌 | 고 | 고 | 2 | 1 | 3 | 된소리 |
| 아래동네 | 10182 | 26.28% | 아래 | 동네 | 고 | 한고 | 2 | 2 | 4 | 된소리 |
| 아래마을 | 23167 | 41.49% | 아래 | 마을 | 고 | 고 | 2 | 2 | 4 | ㄴ |
| 아래면 | 11656 | 12.12% | 아래 | 면 | 고 | 한 | 2 | 1 | 3 | ㄴ |
| 아래목 | 1680 | 1.95% | 아래 | 목 | 고 | 고 | 2 | 1 | 3 | ㄴ |
| 아래방 | 1129 | 13.10% | 아래 | 방 | 고 | 한 | 2 | 1 | 3 | 된소리 |
| 아래배 | 3323 | 0.47% | 아내 | 배 | 고 | 고 | 2 | 1 | 3 | 된소리 |
| 아래변 | 186 | 4.89% | 아래 | 변 | 고 | 한 | 2 | 1 | 3 | 된소리 |
| 아래부분 | 209753 | 38.08% | 아래 | 부분 | 고 | 한 | 2 | 2 | 4 | 된소리 |
| 아래사람 | 30053 | 26.93% | 아래 | 사람 | 고 | 고 | 2 | 2 | 4 | 된소리 |
| 아래입술 | 9005 | 8.03% | 아래 | 입술 | 고 | 고 | 2 | 2 | 4 | ㄴㄴ |

| 단어 | 계 | | 구성 | | 어종 | | 음절 수 | | | 발음 |
|---|---|---|---|---|---|---|---|---|---|---|
| | 빈도 | 비율 | 선행 | 후행 | 앞 | 뒤 | 앞 | 뒤 | 전체 | |
| 아랫길 | 20913 | 84.05% | 아래 | 길 | 고 | 고 | 2 | 1 | 3 | 된소리 |
| 아랫녘 | 5894 | 92.05% | 아래 | 녘 | 고 | 고 | 2 | 1 | 3 | ㄴ |
| 아랫도리 | 75399 | 99.35% | 아래 | 도리 | 고 | 고 | 2 | 2 | 4 | 된소리 |
| 아랫돌 | 6404 | 94.23% | 아래 | 돌 | 고 | 고 | 2 | 1 | 3 | 된소리 |
| 아랫동네 | 28565 | 73.72% | 아래 | 동네 | 고 | 한고 | 2 | 2 | 4 | 된소리 |
| 아랫마을 | 32674 | 58.51% | 아래 | 마을 | 고 | 고 | 2 | 2 | 4 | ㄴ |
| 아랫면 | 84545 | 87.88% | 아래 | 면 | 고 | 한 | 2 | 1 | 3 | ㄴ |
| 아랫목 | 84679 | 98.05% | 아래 | 목 | 고 | 고 | 2 | 1 | 3 | ㄴ |
| 아랫방 | 7489 | 86.90% | 아래 | 방 | 고 | 한 | 2 | 1 | 3 | 된소리 |
| 아랫배 | 701211 | 99.53% | 아내 | 배 | 고 | 고 | 2 | 1 | 3 | 된소리 |
| 아랫변 | 3620 | 95.11% | 아래 | 변 | 고 | 한 | 2 | 1 | 3 | 된소리 |
| 아랫부분 | 341033 | 61.92% | 아래 | 부분 | 고 | 한 | 2 | 2 | 4 | 된소리 |
| 아랫사람 | 81564 | 73.07% | 아래 | 사람 | 고 | 고 | 2 | 2 | 4 | 된소리 |
| 아랫입술 | 103172 | 91.97% | 아래 | 입술 | 고 | 고 | 2 | 2 | 4 | ㄴㄴ |
| 양치물 | 964 | 30.38% | 양치 | 물 | 한 | 고 | 2 | 1 | 3 | ㄴ |
| 양칫물 | 2209 | 69.62% | 양치 | 물 | 한 | 고 | 2 | 1 | 3 | ㄴ |
| 어깨짓 | 1540 | 69.06% | 어깨 | 짓 | 고 | 고 | 2 | 1 | 3 | 된소리 |
| 어깻짓 | 690 | 30.94% | 어깨 | 짓 | 고 | 고 | 2 | 1 | 3 | 된소리 |
| 어제밤 | 788539 | 42.17% | 어제 | 밤 | 고 | 고 | 2 | 1 | 3 | 된소리 |
| 어젯밤 | 1081145 | 57.83% | 어제 | 밤 | 고 | 고 | 2 | 1 | 3 | 된소리 |
| 연두빛 | 81669 | 57.77% | 연두 | 빛 | 한 | 고 | 2 | 1 | 3 | 된소리 |
| 연두색 | 31 | 0.01% | 연두 | 색 | 한 | 한 | 2 | 1 | 3 | 된소리 |
| 연둣빛 | 59709 | 42.23% | 연두 | 빛 | 한 | 고 | 2 | 1 | 3 | 된소리 |
| 연둣색 | 594196 | 99.99% | 연두 | 색 | 한 | 한 | 2 | 1 | 3 | 된소리 |
| 예사날 | 58 | 37.66% | 예사 | 날 | 한 | 고 | 2 | 1 | 3 | ㄴ |
| 예삿날 | 96 | 62.34% | 예사 | 날 | 한 | 고 | 2 | 1 | 3 | ㄴ |
| 오래동안 | 298197 | 6.88% | 오래 | 동안 | 고 | 고 | 2 | 2 | 4 | 된소리 |
| 오랫동안 | 4034186 | 93.12% | 오래 | 동안 | 고 | 고 | 2 | 2 | 4 | 된소리 |
| 옥수수가루 | 17829 | 99.43% | 옥수수 | 가루 | 고 | 고 | 3 | 3 | 5 | 된소리 |
| 옥수수대 | 10070 | 80.96% | 옥수수 | 대 | 고 | 고 | 3 | 1 | 4 | 된소리 |
| 옥수숫가루 | 103 | 0.57% | 옥수수 | 가루 | 고 | 고 | 3 | 2 | 5 | 된소리 |

| 단어 | 계 | | 구성 | | 어종 | | 음절 수 | | | 발음 |
|---|---|---|---|---|---|---|---|---|---|---|
| | 빈도 | 비율 | 선행 | 후행 | 앞 | 뒤 | 앞 | 뒤 | 전체 | |
| 옥수숫대 | 2368 | 19.04% | 옥수수 | 대 | 고 | 고 | 3 | 1 | 4 | 된소리 |
| 외가댁 | 31577 | 55.52% | 외가 | 댁 | 한 | 한 | 2 | 1 | 3 | 된소리 |
| 외가집 | 26358 | 14.24% | 외가 | 집 | 한 | 고 | 2 | 1 | 3 | 된소리 |
| 외갓댁 | 25293 | 44.48% | 외가 | 댁 | 한 | 한 | 2 | 1 | 3 | 된소리 |
| 외갓집 | 158696 | 85.76% | 외가 | 집 | 한 | 고 | 2 | 1 | 3 | 된소리 |
| 요새말 | 28 | 0.58% | 요새 | 말 | 고 | 고 | 2 | 1 | 3 | ㄴ |
| 요샛말 | 4770 | 99.42% | 요새 | 말 | 고 | 고 | 2 | 1 | 3 | ㄴ |
| 우스개소리 | 29655 | 61.97% | 우스개 | 소리 | 고 | 고 | 3 | 2 | 5 | 된소리 |
| 우스갯소리 | 18200 | 38.03% | 우스개 | 소리 | 고 | 고 | 3 | 2 | 5 | 된소리 |
| 우유빛 | 77811 | 58.06% | 우유 | 빛 | 한 | 고 | 2 | 1 | 3 | 된소리 |
| 우윳빛 | 56196 | 41.94% | 우유 | 빛 | 한 | 고 | 2 | 1 | 3 | 된소리 |
| 위녘 | 19 | 1.40% | 위 | 녘 | 고 | 고 | 1 | 1 | 2 | ㄴ |
| 위눈썹 | 21 | 0.73% | 위 | 눈썹 | 고 | 고 | 1 | 2 | 3 | ㄴ |
| 위도리 | 406 | 0.55% | 위 | 도리 | 고 | 고 | 1 | 2 | 3 | 된소리 |
| 위돌 | 409 | 4.23% | 위 | 돌 | 고 | 고 | 1 | 1 | 2 | 된소리 |
| 위마을 | 81 | 0.64% | 위 | 마을 | 고 | 고 | 1 | 2 | 3 | ㄴ |
| 위사람 | 1586 | 0.79% | 위 | 사람 | 고 | 고 | 1 | 2 | 3 | 된소리 |
| 위입술 | 154 | 0.19% | 위 | 입술 | 고 | 고 | 1 | 2 | 3 | ㄴㄴ |
| 위집 | 1455 | 1.03% | 위 | 집 | 고 | 고 | 1 | 1 | 2 | 된소리 |
| 윗녘 | 1342 | 98.60% | 위 | 녘 | 고 | 고 | 1 | 1 | 2 | ㄴ |
| 윗눈썹 | 2875 | 99.27% | 위 | 눈썹 | 고 | 고 | 1 | 2 | 3 | ㄴ |
| 윗도리 | 73992 | 99.45% | 위 | 도리 | 고 | 고 | 1 | 2 | 3 | 된소리 |
| 윗돌 | 9267 | 95.77% | 위 | 돌 | 고 | 고 | 1 | 1 | 2 | 된소리 |
| 윗마을 | 12500 | 99.36% | 위 | 마을 | 고 | 고 | 1 | 2 | 3 | ㄴ |
| 윗사람 | 198502 | 99.21% | 위 | 사람 | 고 | 고 | 1 | 2 | 3 | 된소리 |
| 윗입술 | 81129 | 99.81% | 위 | 입술 | 고 | 고 | 1 | 2 | 3 | ㄴㄴ |
| 윗집 | 139625 | 98.97% | 위 | 집 | 고 | 고 | 1 | 1 | 2 | 된소리 |
| 이마살 | 252 | 1.02% | 이마 | 살 | 고 | 고 | 2 | 1 | 3 | 된소리 |
| 이맛살 | 24449 | 98.98% | 이마 | 살 | 고 | 고 | 2 | 1 | 3 | 된소리 |
| 이사짐 | 136489 | 24.38% | 이사 | 짐 | 한 | 고 | 2 | 1 | 3 | 된소리 |
| 이삿짐 | 423354 | 75.62% | 이사 | 짐 | 한 | 고 | 2 | 1 | 3 | 된소리 |

| 단어 | 계 | | 구성 | | 어종 | | 음절 수 | | | 발음 |
|---|---|---|---|---|---|---|---|---|---|---|
| | 빈도 | 비율 | 선행 | 후행 | 앞 | 뒤 | 앞 | 뒤 | 전체 | |
| 이야기거리 | 50663 | 47.21% | 이야기 | 거리 | 고 | 고 | 3 | 2 | 5 | 된소리 |
| 이야깃거리 | 56650 | 52.79% | 이야기 | 거리 | 고 | 고 | 3 | 2 | 5 | 된소리 |
| 자리세 | 27198 | 47.71% | 자리 | 세 | 고 | 한 | 2 | 1 | 3 | 된소리 |
| 자릿세 | 29805 | 52.29% | 자리 | 세 | 고 | 한 | 2 | 1 | 3 | 된소리 |
| 자주빛 | 74882 | 47.68% | 자주 | 빛 | 한 | 고 | 2 | 1 | 3 | 된소리 |
| 자주색 | 297814 | 99.90% | 자주 | 색 | 한 | 한 | 2 | 1 | 3 | 된소리 |
| 자줏빛 | 82178 | 52.32% | 자주 | 빛 | 한 | 고 | 2 | 1 | 3 | 된소리 |
| 자줏색 | 307 | 0.10% | 자주 | 색 | 한 | 한 | 2 | 1 | 3 | 된소리 |
| 잔치상 | 18728 | 42.28% | 잔치 | 상 | 고 | 한 | 2 | 1 | 3 | 된소리 |
| 잔치집 | 27204 | 54.86% | 잔치 | 집 | 고 | 고 | 2 | 1 | 3 | 된소리 |
| 잔칫상 | 25566 | 57.72% | 잔치 | 상 | 고 | 한 | 2 | 1 | 3 | 된소리 |
| 잔칫집 | 22383 | 45.14% | 잔치 | 집 | 고 | 고 | 2 | 1 | 3 | 된소리 |
| 장마날 | 322 | 52.70% | 장마 | 날 | 고 | 고 | 2 | 1 | 3 | ㄴ |
| 장마비 | 96474 | 42.94% | 장마 | 비 | 고 | 고 | 2 | 1 | 3 | 된소리 |
| 장맛날 | 289 | 47.30% | 장마 | 날 | 고 | 고 | 2 | 1 | 3 | ㄴ |
| 장맛비 | 128187 | 57.06% | 장마 | 비 | 고 | 고 | 2 | 1 | 3 | 된소리 |
| 재빛 | 7587 | 2.92% | 재 | 빛 | 고 | 고 | 1 | 1 | 2 | 된소리 |
| 잿빛 | 251847 | 97.08% | 재 | 빛 | 고 | 고 | 1 | 1 | 2 | 된소리 |
| 저가락 | 276 | 0.02% | 저 | 가락 | 고 | 고 | 1 | 2 | 3 | 된소리 |
| 전기줄 | 31844 | 38.83% | 전기 | 줄 | 한 | 고 | 2 | 1 | 3 | 된소리 |
| 전깃줄 | 50172 | 61.17% | 전기 | 줄 | 한 | 고 | 2 | 1 | 3 | 된소리 |
| 전세값 | 58773 | 36.77% | 전세 | 값 | 한 | 고 | 2 | 1 | 3 | 된소리 |
| 전세방 | 20672 | 95.37% | 전세 | 방 | 한 | 한 | 2 | 1 | 3 | 된소리 |
| 전세집 | 90218 | 63.50% | 전세 | 집 | 한 | 고 | 2 | 1 | 3 | 된소리 |
| 전셋값 | 101057 | 63.23% | 전세 | 값 | 한 | 고 | 2 | 1 | 3 | 된소리 |
| 전셋방 | 1003 | 4.63% | 전세 | 방 | 한 | 한 | 2 | 1 | 3 | 된소리 |
| 전셋집 | 51859 | 36.50% | 전세 | 집 | 한 | 고 | 2 | 1 | 3 | 된소리 |
| 젓가락 | 1524925 | 99.98% | 저 | 가락 | 고 | 고 | 1 | 2 | 3 | 된소리 |
| 제사날 | 4743 | 8.44% | 제사 | 날 | 한 | 고 | 2 | 1 | 3 | ㄴ |
| 제삿날 | 51467 | 91.56% | 제사 | 날 | 한 | 고 | 2 | 1 | 3 | ㄴ |
| 조개살 | 14131 | 20.49% | 조개 | 살 | 고 | 고 | 2 | 1 | 3 | 된소리 |

| 단어 | 계 | | 구성 | | 어종 | | 음절 수 | | | 발음 |
|---|---|---|---|---|---|---|---|---|---|---|
| | 빈도 | 비율 | 선행 | 후행 | 앞 | 뒤 | 앞 | 뒤 | 전체 | |
| 조갯살 | 54831 | 79.51% | 조개 | 살 | 고 | 고 | 2 | 1 | 3 | 된소리 |
| 존대말 | 35070 | 7.20% | 존대 | 말 | 한 | 고 | 2 | 1 | 3 | ㄴ |
| 존댓말 | 452030 | 92.80% | 존대 | 말 | 한 | 고 | 2 | 1 | 3 | ㄴ |
| 종이장 | 12846 | 19.90% | 종이 | 장 | 고 | 한 | 2 | 1 | 3 | 된소리 |
| 종잇장 | 51716 | 80.10% | 종이 | 장 | 고 | 한 | 2 | 1 | 3 | 된소리 |
| 죄값 | 82356 | 60.27% | 죄 | 값 | 한 | 고 | 1 | 1 | 2 | 된소리 |
| 죗값 | 54285 | 39.73% | 죄 | 값 | 한 | 고 | 1 | 1 | 2 | 된소리 |
| 주머니돈 | 933 | 45.42% | 주머니 | 돈 | 고 | 고 | 3 | 1 | 4 | 된소리 |
| 주머닛돈 | 1121 | 54.58% | 주머니 | 돈 | 고 | 고 | 3 | 1 | 4 | 된소리 |
| 주사바늘 | 58304 | 87.09% | 주사 | 바늘 | 한 | 고 | 2 | 2 | 4 | 된소리 |
| 주삿바늘 | 8641 | 12.91% | 주사 | 바늘 | 한 | 고 | 2 | 2 | 4 | 된소리 |
| 주스병 | 1157 | 100.00% | 주스 | 병 | 외 | 한 | 2 | 1 | 3 | 된소리 |
| 주슷병 | 0 | 0.00% | 주스 | 병 | 외 | 한 | 2 | 1 | 3 | 된소리 |
| 차숟갈 | 268 | 9.42% | 차 | 숟갈 | 고 | 고 | 1 | 2 | 3 | 된소리 |
| 차잔 | 7456 | 1.51% | 차 | 잔 | 고 | 한 | 1 | 1 | 2 | 된소리 |
| 차주전자 | 2724 | 20.22% | 차 | 주전자 | 고 | 한 | 1 | 3 | 4 | 된소리 |
| 찻숟갈 | 2576 | 90.58% | 차 | 숟갈 | 고 | 고 | 1 | 2 | 3 | 된소리 |
| 찻잔 | 486265 | 98.49% | 차 | 잔 | 고 | 한 | 1 | 1 | 2 | 된소리 |
| 찻주전자 | 10750 | 79.78% | 차 | 주전자 | 고 | 한 | 1 | 3 | 4 | 된소리 |
| 체기 | 33382 | 92.63% | 체 | 기 | 한 | 한 | 1 | 1 | 2 | 된소리 |
| 쳇기 | 2656 | 7.37% | 체 | 기 | 한 | 한 | 1 | 1 | 2 | 된소리 |
| 초기값 | 18136 | 97.94% | 초기 | 값 | 한 | 고 | 2 | 1 | 3 | 된소리 |
| 초깃값 | 381 | 2.06% | 초기 | 값 | 한 | 고 | 2 | 1 | 3 | 된소리 |
| 초농 | 361 | 0.81% | 초 | 농 | 고 | 한 | 1 | 1 | 2 | ㄴ |
| 초불 | 8784 | 0.57% | 초 | 불 | 고 | 고 | 1 | 1 | 2 | 된소리 |
| 촛농 | 43985 | 99.19% | 초 | 농 | 고 | 한 | 1 | 1 | 2 | ㄴ |
| 촛불 | 1519199 | 99.43% | 초 | 불 | 고 | 고 | 1 | 1 | 2 | 된소리 |
| 최대값 | 51529 | 81.94% | 최대 | 값 | 한 | 고 | 2 | 1 | 3 | 된소리 |
| 최댓값 | 11360 | 18.06% | 최대 | 값 | 한 | 고 | 2 | 1 | 3 | 된소리 |
| 최소값 | 36350 | 79.80% | 최소 | 값 | 한 | 고 | 2 | 1 | 3 | 된소리 |
| 최솟값 | 9203 | 20.20% | 최소 | 값 | 한 | 고 | 2 | 1 | 3 | 된소리 |

| 단어 | 계 | | 구성 | | 어종 | | 음절 수 | | | 발음 |
|---|---|---|---|---|---|---|---|---|---|---|
| | 빈도 | 비율 | 선행 | 후행 | 앞 | 뒤 | 앞 | 뒤 | 전체 | |
| 최저값 | 4811 | 99.30% | 최저 | 값 | 한 | 고 | 2 | 1 | 3 | 된소리 |
| 최젓값 | 34 | 0.70% | 최저 | 값 | 한 | 고 | 2 | 1 | 3 | 된소리 |
| 치솔 | 59638 | 6.02% | 치 | 솔 | 한 | 고 | 1 | 1 | 2 | 된소리 |
| 칫솔 | 930457 | 93.98% | 치 | 솔 | 한 | 고 | 1 | 1 | 2 | 된소리 |
| 코구멍 | 18705 | 4.94% | 코 | 구멍 | 고 | 고 | 1 | 2 | 3 | 된소리 |
| 코물 | 7037 | 0.48% | 코 | 물 | 고 | 고 | 1 | 1 | 2 | ㄴ |
| 코속 | 25146 | 20.57% | 코 | 속 | 고 | 고 | 1 | 1 | 2 | 된소리 |
| 콧구멍 | 360254 | 95.06% | 코 | 구멍 | 고 | 고 | 1 | 2 | 3 | 된소리 |
| 콧물 | 1453337 | 99.52% | 코 | 물 | 고 | 고 | 1 | 1 | 2 | ㄴ |
| 콧속 | 97118 | 79.43% | 코 | 속 | 고 | 고 | 1 | 1 | 2 | 된소리 |
| 태가락 | 4 | 17.39% | 태 | 가락 | 한 | 고 | 1 | 2 | 3 | 된소리 |
| 탯가락 | 19 | 82.61% | 태 | 가락 | 한 | 고 | 1 | 2 | 3 | 된소리 |
| 퇴간 | 639 | 16.48% | 퇴 | 간 | 한 | 한 | 1 | 1 | 2 | 된소리 |
| 퇴마루 | 562 | 0.85% | 퇴 | 마루 | 한 | 고 | 1 | 2 | 3 | ㄴ |
| 툇간 | 3238 | 83.52% | 퇴 | 간 | 한 | 한 | 1 | 1 | 2 | 된소리 |
| 툇마루 | 65652 | 99.15% | 퇴 | 마루 | 한 | 고 | 1 | 2 | 3 | ㄴ |
| 판자집 | 6935 | 27.04% | 판자 | 집 | 한 | 고 | 2 | 1 | 3 | 된소리 |
| 판잣집 | 18709 | 72.96% | 판자 | 집 | 한 | 고 | 2 | 1 | 3 | 된소리 |
| 패말 | 671 | 0.22% | 패 | 말 | 한 | 고 | 1 | 1 | 2 | ㄴ |
| 팻말 | 310912 | 99.78% | 패 | 말 | 한 | 고 | 1 | 1 | 2 | ㄴ |
| 페트병 | 130168 | 100.00% | 페트 | 병 | 외 | 한 | 2 | 1 | 3 | 된소리 |
| 페틋병 | 1 | 0.00% | 페트 | 병 | 외 | 한 | 2 | 1 | 3 | 된소리 |
| 피덩어리 | 5286 | 19.21% | 피 | 덩어리 | 고 | 고 | 1 | 3 | 4 | 된소리 |
| 피물 | 4689 | 1.57% | 피 | 물 | 고 | 고 | 1 | 1 | 2 | ㄴ |
| 피자집 | 4794 | 95.44% | 피자 | 집 | 외 | 고 | 2 | 1 | 3 | 된소리 |
| 피잣집 | 229 | 4.56% | 피자 | 집 | 외 | 고 | 2 | 1 | 3 | 된소리 |
| 핏덩어리 | 22225 | 80.79% | 피 | 덩어리 | 고 | 고 | 1 | 3 | 4 | 된소리 |
| 핏물 | 293370 | 98.43% | 피 | 물 | 고 | 고 | 1 | 1 | 2 | ㄴ |
| 하교길 | 60127 | 57.41% | 하교 | 길 | 한 | 고 | 2 | 1 | 3 | 된소리 |
| 하굣길 | 44614 | 42.59% | 하교 | 길 | 한 | 고 | 2 | 1 | 3 | 된소리 |
| 하루강아지 | 1054 | 9.31% | 하루 | 강아지 | 고 | 고 | 2 | 3 | 5 | 된소리 |

| 단어 | 계 | | 구성 | | 어종 | | 음절 수 | | | 발음 |
|---|---|---|---|---|---|---|---|---|---|---|
| | 빈도 | 비율 | 선행 | 후행 | 앞 | 뒤 | 앞 | 뒤 | 전체 | |
| 하루밤 | 72929 | 6.35% | 하루 | 밤 | 고 | 고 | 2 | 1 | 3 | 된소리 |
| 하룻강아지 | 10273 | 90.69% | 하루 | 강아지 | 고 | 고 | 2 | 3 | 5 | 된소리 |
| 하룻밤 | 1075119 | 93.65% | 하루 | 밤 | 고 | 고 | 2 | 1 | 3 | 된소리 |
| 한가위날 | 1227 | 56.57% | 한가위 | 날 | 고 | 고 | 3 | 1 | 4 | ㄴ |
| 한가윗날 | 942 | 43.43% | 한가위 | 날 | 고 | 고 | 3 | 1 | 4 | ㄴ |
| 해빛 | 24195 | 0.61% | 해 | 빛 | 고 | 고 | 1 | 1 | 2 | 된소리 |
| 해살 | 6312 | 0.12% | 해 | 살 | 고 | 고 | 1 | 1 | 2 | 된소리 |
| 햇빛 | 3952371 | 99.39% | 해 | 빛 | 고 | 고 | 1 | 1 | 2 | 된소리 |
| 햇살 | 5049053 | 99.88% | 해 | 살 | 고 | 고 | 1 | 1 | 2 | 된소리 |
| 허드레일 | 704 | 1.70% | 허드레 | 일02 | 고 | 고 | 3 | 1 | 4 | ㄴㄴ |
| 허드렛일 | 40663 | 98.30% | 허드레 | 일02 | 고 | 고 | 3 | 1 | 4 | ㄴㄴ |
| 허리살 | 11834 | 55.76% | 허리 | 살 | 고 | 고 | 2 | 1 | 3 | 된소리 |
| 허릿살 | 9390 | 44.24% | 허리 | 살 | 고 | 고 | 2 | 1 | 3 | 된소리 |
| 혼사말 | 43 | 13.07% | 혼사 | 말 | 한 | 고 | 2 | 1 | 3 | ㄴ |
| 혼삿말 | 286 | 86.93% | 혼사 | 말 | 한 | 고 | 2 | 1 | 3 | ㄴ |
| 혼자말 | 29069 | 5.33% | 혼자 | 말 | 고 | 고 | 2 | 1 | 3 | ㄴ |
| 혼자몸 | 4134 | 91.10% | 혼자 | 몸 | 고 | 고 | 2 | 1 | 3 | ㄴ |
| 혼잣말 | 516345 | 94.67% | 혼자 | 말 | 고 | 고 | 2 | 1 | 3 | ㄴ |
| 혼잣몸 | 404 | 8.90% | 혼자 | 몸 | 고 | 고 | 2 | 1 | 3 | ㄴ |
| 황토길 | 15413 | 46.02% | 황토 | 길 | 한 | 고 | 2 | 1 | 3 | 된소리 |
| 황톳길 | 18079 | 53.98% | 황토 | 길 | 한 | 고 | 2 | 1 | 3 | 된소리 |
| 회감 | 8305 | 4.80% | 회 | 감 | 한 | 고 | 1 | 1 | 2 | 된소리 |
| 회집 | 62804 | 5.55% | 회 | 집 | 한 | 고 | 1 | 1 | 2 | 된소리 |
| 횟감 | 164853 | 95.20% | 회 | 감 | 한 | 고 | 1 | 1 | 2 | 된소리 |
| 횟집 | 1069618 | 94.45% | 회 | 집 | 한 | 고 | 1 | 1 | 2 | 된소리 |
| 후날 | 973 | 0.13% | 후 | 날 | 한 | 고 | 1 | 1 | 2 | ㄴ |
| 후추가루 | 108468 | 39.05% | 후추 | 가루 | 고 | 고 | 2 | 2 | 4 | 된소리 |
| 후춧가루 | 169328 | 60.95% | 후추 | 가루 | 고 | 고 | 2 | 2 | 4 | 된소리 |
| 훗날 | 757380 | 99.87% | 후 | 날 | 한 | 고 | 1 | 1 | 2 | ㄴ |

## <부록 2-4> 국립국어원(2017)의 실태 조사 어휘별 결과(역순)

| 단어 | 계 | | 구성 | | 어종 | | 음절 수 | | | 발음 |
|------|------|------|------|------|------|------|------|------|------|------|
| | 빈도 | 비율 | 선행 | 후행 | 앞 | 뒤 | 앞 | 뒤 | 전체 | |
| 마구간 | 51011 | 47.60% | 마구 | 간 | 한 | 한 | 2 | 1 | 3 | 된소리 |
| 마굿간 | 56165 | 52.40% | 마구 | 간 | 한 | 한 | 2 | 1 | 3 | 된소리 |
| 뒤간 | 793 | 1.99% | 뒤 | 간 | 고 | 한 | 1 | 1 | 2 | 된소리 |
| 뒷간 | 39115 | 98.01% | 뒤 | 간 | 고 | 한 | 1 | 1 | 2 | 된소리 |
| 방아간 | 15465 | 3.96% | 방아 | 간 | 고 | 한 | 2 | 1 | 3 | 된소리 |
| 방앗간 | 374613 | 96.04% | 방아 | 간 | 고 | 한 | 2 | 1 | 3 | 된소리 |
| 기차간 | 2300 | 62.50% | 기차 | 간 | 한 | 한 | 2 | 1 | 3 | 된소리 |
| 기찻간 | 1380 | 37.50% | 기차 | 간 | 한 | 한 | 2 | 1 | 3 | 된소리 |
| 퇴간 | 639 | 16.48% | 퇴 | 간 | 한 | 한 | 1 | 1 | 2 | 된소리 |
| 툇간 | 3238 | 83.52% | 퇴 | 간 | 한 | 한 | 1 | 1 | 2 | 된소리 |
| 차숟갈 | 268 | 9.42% | 차 | 숟갈 | 고 | 고 | 1 | 2 | 3 | 된소리 |
| 찻숟갈 | 2576 | 90.58% | 차 | 숟갈 | 고 | 고 | 1 | 2 | 3 | 된소리 |
| 색시감 | 3616 | 86.30% | 색시 | 감 | 고 | 고 | 2 | 1 | 3 | 된소리 |
| 색싯감 | 574 | 13.70% | 색시 | 감 | 고 | 고 | 2 | 1 | 3 | 된소리 |
| 회감 | 8305 | 4.80% | 회 | 감 | 한 | 고 | 1 | 1 | 2 | 된소리 |
| 횟감 | 164853 | 95.20% | 회 | 감 | 한 | 고 | 1 | 1 | 2 | 된소리 |
| 담배갑 | 35621 | 44.02% | 담배 | 갑 | 고 | 한 | 2 | 1 | 3 | 된소리 |
| 담뱃갑 | 45306 | 55.98% | 담배 | 갑 | 고 | 한 | 2 | 1 | 3 | 된소리 |
| 초기값 | 18136 | 97.94% | 초기 | 값 | 한 | 고 | 2 | 1 | 3 | 된소리 |
| 초깃값 | 381 | 2.06% | 초기 | 값 | 한 | 고 | 2 | 1 | 3 | 된소리 |
| 기대값 | 7828 | 54.89% | 기대 | 값 | 한 | 고 | 2 | 1 | 3 | 된소리 |
| 최대값 | 51529 | 81.94% | 최대 | 값 | 한 | 고 | 2 | 1 | 3 | 된소리 |
| 기댓값 | 6432 | 45.11% | 기대 | 값 | 한 | 고 | 2 | 1 | 3 | 된소리 |
| 최댓값 | 11360 | 18.06% | 최대 | 값 | 한 | 고 | 2 | 1 | 3 | 된소리 |
| 도매값 | 1794 | 90.79% | 도매 | 값 | 한 | 고 | 2 | 1 | 3 | 된소리 |
| 도맷값 | 182 | 9.21% | 도매 | 값 | 한 | 고 | 2 | 1 | 3 | 된소리 |
| 근사값 | 10534 | 69.80% | 근사 | 값 | 한 | 고 | 2 | 1 | 3 | 된소리 |
| 근삿값 | 4557 | 30.20% | 근사 | 값 | 한 | 고 | 2 | 1 | 3 | 된소리 |
| 전세값 | 58773 | 36.77% | 전세 | 값 | 한 | 고 | 2 | 1 | 3 | 된소리 |

| 단어 | 계 | | 구성 | | 어종 | | 음절 수 | | | 발음 |
|---|---|---|---|---|---|---|---|---|---|---|
| | 빈도 | 비율 | 선행 | 후행 | 앞 | 뒤 | 앞 | 뒤 | 전체 | |
| 전셋값 | 101057 | 63.23% | 전세 | 값 | 한 | 고 | 2 | 1 | 3 | 된소리 |
| 최소값 | 36350 | 79.80% | 최소 | 값 | 한 | 고 | 2 | 1 | 3 | 된소리 |
| 최솟값 | 9203 | 20.20% | 최소 | 값 | 한 | 고 | 2 | 1 | 3 | 된소리 |
| 나이값 | 24490 | 51.25% | 나이 | 값 | 고 | 고 | 2 | 1 | 3 | 된소리 |
| 나잇값 | 23299 | 48.75% | 나이 | 값 | 고 | 고 | 2 | 1 | 3 | 된소리 |
| 최저값 | 4811 | 99.30% | 최저 | 값 | 한 | 고 | 2 | 1 | 3 | 된소리 |
| 최젓값 | 34 | 0.70% | 최저 | 값 | 한 | 고 | 2 | 1 | 3 | 된소리 |
| 죄값 | 82356 | 60.27% | 죄 | 값 | 한 | 고 | 1 | 1 | 2 | 된소리 |
| 죗값 | 54285 | 39.73% | 죄 | 값 | 한 | 고 | 1 | 1 | 2 | 된소리 |
| 덩치값 | 5612 | 82.69% | 덩치 | 값 | 고 | 고 | 2 | 1 | 3 | 된소리 |
| 덩칫값 | 1175 | 17.31% | 덩치 | 값 | 고 | 고 | 2 | 1 | 3 | 된소리 |
| 대표값 | 2925 | 56.37% | 대표 | 값 | 한 | 고 | 2 | 1 | 3 | 된소리 |
| 대푯값 | 2264 | 43.63% | 대표 | 값 | 한 | 고 | 2 | 1 | 3 | 된소리 |
| 머리수건 | 654 | 30.49% | 머리 | 수건 | 고 | 한 | 2 | 2 | 4 | 된소리 |
| 머릿수건 | 1491 | 69.51% | 머리 | 수건 | 고 | 한 | 2 | 2 | 4 | 된소리 |
| 만화가게 | 5884 | 98.51% | 만화 | 가게 | 한 | 고 | 2 | 2 | 4 | 된소리 |
| 만홧가게 | 89 | 1.49% | 만화 | 가게 | 한 | 고 | 2 | 2 | 4 | 된소리 |
| 뼈골 | 1676 | 26.59% | 뼈 | 골 | 고 | 한 | 1 | 1 | 2 | 된소리 |
| 뼛골 | 4628 | 73.41% | 뼈 | 골 | 고 | 한 | 1 | 1 | 2 | 된소리 |
| 만두국 | 92868 | 58.94% | 만두 | 국 | 한 | 고 | 2 | 1 | 3 | 된소리 |
| 만둣국 | 64703 | 41.06% | 만두 | 국 | 한 | 고 | 2 | 1 | 3 | 된소리 |
| 무국 | 233356 | 95.86% | 무 | 국 | 고 | 고 | 1 | 1 | 2 | 된소리 |
| 뭇국 | 10078 | 4.14% | 무 | 국 | 고 | 고 | 1 | 1 | 2 | 된소리 |
| 두부국 | 12645 | 97.04% | 두부 | 국 | 한 | 고 | 2 | 1 | 3 | 된소리 |
| 두붓국 | 386 | 2.96% | 두부 | 국 | 한 | 고 | 2 | 1 | 3 | 된소리 |
| 북어국 | 70717 | 82.26% | 북어 | 국 | 한 | 고 | 2 | 1 | 3 | 된소리 |
| 북엇국 | 15253 | 17.74% | 북어 | 국 | 한 | 고 | 2 | 1 | 3 | 된소리 |
| 미꾸라지국 | 185 | 70.88% | 미꾸라지 | 국 | 고 | 고 | 4 | 1 | 5 | 된소리 |
| 미꾸라짓국 | 76 | 29.12% | 미꾸라지 | 국 | 고 | 고 | 4 | 1 | 5 | 된소리 |
| 뒤굽 | 948 | 0.94% | 뒤 | 굽 | 고 | 고 | 1 | 1 | 2 | 된소리 |
| 뒷굽 | 99858 | 99.06% | 뒤 | 굽 | 고 | 고 | 1 | 1 | 2 | 된소리 |

| 단어 | 계 | | 구성 | | 어종 | | 음절 수 | | | 발음 |
|---|---|---|---|---|---|---|---|---|---|---|
| | 빈도 | 비율 | 선행 | 후행 | 앞 | 뒤 | 앞 | 뒤 | 전체 | |
| 바다물고기 | 12404 | 58.82% | 바다 | 물고기 | 고 | 고 | 2 | 3 | 5 | ㄴ |
| 바닷물고기 | 8685 | 41.18% | 바다 | 물고기 | 고 | 고 | 2 | 3 | 5 | ㄴ |
| 뒤이야기 | 279 | 0.17% | 뒤 | 이야기 | 고 | 고 | 1 | 3 | 4 | ㄴㄴ |
| 뒷이야기 | 161737 | 99.83% | 뒤 | 이야기 | 고 | 고 | 1 | 3 | 4 | ㄴㄴ |
| 뒤얘기 | 90 | 0.16% | 뒤 | 얘기 | 고 | 고 | 1 | 2 | 3 | ㄴㄴ |
| 뒷얘기 | 55478 | 99.84% | 뒤 | 얘기 | 고 | 고 | 1 | 2 | 3 | ㄴㄴ |
| 비줄기 | 3160 | 1.19% | 비 | 줄기 | 고 | 고 | 1 | 2 | 3 | 된소리 |
| 빗줄기 | 261901 | 98.81% | 비 | 줄기 | 고 | 고 | 1 | 2 | 3 | 된소리 |
| 체기 | 33382 | 92.63% | 체 | 기 | 한 | 한 | 1 | 1 | 2 | 된소리 |
| 쳇기 | 2656 | 7.37% | 체 | 기 | 한 | 한 | 1 | 1 | 2 | 된소리 |
| 귀가길 | 78984 | 71.34% | 귀가 | 길 | 한 | 고 | 2 | 1 | 3 | 된소리 |
| 귀갓길 | 31736 | 28.66% | 귀가 | 길 | 한 | 고 | 2 | 1 | 3 | 된소리 |
| 하교길 | 60127 | 57.41% | 하교 | 길 | 한 | 고 | 2 | 1 | 3 | 된소리 |
| 하굣길 | 44614 | 42.59% | 하교 | 길 | 한 | 고 | 2 | 1 | 3 | 된소리 |
| 나그네길 | 14659 | 95.48% | 나그네 | 길 | 고 | 고 | 3 | 1 | 4 | 된소리 |
| 나그넷길 | 694 | 4.52% | 나그네 | 길 | 고 | 고 | 3 | 1 | 4 | 된소리 |
| 아래길 | 3969 | 15.95% | 아래 | 길 | 고 | 고 | 2 | 1 | 3 | 된소리 |
| 아랫길 | 20913 | 84.05% | 아래 | 길 | 고 | 고 | 2 | 1 | 3 | 된소리 |
| 산보길 | 1765 | 98.99% | 산보 | 길 | 한 | 고 | 2 | 1 | 3 | 된소리 |
| 산봇길 | 18 | 1.01% | 산보 | 길 | 한 | 고 | 2 | 1 | 3 | 된소리 |
| 사이길 | 20528 | 21.78% | 사이 | 길 | 고 | 고 | 2 | 1 | 3 | 된소리 |
| 사잇길 | 73716 | 78.22% | 사이 | 길 | 고 | 고 | 2 | 1 | 3 | 된소리 |
| 황토길 | 15413 | 46.02% | 황토 | 길 | 한 | 고 | 2 | 1 | 3 | 된소리 |
| 황톳길 | 18079 | 53.98% | 황토 | 길 | 한 | 고 | 2 | 1 | 3 | 된소리 |
| 계날 | 301 | 2.79% | 계 | 날 | 한 | 고 | 1 | 1 | 2 | ㄴ |
| 곗날 | 10484 | 97.21% | 계 | 날 | 한 | 고 | 1 | 1 | 2 | ㄴ |
| 뒤날 | 340 | 0.45% | 뒤 | 날 | 고 | 고 | 1 | 1 | 2 | ㄴ |
| 뒷날 | 75680 | 99.55% | 뒤 | 날 | 고 | 고 | 1 | 1 | 2 | ㄴ |
| 거래날 | 544 | 96.97% | 거래 | 날 | 한 | 고 | 2 | 1 | 3 | ㄴ |
| 거랫날 | 17 | 3.03% | 거래 | 날 | 한 | 고 | 2 | 1 | 3 | ㄴ |
| 장마날 | 322 | 52.70% | 장마 | 날 | 고 | 고 | 2 | 1 | 3 | ㄴ |

| 단어 | 계 | | 구성 | | 어종 | | 음절 수 | | | 발음 |
|---|---|---|---|---|---|---|---|---|---|---|
| | 빈도 | 비율 | 선행 | 후행 | 앞 | 뒤 | 앞 | 뒤 | 전체 | |
| 장맛날 | 289 | 47.30% | 장마 | 날 | 고 | 고 | 2 | 1 | 3 | ㄴ |
| 예사날 | 58 | 37.66% | 예사 | 날 | 한 | 고 | 2 | 1 | 3 | ㄴ |
| 제사날 | 4743 | 8.44% | 제사 | 날 | 한 | 고 | 2 | 1 | 3 | ㄴ |
| 예삿날 | 96 | 62.34% | 예사 | 날 | 한 | 고 | 2 | 1 | 3 | ㄴ |
| 제삿날 | 51467 | 91.56% | 제사 | 날 | 한 | 고 | 2 | 1 | 3 | ㄴ |
| 단오날 | 8704 | 64.56% | 단오 | 날 | 한 | 고 | 2 | 1 | 3 | ㄴ |
| 단옷날 | 4777 | 35.44% | 단오 | 날 | 한 | 고 | 2 | 1 | 3 | ㄴ |
| 한가위날 | 1227 | 56.57% | 한가위 | 날 | 고 | 고 | 3 | 1 | 4 | ㄴ |
| 한가윗날 | 942 | 43.43% | 한가위 | 날 | 고 | 고 | 3 | 1 | 4 | ㄴ |
| 동지날 | 8346 | 19.04% | 동지 | 날 | 한 | 고 | 2 | 1 | 3 | ㄴ |
| 동짓날 | 35496 | 80.96% | 동지 | 날 | 한 | 고 | 2 | 1 | 3 | ㄴ |
| 후날 | 973 | 0.13% | 후 | 날 | 한 | 고 | 1 | 1 | 2 | ㄴ |
| 훗날 | 757380 | 99.87% | 후 | 날 | 한 | 고 | 1 | 1 | 2 | ㄴ |
| 아래동네 | 10182 | 26.28% | 아래 | 동네 | 고 | 한고 | 2 | 2 | 4 | 된소리 |
| 아랫동네 | 28565 | 73.72% | 아래 | 동네 | 고 | 한고 | 2 | 2 | 4 | 된소리 |
| 아래녁 | 509 | 7.95% | 아래 | 녁 | 고 | 고 | 2 | 1 | 3 | ㄴ |
| 아랫녁 | 5894 | 92.05% | 아래 | 녁 | 고 | 고 | 2 | 1 | 3 | ㄴ |
| 위녁 | 19 | 1.40% | 위 | 녁 | 고 | 고 | 1 | 1 | 2 | ㄴ |
| 윗녁 | 1342 | 98.60% | 위 | 녁 | 고 | 고 | 1 | 1 | 2 | ㄴ |
| 초농 | 361 | 0.81% | 초 | 농 | 고 | 한 | 1 | 1 | 2 | ㄴ |
| 촛농 | 43985 | 99.19% | 초 | 농 | 고 | 한 | 1 | 1 | 2 | ㄴ |
| 빨래비누 | 24949 | 87.47% | 빨래 | 비누 | 고 | 고 | 2 | 2 | 4 | 된소리 |
| 빨랫비누 | 3574 | 12.53% | 빨래 | 비누 | 고 | 고 | 2 | 2 | 4 | 된소리 |
| 세수비누 | 6701 | 61.39% | 세수 | 비누 | 한 | 고 | 2 | 2 | 4 | 된소리 |
| 세숫비누 | 4215 | 38.61% | 세수 | 비누 | 한 | 고 | 2 | 2 | 4 | 된소리 |
| 시계바늘 | 54116 | 75.57% | 시계 | 바늘 | 한 | 고 | 2 | 2 | 4 | 된소리 |
| 시곗바늘 | 17499 | 24.43% | 시계 | 바늘 | 한 | 고 | 2 | 2 | 4 | 된소리 |
| 주사바늘 | 58304 | 87.09% | 주사 | 바늘 | 한 | 고 | 2 | 2 | 4 | 된소리 |
| 주삿바늘 | 8641 | 12.91% | 주사 | 바늘 | 한 | 고 | 2 | 2 | 4 | 된소리 |
| 낚시바늘 | 40407 | 86.97% | 낚시 | 바늘 | 고 | 고 | 2 | 2 | 4 | 된소리 |
| 낚싯바늘 | 6052 | 13.03% | 낚시 | 바늘 | 고 | 고 | 2 | 2 | 4 | 된소리 |

| 단어 | 계 | | 구성 | | 어종 | | 음절 수 | | | 발음 |
|---|---|---|---|---|---|---|---|---|---|---|
| | 빈도 | 비율 | 선행 | 후행 | 앞 | 뒤 | 앞 | 뒤 | 전체 | |
| 뒤주머니 | 544 | 0.60% | 뒤 | 주머리 | 고 | 고 | 1 | 3 | 4 | 된소리 |
| 뒷주머니 | 89945 | 99.40% | 뒤 | 주머리 | 고 | 고 | 1 | 3 | 4 | 된소리 |
| 마루바닥 | 50766 | 51.19% | 마루 | 바닥 | 고 | 고 | 2 | 2 | 4 | 된소리 |
| 마룻바닥 | 48408 | 48.81% | 마루 | 바닥 | 고 | 고 | 2 | 2 | 4 | 된소리 |
| 뒤감당 | 216 | 0.32% | 뒤 | 감당 | 고 | 한 | 1 | 2 | 3 | 된소리 |
| 뒷감당 | 66888 | 99.68% | 뒤 | 감당 | 고 | 한 | 1 | 2 | 3 | 된소리 |
| 옥수수대 | 10070 | 80.96% | 옥수수 | 대 | 고 | 고 | 3 | 1 | 4 | 된소리 |
| 옥수숫대 | 2368 | 19.04% | 옥수수 | 대 | 고 | 고 | 3 | 1 | 4 | 된소리 |
| 외가댁 | 31577 | 55.52% | 외가 | 댁 | 한 | 한 | 2 | 1 | 3 | 된소리 |
| 외갓댁 | 25293 | 44.48% | 외가 | 댁 | 한 | 한 | 2 | 1 | 3 | 된소리 |
| 김치독 | 2184 | 35.56% | 김치 | 독 | 고 | 고 | 2 | 1 | 3 | 된소리 |
| 김칫독 | 3957 | 64.44% | 김치 | 독 | 고 | 고 | 2 | 1 | 3 | 된소리 |
| 주머니돈 | 933 | 45.42% | 주머니 | 돈 | 고 | 고 | 3 | 1 | 4 | 된소리 |
| 주머닛돈 | 1121 | 54.58% | 주머니 | 돈 | 고 | 고 | 3 | 1 | 4 | 된소리 |
| 세배돈 | 13560 | 6.44% | 세배 | 돈 | 한 | 고 | 2 | 1 | 3 | 된소리 |
| 세뱃돈 | 196933 | 93.56% | 세배 | 돈 | 한 | 고 | 2 | 1 | 3 | 된소리 |
| 부조돈 | 178 | 45.76% | 부조 | 돈 | 한 | 고 | 2 | 1 | 3 | 된소리 |
| 부좃돈 | 211 | 54.24% | 부조 | 돈 | 한 | 고 | 2 | 1 | 3 | 된소리 |
| 아래돌 | 392 | 5.77% | 아래 | 돌 | 고 | 고 | 2 | 1 | 3 | 된소리 |
| 아랫돌 | 6404 | 94.23% | 아래 | 돌 | 고 | 고 | 2 | 1 | 3 | 된소리 |
| 위돌 | 409 | 4.23% | 위 | 돌 | 고 | 고 | 1 | 1 | 2 | 된소리 |
| 윗돌 | 9267 | 95.77% | 위 | 돌 | 고 | 고 | 1 | 1 | 2 | 된소리 |
| 다듬이돌 | 2769 | 49.40% | 다듬이 | 돌 | 고 | 고 | 3 | 1 | 4 | 된소리 |
| 다듬잇돌 | 2836 | 50.60% | 다듬이 | 돌 | 고 | 고 | 3 | 1 | 4 | 된소리 |
| 가운데발가락 | 1221 | 95.92% | 가운데 | 발가락 | 고 | 고 | 3 | 3 | 6 | 된소리 |
| 가운뎃발가락 | 52 | 4.08% | 가운데 | 발가락 | 고 | 고 | 3 | 3 | 6 | 된소리 |
| 가운뎃손가락 | 2640 | 18.61% | 가운데 | 손가락 | 고 | 고 | 3 | 3 | 6 | 된소리 |
| 가운뎃손가락 | 11548 | 81.39% | 가운데 | 손가락 | 고 | 고 | 3 | 3 | 6 | 된소리 |
| 저가락 | 276 | 0.02% | 저 | 가락 | 고 | 고 | 1 | 2 | 3 | 된소리 |
| 젓가락 | 1524925 | 99.98% | 저 | 가락 | 고 | 고 | 1 | 2 | 3 | 된소리 |
| 태가락 | 4 | 17.39% | 태 | 가락 | 한 | 고 | 1 | 2 | 3 | 된소리 |

| 단어 | 계 | | 구성 | | 어종 | | 음절 수 | | | 발음 |
|---|---|---|---|---|---|---|---|---|---|---|
| | 빈도 | 비율 | 선행 | 후행 | 앞 | 뒤 | 앞 | 뒤 | 전체 | |
| 탯가락 | 19 | 82.61% | 태 | 가락 | 한 | 고 | 1 | 2 | 3 | 된소리 |
| 뒤사람 | 781 | 0.48% | 뒤 | 사람 | 고 | 고 | 1 | 2 | 3 | 된소리 |
| 뒷사람 | 163041 | 99.52% | 뒤 | 사람 | 고 | 고 | 1 | 2 | 3 | 된소리 |
| 아래사람 | 30053 | 26.93% | 아래 | 사람 | 고 | 고 | 2 | 2 | 4 | 된소리 |
| 아랫사람 | 81564 | 73.07% | 아래 | 사람 | 고 | 고 | 2 | 2 | 4 | 된소리 |
| 위사람 | 1586 | 0.79% | 위 | 사람 | 고 | 고 | 1 | 2 | 3 | 된소리 |
| 윗사람 | 198502 | 99.21% | 위 | 사람 | 고 | 고 | 1 | 2 | 3 | 된소리 |
| 뒤거래 | 64 | 0.09% | 뒤 | 거래 | 고 | 한 | 1 | 2 | 3 | 된소리 |
| 뒷거래 | 67864 | 99.91% | 뒤 | 거래 | 고 | 한 | 1 | 2 | 3 | 된소리 |
| 배노래 | 46 | 0.13% | 배 | 노래 | 고 | 고 | 1 | 2 | 3 | ㄴ |
| 뱃노래 | 36604 | 99.87% | 배 | 노래 | 고 | 고 | 1 | 2 | 3 | ㄴ |
| 옥수수가루 | 17829 | 99.43% | 옥수수 | 가루 | 고 | 고 | 3 | 3 | 5 | 된소리 |
| 옥수숫가루 | 103 | 0.57% | 옥수수 | 가루 | 고 | 고 | 3 | 2 | 5 | 된소리 |
| 후추가루 | 108468 | 39.05% | 후추 | 가루 | 고 | 고 | 2 | 2 | 4 | 된소리 |
| 후춧가루 | 169328 | 60.95% | 후추 | 가루 | 고 | 고 | 2 | 2 | 4 | 된소리 |
| 계피가루 | 70895 | 89.46% | 계피 | 가루 | 한 | 고 | 2 | 2 | 4 | 된소리 |
| 계핏가루 | 8354 | 10.54% | 계피 | 가루 | 한 | 고 | 2 | 2 | 4 | 된소리 |
| 퇴마루 | 562 | 0.85% | 퇴 | 마루 | 한 | 고 | 1 | 2 | 3 | ㄴ |
| 툇마루 | 65652 | 99.15% | 퇴 | 마루 | 한 | 고 | 1 | 2 | 3 | ㄴ |
| 이야기거리 | 50663 | 47.21% | 이야기 | 거리 | 고 | 고 | 3 | 2 | 5 | 된소리 |
| 이야깃거리 | 56650 | 52.79% | 이야기 | 거리 | 고 | 고 | 3 | 2 | 5 | 된소리 |
| 문제거리 | 6122 | 39.48% | 문제 | 거리 | 한 | 고 | 2 | 2 | 4 | 된소리 |
| 문젯거리 | 9384 | 60.52% | 문제 | 거리 | 한 | 고 | 2 | 2 | 4 | 된소리 |
| 골치거리 | 7346 | 6.11% | 골치 | 거리 | 고 | 고 | 2 | 2 | 4 | 된소리 |
| 골칫거리 | 112810 | 93.89% | 골치 | 거리 | 고 | 고 | 2 | 2 | 4 | 된소리 |
| 뒤다리 | 248 | 0.08% | 뒤 | 다리 | 고 | 고 | 1 | 2 | 3 | 된소리 |
| 뒷다리 | 304637 | 99.92% | 뒤 | 다리 | 고 | 고 | 1 | 2 | 3 | 된소리 |
| 아래도리 | 494 | 0.65% | 아래 | 도리 | 고 | 고 | 2 | 2 | 4 | 된소리 |
| 아랫도리 | 75399 | 99.35% | 아래 | 도리 | 고 | 고 | 2 | 2 | 4 | 된소리 |
| 위도리 | 406 | 0.55% | 위 | 도리 | 고 | 고 | 1 | 2 | 3 | 된소리 |
| 윗도리 | 73992 | 99.45% | 위 | 도리 | 고 | 고 | 1 | 2 | 3 | 된소리 |

| 단어 | 계 | | 구성 | | 어종 | | 음절 수 | | | 발음 |
|---|---|---|---|---|---|---|---|---|---|---|
| | 빈도 | 비율 | 선행 | 후행 | 앞 | 뒤 | 앞 | 뒤 | 전체 | |
| 뒤머리 | 1173 | 0.35% | 뒤 | 머리 | 고 | 고 | 1 | 2 | 3 | ㄴ |
| 뒷머리 | 334615 | 99.65% | 뒤 | 머리 | 고 | 고 | 1 | 2 | 3 | ㄴ |
| 배머리 | 534 | 0.85% | 배 | 머리 | 고 | 고 | 1 | 2 | 3 | ㄴ |
| 뱃머리 | 62638 | 99.15% | 배 | 머리 | 고 | 고 | 1 | 2 | 3 | ㄴ |
| 뒤마무리 | 142 | 0.40% | 뒤 | 마무리 | 고 | 고 | 1 | 3 | 4 | ㄴ |
| 뒷마무리 | 34924 | 99.60% | 뒤 | 마무리 | 고 | 고 | 1 | 3 | 4 | ㄴ |
| 우스개소리 | 29655 | 61.97% | 우스개 | 소리 | 고 | 고 | 3 | 2 | 5 | 된소리 |
| 우스갯소리 | 18200 | 38.03% | 우스개 | 소리 | 고 | 고 | 3 | 2 | 5 | 된소리 |
| 고기덩어리 | 14752 | 31.77% | 고기 | 덩어리 | 고 | 고 | 2 | 3 | 5 | 된소리 |
| 고깃덩어리 | 31683 | 68.23% | 고기 | 덩어리 | 고 | 고 | 2 | 3 | 5 | 된소리 |
| 바위덩어리 | 11918 | 62.93% | 바위 | 덩어리 | 고 | 고 | 2 | 3 | 5 | 된소리 |
| 바윗덩어리 | 7021 | 37.07% | 바위 | 덩어리 | 고 | 고 | 2 | 3 | 5 | 된소리 |
| 골치덩어리 | 13566 | 29.96% | 골치 | 덩어리 | 고 | 고 | 2 | 3 | 5 | 된소리 |
| 골칫덩어리 | 31708 | 70.04% | 골치 | 덩어리 | 고 | 고 | 2 | 3 | 5 | 된소리 |
| 피덩어리 | 5286 | 19.21% | 피 | 덩어리 | 고 | 고 | 1 | 3 | 4 | 된소리 |
| 핏덩어리 | 22225 | 80.79% | 피 | 덩어리 | 고 | 고 | 1 | 3 | 4 | 된소리 |
| 뫼자리 | 85 | 1.09% | 뫼 | 자리 | 고 | 고 | 1 | 2 | 3 | 된소리 |
| 묏자리 | 7699 | 98.91% | 뫼 | 자리 | 고 | 고 | 1 | 2 | 3 | 된소리 |
| 묘자리 | 9313 | 67.36% | 묘 | 자리 | 한 | 고 | 1 | 2 | 3 | 된소리 |
| 묫자리 | 4512 | 32.64% | 묘 | 자리 | 한 | 고 | 1 | 2 | 3 | 된소리 |
| 뒤정리 | 1312 | 0.59% | 뒤 | 정리 | 고 | 한 | 1 | 2 | 3 | 된소리 |
| 뒷정리 | 222009 | 99.41% | 뒤 | 정리 | 고 | 한 | 1 | 2 | 3 | 된소리 |
| 배내말 | 3 | 30.00% | 배내 | 말 | 고 | 고 | 2 | 1 | 3 | 된소리 |
| 배냇말 | 7 | 70.00% | 배내 | 말 | 고 | 고 | 2 | 1 | 3 | 된소리 |
| 존대말 | 35070 | 7.20% | 존대 | 말 | 한 | 고 | 2 | 1 | 3 | ㄴ |
| 존댓말 | 452030 | 92.80% | 존대 | 말 | 한 | 고 | 2 | 1 | 3 | ㄴ |
| 노래말 | 11231 | 5.90% | 노래 | 말 | 고 | 고 | 2 | 1 | 3 | ㄴ |
| 노랫말 | 179100 | 94.10% | 노래 | 말 | 고 | 고 | 2 | 1 | 3 | ㄴ |
| 고사말 | 14 | 82.35% | 고사 | 말 | 한 | 고 | 2 | 1 | 3 | ㄴ |
| 혼사말 | 43 | 13.07% | 혼사 | 말 | 한 | 고 | 2 | 1 | 3 | ㄴ |
| 고삿말 | 3 | 17.65% | 고사 | 말 | 한 | 고 | 2 | 1 | 3 | ㄴ |

| 단어 | 계 | | 구성 | | 어종 | | 음절 수 | | | 발음 |
|---|---|---|---|---|---|---|---|---|---|---|
| | 빈도 | 비율 | 선행 | 후행 | 앞 | 뒤 | 앞 | 뒤 | 전체 | |
| 혼삿말 | 286 | 86.93% | 혼사 | 말 | 한 | 고 | 2 | 1 | 3 | ㄴ |
| 요새말 | 28 | 0.58% | 요새 | 말 | 고 | 고 | 2 | 1 | 3 | ㄴ |
| 요샛말 | 4770 | 99.42% | 요새 | 말 | 고 | 고 | 2 | 1 | 3 | ㄴ |
| 귀에말 | 6 | 0.05% | 귀에 | 말 | 고 | 고 | 2 | 1 | 3 | ㄴ |
| 귀엣말 | 13257 | 99.95% | 귀에 | 말 | 고 | 고 | 2 | 1 | 3 | ㄴ |
| 혼자말 | 29069 | 5.33% | 혼자 | 말 | 고 | 고 | 2 | 1 | 3 | ㄴ |
| 혼잣말 | 516345 | 94.67% | 혼자 | 말 | 고 | 고 | 2 | 1 | 3 | ㄴ |
| 시체말 | 1275 | 3.26% | 시체 | 말 | 한 | 고 | 2 | 1 | 3 | ㄴ |
| 시쳇말 | 37858 | 96.74% | 시체 | 말 | 한 | 고 | 2 | 1 | 3 | ㄴ |
| 패말 | 671 | 0.22% | 패 | 말 | 한 | 고 | 1 | 1 | 2 | ㄴ |
| 팻말 | 310912 | 99.78% | 패 | 말 | 한 | 고 | 1 | 1 | 2 | ㄴ |
| 뒤맛 | 95 | 0.05% | 뒤 | 맛 | 고 | 고 | 1 | 1 | 2 | ㄴ |
| 뒷맛 | 195480 | 99.95% | 뒤 | 맛 | 고 | 고 | 1 | 1 | 2 | ㄴ |
| 코구멍 | 18705 | 4.94% | 코 | 구멍 | 고 | 고 | 1 | 2 | 3 | 된소리 |
| 콧구멍 | 360254 | 95.06% | 코 | 구멍 | 고 | 고 | 1 | 2 | 3 | 된소리 |
| 뒤면 | 303348 | 10.10% | 뒤 | 면 | 고 | 한 | 1 | 1 | 2 | ㄴ |
| 뒷면 | 2699318 | 89.90% | 뒤 | 면 | 고 | 한 | 1 | 1 | 2 | ㄴ |
| 아래면 | 11656 | 12.12% | 아래 | 면 | 고 | 한 | 2 | 1 | 3 | ㄴ |
| 아랫면 | 84545 | 87.88% | 아래 | 면 | 고 | 한 | 2 | 1 | 3 | ㄴ |
| 뒤골목 | 1183 | 0.32% | 뒤 | 골목 | 고 | 고 | 1 | 2 | 3 | 된소리 |
| 뒷골목 | 366977 | 99.68% | 뒤 | 골목 | 고 | 고 | 1 | 2 | 3 | 된소리 |
| 뒤목 | 3557 | 1.01% | 뒤 | 목 | 고 | 고 | 1 | 1 | 2 | ㄴ |
| 뒷목 | 347690 | 98.99% | 뒤 | 목 | 고 | 고 | 1 | 1 | 2 | ㄴ |
| 떼목 | 260 | 0.24% | 떼 | 목 | 고 | 한 | 1 | 1 | 2 | ㄴ |
| 뗏목 | 108090 | 99.76% | 떼 | 목 | 고 | 한 | 1 | 1 | 2 | ㄴ |
| 아래목 | 1680 | 1.95% | 아래 | 목 | 고 | 고 | 2 | 1 | 3 | ㄴ |
| 아랫목 | 84679 | 98.05% | 아래 | 목 | 고 | 고 | 2 | 1 | 3 | ㄴ |
| 혼자몸 | 4134 | 91.10% | 혼자 | 몸 | 고 | 고 | 2 | 1 | 3 | ㄴ |
| 혼잣몸 | 404 | 8.90% | 혼자 | 몸 | 고 | 고 | 2 | 1 | 3 | ㄴ |
| 뒤문 | 4179 | 1.08% | 뒤 | 문 | 고 | 한 | 1 | 1 | 2 | ㄴ |
| 뒷문 | 381163 | 98.92% | 뒤 | 문 | 고 | 한 | 1 | 1 | 2 | ㄴ |

| 단어 | 계 | | 구성 | | 어종 | | 음절 수 | | | 발음 |
|---|---|---|---|---|---|---|---|---|---|---|
| | 빈도 | 비율 | 선행 | 후행 | 앞 | 뒤 | 앞 | 뒤 | 전체 | |
| 사이문 | 510 | 44.39% | 사이 | 문 | 고 | 한 | 2 | 1 | 3 | ㄴ |
| 사잇문 | 639 | 55.61% | 사이 | 문 | 고 | 한 | 2 | 1 | 3 | ㄴ |
| 시내물 | 1043 | 0.51% | 시내 | 물 | 고 | 고 | 2 | 1 | 3 | ㄴ |
| 시냇물 | 202044 | 99.49% | 시내 | 물 | 고 | 고 | 2 | 1 | 3 | ㄴ |
| 비누물 | 2691 | 4.29% | 비누 | 물 | 고 | 고 | 2 | 1 | 3 | ㄴ |
| 비눗물 | 60089 | 95.71% | 비누 | 물 | 고 | 고 | 2 | 1 | 3 | ㄴ |
| 바다물 | 11404 | 1.49% | 바다 | 물 | 고 | 고 | 2 | 1 | 3 | ㄴ |
| 바닷물 | 752797 | 98.51% | 바다 | 물 | 고 | 고 | 2 | 1 | 3 | ㄴ |
| 수도물 | 34474 | 8.49% | 수도 | 물 | 한 | 고 | 2 | 1 | 3 | ㄴ |
| 수돗물 | 371714 | 91.51% | 수도 | 물 | 한 | 고 | 2 | 1 | 3 | ㄴ |
| 간수물 | 122 | 87.36% | 간수 | 물 | 한 | 고 | 2 | 1 | 3 | ㄴ |
| 낙수물 | 2092 | 11.40% | 낙수 | 물 | 한 | 고 | 2 | 1 | 3 | ㄴ |
| 세수물 | 264 | 3.92% | 세수 | 물 | 한 | 고 | 2 | 1 | 3 | ㄴ |
| 간숫물 | 22 | 12.64% | 간수 | 물 | 한 | 고 | 2 | 1 | 3 | ㄴ |
| 낙숫물 | 16264 | 88.60% | 낙수 | 물 | 한 | 고 | 2 | 1 | 3 | ㄴ |
| 세숫물 | 6474 | 96.08% | 세수 | 물 | 한 | 고 | 2 | 1 | 3 | ㄴ |
| 양치물 | 964 | 30.38% | 양치 | 물 | 한 | 고 | 2 | 1 | 3 | ㄴ |
| 양칫물 | 2209 | 69.62% | 양치 | 물 | 한 | 고 | 2 | 1 | 3 | ㄴ |
| 코물 | 7037 | 0.48% | 코 | 물 | 고 | 고 | 1 | 1 | 2 | ㄴ |
| 콧물 | 1453337 | 99.52% | 코 | 물 | 고 | 고 | 1 | 1 | 2 | ㄴ |
| 피물 | 4689 | 1.57% | 피 | 물 | 고 | 고 | 1 | 1 | 2 | ㄴ |
| 핏물 | 293370 | 98.43% | 피 | 물 | 고 | 고 | 1 | 1 | 2 | ㄴ |
| 뒤지느러미 | 19 | 0.55% | 뒤 | 지느러미 | 고 | 고 | 1 | 4 | 5 | 된소리 |
| 뒷지느러미 | 3460 | 99.45% | 뒤 | 지느러미 | 고 | 고 | 1 | 4 | 5 | 된소리 |
| 배멀미 | 62030 | 84.58% | 배 | 멀미 | 고 | 고 | 1 | 2 | 3 | ㄴ |
| 뱃멀미 | 11313 | 15.42% | 배 | 멀미 | 고 | 고 | 1 | 2 | 3 | ㄴ |
| 하루밤 | 72929 | 6.35% | 하루 | 밤 | 고 | 고 | 2 | 1 | 3 | 된소리 |
| 하룻밤 | 1075119 | 93.65% | 하루 | 밤 | 고 | 고 | 2 | 1 | 3 | 된소리 |
| 어제밤 | 788539 | 42.17% | 어제 | 밤 | 고 | 고 | 2 | 1 | 3 | 된소리 |
| 어젯밤 | 1081145 | 57.83% | 어제 | 밤 | 고 | 고 | 2 | 1 | 3 | 된소리 |
| 귀밥 | 842 | 7.09% | 귀 | 밥 | 고 | 고 | 1 | 1 | 2 | 된소리 |

| 단어 | 계 | | 구성 | | 어종 | | 음절 수 | | | 발음 |
|---|---|---|---|---|---|---|---|---|---|---|
| | 빈도 | 비율 | 선행 | 후행 | 앞 | 뒤 | 앞 | 뒤 | 전체 | |
| 귓밥 | 11034 | 92.91% | 귀 | 밥 | 고 | 고 | 1 | 1 | 2 | 된소리 |
| 가게방 | 948 | 45.77% | 가게 | 방 | 고 | 한 | 2 | 1 | 3 | 된소리 |
| 가겟방 | 1123 | 54.23% | 가게 | 방 | 고 | 한 | 2 | 1 | 3 | 된소리 |
| 구두방 | 27495 | 71.79% | 구두 | 방 | 고 | 한 | 2 | 1 | 3 | 된소리 |
| 구둣방 | 10802 | 28.21% | 구두 | 방 | 고 | 한 | 2 | 1 | 3 | 된소리 |
| 뒤방 | 706 | 1.69% | 뒤 | 방 | 고 | 한 | 1 | 1 | 2 | 된소리 |
| 뒷방 | 41071 | 98.31% | 뒤 | 방 | 고 | 한 | 1 | 1 | 2 | 된소리 |
| 아래방 | 1129 | 13.10% | 아래 | 방 | 고 | 한 | 2 | 1 | 3 | 된소리 |
| 아랫방 | 7489 | 86.90% | 아래 | 방 | 고 | 한 | 2 | 1 | 3 | 된소리 |
| 전세방 | 20672 | 95.37% | 전세 | 방 | 한 | 한 | 2 | 1 | 3 | 된소리 |
| 전셋방 | 1003 | 4.63% | 전세 | 방 | 한 | 한 | 2 | 1 | 3 | 된소리 |
| 아래배 | 3323 | 0.47% | 아내 | 배 | 고 | 고 | 2 | 1 | 3 | 된소리 |
| 아랫배 | 701211 | 99.53% | 아내 | 배 | 고 | 고 | 2 | 1 | 3 | 된소리 |
| 낚시배 | 57292 | 80.73% | 날개 | 죽지 | 고 | 고 | 2 | 2 | 4 | 된소리 |
| 낚싯배 | 13674 | 19.27% | 날개 | 죽지 | 고 | 고 | 2 | 2 | 4 | 된소리 |
| 뒤벽 | 228 | 1.48% | 뒤 | 벽 | 고 | 한 | 1 | 1 | 2 | 된소리 |
| 뒷벽 | 15157 | 98.52% | 뒤 | 벽 | 고 | 한 | 1 | 1 | 2 | 된소리 |
| 아래변 | 186 | 4.89% | 아래 | 변 | 고 | 한 | 2 | 1 | 3 | 된소리 |
| 아랫변 | 3620 | 95.11% | 아래 | 변 | 고 | 한 | 2 | 1 | 3 | 된소리 |
| 귀병 | 1106 | 5.07% | 귀 | 병 | 고 | 한 | 1 | 1 | 2 | 된소리 |
| 귓병 | 20707 | 94.93% | 귀 | 병 | 고 | 한 | 1 | 1 | 2 | 된소리 |
| 주스병 | 1157 | 100.00% | 주스 | 병 | 외 | 한 | 2 | 1 | 3 | 된소리 |
| 주슷병 | 0 | 0.00% | 주스 | 병 | 외 | 한 | 2 | 1 | 3 | 된소리 |
| 맥주병 | 112190 | 99.94% | 맥주 | 병 | 한 | 한 | 2 | 1 | 3 | 된소리 |
| 소주병 | 63566 | 97.91% | 소주 | 병 | 한 | 한 | 2 | 1 | 3 | 된소리 |
| 맥줏병 | 62 | 0.06% | 맥주 | 병 | 한 | 한 | 2 | 1 | 3 | 된소리 |
| 소줏병 | 1359 | 2.09% | 소주 | 병 | 한 | 한 | 2 | 1 | 3 | 된소리 |
| 페트병 | 130168 | 100.00% | 페트 | 병 | 외 | 한 | 2 | 1 | 3 | 된소리 |
| 페틋병 | 1 | 0.00% | 페트 | 병 | 외 | 한 | 2 | 1 | 3 | 된소리 |
| 뒤부분 | 12170 | 1.10% | 뒤 | 부분 | 고 | 한 | 1 | 2 | 3 | 된소리 |
| 뒷부분 | 1090430 | 98.90% | 뒤 | 부분 | 고 | 한 | 1 | 2 | 3 | 된소리 |

| 단어 | 계 | | 구성 | | 어종 | | 음절 수 | | | 발음 |
|---|---|---|---|---|---|---|---|---|---|---|
| | 빈도 | 비율 | 선행 | 후행 | 앞 | 뒤 | 앞 | 뒤 | 전체 | |
| 아래부분 | 209753 | 38.08% | 아래 | 부분 | 고 | 한 | 2 | 2 | 4 | 된소리 |
| 아랫부분 | 341033 | 61.92% | 아래 | 부분 | 고 | 한 | 2 | 2 | 4 | 된소리 |
| 담배불 | 14824 | 26.37% | 담배 | 불 | 고 | 고 | 2 | 1 | 3 | 된소리 |
| 담뱃불 | 41398 | 73.63% | 담배 | 불 | 고 | 고 | 2 | 1 | 3 | 된소리 |
| 초불 | 8784 | 0.57% | 초 | 불 | 고 | 고 | 1 | 1 | 2 | 된소리 |
| 촛불 | 1519199 | 99.43% | 초 | 불 | 고 | 고 | 1 | 1 | 2 | 된소리 |
| 장마비 | 96474 | 42.94% | 장마 | 비 | 고 | 고 | 2 | 1 | 3 | 된소리 |
| 장맛비 | 128187 | 57.06% | 장마 | 비 | 고 | 고 | 2 | 1 | 3 | 된소리 |
| 연두빛 | 81669 | 57.77% | 연두 | 빛 | 한 | 고 | 2 | 1 | 3 | 된소리 |
| 연둣빛 | 59709 | 42.23% | 연두 | 빛 | 한 | 고 | 2 | 1 | 3 | 된소리 |
| 상아빛 | 4702 | 80.83% | 상아 | 빛 | 한 | 고 | 2 | 1 | 3 | 된소리 |
| 복숭아빛 | 10839 | 87.33% | 복숭아 | 빛 | 고 | 고 | 3 | 1 | 4 | 된소리 |
| 상앗빛 | 1115 | 19.17% | 상아 | 빛 | 한 | 고 | 2 | 1 | 3 | 된소리 |
| 복숭앗빛 | 1572 | 12.67% | 복숭아 | 빛 | 고 | 고 | 3 | 1 | 4 | 된소리 |
| 우유빛 | 77811 | 58.06% | 우유 | 빛 | 한 | 고 | 2 | 1 | 3 | 된소리 |
| 우윳빛 | 56196 | 41.94% | 우유 | 빛 | 한 | 고 | 2 | 1 | 3 | 된소리 |
| 재빛 | 7587 | 2.92% | 재 | 빛 | 고 | 고 | 1 | 1 | 2 | 된소리 |
| 잿빛 | 251847 | 97.08% | 재 | 빛 | 고 | 고 | 1 | 1 | 2 | 된소리 |
| 자주빛 | 74882 | 47.68% | 자주 | 빛 | 한 | 고 | 2 | 1 | 3 | 된소리 |
| 남자주빛 | 0 | 0.00% | 남자주 | 빛 | 한 | 고 | 3 | 1 | 4 | 된소리 |
| 자줏빛 | 82178 | 52.32% | 자주 | 빛 | 한 | 고 | 2 | 1 | 3 | 된소리 |
| 남자줏빛 | 4 | 100.00% | 남자주 | 빛 | 한 | 고 | 3 | 1 | 4 | 된소리 |
| 비취빛 | 7946 | 89.15% | 비취 | 빛 | 한 | 고 | 2 | 1 | 3 | 된소리 |
| 비췻빛 | 967 | 10.85% | 비취 | 빛 | 한 | 고 | 2 | 1 | 3 | 된소리 |
| 해빛 | 24195 | 0.61% | 해 | 빛 | 고 | 고 | 1 | 1 | 2 | 된소리 |
| 햇빛 | 3952371 | 99.39% | 해 | 빛 | 고 | 고 | 1 | 1 | 2 | 된소리 |
| 뒤조사 | 181 | 0.26% | 뒤 | 조사 | 고 | 한 | 1 | 2 | 3 | 된소리 |
| 뒷조사 | 68607 | 99.74% | 뒤 | 조사 | 고 | 한 | 1 | 2 | 3 | 된소리 |
| 뒤산 | 10279 | 2.15% | 뒤 | 산 | 고 | 한 | 1 | 1 | 2 | 된소리 |
| 뒷산 | 468747 | 97.85% | 뒤 | 산 | 고 | 한 | 1 | 1 | 2 | 된소리 |
| 조개살 | 14131 | 20.49% | 조개 | 살 | 고 | 고 | 2 | 1 | 3 | 된소리 |

| 단어 | 계 | | 구성 | | 어종 | | 음절 수 | | | 발음 |
|------|------|------|------|------|------|------|------|------|------|------|
| | 빈도 | 비율 | 선행 | 후행 | 앞 | 뒤 | 앞 | 뒤 | 전체 | |
| 조갯살 | 54831 | 79.51% | 조개 | 살 | 고 | 고 | 2 | 1 | 3 | 된소리 |
| 허리살 | 11834 | 55.76% | 허리 | 살 | 고 | 고 | 2 | 1 | 3 | 된소리 |
| 허릿살 | 9390 | 44.24% | 허리 | 살 | 고 | 고 | 2 | 1 | 3 | 된소리 |
| 이마살 | 252 | 1.02% | 이마 | 살 | 고 | 고 | 2 | 1 | 3 | 된소리 |
| 이맛살 | 24449 | 98.98% | 이마 | 살 | 고 | 고 | 2 | 1 | 3 | 된소리 |
| 배살 | 14519 | 0.91% | 배 | 살 | 고 | 고 | 1 | 1 | 2 | 된소리 |
| 뱃살 | 1582765 | 99.09% | 배 | 살 | 고 | 고 | 1 | 1 | 2 | 된소리 |
| 해살 | 6312 | 0.12% | 해 | 살 | 고 | 고 | 1 | 1 | 2 | 된소리 |
| 햇살 | 5049053 | 99.88% | 해 | 살 | 고 | 고 | 1 | 1 | 2 | 된소리 |
| 잔치상 | 18728 | 42.28% | 잔치 | 상 | 고 | 한 | 2 | 1 | 3 | 된소리 |
| 잔칫상 | 25566 | 57.72% | 잔치 | 상 | 고 | 한 | 2 | 1 | 3 | 된소리 |
| 연두색 | 31 | 0.01% | 연두 | 색 | 한 | 한 | 2 | 1 | 3 | 된소리 |
| 연둣색 | 594196 | 99.99% | 연두 | 색 | 한 | 한 | 2 | 1 | 3 | 된소리 |
| 자주색 | 297814 | 99.90% | 자주 | 색 | 한 | 한 | 2 | 1 | 3 | 된소리 |
| 자줏색 | 307 | 0.10% | 자주 | 색 | 한 | 한 | 2 | 1 | 3 | 된소리 |
| 막내동생 | 82831 | 95.03% | 막내 | 동생 | 고 | 고 | 2 | 2 | 4 | 된소리 |
| 막냇동생 | 4331 | 4.97% | 막내 | 동생 | 고 | 고 | 2 | 2 | 4 | 된소리 |
| 자리세 | 27198 | 47.71% | 자리 | 세 | 고 | 한 | 2 | 1 | 3 | 된소리 |
| 자릿세 | 29805 | 52.29% | 자리 | 세 | 고 | 한 | 2 | 1 | 3 | 된소리 |
| 구구셈 | 2149 | 99.58% | 구구 | 셈 | 한 | 고 | 2 | 1 | 3 | 된소리 |
| 구굿셈 | 9 | 0.42% | 구구 | 셈 | 한 | 고 | 2 | 1 | 3 | 된소리 |
| 바다속 | 133291 | 27.84% | 바다 | 속 | 고 | 고 | 2 | 1 | 3 | 된소리 |
| 바닷속 | 345522 | 72.16% | 바다 | 속 | 고 | 고 | 2 | 1 | 3 | 된소리 |
| 머리속 | 567796 | 18.01% | 머리 | 속 | 고 | 고 | 2 | 1 | 3 | 된소리 |
| 머릿속 | 2584240 | 81.99% | 머리 | 속 | 고 | 고 | 2 | 1 | 3 | 된소리 |
| 코속 | 25146 | 20.57% | 코 | 속 | 고 | 고 | 1 | 1 | 2 | 된소리 |
| 콧속 | 97118 | 79.43% | 코 | 속 | 고 | 고 | 1 | 1 | 2 | 된소리 |
| 치솔 | 59638 | 6.02% | 치 | 솔 | 한 | 고 | 1 | 1 | 2 | 된소리 |
| 칫솔 | 930457 | 93.98% | 치 | 솔 | 한 | 고 | 1 | 1 | 2 | 된소리 |
| 개수 | 1248686 | 44.70% | 개 | 수 | 한 | 한 | 1 | 1 | 2 | 된소리 |
| 갯수 | 1544655 | 55.30% | 개 | 수 | 한 | 한 | 1 | 1 | 2 | 된소리 |

| 단어 | 계 | | 구성 | | 어종 | | 음절 수 | | | 발음 |
|---|---|---|---|---|---|---|---|---|---|---|
| | 빈도 | 비율 | 선행 | 후행 | 앞 | 뒤 | 앞 | 뒤 | 전체 | |
| 머리수 | 8367 | 12.57% | 머리 | 수 | 고 | 한 | 2 | 1 | 3 | 된소리 |
| 머릿수 | 58176 | 87.43% | 머리 | 수 | 고 | 한 | 2 | 1 | 3 | 된소리 |
| 가지수 | 76703 | 28.16% | 가지 | 수 | 고 | 한 | 2 | 1 | 3 | 된소리 |
| 번지수 | 35880 | 98.27% | 번지 | 수 | 한 | 한 | 2 | 1 | 3 | 된소리 |
| 가짓수 | 195725 | 71.84% | 가지 | 수 | 고 | 한 | 2 | 1 | 3 | 된소리 |
| 번짓수 | 609 | 1.73% | 번지 | 수 | 한 | 한 | 2 | 1 | 3 | 된소리 |
| 아래입술 | 9005 | 8.03% | 아래 | 입술 | 고 | 고 | 2 | 2 | 4 | ㄴㄴ |
| 아랫입술 | 103172 | 91.97% | 아래 | 입술 | 고 | 고 | 2 | 2 | 4 | ㄴㄴ |
| 위입술 | 154 | 0.19% | 위 | 입술 | 고 | 고 | 1 | 2 | 3 | ㄴㄴ |
| 윗입술 | 81129 | 99.81% | 위 | 입술 | 고 | 고 | 1 | 2 | 3 | ㄴㄴ |
| 뒤모습 | 7001 | 0.31% | 뒤 | 모습 | 고 | 고 | 1 | 2 | 3 | ㄴ |
| 뒷모습 | 2228565 | 99.69% | 뒤 | 모습 | 고 | 고 | 1 | 2 | 3 | ㄴ |
| 뒤수습 | 313 | 0.66% | 뒤 | 수습 | 고 | 한 | 1 | 2 | 3 | 된소리 |
| 뒷수습 | 46962 | 99.34% | 뒤 | 수습 | 고 | 한 | 1 | 2 | 3 | 된소리 |
| 뒤심 | 980 | 0.90% | 뒤 | 심 | 고 | 고 | 1 | 1 | 2 | 된소리 |
| 뒷심 | 108306 | 99.10% | 뒤 | 심 | 고 | 고 | 1 | 1 | 2 | 된소리 |
| 위눈썹 | 21 | 0.73% | 위 | 눈썹 | 고 | 고 | 1 | 2 | 3 | ㄴ |
| 윗눈썹 | 2875 | 99.27% | 위 | 눈썹 | 고 | 고 | 1 | 2 | 3 | ㄴ |
| 오래동안 | 298197 | 6.88% | 오래 | 동안 | 고 | 고 | 2 | 2 | 4 | 된소리 |
| 오랫동안 | 4034186 | 93.12% | 오래 | 동안 | 고 | 고 | 2 | 2 | 4 | 된소리 |
| 뒤모양 | 302 | 2.68% | 뒤 | 모양 | 고 | 한 | 1 | 2 | 3 | ㄴ |
| 뒷모양 | 10947 | 97.32% | 뒤 | 모양 | 고 | 한 | 1 | 2 | 3 | ㄴ |
| 아래마을 | 23167 | 41.49% | 아래 | 마을 | 고 | 고 | 2 | 2 | 4 | ㄴ |
| 아랫마을 | 32674 | 58.51% | 아래 | 마을 | 고 | 고 | 2 | 2 | 4 | ㄴ |
| 위마을 | 81 | 0.64% | 위 | 마을 | 고 | 고 | 1 | 2 | 3 | ㄴ |
| 윗마을 | 12500 | 99.36% | 위 | 마을 | 고 | 고 | 1 | 2 | 3 | ㄴ |
| 뒤걸음 | 622 | 0.97% | 뒤 | 걸음 | 고 | 고 | 1 | 2 | 3 | 된소리 |
| 뒷걸음 | 63593 | 99.03% | 뒤 | 걸음 | 고 | 고 | 1 | 2 | 3 | 된소리 |
| 쇠덩이 | 2629 | 5.80% | 쇠 | 덩이 | 고 | 고 | 1 | 2 | 3 | 된소리 |
| 쇳덩이 | 42673 | 94.20% | 쇠 | 덩이 | 고 | 고 | 1 | 2 | 3 | 된소리 |
| 빨래방망이 | 2354 | 83.09% | 빨래 | 방망이 | 한 | 한 | 2 | 3 | 5 | 된소리 |

| 단어 | 계 | | 구성 | | 어종 | | 음절 수 | | | 발음 |
|---|---|---|---|---|---|---|---|---|---|---|
| | 빈도 | 비율 | 선행 | 후행 | 앞 | 뒤 | 앞 | 뒤 | 전체 | |
| 빨랫방망이 | 479 | 16.91% | 빨래 | 방망이 | 한 | 한 | 2 | 3 | 5 | 된소리 |
| 다듬이방망이 | 1556 | 90.73% | 다듬이 | 방망이 | 고 | 고 | 3 | 3 | 6 | 된소리 |
| 다듬잇방망이 | 159 | 9.27% | 다듬이 | 방망이 | 고 | 고 | 3 | 3 | 6 | 된소리 |
| 뒤일 | 5943 | 6.68% | 뒤 | 일 | 고 | 고 | 1 | 1 | 2 | ㄴㄴ |
| 뒷일 | 83022 | 93.32% | 뒤 | 일 | 고 | 고 | 1 | 1 | 2 | ㄴㄴ |
| 허드레일 | 704 | 1.70% | 허드레 | 일02 | 고 | 고 | 3 | 1 | 4 | ㄴㄴ |
| 허드렛일 | 40663 | 98.30% | 허드레 | 일02 | 고 | 고 | 3 | 1 | 4 | ㄴㄴ |
| 베개잇 | 555 | 2.17% | 베개 | 잇 | 고 | 고 | 2 | 1 | 3 | ㄴㄴ |
| 베갯잇 | 25040 | 97.83% | 베개 | 잇 | 고 | 고 | 2 | 1 | 3 | ㄴㄴ |
| 나무잎 | 83539 | 6.60% | 나무 | 잎 | 고 | 고 | 2 | 1 | 3 | ㄴㄴ |
| 나뭇잎 | 1182143 | 93.40% | 나무 | 잎 | 고 | 고 | 2 | 1 | 3 | ㄴㄴ |
| 고추잎 | 6672 | 23.53% | 고추 | 잎 | 고 | 고 | 2 | 1 | 3 | ㄴㄴ |
| 고춧잎 | 21685 | 76.47% | 고추 | 잎 | 고 | 고 | 2 | 1 | 3 | ㄴㄴ |
| 차주전자 | 2724 | 20.22% | 차 | 주전자 | 고 | 한 | 1 | 3 | 4 | 된소리 |
| 찻주전자 | 10750 | 79.78% | 차 | 주전자 | 고 | 한 | 1 | 3 | 4 | 된소리 |
| 차잔 | 7456 | 1.51% | 차 | 잔 | 고 | 한 | 1 | 1 | 2 | 된소리 |
| 찻잔 | 486265 | 98.49% | 차 | 잔 | 고 | 한 | 1 | 1 | 2 | 된소리 |
| 뒤장 | 3374 | 1.92% | 뒤 | 장 | 고 | 한 | 1 | 1 | 2 | 된소리 |
| 뒷장 | 171985 | 98.08% | 뒤 | 장 | 고 | 한 | 1 | 1 | 2 | 된소리 |
| 기와장 | 9990 | 17.11% | 기와 | 장 | 고 | 한 | 2 | 1 | 3 | 된소리 |
| 기왓장 | 48412 | 82.89% | 기와 | 장 | 고 | 한 | 2 | 1 | 3 | 된소리 |
| 종이장 | 12846 | 19.90% | 종이 | 장 | 고 | 한 | 2 | 1 | 3 | 된소리 |
| 종잇장 | 51716 | 80.10% | 종이 | 장 | 고 | 한 | 2 | 1 | 3 | 된소리 |
| 백지장 | 51805 | 78.21% | 백지 | 장 | 고 | 고 | 2 | 1 | 3 | 된소리 |
| 백짓장 | 14433 | 21.79% | 백지 | 장 | 고 | 고 | 2 | 1 | 3 | 된소리 |
| 소시적 | 33877 | 30.22% | 소시 | 적 | 한 | 고 | 2 | 1 | 3 | 된소리 |
| 소싯적 | 78227 | 69.78% | 소시 | 적 | 한 | 고 | 2 | 1 | 3 | 된소리 |
| 고기점 | 1436 | 49.42% | 고기 | 점 | 고 | 한 | 2 | 1 | 3 | 된소리 |
| 고깃점 | 1470 | 50.58% | 고기 | 점 | 고 | 한 | 2 | 1 | 3 | 된소리 |
| 꼭지점 | 116700 | 80.09% | 꼭지 | 점 | 고 | 한 | 2 | 1 | 3 | 된소리 |
| 꼭짓점 | 29015 | 19.91% | 꼭지 | 점 | 고 | 한 | 2 | 1 | 3 | 된소리 |

| 단어 | 계 | | 구성 | | 어종 | | 음절 수 | | | 발음 |
|---|---|---|---|---|---|---|---|---|---|---|
| | 빈도 | 비율 | 선행 | 후행 | 앞 | 뒤 | 앞 | 뒤 | 전체 | |
| 시계줄 | 94820 | 95.03% | 시계 | 줄 | 한 | 고 | 2 | 1 | 3 | 된소리 |
| 시곗줄 | 4960 | 4.97% | 시계 | 줄 | 한 | 고 | 2 | 1 | 3 | 된소리 |
| 전기줄 | 31844 | 38.83% | 전기 | 줄 | 한 | 고 | 2 | 1 | 3 | 된소리 |
| 전깃줄 | 50172 | 61.17% | 전기 | 줄 | 한 | 고 | 2 | 1 | 3 | 된소리 |
| 뒤줄 | 2330 | 2.15% | 뒤 | 줄 | 고 | 고 | 1 | 1 | 2 | 된소리 |
| 뒷줄 | 105805 | 97.85% | 뒤 | 줄 | 고 | 고 | 1 | 1 | 2 | 된소리 |
| 나무가지 | 167532 | 22.56% | 나무 | 가지 | 고 | 고 | 2 | 2 | 4 | 된소리 |
| 나뭇가지 | 575137 | 77.44% | 나무 | 가지 | 고 | 고 | 2 | 2 | 4 | 된소리 |
| 뒤바라지 | 924 | 0.57% | 뒤 | 바라지 | 고 | 고 | 1 | 3 | 4 | 된소리 |
| 뒷바라지 | 160561 | 99.43% | 뒤 | 바라지 | 고 | 고 | 1 | 3 | 4 | 된소리 |
| 하루강아지 | 1054 | 9.31% | 하루 | 강아지 | 고 | 고 | 2 | 3 | 5 | 된소리 |
| 하룻강아지 | 10273 | 90.69% | 하루 | 강아지 | 고 | 고 | 2 | 3 | 5 | 된소리 |
| 날개죽지 | 4898 | 40.11% | 날개 | 죽지 | 고 | 고 | 2 | 2 | 4 | 된소리 |
| 날갯죽지 | 7314 | 59.89% | 날개 | 죽지 | 고 | 고 | 2 | 2 | 4 | 된소리 |
| 이사짐 | 136489 | 24.38% | 이사 | 짐 | 한 | 고 | 2 | 1 | 3 | 된소리 |
| 이삿짐 | 423354 | 75.62% | 이사 | 짐 | 한 | 고 | 2 | 1 | 3 | 된소리 |
| 외가집 | 26358 | 14.24% | 외가 | 집 | 한 | 고 | 2 | 1 | 3 | 된소리 |
| 외갓집 | 158696 | 85.76% | 외가 | 집 | 한 | 고 | 2 | 1 | 3 | 된소리 |
| 가게집 | 3018 | 50.81% | 가게 | 집 | 고 | 고 | 2 | 1 | 3 | 된소리 |
| 가겟집 | 2922 | 49.19% | 가게 | 집 | 고 | 고 | 2 | 1 | 3 | 된소리 |
| 고기집 | 757636 | 57.87% | 고기 | 집 | 고 | 고 | 2 | 1 | 3 | 된소리 |
| 고깃집 | 551630 | 42.13% | 고기 | 집 | 고 | 고 | 2 | 1 | 3 | 된소리 |
| 과부집 | 883 | 53.55% | 과부 | 집 | 한 | 고 | 2 | 1 | 3 | 된소리 |
| 과붓집 | 766 | 46.45% | 과부 | 집 | 한 | 고 | 2 | 1 | 3 | 된소리 |
| 전세집 | 90218 | 63.50% | 전세 | 집 | 한 | 고 | 2 | 1 | 3 | 된소리 |
| 전셋집 | 51859 | 36.50% | 전세 | 집 | 한 | 고 | 2 | 1 | 3 | 된소리 |
| 국수집 | 233699 | 95.66% | 국수 | 집 | 고 | 고 | 2 | 1 | 3 | 된소리 |
| 국숫집 | 10591 | 4.34% | 국수 | 집 | 고 | 고 | 2 | 1 | 3 | 된소리 |
| 위집 | 1455 | 1.03% | 위 | 집 | 고 | 고 | 1 | 1 | 2 | 된소리 |
| 윗집 | 139625 | 98.97% | 위 | 집 | 고 | 고 | 1 | 1 | 2 | 된소리 |
| 부자집 | 51508 | 16.19% | 부자 | 집 | 한 | 고 | 2 | 1 | 3 | 된소리 |

| 단어 | 계 | | 구성 | | 어종 | | 음절 수 | | | 발음 |
|---|---|---|---|---|---|---|---|---|---|---|
| | 빈도 | 비율 | 선행 | 후행 | 앞 | 뒤 | 앞 | 뒤 | 전체 | |
| 판자집 | 6935 | 27.04% | 판자 | 집 | 한 | 고 | 2 | 1 | 3 | 된소리 |
| 피자집 | 4794 | 95.44% | 피자 | 집 | 외 | 고 | 2 | 1 | 3 | 된소리 |
| 부잣집 | 266713 | 83.81% | 부자 | 집 | 한 | 고 | 2 | 1 | 3 | 된소리 |
| 판잣집 | 18709 | 72.96% | 판자 | 집 | 한 | 고 | 2 | 1 | 3 | 된소리 |
| 피잣집 | 229 | 4.56% | 피자 | 집 | 외 | 고 | 2 | 1 | 3 | 된소리 |
| 맥주집 | 213347 | 97.90% | 맥주 | 집 | 한 | 고 | 2 | 1 | 3 | 된소리 |
| 생맥주집 | 11086 | 96.73% | 생맥주 | 집 | 한 | 고 | 3 | 1 | 4 | 된소리 |
| 소주집 | 2731 | 73.79% | 소주 | 집 | 한 | 고 | 2 | 1 | 3 | 된소리 |
| 맥줏집 | 4571 | 2.10% | 맥주 | 집 | 한 | 고 | 2 | 1 | 3 | 된소리 |
| 생맥줏집 | 375 | 3.27% | 생맥주 | 집 | 한 | 고 | 3 | 1 | 4 | 된소리 |
| 소줏집 | 970 | 26.21% | 소주 | 집 | 한 | 고 | 2 | 1 | 3 | 된소리 |
| 잔치집 | 27204 | 54.86% | 잔치 | 집 | 고 | 고 | 2 | 1 | 3 | 된소리 |
| 잔칫집 | 22383 | 45.14% | 잔치 | 집 | 고 | 고 | 2 | 1 | 3 | 된소리 |
| 회집 | 62804 | 5.55% | 회 | 집 | 한 | 고 | 1 | 1 | 2 | 된소리 |
| 횟집 | 1069618 | 94.45% | 회 | 집 | 한 | 고 | 1 | 1 | 2 | 된소리 |
| 고개짓 | 13963 | 36.49% | 고개 | 짓 | 고 | 고 | 2 | 1 | 3 | 된소리 |
| 날개짓 | 203683 | 67.04% | 날개 | 짓 | 고 | 고 | 2 | 1 | 3 | 된소리 |
| 고갯짓 | 24304 | 63.51% | 고개 | 짓 | 고 | 고 | 2 | 1 | 3 | 된소리 |
| 날갯짓 | 100134 | 32.96% | 날개 | 짓 | 고 | 고 | 2 | 1 | 3 | 된소리 |
| 어깨짓 | 1540 | 69.06% | 어깨 | 짓 | 고 | 고 | 2 | 1 | 3 | 된소리 |
| 어깻짓 | 690 | 30.94% | 어깨 | 짓 | 고 | 고 | 2 | 1 | 3 | 된소리 |
| 뒤쪽 | 645146 | 66.29% | 뒤 | 쪽 | 고 | 고 | 1 | 1 | 2 | 된소리 |
| 뒷쪽 | 328106 | 33.71% | 뒤 | 쪽 | 고 | 고 | 1 | 1 | 2 | 된소리 |
| 막내삼촌 | 8479 | 98.51% | 막내 | 삼촌 | 고 | 한 | 2 | 2 | 4 | 된소리 |
| 막냇삼촌 | 128 | 1.49% | 막내 | 삼촌 | 고 | 한 | 2 | 2 | 4 | 된소리 |
| 뒤받침 | 7307 | 0.70% | 뒤 | 받침 | 고 | 고 | 1 | 2 | 3 | 된소리 |
| 뒷받침 | 1040240 | 99.30% | 뒤 | 받침 | 고 | 고 | 1 | 2 | 3 | 된소리 |
| 뒤바퀴 | 8107 | 3.04% | 뒤 | 바퀴 | 고 | 고 | 1 | 2 | 3 | 된소리 |
| 뒷바퀴 | 258540 | 96.96% | 뒤 | 바퀴 | 고 | 고 | 1 | 2 | 3 | 된소리 |

# 찾아보기

**저자 최형용(崔炯龍)**

서울대학교 국어국문학과를 졸업하고 동대학원에서 석사, 박사 학위를 받았다. 공군사관학교 교수부 국어과 교관, 전임강사를 거쳐 아주대학교 인문과학대학 국어국문학전공 교수를 지냈다. 현재 이화여자대학교 인문과학대학 국어국문학과 교수로 있다.

**저서** 『국어 단어의 형태와 통사 – 통사적 결합어를 중심으로 – 』
『주시경 국어문법의 교감과 현대화』(공저)
『한국어 형태론의 유형론』
『한국어 연구와 유추』(공저)
『한국어 형태론』
『한국어 분류사 연구』(공저)
『한국어 의미 관계 형태론』
『표준 국어문법론』(전면개정판)(공저) 등

**논문** 「규범문법과 학문문법의 친소」
「사잇소리 현상과 표기」
〈한글 맞춤법〉 총칙 제1항과 표기의 원리」
「현대 국어의 사이시옷은 과연 형태소인가」
「명사와 접미사의 용법을 지니는 단위의 사이시옷 표기에 대하여」
「실태 조사를 바탕으로 한 사이시옷 표기 규정의 개선 방안에 대하여」
「근대 어문 규범의 성립과 한자 문제」
「두음 법칙 규정과 어종」 등

## 사잇소리 현상과 사이시옷 표기에 대한 계량적 연구

초판 인쇄 2021년 9월 10일
초판 발행 2021년 9월 17일

저　　자　최형용
펴　낸　이　이대현

책임편집　권분옥
편　　집　이태곤 문선희 임애정 강윤경
디　자　인　안혜진 최선주 이경진
마　케　팅　박태훈 안현진

펴　낸　곳　도서출판 역락
주　　소　서울시 서초구 동광로 46길 6-6(반포4동 문창빌딩 2F)
전　　화　02-3409-2060(편집부), 2058(영업부)
팩　　스　02-3409-2059
등　　록　1999년 4월 19일 제303-2002-000014호
이 메 일　youkrack@hanmail.net
홈페이지　www.youkrackbooks.com
I S B N　979-11-6742-201-9 93710